U0906652

中国年鉴资源全文数据库
YB
核心年鉴
CHINA YEARBOOK DATABASE

2013 年北京市工业和信息化工作会议召开

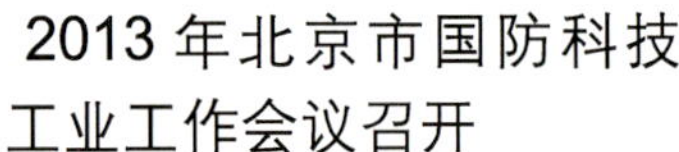

2013 年北京市国防科技工业工作会议召开

第十五届北京市工业和信息化职业技能竞赛总结表彰大会召开

中芯国际二期主体厂房成功封顶

北京七星华创电子股份有限公司300毫米65纳米铜互连清洗及化学处理设备通过验收

北一机床股份有限公司研制成功国内首台高精度数控小孔珩磨机

北京第二机床厂有限公司0.5微米级主轴类专用高精度数控磨床通过验收

燕山石化15万吨/年碳五分离装置开车成功

北京长安汽车公司睿骋轿车上市

全国首家空港汽车整车进口口岸落户北京

第十五届北京国际航空展北京通航产业展馆

北京金隅顺发水泥有限公司关停燃煤窑炉

北京金隅平谷水泥有限公司关停燃煤窑炉

“世纪精品工程”项目大型玉雕《燕京八景》通过验收

工业和信息化职业技能竞赛现场

北京工业年鉴

BEIJING INDUSTRY YEARBOOK

2014

（总第24卷）

北京市经济和信息化委员会　编

北京出版集团公司
北　京　出　版　社

图书在版编目（CIP）数据

北京工业年鉴．2014 / 北京市经济和信息化委员会编．— 北京 ：北京出版社，2014.12

ISBN 978-7-200-10916-0

Ⅰ．①北… Ⅱ．①北… Ⅲ．①地方工业经济—北京市—2014—年鉴 Ⅳ．①F427.1-54

中国版本图书馆CIP数据核字（2014）第190066号

策　　划　于　虹

责任编辑　白　珍

特约编辑　杨秀珍

责任印制　宋　超

装帧设计　盛天果

北京工业年鉴 2014

BEIJING GONGYE NIANJIAN 2014

北京市经济和信息化委员会　编

*

北京出版集团公司
北　京　出　版　社　出版

（北京北三环中路6号）

邮政编码：100120

网　址：www.bph.com.cn

北京出版集团公司总发行

新　华　书　店　经　销

北京京华虎彩印刷有限公司印刷

*

889毫米×1194毫米　16开本　27.375印张　插页20　908千字

2014年12月第1版　2014年12月第1次印刷

印数1—1 000

ISBN 978-7-200-10916-0

定价：280.00元

本书附同版本 CD-ROM 一张，光盘内容以书面文字为准

质量监督电话：010-58572393

《北京工业年鉴》编纂委员会

《北京工业年鉴》编辑部

《北京工业年鉴》组稿人员

（按姓氏笔画排序）

于凌燕（女）	马孝林	王　志（女）	王　锦（女）
王玉婵（女）	王秋丹（女）	尹志东	付宗义
刘　峰	刘　毅	刘建波	许　林
孙　明	杨　婷（女）	李　刚	李文博（女）
李淑萍（女）	李淑敏（女）	李雅娜（女）	吴　彧（女）
吴国健	旷炎军	汪智利	宋　强
宋慧宇（女）	张　健	张一鸣	张秋红（女）
陈　珊（女）	陈宗河	周来春（女）	胡跃平
侯　硕	徐博非（女）	曹秀琴（女）	常　江（女）
梁　斌	彭继望（女）	葛　冰	董　浩
蔡　琍（女）			

编辑说明

一、《北京工业年鉴（2014)》由北京市经济和信息化委员会主办，北京市产业经济研究中心承办。

二、本年鉴是一部反映北京工业经济全面情况的大型工具书和资料性年刊。通过大量资料、数据、图片，真实地记录了北京市2013年工业经济的发展情况，对于全面、系统地了解和掌握北京工业经济发展所取得的成就，研究北京工业经济运行和重要行业、重点企业的发展变化及规律，指导下一年度的经济工作具有重要的参考价值。

三、本年鉴采用文章和条目两种体裁，以条目体为主。辟有特载、大事记、总述、区县工业、开发区、国有及国有控股公司、上市公司、协会组织、企业、产品、人物、法规政策文件、工业数据、附录共14个一级栏目。

四、本年鉴所载内容由相关部门和企业单位提供，经供稿单位主管负责人审核。全市性数据由北京市统计局提供。

五、本年鉴选用资料的时限为2013年1月1日至2013年12月31日（个别内容根据实际情况略做调整）。

六、《北京工业年鉴》自1991年起编辑出版，坚持编纂24年，本年鉴为第24卷，先后荣获“全国年鉴质量检查评比一等奖”2次、“北京市年鉴质量评比一等奖”2次。一直得到全市工业系统及协作单位各级领导和编辑工作者的大力支持，我们深表感谢。

七、欢迎各界读者继续关注年鉴、收藏年鉴、使用年鉴，并对年鉴的不足之处给予指正，帮助我们进一步改进年鉴的编辑工作，以期更好地为读者服务。

八、《北京工业年鉴》编辑部联系方式

电　　话　(010) 85235624/85235643（传真)

电子邮箱　bianjibu@bjeit.gov.cn

地　　址　北京市朝阳区工体北路6号凯富大厦5层510室

邮政编码　100027

目　　录

特　　载

大　事　记

总　　述

区县工业

开　发　区

国有及国有控股公司

上 市 公 司

协会组织

企　业

产　品

人　物

法规政策文件

工业数据

附 录

索 引

彩色插页

2 昌平区经济和信息化委员会

3 昌平区经济和信息化委员会

4 北京汽车集团有限公司

5 北京汽车集团有限公司

6 北京汽车集团有限公司

7 北京汽车集团有限公司

8 首钢集团

9 首钢集团

10 同仁堂集团

11 北京国际酒类交易所有限公司

12 北京南口轨道交通机械有限责任公司

Contents

Special Issue

Chronicle Events

Overview

District and County Industrial

Development Zones

State-owned and State-owned Holding Company

Listed Companies

Associations

Enterprises

Products

Personages

Documents of Policy and Regulation

Industrial Data

Appendix

Index

Catalog of Color Inserts

特 载

关于北京市工业和信息化工作情况的汇报

——在2013年12月3日市十四届人大财政经济委员会第六次（扩大）会议上

北京市经济和信息化委员会

各位领导、各位委员、各位代表：

现将2013年北京市工业和信息化建设情况以及明年初步考虑汇报如下：

一、团结奋进，全力完成2013年工业和信息化工作任务

今年以来，在市委市政府的正确领导下，全市工业和信息化系统深入贯彻党的十八大精神和市委市政府决策部署，围绕“发展”和“环保”这两条工作主线深化结构调整，将党的群众路线教育实践活动与中心工作紧密结合，推动工业和信息化平稳健康发展。主要情况如下：

（一）加快产业转型升级，切实提高发展的质量效益

针对复杂多变的国内外经济环境，我们坚持以转型谋效益，以创新筑优势，实现了“一稳四进”的良好工作局面。

1. 工业、软件和信息服务业实现平稳增长。市经济信息化委会同区县主管部门、开发区建立联动服务体系，以六大行业中的168家企业为重点，实施精细化监测，强化工业运行的预研预判和统筹调度，特别是针对企业普遍反映的重点问题，务实开展服务，确保工业平稳运行，为全市经济发展做出积极贡献。1—10月，全市规模以上工业增加值同比增长8.2%。其中，高技术制造业和现代制造业增加值分别同比增长12%和15.1%，占全市规模以上工业比重分别为18.7%和43.1%。软件和信息服务业实现营业收入3605亿元，同比增长9%。

2. 产业结构优化升级取得新进展。在行业结构方面，我们加快培育发展战略性新兴产业，会同相关部门编写完成新一代信息技术等七大产业发展规划，并把在集成电路、基础软件、高端显示、智能装备、电动汽车、生物技术等领域，打造高端产业链和产业链高端环节作为年度工作重点。今年共安排市级重点建设工程项目13个，涉及投资769.4亿元。其中投资36亿美元的中芯国际28纳米制造技术12英寸芯片生产线建设进展顺利，明年底实现投产。德国戴姆勒公司全球首个海外奔驰发动机工厂正式投产，一期规划产能25万台，标志着北京奔驰实现从整车生产到核心零部件生产的本质转变。乐视智能电视、费森尤斯卡比医药基地等高端项目也顺利落地。在产品结构方面，北汽集团成功推出现代新胜达、奔驰新E级车等中高端车型，使高端产品比重达到40%，比去年同期提高5个百分点，企业效益显著提升并首次入围全球500强。京东方集团加大智能终端显示

产品的产能投放，8.5 代线满产满销持续赢利，1—10 月，企业实现营业总收入 277 亿元，同比增长 41%，净利润达 15.6 亿元，规模化经营效果凸显。

3. 中小微企业发展环境建设取得新进展。今年是中小企业服务能力提升年，全市在公共服务体系构建方面加大力度。一是在社会各界特别是市人大的支持下，《北京市促进中小企业发展条例》于 11 月通过市人大常委会二审。二是市政府有关部门陆续出台支持小微企业发展的政策措施，市财政局会同市经济信息化委研究制定中小企业发展基金设立方案，基金年底前初步达到 16.2 亿元规模。三是市经济信息化委启动建设中小企业公共服务平台网络，引导社会力量参与其中。新认定 20 家市级中小企业公共服务平台和 20 家小企业基地。四是开展扶助小微企业专项行动，有效缓解融资难问题，1—10 月，本市小微企业人民币贷款余额达到 3577.5 亿元，同比增长 19.9%，分别比大、中型企业贷款增速高 13.1 和 17.4 个百分点；通过私募债、集合票据、集合信托等创新融资方式，实现融资 50 亿元。

4. 深化企业为主体的创新驱动战略取得新进展。一是着眼深化体制机制创新，加快战略性新兴产业发展，市经济信息化委牵头组织建设中关村科学城，围绕中关村科技资源充分释放，组织产业界与区内高校、科研单位、央企共同建设 50 个中关村科学城特色产业园和 124 个产业技术创新服务平台，把国家和地方重点投资建设的实验室和科研条件向社会开放，形成良好的产学研用协同机制。二是贯彻落实《国家中长期科学和技术发展规划纲要》，积极组织实施 01–04 等重大专项，攻克一大批核心技术并推动实现产业化。如落实习近平总书记“将半导体芯片工业作为战略型产业抓住不放，实现跨越”的指示，依托国家集成电路重大科技专项，在全国 18 省市组织 300 多家企业、高校、研究机构，以及 1.7 万多名科技人员集中科技攻关，累计申请专利 1.5 万多项，基本实现了集成电路设计、制造、封装测试、装备材料产业链各环节互动发展的格局。其中 TD–LTE 终端基带芯片的研发和产业化、28 纳米集成电路制造工艺和关键设备等达到国际先进水平，得到业界和中央领导的充分肯定，同时解决了我国自主发展光伏、LED 产业所需的全套关键设备和技术。

5. 软件信息服务业、城市信息化、军民融合取得新进展。推动本市软件信息服务业发展，起草制定促进软件和集成电路产业发展政策意见、促进信息消费扩大内需的政策意见。工信部授予我市中国软件名城称号，国家卫星导航定位数据中心落户北京市。加快“智慧城市”建设，发布实施《宽带北京行动计划》，建设完成城市三维共享服务平台和物联网应急信息系统，基于移动终端的“北京服务您”上线运行，一批智慧社区初步建成。24 家企业被工信部授予国家两化融合示范企业，数量居全国之首。深化军民融合，发布《中关村军民融合科技创新示范基地建设行动方案》，“蓝鲸园”主体工程顺利开工，俄制直升机项目落地通航产业基地。加强首都经济圈产业合作，祥云云计算产业园数据中心在张家口启动建设。“北京和田工业园”建设完成，一批企业项目入驻，产业援疆取得标志性成果。

（二）狠抓大气污染治理，坚决打好工业环保攻坚战

全市工业和信息化系统全力落实清洁空气行动计划，打主动仗，下先手棋，五指握拳齐发力，上下同心战雾霾。主要举措如下：

1. 建制。市经济信息化委成立了节能减排和大气污染防治工作领导小组，建立了区县主管部门参加的月度会商制度，快速高效落实市委市政府工作部署。参与《北京市大气污染防治条例》起草制定。制定空气重污染应急分预案并加强演练。发布《不符合首都功能定位的工业行业调整、生产工艺和设备退出指导目录（2013 年本）》。发布重点产品单位能耗限额等 10 项标准，完成防水卷材等 9 项节能标准的立项。

2. 技改。积极统筹国家和市级各类专项资金，大力推进节能减排和循环经济发展，安排近 2.5 亿元重点支持企业利用新型环保技术进行清洁生产、节能减排技术改造，支持园区和基地生态化建设等结构调整项目。制定生态化园区建设标准和市级以上工业开发区生态化改造方案，会同市财政局发布《支持市级新型工业化产业示范基地资金管理实施细则》。

3. 调退。落实清洁空气行动计划 2013 年调整退出 200 家污染企业的目标，加快奖励引导政策出台。1—10 月，会同各区县完成 184 家企业调整退出和 11 条建筑渣土烧结砖生产线停产。金隅集团下属两家水泥生产企业全部停产，每年减少水泥产能 150 万吨，减少煤炭消耗 11 万吨，提前两年实现“十二五”水泥产能压减目标。这些不符合首都功能定位的产业退出，将为首都发展置换出宝贵空间。

4. 压煤。起草工业压减燃煤工作实施方案，推进 19 个市级以上开发区提前完成年度 500 蒸吨燃煤设施清洁

能源改造任务。会同市发改委、市环保局联合发布38家年度强制性清洁生产审核企业名单，动员70家企业自愿开展清洁生产审核。

5. 造势。以“清洁空气·工业在行动”为主题，借助电视台、报纸、广播、网站等媒体，通过新闻发布会、一把手访谈、报纸专版、微博等形式，多频次多角度地深入宣传工业大气污染治理的目标、措施，推出了金鹰铜业、森德散热器等企业转型调整以及燕京啤酒技改减排的成功经验，彰显了北京工业履行社会责任的决心。

二、凝聚共识，贯彻十八届三中全会精神，破解工业和信息化科学发展难题

今后一段时期，我们将全面贯彻三中全会精神，毫不动摇地坚持市场在资源配置中的决定性作用，加快转变政府职能，强化战略、规划、政策和标准工作，以改革创新精神，切实推动北京工业和信息化发展再上新台阶。

在产业结构优化升级方面，按照首都城市功能定位要求，加快培育发展战略性新兴产业，将不符合城市功能定位的产业调整退出，加大工业污染治理力度，建设绿色产业生态体系。全力抓好中关村一区十六园建设，打造特色产业园区，解决同质化竞争问题。深入推进首都经济圈产业合作，合理规划区域产业分工，促进人才、信息、资金等要素在地区间自由流动，带动城乡一体化发展。全力抓好产业自主创新体系建设，落实习近平总书记提出的“五个着力”要求，强化企业主体地位，完善产学研协同创新，抓住新产业变革的发展机遇，深度推进两化融合，提高经济发展的质量效益和产业竞争力。

在软件和信息服务业发展方面，以平台化、规模化、国际化为主线，推动北京建设成为有世界影响力的软件名城，把软件产业作为实施科技创新驱动和文化创新驱动的传动轴。推动云计算、移动互联网、下一代互联网、导航与位置服务、大数据、互联网金融等领域发展，使新兴产业尽快成长为产业主力军。深入开展营业税改征增值税试点，加快领军企业培育，提升国际化竞争力。

在促进中小微企业发展方面，坚持权力平等、机会平等、规则平等，消除各种隐性壁垒，减轻企业负担。推进市场准入先证后照和认缴登记制，支持生存性创业、发展型创业和变革型创业。支持农村集体经济组织利用集体建设用地依法开拓中小企业发展空间。完善政府搭台、社会力量共同建设的中小企业公共服务体系，改善科技型中小企业融资条件，完善风险投资机制，创新商业模式，激发中小企业的活力与创造力。

在推动军民融合方面，建立推动军民融合发展的统一领导、军地协调、需求对接的资源共享机制，总结“蓝鲸园”试点建设经验，拓宽军民融合的深度和广度。健全国防科技工业体系，完善国防科技协同创新体制，改革国防科研生产管理和武器装备采购机制。搭建军民两用成果转化公共平台，支持先进军用技术向民用转化，引导优势民营企业进入军品科研生产和维修领域。大力发展技术同源、应用双向的军民结合产业。

在城市信息化建设方面，探索政府购买服务的方式，鼓励和支持社会各方面参与“智慧北京”建设。以满足城市管理、产业发展和民生服务不断增长的需求为重点，深化信息资源共享开放，推动物联网、云计算等新一代信息技术在城市运行管理中的应用。应对信息安全的严峻形势，完善信息网络安全管理体制和安全战略，提升保障能力。

三、真抓实干，全面做好2014年各项工作

着眼当前形势，一方面世界经济复苏缓慢，贸易保护加剧。国内经济呈现有效需求不足、要素成本高企、潜在增长率下降的趋势，经济增长方式必然向内涵式增长转变。从我市看，空间、成本、环境三大约束不断增强，产业投资驱动有所放缓。另一方面，改革红利预期、两化融合、军民融合、京津冀一体化、中关村引擎效应、新兴信息技术带动效应等因素，将为我市工业和信息化的跨越式发展带来新的契机。

2014年，全市工业和信息化系统要深入贯彻党的十八届三中全会精神，围绕党中央和市委市政府的重大战略部署，坚持以提高经济增长质量和效益为中心，着力抓好稳增长、促创新、优环境、谋合作、推改革等方面的重点任务，推动全市工业和信息化持续健康发展。重点任务如下：

（一）着力抓好运行调度，提升经济增长质量效益

一是密切关注宏观经济形势和工业运行态势，加强对重点区域、重点行业和重点企业的运行监测、分析和调度。二是针对企业发展面临的迫切问题，全力开展企业服务，在重点企业实行“一企一策”，组织力量帮助企业解决市场开拓、资金筹措、产销衔接等实际问题。三是用好中央和本市扩内需、促发展的改革措施，支持企业参与本市轨道交通、新机场等重大项目建设。鼓励汽车、装备等优势企业“走出去”，开拓海外新市场，增强国际竞争力。

（二）着力抓好产业结构调整，增强经济发展后劲

一是根据中关村一区十六园资源禀赋和产业基础，继续做好各园区的产业定位规划，开展京津冀区域战略性新兴产业全产业链布局研究。引导中关村科学城特色产业园在河北建设分园。二是提升市级以上工业园区的软硬件水平，提高园区项目准入门槛和评价标准，形成差异化定位。三是聚合央企资源、外企资源、民企资源和本地资源在京协同发展。抓住央企新一轮扩张机遇，主动沟通服务，推进央企重大投资项目落地北京；积极推动国家集成电路产业园、北车轨道交通、华润医药产业园等园区建设；要深化对外开放，结合首都重点产业链布局开展全球资源链接，重视对高端新兴产业源头的引进，全力做好奔驰二期、拜耳医药等项目的全过程服务；要更多地引进民企、多种所有制企业在京发展，大力支持小米移动互联网等产业基地建设；要鼓励市属国有企业有效盘活资源，以合作加快产业结构调整，支持三元食品乳粉加工厂、北汽自主品牌乘用车基地等项目顺利推进。

（三）着力抓好清洁空气行动计划，促进产业绿色发展

一是发布《不符合首都功能定位的工业行业调整、生产工艺和设备退出指导目录（2014 年本）》和禁止新建扩建工业项目名录，完善并实施污染企业淘汰退出资金政策，全力完成 300 余家污染企业退出。二是实施市级以上开发区 1600 蒸吨燃煤锅炉改造，对市级以上开发区以外的水泥、石化、酿酒、机械制造等重点行业实施燃煤压减，到 2014 年底工业领域削减燃煤累计达 65 万吨。三是实施市级以上工业开发区生态化改造，对新建工业开发区、园区和产业基地依法开展规划环境影响评价。四是要开展工业大院污染治理，选取典型区域开展综合治理整顿试点，借鉴西红门工业大院改造经验，探索集体用地开发建设新模式。五是促进节能环保产业发展，支持碧水源、盈创等骨干企业参与环境污染防治示范工程，鼓励首钢、金隅等企业利用现有条件发展生物质能发电、危险废弃物处置等循环经济，加强新能源汽车关键核心技术研发，推出续航里程更长、车型更全面的纯电动汽车。

（四）着力抓好公共服务，优化中小微企业发展环境

一是做好《北京市促进中小企业发展条例》的宣贯落实，制定配套办法。二是组织社会力量推动中小企业公共服务平台网络高效运行，加快市、区县中小企业服务中心建设，成立中小企业服务联盟。加强培育辅导，认定 30 家中小企业公共服务平台和 30 家小企业创业基地。三是扩大集合信托、集合债等创新融资产品的发行规模，2014 年力争达到 70 亿元。做好知识产权融资试点工作并逐步扩大试点范围和机构。四是以“需求牵引、分类指导”为原则，为广大中小企业提供专业化、社会化的培训服务，全年培训 4 万家企业。

（五）着力抓好企业技术创新，深化产业转型发展

一是加快推进中关村科学城建设，搭建国际化的科技成果转化平台，推进产学研共建技术开发中心、工程实验室和中试基地，支持龙头企业整合技术链、产业链实现协同创新，支持有条件的企业牵头实施产业目标明确的重大专项。二是完善企业技术中心评价指标体系和认定方式，扩大企业技术中心总量规模，支持央企建设总部研究院。三是加快企业技术改造，加大中央和地方财政资金支持力度，组织实施一批对全市工业转型升级有示范带动作用的技术改造项目，加快产品升级换代，提高产品的技术含量和附加值。

（六）着力抓好军民融合，探索首都特色军民融合创新发展新模式

一是积极争取国家军民融合创新发展综合改革试点，以“蓝鲸园”为依托实行综合改革、先行先试，扩大军地资源整合范围，推动“军转民”“民参军”双向互动，开展武器装备竞争性采购试点，推行货架产品采购方式。二是推进中关村科学城军民融合创新基地、大兴国家军民结合产业基地、丰台军民融合创新基地集聚区和多个特色产业园区建设，形成“三区支撑、多园发展”格局。三是推动俄制直升机项目早日投产，落实无人机产业集群、高分辨率对地观测卫星遥感数据应用、微小卫星等航天技术转化项目。

（七）着力抓好信息消费，催生新兴经济增长点

一是贯彻实施《北京市进一步促进软件产业和集成电路产业发展的若干政策》，以海淀区上地及周边地区为核心，加快规划建设中关村软件园三期工程，盘活区域内存量产业用地，建成总面积 30 平方公里的中关村软件城。二是贯彻实施《北京市关于促进信息消费扩大内需的实施意见》，加快发展北斗导航、移动互联网、网络视频等信息服务，促进智能手机、智能电视、平板电脑等新型终端的普及，大力发展互联网金融，引领产业加快向网络化、服务化、集成化方向发展。

（八）着力抓好智慧城市建设，支撑城市精细化管理

一是实施“宽带北京”行动计划，围绕光网城市、无线城市、宽带城市、智慧城市开展重大示范工程，促

进物联网、云计算、大数据等技术应用。二是实施《信息化和工业化深度融合专项行动计划》，选择典型企业、重点行业开展企业两化融合管理体系试点，树立一批成效突出的两化融合示范企业。全面落实《关于促进电子商务健康发展的意见》，加快推进国家电子商务示范城市建设。三是启动教育云和健康云工程，扩大智慧社区建设的试点范围，提高养老、助残、家政的信息集成和服务水平。完善政务云和信息共享主题库，推动智能交通、环保监测、综合执法、食品安全等领域信息共享，促进三维空间地理信息系统广泛应用。四是完善信息网络安全政策法规，加强无线电频率管控，确保全市基础信息网络和重要系统安全稳定运行。

总的来看，一年来，北京工业和信息化发展取得的成绩，离不开人大、政协和社会各界的支持帮助，在此表示诚挚的感谢。欢迎人大、政协给予更多的指导和监督。

加大实施创新驱动发展战略力度
加快向具有全球影响力的科技创新中心进军

中关村科技园区管理委员会主任 郭 洪

2013年，对中关村来说是不平凡的一年。9月30日中央政治局第九次集体学习，“课堂”首次搬出中南海，来到中关村。习近平总书记做了重要讲话，就全国落实创新驱动发展战略提出了“五个着力”的要求，同时指出，中关村已经成为我国创新发展的一面旗帜，要加大实施创新驱动发展战略力度，加快向具有全球影响力的科技创新中心进军，为全国实施创新驱动发展战略发挥更好示范引领作用。一年来，市委、市政府从服务国家战略和首都建设中国特色世界城市的高度，深化落实国务院“1+6”系列先行先试政策，积极争取国务院批复了“新四条”试点政策，大力开展科技体制综合配套改革研究，开展市级层面政策创新突破，取得了重要进展，推动中关村高新技术产业继续保持高速增长态势，对北京市经济增长的贡献率不断提升。2013年，中关村示范区企业总收入突破3万亿元大关，同比增长20%以上。

认真学习习总书记系列重要讲话精神和十八届三中全会精神，在更宽视野、更大尺度上谋划和推动中关村的发展，我们必须牢固树立战略全局的思维，找准中关村在国家、大区域和首都发展战略中的功能定位；必须牢固树立改革和开放的思维，不断释放创新创业活力；必须牢固树立市场主导与政府作用协调配合的思维，加快优化协同创新体系和创业生态系统。对照新的目标和要求，中关村的发展还面临很多的问题和挑战。一是改革红利需要进一步释放。二是市场中心的地位需要进一步强化。三是协同创新体系要进一步完善。四是转方式调结构引擎作用需要进一步发挥。五是开放合作方面需要进一步加强。

做好中关村明年工作，要全面贯彻落实市委全会的部署和要求，紧紧抓住全面深化改革的重大机遇，在“五个方面”狠下功夫，推动示范区各项工作再上新台阶。

一、打造中关村制度创新升级版

深入挖掘“1+6”政策执行潜力，加快落实“新四条”试点政策，确保各项政策落地并惠及企业。探索国家新的创新政策试点，争取设立国家创新特区，推进科技创新综合改革。以实施“高校十条”“京科十条”为突破口，大力推进市级层面科技成果转化和协同创新改革，营造“软硬环境无差距、交流合作无障碍”的国际化创新创业生态环境。

二、发挥市场在创新资源配置中的决定性作用

健全技术创新市场导向机制，加强对科技基础设施、信息基础设施、公共创新服务平台建设的支持，加大实施普惠性政策力度。发挥市场对技术研发、路线选择、各类创新要素配置的导向作用，发挥产业技术联盟在政府与市场联系中的纽带作用，形成市场竞争倒逼创新机制。坚持需求拉动创新，充分发挥北京作为全国市场中心的优势，进一步加大新技术新产品的示范应用力度。

三、完善创业生态系统和协同创新体系

一是深化中关村人才特区建设，制定实施中关村高端产业集群创新团队专项支持计划，创新人才政策，支持高校、院所拥有科技成果的创新人才创办科技型企业、企业兼职。二是加快建设中关村国家科技金融创新中心，健全中关村互联网金融产业和天使投资发展政策支持体系，搭建中关村百千万科技金融服务平台，支持行业领军企业发起设立自担风险的中关村银行。三是深入推进中关村军民融合科技创新示范基地建设，促进军民深度融合。四是发挥中关村地区智力资源密集的优势，积极推进央地、院地协同创新。

四、发挥在首都转方式调结构中的引擎作用

一是深化中关村现代服务业综合试点，搭建科技金融、创业孵化、知识产权和标准服务、技术交易等四大服务平台，培育中介机构和社会组织两大支撑体系，促进科技创新领域投资、服务、贸易便利化。深化实施知识产权和技术标准战略，支持核心区建设“一城三街”。二是加快培育具有技术主导权产业集群，研究绘制“全球领先技术团队分布图”，实施战略性新兴产业集群创新引领工程，建设一批市级统筹的特色产业基地，培育2个~3个具有技术主导权的产业集群，抢占产业制高点。三是服务国家战略需求和首都经济社会发展，围绕信息化与信息安全、重大关键装备、节能减排等领域，组织开展联合攻关。聚焦大气环境质量、垃圾污水治理、交通拥堵等问题，形成一批新技术和新产品系统解决方案。

五、大力推进科技开放合作

一是支持企业国际化发展。加快集聚全球高端创新要素，开展企业境外投资和并购政策创新试点，支持企业通过自建、并购、合作等方式在全球布局建立研发中心和实验室。建设企业国际化服务中心，支持企业、社会组织加入国际标准化组织，创建国际技术标准和技术联盟。二是重点推进京津冀区域创新合作。运用互联网思维和互联网技术推动区域产业转型升级，运用节能环保产业技术改造提升传统产业，着力建设一批产业优化升级示范中心，打造京津冀科技新干线和京津冀大数据走廊，形成“科技创新在中关村开花，产业升级在全国结果”新局面。

（摘自2013年12月在市委十一届三中全会上的发言）

加快镇级产业基地建设 助推镇域经济快速发展

顺义区经济和信息化委员会主任 郭振江

顺义区经济和信息化委员会
主任 郭振江

近年来，随着顺义区经济社会快速发展和城乡一体化步伐的加快，镇级二、三产业基地建设步入了一个全新的发展阶段，已经成为镇域经济发展的重要平台，农民就业增收的重要载体，镇级财政收入的重要保障，在加快农村工业化进程、壮大农村产业支撑、推进城乡一体化进程中发挥了重要的作用。

一、镇级二、三产业基地10年发展总体概况

“十五”期间，区委、区政府高度重视镇级基地建设，区政府出台了《关于大力推进乡镇企业二次创业的扶持政策》文件，极大地推动了各镇基地建设步伐，2001—2003年期间，各镇基地投入大量资金对市政基础设施进行了全面建设，累计完成基础设施投入11.1亿元。截至2003年底，全区19家镇级二、三产业基地已初具规模，入驻基地企业达到374家，完成销售收入45.1亿元，利润4亿元，税金2.8亿元。

2004年，顺义区各镇基地认真贯彻国务院、北京市关于清理整顿工业开发区，加强建设用地管理的有关文件精神，对镇级二、三产业基地实际情况进行整顿。一是撤牌，由原命名的各镇工业区改为农民就业产业基地；二是对各镇工业区进行重新规划，对未开发的土地和原有入区企业圈而未建的土地，指导各镇进行复耕。到“十五”末，19家基地规划总面积2866.67万平方米，完成开发1600万平方米，累计完成基础设施投资13.4亿元，入驻企业387家，累计完成投资108.4亿元，完成销售收入79.2亿元，利润5.6亿元，税金4.1亿元。

"十一五"期间，顺义区基地建设水平不断提高，经济总量快速上升。各镇基地始终把提升硬件水平作为改善投资环境的头等大事来抓，重点对基地的道路、供排水、供电、供暖、燃气、绿化等配套设施进行建设。一些起步较早的基地如高丽营、南彩、牛栏山等基础设施建设水平实现了"七通一平"标准，19家基地基础设施累计投入22亿元。截至2010年底，全区19家镇级二、三产业基地总规划面积3733.33万平方米，累计开发面积2666.67万平方米。入驻企业508家，累计完成生产性投资221亿元，安排本地劳动力就业4万人。入驻企业实现营业收入388.6亿元，利润28亿元，税金21.7亿元，三项指标分别同比增长了19%、21%、31%，与"十五"期末相比分别增长4.3倍、4.2倍和5.1倍。

二、镇级二、三产业基地发展现状

（一）建设水平不断提高，经济指标快速攀升

进入"十二五"，顺义区镇级基地建设快步发展，经济总量不断攀升。截至2012年底，基地入驻企业574家，已占用土地面积2533.33万平方米，占已开发土地的80%；累计完成投入671亿元，实现营业收入794亿元，同比增长84%；实现利润51亿元，同比增长73%；实现税金52亿元，同比增长107%。基地经济总量占到全区镇域工业经济总量的70%。职工总人数达6.6万人，解决本地劳动力就业4.7万人。

（二）基础设施逐步完善，投资环境不断提升

2012年，各镇基地对基础设施建设进一步加大投入，重点对基地内的道路、供排水、电力设施、通信、供暖设施、天然气等基础设施进行建设，进一步完善了基地硬件环境。19家基地基础设施建设累计投入45亿元，2012年新增投入9.6亿元，重点投入道路4.2亿元，电力设施1.6亿元，给排水1.5亿元，供暖3890万元，绿化5355万元，天然气3748万元，其他7374万元。19个镇级基地中，南法信镇、天竺镇和马坡镇3家基地达到"九通一平"标准，牛栏山、杨镇、后沙峪3家基地达到"八通一平"标准，仁和、高丽营、赵全营和北石槽4家基地达到"七通一平"标准。基地硬件实力逐步提升，整体形象更加突出。

（三）招商引资成果丰硕，基地功能定位明确

一是基地招商工作不断取得新突破。2012年，各镇农村二、三产业基地新引进入驻企业66家，计划总投资110亿元，已完成投资44亿元。66个项目达产后预计年新增销售收入136亿元，利税10.4亿元。投资亿元以上项目24个，计划总投资额96.5亿元，占总投资额88%。项目主要涉及装备制造、信息技术、医疗器械、文化创意、电子和都市等众多行业。二是基地企业发展质量显著提升。近年，基地在紧抓招商工作的同时，也大力培育原有企业做大做强。培育了一批知名企业品牌，有牵手果蔬、曲美家具等中国驰名商标5件，北京市著名商标21件，中国名牌产品3件，北京名牌产品10件。基地内国家级企业技术中心1家，市级企业技术中心14家；基地内自主培育上市5家；还有北京市唯一一家国家技术创新示范企业：江河幕墙。三是基地产业特色化建设进一步加强。各镇也结合自身资源优势和产业基础，建设专业、特色基地，实施错位发展，形成优势互补。如以牛栏山镇、北小营镇、高丽营镇为代表的都市产业基地；以南法信镇、天竺镇、后沙峪镇、李桥镇为代表的临空产业总部基地，以仁和镇、杨镇、赵全营镇、南彩镇为代表的现代制造业基地等特色产业基地初具规模。南彩镇、北小营镇和牛栏山镇基地被评为"北京市新型工业化示范基地"，牛栏山镇基地同时被评为"北京市中小企业创业基地"。

三、镇级二、三产业基地土地使用情况

（一）土地开发及使用现状

2007年，19家镇级二、三产业基地的《工业用地控制性详细规划》全部通过北京市规划委员会的批复。截至2012年底，19家基地规划总面积4200万平方米，已开发面积3133.33万平方米，完成规划总面积开发75%，剩余面积1040万平方米。入驻企业已占用土地面积2533.33万平方米，剩余已开发可利用的土地不足20%。截至目前，19家基地具备上市条件的土地面积235.93万平方米；取得土地使用证面积1446.2万平方米，占已占用面积的57%。

（二）土地闲置情况

部分镇级基地存在对土地圈而未建的企业，还有一些具有土地使用权但企业经营不善的问题，再有一些基地存在部分闲置地块没有合法土地使用手续的问题，造成了闲置地块得不到有效利用。据统计，南彩飞达玻璃

厂南厂、三车间两块闲置土地面积 11.27 万平方米，均为工业用地，土地性质为集体建设用地。北务闲置用地 4 块，占地 25.5 万平方米。牛栏山已开发的 14 街区内闲置土地 1 块，建设用地面积 6.73 万平方米。高丽营闲置土地 6.07 万平方米。全区镇级基地内可统计闲置土地总面积约 86.67 万平方米。

四、当前镇级二、三产业基地发展面临的主要问题

（一）基地发展缺乏政策引导与支持

一是区、镇两级财力相对紧张，难以在较短时间内安排大额资金用于市政设施建设。现行的产业政策为《关于加强农村二、三产业基地建设的若干意见》，对顺义区镇级二、三产业基地发展给予了政策支持，随着基地的不断发展壮大，入驻企业总量的扩充，该文件的支持力度和支持内容难以满足基地建设需求。二是国家和北京市的产业政策仅支持国家和市级园区。镇级基地没有获取更高级产业扶持政策的渠道，一些促进产业发展的“先行先试”政策和创新机制无法在镇级基地内得到推广和应用。

（二）基地基础设施难以满足企业发展需求

1. 市政设施滞后于经济发展。随着基地的发展，原有企业的改扩建和新项目不断引进，部分镇基地供热管线、给排水管网、电力开闭站、再生水厂、供热中心等水电气暖配套设施供应紧张，无法满足企业发展需求，基地承载力大打折扣。据统计：目前，仁和、李遂、赵全营、杨镇、后沙峪、高丽营、南彩、张镇、李桥、大孙各庄 10 个镇基地用电紧张，存在缺口，需增容、报装变压器和新建开闭站。比较突出的如后沙峪基地内目前仅有一座 110 千伏安变电站供应基地内全部用电，但随着中航信项目入驻，供电需求无法满足，出现严重缺口，急需另启动一座 110 千伏安变电站建设满足该项目用电需求。杨镇基地除三工厂内部一座 110 千伏安变电站为专供电站，其余用电全部从另一座 110 千伏安变电站接出，目前基地用电紧张。赵全营基地的自主品牌汽车入驻后，原有两条双路电缆已经不能满足用电需求，急需尽快建设 110 千伏安变电站。李遂引进的几家现代汽车配件企业，用电量较大，现基地用电缺口 110 千伏。供水方面，高丽营、北石槽、后沙峪、牛栏山等少数基地建有水厂，其余多为企业自备井或由自来水公司建设供水，多数基地缺少整体供水规划建设，随着企业用水需求日益增大，目前的条件已不能满足供水需求。排污方面，目前，只有李遂、仁和、高丽营、赵全营、马坡、杨镇、后沙峪、南彩 8 家基地建有污水处理站和污水处理厂，数量不足 1/2，其余基地企业多为自建排污处理站，或直排。排污处理能力不足以及直排造成的污染也是当前需要解决的问题。供暖方面，李遂、大孙各庄、张镇、北小营、北石槽、木林、南法信和龙湾屯 8 家基地无集中供暖，基地入驻企业主要通过锅炉、天然气和自主用电等方式保证供暖，但当前也存在企业自建供暖设施老化需要集中改造和增容的情况。

2. 基地配套设施建设手续办理缓慢。再生水厂、电力增容、燃气供应等一系列配套基础设施涉及发改委、水务局、环保局、供电公司、燃气公司等众多相关部门，手续办理、审批环节缓慢影响基地基础设施建设进度。如部分镇的变电站建设手续短期内难以落实，导致电力供应紧张；再如供热问题，根据环保局环评标准要求对各镇的锅炉吨位定量以后，安装新锅炉受到限制，以致部分基地供热存在不少困难。

（三）土地资源紧张，拓展空间面临新困难

1. 土地储备量严重不足，大宗建设用地存量较少。截至 2012 年底，19 家镇级二、三产业基地平均规划面积 2179.33 万平方米，其中规划面积最大的牛栏山镇基地 553.27 万平方米，最小的龙湾屯镇基地仅有 50 万平方米。全区基地剩余未开发土地面积仅 1040 万平方米，其中南法信、北小营、赵全营等 5 家基地剩余未开发面积为 0 平方米。各基地用地规模小，可用地不足，制约大项目落地，也不利于基础设施统筹建设和产业集聚发展。与此同时，在新的土地政策下，征地成本大幅提升，土地调整及项目审批的程序也更规范、更复杂，镇级基地的空间拓展面临更多难题。

2. 土地紧缺与闲置并存，开发利用低效。一是土地闲置现象严重。19 家基地入驻企业使用土地面积 2534.33 万平方米，占已开发土地面积的 80%，土地闲置率高达 15% 左右。早期一些低效企业圈占土地，还有部分基地的一些闲置地块没有合法土地使用手续，加之镇级财政紧张造成无力拆迁补偿和回收，闲置地块得不到有效利用。二是低效企业制约基地发展。各镇普遍存在的小低散企业产出率低甚至占用资源没有产出，急需清理为新项目腾出发展空间，但各镇都面临缺少清理资金的问题，使得清理工作进展缓慢。

（四）土地指标受限，开发利用问题严峻

规划用地指标有限，基地若要拓展发展空间，需对工业用地指标范围内村庄进行拆迁。当前征占地指标的缺少成为制约土地开发利用和招引新项目落地的重要问题。如：赵全营基地因北汽越野车项目扩区 53.33 万平方米，基地规划总面积达 340 万平方米。其中已征地 240 万平方米（含空港二期 24.53 万平方米已征地未签约），未征地 100 万平方米（含兆丰二期约 46.67 万平方米，越野车基地 53.33 万平方米）。目前兆丰二期缺乏新增建设用地指标、占补平衡指标和规划指标。杨镇基地仅剩 10 万平方米综合配套用地，未启动一级开发。由于土地问题，在谈确定投资意向的重点项目一直未能落地。目前基地还有 133.33 万平方米预留用地，符合土地利用规划。城市发展规划调整需要用地指标，由于现代三工厂项目把杨镇近年预留地全部占用，受指标限制一直未调整为工业用地，无法进行一级开发。

五、“十二五”期间加快镇级二、三产业基地发展的措施

（一）发展目标

到“十二五”末，全区基地总收入目标达 2000 亿元，税收 130 亿元。全区基地基础设施累计投入 60 亿元，全部达到“八通一平”标准。

“十二五”期间打造一批重点、特色产业基地。如以空港开发区为依托，连通金马工业园、马坡镇、牛栏山镇、赵全营镇和北石槽镇二、三产业基地的工业发展带，培育发展高新技术产业、电子信息制造业、装备制造业、食品饮料、生物医药等产业集群；以南彩镇、杨镇、张镇为核心的东部发展带，包括北小营、木林镇和龙湾屯镇，培育发展汽车制造业、新型建材、都市产业三大产业集群；以京平高速公路为纽带，培育京平高速沿线工业发展带，包括沿河地区、李遂镇、北务镇、大孙各庄镇，培育发展都市产业、机械制造和物流产业集群；以临空经济区为核心，培育发展李桥镇、天竺镇、后沙峪镇和南法信镇的总部经济、物流、高新技术产业和文化创意产业集群。

（二）主要措施

1. 完善政策支撑体系，加大政策扶持力度。一是要从各个层面提高对镇级基地建设重视程度，从顺义区“十二五”工业经济发展大局出发，统筹规划，协调发展。二是建议市、区两级政府出台、设立镇级二、三产业基地建设发展的相关政策资金扶持，特别是列入中关村顺义园规划的基地，在土地、税收和项目入驻等方面给予政策倾斜；对基地基础设施建设贷款贴息、清退低效企业和统一规划建设标准厂房给予资金扶持。三是形成职能部门联动机制，压缩审批事项，简化审批程序，快速协调办理各项手续问题，形成规范的办理程序，使项目早落地、早建设、早开工、早产出。四是要进一步加大对合作共建工作的政策引导和资金扶持力度，推动经济功能区与基地合作共建工作深入开展。

2. 夯实基地发展基础，提升基地吸附能力。规划落实全区的大市政建设，实现城镇建设与园区建设一体化，满足原有企业发展、改扩建需求的同时为新项目引进提供优质投资环境，打造高标准产业基地。基础设施相对完善的基地要推动其加强相关配套服务设施建设，提升基地开发建设的档次。特别是公共交通设施和公租房建设，切实满足重点项目职工住房需求，优化交通环境。对基础设施建设薄弱的基地，要引导和推动其加大道路、供电、供排水、通信等基础设施建设投入，尽快完善基地设施配套，满足项目入驻需求。争取“十二五”期末镇级基地全部实现“八通一平”的建设标准。

3. 破解土地资源限制，加大土地储备。在缓解用地矛盾方面，一是利用中关村科技园区拓区机会，将镇级基地纳入区级开发区或市级开发区发展或辐射范围。如，借助中关村科技园区顺义园，形成北石槽—赵全营—板桥创意天承发展圈，实现镇级基地跨越式发展。二是鼓励相邻镇共建基地，扩大基地范围，重点引进大项目。如，河东地区可以发挥杨镇基地的辐射带动作用，将张镇基地列入统一规划，集中发展现代制造业；李遂和北务两镇工业基地可以全部并入印刷基地发展范围，李遂作为重点发展小城镇大力发展服务休闲产业。三是要严格执行准入标准，完善土地出让合同的监管，强化项目用地情况的跟踪管理，严格控制小项目零星用地。对已开始生产但尚未取得合法土地使用手续的企业，帮助其尽快完善手续。加大对违法用地的清理力度，为新项目腾出空间，提高土地使用效率。四是加大土地盘活和集约用地，各镇基地要探索从盘活土地、厂房和现有低效企业等存量资产下手，鼓励和引导企业利用闲置土地和厂房开展内外嫁接或增资扩股，实现零地招商。通过闲置资源利用，盘活现有厂房及闲置土地。五是推动土地招拍挂。深入各基地指导土地一级开发，积极协调市区相关部门做好征用国有土地手续工作。

4. 统筹规划，合理布局，协调发展。河西各镇基地主要围绕临空经济区建设和中关村国家自主创新示范区扩区机遇，大力发展临空总部经济、航空服务业、高新技术产业和生产性服务业。河东各镇基地要根据产业定位，大力发展占地少、能耗低、科技含量高的实体经济，如现代制造业、都市产业和医药产业等，从而实现产业发展和农村劳动力就业同步。在用地指标和基础设施如电力、燃气等公共资源分配指标上要统筹规划，合理分配，使河东、河西各镇基地协调发展。

5. 推动重点经济功能区与镇级基地合作共建。一是落实《顺义区关于重点经济功能区帮扶镇级二、三产业基地合作共建的考核奖励办法》，全面推动功能区与镇级基地合作共建。二是加快推动重点经济功能区与相邻镇二、三产业基地的合作共建步伐，如：空港开发区与天竺镇、空港开发区与后沙峪镇、林河开发区与仁和镇、空港物流基地与南法信镇、北方新辉印刷产业基地与北务镇等，因土地、道路、电力、供暖等一系列公共设施都相连，通过合作实现资源整合，达到功能区与基地的资源共享、优势互补。充分发挥经济功能区资金、人才、招商、管理各方面优势，推动基地加快发展步伐。三是制定出台《重点经济功能区帮扶镇级二、三产业基地合作共建利益分成的办法》，促使对接更加深入，合作更加全面，达到双方共赢发展。

（摘自2013年《顺义调研》第30期）

关于实施“中关村房山园国高新企业培育工程”的思考

房山区经济和信息化委员会主任 赵永祥

房山区经济和信息化委员会主任 赵永祥

按照国务院关于调整中关村空间规模和布局的批复，2012年9月，房山区正式纳入中关村“一区十六园”。中关村房山园规划面积15.73平方公里，包括北京石化新材料产业基地、北京高端制造业基地、海聚工程产业化基地等我区重点产业功能区。加入中关村，给我区带来了重大战略机遇，房山园内的国高新企业和全区范围内的国高新企业都能够享受到中关村国家自主创新示范区“1+6”系列先行先试政策，获得更多的资金、政策扶持，获得更大的发展机会，进而成为引领全区创新发展的领军力量。本文对我区如何加快培育国高新企业，夯实中关村房山园建设基础进行了探索，提出了建议。

一、对加快培育国高新企业现实意义的认识

（一）国高新企业的内涵

国家高新技术企业又称国家级高新技术企业，根据《高新技术企业认定管理办法》规定，国家高新技术企业是指在国家重点支持的高新技术领域内，持续进行研究开发与技术成果转化，形成企业核心自主知识产权，并以此为基础开展经营活动，在中国境内（不包括港、澳、台地区）注册一年以上的居民企业。

国高新企业是发展高新技术产业的重要基础，是调整产业结构、提高国家竞争力的生力军，在我国经济发展中占有十分重要的战略地位。近几年，国高新企业一直受到各级政府的高度重视，国家和地方主要采取税收减免、股权激励、科技计划、项目用地、金融保险、出口信贷等多种政策措施，鼓励和支持国高新企业发展。我国已初步形成了培育国高新企业发展的良好环境和综合政策体系。中关村国家自主创新示范区“1+6”系列政策的扶持主体就是国高新企业。

（二）加快培育国高新企业对中关村房山园建设具有重要的现实意义

从以上数据看出，当前房山园国高新企业数量较少，仅占入区工业130家的17.7%，与未来的规划定位要求有较大差距。另据调查显示，剩下的入区非国高新企业中仅有30家左右具备申报国高新企业的条件，其他企业或者需要一段时间的培育才能达到标准，或者根本没有达标的希望。而房山园以外的国高新企业在工业总量中所占比例也处于较低水平。

就房山区而言，纳入中关村房山园正值房山区煤炭、石灰等资源型“五小”企业告别历史舞台，成为遥远记忆；长安、北车、中石化等大型央企相继入驻，高端战略性新兴产业方兴未艾的大转型、大提升的关键时期。中关

村房山园肩负着房山区转方式、调结构、促改革的历史使命，承载着区域经济总量扩张、质量提升的战略任务，承担着在新进园区中率先形成创新驱动、特色发展的重大职责。而国高新企业是发展高新技术产业和战略性新兴产业的主体，在引领全区企业开展自主创新，促进全区产业结构调整和经济发展方式转变过程中发挥着不可替代的重要作用。国高新企业的引进和培育，是支撑和夯实房山园建设的重要基础，其发展程度直接影响到房山园的建设水平、园区形象和对外影响力。

当前是房山区建设中关村房山园的规划期和起步期，同时也是加快高新技术产业和战略性新兴产业发展的重要机遇期。能否实现高端设计、高端推动、高端发展，关键看起步。为此，在中关村房山园建设中抓紧启动实施国高新企业培育工程，加大国高新企业培育支持力度，对促进企业创新主体发展壮大，争取中关村更多的优惠政策惠及房山区，加快中关村房山园建设步伐，最终实现“高端引领、创新驱动、特色发展、绿色先行”的建设目标具有重要的现实意义。

同时，按照中关村的政策精神，房山园外的国高新企业同样能够享受“1+6”系列先行先试政策，以中关村房山园国高新企业培育工程为基础和契机，带动全区国高新企业快速增长扩张，对房山区经济社会发展亦将起到极大的推动作用。

二、对加快培育国高新企业目标、原则的思考

以科学发展观和党的群众路线教育活动精神为指导，高举自主创新旗帜，以提升企业自主创新能力为核心，以支持和引导创新要素向企业集聚为重点，以优化发展环境为保障，培育中关村房山园内有潜力的科技型企业成长为国高新企业，并推动已认定的国高新企业发展壮大，进一步发挥国高新企业群体在产业结构调整和经济发展方式转变中的作用，为加快中关村房山园建设，实现“新城新业新生活”的“房山梦”提供有力支撑。

（一）总体目标

加快培育国高新企业的总体目标是针对科技型企业发展成为国高新企业以及国高新企业成长壮大中的瓶颈问题，充分发挥政府引导作用，整合社会资源，建立国高新企业培育体系，实施“中关村房山园国高新企业培育工程”，在房山园内着力培育一批企业按照国家重点支持的国高新企业的方向发展壮大，促进一批符合战略性新兴产业发展要求的国高新企业做强、做大、做专、做精，发展成为掌握核心技术，拥有自主知识产权，具有国内、国际竞争力的优质企业，促进高新技术产业蓬勃发展。

在中关村房山园范围内择优选择一批技术创新能力较强、发展势头较好、属于国家重点支持的技术领域的科技型企业进行培育，力争“十二五”末中关村房山园国高新企业数量突破200家，占入园企业数超过70%。

同时，择优选择已认定的国高新企业进行培育，使其知识产权战略的运用能力显著提高，人才、产品和服务结构逐步优化，拥有的中国驰名商标、知名品牌和获得的绿色环保产品认证数量不断增加，产品竞争力持续提升。推动一批企业达到上市融资标准，部分企业发展为战略性新兴产业等相关行业领域中的龙头骨干企业。

（二）基本原则

一是多方联合，整体推进。区经济信息化委、科委牵头，会同区财政、工商、国资、国税、地税等职能部门共同组织实施中关村房山园国高新企业培育工程，并依托各乡镇政府、区直属公司及各功能区管委会，整体推进工作开展。

二是营造环境，注重集成。加强政策宣讲、企业培训等方面工作力度，提升相关中介机构服务质量，为科技型企业成长为国高新企业营造良好环境。注重各类科技、基地、人才、知识产权、财税政策的集成，形成合力，加大对国高新企业培育的支持。

三是点面结合，全面推进。在以中关村房山园为重点组织实施培育工程的基础上，选择全区经济发展较快、存量企业密集的乡镇和功能区作为拓展，加大工作推广力度。

三、培育国高新企业的措施建议

建议区委区政府采取以下措施，实施中关村房山园国高新企业培育工程：

（一）建立房山区高新技术后备企业库。参照国高新企业申报条件，建立后备企业库。各乡镇、功能区负责辖区内高新技术后备企业的筛选、报送工作；区经济信息化委负责各单位报备企业信息整理、汇总、建库和维护工作；区经信委会同区科委等职能部门为入库企业进行培训辅导、政策支持、整体包装、上报申请等服务，促其尽快被认定为国高新企业。入库的后备企业实行动态管理，根据企业发展状况随时进行调整。

（二）加强国高新企业申报培训。区经济信息化委会同区科委等职能部门，通过开展培训会等形式，针对中关村房山园申报企业、高新技术后备企业，重点从政策解析、申报程序、材料编写、研发费用设置、知识产权和成果转化等方面进行培训，使企业在科技创新、成果转化、团队建设等方面得到提升。

（三）做好国高新企业认定管理工作。区科委牵头，会同经济信息化委、财政、发改、税务部门做好中关村房山园国高新企业认定工作，加强已认定国高新企业管理工作，定期开展检查调研，对发现的问题及时予以通报。各乡镇和功能区管委会要加大协同配合，确定工作目标，建立健全企业申报初审制度，根据各自职责分工做好工作，积极组织入区企业申报国高新企业。

（四）完善国高新企业培育服务体系。区经济信息化委会同区科委等职能部门共同研究建立中关村房山园国高新企业培育服务体系，牵头做好入区国高新企业培育工程的实施。依托中关村国家自主创新示范区、产业联盟、科技孵化器、高教园区等建立国高新企业培育基地。建立、健全国高新企业协会组织，为国高新企业群体提供相关服务和支撑。探索建立国高新企业评价体系，每年筛选一定户数的优秀国高新企业作为重点培育对象，给予政策和资金上的倾斜。

（五）引导企业加强自主知识产权保护。加强高新技术后备企业的自主知识产权保护工作，制定高新技术后备企业专利服务计划，宣传专利申请条件、程序、相关政策，帮助其尽快获得核心自主知识产权。鼓励国高新企业和高新技术后备企业成为技术标准制定的牵头单位，支持其建立健全知识产权管理体系，建立和实施知识产权战略。

（六）引导培育企业加大研发投入。有效集成中央、北京市有关科技计划，对高新技术后备企业给予同等优先支持，引领带动其深入开展自主创新活动；积极支持符合条件的高新技术后备企业申报国家科技计划项目。加大对国高新企业培育的引导性经费投入，区里设立规模的专项资金，用于国高新企业培育行动实施及支持企业增加研发投入、设立研发机构、引进高端创新人才、申报及维护知识产权等。

（七）支持培育企业加强研发中心建设和产学研合作。积极支持有条件的高新技术后备企业独立或联合科研院所、高等学校申报国家级重点实验室、国家级工程技术研究中心等研发机构。支持高新技术后备企业联合高等院校、科研院所，建立产业技术创新联盟。组织高新技术后备企业积极参与区内外大型招商引资活动，开展不同层次的产学研合作。

（八）落实鼓励企业自主创新的政策规定。认真落实国家和北京市鼓励企业自主创新的各项优惠政策，保证符合条件的企业充分享受政策，及时支持企业创新发展。优先推荐国高新企业中拥有核心自主知识产权的产品纳入政府采购目录，开展高新技术产品应用示范。出台财政、人才、土地、知识产权、标准制定、品牌建设等方面的具体激励政策，推动培育工程加快实施。

（九）加大对培育企业的金融支持。加强对上市后备国高新企业的培训辅导，积极支持其上市融资。鼓励和支持银行等各类金融机构增加对高新技术后备企业的信贷投入，提供担保、保险、以知识产权等无形资产质押贷款等金融服务。

（十）支持培育企业加强创新人才队伍建设。鼓励高新技术后备企业与国内外科研院所、高等学校加强人员交流与合作，支持高新技术后备企业培养国际化人才，探索高校科研单位与企业之间有效合作机制，共同推进企业进步。

（十一）加强国高新企业政策宣传。充分利用媒体、网络等多种方式，开展中关村“1+6”系列政策、国高新企业认定政策等优惠政策的宣传工作。利用各类重大活动，举办相关论坛、讲座和宣讲会，营造宣传国高新企业发展的良好氛围，不断扩大其知晓度和影响力。

（摘自2013年10月房山区国高新企业的调研文章）

石景山区智能产业园发展规划研究

石景山区经济和信息化委员会主任　李元涛

石景山区经济和信息化委员会主任　李元涛

智能产业是以数字化智能化为特征的信息技术在制造业发展、商业运行、文化创意、城市管理等领域深度应用衍生出的新的产业形态。作为战略性新兴产业的一个重要组成部分，智能产业既包括传统制造业也包括新兴产业。广义上涉及智能制造业、智慧城市及物联网产业、智能电网产业、智能制造服务业等。总的看来，其是以实体经济为基础，并伴随其延伸出的相关产业形态，核心是技术创新，表现为高端智能。

一、石景山区智能装备产业发展的现状与分析

（一）基础与现状

1. 产业发展初具规模，以新兴产业为主。石景山区智能装备产业涉及智能测控系统、装备制造、物联网等七大行业类别，其中精密和智能仪器仪表与实验设备、智能控制系统、物联网、智能电网等产业具有基本雏形。共有相关企业约30家，其中重点企业25家，多数为近10年成立的企业，处于智能装备产业领域的细分行业，主要以物联网、智能测控系统为主，实现年收入约35亿元，实现税收约2亿元，年增长率达到8%。

2. 部分企业发展势头良好，增长速度较快。北京首钢国际工程技术有限公司、北京航天测控技术有限公司、北京易华录信息技术股份有限公司、首钢自动化信息技术有限公司、北京合康亿盛变频科技股份有限公司等一批行业重点企业发展势头良好；北京意科新能源有限责任公司、北京禾光永业科技有限公司、北京东土科技股份有限公司、北京麦格天宝科技发展集团有限公司等一批中小企业正在逐步发展壮大，形成规模；北京海蓝石油技术开发有限公司、北京普利门电子科技有限公司、北京合康科技发展有限责任公司等一批企业正在引领行业发展。由于大部分企业处于成长期，每年以10%的比例增长，具有较好的行业发展前景，随着企业的发展壮大其地位和影响力逐步上升。

3. 部分行业技术实力较强，提升趋势明显。石景山区智能装备产业相关企业具有较强的自主研发能力，具备多项专利成果，无论是在产品创新、工艺创新还是市场创新方面，都高于其他企业。总的看来，产业整体技术水平提升趋势明显，围绕国民经济各行业开发出了一批具有知识产权的高端智能装备，如，军民两用信息化测控装备、石油钻井定向测试仪器、太阳能电站智能控制系统等，均拥有完全自主知识产权的科研成果，并先后承担多项国家级项目研究任务。

4. 企业自主创新活跃，创新能力显著提升。“十一五”期间，石景山区工业企业专利申请累计达6073项，授权2061项，其中发明专利申请3367项，发明授权349项，增速处于全市中上水平。版权数量超过5000余项，年均增速在50%以上。30家企业的61项产品纳入北京市自主创新产品目录，12家企业入选中关村百家创新型试点企业，2家企业入选首批56家中关村创新型企业。企业牵头或参与制定国家标准10余项，行业标准20余项，在数字音视频、电子标签等10余个行业处于国内领先地位。

5. 科技载体建设快速推进，引才聚才成效显著。近年来，石景山区科技承载力逐渐提升，人才活力持续增强，人才发展环境不断优化。全区现有市级以上驻区科研院所13家，国家级科技园区1个，国家级授牌产业基地5个，国家级重点实验室6家，市级以上企业技术中心9家，市级文化创意产业集聚区2个，市级以上科技孵化器3家，市级创业园2个。“十一五”末，全区科技人才总数突破7万人，其中专业技术人才占50%，企业经营管理人才占22%，留学归国人才达到100余人，310名科技人才受到科学技术奖表彰奖励。

（二）存在问题

1. 产业基础薄弱，产业规模较小。虽然石景山区智能装备产业近年来发展迅速，但产业基础薄弱，规模相

对较小，没有形成完整的产业链。目前与智能装备相关的企业只有 30 多家，分布行业广泛，企业布局分散，彼此独立，难以实现企业间互助协作，带动产业良性发展的局面；而且企业多为中小企业，产品单一，经营规模普遍偏小，缺乏某一行业领域内领头且辐射能力强的企业，仅有的规模较大的企业，如首钢自动化、易华录等企业，主要服务于特定用户，对当地企业带动能力较差。整个行业年产值只有 30 多亿元，仍处于产业萌芽阶段，未能形成产业集聚效应，并带动产业链延伸。

2. 研发能力较低，创新平台缺失。智能装备产业是高新技术产业，创新能力是企业健康、持续发展的必要条件。但石景山区智能装备产业相关企业的研发能力显得较为薄弱，投入较低，中小企业的研发规模仅限于关键的 2~3 人，创新能力的缺失，是区内中小企业存活期限较短的重要原因。由于企业空间布局较为分散，中关村科技园石景山园建设处于起步阶段，区内还未聚集一定规模的智能装备制造企业，缺乏关键技术、公共技术创新平台支撑产业的发展。

3. 科技人才缺乏，区位吸引力薄弱。从教育投入方面来看，石景山区教育经费的投入、科研成果的数量和质量，都与北京市的平均水平存在一定的差距，难以满足教育发展和社会发展的需要，导致石景山区人才培养难度大，高素质人才缺乏，已经成为区域产业转型升级、高端产业引入的瓶颈问题。从区位对人才的吸引程度来看，石景山的地理位置决定对高端人才的吸引乏力。新进入产业的技术人员，往往出于积累经验的考虑，具有一定经验之后选择进入邻近的海淀区工作，技术人员成长难以持续。

4. 基础设施建设缓慢，配套设施不完善。基础设施作为现代制造业发展的主要载体，对产业的发展具有支撑作用。但石景山区土地资源少，可供开发建设的土地更是有限。现有的中关村科技园石景山园区基础设施建设尚处于起步阶段，园区内配套水、电、气、热、交通等市政基础设施尚不完善；园区周边生活综合配套能力仍显不足，商业、金融、教育、医疗等配套功能仍未完善；园区信息、技术、人才、物流等公共服务平台尚未建立，这些城市服务功能配套不足，影响了园区对企业的吸引力。

二、石景山区智能装备产业发展面临的形势

（一）发展机遇

“十二五”时期，是金融危机之后世界经济格局大变革、大调整的时期，也是国内加快经济增长方式转变的关键时期，北京工业发展面临的形势比以往更加复杂，工业调整、转型升级的紧迫性也不断增强，未来将全面推进科技、绿色北京的建设。智能装备产业作为低能耗、低污染和高附加值的产业，符合北京市和石景山区产业结构升级的发展方向，具有难得的发展机遇。

1. 产业政策支持力度不断加大。从国家层面来看，自 2010 年国家出台《国务院关于加快培育和发展战略性新兴产业的决定》中首次提出发展智能制造装备开始，政府开始大力推动智能制造装备发展，政策支持力度在逐步加码。2012 年，国家部委制定的规划和专项政策陆续出台，使得智能制造装备产业的发展轮廓得到进一步的明晰。如《“十二五”高端装备产业发展规划》《“十二五”智能制造装备产业发展规划》《智能制造装备发展专项》《“十二五”智能装备产业技术发展路线图》等都对智能制造装备产业的发展提出了相应的支持政策。目前，国家仍在不断完善支持智能装备制造业发展的政策和措施，产业发展的政策环境被普遍看好，未来 5~10 年，我国智能制造装备产业将迎来发展的重要战略机遇期。从北京市层面来看，中关村科技园石景山园是国家服务业综合改革试点区、国家可持续发展实验区和中关村国家自主创新示范区特色园区，园区拥有相应的配套政策，如中关村推出“1+6”系列先行先试政策，成立“中关村创新平台”，在体制机制创新、重大科技成果转化、产业集群发展、创新引领、人才建设方面提供政策支持，这些政策措施在技术创新、资金支持和重大项目落地等方面，为石景山区智能装备产业发展提供了坚实的保障。

2. 首都世界城市建设全面启动。在世界城市建设下，北京“同心圆”式的空间格局难以满足需求，城市综合竞争力的体现和大都市影响力的释放都需要新的发展空间。石景山区作为拉动京西南地区的重要增长极及北京重要的城市功能拓展区，在全市发展的大格局中居于承东启西的重要战略地位，与核心区互补性强，具有缓解中心城区空间资源不足的矛盾，疏解中心城区人口和功能，聚集新的产业，带动区域经济发展的重要责任，因此，建设世界城市将加速推进北京城市空间结构的战略性调整，为石景山区承载更多城市功能，发展成为北京城市新空间创造难得机遇。

3. 石景山区进入全面转型时期。“十二五”时期是石景山区发展的关键时期，是加快推进传统工业石景山向绿色生态石景山转型的重要时期，也是推动全区经济社会向更高层次、更高水平迈进的战略机遇期。2011年7月石景山区被授予“中国总部经济发展实践研究基地”称号，通过对区域功能再造、环境再造和形象再造的深入研究，进一步增强对新要素、新总部的吸引和聚集能力，以总部经济模式推动石景山区成功转型。另外，国家服务业综合改革试点区、国家科技进步示范区、国家可持续发展实验区、中关村国家自主创新示范区特色园区建设将有效促进石景山区经济发展方式向服务主导、创新驱动型转变，有利于石景山区争取更多市级政策、资金支持和重大项目落地。智能装备产业是未来世界产业发展的重要方向，在我国经济发展方式转变、北京市大力推进西部地区加快转型发展的重要时期，石景山区发展智能装备产业是占领产业前沿领域的首要选择。

4. 首钢搬迁带来产业转型机遇。首钢涉钢产业搬迁调整，为进一步推动石景山区产业升级和经济转型提供了重要机遇。通过利用搬迁腾出的856万平方米土地空间培育新产业，有利于整合区域资源，推进地区产业结构优化升级，逐步实现经济增长方式从主要依靠传统产业向高端、高效、高辐射产业方向转变，进一步提高区域单位土地经济效益，扩充区域经济总量，增强区域经济综合竞争力。首钢搬迁后留下支柱产业“空心化”，是北京市必须面对的问题。由于厂区大部分建、构筑物目前使用状况良好，具有良好的资源再利用价值，工业遗产的保护与再利用成为重要课题。首钢相对丰富的空间资源为跨国企业总部及国际组织的入驻预留了足够的空间，因此，石景山区完全有可能利用好土地成本相对低廉、发展空间广阔的优势，积极引进海外企业及国际组织进驻，满足发展智能装备产业总部基地、研发服务业态集聚发展的载体建设需要。

5. 首都西南部地区发展加速。西南部地区是首都重要的绿色生态屏障和首都经济调结构、转方式、上水平的重要区域。多年来，西部地区加快淘汰资源型产业，初步积累了产业加速转型、经济加速发展、功能加速提升的物质基础，目前正处于加快转型发展的关键时期。在北京市《关于加快西部地区转型发展的实施意见》中提出：“重点打造‘一核’——新首钢创意商务区，以首钢主厂区为核心，重点发展数字娱乐、工业设计和高端制造业等产业，积极吸引国内外大中型冶金、装备等制造业企业总部入驻，打造全国首个‘制造业总部集聚区’。鼓励设计机构入驻，打造‘设计之都’核心区，将首钢协作区逐步建设成为高端要素聚集、创新创意活跃、总部特征明显、生态环境优美的新首钢创意商务区。”在跨国公司将研发总部、生产制造环节一级地区总部向发展中国家转移的背景下，新首钢创意商务区为石景山区推动产业向低碳化、高端化转型升级，优化空间格局，改善生态环境，深化交流合作，提升区域影响力提供了有力支撑。

（二）面临挑战

在国家产业政策支持智能装备产业的背景下，石景山区发展智能装备产业的前景纵然非常广阔，但面临的外部挑战也非常严峻。

1. 科技引领产业升级亟须加速。首钢涉钢产业调整搬迁后，重工业逐步退出，新的科技产业增长源尚未形成。虽然拥有中关村科技园区石景山园，也汇集了一批创意产业，但产业集群效应不明显，对石景山区其他产业未发挥科技引领的作用。高科技产业龙头企业的缺乏，制约了区域内企业自主创新和研发能力的提升、高新技术成果的产业化，因此，科技引领支撑产业发展亟须提速。

2. 高端资源引进整合能力不足。近年来，石景山区首钢搬迁之后的产业“空心化”问题一直存在，虽然首都文化娱乐休闲区（CRD）建设取得重大进展，但其品牌形象为全社会广泛接受尚需时日，对高端资源的吸引力仍显不足；同时，城市基础设施和公共服务设施承载力与全面转型的要求还有一定差距；高端人才数量不足，国际交流活动偏少，在引进、整合、激活、应用高端创新资源方面面临严峻挑战。

3. 自主创新能力有待快速提升。2012年石景山区虽然获市级以上科技奖励大幅提升，全区共有18个项目获得2012年度北京市科学技术奖励，其中一等奖6项，二等奖7项，三等奖5项，获奖质量创历史新高，但与人才集聚、科技实力强大的海淀区相比，仍存在很大的差距。海淀区驻区单位主持完成项目共有87项获奖，占全市的47.3%，包括一等奖12项，二等奖24项，三等奖51项。可见，石景山区科技成果数量偏低，转化和产业化力度有待提高，创新交流的环境亟待完善。

4. 高素质人才缺乏阻碍产业升级。智能装备产业是高技术产业，其发展水平的高低取决于技术实力的强弱，而这些都依赖于人才的保有量。石景山区由于缺乏相应的人才政策且区内商务办公发育不良，长期以来对人才资源的吸引力相对较弱。高素质人才缺乏已成为阻碍产业升级的瓶颈。如何能在区域间激烈竞争中，留得住，不流失，并使用得当各种人才，需要石景山区在人才培养环境、人才引进环境、科技环境、成果转化环境、知识产权保护等方面提出更多行之有效的举措，需要有更具吸引力的政策，这些都是石景山区所要面临的一项重要考验。

5. 新的主导产业培育任务艰巨。首钢搬迁调整后，主导产业仍未培育起来，导致产业“空心化”和地区财力锐减，产业培育和加快经济发展的任务异常艰巨。目前来看，尽管围绕CRD产业发展提出了明确的思路和规划，但产业规模都相对较小，现代化经营与服务程度较低，无法更好地吸引高端企业进驻，难以形成产业聚集效应，辐射带动能力有限，对区域经济持续较快发展的支撑能力有待进一步提升。

三、石景山区智能装备产业发展思路、原则、重点与目标

（一）指导思想

以邓小平理论和“三个代表”重要思想为指导，围绕“首都绿色转型示范区”的发展定位，以体制机制创新为动力，以加快转变经济发展方式为主线，把握新首钢高端产业综合服务区建设的有利契机，全面转型，科学发展，按照“高端、高效、高标准”的要求，充分发挥石景山优势和特色，以科技为支撑，优化产业结构，加快软硬件建设，以“一园、一极、一片区”的空间布局为依托，全面推进石景山智能装备制造产业总部经济区的发展。

（二）发展思路

深入贯彻落实科学发展观，紧抓北京世界城市和中关村国家自主创新示范区建设机遇，以“打造特色园区、科技引领转型、创新驱动发展”为主线，以创新驱动、重点突破、引领示范、开放发展的思路，提升区域科技发展综合水平，着力培育智能装备产业，打造全国智能装备产业的“龙头引擎”。

以首钢涉钢部分搬迁调整为契机，建设智能装备和产品研发与制造基地。重点提升发展一批如工业机器人、智能电网、物联网设备等智能装备产品的设计制造企业。培育发展信息传感装备、智能交通装备、智能工业控制装备、智能环保装备等新兴制造产业集群。加快智能交通、智能楼宇、自动化控制和物联网综合示范应用，建设集工业机器人、物联网、智能交通、智能电网等产业为先导的智能产业园。

大力培育总部经济，加速推进产业集聚。充分发挥现有企业集团和总部的影响力和号召力，加速产业集聚；吸引一批国际化的集团总部或地区总部落户石景山，设立地区总部、研发中心、营销总部及规模化的高端生产基地，加速高端要素聚集；发展“总部—制造基地”合作模式，深化中心城区与郊区县、石景山与京津冀周边地区的分工与合作，打造一批产业集聚区，增强该产业的辐射和带动作用。

（三）发展原则

1. 创新驱动。增强全球创新资源整合应用能力，坚持政府引导和市场配置相结合，成果研发和产业化相结合，促进创新要素聚集和发展，构建开放、融合、协同、高效的区域创新体系。对接中关村国家自主创新示范区建设，发挥中关村国家自主创新示范区人才、研发机制等核心创新要素辐射带动效应，提升关键、成套装备研发实力。

2. 人才引领。强化人才是第一要素的发展理念，坚持以人为本，建立向人才发展倾斜的资源配置机制，完善科技人才聚集所需要素条件，打造一流人才发展环境，形成具有区域特色的人才发展体系。

3. 产业支撑。结合首钢搬迁调整，对智能装备产业空间和结构布局进行整体谋划，切实优化有利于产业发展的各种资源配置。围绕智能产业龙头企业，积极推进与央企、国外技术源头企业的交流，引领产业向“高端、高效、高辐射”发展，将发展总部经济作为推动现代服务业、先进制造业和高新技术产业发展的重要途径，形成产业集群，促进经济结构转型和升级。

4. 统筹发展。完善政策体系，加强知识产权保护，提高政府科技管理和服务水平。加快科技基础设施和平台建设，支持企业兼并重组，聚集大型企业集团，培育优势产业集群，大力发展总部经济，增强产业控制力、影响力和带动力。发挥龙头骨干企业对中小企业的带动作用，支持有潜力、成长性好的中小企业发展。

（四）战略重点

立足北京，面向世界，结合石景山区工业发展的具体实际，加强政府引导和扶持，抓住北京市加快西部地区转型发展的历史机遇，着力引进一批具有核心技术的高新技术企业、制造业企业总部及研发总部，并进一步鼓励企业在本区延伸产业链，进行技术密集型关键产品或零部件的生产制造，最终打造出“企业总部—科研（工业设计）中心—核心制造”的高端工业生产链条，推进石景山区工业的大转型、大升级。

四、石景山区智能装备产业园空间布局

(一)布局思路

抓住中关村国家自主创新示范区规划调整契机，出台配套政策，推进国家重大产业化项目落地。推进“智慧园区”建设，以创新技术支撑“智慧石景山”建设，以重大项目为引领，整合相关资源，优化产业布局，着力打造“一园、一极、一片区”的产业空间格局，做大做强一批载体项目，辐射带动相关产业发展，形成以智能装备产业为特色的首都标志性产业集聚区。“一园”为中关村石景山园。园区目前规划面积352万平方米，分为北区和南区。北区包括北Ⅰ、北Ⅱ两个区域，北Ⅰ区占地面积63.6万平方米，北Ⅱ区占地面积99.3万平方米，南区占地面积189.2万平方米，形成“一核两翼”三大智能装备产业集聚区的发展格局。根据首都城市功能区的发展定位和全市工业布局，坚持“集聚、集约、产业发展与城市功能耦合”的布局思路，将园区建设成为智能装备产业总部集聚区。

(二)产业布局

按照“产业集聚、用地集约、差异定位、有机联动”的原则，对原有总体空间格局进行调整、丰富和完善，进一步整合空间资源，构筑集约协同的产业空间布局。依托新首钢高端产业综合服务区和中关村石景山园，打造具有更大规模体量、在全市具有影响力的产业功能区，提升功能区层级，形成集约、协同的产业空间格局。

充分利用中关村国家自主创新示范区相关政策，聚集高端资源要素，重点发展智能装备制造业，积极培育工业机器人、物联网、智能交通等智能产业，形成特色产业集群，将中关村石景山园打造成为石景山区科技创新高地和经济发展的核心动力引擎，成为北京市重要的创意产业集聚区。

五、石景山区智能装备产业发展措施建议

抓住北京市加快西部地区转型发展和首钢搬迁调整的历史机遇，以中关村科技园区石景山园、特钢厂区及首钢主厂区南部“二炼钢”为主要载体，大力发展智能装备产业，创建以较强自主创新能力和较高产业化水平为特征的研究开发体系。

(一)加强组织领导，强化协调机制建设

成立智能装备产业园建设工作委员会。组织各方面的力量，把建设智能装备产业园作为当前和今后一个时期全区的重点工作。

成立智能装备产业园建设决策咨询机构。按科学规律办事，民主科学决策，对重大项目要做到广纳忠言、反复论证、缜密测算、科学决策。同时，积极邀请国内外相关领域的专家学者、国外的专业机构参与智能装备产业园建设工作。

加强与工业和信息化部、国家发展改革委等部委的沟通协商，争取国家对石景山发展智能装备产业的支持。加强与市相关部门沟通协调，督促解决产业发展过程中遇到的各种问题。加强组织协调工作，努力形成“有人决策、有人协调、有人落实、有人督察”的工作机制。建立对重大项目的项目生成、分析评判、接洽谈判、快速决策、专项服务的协调机制，尽快促使重大项目落户。

加强石景山区政府部门之间的合作，形成合力，做好智能装备产业发展的统计监测工作，建立健全重大项目、重大工程推进机制，保证工程项目实施的高效有序进行，研究建立智能装备产业指标评价体系和评估考核机制，定期组织对智能装备产业建设工程和项目进行评估，发布评估信息和白皮书，为决策和指导推进智能产业发展提供科学依据。

(二)落实各项政策，建立法规和行业标准

积极落实国家服务业综合改革试点区、国家可持续发展实验区建设、中关村国家自主创新示范区特色园区政策体系和北京市促进智能装备产业发展的各项政策和相关配套实施细则，努力争取各项优惠政策和专项资金支持。

积极落实石景山区促进智能装备产业发展的各项政策和相关措施，继续加大区级财政资金支持，每年安排2亿元支持智能装备产业发展，采取贷款贴息、项目补贴、奖励、重大活动等方式，支持一批重大产业化项目、精品项目和示范带动项目。

加强信息化法规规范、制度规则、技术标准的创新和应用试点示范工作，提高智能产业的法规规范、制度规则、技术标准的创新能力和保障能力，形成强有力的支持智能产业健康发展的保障体系。

结合智能装备产业的发展，着力引进培育一批相关领域的法规与标准研究机构和研究团队，在工业机器人、

智能仪器仪表、智能电网等领域率先进行前瞻性研究，适时提出立法和标准化建议，推进有关立法项目和标准的起草论证。承担推进智能产业工作的各相关部门要结合实际，按照各自职责及时提出制定地方性法规、政府规章和技术标准的建议。

（三）推动自主创新发展，提高创新支持力度

吸引国际创新资源集聚，探索在研发、设计等高端环节实现国际化发展的路径，吸引跨国企业、国际实验室在石景山区设立研发机构；引导企业加大技术研发投入，鼓励企业建立技术中心或研发中心，激励重点开发核心技术领域的关键技术。

积极发挥高等院校和科研院所的创新能力，鼓励首钢技术研究院、中科院高能所、北方工大等科研实力较强的创新主体，构建产学研联合体，形成具有核心竞争力的创新团队；鼓励企业、大学、科研院所承担国家级研发机构建设，深化院校、企业战略合作，支持共建一批工程（技术）研究中心、技术中心、重点实验室、工程实验室。

加强企业技术创新能力建设。构建产业技术创新和支撑服务体系，加大企业技术创新的投入力度。依托骨干企业，围绕关键核心技术的研发、系统集成和成果中试转化，支持建设若干具有世界先进水平的工程化平台，发展一批企业主导、产学研用紧密结合的产业技术创新联盟，支持联盟成员构建专利池、制定技术标准等。

明确财政支持企业科教创新的政策，通过财政贴息、税收优惠、银行信贷等手段，带动企业增加科研投入，增强企业科技创新的动力，如直接提供科技投资支持或津贴、税收优惠政策，研发费用可以列入税前抵扣等，如允许企业按照当年实际发生的、用于自主创新的技术开发费用的150%抵扣当年应纳税所得额；对国际专利申请和国内发明、实用新型专利申请，每项专利给予适度资助奖励；对获得国家创新创业资金支持的项目，区产业发展资金按1：1比例给予配套支持；获得北京市技术创新创业资金支持的项目，区产业发展资金按2：1比例给予配套支持。

（四）开发人力资源，会聚产业高端人才

依托重大产业项目，大力引进智慧产业发展需要的高端创新创业人才，支持企业通过中央“千人计划”、北京“海聚工程”、中关村“高聚工程”等人才政策，有针对性地引进国内外科研骨干和高层次经营管理人才。引进智能装备产业的各类拔尖人才100人以上和急需紧缺的专门人才5000人以上，柔性引进外国专家（海外工程师）2000人（次）以上。

鼓励企业与高校、研究院所联合培养装备高端研发人才和复合型人才，与中、高等职业教育学校联合培养高级技能人才，推进技能型人才队伍建设。

重点创建一批以智能装备产业基地为依托的人才集聚平台和以智能装备产业建设试点园区为主体的人才特区。充分发挥青创园、留创园的作用，管理好常青藤高端人才集聚区，吸引国内优秀人才、海外归国人才集聚。

加强智能装备产业人才职称评定工作，对突出贡献的集体和个人给予表彰和奖励，不断完善智能装备产业人才激励机制，鼓励和支持优秀人才脱颖而出。

（五）强化招商引资，多方筹措资金

坚持把招商引资与功能区建设相结合、与盘活存量资产相结合，最大限度地发挥功能区对招商引资的平台效应和辐射带动作用，加强对首钢主厂区、特钢等闲置厂房、楼宇等存量资产的重组整合和高效利用，进一步扩大招商引资载体。围绕智能装备产业，吸引一批国内外知名企业、集团、总部和更多的资金、项目聚集，通过增量的结构优化带动存量的结构调整，形成符合石景山区城市功能定位的新型产业结构。

建立健全招商引资的领导体制，实行招商引资领导责任制。实行招商引资委托代理制，建立招商引资项目储备制和项目跟踪负责制。设立招商引资和经济发展的突出贡献奖。切实加强招商引资后期服务工作，全方位营造有利于企业投资和发展的良好环境。

借鉴国内外智能装备产业园区的成功筹资经验，充分发挥政府的组织、引导作用，大胆探索市场化运作的筹融资方式，广泛吸引社会资本进入，通过信托投资、银企合作等多种方式拓宽投融资渠道，积极探索多元化的融资新模式，形成高效的投融资机制。

设立政府引导、社会参与的专业化股权式产业投资基金，支持以中小科技企业贷款为主要业务的小额贷款公司的发展；引导和鼓励各类金融机构在石景山区开展支持科技创新的业务试点；加强同上级主管部门的联系，及

时掌握国家、北京市相关政策和重大项目信息，争取国家、北京市财政对石景山区重点产业发展的专项资金支持。

（六）完善产业服务体系，优化发展环境

建立行业协会，发挥其内联外引的作用，促进产业链和优势要素集聚。完善服务平台，围绕智能装备产业集聚区建设，建立健全信息、技术、人才、交易、创业孵化、投融资等公共服务体系，为企业提供优质服务。

保护知识产权，完善知识产权保护、保有服务平台，充分发挥区法院知识产权庭和中国互联网调解中心石景山分中心的作用，探索建立维权举报奖励机制，切实保护知识产权成果。

加强园区综合管理和公共平台建设，重点推动技术开发平台、产品验证测试平台、公共服务平台、培训中心等公共资源建设，为入园企业发展提供基础性、公共性、公益性、开放性的公共服务平台。以已有行业资源、专业优势的科研院所和龙头企业为主体，建设第三方公共信息服务平台和技术支撑平台，提供专业化外包服务。

完善配套服务功能，着力提升集聚区要素资源吸附能力、产业支撑能力和对周边区域的辐射带动能力。以重大项目建设为抓手，集合利用土地，积极用足用好政策，引导符合发展要求的产业不断集聚。

（摘自2013年《石景山调研》）

深入贯彻党的十八届三中全会精神
坚持改革创新　推动转型发展

首钢总公司董事长　靳　伟

2013年，是首钢面对更加严峻的市场形势，为生存而战、推动转型发展取得新成效的一年。首钢党委围绕中心、服务大局、发动职工、开拓进取，促进钢铁业扭亏、北京园区建设和新产业发展取得了新进展。全年集团销售收入2170亿元，同比减少107亿元；实现利润3.45亿元，完成年度计划。

首钢总公司
董事长　靳　伟

一年来，首钢党委抓了3件大事：

1. 深入学习贯彻党的十八大、习近平总书记系列重要讲话和十八届三中全会精神，学习贯彻市委主要领导讲话要求。党的十八大是在我国进入全面建成小康社会决定性阶段召开的十分重要的大会，对新的时代条件下推进中国特色社会主义事业做出了全面部署。党的十八大以来，习近平总书记围绕改革发展稳定、治党治国治军、内政外交国防等发表了一系列重要讲话，是党的十八大精神的深化和拓展，是中国特色社会主义理论的丰富和发展。党的十八届三中全会是在我国改革开放35年后全面深化改革的又一次总动员、总部署，开启了全面深化改革的新征程。北京市郭金龙书记、王安顺市长多次到首钢调研。2013年1月9日，郭书记亲自参加首钢领导班子民主生活会，在讲话中强调，首钢要抓住机遇，应对挑战，坚定信心，提高责任感和使命感，扎实有效地做好转型发展这篇大文章，坚持高标准，加快首钢高端产业综合服务区建设。2013年12月，郭书记在与首钢新任主要领导谈话时，再次强调首钢要紧紧抓住历史机遇，重振雄风。这充分体现了市委市政府对首钢工作的高度重视和关心。

总公司党委把学习贯彻上述会议和讲话精神作为首要政治任务，及时研究部署，制定下发了《关于认真学习宣传贯彻党的十八大精神的安排意见》《关于深入学习贯彻习近平总书记一系列重要讲话精神的安排意见》《在首钢集团开展“我的梦·中国梦”职工宣讲活动的实施方案》《关于深入学习宣传贯彻党的十八届三中全会精神的通知》，党委中心组多次集中学习，认真研讨，多次举办专题讲座，采取多种形式宣传贯彻，在学以致用、学用结合、学用相长上下功夫。引导首钢广大干部职工，深刻领会我们党举什么旗、走什么路、朝着什么样的目标前进，着力谋划首钢的科学发展之路；深刻领会国家“五位一体”总体布局任务，结合首钢实际，着力在经济技术、民主管理、企业文化、构建和谐、节能环保方面不断创新；深刻领会中央全面深化改革的要求，着力推进体制机制改革，促进首钢转型发展；深刻领会全面提高党的建设科学化水平的新要求，以改革创新的精神加强首钢党建工作。我们一年来不断提高思想认识，做了大量工作，取得了新的成效。

2. 深入开展党的群众路线教育实践活动，加强作风建设。在全党深入开展党的群众路线教育实践活动，是党的十八大做出的重大部署。按照上级党委的统一要求，首钢从 2013 年 7 月开始，在首钢总公司领导班子和第一批 45 个单位开展了这项活动，坚持把反对形式主义、官僚主义、享乐主义、奢靡之风贯穿始终，把整风精神贯穿始终，把领导带头贯穿始终，把制度建设贯穿始终。贯彻落实中央八项规定和北京市委 15 条意见精神，制定了《首钢改进工作作风，密切联系群众的实施办法》。总公司领导班子发挥表率作用，开展了 10 次集中学习，采取多种方式广泛征求意见建议 1911 条，涉及总公司领导班子及成员的 116 条。认真撰写对照检查材料，深入开展谈心活动，推心置腹交换意见。在总公司领导班子专题民主生活会上，大家直面问题，不躲不绕，动真碰硬，认真开展了批评和自我批评，达到了“红红脸、出出汗、加加油、鼓鼓劲”的效果。坚持边查边改，对 116 条意见制定了整改落实责任制，对涉及全局性的工作，制定了总公司领导班子整改方案，提出了 5 个方面 24 条整改措施。开展了公务用车、办公用房、业务接待、解决群众切身利益问题等方面的专项整治，贯彻中央《党政机关厉行节约反对浪费条例》，结合实际修订了 8 项具体制度。在总公司党委带动下，首钢各单位教育实践活动扎实有序推进，目前正处于整改落实、建章立制环节。通过教育实践活动，解决了一批“四风”方面的突出问题，领导干部推进企业转型发展的信心更加坚定，为民务实清廉的作风更加过硬，党群干群关系更加密切，为促进首钢转型发展提供了坚强保证。

3. 深入开展“三创”活动，抓好首钢“两会”精神的落实。总公司党委以“以开放的视野实现首钢伟大的转型”为引领，围绕首钢“两会”确定的目标任务，深入推进“创新创优创业”实践活动。面对严峻市场形势，引导广大干部职工以保证集团赢利为底线，增强忧患意识、大局意识、质量效益意识，为生存而战，“多挣一分钱，少花一分钱，用好一分钱”，艰苦奋斗，树立信心，凝聚力量，拼搏奉献。组织开展了“硬碰硬完成全年任务，实打实打赢生存之战”“万众一心挖潜力降成本，毫不动摇增效益保全局”等系列活动，发动职工提建议、定措施、提效益、促发展。不断改进思想政治工作，注重人文关怀，解疑释惑、增进理解、达成共识。7 月中旬，总公司召开了“三创”经验交流会，分 3 个板块进行了 16 个典型交流，成为完成全年工作的加油站和创建学习型企业的实践平台，引导广大职工坚持创新驱动，深化改革开放，加强精细管理，改进工作作风，在钢铁业降本增效、北京园区建设、新产业开发等方面都取得了积极成效。

一年来，首钢党委充分发挥政治核心作用，保证企业改革发展重大决策的贯彻落实，推进几项重点工作：

1. 全力推进钢铁主业扭亏增盈。面对日益严峻的市场形势，总公司党委发动各单位和广大干部职工，按照更严、更细、更实的要求，打好钢铁业扭亏增盈攻坚战。充分发挥总公司和各钢铁基地两方面积极性，各企业的市场主体意识、总公司职能部门为基层服务的意识显著增强。按照总公司提出的“产品结构由中低端向中高端转变，产品制造从高成本向低成本转变，赢利模式从产品制造商向综合服务商转变，产业结构从钢铁生产向产业链延伸转变”的努力方向，各单位全面系统推进各项工作，取得了明显成效。钢铁业比上年减亏 29%，其中 4 地钢铁企业减亏 45%，特别是京唐公司进步明显，通过发挥综合优势，加强全流程管理，大力开发产品，全力降低成本，全年减亏幅度达到 66%，对集团钢铁业扭亏发挥了举足轻重的引领作用。

2. 加快推进北京园区建设和非钢新产业发展。在市委市政府的大力支持下，我们转变工作思路，加大开发力度，以先期启动项目带动园区建设和政策落实，规划了主厂区、二通和特钢的 9 个项目，其中“西十筒仓”改造通过了国家发改委组织的专家评审，完成了施工准备，首钢园区被国家发改委列入全国城市老工业区改造试点，列入北京市首批绿色生态示范区，园区各专项规划和设施拆除工作取得了新进展。非钢产业通过加大产品、服务和市场开发力度，实现利润 63.59 亿元，同比增长 66%。继续实施资源整合，按照 2012 年提出的 8 个平台建设任务，初步搭建了金属公司、矿业投资公司、源景公司、医疗投资公司、体育文化公司、环境产业公司；充分利用首钢工业遗产举办了一系列文化活动，首钢园区被授予国家级工业文化旅游 AAA 级景区，为首钢发展文化产业做出了有益贡献。北京市重点工程，首钢鲁家山生物质能源发电一期工程于 12 月 23 日点火试生产，成为亚洲单体规模最大的生物质能源发电厂，是 2013 年北京市垃圾发电能够投入使用的唯一项目。

3. 继续推进集团管理体制改革，加强基础管理。按照钢铁主业、北京园区和新产业、综合管理进一步调整总公司领导分工，2013 年又成立了新产业开发管理部、海外事业管理部、园区开发部、园区管理部、园区服务公司，进一步健全了管理体系。加强对外投资管理，完成了36家劣势企业股权退出工作。修订了党委会、董事会、经理层工作规则，对总公司754项行政管理制度和113项党群工作制度进行梳理，废止、修订、新建了一批制度。形成了《首钢总公司职工违规行为处理办法》建议稿，并拟提交职代会讨论通过。研究收入分配制度改革，完善考核分配体系，将首钢所有单位纳入集团薪酬管控，初步调整了总公司机关与生产基地、机关之间的分配关系。

4. 充分关注职工利益，促进企业和谐发展。结合党的群众路线教育实践活动，进一步落实厂务公开、党务公开，征求职工意见建议，加强民主管理。继续实施三支人才队伍薪酬激励，对313人进行了职务晋升，对8278人进行了择优升级。组织了第六批77名"首钢技术专家"和161名"首钢技术带头人"评选表彰，一批优秀人才和科研项目得到国家和北京市有关部门的资助。开展各种形式的培训21.8万人次，职工文化素质和工作技能得到提高。通过多年努力，目前首钢集团有专业技术人员3.2万人，其中博士234人、硕士2961人、本科生14338人，高级职称3223人。集团在岗职工人均年收入6.19万元，同比增长1.9%。北京地区三期集资建房有6栋结构封顶，各钢铁基地采取多种措施，职工住房和生活条件得到改善。广泛开展了送温暖和帮困救助活动，为职工办实事解难题。为解决矿业公司历史遗留问题，总公司党委多次讨论形成方案，加大力度向上级争取政策，寻求解决办法。各单位做好内部矛盾的排查调处，领导分工负责，解决实际问题，做了大量工作，保证了企业安全稳定。

5. 加强企业文化建设，凝聚人心提升活力。开展了"我的梦·中国梦"职工宣讲活动，努力把个人成长融入到国家和企业发展之中，首钢获得市国资委"十佳百姓宣讲团"荣誉。《首钢新闻联播》每天在全国8个地区同时播出，首钢转型发展新形象在北京电视台播出，受到社会广泛关注。首钢企业文化协会会员单位发展到74家，开展了"通钢杯"电视好新闻评选、"东星杯"我的首钢我的家征文、"水钢杯"图片故事摄影比赛、"长钢杯·决胜生存之战"好新闻竞赛活动，加强了集团企业文化的融合。树立全国"百姓学习之星"刘宏典型，举办了"首钢名优产品评选"活动，完成了首钢博物馆概念设计、项目建议书和展陈大纲初稿，首钢人口述历史工作顺利推进，一批工业文物得到妥善保护。首钢陶楼及工业遗址被确定为北京市爱国主义教育基地，首钢总公司荣获全国"改革开放35周年企业文化竞争力十大典范组织"称号。

6. 加强党组织建设，为首钢转型发展提供坚强保证。一是加强干部队伍建设，贯彻习近平总书记提出的"五好干部"标准，推进干部管理民主化，全年调整交流干部500人次，结合筹备基层党委换届，一批干部充实到各级班子。二是深入开展创先争优活动，组织广大党员提合理化建议，开展课题攻关，一批先进党组织和优秀共产党员受到表彰。三是加强制度建设，修订了《首钢领导干部选拔任用工作制度》及10项配套制度，加大领导干部问责力度，对发生事故负有责任的干部进行了责任追究。四是进行廉洁从业教育，完善廉政风险防控体系；开展了领导干部职务消费专项治理，围绕落实总公司决策广泛开展效能监察，提高了执行力。全年查处违纪违法案件20件，促进了正风肃纪。

（摘自2014年1月13日中共首钢总公司第十七届委员会第八次会议上的报告）

以跻身世界500强为起点
为实现由大变强、走向世界的"北汽梦"而努力奋斗

北京汽车集团有限公司董事长　徐和谊

2013年是中国汽车工业诞生60周年，也是"实现中华民族伟大复兴"的"中国梦"提出的第一年，又迎来了北汽集团首次跻身世界500强的重要时刻。跻身世界500强，既是北汽集团55年发展历史上的一个重要里程碑，镌刻着几代北汽人呕心沥血、执着奋进的光荣与梦想；同时它也是一个历史新坐标，为我们校准了下一步发展的历史方位，开启了北汽集团跻身中国汽车行业前列、屹立世界汽车之巅的历史新征程。在这样一个具有历史意义的重要年份，北汽集团站在历史新起点、响应时代呼唤，响亮地提出"践行北汽梦，实现中国梦"

北京汽车集团有限公司
董事长　徐和谊

的战略思想。

一、"北汽梦"战略提出的重大意义

恩格斯曾经说过："历史从哪里开始，思想进程也应当从哪里开始。""中国梦"的提出，是在中国的改革开放进程进入全面建成小康社会的攻坚阶段之后，面对更趋复杂的国内外形势，以习近平总书记为代表的党的新一代领导集体高瞻远瞩提出的重要战略思想。"实现中华民族伟大复兴"的中国梦的本质内涵，就是要实现国家富强、民族振兴、人民幸福。中国梦是一种新的理论体系，也是全体中国人的共同理想与目标。

中国梦的内容是丰富的、多层次的，对汽车行业而言，中国梦就是"汽车强国梦"。北汽集团作为中国汽车工业的重要一员，自它诞生之日起，就肩负着振兴民族工业、实现汽车强国的梦想。

从20世纪50年代第一台轿车"井冈山"的手工敲打，到六七十年代北京212的批量化生产，北京汽车工业从无到有，逐步建立起自己的汽车制造体系和零部件配套体系。从80年代建立国内第一个汽车合资企业北京吉普，到90年代北轻汽、北旅、北汽福田等企业的兴起，北京汽车工业的业务领域不断拓展。进入新世纪，北汽集团进入了全新发展时期。以北京现代、北京奔驰的建立为标志，北汽集团开始了新世纪的第一次创业。通过走集团化道路、整合集团内外资源打造五大平台，北汽集团实现了从分散到集聚、从徘徊到奋进的跨越，企业规模和整体实力都得到了极大提升。以收购萨博知识产权、建立北汽股份打造自主品牌乘用车为标志，北汽集团又启动了新世纪的"二次创业"，走上了一条自主创新与合资合作同步发展、整车与全产业链协调发展的科学发展之路，集团的产销规模、市场份额、行业地位都空前提升，并提前两年实现了进入世界500强的战略目标，使北汽集团实现了从小到大的历史性转变。

北汽集团10年来的巨大发展是中国汽车工业近10年来大发展、大繁荣的历史缩影。北汽集团经过艰难探索，走出了一条集团化、集约化、现代化的发展之路，既为我们今天实现"北汽梦"奠定了雄厚的物质基础，同时这10年积累的一些基本经验，也成为我们"践行北汽梦，实现中国梦"的宝贵精神财富。

"北汽梦"既源自深厚的历史传承与积淀，更来自于时代的要求与呼唤，应该说"北汽梦"就是中国梦的北汽篇。建设"实力北汽、规模北汽、世界北汽、和谐北汽"，实现北京汽车工业的进一步做大做强和科学发展，让北汽品牌屹立本土、走向世界，塑造幸福北汽、美好北汽，演绎北汽人的精彩人生和幸福生活，这已经成为新时期全体北汽人的"北汽梦"。

北汽梦以兴国为本。北汽集团的发展使命，就是要通过自身发展和引领带动作用，把北京汽车工业发展成为首都经济高端产业的重要支柱和现代制造业的第一支柱产业；通过科技创新、发展自主品牌促进中国汽车工业由大变强，为国家实现经济发展方式的转变和建设创新型国家做出贡献。北汽梦的本质，就是"实业兴国、产业强市"的北汽愿景的具体体现。说到底，就是一句话，北汽梦就是兴国之梦。

北汽梦以强企为先。北汽是我们的共同家园，我们在这个企业里结成了荣辱与共的"命运共同体"，只有北汽强大，我们才能为国家、为北京市做出更大贡献；只有北汽强大，我们每个人才能有施展才华的舞台；只有北汽基业长青，我们才能有更好的薪酬福利和生活保障。因此，北汽梦就是北汽腾飞之梦。

北汽梦以立人为要。北汽梦，最终是由一个个鲜活生动的北汽人的梦想汇聚而成。因此，北汽梦的一个重要内容，就是要大力建设幸福北汽、美好北汽，要让北汽的全体员工共同分享集团发展的成果，为职工提供更好的职业教育，更加公平、宽广的职业成长空间，更满意的收入，更可靠的社会保障，更舒适的居住条件和更优美的工作环境，让全体员工都能在北汽实现自己的人生价值。因此，北汽梦就是北汽人的人生之梦。

北汽梦是在北汽集团的"二次创业"进入攻坚阶段之后，根据国家和企业发展的新趋势、新变化和新要求提出的一个新的战略思想与宏伟蓝图。"北汽梦"与"二次创业"一脉相承，"二次创业"是以建立自主创新体系、打造北汽自主品牌为核心的战略，"北汽梦"是我们站在更为宏大的时空坐标系上，按照十八大提出的政治、经济、文化、社会和生态文明建设五位一体的总布局的要求，站在企业科学发展、可持续发展与职工生活幸福、社会和谐进步的更加全面的角度上，对"二次创业"战略的再深化、再丰富与再发展。

二、"北汽梦"的战略目标和发展阶段

“北汽梦”一个中心目标：北汽集团成为一个掌握核心技术、拥有国际化自主品牌、具有可持续发展能力的世界级企业；成为社会认可、股东满意、员工幸福的企业公民；成为建设汽车强国的“国之重器”。

“北汽梦”的两个发展阶段。第一个阶段，即从现在开始到2015年，是“北汽梦”的夯实基础阶段。在产业规模方面，整车销量360万辆，其中自主品牌销量占比45%以上，国内市场占有率13%以上，进入国内汽车行业第一梯队，世界500强排名前200位。

在自主创新方面，建立国内一流的技术研发体系，自主研发能力进入国内前五；掌握整车、发动机、自动变速器的开发技术，并在轻量化、智能化技术方面形成显著优势，在传统汽车节能技术、新能源汽车技术方面有重大突破。专利申请数量进入国内汽车行业前列。集团研发投入占比要达到3%以上。

在职工幸福感方面，在岗职工人均收入到2015年比2010年翻一番；职工培训经费占人工成本总额的比例达到6%。

第二个阶段，即从2016年到2020年，是“北汽梦”的全面建设阶段。在产业规模方面，整车销量500万辆以上，其中自主品牌销量占比50%以上，进入国内汽车行业前三，世界500强排名进入前150位。

在自主创新方面，建立国际水准的技术研发体系，自主研发能力进入国内前三；掌握整车、发动机、自动变速器的开发技术和部分核心技术，并在轻量化、智能化技术方面达到国际水平，在传统汽车节能技术、新能源汽车技术方面位居全国前列。专利申请数量达到国内汽车企业前三。集团研发投入占比要达到5%以上。

在职工幸福感方面，在岗职工人均收入到2020年比2015年再翻一番，职工培训经费占人工成本总额的比例达到7%，职工住房条件得到极大改善。

经过10年到20年的发展，北汽集团将成为世界知名的汽车集团，在汽车制造领域将逐步成长为技术潮流与商业模式的领导者，进入世界汽车行业前十位，在通用航空领域取得长足发展，成为世界级的人们移动生活的全方位解决方案的供应商。

总之，“北汽梦”立意高远，构思宏大，它既传承历史，又立足现实，更面向未来，向我们昭示出企业腾飞、产业进步、员工幸福、社会和谐的美好前景，是未来相当长的时期内引领北汽集团发展的核心战略与行动指南，是团结和凝聚近10万北汽员工共同为之奋斗的力量源泉。

三、夯实“北汽梦”的六大支撑力

“北汽梦”是一项规模浩大的系统工程，我们要站在世界500强的新起点，按照世界级企业的标准和要求，在技术体系方面对标韩国现代，着重学习现代的产品开发模式、技术发展路径和技术领先战略；在管理体系方面对标华为公司，着重学习华为的全球化经营战略、薪酬激励模式以及永不服输的“狼性”文化。我们要以标杆企业为参照物，不断查漏补缺，优化改进，最终实现集团整体素质和体系竞争力的全面提升。

（一）着力提升自主创新能力

汽车产业是以技术为本的产业，汽车行业跨国公司之所以能几十年长盛不衰，关键在于它们都拥有强大的技术研发实力。在当今这个“超级竞争”的时代，如果没有真正的技术创新能力做后盾，企业即使在规模上已是庞然大物，也有可能轰然倒塌，不堪一击。北汽集团要成长为有国际竞争力的跨国企业，就必须把科技创新放在首位，以全球视野谋划和推动创新，通过开放创新、集成创新和协同创新，形成强大的核心技术创新能力和强大的系统集成创新能力，打造国际品质的自主品牌，提高企业的核心竞争力。

在自主创新上，任何时候我们都必须遵循技术能力成长的基本规律。技术创新能力的成长从来没有捷径，必须来自于企业自身长期不懈的技术创新实践。汽车的各项技术和工艺诀窍与专业知识，是一个企业竞争力的真正核心，是用多少钱也买不来的。因此，北汽集团必须将培育自主创新能力作为自己的一项长期任务，通过产品开发这个中心环节，建立和完善北汽自主研发体系，着力提升北汽的工程研发能力、整车性能研发能力、试验试制评价能力、技术支持能力和国际先进技术的消化吸收能力，把北汽研究总院打造成国家级企业工程中心。在商用车方面，北汽福田要加强技术研发能力的提升，重点掌握商用车发动机、变速器、车桥等核心零部件的开发制造技术，实现对核心技术的掌控。

在开发过程中，我们必须坚持“以我为主，开放创新”的理念，要对产品的技术路线、关键技术和技术细节发挥主导作用，要通过开发项目积累技术、锻炼队伍，逐步实现对产品开发全过程和关键技术资源与核心技术的完全掌控。

加快发展新能源汽车是国家生态文明建设和保障能源安全的要求，也是北京市委市政府的政治要求。我们要从战略高度认识发展新能源汽车的重要性，要把发展新能源汽车看作是北汽集团优化产品结构、实现产业升级、跨入行业前列的一个重要手段，坚定不移地推动新能源汽车加快发展，抢占未来汽车工业发展的制高点。

（二）着力提升对外合作能力

向世界开放，加强对外合资合作，是北汽集团10年来取得跨越式发展的重要基石。站在历史新起点，我们要适应经济全球化的新形势，坚持对外合作不动摇，在继续巩固与韩国现代、德国戴姆勒两大伙伴的合作成果的前提下，不断拓展合资合作的深度与广度，探索合资合作的新途径、新方法，推动北汽集团的对外合作向优化结构、拓展深度、提高效益方向发展，并通过合资合作推动北汽自主品牌的发展。

（三）着力提升集团化发展能力

集团化战略使北汽集团的面貌和整体实力发生了根本性的变化，实现"北汽梦"集团化战略仍然不能有丝毫动摇。在新的形势下，我们要在"大北汽"经营发展理念的支撑下，以世界级汽车集团的标准，进一步深化和完善集团化战略，进一步加强集团战略管控能力和资源控制力，加强集团与下属企业的战略协同、业务协同与资源协同，推进集团业务多元化稳步发展，实现北汽体系内、产业链上下游各企业的均衡协调发展，形成企业强大的整体协同作战能力，打造运行高效、充满活力的跨国汽车集团。

（四）着力提升经营管理能力

管理是企业永恒的主题，创新是企业持续发展的动力。面对日益严峻的市场形势，科学高效的管理是深化"二次创业"、践行"北汽梦"的基础。我们要紧紧围绕品质经营、精益经营和品牌经营这3个重点，把握好做大做强与做精做优的关系，在提升管理效率与发展质量上下功夫，通过管理创新解决面临的问题，不断提升我们的运营效率和市场响应速度，提高集团的赢利能力与抗风险能力。

（五）着力提升国际化运营能力

成为一个有国际竞争力的跨国企业，让北京汽车真正走向世界，这是"北汽梦"的终极目标。我们要以北汽国际公司为主要依托，通过整合集团内外的一切资源，大力提高外资利用效率，加强引进先进技术，全力开拓国际市场，培育提升国际化经营能力，逐步实现产品、技术和资本输出，实现北汽的海外产业布局，树立国际化北汽品牌，使北汽集团国际化业务走在国内汽车行业前列。

（六）着力提升企业凝聚力

习总书记说："中国梦归根到底是人民的梦，必须紧紧依靠人民来实现，必须不断为人民造福。"同样，北汽梦是我们每一个北汽人的梦，我们必须依靠每一位员工的辛勤劳作，用发展筑梦；我们也必须用企业的发展成果，让每一位员工感受到北汽大家庭的温暖。我们必须以人为本，切实加强党的建设，加强人才队伍建设，加强企业文化建设，不断改善职工生活，为北汽全体员工创造一个充满希望、充满活力的工作氛围，为我们实现北汽梦汇聚起近10万名员工的磅礴力量。

"六十载金戈铁马逐梦路，新甲子火树银花圆梦时。"建设汽车强国的伟大征程已经开启，"践行北汽梦，实现中国梦"的号角已经吹响。让我们团结起来，凝心聚力，以踏石留印、抓铁有痕的实干精神艰苦奋斗，不懈奋斗，我们就一定会迎来北汽集团由大变强、走向世界的灿烂明天！

（摘自2013年北汽集团战略研讨会报告）

抢抓历史机遇 深化改革创新
努力打造市场化、国际化、现代化的高科技产业集团

北京电子控股有限责任公司董事长 王 岩

党的十八届三中全会是在我国进入全面建成小康社会决定性阶段召开的一次十分重要的会议。全会审议通

北京电子控股有限责任公司
董事长 王 岩

过的《关于全面深化改革若干重大问题的决定》(简称《决定》)，全面总结了改革开放35年来取得的伟大成就，深刻剖析了当前改革发展稳定面临的重大理论和实践问题，提出了全面深化改革的指导思想、目标任务和重大原则，是贯彻落实党的十八大提出的“两个百年”奋斗目标和实现中华民族伟大复兴中国梦的战略举措，是新形势下深化改革开放夺取全面建成小康社会新胜利的思想指引，是新的历史起点上全面推进中国特色社会主义伟大事业的行动纲领。

当前，学习贯彻落实党的十八届三中全会精神和习近平总书记系列重要讲话精神是全党的中心工作，是今后一个时期的首要政治任务。中央要求全党全国深入学习贯彻十八届三中全会精神，紧紧围绕全面深化改革的总目标，坚持加强顶层设计和摸着石头过河相结合，整体推进和重点突破相促进，发挥群众首创精神，广泛凝聚共识，形成改革合力。面对全国上下深化改革的大潮，我们必须进一步深刻理解、准确把握十八届三中全会的精神实质和理论内涵，紧密结合电控实际，抢抓机遇，主动作为，理清深化改革的总体思路，明确改革重点任务，开创电控改革发展的新局面。

一、充分认识党的十八届三中全会对国企改革发展的重大影响

十八届三中全会指出经济体制改革是全面深化改革的重点，核心问题是处理好政府和市场的关系，使市场在资源配置中起决定性作用和更好发挥政府作用。国有经济作为社会主义市场经济的重要组成部分，全会《决定》对深化国资国企改革提出了一系列新任务、新要求，突出强调坚持公有制主体地位，发挥国有经济主导作用，不断增强国有经济活力、控制力、影响力；强调积极发展混合所有制经济，促进国有企业市场化改革；强调推动国企完善现代企业制度，健全协调运转、有效制衡的公司法人治理结构。经过多年改革发展，国有企业总体上已经同市场经济相融合，但仍需要进一步解决国企体制机制不合理、市场意识淡薄、竞争力不强及活力不足等问题。我们要把握好全会《决定》提出界定不同国企功能、强化政企分开对推动国企分类改革、提高企业经营自主权带来的新机遇；把握好市场决定资源配置、完善现代市场体系对促进国企在广阔市场舞台上配置资源、提高自身实力带来的新机遇；把握好发展混合所有制经济、完善现代企业制度对激发国企活力、增强内生动力带来的新机遇。要正确看待三中全会强调市场在资源配置中起决定性作用对我国经济体制改革和市场经济运行产生的深远影响，深刻认识市场经济的一般规律和特征给国企市场化改革带来的新挑战，客观分析，找准企业与市场化改革不相适应的深层次问题，有针对性地形成深化改革的思路和方案。

第一，深刻认识市场经济的平等性给我们带来的新挑战。三中全会强调市场在资源配置中起决定性作用，其本质是遵循市场经济的一般规律，通过价值规律、竞争规律和供求规律的作用使资源配置合理高效，创造更大的经济价值。然而市场经济规律维系的重要保障就是市场环境的公平、公正。随着改革的深入推进，国有企业特别是传统国有企业如果对未来变化没有一个深刻认识，将面临着极大的挑战。一是政府职能转变带来的挑战。落实三中全会精神，政府在经济领域深化改革的主要职能就是要改变过去直接参与市场资源配置的做法，转变到围绕建立公平公正的市场秩序，来规范市场行为，加强市场监管。政府职能的转变对我们的冲击是深刻的并且是多方面的。首先是思想观念上的冲击。由于历史原因，传统国有企业和政府有着天然的血脉关系，且政府在资源配置中发挥重要作用。尽管我们很多国有企业的市场经营管理意识在不断深化，但面对通过政府配置资源成本低、无风险并且企业经营管理活动中遇到的困难和问题可以得到政府的帮助协调解决等有利因素，使得我们依赖政府的惯性思维还没有根本改变。其次是面对国企特殊政策上的冲击。改革开放35年来，国有企业从计划经济向市场经济转型过程中，国家给予了很多政策和资金支持，使传统国有企业逐步走出困境，焕发生机。然而我们也应该清醒地看到传统国有企业生存发展能力还不强，产业竞争力弱的局面还没有根本改变，很多历史问题还没有根本得到解决。目前，一些企业还是依靠国家在产业发展、资源配置、改革调整和人才建设等方面主要针对国企、非市场化的特殊政策支持。随着改革不断深化，如果这些特殊政策逐步取消或者按市场化原则配置，相当一部分企业将面临着生存与发展的新挑战。二是市场准入公平的挑战。国有企业在一些特殊市场领域有比较竞争优势，比如涉及国防安全的重要产业领域，电控在部分细分市场有一定规模和效益比较好的产品，也主要集中在这些特殊的市场领域。落实三中全会精神，市场准入公平化的改革将会使我们原有竞争优势的市场领域出现激烈竞争的局面，资产规模小、投入不能满足市场对产业技术创新要求的企业将会面临严峻的挑战。三是企业在市场融资上的挑战。相当一部分国有企业市场融资的主要渠道来自于银行等金融机构的间接融资。在我国以国有银行为主体的金融平台以降低道德风险和资金风险为原则，对国有企业的融资给予很大支持。企业的融资机会多、成本合理。但随着市场化改革的推进，金融资本追逐利益的本性将会使资本实力不强、产业竞争能力弱的企业增加融资的难度，融资成本也会大幅提高。因此，我们必须充分认识市场在资源配置中起决定性作用带来的平等性挑战，要进一步转变思想观念，增强公平公正参与市场竞争的意识，加快解决制约企业市场化改革的历史问题，在继续巩固通过政府获取资源优势的同时，积极应对政府职能转变带来的政策公平性挑战，不断提升企业核心能力和产业竞争力。

第二，深刻认识市场经济的竞争性给我们带来的新挑战。竞争是市场经济的本质属性。通过竞争会使人们高度重视资源利用的科学性和有效性，也会极大促进资源利用的能力和水平的提升。优胜劣汰是市场竞争的唯一法则。三中全会强调国有企业必须适应市场化、国际化新形势，深化国有企业改革，意味着国有企业将和其他所有制企业在市场上公平参与竞争。我们必须清醒地认识到，目前而言一些国有企业参与公平市场竞争还存在很多问题。问题一：部分企业技术创新能力比较薄弱，由于企业刚度过求生存阶段，对科技资源的投入能力和高端创新人才的吸引力不足，还不能完全满足电子信息产业的核心技术能力快速提升的要求。问题二：部分企业资源分散且配置不合理，资源利用效率偏低，符合产业发展规律、专注产业经营的企业格局还没有形成，满足国际化市场竞争要求的产业格局需要进一步优化。问题三：一些企业的现代化管理水平不高，管理链条较长、效率不高，管理方式比较粗放；有些企业产业载体沉在基层企业，只强调当期经营指标的考核而忽视企业发展对基础管理的要求，专业化、精细化管理还有很大差距。问题四：部分企业活力不强，创新动力不足，以价值为导向的考核评价体系仍不健全，企业激励约束机制与市场化改革要求还不相适应，市场化的选人用人机制不完善，鼓励创新的容错机制没有形成。问题五：传统国有企业肩负着离退休职工和非经营性资产管理的社会责任，造成国有企业负担过重，精力分散，还不能算是一个完全市场化的竞争主体。为此，我们必须充分认识市场经济的竞争性对国企市场化改革带来的挑战，持续推进科技创新增强企业核心能力，深化改革调整优化资源配置，提升企业现代化管理水平，加快解决历史问题轻装前进，在市场化资源配置格局和全球化市场竞争中立于不败之地。

第三，深刻认识市场经济的开放性给我们带来的新挑战。市场经济的开放性要求市场向所有商品生产者和经营者开放，以达到互通有无、优势互补的资源配置最优的目的。随着经济全球化的深入发展，开放型市场经济有利于促使各种生产要素在世界范围内自由流动，各类经济主体自由竞争，不断激发市场主体的创造力，增强经济发展内生动力。全会《决定》强调要加快完善现代市场体系，形成统一开放、竞争有序的现代市场体系，建立公平开放透明的市场规则，筑牢使市场在资源配置中起决定性作用的基础。在这种完全开放的市场经济环境下，传统国有企业的短板效应将被放大，市场化改革面临的挑战更加严峻。一方面是对企业经营理念的挑战。传统国有企业长期以来在计划经济的摇篮中生存，有些企业自由开放的、全球化的市场意识相对其他所有制企业而言较为淡薄，企业经营模式仍停留在单打独斗、自成一格的阶段，还没有彻底摒弃兵刃相见、你死我活的传统竞争观念，在全球范围内获取和配置资源，实现优势互补、合作共赢的经营理念还没有形成。另外是对企业经营模式的挑战。一是有些企业的科技创新受人才、技术和设备等要素的束缚，技术研发模式和手段比较单一，着眼于国际一流、国内领先的战略目标来吸纳全球创新人才、整合创新资源的能力不足，开放合作的创新格局尚未形成。二是部分企业的市场开拓仍局限于历史积累形成的传统细分市场，没有延伸开发相关产品所辐射的新市场和新应用领域，不能充分利用国内、国际两个市场去抢占新的客户资源；大部分企业还没有形成一套科学系统的市场管理体系，难以做到以全球视野来制定企业的市场竞争战略和营销计划。三是企业历史形成的产品制造思维根深蒂固，处在产业链高端环节的系统和服务等高附加值业务有待培育，具备差异化竞争优势的新商业模式尚未形成，适应互联网、移动互联网时代要求的新业务还有待进一步探索。因此，我们必须要深刻认识市场经济的开放性对国企市场化改革带来的新挑战，敢于打破思维定式和习惯做法，以开放的经营理念参与全球市场竞争，加快企业科技创新、市场创新和商业模式创新，推动各类生产要素为企业创造最大价值。

第四，深刻认识市场经济的法制性给我们带来的新挑战。市场经济是法制经济和契约经济。所有市场主体都平等享受法律保护，各类经济主体的行为也严格受到法律规范的约束，否则市场经济就无法健康有序发展。全会《决定》强调维护法制环境的公平正义和司法体制的公正独立。这对国有企业的经营管理提出了新的要求。

一方面由于政府的职能发生转变，不可能再直接干预司法，国有企业难以继续依靠政府来帮助我们解决经营活动中以及历史形成的法律纠纷问题，况且在现有基础上构建公正公平的法制环境还需要一个过程，企业今后自主解决法律纠纷问题的难度和成本都会加大。必须进一步增强法制观念，提高法律意识，更加注重企业法律事务管理和完善风险管理体系，不断提高企业抗市场风险能力，有效规避经营活动中潜在的各种风险。另外，契约精神倡导平等、尚法、守信的行为规则，是市场经济的核心与灵魂，也是建立社会主义市场经济体制的关键。传统国有企业在日常经营管理活动中还需要进一步强化契约意识，严格按照合同约定履行自身的权利义务，切实提高诚实守信、兑现承诺的主动性和自觉性，努力赢得政府及客户的信任和支持。面对市场经济条件下更加公平公正的法制环境，国有企业必须转变思想观念，依据市场经济的游戏规则，牢固树立依法经营、诚信经营的理念，严格遵守国家法律法规和相关部门的规章制度，规范企业的经营管理行为，塑造企业在市场上的良好品牌形象。

二、紧紧围绕提升企业核心竞争力，积极谋划电控深化改革的方案

“十二五”以来，电控公司在产业发展、改革调整和集团化建设三大战略任务上取得了显著成果，经济规模和效益实现快速增长，2013 年营业收入历史性突破 400 亿元大关，近 3 年年均复合增长率超 40%，利润总额较“十一五”末扭亏增盈近 50 亿元，经济运行指标实现质的飞跃，为全面实现“十二五”战略目标打下了坚实基础。

十八届三中全会《决定》为深化国资国企改革指明了方向、提供了遵循。面对全面深化改革的大趋势，我们必须坚持战略引领，加快提升企业核心竞争力和可持续发展能力；坚持解放思想，进一步完善“三个集中”的改革调整思路，彻底解决制约企业市场化改革的深层次问题；坚持实事求是，紧密结合企业实际有计划、分阶段推进；坚持积极稳妥，充分调动各方参与改革、推动改革的积极性和创造性。要把谋划推动和深化改革与落实“十二五”中期评估成果结合起来，与推进 2014 年的经济工作和重点任务结合起来，认真抓好各项改革任务的落实。

第一，在优化产业格局上加大改革力度。全会《决定》强调了国有资本更多投向关系国民经济命脉的重要行业和关键领域，重点发展前瞻性战略性产业，支持科技进步、保障国家安全。电子信息产业是高科技产业，是服务于我国信息化建设和战略性新兴产业发展的重要基础产业，符合十八届三中全会对国有资本布局方向的要求。要全力推动电子信息产业做强做大，通过优化产业格局，加大资源投入力度，加快推进技术创新和重大产业化项目建设，不断提升产业核心竞争力和可持续发展能力。

立足打造具有全球竞争力、国内技术领先的产业集团的战略定位，坚持市场导向、高端引领、创新驱动的发展理念，加快推进产业格局优化。大力发展光电显示、半导体装备、广电发射设备、元器件及大规模集成电路和锂电池产业，瞄准产业链和价值链的高端，加大技术研发投入，积极推进重大产业化项目，提升产业市场竞争力，打造形成支撑电控经济规模效益的优势产业。围绕自服设备、系统集成和仪器仪表等产业板块，不断整合创新资源，推进产品技术和工艺创新，提升产品细分市场占有率，打造形成具有差异化市场竞争优势的特色产业。着眼于电控“十三五”产业发展，加快新技术、新应用开发，利用现有技术优势和行业影响力培育新产业。

一是全力支持优势产业发展。电控的优势产业要以持续提升技术创新能力，不断增强行业竞争力为核心，加大资源整合力度，搭建有利于产业可持续发展的产业平台，积极探索全球化配置资源，进一步获取国家对发展战略性新兴产业和高新技术研发相关政策的支持。围绕做强做大优势产业加快重大产业化项目的落实。按计划推进半导体显示产业的重庆 8.5 代线项目建设，推动鄂尔多斯 5.5 代线和合肥 8.5 代线项目量产爬坡，充分发挥其对提升半导体显示产能规模、促进下一代显示技术产业化、巩固全球竞争优势的助推作用。积极谋划和推进 8 英寸大规模集成电路生产线项目，以电控半导体装备为主，整合相关企业设备建成国内第一条以国产装备为主的大规模集成电路生产线，成为国产装备整线工艺的验证平台，为系统内部显示产业提供配套服务，进一步提升电控在大规模集成电路芯片及封装产业的竞争能力。加快实施与韩国 SK 集团、北汽集团合资的新能源汽车动力电池包项目，围绕打造具有国内一流技术工艺的整车应用电池包产品，加快推进产品研制定型和生产线建设，确保上半年实现两款产品量产；消化掌握整车电池包技术，提升电池工艺自主开发能力，根据市场发展适时启动锂离子电池芯合资项目。加快晶硅太阳能电池自动化制造中试线项目和铜铟镓硒薄膜电池先导线项目建设，开发满足市场需求的光伏装备，提升整线自动化工艺水平，巩固扩大光伏装备竞争优势。“十二五”末，电控优势产业的技术创新能力要达到国际先进、国内领先水平，主导产品的市场占有率实现国内领先、进入国际市场；到 2020 年发展成为国际知名的、具有全球品牌影响力的优势产业，建成国家级的技术研发和产业化基地。

二是全力扶植特色产业发展。电控的特色产业要坚持市场导向，进一步清晰产品市场定位和技术定位，多渠道多形式整合配置资源，加大科技创新投入力度，不断提升技术创新、产品创新和集成应用创新能力。积极利用高新技术改造现有产品，不断提升产品技术性能和工艺品质，提高市场占有率；着眼于新的应用领域，增强技术和应用工艺研发能力，开发满足市场需求的新产品。进一步强化集成创新，依托核心产品为客户提供系统集成和技术解决方案，提升产品附加值和行业影响力。针对相关产业的技术短板，积极与国内外具有领先技术的企业和机构开展技术合作，有效解决制约产业核心能力提升的突出问题。“十二五”末，电控特色产业的技术创新实力要达到国内一流水平，形成有较强行业影响力和市场竞争力的产业；到 2020 年打造成为在业界知名的、国内技术领先的特色产业。

三是鼓励企业面向“十三五”培育新产业。支持企业着眼于产业更新换代和发展战略性新兴产业，坚持市场引领、价值导向原则，在清晰市场定位、掌握核心技术、聚集优秀团队、明确资源投入的基础上积极推进产品开发和项目建设。在新一代显示、集成电路设计等现有产业链的高端环节，在云计算和物联网等新兴产业领域，加大新产业的培育力度，通过科技孵化、资本运作等手段引进符合电控产业发展方向的新产品、新项目，加强新应用、新技术开发和储备，为支撑电控科技产业持续快速发展奠定基础。

按照产业发展规律优化电控科技产业格局，不断整合创新资源，加大支持扶植力度，提升产业核心能力；坚持有所为有所不为，凡是战略目标不清晰、定位不明确、竞争力不强的产业，凡是投资损失大、扭亏无望的项目，应加大调整重组和国有资本退出力度。建立完善技术创新的管理体系，加快建立创新评价考核机制，提升技术创新价值评估的科学化水平；在企业资源能力可承受和风险有效控制的基础上，建立鼓励创新的容错机制；针对重大投资损失建立相应的责任追究制度。

第二，在优化资源配置上加大改革力度。三中全会指出深化国资国企改革要强化国有资本的布局优化和结构调整，推动资源合理有效配置，不断提升企业市场竞争力，实现资产保值增值。着眼于优化产业格局，进一步配置好产业资源，形成清晰的产业布局；围绕提高产业经营专注度配置资源，提高资源使用科学性和有效性，促进企业在产业发展中提升竞争力；以清晰产权边界、降低资产风险为目标，有效解决企业产权管理存在的突出问题。

一是在配置产业资源上下功夫。资源优化配置对推动电子信息产业快速发展至关重要，没有合理配置好产业资源，就不具备持续创新投入能力、抗市场风险能力和对高端人才吸引力。认真总结前期产业结构调整、搭建产业平台的经验，以产业结构调整推动资源优化配置，形成定位明确、格局清晰的产业平台。加快推动系统内部资源的有效整合，促进优势资源向优势产业、优质企业、优秀团队集中。进一步盘活低效、闲置的存量资源，使其创造更大的价值，支持电控主导产业的发展。

二是在清晰企业格局上下功夫。坚持“术业有专攻”。由于部分企业存在产业链条长、产品门类多、混业经营的现象，产品线过宽容易导致资源投入跟不上，对技术人才团队也提出了很大挑战，在市场竞争中难免出现顾此失彼的问题。应进一步优化资源配置，解决企业主业不突出、经营不专注的问题，使其聚焦主业、专注经营，形成清晰的企业格局。通过企业内部资源配置，加快二级企业平台的经营化改造，推动其由投资管理平台向产业经营平台转型。

三是在明晰企业产权上下功夫。企业产权明晰、资产安全是促进产业健康持续发展的重要保障，也是推动产权体制改革的基本条件。要通过资源合理有效配置，下大力气解决好一些企业产权不清晰、资产风险大的问题。加快解决部分企业国有土地划拨使用的问题。积极推进债转股等历史遗留问题的解决，加快处理涉及企业产权的法律纠纷问题和部分企业国有土地边界权属不清的问题。

第三，在解决企业历史问题上加大改革力度。传统国有企业肩负着历史和社会责任，承担着离退休职工和非经营性资产的管理任务。随着国企市场化改革步伐的加快，解决企业历史负担的问题迫在眉睫。近期，国务院国资委明确提出要集中力量、集中资源抓紧解决企业办社会的问题。必须主动谋划，积极推进离退休职工和非经营性资产的社会化管理，解决好推动市场化改革中躲不开、绕不过的突出问题。

一是加快推进离退休职工的社会化管理。在总结前期工作基础上，进一步加大离退休职工的集中管理力度，建立社保稳定服务中心。加快制定全系统社保稳定集中管理的工作方案，企业须尽快建立社保稳定资金的独立预算机制，认真梳理社保稳定相关历史遗留问题，确保顺利交接。在促进全系统社保稳定集中管理的同时，积极探索企业和政府共同推进离退休职工社会化管理的相关政策和工作机制。

二是加快推进非经营性资产与企业剥离。非经营性资产包括历史上企业办社会形成的职工宿舍、医院和托儿所等相关设施。要以社保稳定服务中心为平台，加快非经营性资产集中管理，做好调查研究并形成实施方案。进一步界定非经营性资产，明确非经营性资产的历史和现状，梳理资产台账，加大力度推进非经营性资产在企业内部的集中管理和资金独立核算。

第四，在完善现代企业制度上加大改革力度。三中全会强调深化国企改革要完善现代企业制度，规范经营决策，建立协调运转、有效制衡的公司法人治理结构，有力促进国有企业在市场竞争中不断提升经营管理水平。在完善企业权力运行制约和监督机制、提升专业化精细化管理水平、提高集团管理能力上实现新突破。

一是进一步推进法人治理规范运作。完善公司法人治理结构是提高企业科学决策和经营发展水平的关键。坚持所有权和经营权分离的原则，形成公司股东会、董事会、监事会、经理层各负其责、协调运转、有效制衡的法人治理结构。要加强企业董事会建设，充分发挥董事会代表股东行使决策权的作用，通过委派和社会选聘方式，提高外部董事人员比重，提高企业决策的规范化科学化水平。具备条件的企业通过试点来建立董事会社会化选聘经理层。要进一步落实外派专职监事会负责人制度，充分发挥监事会在企业法人治理规范运行中的监督作用。

二是进一步提升企业现代化管理水平。现代化的管理是推进企业市场化改造的重要内容，也是企业核心竞争力的重要表现。坚持市场引领，不断增强市场意识，通过强化市场管理来有效整合相关管理要素，围绕满足市场需求提高企业管理的关联性和协同性，不断提升专业化管理水平。坚持价值导向，树立为股东创造价值的经营理念，通过加强精细化管理，构建以财务管理为核心、预算管理为主体的企业经营管理体系。加强信息化管理，按照整体设计、分步实施的原则，统筹推进电控信息化体系建设，不断提高管理效率和水平。

三是进一步增强集团管理能力。打造战略控股型产业集团，必须着眼于推进企业市场化改革，进一步理顺所有权和经营权的关系，完善集团化的母子公司管理体系。持续加强预算管理，以市场为导向不断强化分、子公司预算的编制和执行，充分发挥预算管理对战略推进落实的保障作用。加强集团财务管理，加快制定电控和各企业的财务管理制度，形成统一的财务管理体系；积极推进资金集中管理平台的试点工作。要加强投融资管理，充分发挥资本市场、金融工具的作用，形成直接和间接融资相结合的资金筹集模式，吸引各类社会资本支持产业发展。持续加强内控管理体系建设，认真抓好内控管理制度的有效落实，延伸做好企业内控管理体系建设，强化企业与总部管理制度的有机衔接，形成权责明确、有效控制的内部管理体系。加强法务管理工作，落实总法律顾问制度，形成法务管理的工作体系和机制。

第五，在创新体制机制上加大改革力度。三中全会强调国有企业深化改革要以发展混合所有制经济为主要实现途径，进一步创新体制机制，激发企业活力，提高市场竞争力。紧密结合自身实际，以市场化改革为导向，在产权体制改革、任用考核机制改革及分配制度改革上实现新突破。

一是在产权多元化改造上实现新突破。按照市委市政府、市国资委的要求，着眼于推动科技产业具备较强的融资能力、提升技术创新能力、保持市场竞争优势，探索推动混合所有制改革的途径和方法，在产业定位明确、格局清晰、产权明晰的基础上，积极寻求战略投资者，争取在更大平台、更广阔的空间优化配置资源。充分发挥国有资本的杠杆作用，吸引撬动更多社会资本参与电控企业产权改革，以产权结构的多元化推动经营机制的市场化，实现产业更好更快发展。

二是在选人用人机制改革上实现新突破。深化企业人事、用工和分配3项制度改革，建立完善市场化的选人用人机制。合理增加企业经营管理人员的市场化选聘比例，探索实行职业经理人制度，并在试点基础上逐步推开。逐步建立市场化决定以及正常增长的薪酬管理机制。依据优胜劣汰的竞争原则，建立完善市场化退出机制，形成经营者能上能下、人员能进能出、收入能增能减的管理制度。

三是在创新考核评价机制上实现新突破。按照国有企业分类改革治理的要求，加快实施企业分类考核管理，结合企业的功能定位、经营管理特点和企业负责人选任的方式，统筹考虑企业阶段性经营成果和可持续发展能力，不断完善企业经营管理人员薪酬考核制度。按照市国资委加强经营者任期管理的要求，在总部部门和所属单位积极探索负责人任期管理制度，明确任期目标责任和考核评价体系，建立任期届满报告工作制度。

四是在分配激励制度改革上实现新突破。围绕推动科技产业面向市场快速发展，本着规范历史、鼓励贡献、强化约束的原则，建立完善长效激励约束机制。具备条件的企业探索采取业绩股票、股票期权、限制性股票、岗位分红权等激励方式，进一步完善与业绩考核挂钩的任期激励和中长期激励机制；同时研究制定工作方案，努力解决相关企业在股权激励方面存在的历史问题。加强激励分配考核评价，健全与激励机制相配套的财务审计、延期支付、追索扣回等约束机制。

三、深入学习贯彻十八届三中全会精神，切实提高企业党建科学化水平

十八届三中全会强调，全面深化改革必须加强和改善党的领导，充分发挥党总揽全局、协调各方的领导核心作用，建设学习型、服务型、创新型的马克思主义执政党，提高党的领导水平和执政能力。我们要围绕学习贯彻十八届三中全会精神，落实电控党建三年规划，深入推进“三聚工程”，提升党建科学化水平，为推进全面深化改革、实现“十二五”战略目标提供坚强的思想保证、政治保证和组织保证。

一是把党的路线方针政策通过思想政治建设转化为企业的引领力。深入学习贯彻十八届三中全会和习近平总书记重要讲话精神，认真领会全会《决定》和总书记讲话的精神实质和理论内涵，准确把握全面深化改革的总体思路和目标任务，切实把思想和行动统一到中央决策部署上。各级领导干部应全面认识党在新时期面临的新形势新任务，深刻把握国资国企改革对电控改革发展带来的机遇和挑战，坚决克服求稳怕乱、患得患失的消极心态，敢于进行自我革命，勇于打破利益格局，切实增强全面深化改革、加快企业发展的使命感和责任感。各级党组织应加强领导，把学习贯彻党的十八届三中全会精神活动不断引向深入，让广大干部群众进一步领会把握深化国资国企改革的新要求，真正用理论武装头脑，指导实践，推动工作。

二是把党的政治核心作用通过干部人才队伍建设转化为企业的推动力。事业成功的核心是人才团队，深化改革的关键在领导干部。坚持党管干部与市场化选聘经营管理者相结合，通过创新选拔任用机制、评价考核体系和激励约束机制来激发经营管理团队活力，提升经营管理者能力和素质。通过交流任职、挂职锻炼等多种形式加强后备干部的培养，发挥青年干部联谊会等社团组织作用，力争形成面向“十三五”的后备干部。加强干部管理体系建设，加快制定领导干部管理制度，探索推行总部部门负责人和企业领导人员任期制，严格任期管理和目标考核，完善干部选拔任用和评价考核机制。

坚持党管人才与市场化选人用人机制相结合，通过建立完善市场化的选人用人、薪酬管理和岗位竞争机制，不断加大3支人才队伍建设，切实增强工作的针对性和实效性。坚持全球视野、聚焦高端的人才开发战略，持续加大高端人才的引进培养力度，有效整合内部人力资源，重点配置关键岗位的急需人才，优先保障重大项目的人才需求。要充分利用政府支持人才引进培养的政策，探索开放式的柔性引才引智模式，创新人才培养管理机制，不断提高人才开发管理水平。

三是把党的群众路线通过党的自身建设转化为企业的保障力。要继续深入推进党的群众路线教育实践活动，聚焦“四风”抓好整改落实、建章立制各项工作，确保教育实践活动善始善终、善做善成。巩固和扩大教育实践活动成果，进一步转变工作作风，密切联系群众，深入一线调查研究，帮助企业解难题、促发展；持续改进文风会风，大幅精简会议文件。严格贯彻中央八项规定和市委十五条意见，加快制定企业负责人职务待遇、职务消费和业务消费的管理制度，杜绝公务浪费现象。不断加强党风廉政建设，认真履行“一岗双责”，推动党风廉政建设责任制和反腐败工作落到实处。

四是把党的执政为民理念通过营造和谐稳定环境转化为企业的凝聚力。始终贯彻稳定发展、和谐发展的工作理念，妥善处理改革发展稳定的关系。坚持以人为本办企业，认真落实以职工（代表）大会为基本形式的民主管理制度，保障职工参与管理和监督的民主权利，不断巩固和谐劳动关系。加强离退休职工的服务和管理，努力解决职工群众关心关注的现实问题，让广大职工分享企业发展成果。坚持用群众工作统揽信访工作，不断完善工作机制，积极推动重点难点矛盾纠纷的协调化解，确保全系统在重要会议期间、重要敏感时段的安全稳定。进一步强化安全管理责任制，完成安全生产标准化工作，确保安全事故零指标，为企业正常生产经营活动提供坚实保障。

新的形势赋予了我们新的使命和任务，带来了新的机遇和挑战。让我们沿着党的十八届三中全会指引的方向，深入贯彻“一二三一”战略，牢牢把握市场化改革的方向，抢抓历史机遇，深化改革创新，努力打造市场化国际化现代化的高科技产业集团，为推动首都电子信息产业的发展做出新的贡献。

（摘自市2013年国资委领导干部理论文章）

加强组织和制度建设 防范企业经营风险

北京隆达轻工控股有限责任公司董事长 李 玎

企业实施战略规划和当期经营过程中，试图将各类不利因素产生的结果控制在可接受范围内，以确保和促进组织整体利益的实现。但是企业内外环境的不确定性、生产经营活动的复杂性和企业能力的有限性，导致企业的实际收益达不到预期收益，甚至有导致企业生产经营活动失败的可能性。上述因素构成了企业经营的风险。北京隆达轻工控股有限责任公司在计划经济向市场经济转型过程中，曾经在投资融资、贷款担保、交易合同、应收账款等经营活动中缺乏严格管理，给企业带来了数额巨大的损失，在国资委成立后的清产核资中核销净资产约16亿元。近年来隆达公司总结历史经验教训，强化了风险管理意识，注重企业经营风险管理，以风险管理为导向，加强企业内部相关组织建设和制度建设，在实践中取得了一定成果。本文将隆达公司2011—2013年在经营风险防控方面所做的工作总结如下。

北京隆达轻工控股有限责任公司
董事长 李 玎

一、加强组织建设，夯实企业经营风险防控基础

组织建设是防控经营风险的基础，隆达公司以风险控制为导向建立了相应的管理组织机构：一是成立董事会审计委员会，主要职责是审查公司内部控制制度设计的健全性和执行的有效性，指导制定和落实企业内部审计制度，指导内部审计部门开展内部控制评价，对其他影响公司发展的重大事项进行专项调查，等等。二是健全企业监事会，修改了部分出资企业公司章程，保障了监事会组织设置和职工监事的数量，使其能够按照公司章程相关规定开展工作。三是成立独立的内部审计部门，初步形成隆达公司70人的内部审计工作队伍，主要职能是对公司内部控制的有效性，财务收支及相关信息的真实与完整性，资产的安全完整与保值增值情况，经营管理的合法及合规性，执行国资委、隆达公司管理制度的情况等内容进行监督、评价和鉴证。四是实行财务总监派出制，向国有独资和控股企业委派财务总监，监督管理出资企业财务工作。五是设置总法律顾问，在一级企业层面设置总法律顾问职务的基础上，在二级和三级企业中普遍设置了专职或兼职的总法律顾问。六是加强纪检监察组织建设，按照市纪委、市委组织部、市监察局和市国资委党委有关文件要求，规范了纪检监察组织建设及干部队伍建设。七是发挥职代会作用，实行重大事项厂务公开。同时安排财务总监、总法律顾问和纪委书记列席董事会，并在董事会上发表独立意见。

二、强化制度建设，提高企业经营风险防控约束力

在贯彻执行国家、北京市以及市国资委的有关制度基础上，3年来隆达公司建立和修订了26个公司内部经营管理制度：一是重大事项决策类，修订了《贯彻落实“三重一大”决策制度的实施细则》《党委会议事规则》，制定了《董事会议事规则》。二是投资项目管理类，修订了《固定资产投资管理办法》《国有股权投资项目管理办法》，建立了《投资项目后评价管理办法》。三是资产处置类，修订了《固定资产处置管理办法》，制定了《房产租赁合同风险防范事项》。四是财务管理类，修订了《规范财务管理杜绝账外账和“小金库”的规定》《隆达公司财务管理制度》《全面预算管理办法》，制定了《隆达公司总部资金使用管理制度及联签制度实施细则》《国有资本预算管理办法》《担保管理办法》。五是监督管理类，修订了《内部审计工作规定》《效能监察工作暂行办法》《廉政风险防控实施细则》《经济责任审计管理办法》《隆达公司企业民主管理工作暂行办法》。六是人员管理类，修订了《派出产权代表管理办法》《因私出国（境）人员管理办法》《关于依法依规加强企业工资总额管控，规范劳动用工，促进员工健康成长的指导意见》等。

三、注重内部审计，加大企业经营风险管控力度

隆达公司把内部审计作为防范经营风险的重要措施，3 年来，对 11 个企业进行了内审（其中包括 4 个领导人员离任经济责任审计），以及企业应收账款、存货和审计整改情况 3 个专项调查。内部审计中发现的主要问题：一是部分企业制度不完善，没有随时间、环境的变化及时修改；二是经营档案管理薄弱，交接记录不完整，借阅签字手续不全，导致部分资料缺失；三是由于历史原因部分企业长期投资效益较低，缺乏日常具体的管理流程；四是财务基础管理水平需要进一步提升。针对存在的问题内审部门会同企业共同研究制定整改措施，并深入企业进行检查，形成审计工作的闭环管理流程。一是相关企业领导班子针对薄弱环节，建立或修订了相应的管理制度；二是对审计中的问题逐条进行整改。通过专项审计相关企业制定了整改措施，强化制度建设和制度执行，对存货和应收账款实施风险管理，在存货管理方面从计划、审批、保管、领用、盘点、分析等各个方面加强风险识别和控制，在应收账款方面从客户信用评估、赊销合同的签订到应收账款核对及依据的取得和保管各环节加强风险点控制，避免由于管理不善而造成经济损失。

四、规范投资管理，降低企业经营决策风险

3 年来，隆达公司积极推进结构调整、产业转型、合资合作及企业改制重组，安排投资项目 23 个，总投资 7.1 亿元（不含其他股东投资）。其中，技术改造项目 6 个，投资 2.5 亿元；股权投资项目 17 个，投资 4.6 亿元。投资项目涉及印刷包装、有色金属新材料和塑料新材料制造、家用电器等行业。项目决策过程中，认真执行有关投资管理制度。一是对于技术改造投资项目的可行性研究，在关注社会效益和经济效益的同时，注重风险评估，对可能影响投资项目进度、质量、成本及项目效果和效益的因素逐一分析，制定风险防范措施，确保实现预期目标。二是对于股权投资项目，除关注技术改造投资中上述风险影响因素外，注重对股权合作方开展尽职调查。3 年来通过合资合作、企业改制重组，将部分传统工厂制企业改造为多元股权投资结构的公司制企业，与来自不同产业和所有制的投资人成为合作伙伴。在与之建立合作关系过程中，聘请专业调查咨询机构加强对拟投资人的尽职调查，使隆达公司能充分了解合作伙伴的发展经历、产业能力、经济状况及商业信誉等多方面信息，保证合资合作项目取得良好成果。

五、严格管理担保事项，降低企业经营融资风险

贷款担保是企业经常进行并存在一定风险的业务活动，隆达公司历史上由于担保而造成数额较大的损失。3 年来，隆达公司为所出资企业提供银行贷款和非金融机构借款 9 笔，总金额为 3.9 亿元。为了防范担保风险，制定并认真执行担保管理办法，严格管理各级企业的担保事项。在提供担保过程中，严格把贷款担保控制在所出资企业范围内，要求被担保企业提供详尽的经营和财务状况资料，深入研究企业经济状况、经营规律和能力，开展风险和法律评估。同时，针对隆达控股或参股（实际经营）的企业提供担保时，要求该企业的其他股东向隆达公司提供相应的反担保，并作为隆达公司提供担保的先决条件。如果合作股东采用其股权提供反担保，则按有关法律法规的规定在工商局办理其股权质押，使反担保落到实处。

六、规范合同管理流程，降低企业经营资产风险

隆达公司是国有资产经营性公司，资本类项目经营和管理是主要业务之一。为了提高资本类项目管理水平、降低风险，3 年来逐步建立了合同流程管理工作方式。一是对需要由隆达公司签署的投资、担保及相关事项的合同，在公司董事会或经理办公会审批的基础上，从拟定合同文本、业务和法律审核、风险评估到正式签署的各个环节，由合同起草部门（业务经办部门）、业务审核部门、法律事务部门、风险管理部门及相关主管领导、总法律顾问，按照职能分工逐一把关，完成上述工作流程后，由法人或授权代表签署合同；通过合同流程管理，降低资本经营风险。二是对所出资企业的物业经营项目，按照隆达公司的管理规定，由隆达公司审批房屋物业出租合同。隆达公司在执行租赁房屋管理办法的基础上，进一步完善了管理制度，对于在房产租赁合同中需要关注的经营和资产风险事项，如房屋租赁合同中的转租、改建、安全等问题，按照国家法规政策和企业经营条件提出了明确要求，防范房屋物业出租产生的风险。

七、坚持效能监察，提高企业经营管控水平

隆达公司始终坚持把企业效能监察作为加强企业内部监督、促进企业规范管理与自我完善、防止国有资产流失的重要手段。一是突出监察重点。以项目管理为载体，围绕重大投资、成本管理、应收账款、物业经营、技术改造和营销管理等企业重点难点问题开展效能监察，实现了二级企业全覆盖，重点投资项目全覆盖。二是完善制度。按照北京市国资委关于国有企业效能监察工作规范化的新要求，修订了隆达公司的《效能监察工作暂行办法》，为企业效能监察工作规范化、程序化奠定基础。三是坚持成果评优。自1996年以来始终坚持并不断完善效能监察项目成果评优机制，促进企业效能监察工作交流、经验借鉴，推动效能监察工作更加规范。四是加强专项治理工作。组织开展对账外账和“小金库”、商业贿赂、职务消费等专项治理工作，推进企业内控机制建设。3年来共完成监察项目153项，通过效能监察建立完善规章制度158项，提出改进管理建议305条，为企业挽回经济损失2977万元，避免经济损失6770万元。其中宝岛公司引进多色胶印机项目和有色所对投资增资扩产项目实施全过程监察，为企业增加效益500万元。北泡集团围绕“存量资源短期增效”实施监察，顺利完成搬迁调整、整体出租、物资处置等工作，实现效益596万元。

八、推进厂务公开，降低企业经营维稳风险

隆达公司严格贯彻落实中办、国办《关于在国有企业、集体企业及其控股企业深入实行厂务公开制度的通知》精神，积极推进厂务公开，绝大部分企业制订和修订了厂务公开实施细则，明确了厂务公开内容和形式。职工代表大会是厂务公开民主管理的主要载体，隆达公司所属国有、集体及其控股的企事业单位中，职工（代表）大会建制率为100%，坚持每年召开2次以上职代会。凡是涉及企业发展改革决策、职工切身利益的政策，必须征求党代表、职工代表的意见，进行公示；凡是涉及分配、评先、用人方面的问题，从方案、程序、过程到结果一律公开。北泡集团在企业调整改制过程中召开职代会审议、票决职工分流安置方案，审议通过了部分与职工利益密切相关的产权处置问题。厨房集团在企业改制过程中，分别召开3次职代会，票决职工分流安置方案，在公证处的参与下审议通过了关于《集体自有资产处置及管理方案》。通过厂务公开落实职工群众在企业调整改制中的参与权和监督权，避免资产处置中的暗箱操作。

九、化解历史遗案，降低企业经营债权债务风险

历史遗留的法律纠纷诉讼案件，一直是影响隆达公司发展和造成潜在损失的疑难问题。3年来，在各级企业共同努力下，历史遗留案件的解决取得重大进展。一是中国东方资产管理公司北京办事处诉有色总公司对北京铝材厂（2002年下放通州区随后破产）担保案，起诉金额为1.5亿元。该担保于1991年设立，2003年进入执行程序。多年来，法院查封了有色公司子公司股权、两处房产以及全部车辆，部分房产进入拍卖处置程序。经隆达公司和有色公司积极协调、妥善解决，最终以一定比例偿还。二是中财长信投资有限公司诉有色总公司对北京铝加工厂（2007年破产）担保案。该担保于1984年设立，该案起诉金额为7550万元。中财长信所持有的债权为购买中国东方资产管理公司北京办事处打包债权，2010年进入执行程序，经隆达公司和有色总公司与原告方反复协商，最终以一定偿还比例解决了此案。三是北京融信泽投资咨询公司诉北京市塑料十四厂（1999年下放宣武区）借款及隆达公司担保合同纠纷案。1992年塑料十四厂引进PET膜生产线时向中国银行借款，由二轻总公司提供担保。此笔债务历经周转于2009年出售给融信泽公司，融信泽公司起诉塑料十四厂及隆达公司，要求偿还金额约3000万元。经过查证与协调，最终法院判决由塑料十四厂偿还原告债务本金及利息，隆达公司不承担连带责任，避免了隆达公司资产损失。四是楠辰皮革公司诉港中建房地产公司拖欠土地搬迁补偿费案。1995年楠辰公司某厂转让给港中建房地产公司，但一直未付楠辰公司3000万元补偿费，且公司经营者下落不明。2001年楠辰公司在法院起诉未果。多年来楠辰公司通过人大代表请土地局等政府部门帮助协调，2013年由法院裁定将港中建公司尚未开发的少量土地判决给楠辰公司，在一定程度上挽回了企业损失。

综上所述，隆达公司近年来按照国资委出资人的要求，吸取历史经验教训，加强组织建设和制度建设，强化经营风险管理，取得了一定成效。但是由于企业多、历史遗留问题多，风险管理的任务依然很艰巨，风险管理水平和效果有待于进一步提高。隆达公司今后将在企业内控体系建设中，进一步完善企业各项管理制度，使企业能够有效地避免经营过程中发生损失，实现国有资产的保值增值。

（摘自隆达公司2013年董事会工作报告）

弘扬劳模精神　建设新型集团

北京化学工业集团有限责任公司董事长　项大北

北京化学工业集团有限责任公司董事长　项大北

在欢庆“五一”国际劳动节的日子里，我们在这里隆重表彰集团公司2012年度先进单位和优秀职工，并通报受到全国总工会、全国能源化学工会、北京市总工会表彰的先进集体和先进个人。可以说，这既是一次群英荟萃、颂扬模范、讴歌先进的表彰会，也是一次激扬士气、凝聚力量、促进发展的动员会，这对于进一步激励和鼓舞全系统广大干部职工顽强刻苦地落实“十二五”发展规划、满怀豪情地加快建设一个百亿级新型产业集团，具有十分重要的意义。

今年“五一”劳动节前夕，全国总工会授予了集团公司“全国重点行业节能减排达标竞赛‘全国五一劳动奖状’先进集体”光荣称号。在全国的化工企业中，只有北京化工集团和上海华谊集团两家。在向全国总工会申报的过程中，我们得到了北京市11个政府部门的推荐确认和盖章认可。这一荣誉，属于光荣的北化集团，属于勤劳朴实、拼搏进取的几代北化人，属于我们中的每一分子，这既是对北化集团10年搬迁调整、转变发展方式、服务首都大局的充分肯定，也是对我们进一步发挥产业功能作用，做建设“人文北京”“科技北京”“绿色北京”的积极参与者、实践者、推动者。我们要以此作为新的起点、注入新的动力，奋发图强，励精图治，用我们勤劳的双手，缔造共同的愿景，创造新的光荣，实现我们的梦想。

一、充分肯定各级各类先进集体和先进个人为集团公司的改革发展做出的突出贡献

榜样蕴藏无穷力量，先进彰显奋斗精神。北化集团的历史，是一部艰苦创业、积极发展的历史，是一部顺应潮流、主动改革的历史，也是一代一代北化人勤奋工作、敬业负责的历史。

在北化集团不平凡的改革发展历程中，涌现出了一批又一批各级各类先进集体和先进个人。围绕集团公司不同历史阶段的不同主题和中心任务，他们以自己的勤奋劳动和辛勤汗水在各自平凡的岗位上做出了不平凡的业绩，树立了一面面旗帜，打造了一个个模范，引领广大职工艰苦创业、勤奋工作，不断开创了引领发展、推动改革的生动局面，不断营造了比学赶帮、百花齐放的良好态势，不断充实和丰富了“讲忠诚、负责任，干事业、有追求，肯奉献、顾大局”的集团公司核心价值观内容，为北化集团的改革发展做出了不可磨灭的巨大贡献。

今天受到表彰的优秀群体和优秀职工，都默默奋战在生产、经营、科研、服务、管理等工作的第一线，是集团公司全体职工的杰出代表，是北化集团的优秀人才和宝贵财富，是我们各项事业的骨干力量，需要我们倍加珍惜、倍加爱护、倍加关心。他们虽然岗位不同，从事业务不同，事迹各异，但都有着同样感人的奋斗历程，都有着同样突出的工作业绩，都展示了北化人朴实无华、脚踏实地、勤奋工作的优良传统，都以自己的实际行动诠释了“认真才能合格、用心才能优秀”的职业精神和职业素养。

从一定意义说，今天受到表彰的104名优秀职工，就是集团公司的“劳动模范”，在他们身上，都一脉相承、生动地体现出了“爱岗敬业、争创一流，艰苦奋斗、勇于创新，淡泊名利、甘于奉献”的伟大“劳模精神”，体现出了中国工人阶级的崇高品格，是全系统广大干部职工学习的楷模和行动的榜样。在推进集团公司“十二五”发展的进程中，各级各类先进集体和先进个人完全可以焕发和传递出无穷的“正能量”，是能够可再生的“金种子”。我们有充分的理由相信，在他们的感召和引领下，在“十二五”以及今后一个更长的时期内，我们一定能够不断涌现出一批又一批的优秀群体和先进人物，不断形成人才辈出、基业长青、群星璀璨、事业永续的良好局面。

二、坚定不移、顽强刻苦、科学有效地推进北化集团的“十二五”发展

今年是“十二五”的第三年，是“十二五”发展的一个重要时间节点，承前启后，承上启下，特别关键。全面做好今年的工作，不仅事关“十二五”的后三年，也事关整个“十二五”，对于集团公司今后发展的全盘走向、对于鼓舞广大干部职工的奋斗士气，都是至关重要的。

2013年已经过去4个月了。今年以来，尽管宏观经济形势一直不容乐观，我们在实际工作中也面临着这样或那样的困难和问题，但集团公司改革发展的整体态势是好的。各单位各部门的工作热情都很高涨，根据集团公司的整体部署，都在积极想办法、定措施、抓落实，不等、不靠、主动出击，呈现出了知难而进、勇往直前的良好氛围，体现出了饱满的精神状态和良好的工作作风。这对于全面做好今年的各项工作是非常重要的。

我们必须要时刻保持清醒的头脑，不断增强忧患意识，牢固树立必胜信心，始终坚持“发展是硬道理”的战略思想，抢抓一切发展机遇，着力战胜各种挑战，坚定不移、顽强刻苦、科学有效地推进北化集团的“十二五”发展。

坚定不移，就是要坚持“做优做精都市特色化工产业”的功能定位不动摇，坚持“一个主业定位、五大板块支撑”的产业布局不动摇，坚持“打造百亿级新型产业集团”的发展目标不动摇，始终把发展作为北化集团最大的政治，把转变发展方式作为北化集团最重的任务，以更加宽阔的发展视野，以更加积极主动的姿态，加快融入首都经济社会发展全局。要始终保持着“办法总比困难多”的必胜信念，始终保持着工作的激情、拼劲和韧劲，始终保持着饱满的、奋发有为的精神状态。今年是“十二五”的第三年，对标“十二五”，对标市国资委下达的集团公司领导班子“三年任期”考核目标，集团公司领导班子已经做出了统筹谋划和措施安排，全力完成今年的营业收入和利润总额指标，并全力冲击新的奋斗目标。希望各个单位也要确保完成集团公司下达的责任制考核目标，不退不让，不打折扣，不讲客观，并深入挖潜，充分发挥自身优势，为实现集团公司的整体目标做出贡献。

顽强刻苦，就是要始终秉持“只为成功想办法、不为失败找理由”的奋斗理念，在工作中，要积极主动地往前“冲”、坚持不懈地往前“闯”，创造条件、千方百计地克服各种困难和问题。要能打硬仗、打胜仗、“啃硬骨头”。要召之即来、来之能战，关键是要战之能胜、实现预定目标。要解得开难题、打得开局面。要做到顽强刻苦，就得拿出“人一之我十之、人十之我百之”的拼搏劲头，倾注出100%的心血。对于今年全系统的工作，集团公司工作会都已经进行了全面部署。应该说，重点很明确，任务很繁重，时间很紧迫，无论是集团总部的同志，还是企业的同志，都要始终保持顽强刻苦的工作劲头，迎着困难上，勇于担当，敢于负责，按照既定的“路线图”和“时间表”，勤勉刻苦、千方百计地推进工作。这是我们两级领导班子所承担的重大工作职责。

科学有效，就是要坚持科学的工作方法，采取有效的工作手段，雷厉风行、快速高效地推进工作。在当前产业发展的新形势下，我们尤其需要以更加开放的理念、更加宽广的视野、更加科学有效的手段推进产业合作、推进资本运作，加快实施市场、技术、资本“三嫁接”，内引外联、协同发展、合作发展。面对复杂的局面和繁重的任务，各级领导干部必须要不断地提高判断力、理解力和执行力，善于把握宏观、分析解决微观，善于统筹全面、突出突破重点，着力把握工作中的主要矛盾和矛盾的主要方面，抓重点、抓关键、抓突破，使得我们的具体工作能够始终沿着正确的方向不断前进。我们还必须要进一步解放思想、深化改革，以改革增活力，以改革促发展，思想不僵化，创新不停滞。根据产业竞争格局和环境条件的变化，要善于以改革的精神、求变的思维，引进先进的管理理念，采用科学的管理手段，积极推进干部、人事、分配等领域的管理创新，加快与市场接轨、与现代企业制度接轨、与内外资各类先进企业接轨，不断形成“目标层层分解、责任层层落实、压力层层传递”的责任机制和“重业绩、讲回报、强激励、硬约束”的奖惩机制，以更加科学有效的手段保证和促进企业发展。

三、调动一切积极因素，形成强大工作合力，团结和动员广大职工积极投身到百亿级新型产业集团建设的伟大实践中去

集团公司发展的根本基础在企业。创造生产力的直接源泉在一线、在职工。要加快建设一个百亿级新型产业集团，离不开广大职工的广泛参与和团结奋斗，离不开广大职工工作热情和创造活力的竞相迸发，离不开技术革新、发明创造、合理化建议等各种职工经济技术创新活动，离不开一支一流的职工队伍所创造出来的一流的工作业绩。

在建设百亿级新型产业集团的进程中，我们必须要大力弘扬工人阶级伟大品格和劳模精神，充分发挥各级各类先进集体和先进个人的重要引领作用。希望受到表彰的单位和个人，要百尺竿头、更进一步，珍惜荣誉、再创佳绩，在“建功‘十二五’，打造百亿级，创先争优，勇于奉献”劳动竞赛中始终走在前列，做勇于担当的模范、做建功立业的模范、做勇于创新的模范、做真抓实干的模范、做促进发展的模范，团结和引领广大职工干一行、爱一行、钻一行、精一行，脚踏实地，精益求精，追求一流的技术水平，干出一流的工作业绩，争做知识型职工、技术型能手、复合型人才。

在建设百亿级新型产业集团的进程中，要旗帜鲜明地唱响“劳动光荣、创造伟大”主旋律，进一步掀起向各级各类先进集体和先进个人学习的新热潮。突出发展、突出指标、突出业绩，加强组织领导，丰富方法手段，扎实推进劳动竞赛活动，不断形成崇尚技能、学习劳模、争当先进、“比学赶帮超”的浓厚氛围。要认真贯彻集团公司人才工作会议精神，积极推进“百千万”人才工程，扎实抓好“技术带头人”“首席技师”“技能工作室”“工人先锋号”“青年文明号”等人才建设和团队建设的“示范工程”，打造一流的职工队伍。要积极开展“优秀技师评比”“拜师学艺”“技艺传承”等活动，下大力气抓好一线技能操作人才队伍建设。要激励广大职工勤奋劳动、提高技能、岗位成才；比技能、比业绩，创先争优，勇于奉献，使一批又一批的优秀群体和先进人物，从生产、经营、科研、服务、管理等工作的第一线不断涌现出来，团结和引领广大职工求真务实、时不我待、只争朝夕地推进工作，坚定不移、顽强刻苦、科学有效地推进集团公司的“十二五”发展。

在建设百亿级新型产业集团的进程中，我们必须要大力发扬职工群众的主人翁精神和主力军作用，充分调动广大职工源头参与、民主管理的积极性和主动性，推进和谐劳动关系建设、和谐企业建设。要继续深入贯彻职代会制度，认真执行《工会法》《企业职工代表大会条例》等法律法规，结合企业发展改革实际，大力提升厂务公开民主管理的制度化、规范化水平。集团公司各级工会组织必须要牢牢把握当前工作的新特点新要求，自觉接受党的领导，积极支持行政工作，依法维护职工权益，做职工的“好娘家”，充分发挥工会战线的老传统、新优势，眼睛向下，面向基层，沉到一线，真正做到“面对面、心贴心、实打实”地服务基层职工，不断提高服务职工的能力和水平，多为职工群众做好事、办实事、解难事，推动解决职工群众最关心最直接最现实的利益问题。

在建设百亿级新型产业集团的进程中，我们必须要尊重职工、了解职工、相信职工，坚持不懈地深化职业素养教育。在职工中广泛倡导“认真、用心、创一流”的职业态度，培育“认真才能合格、用心才能优秀”的职业精神，弘扬“在学习中进步、在创新中发展”的职业文化，形成推动我们事业发展的强大人才支撑。要更加注重用发展的主题凝聚职工、用改革的理念教育职工、用正确的舆论引导职工、用先进的典型激励职工、用温暖的真情关爱职工，不断增强广大职工与企业同呼吸、共命运、齐发展的归属感、认同感和责任感，为企业发展改革注入强劲思想动力，团结和引领全系统广大职工在“十二五”发展中建功立业，积极投身到建设百亿级新型产业集团的伟大实践中去。

奋斗谱写辉煌，事业造就英模。展望北化集团的发展，前途光明；审视我们这一代北化人的使命和责任，光荣而艰巨。幸福不会从天而降，梦想不会自动成真。要实现我们的奋斗目标，开创我们的美好未来，各级领导干部必须要带头发扬“劳模精神”，切忌空谈、真抓实干，攻坚克难、埋头苦干，广泛动员和引领广大职工坚定不移、顽强刻苦、科学有效地推进“十二五”发展，使我们的产业基础日益牢固、盈利能力逐步提高、资产状况更加殷实、发展后劲更加充足、职工群众生活更加幸福美好，实现企业的目标，实现职工的梦想！

（摘自化工集团创先争优劳动竞赛表彰大会上的讲话）

学习贯彻党的十八届三中全会精神
改革创新　转型升级　打造京煤经济升级版

北京京煤集团有限责任公司党委书记　付合年

2013年，京煤集团认真学习贯彻党的十八大精神，深刻理解科学发展观和中华民族伟大复兴中国梦的精神实质和基本内涵，坚持“绿色、安全、转型、转移”八字战略指导方针，面对严峻的经济形势考量，积极践行强大京煤理念，团结一心，攻坚克难，对内调结构、压成本，对外抓机遇、拓市场，实现重大项目、国际化经营、相关产业、兴企富民和社会责任担当的新突破，企业呈现出和谐稳定健康发展的局面。

面向未来，党的十八届三中全会通过的《关于全面深化改革若干重大问题的决定》（以下简称《决定》），提出了我国全面深化改革的指导思想、目标任务、重大原则、具体任务。刚闭幕的中央经济工作会议，把“稳中求进、改革创新”确定为明年经济工作的总基调。京煤集团为贯彻落实《决定》和中央经济工作会的新思路、新举措、新要求，提出在强大京煤建设中，全面落实“四个突出”，即：突出深化改革，突出转型升级，突出重点工作，突出发挥党委的政治核心作用。

北京京煤集团有限责任公司
党委书记 付合年

一、突出深化改革

首先，就是要明确中共中央《关于全面深化改革若干重大问题的决定》，是我国新一轮改革的行动纲领和路线图。明确国有经济的地位、市场作用、资产管理、资产监管和规范经营决策、资产保值增值、公平参与竞争、提高企业效率、增强企业活力、承担社会责任等一系列重要内容。其次，要考虑在新的形势下，京煤集团怎么改。我认为要围绕“总部职能化，二级公司实体化，业务单元专业化，经营管理人员和各类人才职业化”和“强总部，大板块”的思路，以提高经济效益为目标，注重业绩导向，淡化行政级别，去“官僚化”、去“行政化”来实施全面的改革。

京煤集团总部改革，围绕“四个中心”功能定位，从功能、结构、职责、流程、岗位、人员等方面，系统思考，通过强化部室职能，强化能力建设，提升总部功能。二级公司改革，沿着实体化、专业化的方向，实施体制机制创新、组织结构创新，职能整合，推进大部门制，减少管理层级，推进管理模式扁平化。以劳动、人事、分配、考核为重点，深化劳动人事改革，控制用工总量，提高员工素质，做到人岗匹配，使员工个人价值和企业价值共同实现。

二、突出转型升级

就是按照强大京煤理念的要求，“打造京煤经济升级版”，形象地说，就是“从1.0版本，向2.0版本升级”。具体地说，就是从投资扩张的外延增长为主，向创新驱动的内涵增长为主升级；从传统产品和服务为主，向高附加值的产品和服务为主升级；从注重规模速度型增长，向更加注重质量效益型增长升级。从而实现集团内部资源有效协同、管理能力有效提升、生态环境有效保护的又强又大、更强更大的发展。其转型升级重点有：

绿色引领转型。按照首都的功能定位和生态环保要求，把经济效益和生态效益高度统一起来，加大节能减排力度，积极探索和参与碳汇交易。煤矿业建设绿色生态矿山，城市服务业降低综合能耗，房地产业打造节能环保的住宅产品，各个业务板块都加快实现绿色生产、绿色经营。

抓住机遇转型。依据企业的内外部环境，煤炭主业要向煤化、煤电一体化方向转变；城市服务业，要抓住产业整合，电子商务快速发展的机遇，突出专业经营，培育盈利点，实现规模经济；房地产板块，在国家政策调控下，抓住保障房、自住型商品房建设和中央推进城镇化建设的机遇，把房地产开发放在京西，收缩战线，开发“两谷”。民爆化工，抓住总部搬迁的机遇，把转移和转型结合起来，实施股份制改造，推进股改上市，实现新的提升；电厂板块，在实现控股的基础上，加强合作，推动二期建设和新项目调研论证；机械板块，要积极寻求战略合作，加快新产品研发，尽快把板块做强做大。

创新驱动转型。就是把创新和改革结合起来，以改革促创新，以创新促改革。加强战略合作创新，积极与央企和民企合作，广泛引进各类资本，拓宽融资渠道，加快实现股权多元化，重点培育和引进有实力、优势互补的战略投资者，增强企业活力；引进战略投资者，推进体制机制创新、经营管理创新、技术创新、产品和服务创新。深度调整企业结构，加快劣势企业退出，同类业务加快整合，相关部门优化合并，推进管理机构的组织变革。注重投融资创新，多渠道融通资金，把握投资节奏，做好资金安排。具体到业务层面，注重生产工艺、新技术应用、产品研发等，集聚人才，攻关破题。

以转移促进转型。近日，国务院下发了《关于促进煤炭行业平稳运行的意见》，指出“坚决遏制煤炭产量无序增长”。在这种形势下，煤炭主业要利用技术和管理优势，跨出地域，到区位优势明显、发展潜力较大的地域，寻找商机。煤炭和民爆化工产业，着眼于国际化发展，到国外占领资源，拓展市场，实现在全球范围内配置资源；勇于参与国际市场竞争，把“引进来”和“走出去”更好地结合，提升国际化运营能力。其他板块也要适应国际化发展趋势，研究国际化，寻求新商机。

产业链延伸推动转型。今年，煤炭工业协会提出，要把煤炭由燃料向原料和燃料并举转变，为煤炭行业发展指明了方向。煤炭板块，要加快向产业链的中、高端发展。煤化工项目要针对产能过剩的实际，由被动转型变为主动转型，加快产业链向中、高端延伸。各个板块都要在产业链延伸当中，通过技术、产品、服务的不断创新和升级，提质增效，占领高端技术、高端产品、高端市场，实现传统产业的高新化。

协同推进转型。相关多元是企业的一个重要特点，坚持"抱团取暖""弯道超车"，进一步挖掘多元业务之间的协同价值，坚定信心，实现信息、资源、业务的联动共享，协同进步。

三、突出重点工作

强化集团管控，严格落实各项内控制度，强化执行和责任；处理好流程和责任的关系，不能因为走完流程就淡化责任；处理好集权和放权的关系，针对全资公司、控股公司、参股公司，以及上市公司、分公司的不同体制，采取相应的管控模式。集团层面，主要是把关定向，管战略、管投融资、管资源配置、管人才、管考核。二级单位，主要是做出经营决策、搞好项目论证、推进项目落地、防范风险，确保完成预算指标，资产保值增值。

强化市场导向。今后，市场在资源配置中起决定作用，市场竞争会更加激烈，市场的调节作用会更加显著，市场要素的流动性会更强。因此，企业的各项工作更要面向市场，要坚持以竞争为导向，注重"顾客关联、市场反应、关系互动、营销回报"，形成竞争优势，增强市场竞争力。进一步调整营销策略，加快去库存的力度，实现资金快速回笼。根据市场需求，进行新产品研发和产品结构调整，增强价值创造能力。

强化成本管理。参与市场竞争，成本领先更为重要。要实施全方位、全过程、全价值链的成本管理。企业利润下滑，更要向成本管理要效益。集团和各单位，都要拿出降低成本的具体措施，在降低组织成本、管理成本、经营成本、资金成本上动脑筋、想办法，特别是要利用招投标机制，通过公开透明，降低成本。明年，总体上可控费用要降低 10%。

强化投资回报。国有资产监管是以管资本为主，更加注重资本收益。京煤集团是一家国有企业，企业内部总公司、二级公司、三级公司甚至四级公司之间是个什么关系？我感到就应是投资和回报的关系。一是确保资本安全，二是资本保值增值。每一层都要对股东负责，实现投资回报。一些单位的投资，短期回报率比较低还可以理解，但是从战略上看、从长期看，如果投资回报总是徘徊在一个很低的水平，甚至投资没有回报，那么股东就要采取措施，考虑资金的机会成本，抽回资金，投到回报率高的领域。这里，产权代表担负着首要责任。提高投资回报率，是建设强大京煤的根本举措，是经营管理的根本着力点，也是考核各级领导人员的根本依据。

强化重大项目管理。重大项目，是实现企业战略发展的重要支撑，是实现投资回报的重要载体，是企业发展的后劲所在。红庆梁、巴彦淖、非洲煤业、南燕湾、工矿棚户区改造、化工搬迁、电厂二期等重大项目，都要加强计划管理、组织管理、质量管理、风险控制，确保如期投产、达产，取得预期收益。

强化安全管理。认真贯彻习总书记关于"管行业必须管安全，管业务必须管安全，管生产必须管安全，党政同责，一岗双责，齐抓共管"的重要指示，树立"大安全"观念，落实安全生产责任。几年来，我们的安全生产取得突出成绩，同时，还要看到，安全工作仍存在一些不足。今后，仍要高度重视安全，落实制度，严格责任制，进一步提高企业安全发展水平，保持企业发展秩序稳定。

强化民生工程。坚持兴企富民理念，持续提高员工生活水平。明年，工矿棚户区改造要确保如期、平稳、有序地迁居入住。在困难情况下，根据国资委的安排和企业的经营状况，适度调整员工的收入水平，重点向一线员工倾斜，激励大家的积极性。

四、突出发挥党委的政治核心作用

把思想和行动统一到十八大精神、十八届三中全会关于深化改革的重大决策部署上来，充分发挥党组织总揽全局，协调各方的作用，努力建设"学习型、服务型、创新型"党组织，提高党组织引领、融入、跟进、服务的能力。

京煤集团各级党组织都要建立改革领导机构，专题研究改革问题，统筹安排改革事项，设定改革方向、路线图、时间表。坚持顶层设计和重点突破相结合，积极稳妥，既有总体思路，又勇于探索和实践。从上级要求，合法合规，企业实际出发，发挥积极性、主动性，主动推开，不等不拖，力求成效。

巩固群众路线教育实践活动成果，把整改和落实贯穿到明年的各项工作中去。把党风廉政建设与教育实践活动相结合，认真解决“四风”问题，狠抓作风转变，落实好上级关于厉行节约、改进工作作风的若干规定，严格执行党风廉政建设的各项要求，强化考核和监督，保持党组织的纯洁性和先进性。

面对复杂严峻的改革任务，京煤集团提出坚持“高标准、大视野、严要求”，切实加强各级领导班子建设。“高标准”，就是要实现优秀，追求卓越，做到强大。在学习、思想、工作和作风上高标准；在执行、落实、经营和业绩上高标准；在对标先进、查找问题、持续改进上高标准。“大视野”，就是要眼界开阔、胸襟宽广，站得高，看得远，想得深，具有战略性、全球化、国际化思维。关注国际动态，关注国内动态，关注财政、金融、产业、技术和产品动态，驾驭发展全局，把握改革大势，抢抓发展机遇，构建开放型经济。“严要求”，就是要严守制度，严格履职，廉洁自律，洁身自好，集中精力谋发展，创佳绩。注重领导干部形象，维护领导干部尊严，增强领导干部的影响力；坚持原则，遵章守纪，反对“四风”，联系群众，把班子建设成为可以信赖的坚强领导集体。

立足“十二五”，着眼“十三五”和建设千亿集团的长远目标，以思想引导、理论引领，统一思想，营造改革发展舆论氛围；以创先争优活动常态化，发挥好党支部的战斗堡垒作用和共产党员的先锋模范作用；以优化人才结构，建立常态化交流机制，推进总部和基层、单位和单位之间人才合理流动。为企业深化改革，持续创新，转型升级，打造京煤经济升级版而努力！

（摘自2013年12月18日京煤集团党委二届九次全委会上的讲话）

以改革创新为动力 提高企业经济增长的质量和效益

北京一轻控股有限责任公司总经理 苏志民

党的十八届三中全会《关于全面深化改革若干重大问题的决定》，提出了全面深化改革的指导思想、目标任务、重大原则，是我们党在改革理论和政策上一系列新的重大突破，提出使市场在资源配置中起决定性作用；发挥市场对技术研发方向、路线选择、要素价格、各类创新要素配置的导向作用。积极发展混合所有制经济，国有资本投资项目允许非国有资本参股；以管资本为主加强国有资产监管，等等。这些新思想、新论断、新举措对于深化国有企业改革具有重要而现实的指导意义。

北京一轻控股有限责任公司总经理 苏志民

一、实施创新驱动战略，增强企业发展内生动力

回顾“十二五”前3年工作，面对市场环境不稳定性、不确定性增加的严峻形势，一轻控股公司加快转变经济发展方式，积极推进“7+1+3”集团化发展战略落地，克服原材料、能源、运费、人工成本等上涨、企业经营成本加大等严峻挑战，一轻经济稳中有升，七大产业集团发展格局初步形成，要素市场建设取得历史性突破，各项工作都取得了积极进展。同时，我们也清醒地认识到企业发展还存在一些问题：产业集中度不高、主业盈利能力不高的问题、企业发展的内生动力不足，创新驱动作用不强、资源配置效率低的问题，主业不精干、部分企业效益下降甚至亏损等问题，这是我们工作的着力点和落脚点。

第一，提高经济运行质量和效益，关键要持续创新。创新是企业发展的不竭动力。一轻经济要提质增效、转型升级、持续发展，必须不断创新，最根本的要靠科技创新。十八届三中全会强调，要深化科技体制改革，建立健全鼓励原始创新、集成创新、引进消化吸收再创新的体制机制，健全技术创新市场导向机制，发挥市场对技术研发方向、路线选择、要素价格、各类创新要素配置的导向作用。加强知识产权运用和保护，健全技术创新激励机制，完善风险投资机制，创新商业模式，促进科技成果资本化、产业化。十八届三中全会决定为我国今后科研体制机制改革，进一步明确了激发创新活力的方向、路径和方法。我们要始终坚持以市场为导向，加快科技创新、产品创新、品牌创新、产业组织形式创新、市场模式创新，更加注重市场在资源配置中的决定性作用，以市场为导向，加大研发投入，加强技术储备和新品开发，积极开展产学研协同创新，加快科技成果产业化。发展永无止境，创新也永无止境，改革创新只有进行时，没有完成时。在当前激烈的国内外市场竞争中，唯创新者进，唯创新者强，唯创新者远。必须持之以恒地开展创新，抓住关键环节、重点问题攻紧克难，增强发展的内生动力。

第二，提高经济运行质量和效益，要着力转方式、调结构。要进一步转变经济发展方式，调整优化产业结构、产品结构，促进企业由粗放型向集约型转变，产业由低端型向高端型转变，经营模式由单一的生产经营向资产经营、资本经营、生产经营协同发展转变，赢得企业在市场上的主动权，打牢企业生存发展的基础。要统筹协调现代都市工业、现代服务业和战略性新型产业发展，这是一轻的三大产业方向，依托一轻的产业基础和资源条件推进要素市场建设，是一轻产业高端化发展的有效路径之一，要做好北酒所的涵养，浆纸交易中心的先行先试，力争闯出一条新路；一轻在新材料、光电技术领域有些是走在前面的，要积极培育成为战略性新兴产业的支点。继续坚持“有进有退、快进快退”原则，要树立“退也是进、退也有为”思想，对那些长期亏损、扭亏无望的企业加大调整退出力度，将有效资源配置到优势产业、优势产品的发展上来，确保一轻整体质量、效益水平不断提升。

第三，提高经济运行质量和效益，要增强价值创造能力。经济效益指标是企业价值创造能力的重要标志。关于提高经济效益的途径，一要向市场要效益。以市场为导向配置资源，找准市场需求，创新商业模式。二要向研发要效益。找准定位，加大投入，早出成果，形成规模。三要向结构要效益。实施差异化战略和成本领先战略，提高产品技术含量和附加值，突出品牌内涵及个性。四要向管理要效益。苦练内功，开源节流，采用全面预算管理、量本利分析、投入产出理念、价值工程及波士顿矩阵分析等手段，全面提升经营管理水平。五要向价值链的优化再造要效益。加强企业价值链的梳理，精心设计企业供应模式和生产组织模式，聚焦价值链的核心环节，创新企业盈利模式。控股公司将加大绩效考核力度，突出主业，突出贡献，突出重点工作，引导企业把主要精力集中到自主品牌的发展上来。

二、深化企业改革，提高一轻经济发展活力

习近平总书记在十八届三中全会决定说明中强调，改革是一项复杂的系统工程，要坚持顶层设计与“摸石头过河”相结合，整体推进与重点突破相结合。改革是一场深刻而全面的社会变革，必须增强系统性、整体性和协同性，处理好改革发展稳定的关系，胆子要大，步子要稳，等等。我们要认真学习，深刻领会，全面把握，把思想和行动统一到全会精神和中央部署上来，指导一轻今后的改革发展。

（一）以科学的世界观和方法论为指导，推进一轻改革发展

十八届三中全会决定和习近平总书记所做的说明，为我们企业改革、创新、发展提供了科学的世界观和方法论。环境保护要“发展第三方治理”，将过去“谁污染、谁治理”的模式升级为“谁污染、谁付费”的模式，这是一个重要的机制创新，将有效促进环保产业进一步发展。但对企业来说，就要权衡第三方治理和自主治理的成本问题，积极寻求最佳解决方案。

以管资本为主加强国有资产监管。资本的基本属性是价值增值，实现价值最大化。健全多层次的资本市场体系，随着国有资本经营公司的组建、“新三板”等新兴市场的发展，将使股权交易变得更加快捷高效。股票发行也将逐步由核准制向注册制改革，由严格的实质审核变为形式审查，进一步降低上市门槛，将证券的优劣留给市场来判断。

坚持顶层设计与基层探索相结合，鼓励基层首创、先行先试。如果总是墨守成规，裹足不前，顶层设计就将发挥主导作用，企业就有可能被调整、被改革、被治理。因此，必须增强危机意识、忧患意识，超前谋划，争取主动。

混合所有制经济是基本经济制度的重要实现形式，鼓励非公有制企业参与国有企业改革，国有资本投资项目允许非国有资本参股。一轻产业基本属于一般竞争性行业，既面临难得的发展机遇，又面临前所未有的挑战。

（二）按照市场化原则，加大改革调整力度

十八届三中全会决定指出，市场在配置资源中起决定性市场和更好地发挥政府的作用，市场决定资源配置，是市场经济的一般规律，有利于实现效益最大化、效率最优化。看不见的手要充分施展，看得见的手要有效运行。

对于企业来说，市场是公平竞争、价格发现、价值实现的平台，企业的一切工作都要围绕市场来开展，企业的各类生产要素都要以市场为导向来配置；研发创新更要紧跟市场，以市场需求来定位研发方向、配置研发创新资源，加大研发投入，加强技术储备和新品开发，积极建立产学研协同创新机制，加快科研成果产业化。要以市场化、国际化眼光看待我们所面临的形势和任务，化挑战为机遇，扎实做好我们自已的事情。

（三）树立强烈的问题意识，以问题倒逼改革

改革是由问题倒逼而产生，又在不断解决问题中得以深化。要以重大问题为导向，进一步增强责任意识、危机意识、忧患意识，以更大的政治勇气和智慧，更加有力的措施推进改革，抓住关键问题主动思考，主动调整，主动改革，发挥主观能动性和创造性，解决企业亏损、创新动力不足、经济运行质量效益不高等问题，要敢于啃硬骨头，敢于触及矛盾，敢于突破利益固化的藩篱，有逢山开路、遇河架桥的勇气和决心，解决制约企业发展的突出问题，拓宽企业发展道路。

（四）创新人才工作机制，加强人才队伍建设

推动经济步入创新驱动、内生增长的发展轨道，人才是关键。要牢固树立人才是第一资源、人才战略是第一战略的思想，要像习近平总书记强调的那样，“树立强烈的人才意识，寻觅人才求贤若渴，发现人才如获至宝，举荐人才不拘一格，使用人才各显其能”。要坚持人才优先发展，根据结构调整和产业升级的要求，优先开发人才资源，超前调整人才结构，提前做好人才储备，实现人才结构与经济结构相适应相匹配。坚持三支队伍一起抓，培养造就与时俱进、适应产业发展需要的经营管理人才、高级专家、领军人才以及一线创新人才，加强创新型人才队伍建设。进一步完善人才工作机制，营造想干事、能干事、干成事的良好氛围，创造宽松的创新环境，用人所长，宽容失败。要把握人才成长规律，优化人才成长环境，形成人才辈出的有力导向，建立优秀人才脱颖而出的机制，开创人人皆可成材、人人尽展其才的生动局面。

（摘自2013年市国资委领导干部理论文章）

认真学习贯彻党的十八届三中全会精神
坚定不移推进北京纺织改革创新

北京纺织控股有限责任公司董事长 吴 立

北京纺织控股有限责任公司
董事长 吴 立

党的十八届三中全会，是在我国进入全面建成小康社会决定性阶段召开的一次十分重要的会议。全会通过的中共中央《关于全面深化改革若干重大问题的决定》，是新一届中央领导集体站在时代发展的战略高度，立足国际国内发展全局，围绕“两个一百年”奋斗目标，提出的经济社会发展的根本指针和行动纲领。当前，我们深切感到，都市服装纺织业的发展已迈入重要的转型期，面临着重大机遇和严峻挑战。在这发展的关键时期，北京纺织控股公司及所属企业必须认真学习贯彻党的十八届三中全会精神，坚持改革创新，促进企业转型发展。

一、深化国企改革、推进企业改革创新的重要性

改革开放以来，党中央把国有企业改革作为经济体制改革的中心环节，坚持解放思想、实事求是、积极探索、循序渐进，做出了一系列重要决策部署。经过30多年的探索和实践，国有企业改革不断深入推进，国有企业经营机制、管理体系、企业面貌都发生了根本性变化。据有关资料显示，2003—2012年，国有企业营业收入从10.73万亿元增长到42.38万亿元，年均增长16.6%。国有企业活力和竞争力不断增强，国有经济发展质量大幅提升，已经同市场经济相融合，在经济社会发展中发挥着重要作用。但与市场化、国际化继续深入发展的新形势相比，国有企业也积累了一些问题、存在一些弊端。因此，只有深化国

有企业改革，才能进一步激发国有企业活力和创造力，奠定经济发展方式转变和长期可持续发展的基础。

从北京纺织控股公司自身发展看，近两年来公司紧紧围绕构建适合首都经济特点纺织发展格局的战略目标和“十二五”发展规划的重要任务，克难攻坚，扎实工作，实现了企业持续健康发展。在取得成绩的同时，北京纺织控股公司及所属企业发展也面临着诸多挑战和困难。从宏观看，世界经济仍存在大量不确定因素，国际市场争夺变得更加激烈；我国经济运行出现了一些新情况新问题，首都经济社会发展形势，给纺织制造业的生存和发展带来很大压力。从微观看，品牌的市场占有率和贡献率偏低、企业的利润结构不尽合理、全行业职工的收入还远低于全市职工的平均收入水平等突出问题逐步显现，并已成为制约发展的主要矛盾。要解决这些发展难题，重塑北京纺织的辉煌，树立北京纺织的新形象，根本出路在于改革，根本动力也在于改革。要以改革促发展，以改革促转型，用改革的精神、思路、办法来提升发展的质量和效益。

二、深化国企改革、推进企业改革创新的思路与模式借鉴

十八届三中全会明确提出，必须适应市场化、国际化新形势，以规范经营决策、资产保值增值、公平参与竞争、提高企业效率、增强企业活力、承担社会责任为重点，进一步深化国有企业改革，积极发展混合所有制经济，完善国有资产管理体制，以管资本为主加强国有资产监管，改革国有资本授权经营体制，组建若干国有资本运营公司，支持有条件的国有企业改组为国有资本投资公司。

国务院国资委副主任黄淑和介绍了发展混合所有制经济的举措、进一步优化国有企业股权结构的实现形式以及完善国有资产管理体制的措施。黄淑和说，混合所有制是当前及今后国资国企改革的“重头戏”。发展混合所有制经济的基本思路是：加快推进国有企业特别是母公司层面的公司制、股份制改革，优化国企股权结构。实现混合所有制，主要有 4 种形式。其一，涉及国家安全的少数国有企业和国有资本投资公司、国有资本运营公司，可以采用国有独资形式。其二，涉及国民经济命脉的重要行业和关键领域的国有企业，可保持国有绝对控股。其三，涉及支柱产业和高新技术产业等行业的重要国有企业，可保持国有相对控股。其四，国有资本不需要控制并可以由社会资本控股的国有企业，可采取国有参股形式或者可以全部退出。上海市作为全国新一轮地方国资国企改革的先行者，也公布了《国资国企改革 20 条》。这些政策导向对推进国企改革具有指导性、针对性和操作性。

国际上，新加坡“淡马锡模式”对推进国企改革也具有借鉴意义。“淡马锡模式”的主要特点是政府以国有资本运作和增值作为主要目标，以股东身份进入董事会。国企经营坚持市场化，经理层基本是聘用的职业经理人，总公司与子公司之间坚持“一臂之距”的关系，只关心绩效结果，不干预经营过程，子公司与民企平等进入市场。30 多年来，淡马锡的年均净资产收益率超过 18%，归属国家股东的年均分红率超过 6.7%，公司的经营业绩大大超过了同期国内私营企业。新加坡这种独特的国企管控、国有资本运营的“淡马锡模式”，值得我们研究借鉴。“淡马锡模式”的经验与启示是：

理念要新。一是“善意的无为而治”的政府管理理念；二是“积极活跃的股东”的企业定位理念；三是“积极谨慎的投资者”的企业发展理念；四是“能者居其位”的人才理念；五是“一切以商业价值最大化为原则”的商业决策理念。

体制要顺。一是以宪法的高度来界定政府与淡马锡之间的职能定位；二是在淡马锡内部建立以强大董事会为核心的企业治理结构；三是淡马锡对旗下企业保持“一臂之距”的管控制度。

机制要活。一是高度国际化、市场化的人才选聘机制；二是与长远绩效挂钩的高管薪酬制度；三是定期的财务信息公开制度。

从改革的政策以及导向看，对于一般性竞争领域的国有企业来说，按照市场化的要求，依托资本市场，推进公众公司改革，实现国有资产资本化，提高国有资本流动性已成为必然趋势。在新的形势面前，只有从思想上和工作上全面做好准备，抢抓先机，企业才能赢得改革发展的主动权。应提早谋划实现混合所有制的方式和举措，解放思想，开阔思路，树立“多元化是企业的主要存在形态”理念，在引进战略合作者，推进资本证券化，加大集团公司、企业改革改制，探索股权激励等长远绩效挂钩的弹性薪酬制度，加强董事会建设等方面做出探索。

三、深化国企改革、推进企业改革创新的主要任务和举措

“十二五”的后两年和“十三五”，是我国全面建成小康社会的关键时期，特别是十八届三中全会做出全面深化改革决定后，也是北京纺织应该抓住机遇进一步做大做强做优，全力构建适合首都经济特点纺织发展格局的关键时期。抓住发展的重要战略机遇期，实现企业的战略目标，就必须实施创新驱动战略，加快转型发展步伐。在思想认识上、工作实践中，要坚持理念创新、体制创新、产业创新。

（一）坚持理念创新，加快构建发展新格局

十八届三中全会以后，国有经济体制改革进入新的阶段，对于身处一般性竞争领域的纺织企业而言，优胜劣汰不可避免。因此，首先必须坚持理念创新，推进企业战略落实。

企业战略是企业发展的航标，企业只有具备科学、前瞻、有效的战略，才能实现可持续的发展，才能不断做大做强。北京纺织控股公司提出构建适合首都经济特点纺织发展格局，塑造“时尚纺织、科技纺织、服务纺织”新形象，坚持发展高端服装纺织业和现代都市服务业的“双轮驱动”战略，是符合首都经济特点的，也是符合纺织发展实际的。发展战略已达成共识，目标已经明确，结合十八届三中全会对国企改革的要求和部署，要强化战略落实，主动、有序地推进新一轮战略调整。这种调整，应该由“止血式”的调整向战略调整转变，优化资源配置，将优势资源向优势企业、优势产业集中，走“专、精、特、新”的发展之路，实现从低端纺织向高端纺织、从传统纺织制造业向先进纺织制造业和现代纺织服务业的战略转型。在发展方式上，实现“四个转变”，即：从产品加工生产模式积极向品牌运营拓展模式转变，从单纯的产品竞争向高端产业链竞争转变，从生产能力建设向科技创新核心能力建设转变，从单纯注重项目投入向既注重项目又关注管理科学、精益生产转变。

（二）坚持体制创新，科学管理促进新发展

科学管理是企业发展的永恒主题。构建适合首都经济特点的纺织发展格局，北京纺织控股公司必须从行业发展的战略高度、统筹发展的大局，加强战略管控，才能实现新的跨越发展。

一是探索建立混合所有制经济格局。国家统计局数据显示，截至2013年12月末，全国规模以上纺织企业（收入2000万以上）38618家，其中国有及国有控股企业477家，国有及国有控股比重为1.24%；主营业务收入63849亿元，国有及国有控股企业收入1657亿元，比重为2.6%；利润总额3506亿元，国有及国有控股企业利润57亿元，比重为1.63%。国有及国有控股纺织企业无论户数，还是主营收入、利润在规模以上纺织企业中所占的比重都很低。像北京纺织这种国有独资或者国有控股的所有制格局与市场竞争格局明显不相适应。十八届三中全会提出发展混合所有制经济，这对企业来讲，体制的改变是不可避免的。所以，要研究探索如何“请进来”，利用资本市场和产权市场，吸收民间资本和战略投资者参与国有企业改制改革，建立混合所有制经济格局，规范公司治理结构，提高管理效率，增强适应市场变化能力。

二是完善现代企业制度。按照十八届三中全会的对完善现代企业制度的要求，改变目前现代企业制度落实上的“形似神不似”状况。坚持所有权和经营权分离的原则，理顺出资人、决策人和经营管理人的关系，形成股东会、董事会、监事会、经理层各负其责、运转协调、有效制衡的公司法人治理结构。推进规范董事会建设，完善外派董事选聘、培训、评价机制，严格董事履职责任，健全董事会运作机制。建立长效激励约束机制，强化企业经营投资责任追究。推进市场化导向的选人用人和管理机制，探索推行职业经理人制度，更好发挥企业家作用。

三是探索管控模式的创新。从企业管理的实践看，目前控股公司及二级企业多为管理型公司，围绕市场决策的有效机制尚未形成，资源、信息难以在企业间整合，企业间的协同效应很难发挥，管理职能递衰、管理半径弱化、管理效率不高等已成为制约发展的机制之弊。围绕国企改革的新要求，结合控股公司新一轮战略调整，要完善体制机制，创新管控模式。根据板块调整、业务发展需要，聚焦专业化、协同化、精细化，适时改革组织架构及管控体系，加快推进集团化建设，发挥集团化管理的经济规模效应、战略协同效应。围绕市国资委推进信息化建设的工作要求，主动推进行业信息化建设，把数字化、智能化、网络化融入生产运营、管理决策，以信息化支撑集团化建设。

（三）坚持产业创新，加快转型发展新步伐

进入21世纪以来，全球纺织业发展呈现出新趋势：一是往产业链的前端延伸，与科技研发的关系越来越密切；二是往产业链后端延伸，其时尚特点越来越明显。为此，作为都市服装纺织业，必须坚持产业创新，要向纺织、服装产业“微笑曲线”的两端延伸，谋划产业发展的方向和举措，以此引领北京时装之都建设。

一是把推动纺织业态向高端发展作为转型发展的核心。纺织制造业不转型就不能在首都生存，不转型更不能获得发展。党的十八大提出，要发展先进制造业，加快传统产业转型升级。面对当前全球纺织业步入新一轮调整升级周期呈现出的新特点，要创新产业的合理布局。产业用纺织品作为先进制造业发展的重点，作为制造业转型的重要抓手，坚持技术创新，在拓宽领域、加快发展上下功夫。将适度集中有限的资源，采取多种形式加大支持产业用功能性纺织品发展的力度。以市场需求的产品规模生产支撑骨干企业的发展，不断增强骨干企业的竞争力，提升企业的盈利能力。将把发展高端服装业态作为制造业升级的重要载体，坚持集中做优，重点在品牌提升、品牌运营、提高品牌的影响力及贡献率上下功夫。没有好的品牌，没有品牌的影响力，企业不可能发展壮大。经过多年的努力，北京纺织品牌建设取得了一些成就。但现有的品牌，还缺乏深层的竞争力和影响力。大力实施品牌战略，推动做大做强品牌服装，提高纺织品牌的知名度和美誉度是我们当前的一项重要任务。今年，北京纺织控股公司加大投入，成立了“北京铜牛户外用品有限公司”和“北京无咎品牌管理有限公司”，这些都是我们加强品牌建设的初步尝试。下一步，还要深入思考品牌创新的路径，结合实际，创新品牌运营的模式和机制，引进专业的人才，在品牌建设上要取得突破性进展。

二是把稳步扩大贸易规模作为转型发展的支撑。通过学习行业先进经验发现，贸易业务对企业转型升级、做大做强起到了重要的支撑作用。从行业的全局看，必须坚持集优做大，在内外贸并举和扩大贸易规模上下功夫，推动国际贸易业务在转型中持续增长。

三是把资产运营作为转型发展的抓手。要不断优化资产配置，提高资产运营效率。目前，北京纺织控股公司行业资产运营效率并不高。如何使存量资产和增量资产运营效率最大化是我们应该深入研究的课题。要对现有的资产进行认真全面的分析，按照“实现资产运营的最大价值、最佳用途、最佳收益”的原则，研究资产使用的最佳方案，盘活存量，用好增量，以资产运营促进北京纺织的转型发展。

四是把资本运营作为转型发展的保障。通过有效的资本运作、推进企业上市是企业发展的里程碑，更是企业再跨越的新引擎。通过在资本市场的上市成功，企业不仅获得了一个融资平台，更获得了一个企业形象推广的平台、一个企业管理提升的平台。公司如果在资本市场上市成功，要求企业必须站到新角度和高度上，以一个上市公司的要求来开展工作，规范企业的运营。今年，铜牛信息科技公司“新三板”上市的申请获证监会审核批准，实现了控股公司上市企业零的突破，也是北京市国资委第一家“新三板”上市的公司。近日，国务院发布了“新三板”扩容方案。市委十一届三次全会也提出，加快建设多层次资本市场，大力支持“新三板”扩容和四板发展。要结合国企改革的政策导向，特别是围绕多层次资本市场建设的举措，思考如何促进企业与金融的结合、实体经济与虚拟经济的融合、资本与项目的对接。只有这样，企业才可能做大做强，才可能实现跨越式发展。

2014 年是全面深化改革的开局之年，也是落实“十二五”规划的攻坚之年，做好明年的工作对全面完成“十二五”规划目标任务乃至实现更加长远的发展至关重要。北京纺织控股公司要抓住深化国有企业改革的历史机遇，进一步在完善体制机制，明确发展定位，创新管控模式、品牌运作、人才队伍建设，优化资源配置、产业结构等方面进行深入探索，为构建适合首都经济特点的纺织发展新格局而努力。

（摘自 2014 年北京纺织控股公司工作会上的讲话）

大 事 记

1月

7日 高水平应急广播系统启用仪式在北广科技股份有限公司举行。该系统是北广科技公司为青海广电局研制，集指挥、扩音广播、采访、转播、录播、发射为一体的移动广播电视发射系统，在供电、通信、广播、电视瘫痪时，可以及时、独立完成一定区域范围内的应急广播电视发射覆盖及扩音宣传任务。

14日 汽车轻量化联合研发中心揭牌仪式在北京汽车研发基地举行。

15日 中央财经大学产学研基地挂牌仪式在北汽股份北京分公司举行。

16日 北大先锋科技有限公司为新疆天业集团设计承建的电石炉尾气合成5万吨/年乙二醇项目——电石炉尾气提纯一氧化碳装置和变压吸附制氢装置一次性开车成功。

18日 诺华制药（中国）制药运营昌平工厂二期扩建项目竣工。该项目于2011年启动，投资金额1.5亿元人民币，年生产能力30亿片。

20日 北京日盛林文化博物馆在房山区正式开馆。该博物馆由北京助野日盛林业有限公司兴建，全馆占地面积3200平方米。

25日 电子城IT产业园A4厂房举行封顶仪式。该工程于2012年9月18日破土动工，总建筑面积24764平方米。此工程为IT产业园重点工程之一。

31日 京煤集团昊华能源公司高家梁煤矿获得600万吨煤炭生产许可证。

本月 北京四环科宝制药有限公司的注射用“尼可地尔”，北京四环制药有限公司的注射用“盐酸罗沙替丁醋酸酯”，北京同仁堂股份有限公司同仁堂制药厂“巴戟天寡糖胶囊”在第九届中国医药营销新锐论坛上，入选2012年十大重磅处方药名单。

2月

1日 北京汽车集团有限公司与戴姆勒股份公司在德国斯图加特奔驰总部签署战略入股等一系列协议。根据协议，北汽集团持有北京奔驰公司51%股权；戴姆勒持有北汽股份公司12%股权，向北汽股份公司董事会派两名董事，成为首家入股中国本土汽车制造商的外资汽车企业。

2日 位于房山区的中关村国家自主创新示范区北京高端制造业基地正式揭牌。该基地是中关村国家自主创新示范区调整布局中率先签约并挂牌，正式成为中关村科技园区的“新成员”。

3日 北京理工华创电动车技术有限公司与波兰TAURON能源有限公司签署“波兰e-Bus项目合作协议”，旨在以北理工纯电动客车动力系统平台为基础，在波兰建立电动公共交通系统，并在其他欧盟成员国和周边邻国推广实施。此项目被列为科技部重点技术输出项目，是中波国家间重点合作领域。

4日 京煤集团京海发电公司水泥分公司获得国家质量监督检验检疫总局颁发的《全国工业产品生产许可证》。

7日 国家知识产权局专利复审委员会对北大国

际医院集团提出的“拜耳莫西沙星氯化钠大输液制剂专利无效的请求”，发出“无效宣告请求审查决定书”，宣告德国拜耳公司“莫西沙星／氯化钠制剂”专利权全部无效。

同日 海军副司令员丁一平、副市长苟仲文组织召开蓝鲸园建设工作会议，正式成立蓝鲸园管委会筹建办公室。下设工程建设组、政策规划组和项目推进组。

16 日 北京金隅节能保温科技公司年产 3.5 万吨岩棉保温板生产线点火仪式在大厂金隅工业园启动。该生产线从意大利引进，项目占地面积 37000 平方米，总投资 2.4 亿元。

21 日 北京七星华创电子股份有限公司“热式数字气体质量流量测控系统”项目获得 2012 年度北京市科学技术二等奖。 该成果获得授权专利 16 项，其中发明专利 3 项。

26 日 2013 年北京国防科技工业工作会议在京召开。会议部署 2013 年重点任务是做好“五个着力”：一要着力完成武器装备科研生产任务；二要着力加强科技创新；三要着力深化军民融合；四要着力抓好安全保密和安全生产；五要着力提升机关履职能力，不断提升服务质量水平。

同日 华润三九以人民币 58310.03 万元收购桂林天和药业股份有限公司 97.18%的股份，获得骨科领域的“天和”品牌，包括天和牌骨通贴膏、PIB 骨痛贴膏、追风膏等知名品种。

28 日 国内首条 8.5 代液晶玻璃基板生产线在北京经济技术开发区建成投产。该生产线总投资 8 亿美元，是康宁显示科技（中国）有限公司在北京设立的第二家薄膜晶体管液晶显示器（TFT–LCD）玻璃基板生产厂。

同日 《中国战略性新兴产业研究与发展》新能源汽车分册出版发行。全国人大常委会副委员长路甬祥出席在大兴采育北汽国际会议中心举行的首发式。分册由中国汽车工程学会和北京汽车经济研究会共同编写，总计 72.5 万字。

3 月

5 日 中材叶片酒泉公司出口巴拿马用于 2.5 兆瓦机组、52.5 米大叶片批量启运，海外销售取得新突破，产品质量和生产管理水平得到国际叶片专家的肯定。

22 日 北京御食园食品有限公司在第三届北京知名品牌推选活动中荣获“北京知名品牌”称号，成为怀柔区唯一一家获此称号的工业企业。

26 日 北汽股份北京分公司举办向驻顺义区北京卫戍区警卫三师炮兵团赠车仪式，本次共赠送 6 辆“勇士”牌军用汽车。

29 日 北京奔驰汽车有限公司 MRA 总装工厂竣工并投入使用。工厂占地面积 20 万平方米，是目前梅赛德斯 – 奔驰海外产能最大的总装工厂，设计年产能 13 万辆。

本月 北京理工华创电动车技术有限公司投资设立北京华荣新动力电气有限公司，注册资本 588 万元，公司占比 30%。

4 月

2 日 北京北泡塑料集团公司转型升级暨北京北泡有限公司签约仪式在北京隆达控股有限责任公司举行。

3 日 昌平区政府与中国中小企业发展促进中心共同签署《中国（昌平）高成长中小企业服务示范园合作备忘录》，是首个落户未来科技城的产业项目。

10 日 原中央政治局常委、全国政协主席贾庆林到北京奔驰汽车有限公司 MRA 总装工厂进行调研。贾庆林强调，当前中国的汽车工业面临一个很好的发展机遇期，北京奔驰应该把握时机，利用好自身的品牌优势、技术优势、产品优势，不断创新，生产出更多、更好符合中国实际和百姓需求的汽车。

同日 中高控股集团有限公司与三菱重工业株式会社燃气发动机技术引进、合作生产签约仪式在北京举行。此次签约主要是中高控股引进三菱重工燃气发动机机型全套技术并在北京、杭州两地合作生产。

同日 首钢京西创业投资基金管理有限公司与北京八亿时空液晶科技股份有限公司在北京签署增资协议。首钢京西创投公司出资 3000 万元，支持八亿时空在房山石化新材料科技产业基地实施产能扩建项目。

12 日 北京金豪制药股份有限公司推出 H7N9 病毒 RNA 检测试剂盒（荧光 PCR 法）。该试剂盒具有灵敏度高、使用方便、不造成病毒二次污染的特点，能够在两小时内完成病毒的测定工作。

16 日 北京长安汽车公司首款具有完全自主知识产权，高端自主品牌乘用车“睿骋”正式上市。“睿骋”全系提供两款动力组合，共 7 款车型。

21 日 北京现代全新车型 MISTRA 名图在 2013 上海国际车展上全球首发。

21—22 日 中国航天空气动力技术研究院（航天科技十一院）无人机系统成功在四川地震灾区 12 个不同方位进行无人机航飞和战场电视传输，获得重灾区震后高分辨率航拍影像图数十张，覆盖区域达到 10 余平方公里。

22 日 北京新能源汽车动力电池项目在北京正式签约。该项目由北汽集团有限公司、北京电子控股有限责任公司和韩国 SK Innovation 三方联合发起、组成合资公司，共同推进电动汽车电池项目等领域的合作事宜。

23 日 华润双鹤药业股份有限公司新品“BFS 输液”上市。

25 日 北京通用航空公司与美国 MSC–SyberJET 商务机公司就引进 SJ30 型公务机在京签署合作意向书。该机型为一款全新开发的高性能轻型公务机，可容纳 6 名乘客和 1 名飞行员，飞行高度达 41000 英尺，巡航速度 0.83 马赫（980 公里每小时），航程可达 4630 公里。

本月 北京新能源汽车体验中心通过北京市科委专家评审，获得“北京新能源汽车体验中心科普教育基地”称号。

同月 北化集团所属重庆聚特新材料有限公司 6000 吨 / 年聚氨酯黏合剂项目正式开工。

同月 北京市“精机工程”——0.5 微米级主轴类专用高精度数控磨床通过北京市科技委员会验收。该工程由北京第二机床厂有限公司承担，获得授权实用新型专利 1 项。

5 月

3 日 一轻资本管理中心成立暨上线资金归集程序启动。

7 日 乐视网正式推出乐视超级电视旗舰型产品 X60 和普及型产品 S40，成为全球首家正式推出自有品牌电视的互联网公司。

同日 北京同仁堂国药有限公司在香港联交所创业板正式挂牌上市。

8 日 丹麦诺和诺德中国新研发中心启用仪式在中关村生命科学园举行。项目建设总投资超过 1 亿元。

同日 北京二七机车工业有限责任公司正式挂牌成立。

9 日 “十一五”国家科技重大专项“北京医药集团产学研联盟”通过任务验收。

11 日 北京汽车旗下首款中高级轿车绅宝正式上市，并于当日起率先执行国家标准“三包”政策。此次绅宝上市共 8 款车型，分别搭载 1.8T、2.0T 和 2.3T 3 款涡轮增压发动机。

14 日 国家发展改革委将首钢北京园区纳入“全国城市老工业区搬迁规划”试点范围，并给予资金支持。

同日 （硅谷当地时间 5 月 13 日）2013 首届中关村—硅谷创新创业大赛在北京银河 SOHO 和美国硅谷通过视频连线方式同时举行启动仪式。

16 日 电子城 IT 产业园 A3 厂房举行封顶仪式。该工程为混凝土浇筑结构，地上 7 层，地下 1 层，总建筑面积 24835.68 平方米。工程于 2012 年 11 月破土动工。

同日 北医健康产业园与中国技术交易所举行“中国技术交易所生物医药知识产权产业化基地”签约授牌仪式。

同日 北京仿真中心军工固定资产投资项目通过验收。

19 日 燕山石化 15 万吨 / 年碳五分离装置一次开车成功，产出合格的异戊二烯、间戊二烯和双环戊二烯产品。

20 日 北京市首个纯电动汽车租赁站启用仪式在五道口清华科技园举行。该启动仪式由北京市科委牵头，北汽新能源、清华科技园、北京电力、《中国汽车报》及易卡先锋租赁公司联合举办。

同日 中关村军民融合创新工作组正式成立。该工作组设组长 1 名，副组长 2 名，成员由军地双方人员共同组成。工作组主要负责推动落实中关村军民融合科技创新示范基地建设，统筹中关村军民融合科技创新政策，组织制定并实施中关村军民融合科技创新规划，建立健全军地和部市会商工作机制，促进军民技术成果相互转化及产业化。

22 日 北京激光显示产业园启动暨国内首款 100 英寸激光电视上市发布会在新闻大厦举办。此次发布的国内首款 100 英寸激光电视，由国际知名厂商 LG 代工，应用中国首创的激光荧光粉（ALPD）技术。产品于 1 月荣获美国消费电子展（CES 2013）“未来产品奖（Product of the Future）”。

23 日 燕山石化 3 万吨 / 年稀土异戊橡胶装置开车成功，顺利产胶。

26 日 2013 年中国工业经济行业企业社会责任报告发布会暨社会责任评价指标体系发布仪式在人民大会堂举行。该指标体系由市经济信息化委组织编制完成。全国人大常委会委员长张德江做出重要批示：“此项工作很有意义”。国务院副总理马凯做出重要批示：“工业经济联合会通过发布企业社会责任报告的方式，不断完善‘四位一体、多元共促’的协调推进机制，对促进企业礼盒责任建设发挥了积极作用。”

28 日 北京紫竹药业有限公司获得 WHO 关于炔雌醇通过原料药预认证批准函，其炔雌醇成为全球首个生殖健康类通过 WHO 预认证的原料药。

30 日 中共中央政治局委员、国务院副总理汪洋视察京交会同仁堂展位。他指出，中药要加快发展，下一步的目标是要打开欧美主流市场，让中药真正被西方认可。

6 月

3 日 中芯国际北京公司、中关村发展集团、北京工业发展投资管理有限公司签约，三方共同出资设立中芯北方集成电路制造（北京）有限公司，负责建设中芯国际(北京)二期项目。第一阶段投资 35.9 亿美元，建设 1 条月产能 3.5 万片的 12 英寸集成电路生产线。

4 日 北京市琉璃河水泥有限公司取得中国环境标志产品认证证书和中国环境标志低碳产品认证证书。

5 日 北汽福田与美国康明斯公司商用车项目签约仪式在巴西举行。

13 日 北京紫竹药业有限公司正式更名为“华润紫竹药业有限公司”，完成工商登记变更。

18 日 全球首个纳米“碳丝绸”工厂落户怀柔区雁栖湖的北京纳米科技产业园区。每个月生产的碳纳米管薄膜可以为 300 万部手机提供触摸屏。

同日 中国铁路总公司利用世行贷款采购 160 千米 / 小时多功能作业车签约仪式在北京二七轨道交通装备有限责任公司举行。

20 日 北汽集团越野车基地项目在顺义区赵全营镇奠基。该项目占地约 53.33 万平方米，建筑面积 15.8 万平方米，总投资 31.9 亿元。基地拥有焊装车间、涂装车间、总装车间、调试车间及配送中心，规划产能 20 万辆，主要投产“勇士”军车、B40V、B70V、B80V 等产品。

22 日 北汽国际化战略发布暨北汽国际启动仪式在北京汽车产业研发基地举行。北京汽车国际发展有限公司分别与巴西经销商和中国进出口银行签署战略合作框架协议，与中国出口信用保险公司签署全面业务合作协议。

27 日 北汽福田与北京公交集团和旗下子公司八方达客运公司签订 3012 辆欧辉 LNG 公交车销售合同，是国内首次采购的最大单批客车合同。

29 日 国内运载能力最大的“长征五号”运载火箭在北京成功进行助推器动力系统试车。该型火箭采用无毒、无污染推进剂，肩负着实施探月工程三期等重大科技专项发射任务，是中国民用航天“十一五”重点项目。军委副主席许其亮、总装备部部长张又侠等现场视察。

同日 韩国总统朴槿惠对北京现代汽车有限公司进行考察访问。她期待在未来发展中，北京现代继续为中韩两国经贸关系的发展做出卓越贡献。

本月 北京理工华创电动车技术有限公司双电机耦合驱动纯电动客车动力系统平台研发项目通过北京市科委验收。

同月 北京理工华创电动车技术有限公司获得市发展改革委批准为北京电动汽车工程中心，注册资金 1000 万元，公司占比 80%。

同月 “面向可循环流程钢铁企业的多目标优化与智能决策 MES 开发及应用研究”课题获得科技部 863 计划的立项批复。该项目由首钢牵头承担。

同月 《北京市 2013—2017 年清洁空气行动计划》对外发布。上半年本市完成 42 家企业的调整退出，11 条建筑渣土烧结砖生产线全部停产。

7月

3日 北京首都国际机场整车进口口岸通过国家五部委联合验收。该口岸是国内第一家依托空港综合保税区设立的汽车口岸。

5日 由北汽集团、北京电子控股有限责任公司和韩国SK集团三方组建的合资企业——北京电控爱思开科技有限公司（简称BESK）签字仪式在市政府举行。预计总投资10亿元人民币，其中北京电控持股41%，北汽集团持股19%，SK公司持股40%。建设地点在北京亦庄经济技术开发区，建设国内第一条全自动的模组生产线和半自动的电池包装配线。同年9月，BESK第一届第一次董事会在首尔举行。徐和谊当选BESK首任董事长，北京电控董事长王岩、SKI CEO具滋荣当选为副董事长。会议全票通过选任公司经营层、公司组织结构及职责分工、业务进行现状报告及2014年6月SOP业务计划、审议合资合同附属协议5个议案。

6日 《中国汽车报》专家顾问委员会成立。中国汽车报社与北京汽车集团公司签署新能源汽车领域战略合作框架协议。100辆北汽E150EV纯电动轿车，将由中国汽车报社旗下控股公司——易卡绿色汽车租赁有限公司开始在北京地区进行租赁运营。北京汽车集团公司负责车辆的技术支持等配套服务。

8日 北京汽车集团公司首次上榜《财富》杂志世界500强排行榜，位列第336位，在中国大陆新上榜的16家企业中排名首位。

12日 北汽福田与国家海洋局极地考察办公室签署“中国南北极科考战略合作伙伴协议”。北汽福田旗下欧曼、拓陆者、欧辉产品分别成为“中国南北极科考站建设指定用车”“中国南北极科考专用皮卡”“中国南北极科考队员专用车辆”。

同日 紫光集团有限公司与展讯通信有限公司签署收购协议，紫光集团以现金方式收购展讯通信的全部流通股份，最终收购价格为每股美国存托股份31美元，收购总价约18亿美元。

15日 北京中石大新元投资有限公司完成北京石油在线信息科技有限责任公司股权退出手续。

16日 北京一轻与京粮集团战略合作协议签约仪式在北京龙徽酿酒有限公司举行。

19日 北京化学工业集团有限责任公司与北京房地集团有限公司签署“非经营性资产移交接管协议”。市国资委下发批复，同意将原北京化工七厂资产无偿划转给北京房地集团有限公司。

20日 市委副书记、市长王安顺调研北京汽车集团有限公司。王安顺强调，新能源汽车是未来汽车发展方向，是必须争夺的制高点，也是北京汽车产业跨越式发展的重要突破口。同时，治理大气污染，用新能源汽车替代传统汽车变得更加迫切，市场潜力巨大。要继续加大研发投入，尽快掌握关键核心技术，形成自主知识产权和自主品牌，推出续航里程更长、车型更全面的纯电动汽车，抢占国内外市场。

24日 北京市第十四届人民代表大会常务委员会第一次审议《北京市促进中小企业发展条例（草案）》，重点在创业扶持、技术创新、资金支持、市场开拓、服务保障等方面进行了规范。12月27日，市人大常委会表决通过《北京市促进中小企业发展条例》。

25日 利亚德光电有限公司在北京举行LED电视产品发布会，发布8款超大尺寸LED电视产品，包括全球最大的288英寸4K超高清LED电视。

31日 2013年（第27届）电子信息百强企业名单发布，北京共有9家企业入围，联想集团、北大方正、京东方分列第二、第九和第十二名。北京入围的企业中，收入规模超过100亿元的有5家。其中，联想集团超越惠普成为全球第一大PC供应商。

本月 本市颁布《不符合首都功能定位的工业行业调整、生产工艺和设备退出指导目录（2013年本）》，增加了20项严于国家标准的内容。

8月

5日 北大国际医院集团有限公司更名为“北大医疗产业集团有限公司”。

7日 北汽集团与镇江市人民政府在南京签署战略合作框架协议，北汽集团华东基地正式落户江苏省镇江市。

8 日 北京一轻食品集团正式成立。一轻食品集团是由义利和北冰洋等公司联合组建而成的综合性食品集团。

15 日 市经济信息化委与中国电子信息产业发展研究院举行战略合作框架协议签约仪式，双方在课题研究、咨询服务、信息技术相关服务、媒体宣传与会展服务等领域开展长期合作。

26 日 市经济信息化委编纂的《北京工业年鉴(2012 卷)》荣获"第七届全国年鉴编校质量一等奖"。

28 日 "乐视 TV 终端产业化项目"落户北京经济技术开发区。该项目由乐视网信息技术（北京）股份有限公司总投资 10 亿元，建设包括研发中心、总部基地、营销中心及智能电视模块生产等内容的乐视 TV 终端产业化基地。

30 日 北京现代全新中高级轿车 MISTRA"名图"量产车在 2013 成都车展首发亮相和全新改款车新 ix35 上市发布。北京奔驰新一代 E 级车正式上市。

同日 同仁堂科技成功发行新增 H 股，共募集资金约 11.69 亿港元，用于同仁堂科技"十二五"规划工程项目和未来发展。

同日 北京中石大新元投资有限公司完成北京中石大活化能科技开发有限责任公司股权退出手续。

31 日 北京公交集团购买的 3000 余辆福田欧辉 LNG 客车上线运营。

本月 开曼统实（中国）控股股份有限公司投资设立的外商独资企业"北京统实饮品有限公司"在怀柔区设立。

同月 东明兴业科技有限公司精密模具研发与生产基地项目在怀柔区正式开工。

9 月

2 日 北京七星华创电子股份有限公司承担的国家科技重大专项"极大规模集成电路制造装备及成套工艺——65 纳米超精细清洗设备"通过国家验收。

3 日 副市长张工在金隅集团主持召开全市水泥行业压减产能第一次调度会。张工要求，各相关部门要抓紧研究企业环保治理、调整转型所涉及的土地资源利用、人员安置、节能减排技术改造等方面的支持政策；市发展改革委、经济信息化委、环保局要多渠道筹集资金，支持金隅集团等企业转型发展；要大力宣传金隅集团压减水泥产能、转型发展的典型案例，树标杆，立旗帜，打国企牌，为全市企业带个好头。金隅集团要在新形势下重新梳理企业未来的转型发展战略，把可以保留的产业发展好，把该停的企业坚决停下来，确保完成清洁空气行动计划确定的各项任务。

同日 市经济信息化委在北京信息职业技术学院组织召开"第十五届北京工业和信息化职业技能竞赛"总结表彰大会。455 人获得"北京市工业和信息化高级技术能手"称号，4 人获得"北京市行业技术能手"称号，37 人获得"北京市工业和信息化最佳操作能手"称号。

6 日 中国宜通集团与俄罗斯直升机股份公司在北京签署 Ka-32A11BC 直升机授权许可组装生产协议。该项目是俄罗斯直升机第一个境外整机生产项目，落户平谷区北京通用航空产业基地。

6—12 日 京东方 110 英寸巨幕电视获得吉尼斯世界纪录认证中心颁发的"世界最大的液晶电视"证书。京东方 110 英寸超高清 ADSDS 显示屏最高分辨率可达 3840 ×2160（4K×2K 标准)，相当于全高清(1080p）的 4 倍，搭载京东方独有的 ADSDS 宽视角技术，拥有上下 / 左右均 178 度的超宽广视角。

8 日 国家科技重大专项"极大规模集成电路制造装备及成套工艺"项目——65 纳米超精细清洗设备通过验收。该项目由北京七星华创电子股份有限公司承担，是北京市首家承担 02 专项并获得验收通过的集成电路装备企业。

10 日 由市经济信息化委援建的北京和田工业区 2 万平方米标准化厂房和田和核露食品科技有限公司正式投产。

11 日 国务委员王勇到燕山石化看望慰问一线员工并现场调研安全生产工作。

13 日 北京金隅集团顺发水泥有限公司关停燃煤窑炉。

18 日 北京化学工业集团有限责任公司所属化工研究院 8000 吨 / 年无卤阻燃工程塑料改造扩产项目工程竣工。

25 日 本市北斗卫星导航应用示范工程通过总装北斗办组织的专家评审会，成为国家级北斗应用示范区域。示范工程包括 11 个子项目，总投资 5.45 亿元，应用北斗终端10.8万台（套）。

同日 北京通用航空有限公司与新西兰太平洋航空航天有限公司合资合作生产P750涡桨多功能固定翼飞机签约仪式在国家会议中心举行。此次合资合作项目签署标志着国内首个通用航空制造项目正式落地。

同日 北汽集团越野车研究院成立大会在北汽研发基地举行。越野车研究院将承担B系列越野车及军车业务。

26日 中国证券监督管理委员会核准通过北人印刷机械股份有限公司重大资产置换暨关联交易事项（证监许可〔2013〕1240号）。批准北人股份将印刷机业务的全部资产和负债置出，同时将京城机电持有的的天海工业88.50%股权、京城香港100%股权和京城压缩机100%股权置入，重组完成后北人股份将成为一家以气体储运业务为主的上市公司。

28日 北京金隅平谷水泥有限公司燃煤窑炉关停。

同日 北京梅赛德斯－奔驰销售服务有限公司宣布，全新S级轿车正式登陆中国市场。

29日 北京汽车集团有限公司华东（镇江）产业基地项目正式开工。项目总投资150亿元，设计年产能30万辆。

同日 北京国际葡萄酒交易所交易平台正式上线。

30日 中共中央政治局在中关村举行第九次集体学习。国家主席习近平到中关村国家自主创新示范区展示中心，听取了中关村创新发展情况的汇报，前往展厅参观，同企业负责人和科研人员交谈。

本月 国内首条液压泵马达装配线落户北京华德液压工业集团有限责任公司。

10月

10日 由中国电子商会、中国航天科工集团、中国航天科技集团等国内百余家大中型企事业单位、研究机构发起的中国智慧城市产业联盟在北京成立。

同日 北京金隅财务有限公司挂牌营业。该公司由北京金隅股份有限公司独家发起成立，注册资本金10亿元。

11日 中国铁路总公司新调度大厅调度通信系统开通启用。该干线调度系统采用北京佳讯飞鸿电气股份有限公司新一代MDS3400型调度交换机和最新触摸屏调度台，实现了铁路干线调度设备国产化。

15日 小米3手机和小米电视同日上市。小米手机三代采用全球最顶尖的处理器架构，是迄今为止全球处理速度最快的手机，售价1999元；小米电视采用全球顶尖的47英寸显示屏，是全球首款最高配置的智能电视机，售价2999元。

16日 北汽集团与重庆市江津区合作框架协议在北汽集团研发基地举行。该项目分3期进行，一期建成10000辆特种车和5000辆新能源汽车生产基地；二期建成零部件生产基地；三期建成整车生产基地。其中，一期项目规划占地760亩，项目总投资20亿元，建设周期为15个月。

22日 华润医药北京产业园奠基仪式在大兴生物医药产业基地举行。产业园项目占地640亩，总投资预计为148亿元。

同日 中关村房山园首批高新技术企业证书颁发仪式在房山区举行。60家高新技术企业获得中关村国家自主创新示范区颁发的证书，正式享受中关村“1+6”系列优惠政策。获证企业涉及装备制造业、石化新材料、现代服务业等领域。

28日 北京市中小企业创业投资引导基金第六批合作创投机构签约仪式在京举办。北京市中小企业服务中心代表政府与参股创投企业其他股东方共同签订“投资人协议”。市经济信息化委与市财政局共同选定富汇创新创业投资管理有限公司、中科招商投资管理集团有限公司等合作机构，共同出资成立4家引导基金参股创投企业，协议出资金额7.81亿元，其中引导基金协议出资1.95亿元，合作机构协议出资5.86亿元。

同日 北汽威旺首款紧凑型MPV北汽威旺M20上市。

29日 中国国家原子能机构与美国能源部在北京联合举行中美核安保示范中心开工仪式。示范中心坐落于北京市房山区长阳科技园，配备技术展示培训楼、分析实验楼、科研楼、环境实验室、响应力量演练设施、实物保护测试场等设施。

同日 北一机床股份有限公司研制成功国内首台高精度数控小孔珩磨机。

本月 华润赛科药业有限责任公司获得国家火炬计划重点高新技术企业证书。

同月 北京理工华创电动车技术有限公司的 8 吨电动环卫车高压安全控制系统优化研究项目通过市科委验收。

同月 在国家发展改革委组织的第 20 批国家级企业技术中心认定中，京东方科技集团、北汽股份等 10 家北京企业入围。燕京啤酒、东方雨虹和神雾能源 3 家北京企业通过工信部国家技术创新示范企业认定。78 家企业通过本市第 16 批市级技术中心认定，科技活动经费支出总额 44.6 亿元，占企业销售收入总额 8.9%。

11 月

1 日 华润医药商业集团有限公司获得北京市食品药品监督管理局 GSP 认证中心颁发的新版《药品经营质量管理规范认证证书》，是北京市第一家通过新版 GSP 认证的药品经营企业。

11 日 国内最大最先进的智能型固体绝缘环网柜全自动化生产线正式投入运营。该生产线由北京双杰电气股份有限公司在怀柔区投资建设。

18 日 北京奔驰发动机一工厂在北京经济技术开发区正式投产。该工厂占地 450 亩，是戴姆勒公司在全球首个海外发动机工厂，主要生产四缸发动机 M270、M274 系列和六缸发动机 M276 系列，用于北京奔驰轿车、越野车和福建奔驰商务车等车型。

同日 中国北车北京二七轨道交通装备有限责任公司获得国家高新技术企业称号。

19 日 北汽集团有限公司与戴姆勒公司举行战略合作交割签字仪式。戴姆勒公司持有北汽股份 12% 的股权，将奔驰 E 级车平台及前后车桥有关核心技术“无偿”许可给北汽股份，用于开发研制自主品牌高端轿车。北汽股份完成对北京奔驰公司重组，持股比例增加至 51%。双方出资设立奔驰销售服务公司，统一管理市场营销、品牌形象和售后服务等业务。

同日 北京现代中高级轿车——MISTRA 名图上市仪式在广州举行。此次名图共发布了 1.8L、2.0L 两种排量 6 款车型，价格区间覆盖 12.98 万元~18.98 万元。

20 日 首秦公司 35 兆瓦发电机组正式并网运行。该项目于同年 3 月开工建设。

21 日 中国首条、全球第二条京东方 5.5 代 AMOLED 生产线在内蒙古鄂尔多斯点亮投产。该项目总投资 220 亿元，建筑面积约 46.7 万平方米，设计产能 5.4 万片玻璃基板 / 月，产品定位为中小尺寸 LTPS 及 AMOLED 高端显示器件。

22 日 北大国际医院集团西南合成制药股份有限公司更名为“北大医药股份有限公司”。

23 日 北京泽华化学工程有限公司完成并购美国 AMT 公司的全部法律手续，实现 100% 股权交割。美国 AMT 公司成为泽华化工的全资子公司。

25 日 北京汽车集团有限公司重组江西昌河汽车签约仪式在南昌举行。北汽集团持有 70% 股份，一期投资 130 亿元。

26 日 “创作传统工艺美术珍精品项目”大型玉雕《燕京八景》通过市经济信息化委组织的专家验收。该作品历时两年完成，被评为北京传统工艺美术珍品。

27 日 中关村核心区生物工程和新医药产业联盟成立。该产业联盟是中关村核心区第一家政府主导、依托企事业单位的生物医药及相关行业联盟。

29 日 北京通用航空有限公司（简称北通航）与首都通用航空技术产业研究院举行战略合作协议签约仪式。根据协议，北通航将在通用航空相关资质审批、市场开发、指定产品及竞争性研究、先进技术咨询、资产管理咨询等多方面与首都通航研究院开展全方位的应用合作。

30 日 中芯国际二期主体厂房封顶。该项目自 2012 年 9 月 25 日破土打桩施工，2013 年 3 月 1 日主体建筑施工。总投资 72 亿美元，启动的第一阶段总投资 35.9 亿美元，建设主体厂房、配套设施和一条产能 3.5 万片 / 月的 12 英寸集成电路生产线。

本月 国家在太原卫星发射中心用“长征四号丙”运载火箭，成功将“遥感十九号”卫星发射进入预定轨道。此次发射的“遥感十九号”卫星，搭载了北京理工雷科电子信息技术有限公司负责研制的国内首个高性能星上实时处理系统。

同月 北京化学工业集团有限责任公司所属华腾大搪公司设计、制造完成 4 台国内搪玻璃行业首例 40 立方米搪玻璃循环罐。

同月 北京市国防科技工业办公室组织编制的《国防科技工业固定资产投资项目竣工验收案例汇编》正式印发。该汇编共整理分析案例近 130 项。

12月

3日 同仁堂集团与日本日水制药株式会社签署合同，合资开办北京同仁堂日水制药株式会社。

4日 北京化学工业集团有限责任公司所属北京化工厂与日本三菱化学合作生产的液晶面板彩胶项目在化工基地竣工投产。

9日 华润医药完成股东增资相关手续，增加股东权益52.82亿港元，其中华润集团增资36亿港元，持股比例仍为72%；北京市股权投资发展基金出资16.82亿港元，持股4.35%；北京市国有资本管理中心持股比例摊薄至23.65%。

16日 玛氏中国总部基地怀柔厂区投入使用。该基地2010年9月5日奠基，总投资1.3亿元，建筑面积为1.3万平方米，是玛氏在华的行政管理中心、结算中心、人才发展中心以及科技研发中心。

26日 北京汽车动力总成A151试生产首台发动机下线。同日，B185发动机实现量产下线。

同日 中关村房山园授牌仪式在房山区长阳CSD商务广场举行。2012年10月，中关村根据国务院批复调整空间规模和布局后扩展为“一区十六园”，房山区15.73平方公里被正式纳入中关村国家自主创新示范区范围。

同日 北京汽车集团有限公司投资兴建的华北（黄骅）汽车产业基地竣工并启动生产。该基地2011年6月21日奠基，一期投资50亿元，占地面积236.8万平方米，是集汽车整车生产、零部件制造、汽车物流、进出口贸易于一体的综合性汽车产业园区。

28日 北京汽车旗下首款时尚硬派越野车“北京吉普BJ40”正式上市。BJ40搭载2.4L自然吸气发动机，配备5速手动变速器，以及手动分时四驱系统。

30日 北京金隅股份有限公司与北京市工业设计研究院战略合作签约仪式在环球贸易中心举行，将在工业园区规划设计、工程咨询及项目管理、工程监理等相关领域进行全面战略合作。

2013年，全市规模以上工业总产值1.74万亿元，同比增长6.9%，完成增加值3432.1亿元，同比增长8%，超过年度增长目标0.5个百分点，达到3年来最好水平。其中，增加值月度和季度累计增速波动都稳定在1个百分点左右，工业运行稳中有进。规模以上高技术制造业和现代制造业增加值分别同比增长10.4%和14.2%，快于全市平均水平2.4和6.2个百分点，其中现代制造业在全市规模以上工业中的比重达到43.4%，比上年同期提高2.3个百分点。规模以上高技术制造业和现代制造业增加值始终保持两位数以上的增长速度，是全市工业增长的主要拉动力量。全市规模以上工业综合能源消耗量1777.7万吨标煤，同比下降1%，规模以上工业万元增加值能耗约0.54吨标准煤（远低于全国平均约1.1吨标准煤的水平），同比下降8.3%，能源利用效率处于全国领先。调整退出首钢一线材等污染企业288家，超过年度目标88家；推进市级以上开发区完成燃煤设施清洁能源改造766蒸吨，超额完成年度500蒸吨改造任务；金隅顺发水泥厂实现关停，“十二五”水泥产能压减目标提前2年实现。10家企业获得国家级企业技术中心认定，78家企业获得市级企业技术中心认定，1家企业被工信部认定为国家级工业设计中心。国家科技重大专项中芯国际65纳米集成电路制造工艺、创毅讯联4G基带处理芯片等一批新技术新产品达到国际领先水平。自主品牌建设取得突破。北汽绅宝轿车上市7个月销售过万辆，在全国同级自主品牌中名列前茅。12月28日，自主品牌越野车（SUV）“北京吉普BJ40”成功上市。小米手机凭借“软件＋硬件＋互联网服务”的发展战略，成功探索出以“三段在京（研发设计、销售和增值服务）、中间（制造）在外”为主要特点，符合首都工业发展定位和资源优势特色的小米模式，为北京市两化融合发展注入新活力，品牌估值达100亿美元。

结构调整成效初现。全市重点发展的汽车、电子和医药三大产业在全市工业产值中的占比达到36.4%，比上年同期提高2.4个百分点。汽车产业产值3531.2亿元，同比增长29.7%，在全市工业中的占比首次超过1/5，其中整车生产产值2238.2亿元，占比达到63.4%，比上年提高0.7个百分点。电子产业产值2217.0亿元，同比增长7.9%，其中移动通信和数字电视板块增势良好，在智能手机持续旺销的带动下，两大板块重点企业合计产值1412.1亿元，在电子产业中的占比达到64.4%，比上年提高4.3个百分点。医药产业在整体大环境不利的影响下全年产值599.1亿元，同比增长10.3%；装备产业在风电光伏企业转暖向好的带动下实现产值2427.8亿元，全年增速转正，同比增长7.2%；都市产业产值1639.5亿元，同比增长4.9%；基础产业产值6956.2亿元，同比增长7.9%。区域结构集聚增强。城市发展新区工业产值8605亿元，同比增长8%，占全市工业比重为50%，对全市工业增长贡献度达57.2%。其中，顺义产值2810亿元，亦庄产值2309.1亿元，二者在城市发展新区工业中的占比达到59.5%，比上年提高2.5个百分点，工业发展进一步集聚。怀柔、顺义、海淀、东城、大兴、密云、通州和丰台8个区县完成年度增长目标，增速超过全市平均水平，其中怀柔和顺义产值增速分别达到22.6%和21.3%。产品结构升级明显。全市生产汽车203.8万辆，同比增长22%，产值同比增长29%，产值增速超过产量增速7个百分点，集约高效生产成效明显。生产手机1.85亿部，其中智能机比例达到45%，比上年大幅提高15个百分点。生产电子计算机整机1152.6万台，其中笔记本计算机比例达到18%，比上年提高近10个百分点。

重点企业运行情况。北京现代汽车有限公司产值过千亿元。在第三工厂投产的带动下，北京现代全年汽车生产超过百万辆（104万辆），同比增长21.6%，产值1080.4亿元，成为近年来全市首个突破千亿元产值的制造业企业。北京奔驰发动机工厂投产。11月，戴姆勒公司建立的首个海外发动机工厂在亦庄投产，一期规划产能25万台，北京奔驰在核心零部件生产上实现突破。北汽集团首次入围全球500强。全年累计销售汽车216.4万辆，同比增长18.8%，刷新集团历史纪录。营业收入超过2500亿元，同比增长31.8%；利润150亿元以上，同比增长35%。北京汽车股份有限公司自主品牌销量突破20万辆。12月单月销售突破3万台，同比增长202%，在毕马威今年公布的全球增长速度最快的十大汽车公司排行中，仅次于大众和宝马，位居第三。小米手机全年出货量达到1926万部，产值突破200亿元，同比增长172%。京东方科技集团股份有限公司规模化经营效果凸显，8.5代线满产满销持续盈利，营业收入320亿元，同比增长24%。环球华影公司成功实现激光电视产品化生产。三一重工在京工业企业扩大生产规模，提高产品质量，生产经营增势良好，全年产值突破百亿元，同比增长29.7%。国电联合动力技术有限公司市场需求良好、北京金风科创风电设备有限公司企稳回升。北京燕京啤酒股份有限公司产品结构进一步优化，企业用毛利率更高的鲜啤替代部分普通啤酒，形成高档以纯生为代表、中档以鲜啤为代表的产品结构。燕山石化炼油板块检修完成。公司全面具备京V标准汽油生产能力，北京市场占有份额有望超过60%。北京江河幕墙股份有限公司国际市场开拓成效显著，成功中标“阿联酋阿布扎比天空塔”“新加坡金沙综合娱乐城”等全球多项高端地标项目，实现产值超过80亿元，同比增长17.4%。

（经济运行处）

【汽车与交通设备产业】 2013年，北京汽车及交通运输设备制造业工业总产值3492.6亿元，同比增长27.6%。汽车产值3000余亿元，同比增长27.5%，其中整车产值2238.3亿元，同比增长29.0%；零部件产值963.0亿元，同比增长24.8%。年内，累计生产汽车204.8万辆，同比增长22.4%，累计销售汽车204.3万辆，同比增长20.8%。北汽集团公司市场占有率为9.6%，较去年底的8.8%增加0.8个百分点，居全国第五。北京现代公司销售汽车103.1万辆，同比增长19.9%，乘用车市场占有率为5.8%，较去年底增加0.3个百分点，排名保持全国第五；轿车市场占有率为6.2%，排名保持全国第四。北汽福田公司销售汽车66.5万辆，同比增长7.2%，商用车市场占有率为16.2%，保持全国第一。其中，福田中重卡产品销售12.7万辆，同比增长33.3%，中重卡市场占有率为12.0%，排名第四位。北汽股份公司销售汽车15.7万辆，同比增长134.4%。北京奔驰公司销售汽车11.6万辆，同比增长23.9 %。北汽有限公司销售汽车3.5万辆，同比下降30.7%。北京长安公司销售汽车4.0万辆，同比增长431.4%。

汽车产业基地建设。年内，汽车产业基地产值和营业收入双双突破千亿元，正式迈入千亿级开发区行列。年内，生产总值1173.3亿元，同比增长36.8%；营业收入1246亿元，同比增长36.7%；属地税收167.1亿元，同比增长48.6%；公共财政预算收入23.2亿元，同比增长41.7%；吸纳就业26810人，其中顺义籍11588人，本地化率43.2%。年内，园区引进项目68个，注册资本34.5亿元。其中，战略性新兴产业企业3家、金融类企业1家、文化创意企业15家，为园区优化产业结构、转变发展方式奠定坚实基础。园区转型发展取得新突破，相继成立北京新能源新材料新技术研究院和华顺天盛（北京）投资管理有限公司。通过北京新能源新材料新技术研究院培育战略性新兴产业，推动园区向创新、创造转型。孵化项目包括环球华影激光电视项目、磁谷新能源汽车物理电池项目，拟培育项目包括中铜资源、中航发动机精铸叶片等。已为环球华影激光电视项目申请产业扶持资金2000万元，3年期无息借款2000万元；磁谷新能源汽车物理电池项目600万元，并无偿提供试验场所、车辆及办公条件。通过北京华顺投资管理有限公司拓展投资业务、增加收入渠道、提升经营效益，推动园区由服务型向投资型的角色转变。以华顺天盛（北京）投资管理有限公司为投资平台，通过完善的投资决策机制，参与金融机构专业化运作。与盛京银行合作成立北京顺盛股权投资管理有限公司，与北汽集团合作成立安鹏财产保险股份有限公司，与北京江河幕墙股份有限公司等民营企业合作发起成立首发银行，与宝泉钱币投资有限公司合作成立北京钱币交易中心。

（汽车与交通设备产业处）

【电子信息产业】 2013年，北京电子信息制造业工业产值2190亿元，同比增长6.5%；增加值增速11.9%；主营业务收入2585亿元，同比增长4.6%；利润105.3亿元，同比增长20.2%；利税141.5亿元，同比增长11.9%；工业固定资产投资72.7亿元。

重点项目建设。年内，电子信息制造业重点项目55项，总投资达1121亿，年内投资163亿。其中，在施工项目15项，总投资710亿元，年内投资110亿元；技改项目10项，总投资43亿元，年内投资38亿元；新开工项目4项，总投资8亿元，年内投资5亿元；筹备项目16项，总投资300亿元，年内投资10亿元；在谈项目10项，总投资60亿元。其中，京东方8.5代线扩产项目、中芯国际一期扩产和中芯北方第一阶段项目列入市级重点建设工程项目。京东方8.5代线扩产项目总投资25亿元，将京东方8.5代线由原来月产能9万片提升至12万片，该项目6月开始启动厂房改造和设备采购工作，在三季度完成全部设备到位，四季度开始投产。中芯国际北京公司、中关村发展集团、北京市工业发展投资管理有限公司共同出资设立中芯北方集成电路制造（北京）有限公司，开始启动中芯国际二期项目建设，完成基础厂房主体建设工程，完成投资10亿元。筹备国家集成电路产业园建设规划。组织招商意向进驻园区的项目15项，涉及集成电路生产、装备、材料、封装测试及零部件等各环节，项目总投资约248亿元，总用地需求约80万平方米。

开展有针对性的招商引资工作，在集成电路产业领域，依托中芯国际二期项目，重点引进封测、装备及零部件、材料等产业龙头企业，争取促成MEMS12英寸硅片、沈阳富创精密零部件项目落地。在移动通信领域，借助宽带中国及4G牌照发放机遇，推进大唐电信科技股份有限公司、北京信威通信有限公司等龙头企业进一步开发新产品、扩大生产规模。在数字电视领域，依托利亚德光电股份有限公司、乐视集团、北京小米科技有限责任公司、环球华影（北京）科技有限公司 等品牌企业，引进上游LED、激光器件等配套企业。在云计算领域，依托宽带资本“基地＋基金”的创新孵化方式，重点推进服务器生产、模块化数据中心、电源、冷却设备等产品在云基地聚集。

（电子信息产业处）

【装备产业】 2013年，北京装备产业规模以上企业工业总产值2373.1亿元，同比增长2.9%，占全市工业的13.8%；收入2576.8亿元，同比增长4.5%，占全市工业的13.8%；利税330.0亿元，同比增长6.7%，占全市工业的15.8%；固定资产投资55.7亿元，同比下降5.4%，其中30个重大装备项目固定资产投资入统16.9亿元。

建立预测模型。初步搭建涵盖95%以上产值波动幅度大、占装备产业规模以上企业总产值近50%、包含155家装备企业装备产业监测预测模型，基本满足装备产业运行预测要求。

加强运行调度。逐月调度重点企业运行，特别是加强对三一重工股份公司、北京金风科创风电设备有限公司、北京京城机电控股有限责任公司等重点企业的调度，使装备产业产值由年初的同比下降6.1%到年底升至同比增长2.9%。

积极帮扶企业。重点帮助企业拓宽市场、加强产业上下游联合，并组织开发装备产业需求信息对接平台。组织污水处理、固废处理、VOC治理装备生产企业对接市重点工程和重点排污企业，帮助企业寻找市场。组织北京京城机电控股有限责任公司对接中国通用汽车公司，依托中国通用强大的海外市场资源将京城控股的产品推向国际市场。协调工业光伏屋顶电站建设，推动发电企业与北京光伏产业链对接、共同发展，华电集团已与北京长安汽车有限公司、中国北车房山基地等签署光伏屋顶建设协议。

推动重大项目建设。三一重工股份公司3月完成在京注册，上半年完成入统，三一北京全年产值首次突破百亿元，达到118亿元。推动中国北车房山基地项目。按市经济信息化委统一部署，与汽车处合作，从5月起召开项目推进会8次，协调解决项目建设进度、手续、公司注册等一系列问题。项目复工后，截至11月底，完成30%建设进度，固定资产投入13.3亿元。推动博电研发制造中心、和利时亦庄基地二期、航天煤化工装备研发制造基地等一批重大项目竣工投产。重点引进机器人、智能制造装备产业项目，推动天地玛珂、中船重工、星和众工等项目尽快落地。

推进环境改善行动。会同铸锻、电镀等行业协会，加强对铸锻造、电镀企业调研，初步统计了电镀、铸锻造行业企业数量、规模、性质、分布情况、从业人员、经营情况和存在主要问题。已有22家计入2013年调整退出名单。结合市委、市政府领导提出的“装备产业为首都环保做贡献”要求，对水、固废等30余家环保装备制造企业能力全面调研，围绕首都环保3年行动计划，协助水及固废处理装备生产企业完善深度参与市属环保项目的实施方案，组织环保装备制造企业与水务局、市政市容委、排水集团、环卫集团及相关区县对接。组织VOC设备制造企业与20余家VOC排放较大企业进行对接。负责昌平、延庆2区县空气重污染工业应急督察和调整退出工作。督促2个区县和装备企业完善空气重污染应急预案。会同质监局、农业局、新农办，制定并出台《北京市2013年农村地区减煤换煤、清洁空气行动实施方案》，引导北京煤炉具生产企业提高工艺标准，改善首都大气环境。

调整产业结构。组织市重点数控机床与基础制造装备企业申报，承担6项总经费3.1亿元的2014年度国家科技重大专项课题，申请中央财政资金约1.5亿元。对2009年以来北京市单位承担的80个立项课题情况进行调研，对课题进展、经费到位和取得成果情况进行梳理。会同北京海关、财政部驻京专员办，组织开展北京地区重大技术装备制造企业申请享受进口免税优惠政策，5家企业新申请成功，涉及重大技术装备关键零部件和原材料进口总额约2.2亿元，免税总额超过5000万元。会同市发展改革委、市财政局，组织专家辅导智能制造装备企业申报国家专项，3个项目申报成功，争取国家资金支持超过1亿元。重点推进机器人、3D打印等智能制造装备，智能微网等新能源装备在京布局及拓展，与石景山、昌平、亦庄、中关村管委会沟通，争取中国船舶重工集团公司、中国航天三院等智能制造及机器人形成产业集群；对清华大学、北京航空航天大学等3D技术科研院所及北京太尔时代科技有限公司、中航天地激光科技有限公司等3D打印实体企业进行深度调研，研究推动3D打印形成产业化相关条件；推进数控机床等智能制造装备成套化生产。按照工信部通知要求，受理并推荐北京中科信电子装备有限公司、北京捷宸阳光科技发展有限公司等企业。通过公告管理，规范提升北京地区光伏产品制造企业的竞争力。

推动产业聚集。结合梳理中关村“一区十六园”的产业发展现状和发展定位，推进节能环保产业、智能制造产业在昌平、平谷、通州、亦庄等区域聚集发展，培育特色工业园区。同时，加强与宏福集团等村集体企业合作，创新模式，积极引导装备产业利用农村集体建设用地，拓展发展空间。

（装备产业处）

【生物与医药产业】 2013年，全产业工业总产值697.6亿元，同比增长7.3%；销售收入714.7亿元，同比增长13.3%；利润126.0亿元，同比增长20.7%；固定资产投资57.1亿元，同比增长24.7%。

紧抓节能减排，推动清洁生产。落实重污染天应急减排工作。按照市经济信息化委统一安排，督查应急减排工作；牵头召集重污染应急医药企业召开对接会，具体布置减排相关工作，逐一落实应急预案；完成工业企业燃煤基本情况调查，推动行业内重点燃煤企业清洁能源改造。

紧抓项目投入，储备产业增量。重点推进华润医药大兴生物医药产业园、天坛生物亦庄疫苗基地、费森尤斯卡比大兴生产基地、同仁堂健康X20项目、泰德制药二期生产基地建设等投资额较大的项目，协调工程相关手续办理，为项目早开工、早竣工奠定坚实基础。

利用专项资金，拉动产业增长。组织一批市重大生物医药产业项目向工信部推荐，共有35个项目获得扶持资金2.09亿元，带动社会投资24.4亿元，达产后新增产值超过40亿元。推荐一批企业获得市资金支持或资格认定，共推荐59个项目获得支持或奖励资金6107万元，带动社会投资38.5亿元，达产后新增产值超过50亿元。

加强顶层设计，提升产业能级。完成《北京生物和医药产业“十二五”发展规划》中期评估工作。推动两化融合，提升经营效率，培训全市243家规模以上生物医药企业，对企业的工业化和信息化融合情况进行全方位调查，推动企业信息化建设的科学化、规范化和标准化，促进企业创新能力、产品质量等核心竞争力的整体提高。

拓展市场渠道，促进企业发展。完成全市基本药物招标和增补2项工作，更新中关村企业名录，使中关村新扩区内的100余家医药企业享受同等加分政策。推动韩美药业盘活顺义区闲置资产，加大在京投资力度，继续跟进北京诺华制药有限公司、拜耳医药保健有限公司等重点投资意向企业，推进默沙东（中国）制药有限公司和诺和诺德（中国）制药有限公司2家企业的亚太研发中心建设。组织华润双鹤药业股份有限公司等60余家优秀医药企业集体参展第69、70届全国药品交易会，集中开展产业整体宣传活动，并组织“用北京药放心”创新合作共赢——北京医药产业发展论坛活动。支持协会组织召开第三届医药创新大会，邀请国家级专家分析产业政策，指导企业开展技术合作。推动京内外、国内外企业交流，做好对口支援与周边区域合作工作，组织3家企业参与和刚果（布）的合作对接，组织多家企业与湖北巴东、西藏拉萨、青海西宁、河南南阳及贵州贵阳等地进行产业对接或参加主题推介会。

（生物与医药产业处）

【都市产业】 2013年，都市产业实际完成产值1639.5亿元，同比增长4.9%，占全市规模以上工业产值的9.4%，工业增加值完成401.8亿元；主营业务收入1907.8亿元，同比增长5.2%；利润总额102.6亿元，同比增长6.6%。都市产业中食品工业累计实现产值849.3亿元，同比增长5.2%。其中，农副食品加工业累计实现产值378.8亿元，同比增长8.4%；食品制造业累计实现产值260.2亿元，同比增长6.2%。服装纺织累计实现产值196.1亿元，同比下降3.8%。其中，纺织服装、服饰业累计实现产值150.3亿元，同比下降2.7%；包装印刷累计实现产值186.4亿元，同比增长1.8%。其中，印刷和记录媒介复制业累计实现产值122.5亿元，同比增长1.7%；日用杂品行业累计实现产值187.7亿元，同比增长12.9%；文体工美行业累计实现产值89.5亿元，同比增长11.6%。

（都市产业处）

【基础与新材料产业】 2013年，全市基础与新材料产业规模以上工业企业工业总产值6946.8亿元，同比增长7.9%；工业增加值1107.3亿元，同比增长0.3%；主营业务收入7382.6亿元，同比增加7.3 %；利润418.0亿元，同比下降22.7 %；工业固定资产投资完成58.4亿元，同比增长0.84%。

全年基础产业主要行业中，石油加工、炼焦及核燃料加工业增加值98.2亿元，同比下降了22.1%；主营业务收入818.6亿元，同比下降11.0 %；利润−11.8亿元，同比下降了377%。化学原料及化学制品制造业增加值55.8亿元，同比下降了0.6%；主营业务收入368.2亿元，同比增长2.1%；利润1.3亿元，同比下降70 %。黑色金属冶炼及压延加工业增加值13.0亿元，同比增长78.8%；主营业务收入161.8亿元，同比下降6.6 %；利润1.2亿元，同比下降了129%。非金属矿物制品业增加值80.5亿元，同比增长1.3%；主营业务收入531.3亿元，同比增长9.1%；利润22.0亿元，同比下降29.3%。原油加工量870.03万吨，同比下降18.0%；乙烯产量72.3万吨，同比下降13.9%；钢材产量219.0万吨，同比下降5.6%；水泥产量900.5万吨，同比增长3.3%。

协调推进重大项目建设。燕化公司总投资20.3亿元9万吨/年丁基橡胶装置项目，总投资12.1亿元润滑油系统提高产品质量技术改造项目、常减压蒸馏装置节能优化改造项目、催化汽油吸附脱硫装置及配套系统改造项目等建成运行；北京金晶公司总投资15.7亿元的太阳能电池基板及Low-E玻璃项目，江河幕墙公司总投资6.5亿元北京总部基地扩建及光伏幕墙项目，新立基公司总投资4.7亿元真空玻璃产业示范基地与研发中心建设项目，富思特新材料公司总投资2亿元建筑保温材料与建筑涂料技术改造项目竣工投产。北京高端制造业基地总投资12.5亿元新材料研究与产业化项目一期工程，燕化公司总投资3.7亿元苯酚丙酮生产装置技术改造项目和总投资6.8亿元中国石化橡胶和塑料技术中心项目等已开工建设；燕山石化公司总投资9.7亿元10万吨/年丁烯氧化制丁二烯和回丁处理装置，总投资9.5亿元4万吨/年乙丙橡胶装置等石化新材料项目正在开展前期准备工作。

积极推进燕房合作，加快石化基地建设。推进燕房合作协调小组办公室组织召开推进燕房合作协调小组第十次会议，市政协主席、燕房合作协调小组组长吉林主持会议。石化新材料基地建设继续保持较好的增长势头，各项工作取得重要进展。产业项目成效显著，已有79个项目入驻石化新材料基地，已完成建设项目47个，其中燕化项目42个、社会项目5个，总投资约119.2亿元。年内，竣工15项，总投资51.6亿元。土地开发集约高效，积极开展B5、B6、B7街区土地上市前期准备工作；已启动B8街区土地一级开发工作，取得了街区控规深化方案成果，正在进行规划条件等相关手续的办理工作。基础设施建设全速推进。燕房东北环线已全线建成通车；完成B2街区变电室外电源工程建设并实现发电，B7街区变电室外电源工程已具备发电条件，正在加快建设110千伏路南变电站增容改造工程，推进基地110千伏输变电工程进线路由方案审批工作；全面开展基地核心区东区的土地平整、河道清淤、主干道路及管网建设。石化新材料基地作为首批国家新型工业化产业示范基地，顺利通过了工信部的复核评审。

（基础与新材料产业处）

【镇村工业】 2013年，北京市镇村企业149544家，同比减少3.2%，其中规模以上企业2514家，同比减少4.3%，规模工业企业1441家，同比减少17.5%；从业人员1229627人，同比减少4.9%；营业收入5271.9亿元，同比增长6.6%；利润总额308.6亿元，同比增长14.8%；实现增加值947.6亿元，同比增长6.5%；工业增加值527.6亿元，同比增长5.6%；出口产品交货值121.1亿元，同比下降16.6%；上交税金212.2亿元，同比增长0.2%；提供劳动者报酬351.9亿元，同比增长7.8%；人均劳动者报酬2.9万元，同比增长13.3%；私营以上企业资产总额6632.8亿元，同比增长16.9%；私营以上企业负债总额4444.5亿元，同比增长21.5%；私营以上企业资产负债率67%，同比升高2.5个百分点。

经济总量稳步增长。年内，全市镇村企业累计营业收入5271.9亿元，同比增长6.6%，其中工业营业收入2708.6亿元，同比增长3.6%；增加值974.6亿元，同比增长6.5%，其中工业增加值527.6亿元，同比增长5.6%。

经济效益有所提高。年内，镇村企业累计利润总额308.6亿元，同比增长14.8%，增幅高于营业收入增幅8.2个百分点；镇村工业企业利润总额159.3亿元，同比增长22.7%，增幅高于工业营业收入增幅19.1个百分点。镇村企业利润率为5.9%，同比提高0.5个百分点；镇村工业利润率为5.9%，同比提高0.9个百分点。

二产主体地位明显。年内，镇村企业（私营以上）增加值811.6亿元，其中一产增加值3.1亿元，占0.4%，所占比重与上年持平；二产增加值601.1亿元，占74.1%，所占比重同比提高2.8个百分点；三产增加值207.4亿元，占25.5%，所占比重同比降低2.8个百分点。与上年相比，一产比重持平、二产比重略有上升、三产比重略有下降，二产各项主要经济指标所占比重均在60%以上，保持着较为显著的主体地位。

工业占据主导地位。年内，京郊镇村工业企业19974家，同比减少5%；职工人数538973人，同比减少6.5%；营业收入2708.6亿元，同比增长3.6%；增加值527.6亿元，同比增长5.6%；利润总额159.3亿元，同比增长22.7%。镇村工业企业数、职工人数、营业收入、增加值和利润总额分别占镇村企业总量的13.4%、43.8%、51.4%、55.7%和51.6%，在镇村企业产业结构中继续占据主导地位。

规模企业带动增长。年内，全市2514家规模以上镇村企业总收入3948.3亿元，同比增长11.9%，增幅高于镇村企业总收入增幅5.3个百分点；占镇村企业总收入的74.9%，所占比重比上年提高3.6个百分点。规模以上企业利润总额201.1亿元，同比增长15.7%，增幅高于镇村企业利润总额增幅0.9个百分点；占镇村企业利润总额的65.2%，所占比重比上年提高0.5个百分点。规模以上企业增加值628.8亿元，同比增长9.9%，增幅高于镇村企业增加值增幅3.4个百分点；占镇村企业增加值的66.4%，所占比重比上年提高2.1个百分点。1441家规模以上镇村工业企业工业增加值404.4亿元，同比增长7%，增幅高于镇村工业增加值增幅1.4个百分点；占镇村工业增加值的76.6%，所占比重比上年提高0.9个百分点。

产业集聚持续提升。年内，北京各类镇村企业园区91个，比上年增加16个，增长21.3%；园区内年末实有企业2280家，同比增长2.1%，占私营以上镇村企业总数的12.7%，所占比重同比提高1.4个百分点；园区内年末从业人员197693人，同比增长11.1%，占私营以上镇村企业从业人员总数的27.2%，所占比重同比提高4.4个百分点；园区内企业总产值1752.9亿元，同比增长28.4%，占私营以上镇村企业总产值的41.3%，所占比重同比提高6.9个百分点。

节能减排成效显著。年内，全市1441家镇村规模工业企业消耗水资源2513.7万吨，同比减少9.2%；消耗电能25.7亿千瓦时，同比减少7.6%；消耗原煤114.4万吨，同比减少16.4%；消耗焦炭1.07万吨，同比减少18.6%；消耗成品油26.8万吨，同比增加15%；消耗液化石油气8095吨，同比减少24.7%；消耗天然气1.35亿立方米，同比增长6.8%。

企业“融资难”有所缓解。年内，各级镇村企业主管部门与银行、担保公司等各类金融机构加强合作，搭建融资平台，多方拓宽融资渠道。本年度镇村企业金融机构贷款总额160.9亿元，同比增长31.7%；本年末金融机构贷款余额187.6亿元，同比增长30.2%。

外向型经济取得新发展。截至年底，共有133家京郊镇村企业在境外创办企业，比上年增加110家，增长4.8倍；境外办企业累计投资额3.43亿元，同比增长97%。

职工收入明显提高。年内，京郊镇村企业支付职工劳动者报酬351.9亿元，同比增长7.8%；镇村企业职工人均劳动者报酬28615元，同比增长13.3%。

职工素质继续提升。截至年底，镇村企业职工中具有大专及以上文化程度的人数177951人，比上年增加1281人，增长0.7%；具有中级及以上技术职称的人数68669人，比上年增加17512人，增长34.2%。

镇村经济实力增强。年内，镇村企业营业收入超过50亿元（含50亿元）的乡镇34个，比上年增加5个，占全市187个乡镇总数的18.2%，所占比重同比提高2.9个百分点；镇村企业营业收入超过100亿元（含100亿元）的乡镇13个，比上年增加2个，占全市乡镇总数的7%，所占比重同比提高1.2个百分点。

社会贡献不断加大。年内，京郊镇村企业上交税金212.2亿元，同比增长0.2%。镇村企业在自身规模实力不断增强的同时，对社会贡献也进一步加大，镇村企业税收增长，增加了国家财政收入，有力地支援了郊区农业生产和农村各项事业的建设和发展，为社会主义新农村建设和推进首都城乡一体化进程做出了贡献。

（镇村企业处）

【国防科技工业】 2013年，在京高新工程全面展开，一批新装备设计定型，各项装备按计划交付部队。新一代运载火箭、新一代卫星导航、“核高基”等重大专项在京项目顺利实施，“蛟龙”配套产品成功完成深潜海试，“神十”“天宫”配套产品的质量和可靠性已在太空得到验证。研究落实《国防科技工业安全生产监督管理规定》推进措施，初步形成北京地区国防科技工业生产监管联动机制。探索民爆行业安全生产监管方式、方法。深入探讨核应急指挥中心建设推进措施，为核应急响应提供技术支持。着力加强核应急救援力量建设，确保随时遂行任务能力。

认真履行政府职责。针对军品市场准入、监管、变更、退出等全过程管理，细化形成北京地区军品市场准入受理、审查与监管工作规则，确保受理与审查等关键环节责任到人、全流程可追溯；认真开展军工固定资产投资验收、军品配套科研项目验收、项目招投标等工作。

推动军民融合深度发展。编制并印发《建设中关村军民融合科技创新示范基地行动计划（2013—2015年）》；构建优势互补、协同高效的军民融合组织体系；推进大兴基地、中关村科学城军民融合创新基地、丰台军民融合创新基地3个集聚区（“品”字形布局）和海淀、昌平、顺义等多个富有特色的军民结合产业专业园区建设，初步形成“三区支撑、多园发展”的格局。

军工科研生产运行协调保障。年内，进一步强化“绿色通道”体系建设，形成各相关委、办、局积极协调配合的联动工作机制；加强与相关部门的沟通协调，为“嫦娥三号”任务圆满完成提供电力、交通等保障；正式启动探月工程三期项目征地、环评等地方条件保障协调工作。建立中美核安保示范中心项目联络员协调工作机制及专题会商等制度，协调促成该项目落地。中美双方在北京联合举行项目奠基仪式；针对军品协作配套任务特点，及时掌握计划节点和运行中的问题，对关键件、重要件重点跟踪、及时协调；组织协调相关民口配套单位参加高新武器装备维修保障队伍试点组建工作。“长征五号”火箭，在北京成功进行了助推器动力系统试车。市国防科工办与市政府相关部门及区县制定防控预案。现场组织安排治安防控工作，保障任务圆满完成。

军品市场准入与市场监管。年内，受理二类武器装备生产许可申请、军工保密资格认证申请和涉密中介机构备案申请共200余户。对北京地区取得二、三级保密资格的单位进行了年度检查；组织对北京地区二类许可持证单位进行2012年度监督检查。结合监管中的突出问题，进一步细化重大情况变化报告工作程序以及证书变更程序。为40余家单位办理证书变更。

军工技术基础工作。年内，完成计量最高标准器具复查3家单位20多项；完成计量认可3家单位；委托技术机构集中培训11次，授权考核15次，完成计量检定人员培训考核1500余人次；筛选8家单位进行现场检查，组织150余家民口配套单位进行自查。配合总装与国防科工局的联合检查组，对北京2家军品配套单位进行检查。与军工集团公司协同配合，开展“质量月”宣传活动。

军工安全保密与国家安全工作。组织开展北京地区二类许可单位国家安全工作培训，全力配合相关部门做好国家安全监管工作；组织完成对北京地区保密资格认证单位的保密普查工作；按照国家统一要求，对100余家单位开展定密授权及定密培训工作；按照国家认证委统一要求，抽取30户保密资格认证单位，组织完成军工保密资格审查认证管理办法、认证标准和评分标准第三轮修订的问卷调查工作；根据国防科工局统一部署，组织开展密件密品传递安全专项检查；参加国防科工局组织的北京地区军工单位新闻宣传报道安全保密检查；开展北京地区国防科技工业安全保密工作现状及建议研究等工作。

军工固定资产投资管理。年内，北京市国防科工办首次承担军工固定资产投资项目招投标检查、军工科研项目验收及两类项目的检查工作。军工固定资产投资项目和军工科研项目并行，上半年重点开展项目调研和检查工作，下半年重点进行项目验收；在原有专家库和专家工作组的基础上，新成立军工科研项目专家工作组；开展广泛调研，全面了解对接项目实际情况。组织专家到各军工集团公司下属单位调研，提前走访了解近百个项目的实际情况，梳理和解决可能存在的问题，提出工作计划和工作建议；与中科院、高校和有关中央民口企业集团等单位在项目评审、验收和检查等方面紧密合作，共同推进项目管理工作；组织专家和有关单位编制《国防科技工业固定资产投资项目竣工验收案例汇编》《北京地区军工科研项目验收及检查情况报告》，制定《军工固定资产投资项目招标投标专项检查工作细则》。

军品配套科研生产能力建设。引导民口高等院校、科研院所和企业、非公有制企业参与军工科研生产竞争，营造“引民入军”“民技军用”的氛围。北京地区持有军工保密资格认证资质的单位约占全国的1/5，非公有制单位占近1/2。持有武器装备科研生产许可证的单位约占全国的1/7，其中非公有制单位占近1/4。一批军品配套的民营单位成为军工配套能力提升的有力补充。

核应急管理。完成《北京市核应急体系与能力建设研究》；加强核专业应急救援队建设，实现人员、装备、器材和行动方案的有机结合；坚持常态化应急演练，每周组织紧急出动演练，每半月组织1次战备演练，每月组织1次带背景的应急处置演练；定期组织专项演练，针对春节、两会、国庆等重要时期，开展核与辐射恐怖袭击、核突发事件应急处置专项演练；优化训练方法，采取实案化编组、多情况诱导、连贯演练的方式集中组织演练；加强队伍管理，强化应急装备专管专用。

军工及民爆行业安全管理。与各军工集团公司初步形成北京地区国防科技工业安全生产监管联动机制；探索民爆安全生产监管方式、方法，研究推进民爆行业安全生产监管体系建设。策划组织“安全生产月”活动。加强与兄弟省市行业管理部门的联系沟通，开展民爆行业安全生产联查、互查，共检查军工、民爆行业单位46家，查出问题235项，并实施闭环整改；完成13家军工单位安全生产标准化达标评审；对中航工业集团4家单位进行安全生产标准化审核指导，促进企业安全生产主体责任的落实。

军民结合产业发展。编制并印发《建设中关村军民融合科技创新示范基地行动计划(2013—2015年)》，在此基础上研究制定大兴国家级军民结合产业基地发展规划，将一批军民结合产业重大项目纳入全市统筹工作范围内。加强政策法规体系研究，共梳理国家、地方相关政策法规文献200余件，组织国家部委、军队、军工集团、中央民口配套单位、民营企业、科研院所、金融机构等单位的各类专题研讨会与座谈会50余次；形成《军民融合政策法规汇编》；形成蓝鲸园发展战略与规划、制度体系、政策法规等5份主报告和一系列分报告。

完善军民融合组织体系建设。由北京市、军队和军工集团等单位的主管领导以联席会议的形式，统筹、决策全局工作；依托中关村国家自主创新示范区创新平台，由北京市15个相关部门、区县共同成立军民融合创新工作组，主要负责落实国家相关政策法规、推动实施军民融合创新任务、促进军民技术成果转化及产业化；充分发挥园区管委会的组织和引导作用，推动军工集团、科研院所和地方优势资源融合，带动优势产业发展。

探索“共建共管”新模式。蓝鲸园是北京市与海军努力践行军民融合式发展战略的标志性工程，具有军地供需信息对接、高新技术创新、科技成果转化、高端人才引育和综合保障服务五大功能。蓝鲸园一期工程建设面积约4.2万平方米，5月开工建设。建设期间，军地双方共同组织开展一系列军民融合课题研究，深入探索体制机制方面的创新点和突破点。同时，推动军民融合项目转化实施，在信息化、装备制造、后勤保障、储能等领域，共组织8批次“民参军”和3批次“军转民”项目对接，170余家企业参加，直接促成一批“民参军”和“军转民”项目转化落地。

（市国防科工办）

【民政工业】 2013年，北京市民政工业总公司（简称总公司）共完成工业总产值2.2亿元、营业收入总额4.9亿元、利润总额4680万元。截至年底，有企业51家，其中直属企业16家，主要涉及日化产品、印刷包装、化妆品等20多个领域。全系统职工总数为8430人，其中在职职工2699人、离退休职工5731人。全系统各类残疾职工3176人，占职工总数的37.67%。

新产品开发。“洁亿之花”系列产品是北京市大宝日用化学制品厂产品，包含个人洗护产品、居室芳香产品、冰箱除味剂、烟味去除剂等产品，是北京市大宝日用化学制品厂的高端产品系列。

企业调整。年内，总公司重点工作是深化改革，建立现代企业制度，推进市直属福利企业整合改制。在市民政局帮助福利企业发展和创名牌的决策下，民政研发生产基地一期工程1号生产车间（大宝日化厂）取得房产证，完成全部基建工作内容；2号生产车间（亚美日化厂）完成电梯安检验收、消防验收、环评验收等单项验收、正在进行质检综合验收；3号生产车间已完成监理招标手续。二期工程已完成地堪招标手续、设计招标手续、方案设计审批手续、人防意见审批手续、绿化意见审批手续、正在报批8号楼规划工程许可证手续。工程建设方面，共完成景观绿化面积3.5万平方米、道路2000平方米、凉亭6处、喷泉水池7处、大型LED显示屏2块、门卫传达室1座。装修改造工程涉及闲置老旧厂房及锅炉房大小共计17幢建筑，总建筑面积1.5万平方米。

扶残助困工作。年内，总公司投入114万元开展系列扶残助困送温暖活动。总公司所属企业享受“大宝助学”的有380人，获得资金援助20.25万元；享受“金秋助学”的有14人，获得资金援助2.8万元；享受“助学款”的有2人，获得资金援助8000元。认真落实《全民健身计划纲要》，为多家下属企业的“职工之家”赠送跑步机、乒乓球案、脚踏车等健身器材，约4.5万元。

安全稳定工作。年内，总公司与各直属企业签订《安全稳定工作目标管理责任书》，建立起安全稳定一把手负责制及安全工作长效机制，强化隐患排查和整改制度。

在重大节日和敏感时期，详细排查不稳定因素。在安全生产月活动期间，把宣传教育放到第一位。其间，总公司所属各单位组织安全培训讲座33次，参加人数945人；张贴各种宣传画343张，发放宣传材料1213份；组织咨询日活动26次，参加人数739人；各单位组织安全检查组71个，共查出各类安全隐患43个，已全部整改。在十八届三中全会期间，实施安全稳定工作每日零报告制度，有事报事、无事报平安。贯彻落实《关于火灾隐患攻坚整治“铁拳”行动的通知》精神，确保单位和人民生命财产安全。

（王 志）

【私营个体工业】 2013年，北京市工商联会员总数为34739家，其中非公有制经济会员数29520个，占会员总量的84.98%。拥有企业会员26438家，占会员总数的76.10%，其中非公有制企业会员总数23945家，占会员总量的68.96%。拥有私营独资、私营合伙、私营有限、私营股份等私营企业会员22597家，占会员总量的65.04%，外资企业、中外合资等企业747家。据统计，自1997年至今，已累计发展注册资金1000万元以上的非公有制企业会员5000多家，占会员总量的14.39%。本年度私营经济的注册户数、从业人员和注册资本皆同比增长。北京市私营经济工商登记注册数为673436户，上年同期为600354户，同比增长12.17%。从业人员5278964人，上年同期为3710912人，同比增长42.26%。注册资本17855.18亿元，上年同期为13669.42亿元，同比增长30.62%。本年度个体经济呈现注册户数减少，但容纳的从业人员增加，注册资本也予以增长的态势。个体经济工商登记注册数为664306户，上年同期为691066户，同比减少3.87%。从业人员1123814人，上年同期为1066883人，同比增长5.34%。注册资本185.42亿元，上年同期为171.23亿元，同比增长8.29%。

推动开展政府购买社会组织服务项目工作。1月29日，市工商联召开2013年政府购买社会组织服务项目申报工作部署会，各直属商会及部分外埠在京省级商会负责人参加会议。会上传达了市社会建设工作领导小组2013年政府购买社会组织服务项目工作部署会议精神，印发《北京市2013年政府购买社会组织服务项目指南》，对近两年项目开展情况进行总结讲评，并通报2013年商会建设重点工作。6月26日，市工商联召开2013年政府购买社会组织服务项目启动实施工作部署会，并就会议如何规范使用项目经费进行专题培训。市工商联与11家项目承接单位签署项目承诺书，并下发《项目绩效考评需提交的文本材料》和《项目费使用管理有关说明》等工作指南。

促进总部企业在京发展。3月5日，市工商联与市商务委建立为民营企业总部服务工作协调机制，双方就《关于加快总部企业在京发展的工作意见》和《关于促进总部企业在京发展的若干规定》等文件出台、促进总部企业发展等问题进行研讨。11月7日，市工商联和市商务委联合举办促进总部企业在京发展政策解读会，对《关于加快总部企业在京发展的工作意见》等文件进行深入解读。顺义国门商务区、密云生态商务区2个总部经济集聚区分别介绍了园区概况，区县工商联、行业商会、在京外埠商会和部分直属会员企业近300人参加政策解读会。

工商联创新服务工作获表彰。3月20日，由全国工商联宣教部指导、《中华工商时报》主办的“2012年度工商联（商会）工作十佳服务典范评选”等系列活动结果揭晓。《北京木业商会参与行业自律亮点频现》《北京黑龙江企业商会探索企业文化建设》《北京广西企业商会推动桂商新文明建设》获得“2012年度工商联（商会）工作十佳服务典范”。《北京市东城区工商联打造立体化、全覆盖、时效性兼顾的宣传工作新模式》获得“2012年度工商联（商会）工作十大创新”称号。

建立诉前调解对接工作机制。3月20日，市工商联与北京市高级人民法院召开建立诉前调解对接工作机制研讨会。双方就成立商会调解中心协调指导小组，共同指导商会调解中心开展工作；在条件成熟的商会中筛选2~3家行业商会建立商会调解组织，规范调解程序，为下一步在商会调解与法院诉讼之间建立对接机制做准备；以市工商联商会为依托，法院大力支持，建立完善诉调对接机制、联动服务机制、信息交流共享机制、调解员规范化管理机制等有效化解商事矛盾、促进民营经济发展等工作达成共识。

光彩事业项目新进展。6月22日，市工商联、市光彩会组织首都非公有制经济人士捐建的青海省玉树藏族自治州毛庄、尕朵乡“北京光彩幼儿园”正式开园。12月17日，香港信和集团与北京光彩公益基金会合作捐赠协议签约仪式在市工商联举行，香港信和集团旗下的黄廷方慈善有限公司捐资50万元，用于北京市朝阳区南磨房乡敬老院和北京福寿老年公寓的装修及设备更新改善。

跨区域交流合作。8月11日，市工商联、市总工会、市人社局、市商务委等部门与内蒙古自治区总工会、区人社厅、区工商联、通辽市政府联合主办“2013年内蒙古自治区促进就业招聘会暨京津蒙辽吉黑跨区域促进就业招聘会”，市工商联组织医疗器械商会、集美家居等8家商会和企业参会，共达成3200个用工意向。

科技成果产业化对接与技术转移。10月15—16日，由市科委、市工商联和北京科协中心共同主办的“2013首都科技成果产业化公共服务平台成果对接与技术转移大会暨2013科技北京国际论坛城市安全技术交流会”在北京亮马河会议中心举行，89家中央在京科研单位、58家商会企业、17家科技中介服务机构的负责人和俄罗斯驻华使馆官员、莫斯科市政府代表团、部分外国科技专家代表共500余人参加会议。

首都非公经济食品产业链对接。10月22日，市工商联和中国民生银行在北京蓝调庄园联合举办“首都非公经济食品产业链对接活动”，来自食品行业的参展与参会企业和各行业商会、在京外埠商会、区县工商联的企业共500多人出席活动，此活动是市工商联探索服务首都非公经济发展的新举措。

非公经济领域人才工作。11月13日，市委组织部与市工商联共同召开非公有制经济领域人才工作座谈会，旨在通过座谈了解非公有制经济领域人才队伍建设现状，研讨非公人才发展的思路和对策，营造有利于非公有制经济领域人才发展的良好环境。北京文化产业商会、市工商联医疗产业商会、北京小米科技有限责任公司、北京影响力企业管理有限公司等7家单位负责人或代表参加座谈会。

对外交流活动。11月19日，市工商联召开“首都民营企业走进美国推介会”，美国中西美中商会代表团以及市工商联副主席、执常委企业、行业商会、市商会副会长单位、北京中小企业对外发展促进会理事单位、各省市在京商会、区县工商联及企业代表70多人参加推介会。中美企业家进行自由交流并达成多个合作意向。

北京民企为探月工程提供通信保障。12月2日，“嫦娥三号”月球探测器发射圆满成功，市工商联会员企业北京佳讯飞鸿电气股份有限公司的“智能人工话务台”再次为“嫦娥三号”探月工程提供精确优良的通信保障。在中国探月工程嫦娥系列卫星的发射中，北京佳讯飞鸿电气股份有限公司的“智能人工话务台”完成通信保障任务，屡受解放军总装司令部的表彰。

（张一鸣）

【校办产业】 2013年，北京高校校办产业的资产状况、经营状况、科技创新、培养学生等方面的经济指标均呈上升趋势。

企业管理。股权整合方面，协调完成方正集团内部IT类企业股权重组、方正信产集团下属企业股权重组；企业并购方面，协调完成方正证券吸收合并民族证券、方正证券收购北京中期期货有限公司的审批工作；资产出让方面，协调完成方正电子公司转让所持无形资产、福建方兴化工有限公司挂牌转让经营性资产的事项；股权转让方面，协调完成方正物产集团挂牌转让福建方通港口储运有限公司50%股权、方正软件（苏州）公司转让所持方正信息安全公司股权、方正集团向方正证券、方正和生转让所持方正东亚信托股权等事项；增资方面，协调完成西南合成增资北大药业、方正集团增资国际医院、方正物产集团增资福建方通港口储运有限公司、科技园建设增资北科置地、未名集团增资未名凯拓、北京北大明德科技发展有限公司增资等事项；公司设立方面，协调完成方正集团设立金融租赁公司、北医健康产业园设立“北大国际医院康复医疗管理有限公司”、方正集团在香港设立全资子公司等事项。北京北大先锋科技有限公司作为教育部下属企业中首个中关村国家自主创新示范区股权和分红激励试点单位，顺利实施全部股权激励计划。公司净资产收益率一直保持在20%以上，持续实现了国有资产的保值增值。北京北医投资管理有限公司的股东西南合成医药集团、北大国际医院集团分别受让3000万股和4000万股北大医药股份给北京大学教育基金会、北京政泉控股有限公司，使北大教育基金会、政泉控股跻身公司前四大股东，北大医药大股东以公开征集方式协议转让部分股份的战略计划已基本落定。北大医疗产业集团收购湖南株洲恺德心血管医院。启迪控股股份有限公司受让紫光股份5152万股股份，成为紫光股份第一大股东。北京理工华创电动车技术有限公司投资设立北京华荣新动力电气有限公司，注册资本588万元，公司占比30%；经市发展改革委批准，成立北京电动汽车工程中心，注册资本1000万元，公司占比80%；投资设立包头华创电动车公司，注册资本500万元，公司占比65%；为了开拓东欧电动汽车市场，投资设立波兰华创电动车公司。北京中石大新元投资有限公司4月15日以无形资产投资北京中石大新能源研究院有限公司，占股10%；9月17日，与广东榕泰实业股份有限公司签订“北京中石大科技园发展有限公司股权转让协议”，完成科技园公司股权转让，中国石油大学（北京）取得科技园公司的相对控股权；12月10日，以无形资产投资北京中石大能源技术服务有限公司，占股10%；12月20日，以无形资产投资唐山中石大鑫丰石油装备制造有限公司，占股25%。北京中医药大学3月15日将所持北京中大东方医药科技发展有限公司、北京一品恒生中医药开发有限公司、北京赛莱科贸有限公司的股权全部增资到北京北中资产管理有限公司，上述3家公司于8月30日取得北京市工商行政管理局朝阳分局颁发股东变更后新的营业执照。

技术改造。北京北大先锋科技有限公司承建的林州制氧项目装置顺利开车，其新开发的径向床工艺在该装置上首次应用，电耗较之前的同类装置大大降低。北大维信对血脂康核心工艺——发酵工艺进行扩产改造，项目总投资6500万元，主要通过厂房改扩建、生产设备升级、管理水平升级，完成后血脂康胶囊产量增长60%，出口产品——特制红曲增长40%。北大明德公司利用公司传统的水质分析测试技术，结合新型LED光谱分析仪，开发在线自动水质检测仪，用于工矿企业排水监测、饮用水源、自然水体的水质自动监控；基于发明专利“气相/固相反应合成聚维酮碘的新工艺方法”开发研制消毒护理产品。同方人工环境有限公司所属同方瑞风空调设备有限公司中标“红塔烟草集团大理卷烟厂技术改造项目——制丝联合工房余热综合利用工程”，所属同方川崎节能设备有限公司研制的热水型吸收式冷水机组首次应用于石化领域，中标中石化辽阳分公司节能改造项目。同方计算机产业本部针对现有消费类分体台式机产品进行全线升级，全面采用混合式硬盘设计；推出的派方系列平板电脑及其外设——“蓝牙子机”，有效解决了8英寸通话平板电脑接听、拨打电话不便的问题。北京辰安科技股份有限公司申报的“核与辐射应急监测调度协同平台”成功列入2013年度国家重点新产品计划立项项目清单。同方发布最小台式机imini超级电脑，是目前业界最小的PC机。

自主创新。北京方正阿帕比技术有限公司研发的具有自主知识产权的CEBX版式文档技术被《数字阅读终端内容呈现格式》行业标准采用。西南合成制药股份有限公司与韩国SK集团旗下医药生命科学子公司SKBP及方正医药研究院等企业共同签署协议开展合作。北大维信公司新申请发明专利16件，本年度授权22件。北京开元数图科技有限公司研发数字图书馆综合文献服务平台、综合业务管理平台、基础支撑服务平台、CALIS/CARSI认证服务成员馆安全监测系统集成开发、CALIS外文期刊网服务系统等。同方股份有限公司完全自主知识产权的站台安全门产品获“十大创新产品”奖；亮相IFA2012德国柏林电子展，标志着同方4K2K电视机技术处于国际领先水平。同方威视技术股份有限公司自主知识产权的“背散射人体安全检查系统”项目产品技术，填补了国内空白。北京同方吉兆科技有限公司获得7项新专利授权，其中发明专利1项、实用新型专利6项。同方物联网应用产业本部已获得软件著作权证书114项、产品认定证书18项，其中9项获得北京市自主创新产品认定、2项获得中关村国家自主创新示范区新技术新服务认定；中标项目——“南水北调东线一期工程山东段工程调度运行管理系统”正式进入全线试通水运行阶段。紫光股份有限公司率先推出全球首台云计算机——“紫云1000”，标志着紫光股份在云计算核心技术领域取得重大突破，使云计算核心产业达到国际先进水平。北京金太阳药芯焊丝有限公司的海工平台系列焊丝，已经进入试制阶段。

生产经营。方正物产集团与挪威奥德费尔集团签署关于方通港口的合作框架协议，奥德费尔集团将购买方通港口50%的股权，方通港口将变更为中外合资公司；中标国家物资储备局天然橡胶收储项目，进入国家物资储备体系的供应商名录。北大维信生物科技有限公司血脂康胶囊在全国调脂药市场上排名第6位，在中药调脂药市场上排名第一位。紫光股份有限公司购买能通科技股份有限公司和深圳市融创天下科技股份有限公司100%股份，将构筑“云—网—端”全产业链。紫光集团有限公司向锐迪科微电子公司发出现金收购邀约，鉴于紫光集团对展讯通信有限公司的收购即将完成，本次交易将有助2家公司实现优势互补，提升中国企业的国际竞争力和市场地位，并对中国乃至世界的半导体产业格局产生影响。北京金太阳药芯焊丝有限公司于5月27日正式成为江南造船厂的焊丝合格供应方，并于6月6日签订第一笔10吨药芯焊丝合同。

产业运行。北京北大先锋科技有限公司通过2013年度ISO 9001质量体系外审。同方锐安科技有限公司成为首批获得卫生部居民健康卡读写器生产认证和产品认证的企业。同方灵悦智能电视宝及商用超锐、超越、超翔系列计算机被中国质量检验协会授予“全国质量检验稳定合格产品”称号。北京金太阳药芯焊丝有限公司于9月16—17日一次性顺利通过美国、法国、英国、中国、挪威、日本、韩国、德国8国的船检。北京理工华创电动车技术有限公司通过汽车行业TS16949体系认证，其双电机耦合驱动纯电动客车动力系统平台研发项目、8吨电动环卫车高压安全控制系统优化研究项目通过市科委验收。理工雷科电子信息技术有限公司通过总装备部组织的装备承制单位资格现场审查，是公司发展过程中的里程碑。

节能减排。北京北大先锋科技有限公司为华菱衡钢建成的世界第一套高炉煤气变压吸附提纯CO工业装置，自6月顺利投产以来持续平稳运行；为新疆天业集团设计承建的电石炉尾气提纯CO装置和变压吸附制H_2装置一次开车成功，实现了从电石炉尾气低成本、大规模分离高纯度的一氧化碳，最高纯度可达99.99%、收率大于80%，标志国内电石炉尾气综合利用分离提纯CO关键技术首次成功实现大型工业化应用。同方人工环境有限公司与广西贵港钢铁集团有限公司正式签署EMC合同，合同期内可节约焦炭2万余吨，节约电量0.3亿千瓦时，增加生铁产量2.7万吨；与中粮生物化学（安徽）股份有限公司签署EMC合同，实现年节约标煤5005吨、减排二氧化碳1.3万吨；所属同方川崎节能设备有限公司中标“大唐国际锦州热电厂余热回收综合利用项目”，节约标煤4.4万吨、减排二氧化碳11.56万吨、节水52.55万吨。同方泰德国际（北京）科技有限公司Techcon EEC节能专家控制系统成功应用于成都维顺电子厂，实现综合节能约30%。同方数字城市产业本部中标西山煤电吸收式换热机组项目二标段，将对14个换热站吸收式换热机组进行供热改造，改造后可供520万平方米的建筑采暖。北京市新能源汽车示范项目进驻北京清华科技园。

基地建设。12月底，北京农学院大学科技园山区林场一期工程竣工，具备同时接待120名师生开展教学科研、实践实习和山区沟域生态休闲农业示范的保障能力。北京理工大学科技园建有1个近10万平方米的核心园区和5个校外辐射基地，建有比较完善的公共孵化服务平台和3个公共技术支撑平台。在园企业249家，年营业收入超过16亿元，年利税约2亿元，就业岗位3200余个。北京理工大学常熟研究院研发中心竣工并投入使用，理工雷科电子信息技术有限公司、阻燃材料等高新技术企业正式进驻苏州常熟研发中心。市规委批复同意北大科技园上地园区调整规划，使项目总建筑规模由27.7万平方米升为48.8万平方米。1月9日，清华大学市级校外实习（威视）基地揭牌仪式在威视密云产学研基地培训中心举行。生物芯片北京国家工程研究中心成立宁夏、山西、宁波、新疆4家分中心。清控科创控股股份有限公司与中关村国家自主创新示范区核心区、海淀区合作共建了首个国际孵化器——中关村科创硅谷孵化器。中国石油大学（北京）科技园以昌平孵化基地为主园区，采取一园多区的发展模式，与天津市武清区高新技术开发区合作建设武清分园；与新疆巴音郭楞蒙古自治州合作建设巴州分园。

重点项目。北京理工华创电动车技术有限公司与波兰第一大电力运营商——TAURON能源有限公司签署“波兰e-Bus项目合作协议”，该项目被列为科技部重点技术输出项目，是中波国家间重点合作领域。理工中关村国防科技园是北京市政府、工业和信息化部批准的重要建设项目，是北京理工大学“十二五”发展规划中的战略任务。3月13日，北大方正集团、北大资源集团分别与顺义区政府、李遂镇政府就“李遂镇中心区整体开发项目”举行签约仪式。由北京北科大新兴产业技术研究院承担的“钛金属低成本、清洁冶金新技术”产业化项目取得新进展，已完成了车间布展、装修和中试示范线安装建设工作，并成功实现了日产百公斤级海绵钛的规模，且质量达到国家一级金属钛的标准。由北京科大科技园有限公司和北京北科麦思科新材料技术有限公司共同承担的“高性能特种细丝材料制备技术”产业化项目取得重大进展，该项目具备批量生产能力，能够稳定生产键合铜丝直径为18微米~50微米之间10种不同规格的产品。

重大奖项。北大方正集团获得“中国软件创新力20强企业”、《财富》（中文版）发布的2013年“最受赞赏的中国公司”称号；北大维信血脂康制剂专利获得北京市知识产权局发明专利二等奖，北大维信获得“北京市药品安全百千万工程质量管理示范企业”称号、海淀区职业卫生示范企业称号；北大青鸟APTECH获新华网2013最具影响力奖；青鸟集团旗下青鸟安全系统工程技术有限公司获得“2013年中国智能建筑品牌奖”之“优秀智慧城市解决方案供应商”奖；北京科技大学设计研究院有限公司获得“2013年全国钢铁工业先进集体”；北京科技大学的中关村高端人才创业基地被评为2013年度北京市战略性新兴产业科技成果转化基地；理工雷科电子信息技术有限公司获得“2013中关村高成长企业TOP100”“‘北斗二号’卫星工程建设突出贡献集体奖”，公司总经理刘峰荣获第十七届“中国青年五四奖章”；北京理工大学科技园被北京市评为“战略性新兴产业示范基地”，区内3家企业入选中关村“金种子企业”、1家企业入选中国留学人员创业园百家“企业创业潜力企业”、14家企业入选海淀区“海帆计划”；同方威视技术股份有限公司被认定为中关村国家自主创新示范区“十百千工程”重点培育企业；同方股份有限公司被中国合作贸易企业协会和商务部研究院信用评级与认证中心评为“中国AAA级信用企业”和“全国文明诚信示范单位”，获得第17届软博会“中国软件行业领军企业奖”，名列“2013年第27届电子信息百强企业”第十五位；北京电子商会特授予紫光股份有限公司“杰出贡献企业奖”；同方物联网本部的北京市宏观经济与社会发展基础数据库项目获得国家统计局发布的第十一届全国统计科研优秀成果信息技术应用类一等奖；紫光股份有限公司获评“2012—2013中国扫描仪市场年度成功企业”和第五届中关村质量奖；同方超扬系列计算机获得“2012年度中国商用市场采购首选品牌奖”；物联网本部ezSRS安全应急指挥系统、ezUMS数字化城市管理信息系统入选第二批中关村国家自主创新示范区新技术新产品（服务）；同方泰德国际科技有限公司获得“能源管理系统十大品牌”和“建筑设备监控系统十大品牌”；同方锐安获得“中国RFID领先企业奖”“2012中国一卡通行业十大优秀企业”“十大企业一卡通品牌”“十大社区一卡通品牌”“十大校园一卡通品牌”；同方光电环境公司获得“2013年度中国照明应用设计大赛佳作奖”；北京辰安科技股份有限公司入选“2013年北京信息网络产业新业态创新企业30强”；同方锐安科技有限公司以自主研发的“个人支付读卡器”和“CPU卡国密门禁系统”产品再获2013年度“国家金卡工程金蚂蚁奖”创新产品奖和信息安全奖；紫光股份有限公司入选2013年中国“电子信息百强企业”；同方人工环境有限公司所属同方节能工程技术有限公司入选“2013年度全国节能服务公司百强榜”，获得“2013年度中国十大水地源热泵品牌”称号；北京泽华化学工程有限公司获得“2013中国化工装备百强”及“2013中国化工单元设备十强”称号；北京华环电子股份有限公司获得“2013年中国光传输与网络接入设备最具竞争力企业10强”；同方国芯电子股份有限公司获中国证券市场年会上市公司金奖的“金鹰奖”。

（宋慧宇）

【重点项目】 2013年，纳入协调推进机制的项目166个，涉及总投资额2643.0亿元，全年累计完成固定资产投资295.3亿元。重点产业投资结构进一步优化，汽车和电子等高端制造业占比较大，生物医药快速增长，汽车、电子投资合计占重点产业投资比重53%，生物医药产业保持高速增长，同比增长24%。具有国际先进水平、可带动北京市集成电路产业上下游整体发展的中芯国际二期建设项目实现封顶。加快奔驰集团“十二五”及“十三五”期间在京投资布局节奏，奔驰发动机工厂实现正式投产。三一重工总部入驻北京。国内医药企业前三强的华润医药集团在大兴生物医药基地开始兴建华润医药北京产业园。启动国家重点关注的婴幼儿乳粉品牌三元婴幼儿乳粉项目。

（规划布局处）

【央企服务】 2013年，市经济信息化委贯彻市委、市政府部署，落实“四个服务”总要求，加强对中央企事业单位和驻京部队的服务，推进整改措施，全年各项工作取得新成绩。

加强央企政策宣讲，促进央企对口支援。一是市经济信息化委与北京天竺综合保税区一季度联合举办“北京天竺综合保税区政策宣讲活动”，向中央企业及重点企业全面介绍天竺综保区情况及招商引资及海关、检验检疫等方面政策，有针对性地吸引高端企业入驻。二是举办拉萨、新疆招商推介会。7月，与拉萨市政府举办最大规模的“央企京企拉萨行”招商专题推介会。12月，组织召开新疆石河子经济技术“兵团产业援疆合作园”招商推介会。

着力重大项目建设，深化央地合作内涵。推进一批项目。长安汽车北京基地项目，9月5日，针对兵装集团提出的问题专题协调，现场解决问题明确到人，制定相应工作计划，及时跟踪整改进度。北京市与中国北车的战略合作项目，北京轨道交通装备产业园57.53万平方米建设用地手续已完成，城轨合资公司11月6日完成注册；北车集团与房山区政府就TOD项目进行对接。装备产业项目建设与对接合作，中国通用技术集团、中国能建装备公司等央企与京城机电等企业开展市场、技术、资金对接合作。华电集团与北汽集团、长安汽车、金隅集团等合作建设光伏电站。北京市与中国石油、中国石化在清洁能源车辆推广领域的合作，落实3000余辆LNG公交车推广计划，其中包括北汽福田LNG公交车。燕房合作，5月8日，市政协主席、协调小组组长吉林主持召开推进燕房合作协调小组第十次会议，就燕山石化公司提出的项目环评、动力锅炉建设、京标Ⅴ油品价格、东方化工厂停产搬迁、环保指标转移、航煤管道建设等问题进行专题研究。中国移动国际信息港建设项目，项目一期数据中心通信机房6.5万平方米建设工程已完工，二期19.2万平方米建设工程正在推进。国家北斗产业区域示范项目，9月，联合组织专家审查通过了北京市北斗卫星导航应用示范项目工程可行性研究报告；10月11日，市经济信息化委与总参测绘导航局签署“关于推进北斗产业发展的战略合作协议”。协调一批项目。协调中科信高效晶体硅太阳能电池生产线升级改造项目手续办理，天地玛珂煤矿综采自动化产业基地建设项目落地及公司注册，煤科院采育基地建设项目调整变更、中航天地激光快速成形生产基地项目土地及手续办理等事项。协调推进华润医药大兴产业园项目，加强对天坛生物及国药工业项目服务，组织中国药材公司申报国家工信部中药材种植专项，江油附子项目顺利获得滚动支持。

加强技术中心认定，支持央企创新能力建设。年内，中国电子工程设计院、中国建筑科学研究院、中铁第五勘察设计院集团有限公司、中煤北京煤矿机械有限责任公司4家企业被认定为国家级企业技术中心。北京星航机电装备有限公司、北京机电研究所、普天信息技术研究院有限公司、北京国电通网络技术有限公司等16家企业被认定为北京市级企业技术中心。

调动中央单位优势资源，促进中关村科学城建设。加快实施科学城特色产业园基本建设项目。与规划部门沟通规划方案，推进中国铁道科学研究院轨道交通产业创新园等29个项目的规划批复；中关村管委会统筹安排资金，支持建设北航先进工业技术研究院等9家产业技术研究院，启动建设技术研发中心70个，共建中试基地11个。海淀区利用专项资金支持包括大唐移动通信设备有限公司基于TD-LTE的宽频移动通信系统设备研发及产业示范应用等76家单位85个项目。协调推进中科院微电子研究所等3个单位22纳米关键工艺技术先导研究与平台建设等7个项目落地；从18家央企、央校、央院梳理科技成果转化和产业项目55项（重点项目14项）获得支持；从中国航天科技集团公司等18家单位遴选38个项目，纳入项目储备库，加强跟踪。为北理工清研利华等18家企业项目提供科技金融服务，累计融资1.7亿元。组织项目推介会4场次，吸引200余家投资机构、银行以及其他中介服务机构参加，惠及50余家中央企业。

加强军地合作，军民融合结出新成果。根据市政府与海军共建蓝鲸军民融合创新园合作协议，截至11月中旬，创新园一期建设工程5号楼完成主体封顶，2号、4号楼正在进行主体施工。协调中关村管委会筹措资金，开展蓝鲸园战略规划、法规体系、制度体系、投融资模式、知识产权转化应用5项课题研究。军地双方通过蓝鲸园平台组织6批次“民参军”项目和3批次“军转民”项目对接会，总计100余家企业参加，直接促成一批重点技术转化和项目落地。

贯彻落实国务院和中央军委关于统筹经济建设和国防建设战略部署。市经济信息化委牵头完成《建设中关村军民融合科技创新示范基地行动计划（2013—2015年）》，编制完成《北京市战略性新兴产业之航空航天产业专项规划（2013—2015年）》等专项规划。成立军民融合创新工作组，5月，中关村创新平台成立军民融合创新工作组，市区两级15个部门组成，军队和国家有关部门参与，建立健全军地和部市会商工作机制，服务军工单位在京发展。推动军民融合，7月，委主管领导带队赴二炮调研，在技术合作、军事采购、人才培养和信息交流等领域推动军民融合，对接二炮提出的19个项目，明确牵头单位和负责人；9月，就军民融合发展综合改革试点、加快北斗导航示范应用项目建设等向总装备部提出建议，与总参二部、三部等驻京部队对接，在开展军民融合创新方面进行探索。

发挥央企优势，支持北京“智慧城市”建设。市经济信息化委会同市住房城乡建设委、市通信管理局，主动上门服务，现场协调电信运营商光纤到户改造中存在的问题，分门别类制定处置方法，首批确定需协调光纤改造小区49个。发布《关于政务部门率先开放办公大楼资源支持基站建设工作的通知》，确定《北京雁栖湖生态发展示范区信息基础设施建设应用指导意见与工作方案》。与中国移动北京公司深化合作，进一步丰富和完善“市民主页”功能。协调推进NFC手机一卡通、城市网格化管理统一标准等方面工作。对接中国航天科工集团参与智慧北京建设，服务相关行业、领域开展顶层设计过程中积极应用航天科工的现有成果。为北京军区和有关部队提供全市不同比例尺航拍影像。与总参三部合作，加强政务网站、移动政务平台安全保障。

（经济运行处）

【产业规划和产业政策】 2013年，市经济信息化委按照全市统一要求，开展并完成14个“十二五”规划的中期评估工作。完成新材料、航空航天、高端装备制造3个战略性新兴产业规划的发布工作，为今后3年北京市新材料、航空航天、高端装备制造产业发展指明了方向。起草《北京传统制造业提升计划（2013—2015年）》文件初稿，重点围绕打造一批智能绿色产品和提升制造过程的智能化绿色化水平，提出20项产品提升行动和15项新产品新技术推广应用示范项目。配合通州城市副中心建设，按照市领导指示，牵头编制《通州城市副中心高端制造产业发展规划》。

产业政策方面，为贯彻落实《国务院关于同意调整中关村国家自主创新示范区空间规模和布局的批复》精神，研究起草《北京市产业发展重点及空间布局意见》，提出全市产业布局的整体思路及电子信息等八大产业发展的思路、重点领域和具体布局。开展工业项目准入标准制定的前期工作，分析国家和部分省市工业项目准入政策、标准，梳理形成《国家和部分省市工业项目准入经验借鉴分析报告》；收集北京市各部门、各区县出台的项目准入政策和标准，编辑完成《市、区县和开发区工业项目准入相关政策和标准汇编》；开展《北京市现代制造业用地指南》课题研究，对土地产出率等6项指标提出分行业或分地区的量化指标，为准入政策的制定提供科学依据。

（规划布局处）

【工业产业结构】 2013年，全市工业运行稳中有进，重点发展的汽车、电子和医药三大产业在全市工业产值中的占比达到36.4%，比上年同期提高3.3个百分点。汽车产业产值3492.6亿元，同比增长27.6%，在全市工业中的占比首次超过1/5（20.3%）。电子产业产值2192.4亿元，同比增长6.5%，其中移动通信和数字电视板块增势良好，在智能手机持续旺销的带动下，两大板块重点企业合计实现产值1412.1亿元。

工业增长高端引领。年内，规模以上高技术制造业和现代制造业增加值分别同比增长10.4%和14.2%，快于全市平均水平2.4和6.2个百分点，其中现代制造业在全市规模以上工业中的比重达到43.4%，比上年同期提高2.3个百分点。规模以上高技术制造业和现代制造业增加值始终保持2位数以上的增长速度，是全市工业增长的主要拉动力量。

区域结构集聚增强。年内，城市发展新区工业产值8605亿元，同比增长8%，占全市工业比重的50%，对全市工业增长贡献度达57.2%。其中，顺义实现产值2810亿元，亦庄实现产值2309.1亿元，二者在城市发展新区工业中的占比达59.5%，比上年提高2.5个百分点，工业发展进一步集聚。怀柔、顺义、海淀、东城、大兴、密云、通州和丰台等8个区县完成年度增长目标，增速超过全市平均水平，其中怀柔和顺义产值增速分别达到22.6%和21.3%。

产品结构升级明显。年内，全市共生产汽车203.8万辆，同比增长22%，产值同比增长29%，产值增速超过产量增速7个百分点，集约高效生产成效明显。生产手机1.85亿部，其中智能机比例达45%，比上年大幅提高15个百分点。生产电子计算机整机1152.6万台，其中笔记本计算机比例达到18%，比上年提高近10个百分点，产品结构升级明显。

（规划布局处）

【固定资产投资】 2013年，全市工业固定资产投资累计747.3亿元，同比增长5.59%。工业投资占全市固定资产投资比重的10.63%，比上年同期减少0.32个百分点。其中，城镇工业投资完成670.2亿元，同比增长5.67%，占全部工业投资比重的89.86%；农村工业投资完成75.6亿元，同比增长2.85%，占全部工业投资比重的10.14%。

（规划布局处）

【禁止化学武器履约工作】 2013年，按照《行政许可法》《监控化学品管理条例》的有关要求，组织完成8个企业2012年度数据宣布工作；累计完成17个批次2.7万吨监控化学品进口审核工作；指导燕山石化公司完成年度宣布信息化系统建设，完成禁止化学武器履约行政审批业务梳理工作。

（基础与新材料产业处）

【对口支援与区域合作】 2013年，产业援建和区域经济合作工作取得进展。

标房企业入驻工作。和核露食品科技有限公司经过6个月的紧张施工，于9月10日正式投产，共完成固定资产投资2700万元，建成年产90万箱的三片式易拉罐生产线及配套的包装材料生产线，年收入4500万元，上缴税收130万元，安置40名本地人员就业。

企业落地工作。12月，北京秋实农业发展有限公司落户和田市北京工业园区，已办理和田公司——新疆昆仑雪食品有限公司的名称核准手续，建设投资近3000万元，流动资金7000万元，涵盖公司肠衣加工的成熟技术，将新研发的尾料提取生物医药技术运用到和田公司，进一步提升产品附加值，实现原料的100%使用和零污染、零排放。此外，落地和田的还有北京中进管业有限公司、京渝天华环境科技发展有限公司。京和中进管业有限公司在和田洛浦县征地73.33万平方米，投资250万元开展农业种植，已经种植和田玉枣50万株、大芸100万株。农业项目采购当地农家肥1500吨，用工达7500人次以上。

组织产业对接，开展项目推介。和田：6月，组织北京京酿调味品有限公司和冀中建材协会旗下的11家企业赴和田考察，开展对接活动。11月，组织北京京酿调味品有限公司、北京秋实农业发展有限公司、新疆雪羚生物科技公司负责同志赴和田对接，针对企业投资建厂选址、资源配置、土地政策等相关问题进行深入交流。巴东：组织北京康仁堂药业有限公司、北京成芳洁制衣有限公司等企业赴巴东考察。双方就发展服装产业“三来一补”贸易的可行性以及建设“玄参种植基地”的可行性进行了交流；在京举办“巴东县中药材产业发展推介会”。组织15家中药企业在京召开座谈会，会上北京康仁堂药业有限公司和巴东县今大药业有限公司签订了“道地药材购销意向协议”。西藏：7月，与拉萨市政府共同举办“央企·京企拉萨行”招商专题推介活动。市经济信息化委共邀请99

家单位参会，其中参会企业达到79家（央企21家），对宣传拉萨投资环境、吸引更多京企到拉萨投资或开展经济合作起到积极的促进作用。内蒙古：与内蒙古自治区经济信息化委协商起草两地《工业和信息化框架合作协议》；与赤峰方面就承接不符合首都功能定位产业转移进行磋商，共同为退出企业做好服务工作达成一致意见；协助乌兰察布市政府在京举行“乌兰察布市云计算产业京蒙合作发展论坛”。青海玉树：6月，组织北京康源祥瑞医药科技有限公司、北京东兴堂科技发展有限公司和云基地3家企业赴西宁参加了“青洽会”，并与青海省经济信息化委签署合作《框架协议》。天津：与天津市经济信息化委会商，拟定两地工业信息化领域合作框架协议及工作方案；先后2次赴天津市武清区就产业新城建设进行对接。河北：完成京冀产业合作工作总结及下一步深化产业合作建议，对河北省提出的《与北京市进一步加强合作的分工》提意见；召开北京市部分行业（防水卷材）与河北省环首都部分区域（隆化县）项目推介政策宣讲会，北京市20余家防水卷材企业参加项目对接洽谈；市经济信息化委就不符合首都功能定位的产业转移赴河北省定兴县调研，了解定兴县产业集聚区的投资环境和投资政策；组织有关处室赴承德考察、指导园区建设，并就承德方面承接产业转移进行多次协商。其他：6月，区域合作办赴什邡市了解入驻什邡的北京援建企业的生产经营情况，协调解决企业在当地遇到的困难和问题；应陕西省工业和信息化厅邀请，组织相关企业参加陕西科技产业项目推介会；为深化京晋区域合作，草拟两地经济和信息化领域交流与合作框架协议建议稿；赴湖北十堰和河南南阳进行调研，并与十堰和南阳方面就对口协作机制和“框架协议”的签署进行探讨；按照市政府的统一安排，与贵阳市签署“框架协议”，产业合作逐步推进。

多形式开展业务培训，提高受援地区的管理水平。6月和12月分2批次，在京举办拉萨市工信局现代企业管理培训班，共45人进行为期25天的培训，有效提高拉萨市工信局工作人员的工业和信息化管理水平；6月，组织企业赴和田进行产业对接的同时，带领北京金宝来地毯有限公司赴和田市地毯厂传授先进的设计理念和编制技法，并捐赠10台电动剪刀，提高和田市地毯行业的技术水平和生产效率。

截至年底，市经济信息化委对外签署的框架合作协议共16个，已建立文书档案119档，归档文件344件。利用地区差别政策，为企业争取资金扶持，协调市支援合作办为北汽福田承德零部件有限公司和北京圣林工艺品厂承德分厂争取贷款贴息203万元。

（规划布局处）

【中小企业】 2013年，市级中小企业发展专项资金的支持重点转向公共服务平台、小企业创业基地、创新融资等服务环境建设，支持比例达50%。设立中小企业发展基金，初期规模20亿元，会同市财政局、人民银行营管部共同研究，设立方案已初步形成。建设市级中小企业公共服务平台，设立服务大厅，已完成平台软件开发及系统集成、信息化建设监理、硬件和基础软件采购等项目招标采购工作。积极推进立法进程，将中小企业发展纳入法制化轨道。《北京市促进中小企业发展条例（草案）》进入市人大审议阶段。7月24日，北京市第十四届人民代表大会常务委员会第五次会议进行首次审议；11月20日，北京市第十四届人大常委会第七次会议进行了二次审议；12月27日，北京市十四届人大常委会第八次会议表决通过，2014年3月1日实施。

推进公共服务体系建设。3月，启动第二批中小企业公共服务平台和小企业创业基地认定工作，共有66家服务平台、35家小企业基地进行了申报。中小企业公共服务平台网络建设投资完成过半，完成全市中小企业公共服务平台网络的市级枢纽网络平台软件开发及系统集成项目、信息化建设监理项目、硬件和基础软件采购建设项目招标采购工作；已有15家窗口平台基本改造完成，15家窗口平台正在改造过程中。财政资金对服务体系建设的支持力度持续加大。市中小企业发展专项资金共支持中小企业服务平台和小企业创业基地项目20个，拨付资金3838万元。财政资金引导各类社会资本参与建设总投资达11亿元。在财政资金的扶持下，公共服务平台新增和改扩建服务面积1.5万平方米，小企业创业基地改扩建面积15.5万平方米，小企业创业基地奖励项目建筑面积70.46万平方米。

投融资服务体系持续完善，服务能力不断增强。在直接融资方面，全年集合融资产品融资额58.30亿元。其中，集合信托融资额37亿元；发行中小企业私募债20.37亿元；融资租赁0.93亿元。截至年底，中小企业创新融资额累计129.38亿元。引导基金以参股方式分6批设立26家参股创投企业，协议注册金额42.2亿元。其中，引导基金协议出资约10.7亿元，合作创投机构协议出资约31.5亿元，财政资金放大倍数近4倍。年内，引导基金参股创投企业已对77家中小企业进行了股权投资，投资额超过11亿元，主要集中在北京市战略新兴、文化创意类企业。

开展扶助小微企业专项行动，促进小微企业健康发展。全年开展各类系列活动700余场，参加活动的小微企业近2.8万家，近5万名中小企业管理人员现场接受了指导和培训。制定《北京市扶助小微企业专项行动实施方案》。与市财政局共同组织开展《小企业会计准则》宣贯工作；与市地税局合作，向小微企业免费发放《中小企业税收优惠政策辅导手册》；与市知识产权局共同开展中小企业专利试点、示范工作；与市质监局合作举办“企业领导者质量管理培训班”“质量免费课堂”“低压电器认证培训班”“环境管理体系认证知识培训班”等活动。组织开展“营改增专项培训”“中小企业管理升级系列行动”等系列公益活动。依托媒体宣传、培训、手机报及网络宣传等多种形式，加强中小企业工作宣传力度，已覆盖近1万个企业用户及全市各区县中小企业主管部门、中介机构、各行业协会；10月，完成《北京中小企业》期刊首期的编写及发刊工作，实现对企业线上、线下免费赠阅；联合北京电视台，制作“小微企业巡礼”系列节目，在“北京您早”和“北京新闻”节目中播出。

强化服务基础，做好日常工作。做好国家中小企业发展专项资金申报工作，全年共支持项目43项，支持资金额度3452万元。其中，中型企业项目16项，支持资金685万元，占比19.8%；小型微型企业和改善中小企业服务环境项目27项，支持资金2767万元，占比80.2%。扎实推进镇村企业工作，开展镇村两级产业集聚区摸底调研，推荐农产品加工企业获国家级认定。向农业部推荐9家企业申报主食加工业示范企业，经审批，北京东颐食品有限公司等4家企业被授予主食加工业示范企业。推动中小企业信息化建设。制定《中小企业信息化工作指导意见》，加强中小企业信息化培训，普及信息化知识。通过开展“腾计划”“青云计划”“企业健康成长计划”等一系列公益活动，引导企业应用信息化手段，实现转型升级。完善中小企业运行监测体系。出台《北京市中小企业生产经营运行监测工作管理办法》，与北京市统计局、国家统计局北京调查总队等单位建立定期沟通机制。组织全市百余家优秀中小企业参加第十届国际中小企业博览会、京澳洽谈会和中国农产品加工业投资贸易洽淡会。启动全国特色农产品及加工产品“进城入市”北京试点工作。

（中小企业处）

【工业人才】 2013年，北京工业人才引进与技术交流共有11个企业13个项目、聘请外国专家97人次，并有3个企业实施出国培训项目3个，23人次出国培训。市经济信息化委组织的两个工业企业信息化管理与科技创新培训团共34人分别赴美国和德国进行专题培训。

6月25日，市经济信息化委举办“创新方法（TRIZ理论）报告会”。来自市百余家企业的领导、技术负责人以及各行业专家、学者200余人参加报告会。开办2期（TRIZ理论）培训班，来自北京控股集团有限公司、首钢集团、北京电子控股有限责任公司、北京京城机电控股有限责任公司、北京一轻控股有限责任公司、北汽集团等15家企业负责产品研发工作的管理、研发、设计人员及技术骨干共91人参加培训。

9月3日，市经济信息化委召开“第十五届北京市工业和信息化职业技能竞赛”总结表彰大会。市委组织部、市人保局、市总工会、市国资委、团市委、市教委、市工经联等单位相关领导同志出席，市22家工业控股（集团）公司、行业协会、参赛选手代表等约400人参加会议。本届大赛，共设立维修电工等59个职业工种竞赛，涉及工业和信息化系统所属17个工业控股（集团）公司、行业协会以及各区县竞赛组委会，各级竞赛组委会130余个。249家企事业单位参与赛事，参赛人数3万余人，有7984人进入复赛、1990人参加决赛。通过竞赛，一大批技能人才脱颖而出，455人获得北京市工业和信息化高级技术能手称号；4人获得北京市行业技术能手称号；7人获得北京市工业和信息化最佳操作能手称号；80人获得优秀工作人员称号；80人获得优秀教练员称号；北京市地铁运营有限公司等20个单位获优秀组织奖。表彰会后，组织获奖人员67人，分2批赴广西桂林燕京漓泉啤酒厂学习交流并开办维修电工高技能人才技能提升培训班。

年内，完成市政府重点关注课题“首都工业和信息化人才队伍建设对企业技术创新影响的研究”及《2013北京工业和信息化人力资源年度发展报告》。

（人事教育处）

【节能环保】 2013年，规模以上工业综合能源消费量1777.7万吨标煤，同比下降1%。万元工业增加值能耗下降8.3%。北京市共完成污染企业调整退出288家，超额完成年度退出200家任务。市级以上开发区工业用燃煤设施完成清洁能源改造766蒸吨，超额完成年度改造500蒸吨任务；开发区外工业企业压减燃煤约34万吨，全市工业压减燃煤合计约55万吨。

发布实施《不符合首都功能定位的工业行业调整、生产工艺和设备指导目录（2013）》，共182条，涵盖国家有关产业政策要求，并严于国家标准。建立工业空气重污染应急工作体系。制订工业应急分预案、应急工作领导组织机构方案和应急工作流程；确定年度111家空气重污染应急停限产重点工业企业名单。组织开展空气重污染工业系统应急演练。

推进工业清洁生产。组织108家企业开展清洁生产审核，其中强审企业38家，自愿审核企业70家。研究制订清洁生产领域相关标准。落实工业和信息化部《京津冀及周边地区工业企业清洁生产水平提升计划》编制工作有关要求，组织申报11家企业的17个清洁生产技术改造项目。北京水泥厂、东陶机器(北京)有限公司进入了工信部公布的《重点行业清洁生产示范企业名单》；琉璃河水泥厂水泥粉磨系统技术改造工程项目获批工信部工业清洁生产示范项目。

建设节能标准体系。发布乙烯等10项节能地方标准，启动毛纺织、铸铁件等9项节能地方标准编制工作。修订工业能耗水耗指导指标。编制工业重点产品能效水效指南。

工业节能减排宣传工作。年内，累计接受中央电视台、北京电视台、北京广播电台、北京日报社、新华社北京分社等各类新闻媒体采访7次，约稿10余次，参加市政府和市环保局组织的新闻发布会4次。

（节能与环保产业处）

【科技标准】 2013年，市经济信息化委制定了百项节能环保以及信息化领域地方标准22项，发布北京市地方标准14项，其中节能环保标准11项、信息化标准3项。截至年底，北京市现行有效的工业和信息化地方标准共52项，年内发布的地方标准占现行有效地方标准总量的27%。这些标准的发布，填补了工业和信息化领域相应节能和信息化标准的空白。8月，根据市质监局《关于开展北京市地方标准复审工作的通知》，市经济信息化委组织相关处室及起草单位对现行有效的23项地方标准进行复审。复审结果为19项继续有效、3项修订、1项废止。9—11月，根据市质监局《关于征集2014年北京市地方标准制修订项目的通知》要求，按照项目申报条件及程序，开展项目征集申报工作，共申报地方标准制修订项目12项，其中一类项目11项、二类项目1项。经市质监局审核批准全部通过立项。

（科技标准处）

【信息报送】 2013年，市经济信息化委向市委、市政府办公厅报送信息407条。其中，《北京信息》采用124条次，《昨日市情》采用175条次，被评为全市优秀信息报送单位。《本市创新融资模式缓解中小企业融资难见成效》被评为全市优秀调研文章，14条信息得到市领导批示，6条信息被国务院办公厅采用，市经济信息化委被评为优秀信息报送单位。修订了《北京市经济和信息化委员会信息工作暂行办法》，建设了委内信息报送系统，定期在委主任办公会上对各处室信息报送情况进行通报，组织委内处室信息员培训、座谈，加强队伍建设。

（办公室）

【信息公开】 2013年，市经济信息化委在政府信息公开平台上主动公开信息409条，其中政务动态380条、机构职能类3条、法规文件25条、规划1条。及时将已公开的23件纸质文件移送到政府信息公开大厅、市档案局、图书馆，文件移送合格率和及时率达到100%。

（办公室）

【督查督办】 2013年，市经济信息化委共承办列入市政府绩效管理和市委市政府督查室重点督查的折子任务5类61项，其中市政府折子40项任务（主办24项、协办16项）；2013年清洁空气行动计划11项任务，均为主办；加快污水处理和再生水利用设施建设3年行动计划方案协办任务1项，新农村建设折子工程2项（主办、协办各1项）；推进重点改革任务7项（主办1项、协办6项）。完成市委、市政府督查室专项督查件、市领导批示件34项。

（办公室）

【提案办理】 2013年，市经济信息化委共承办北京市“两会”建议提案110件，均按期办结。在34个会上建议提案主责件中，代表委员签署“满意”的19件，占56%。建议提案在委主任办公会上进行交办，专门指定1名副主任牵头负责此项工作。委主要领导2次召开专题会，听取办理工作进展情况汇报。制定《北京市经济和信息化委员会建议提案办理工作规定》，对办理工作全过程提出明确要求。要求承办处室指派副处长以上领导负责建议提案工作，随时向代表委员汇报工作进展。邀请部分市人大代表、政协委员参加座谈会，集中听取建议提案工作及重点业务进展汇报。将重点建议、提案纳入督办系统，由专人督办，加强责任意识，严格把握时间进度。

（办公室）

【新闻宣传】 2013年，市经济信息化委共组织各类新闻发布会、集体采访、专访、直播等新闻宣传活动42次，邀请媒体近400人次。主动向新华社、中央电视台、北京电视台、北京电台、《北京日报》、《北京晚报》、《北京青年报》、《京华时报》、《新京报》等主流媒体推送宣传亮点，发布约100篇次新闻报道。对工业领域落实“清洁空气行动计划”的目标和措施等工作进展，进行贯穿全年的持续宣传；对电子、汽车、装备、医药、软件、基础设施建设等领域的成就进行集中重点报道。在2012年开通北京经信委新浪官方微博的基础上，8月份在人民网和腾讯网同时上线官方微博，三大平台粉丝数量分别为196万人、10万人和2.3万人，当年分别发布微博874条、238条和238条。

（办公室）

【党的群众路线教育实践活动】 2013年，北京市委全面落实中央部署要求，在全党深入开展以为民、务实、清廉为主要内容的党的群众路线教育实践活动。为确保活动取得实效，部署从下半年开始，自上而下分两批开展，每批安排半年时间，2014年7月基本完成。本市参加第一批活动的单位，包括市级党政机关及直属事业单位，市人大和政协机关，市“两院”及各中院、分院和人民团体机关，市属国有企业，市属高校，有229家单位。第二批为各区县、北京经济技术开发区及直属单位和基层组织。

7月，市经济信息化委研究制定了《北京市经济和信息化委员会深入开展党的教育实践活动实施方案》，委机关和直属事业单位党支部（总支），都建立了组织领导机构和工作机构。7月25日，组织召开全委系统群众路线教育实践活动动员部署大会，编印并发放《北京市经济和信息化委员会党的群众路线教育实践活动学习读本》。全委领导班子成员结合各自分工，建立了25个联系点，覆盖全委26个直属单位。学习教育中，组织全委领导班子进行了10次6天的集中学习，其中利用1天时间组织全委49名机关处长、主持工作的副处长、党支部书记和事业单位“一把手”交流学习体会。征求意见建议阶段，领导班子先后通过设立意见箱、发放征求意见表、相关委办局发征求意见函、企业走访调研、召开人大代表政协委员及基层单位座谈会等14种形式，广泛征求意见建议。其中，召开座谈会61场次，发放收回征求意见表662份，收到市属委办局征求意见回函10份，共收集意见建议163条。在此基础上，整理对领导班子及成员的意见建议50条。领导班子成员之间互相谈心154人次，每位领导请对方至少提出2条问题。11月21—22日，召开专题民主生活会，提出批评意见72人次，提出批评意见91条。针对立行立改、近期整改、中长期整改三大方面任务中的18个问题，制定56项具体措施，并明确完成时限、责任领导和处室。重新梳理原有的73项制度，继续有效的47项，修订完善20项，新制定12项，对不符合新形势新任务需要的6项当即废止。

（机关党委）

区县工业

东城区工业

【概述】 2013年，东城区规模以上工业企业工业总产值123.55亿元，同比增长12%，累计完成销售产值122.49亿元，同比增长14.3%。工业总产值、累计销售产值增势明显，重点企业支撑作用突出。其中，工艺美术品制造业依托文化产业不断发展，在经营规模、研发能力、商业运营等方面取得明显提升，带动工业生产持续增长。12家规模以上工业出口企业完成出口交货值13.67亿元，同比下降17.6%。

（李文博）

【开展节能宣传周活动】 6月15日，东城区“2013年节能宣传周”启动仪式在新世界商场举行。市发展改革委委员洪继元、副区长朴学东及辖区内政府机关、企业和社区居民代表参加启动仪式。企业代表发起践行节能的行动倡议，政府代表发表“绿色‘1’行动”宣言。东城区围绕“践行节能 东城先行”的主题开展节能宣传“进商区”“进机关”“进企业”活动，引导全民参与到践行节能的行列中来。

（李明博）

【举办节能产品技术推介会】 6月19日，东城区发展改革委在康铭大厦组织召开区节能产品技术推介会，区低碳城区建设和节能工作领导小组成员单位、年综合能耗5000吨标准煤以上重点用能单位及节能服务企业相关负责同志参加会议。本次推介会对新能源利用、循环经济及资源回收利用、能源管控可视化等节能先进技术进行介绍，并对能源审计、清洁生产审核、能源利用规划等能源管理新思路和相关优惠政策加以宣传解读。国家开发银行北京分行推出绿色信贷及低碳金融服务产品，与区用能单位对接，提供资金支持。

（李明博）

【工业用能单位能源审计】 年内，东城区发展改革委组织北京同仁堂股份有限公司等工业用能单位开展能源审计。经过近5个月对能源利用的物理过程和财务过程进行核查分析，完成能源审计报告。按照北京市要求完成能源审计项目报告的初审工作，并上报市发展改革委争取市级资金支持。

（李明博）

【调整退出3家工业企业】 年内，东城区按照《北京市2013—2017年清洁空气行动计划》的相关要求，调整退出不符合首都功能定位的工业企业。根据市经济信息化委工作部署，东城区通过整体搬迁、设备拆除等方式完成调整退出不符合首都功能定位的3家工业企业，即北京胶印厂、北京宇翔电子有限公司、北京六零八厂。

（李文博）

西城区工业

【概述】 2013年，西城区规模以上工业企业主营业务收入2512.2亿元，占全市规模以上工业的21.7%；利润213.3亿元，占全市规模以上工业的29.5%，均列全市第一位。北京燃气集团、梅泰诺通信技术股份有限公司共获得2012年度北京市工业企业稳增长奖励130万元。年内，西城区对中小微企业的创新融资贴息共支付 604 万元。

（马孝林）

【电力管理】 年内，西城区为落实好北京市 2013 年电力迎峰度夏运行保障，把稳增长、确保城市运行和重大活动保障结合起来，实现电力供应稳、运行稳、调控稳的目标，确保迎峰度夏平稳安全：完成西城区地下变电站汛期安全隐患检查工作；起草完成《2013 西城区电力迎峰度夏运行保障实施方案》；为十八届三中全会顺利召开提供电力保障，完成《西城区十八届三中全会电力安全保障工作方案》；做好老旧小区电力设施改造工程；完成 2010 年老旧小区电力设施改造阜外北四巷工程项目；完成报国寺 110 千伏变电站、西郊民巷 110 千伏变电站、西四 110 千伏变电站投资划分协议签订工作。

（马孝林）

【停产或退出 3 家企业】 年内，西城区深入贯彻落实北京市、西城区清洁空气行动计划，加强工业企业大气污染防治，减少工业领域污染排放，组织京华印刷厂、利丰雅高印刷公司等 3 家企业停产或退出，配合市级主管部门对退出情况开展检查工作。

（马孝林）

【中小企业发展】 年内，西城区出台《西城区促进中小微企业发展的实施意见》，制定并出台《西城区中小企业专项资金管理办法》，开展 2013 年度中小企业创新融资贴息和非公有制经济奖励工作，为区域中小企业发展提供有力的政策支持和资金保障。引导、鼓励区内中小企业累计实现创新融资约 3.6 亿元，其中 17 家中小企业发行集合信托、1 家企业发行融资租赁、1 家企业发行中小企业私募债，市、区两级贴息共 1376 万元。深入研究政府资金基金化运作课题，联合金融街资本运营中心开展区中小企业创业投资引导基金和产业扶持基金专题调研，经过与区财政局、区国资委等相关部门人员、专家研讨，形成报告初稿。完成《西城区“十二五”期间中小企业发展促进规划》的中期评估工作，并提交区人大常委会审议通过。开展中小企业认定 7 家，开展工业及软件信息服务业行政许可项目备案 7 个，完成工信部中小企业专项资金项目验收工作。

（马孝林）

【德胜科技园总收入突破 500 亿元】 年内，西城区园区整体经济继续高位运行，规模以上高新技术企业主要经济指标增速迅猛，总收入 528.2 亿元，同比增长 134.8%；工业总产值 159.8 亿元，同比增长 246.6%；利润 67.2 亿元，同比增长 145.3%。根据园区产业和空间分布特点，把握建设国家自主创新示范区和园区空间调整的历史机遇，着力打造“一园三区多点”的产业发展空间格局，以“高端聚焦、特色鲜明、龙头带动、协同发展”为工作原则，以统筹规划、资源整合、重点推进、集聚发展为工作思路，以高端、高效、高辐射为工作理念，以自主创新为引领，以培育内生产业集群为核心，以提升产业承载能力为抓手，全面对接中关村战略新兴产业集群创新引领工程，推动科技、文化、金融产业的高端融合发展，建成产业特色鲜明、区域品牌突出，具有世界影响力的高科技产业聚集区。按照园区产业规划编制工作的要求，经过深入企事业单位调研，组织区 30 余家委办局、指挥部、街道办事处多轮研讨，组织专家论证等程序，已完成园区产业发展规划文稿。

（马孝林）

朝阳区工业

【概述】 年内，朝阳区地区生产总值 3963.6 亿元。其中，第一产业增加值 1.5 亿元，同比下降 5.5%；第二产业增加值 397.7 亿元，同比增长 1.3%；第三产业增加值 3564.4 亿元，同比增长 10.1%。三次产业结构为 0.04 ：10.03 ：89.93。

由于龙头企业生产量下滑以及大企业的停减产，工业生产整体下行，经济呈现负增长。全年 301 家规模以上工业企业工业总产值 1054.2 亿元，同比下降 12.4%。增加值 298.8 亿元，同比增长 0.1 %，占第二产业增加值的 75.1 %。销售产值 1036.4 亿元，同比下降 12.9%；主营业务收入 1126.1 亿元，利润总额 56.6 亿元。

高技术制造业产值下滑。91 家高技术制造业企业工业总产值 173.1 亿元，同比下降 24.4% ，占全区工业总产值的 16.4 %。主营业务收入 181.1 亿元，利润总额 33.9 亿元。

（陈　珊）

【产业发展】 年内，朝阳区工业共涉及 29 个行业。其中，六大支柱行业工业总产值分别为：煤炭开采和洗选业 280.4 亿元，石油和天然气开采辅助活动 152.6

亿元；电力热力生产和供应业124.7亿元；电气机械及器材制造业73.4亿元；非金属矿物制品业71.8亿元；医药制造业70亿元。

（陈 珊）

【园区建设】 年内，朝阳区电子城管委会以中关村扩区为契机，落实空间规模和产业规划布局调整方案，建立项目监管办法、准入标准和联席制度，签订监管责任书，统筹企业、项目的进入、调整和迁出。普天首信等10个项目即将投入使用，默沙东、时代凌宇等3个项目启动建设，C1－1、A10－2等4个项目年内实现开工，望京研发创新基地和C3项目容积率由1.6调整为2.5，大望京41.3%项目主体结构封顶，吸引34家有影响力、符合产业功能定位的企业意向入驻。实现东区、西区、北区、健翔、大望京一体化发展。全年新增中关村高新技术企业200家，国家高新技术企业30家，新增协会会员50家；9家企业入选中关村十大系列评选榜单；32家企业入选中关村“十百千工程”重点培育企业；13家企业被认定为示范区首批标准创新试点单位；设立博士后创新实践基地工作站4个、吸引16名青年英才进站工作，13个岗位列入人才引进专项计划；电子城获得“北京市总部经济集聚区”和“北京市战略性新兴产业科技成果转化基地”称号。

（陈 珊）

【产业结构调整】 年内，朝阳区健全产业引导政策体系，加强项目准入和低端产业的优化升级。加大对商务、金融、文创、高新技术等主导产业的发展培育，安排产业扶持资金5.2亿元，引导重点项目加速聚集，培育产业的新增长点。金融产业贡献显著，全年引进首旅集团财务公司等50家金融机构，金融业财政收入同比增长15.2%，对财政收入增长的贡献度达到18.4%。文化创意产业加速聚集，新引进注册资金5000万元以上的规模企业39家，北京国际广告传媒集团、央视创造文化传媒有限公司等龙头企业落户发展。现代服务业地位稳固，新认定阿美远东等10家跨国公司总部，并引入中石化石油工程建设有限公司等10家国内总部。商务服务业贡献稳定，财政收入同比增长9.3%，对财政收入增长的贡献度达到14%。高新技术产业后劲增强，新移动通信、新生物医药、新能源产业进一步发展，15家亿元以上战略性新兴产业入驻电子城。

（陈 珊）

【固定资产总投资超50亿元】 年内，朝阳区核准、备案工业及软件类企业固定资产投资项目103个，项目以电子信息、通信设备、生物医药等高技术产业投资、技术改造为主，建设内容涉及物联网技术研发及成果转化、小企业创业基地建设、企业技术中心创新能力建设、生产线节能环保改造等，总投资57.8亿元。

（陈 珊）

【13家企业被认定为试点企业】 年内，朝阳区加强企业自身知识产权运用能力的提升，区域内13家企业被认定为北京市工业企业知识产权运用能力培育工程试点企业，分别是北京七星华创电子股份有限公司、北京握奇数据系统有限公司、京东方科技集团股份有限公司、中国昊华化工集团股份有限公司、中国蓝星（集团）股份有限公司、北京中冶设备研究设计总院有限公司、北京紫竹药业有限公司、华润赛科药业有限责任公司、北京奥科瑞丰新能源股份有限公司、北京经纬恒润科技有限公司、北京光华纺织集团有限公司、北京洛娃日化有限公司、北京索为高科系统技术有限公司。

（陈 珊）

【中小企业发展】 年内，朝阳区进一步完善中小企业服务体系，完成中科智担保公司融资平台与区发展改革委外网的对接，稳步推进区域中小企业一体化融资平台建设。创新融资服务，不断强化与金融机构对接，发行朝阳区中小企业贷款集合资金信托计划，募集资金1亿元，10家企业通过集合信托合作模式，实现融资计划。举办银企对接会，邀请银行进行特色产品融资项目推介，组织企业参观金融产品展进行对接洽谈，推进融资模式创新。充分发挥朝阳区促进中小企业发展引导资金作用，对区内72个中小企业项目给予2727万元资金扶持，促进中小企业提升创新能力和核心竞争力。对符合支持条件的12家企业给予800万元上市奖励扶持。

（陈 珊）

【企业减负】 年内，朝阳区就企业反映突出的问题展开针对性行动，减负工作取得成效。落实暂免征收45077家小微型企业增值税和营业税；落实营改增政策累计减税57.12亿元；落实中小企业专项资金2727万元，惠及企业82家；落实促进企业上市引导资金800万元，惠及企业12家；落实免征小微型企业组织机构代码证书工本费，惠及企业1.46万家。通过推行发票网上授权、工商登记多证联办、推行社保“银行缴费”、发行集合信托融资计划、推行网上办税服务厅等方式创新服务模式，使企业减负工作网络化、信息化，累计服务企业16万余次。强化宣传辅导，畅通企业信息渠道，开展业务培训，培训近300家企业共2000余人。

（陈 珊）

【5家实验室获国家、北京市认定】 年内，朝阳区5家企业工程实验室分别获得国家地方联合工程实验室、北京市工程实验室命名，分别是北京东方国信科技股份有限公司“用于海量数据分析的数据库关键技术北京市工程实验室”、北京中材人工晶体研究院有限公司“人工晶体北京市工程实验室”、北京七星华创电子股份有限公司“动力锂离子电池装备北京市工程实验室”、安世亚太科技股份有限公司“高端装备研发设计综合仿真技术北京市工程实验室”和北京超图软件股份有限公司“地理信息系统云计算服务技术国家地方联合工程实验室”。

（陈 珊）

海淀区工业

【概述】 2013年，海淀区规模以上工业企业工业总产值1661.24亿元，同比增长12.8%，比上年增加8.8个百分点，超过全市5.9个百分点。海淀区的工业总产值、总产值增速在17个区县（含亦庄开发区）中均列第三位。全年工业增加值335.27亿元，同比增长12.2%，占全区地区生产总值比重8.7%。工业销售产值1600.13亿元，同比增长12.6%；出口交货值79.76亿元，同比增长16.0%，扭转了出口负增长的状况；工业用电量10.39亿千瓦，同比下降1.2%，较去年降低0.3个百分点。

海淀区规模以上工业企业的六大产业中，汽车与交通设备产业受轨道交通和航天航空高速发展拉动，继续保持高速增长，在全区工业占比首次超过基础与新材料产业；电子信息产业和都市产业仍维持较高增速，装备产业在风电光伏产业转暖向好的带动下，全年增速实现转正，生物医药产业略低于平均增速，基础与新材料产业增速降幅明显缩小。电子信息产业占区工业比重的42.8%，工业总产值711.32亿元，同比增长16.9%；出口25.56亿元，同比下降16.4%。装备产业占区工业比重的29.8%，工业总产值495.08亿元，同比增长10.4%；出口40.22亿元，同比增长68.7%。汽车与交通设备业首次超越基础与新材料业排在第三位，占海淀区工业比重为10.0%，工业总产值165.58亿元，同比增长26.2%；出口0.27亿元，同比增长33.4%。基础与新材料业、都市产业和医药产业分列第四、第五和第六位，工业总产值分别为153.15亿元，同比下降7.1%；103.63亿元，同比增长15.7%；32.48亿元，同比增长6.6%。

（侯 硕）

【全球最大尺寸、最小间距LED产品】 7月25日，海淀区企业利亚德公司在北京举行LED电视产品发布会，会上发布了6款超大尺寸LED电视产品，其中包括全球最大288英寸4K高清LED电视及全球最小间距1.2毫米的LED显示面板新产品。利亚德公司自主研发的标准化大尺寸系列电视，以LED作为显示面板，其像素间距为1.6毫米、1.9毫米、2.5毫米，标准显示尺寸为110英寸、144英寸、288英寸，且可任意定制尺寸，可以实现标清、高清机4K超高清显示。

（侯 硕）

【国际技术转移集聚区】 9月，国家技术转移集聚区和中国国际技术转移中心揭牌。年内，共吸引包括中意技术转移中心、葡萄牙仕博创新管理咨询公司等52家国际化创新服务机构入驻，进驻面积超过1.2万平方米；通过北京国际技术转移大会、京交会等途径，与近百家企业对接，共促成33个国际技术转移案例，技术交易额达2.79亿元，国际技术转移中心对国际资源的聚集效应初步显现。

（侯 硕）

【中国固废资源化利用技术零的突破】 11月11日，中国专利奖颁奖大会召开，北京嘉博文生物科技有限公司原创专利技术“采用餐厨废弃物制备生物腐植酸的技术与工艺”获得第十五届中国专利奖金奖，这是中国垃圾资源化利用行业的第一个专利金奖。嘉博文公司通过生物装备工业技术进行精准生物降解，把有机废弃物快速地全部转化为工业化的高品质碳肥，处理厂环境清洁，无废渣、臭气污染，改变了社会对传统垃圾处理场的认知。生产的高品质碳肥，作为有机土壤调理剂，能解决农业单纯依靠施用化肥带来的土壤退化、农业面源污染等问题，对国内土壤改良、农业减排意义重大。同时，通过该专利技术，上游与环保企业、食品加工企业、养殖企业对接，下游与传统农资企业、绿色农产品生产基地对接，开创了餐厨废弃物可持续处理新模式，开创了餐厨废弃物资源高效利用的绿色通道，促进循环经济发展。

（侯 硕）

【园区建设】 年内，海淀园区企业总收入12480亿元，同比增长17.5%，占中关村示范区的41.7%，规模以上工业企业工业总产值1661.24亿元，同比增长12.8%。截至年底，海淀区国家高新技术企业认定复审通过482家，新认定通过785家。聚力“导航与位置服务”“移动互联网与下一代互联网”2个已挂牌专精特色产业园产业聚集工作，定位产业发展的重点环节、重点企业，重点打造“6+1”专精特新产业集群。

（侯 硕）

【科技创新】 年内，海淀驻区单位共有53个项目获国家自然科学奖、国家技术发明奖、国家科技进步奖和创新团队奖（通用项目），占北京市通用项目获奖总数的70.7%，占全国的21.5%。海淀区域内单位（个人）参与的项目共有78个项目获得国家科学技术奖，占北京市的72.9%，占全国的31.7%。连续3年空缺后产生的国家自然科学二等奖以及唯一的国家技术发明一等奖均出自海淀，在3个创新团队奖中，北京占据2个，均来自海淀，彰显了海淀科技资源优势和强大的自主创新能力。推荐区内企业申报2014年国家火炬计划68项。

（侯 硕）

【重点功能区建设】 年内，中关村科学城签约授牌46家单位48个建设项目，其中涉及海淀区的共42项。林业大学学研大厦等12个项目约56.8万平方米已完工并投入使用。制订和完善北航国际航空航天创新园、北林中关村生态产业创新园、汇龙森中关村生物医药产业园等8家特色产业园建设方案。启动中科科仪科学仪器产业创新园、中关村数字电视产业园等特色产业园规划建设方案。推进中国电子信息、中国电子科技等重点项目落地。组织签约授牌单位梳理科技成果转化和产业化项目57项，其中重点项目14项，项目总投资超过28亿元。

（侯 硕）

【重点项目落户中关村壹号】 年内，海淀区赛尔网络有限公司下一代互联网及重大应用技术创新园等重点项目正式落户中关村壹号。北斗星通产业园已竣工。中关村上市公司协会一期已安排8家企业联合摘取2块商业金融用地。推进苏家坨镇海淀生物医药产业基地建设，重点对接北大工研院、汇龙森国际企业孵化（北京）有限公司、北京诺思兰德生物技术股份有限公司等企业。

（侯 硕）

【“一城三街”建设工作】 年内，北京市政府提出在中关村海淀核心区建设“中关村软件城”“知识产权与标准化一条街”“创新创业孵化一条街”“科技金融一条街”，园区与海淀置业集团和西区办等部门合作，加快推进中关村西区楼宇的业态调整，配合规划分局等部门制订“中关村软件城”规划。编辑13期《中关村核心区“一城三街”建设工作信息专报》。

（侯 硕）

【国家级文化和科技融合示范基地】 年内，海淀区文化和科技融合专项支持项目66项，支持资金4860万元。引导社会资本投入，推进形成2份基金，总额达3.5亿元。发布实施《海淀区文化科技园区及孵化器认定和管理办法》，认定首批12家文化科技园区及孵化器。打造创意经济孵化转化平台，形成虚拟科技园区“1园N平台”建设方案。推动建立互联网电视、工业创意设计、网络教育等产业联盟。塑造文化科技融合品牌，举办了2013中国·中关村文化和科技融合产业峰会。

（侯 硕）

【创新聚变工程】 年内，海淀区构建以企业为主体的技术创新体系，畅通科技成果转化渠道。出资1000万元与清华大学工研院合作设立“水木启程基金”。出资1亿元与航天科工集团成立“航天科工创投基金”，首期规模6亿元。与中科院北京分院共建中科海淀先进技术转移转化中心。共建北航先进工业技术研究院、北交大现代轨道交通产业技术研究院等10家产业技术研究院，实施协同创新。设立专项资金支持公共技术平台建设，累计投入资金2000万元，认定公共技术服务平台23家。争取北京大学等高校承担的863项目、973项目、国家支撑计划项目等优质成果落地海淀。

（侯 硕）

【新型孵化器建设】 年内，海淀区研究形成《支持海淀区新型孵化器发展建议方案》《孵化器重点企业跟踪对接机制》，正式发布首批新型孵化器名单。加快推进创新创业孵化一条街建设。年内，共认定新型产业孵化器14个，用友云加速器、西北旺镇唐家岭孵化器等正在筹建之中。9月，成立“上地创业谷”，为创业者降低时间、资金等方面的创业成本，实现创业者、创业园的双赢。

（侯 硕）

【服务中小微企业】 年内，海淀区协助北京市中小企业公共服务平台和北京市股权交易中心（四板市场）入驻中关村国家自主创新示范区展示中心。10月，发布《中关村核心区中小微企业助力计划（2013—2015年）》和首批965家“海帆计划”企业名单。10月10日，中关村核心区企业综合服务平台上线。

（侯　硕）

【全球联动工程】 年内，海淀园被认定为北京市国际科技合作示范基地。10月，中关村科创硅谷孵化器在美国硅谷正式成立，吸引10余家企业项目入驻。启动国际化专项资金的申报工作，共收到有效申报项目50项。发挥iBridge平台作用，多层级开展国际互联互通。年内，共邀请外商90批115人次，接待来自美洲、欧洲、亚洲等国内外来访36批523人次。园区上市（含挂牌）企业313家，其中境外上市企业已达53家，占示范区的60%以上。从业人员中留学归国人员超过6000人，微软、法国电信、AMD等40多家全球500强企业和知名跨国公司在海淀设立总部型分支机构或研发中心，共有微软、甲骨文、IBM等世界五百强企业的研发机构70多个。

（侯　硕）

【智慧海淀建设】 年内，海淀区重点对信息基础设施进行了改造提升，并在城市管理、民生服务以及行政服务改革等方面积极探索智慧城市管理的新模式。全力加强基础网络和信息安全建设。部分区域已完成无线局域网络覆盖并免费向公众开放。启动全区政务光缆网的规划和旧网改造，制定《海淀区电子政务外网基础设施提升项目初步设计》。启动海淀区政务云平台建设，编制完成《海淀区政务云平台（一期）建设项目初步设计》。完成电子政务内网机房建设并投入使用，部署的网络设备和监控设备安全稳定运行。推进第四代移动通信TD-LTE网络和光纤到户建设。结合北部生态新区和中关村科学城建设，编制"两规划一办法"。推进高清交互数字电视改造工程，已完成数字化改造约85.8万户，其中完成高清化改造约58万户。3月28日，正式挂牌成立了海淀智慧城市产业联盟。启动综合行政服务中心信息化系统建设，打造面向企业的"一站式服务"品牌。建成网格化社会管理服务系统，实现网格化区域管理，并转交城市管理监督中心日常使用。完成政府网站优化升级，推进网站群建设，启动政府网站移动APP建设。推动海淀区协同办公系统平台升级改造项目建设工作，打造海淀区办公云平台。推动中关村核心区企业综合服务平台建设，加快实施智慧园区。推进和协调智慧卫生和智慧教育建设。

（侯　硕）

【产业结构调整】 年内，海淀区制定《海淀区淘汰落后产能工作方案（2013—2015年）》。联合区环保局、区工商局等部门和街镇对区内"三高"存量企业进行了认真排查和信息核实，完善"三高"存量企业台账，研究制定《海淀区淘汰落后产能工作方案（2013—2015年）》，调整退出9家"三高"企业。联合街镇和重点产业基地管理单位，督导区内规模以上工业企业制定了《2013—2016年燃煤设施清洁能源改造计划》，并在此基础上研究制定了工业压减燃煤计划。

（侯　硕）

【新产品应用与推广】 年内，海淀区有812个产品被认定为中关村国家自主创新示范区新技术新产品，占全市的64.5%；23家企业的28项服务被认定为中关村国家自主创新示范区新技术新服务，占全市的62.2%。建立新技术、新产品的实时发布交易平台，7月底已上线试运行。建立一批新技术新产品示范应用工程及基地。推动建立仁创公司砂基透水砖、南沙河流域水务信息化、网格化社会管理和社会服务、高清视频会议系统等11个示范应用工程。组织认定稻香湖景酒店、东升科技园、实创总公司等3个新技术新产品示范应用基地。

（侯　硕）

【搭建中小微企业综合服务平台】 年内，海淀区正式发布并实施《中小核心区重点中小微企业扶持计划》。10月10日，召开发布会，正式发布《中关村核心区中小微企业助力计划（2013—2015年）》。发布首批965家"海帆计划"企业名单，引导各类社会资源重点支持一批创新能力强、发展潜力大、信用基础好、社会关注度高的中小微企业。搭建中关村核心区中小企业综合服务平台并上线运行。启动企业信用评级工作。遴选和发布海淀区企业信用服务合作机构名单，推动核心区中小微企业整体发展环境再上新台阶。

（侯　硕）

【65家企业申报标准项目】 年内，海淀区共有65家企业申报了193个标准项目，申报企业比上年增长了75.7%，申报项目数比上年增长了26.1%。闪联信息技术工程中心有限公司在无线互联方面制定了ISO系列国际标准，北京数字电视公司制定了数字电视和天元网络技术股份有限公司制定了通信网络管理的ITU国际标准和行业标准，部分企业获"中国标准创新贡献奖"，提升了园区企业的标准制订能力和自主创新能力。

（侯　硕）

【推进军民融合】 年内，海淀区确认园区拥有保密资质企业约140家，收集整理参与军工项目企业45家。面向园区企业征集12项民用高新技术成果信息，并推荐入选《中关村民参军技术推荐目录（2013）》。

为支持中关村企业参与国防和军队建设，定向选取推荐了13家企业申报中关村军民融合科技创新发展专项。

（侯 硕）

【第一个千亿元级产业集团】 年内，联想集团的营业收入约2093.35亿元，成为海淀区第一个千亿元级的产业集团。在全球电脑行业销量同比下降8.1%的情况下，联想集团电脑销量同比上升10%，达到5240万台，占全球电脑市场份额的15.5%，仅比排名首位的惠普公司低0.4个百分点，连续14个季度在全球主要电脑厂商中保持最快增速。

（侯 硕）

【为“神舟十号”保驾护航】 年内，中国载人航天工程办公室与中关村国家自主创新示范区企业联想集团共建的中国载人航天工程总体仿真实验室，有力地保证了“神舟十号”“绕飞”任务完成。为了确保载人航天任务万无一失、最大限度保障航天员的生命安全，载人航天科研人员须在中国载人航天工程总体仿真实验室中，利用ThinkServer服务器、ThinkStation工作站模拟测试航天器从发射到回收的全过程，校验载人航天全系统的匹配性和兼容性，对各种太空物体的位置进行模拟计算以避免碰撞，并优化推进剂管理方案。

（侯 硕）

【3种疫苗研制获突破】 北京科兴生物制品有限公司（简称北京科兴）完成了EV71疫苗（肠道病毒71型灭活疫苗）Ⅲ期临床研究。EV71疫苗主要预防近年来疫情较为严重的手足口病，该疫苗属于全球首创、国家一类新药，具有自主知识产权。此外，北京科兴还开展了H7N9人用禽流感疫苗和手足口病CA16（柯萨奇病毒A16型）疫苗等多个自主创新品种的临床前研究工作。其中，H7N9禽流感疫苗的研发项目已被纳入国家科技支撑计划“人感染H7N9禽流感科技应急防控研究专项”，CA16疫苗已被纳入国家重大传染病防治专项。

（侯 硕）

【工业云首次亮相软博会】 年内，中关村海淀园企业北京数码大方科技股份有限公司的工业云首次亮相第十七届中国国际软件博览会。该公司的工业云服务是中国首个“中国工业软件云服务平台”，主要基于云计算技术，通过整合云计算、物联网、移动互联网以及创新设计与协同制造等技术，专门面向中小制造业企业和个人用户提供产品创新的公共服务平台。主要提供工业设计软件、数据管理、协同营销以及3D打印、数控编程、仿真分析等工程服务，涵盖了企业设计、制造、营销等产品创新流程所需要的各种工具和服务。

（侯 硕）

【4企业获“品牌中国华谱奖”】 8月8日，第七届中国品牌节开幕式在北京国际饭店举行，揭晓了“品牌中国华谱奖”。本届获奖单位共分5个序列，25个著名品牌获奖。在引领未来的科技军团这一序列中，百度、新浪、用友软件、联想集团、阿里巴巴登上榜单。在获奖的五强科技企业中，中关村核心区独占其四。

（侯 硕）

【首款北斗对讲机上市】 年内，中关村核心区企业北京国志恒电力管理科技集团有限公司研发的首款内置北斗导航芯片的彩屏数字对讲机北斗PDT数字对讲机上市，并被国家林业局西南航空护林总站采购，用于森林防火。该数字对讲机创新天线设计，将北斗天线与对讲机天线合二为一，确保优良的北斗信号接收性能。同时设有高级别加密，最大限度确保用户通信的私密性。

（侯 硕）

【德青源公司获世界蛋品行业最高奖】 年内，中国品牌鸡蛋德青源获得世界蛋品行业最高奖——2013年度全球水晶鸡蛋奖。这也是德青源公司继2008年后第二次获得该奖，也是唯一获此殊荣的亚洲蛋品企业。位于延庆县张山营镇的德青源生态园，是亚洲最大的现代化养鸡场。生态园内养殖规模300万只，每天产生220吨鸡粪和170吨废水。年内，德青源沼气工程已经实现了把300万只蛋鸡每年产生的鸡粪，变成1400万度绿色电力和400户村民日常做饭使用的清洁燃气。张山营镇28个村、康庄镇11个村的1万余户农民将全部用上德青源的天然气。

（侯 硕）

【神州数码获2奖项】 年内，第四届全国服务业公众满意度专项调研揭晓新闻发布盛典在北京召开。作为IT服务业的领跑者，神州数码公司获得“中国IT服务产品销售金典品牌”和“全国IT服务业公众满意最佳典范品牌”奖，并成为IT服务业唯一入选企业。随着用户需求从单一产品、解决方案向服务过渡，神州数码公司及时做出调整，将企业核心竞争力定位于IT服务，通过转型实现企业价值的升级，最终赢得了用户及社会的双重肯定。

（侯 硕）

【TC—2130双引擎无人直升机填补中国空白】 年内，北京德可达科技有限公司研发的首架“瑞龙”无人直升机，已交付中石油。该无人直升机机身长2.9米、高0.9米，机重45公斤，最大起飞重量为90公斤，有效载荷达30公斤，能自动起飞降落，执行预定飞行及勘探任务，巡航时间可达3小时，最高时速100公里。该机是拥有自主知识产权的民用无人机高端产品，采用国际首创的双涡轮轴引擎系统，可在1个引擎发生故障时，利用单引擎正常降落，具有较高的安全性和稳定性。该“瑞龙”无人直升机已推出TC-2130、TC-1235和TC-1210交叉式双旋翼无人直升机3个系列产品。

（侯 硕）

【北新建材跃居亚洲建材品牌第二位】 年内，由世界品牌实验室和世界经理人集团共同编制、发布的2013年《亚洲品牌500强》排行榜在香港揭晓。北新建材公司排名第177位（去年第183位），跃居亚洲建材行业品牌第二位。北新建材公司拥有国家级企业技术中心，是全国专利工作先进单位和北京市第一批20家专利示范企业之一，建设有26万平方米的研发总部。截至年底，公司共申请专利1166件，获得授权专利1001件，专利申请量和保有量多年在建材行业名列第一，在北京市地区排名前十。公司业绩连续8年保持30%左右的持续稳健增长，是中国为数不多的可以在技术质量、销售价格、市场份额上都超过同业外资世界500强企业的中国自主品牌。

（侯 硕）

【《财富》年度商界人物】 年内，美国《财富》杂志发布2013年度商界人物50杰榜单，中国4位企业家上榜，其中核心区百度创始人兼CEO李彦宏名列第24位。上榜的另外3位企业家分别是排名第3位的腾讯创始人兼CEO马化腾、排名第34位的万达集团主席王健林和排名第46位的SOHO中国CEO张欣。

（侯 硕）

【中国首批特一级资质企业】 年内，工业和信息化部公布“首次授予计算机信息系统集成特一级企业资质”企业名单。太极计算机股份有限公司、中国软件与技术服务股份有限公司、东软集团股份有限公司、浪潮齐鲁软件产业有限公司4家企业被授予计算机信息系统集成特一级企业资质。在这4家企业中，太极公司是中关村核心区企业，浪潮集团北京总部在海淀区，中软、东软在中关村都有企业机构，东软集团的子公司设在海淀，并且都是中关村上市公司。

（侯 硕）

【大唐电信集团累计申请专利超1.6万件】 年内，大唐电信发布《5G白皮书》。作为TD-SCDMA产业发展的主要带动者和行业领导者，大唐电信沿着“技术专利化、专利标准化、标准产业化、产业市场化、市场国际化”的正向系统创新路径，推动3G、4G成为全球标准，确立了中国在国际标准竞争与产业竞争方面的话语权。截至目前，该集团已持续7年科研投入占销售收入比重超过10%，先后承担了3个国家科技重大专项，建立了2个国家级重点实验室。累计申请专利超过1.6万件，其中发明专利超过90%，核心专利成果转化率超过80%，集团发明专利相关指标均列中央企业前三位。

（侯 硕）

【2013年度通信业十大新闻人物】 年内，2013年度中国通信行业发展大会在京举行。北京小米科技有限责任公司董事长、CEO雷军，腾讯科技董事局主席兼CEO马化腾等10人获“2013年度中国通信行业十大新闻人物”称号。

（侯 硕）

【图形图像、视频压缩技术新突破】 年内，北京黔龙泰达科技有限公司率先在国内提出并研发成功“零”损耗、超低压缩图像和视频技术。该技术打破了图形图像、视频领域相关标准格式国外长期垄断的局面，图形图像在国际压缩标准的基础上再压缩100倍，视频再压缩10倍，并且实现“零”损耗。黔龙泰达公司先后签订数亿元的销售合同，是国内自主研发的高清晰、低码流压缩技术在包括中国铁路系统及供应商级应急指挥系统、安防监控等体系的重大应用，是国有“零”损耗、高压缩视频编码技术在中国重点行业的一次尝试。

（侯 硕）

【国内首套满足国际最新标准的导航系统】 年内，北京海兰信数据科技股份有限公司在中国国际海事技术学术会议和展览会上，海兰信发布2款自主研发的新产品，即“智慧桥”全自主综合导航系统和极小目标探测雷达技术。“智慧桥”是国内首套满足国际最新标准的全自主综合导航系统，可实现船舶智能化一人驾驶；其多功能工作站可集中显示船舶运行数据并自动执行航线优化、航行监控、航迹控制等功能，有效降低船舶燃油消耗；2套独立的千兆通信网络及多工作站自主切换功能，保障了系统运行的冗余性和可靠性。极小目标探测雷达技术基于海杂波处理的独特算法，有效提高对雷达回波信号的处理能力，对大于0.1平方米的海上极小目标具有良好的自动跟踪和识别能力，可开发出溢油探测雷达、浮冰探测雷达、海浪探测雷达、防海盗雷达等系列产品；同时，还可应用于岸基和舰载对海监控领域，大幅提升国家海上警戒水平和海洋执法能力。

（侯　硕）

丰台区工业

【概述】 2013年，丰台区218家规模以上工业企业工业总产值403.1亿元，同比增长8.6%，超过全市增速1.7个百分点。在全市16个区县及开发区中，工业产值占比约为2.3%，排名第11位，增速排名第9位，增速排名比去年上升6位。全年工业企业销售产值400.5亿元，同比增长6.6%，其中内销产值391.4亿元，同比增长8.1%；出口交货值9.1亿元，同比下降33.4%。全区现代制造业工业总产值192.3亿元，同比增长7.9%，占全区总产值的比重达47.7%；高技术产业工业总产值91.9亿元，同比增长9.9%。

年内，全区六大产业产值呈现“四增两降”态势，其中汽车与交通设备产业、基础与新材料产业、都市产业和电子信息产业均有较快增长，同比增速分别为12.4%、20.8%、8.9%和12.4%；装备产业同比下降0.7%，降幅比上年下降8个百分点，连续2年的下滑使其在全区工业总产值中的比重降低到28.9%，比上年减少3.1个百分点；生物医药产业同比下降3.8%。

全区前十大行业总产值309.2亿元，占区总产值比重的76.7%。前十大行业呈现“九增一降”态势。区产值亿元以上企业共74家，占区工业总产值比重70%以上。区内35家重点监测企业中，72%的企业产值超过上年、28%的企业全年产值比上年减少。其中，产值增长超过1亿元（含1亿元）的企业占43%、1亿元内的企业占29%，产值减少小于0.5亿元的企业占20%、超过0.5亿元的企业占8%。从重点企业看，首都航天机械公司、北京北方车辆集团有限公司、中国北车集团北京二七机车厂等企业由于订单增长较多，产值分别比上年增长4.0亿元、2.7亿元和2.4亿元；北京京桥热电有限责任公司由于所生产的清洁能源2012年基本未投产，全年产值净增15.3亿元；北京金自天正智能控制股份有限公司由于钢铁行业产能过剩产值下降明显，较上年减少2.2亿元。

（杨　婷）

【最大“三高”企业成功转型】 1月11日，丰台区原北京首钢建材化工厂更名为新兴际华（北京）应急救援科技有限公司，成建制划转到新兴际华集团，标志着区内有74年历史、曾经为北京市及首钢建设做出重要贡献的国家二级企业退出历史舞台，通过结构调整实现发展应急救援产业的企业转型。

（杨　婷）

【固定资产投资近10亿元】 年内，丰台区共备案各类工业固定资产投资项目36个，同比增长16.1%。投资总额9.58亿元，同比增长67.1%。重点推进京丰制药“固体制剂车间新版GMP升级改造项目”、东颐食品“年产500万份速食面生产线技术改造项目”、太空板业“发泡水泥复合板北京生产基地技术改造项目”等技改项目。

（杨　婷）

【市级企业技术中心】 年内，丰台区新认定市级企业技术中心8家，分别是北京星航机电装备有限公司、北京亚新科天纬油泵油嘴股份有限公司、北京时代民芯科技有限公司、北京航天斯达新技术装备公司、北京交控科技有限公司、北京鼎汉技术股份有限公司、北京地铁车辆装备有限公司、中铁电气化局集团北京建筑工程有限公司。

（杨　婷）

【丰台科技园区成功申报示范基地】 年内，市经济信息化委批复丰台科技园区为北京市军民结合新型工业化产业示范基地。基地内聚集了涵盖以中新联公司为龙头的装备制造及进出口，以米波通信、爱科迪为代表的通信信号，以太空板业为龙头的新材料，以中航天建设工程有限公司、北京元六鸿远电子技术有限公司为龙头的航空航天，以科园信海公司为龙头的后勤保障和以北方工业公司所属振华石油、北方国际、万宝矿产为龙头的工程服务共六大类别军民融合企业。

（杨　婷）

【“十二五”中期评估】 年内，丰台区现代制造业、轨道交通产业和信息化3个“十二五”规划进行了中期评估，全面评价区内三大领域“十二五”规划实施取得的成效，深入分析存在的问题，并根据发展环境变化提出相应的对策建议。

（杨　婷）

【引导企业走品牌化发展道路】 年内，丰台区推荐北京谊安医疗系统股份有限公司、南车二七车辆有限公司、北京时代民芯科技有限公司、北京交控科技有限公司、北京东方通科有限公司、北京国铁华晨通信信息技术有限公司、北京信城通数码科技有限公司等9家企业成为国家首批“工业企业知识产权运用能力培育工程”试点企业；推荐北京东颐食品厂成为全国主食品加工示范企业；推荐北京太空板业股份有限公司申报全国工业企业品牌培育试点企业。

（杨 婷）

【优化中小企业发展环境】 年内，丰台区召开首次中小企业服务领导小组联席会议。完成《中小企业服务体系建设》课题研究，为区域中小企业服务摸清底数，提出具有战略性的指导方案。加大创新融资力度，为驻区企业争取市级创新融资资金3.01亿元，申请集合信托和私募债贴息补助668万元。面向全区中小企业开展免费小企业会计准则、研发费用税收政策、劳动法等16场次培训，共培训400余人次。

（杨 婷）

【组建信息和项目联络专员队伍】 年内，丰台区创新性地组建驻区企业联络信息和项目联络专员队伍，共发展230家企业240名联络专员，实现信息直通、政企互动以及政府和企业的无缝对接。

（杨 婷）

【筹建中小企业综合服务中心】 年内，丰台区依托赛欧科园科技孵化中心现有资源，采取政企合作方式，建设集中小企业信息、技术、创业、培训、融资、人才、信息化和电子商务、市场开拓、法律维权共9项服务内容于一体的丰台区中小企业综合服务中心，引入社会力量为驻区企业提供实体服务场所和一站式综合服务。

（杨 婷）

【发挥中小企业发展专项资金作用】 年内，丰台区正式拨付2012年中小企业发展专项资金，对11家企业的11个项目予以980万元的资金，项目竣工后实现税收4455万元。同时，制定出台《2013年丰台区中小企业发展专项资金申报指南》，重点用于改善中小企业服务环境、中小企业融资、促进中小企业结构调整和优化以及区政府重点扶持的产业项目，并组织开展2013年专项资金申报工作。

（杨 婷）

【落实“清洁空气行动计划”】 年内，丰台区对列入市重点排污企业名单的12家工业企业分别采取了停、减产措施。制定《丰台区经济和信息化委员会空气重污染应急预案》，组织工业企业开展空气重污染预警一级（红色）应急演练工作。推动工业污染企业退出，争取市级资金349万元，完成本年度退出30家工业污染企业的任务。

（杨 婷）

【印发实施《“智慧丰台”顶层设计方案》】 年内，丰台区实地走访46个委办局、街乡镇，摸清家底和条块需求，发放调查问卷151份，开展20多个领域的专题研讨，邀请包括移动、联通、电信等29家电信运营商、服务商和驻区的企业代表献智献策，聘请工信部、市经济信息化委专家修改论证，覆盖政府信息化、经济信息化和社会信息化，形成《“智慧丰台”顶层设计方案》，经区委常委会和区政府常委会审议后印发实施。

（杨 婷）

【提升信息化基础设施】 年内，丰台区完成29处老旧小区和21个村的光纤改造工作，新建信息管道107.11沟公里，新增具备光纤接入能力用户13万户，光纤宽带接入户累计近20万户，90%的家庭可实现光纤网络接入。新增2G、3G基站359个，累计4513个；新增4G基站713个，累计900个；新增WLAN覆盖区域193个，累计1385个。新增高清交互数字电视用户38885户，累计449221户，覆盖率为88.91%。

（杨 婷）

【保障园博会顺利召开】 年内，协调各大运营商在园博园内建设通信基站，实现园区多网络全覆盖，推进“智慧园博”建设。推动4G传输、应用物联网、全视频拼接、北斗导航等各项先进信息化技术在园博会的应用，助力园博会提升服务管理品质。

（杨 婷）

【无线电审批与宣传】 年内，丰台区缩短无线电审批办理时间，全年共审批无线电对讲机117台。印制并发放无线电惠民宣传品3万余件。

（杨 婷）

石景山区工业

【概述】 2013年，石景山区规模以上工业企业工业总产值273亿元，同比下降9.8%。主营业务收入579.90亿元，同比下降11.8%；利润33.20亿元，同比下降61.1%；税金18.29亿元，同比下降15.2%；出口交货值17.8亿元，同比下降1.8%。

（李雅娜）

【生产能力】 年内，石景山区被调查的62家企业中，40家企业的主要产品的生产能力发挥程度处于正常或高于正常水平，占全部企业总数的64.5%，生产能力发挥程度低于正常水平的主要原因是产品需求减少，订单不足。

（李雅娜）

【技术改造】 年内，石景山区被调查的62家企业中，仅有10家企业上半年有技术改造投资，投资额为3738万元，同比下降65.7%。技术改造投入大幅下降，一方面受首钢股份停产影响，另一方面由于2家火力发电企业面临更换燃气新机组，不再对旧机组进行技术改造投入。

（李雅娜）

【重点项目】 年内，北京首钢生物质能源发电项目土建工程、设备安装基本完成，设备具备调试条件。工程项目建设为垃圾无害化、减量化处理及可再生能源发电的环境保护工程，每日可处理垃圾3000吨。采用机械炉排炉焚烧处理城市生活垃圾，配置了4台垃圾焚烧炉——余热锅炉配2套汽轮发电机组，机组额定装机容量2兆瓦 ×30兆瓦。

（李雅娜）

【新首钢高端产业综合服务区建设】 年内，石景山区成立专门的工作团队，为编制新首钢高端产业综合服务区建设行动计划及任务分解工作提供保障。结合区“十二五”规划，会同各相关单位研究提出未来几年首钢高端产业综合服务区的基础设施建设、土地开发利用、地下空间开发、新产业培育及招商引资、社会公共服务设施建设、工业遗存保护和开发等重点任务。

（李雅娜）

【加强“石景山服务”体系建设】 年内，石景山区以统筹协调为核心，完善领导小组工作机制。完善定期例会、信息报送、监督考核制度。发挥“石景山服务”体系建设资金引导作用，带动政府部门、服务机构积极参与服务体系建设。以中心建设为支撑，构建“石景山服务”枢纽。加紧成立“石景山服务”促进中心，整合各方资源，实施分类指导，建立社会化服务体系，做好“石景山服务”内容深化拓展的研究、创新项目的策划以及品牌宣传推广工作。以载体建设为依托，打造“石景山服务”大厦。推出“石景山服务”平台，方便企业获取“找得着、用得起、有保障”的一条龙服务。将“石景山服务”大厦打造成凝聚服务资源、展示服务成果、对外宣传推广的重要窗口。以创新服务为特色，提高企业服务水平。创建产业联盟、行业协会；搭建并推介公共技术服务平台、开放实验室；进一步提升信息化基础设施，满足企业高端化、个性化、特殊化服务需求；加强对金融创新的研究与实践，服务企业发展。以监督考核为保障，切实加强作风建设。开展“石景山服务”评价指标体系研究。采用内部监督与外部评价相结合的方式，对领导小组成员单位进行监督考核。

（李雅娜）

【“一企一策”工厂改制】 年内，石景山区成立北京市弹簧厂改制工作组，由常务副区长文献任组长，副区长李艳为副组长，相关职能部门为组员。大胆创新制度体系，支持企业积极探索灵活多样的“一企一策”办法，通过产权置换、土地置换，加快引导北京市弹簧厂企业改制，积极促成与北京泽洋房地产开发公司的合作，为企业改制奠定扎实基础。做好安置补偿工作。为有就业需求的在职职工安排工作，最大限度地照顾退休职工利益。寻求政策支撑和法律保护，制订切实有效、便于落实的方案和实施办法，聘请律师进行全程法律咨询和服务，协助处理法律问题和纠纷。

（李雅娜）

【扶持中小企业】 年内，石景山区继续探索集合信托等创新融资模式，拓宽中小企业融资渠道。6家中小企业共获得集合信托融资8650万元，获得市级贴息支持173万元。宣传市级创业基地及公共服务平台相关奖励政策，鼓励区内企业参与认定。辅导2家已认定的创业基地和公共服务平台企业申报项目，获得服务体系资金支持280万元。采取召开政策宣讲会、实地调研座谈等方式，辅导企业用足、用好政策，争取北京市中小企业发展专项资金支持。年内，推荐14家企业申报北京市中小企业发展专项资金，申请支持金额1522万元。

（李雅娜）

【推进中小企业服务体系建设】 年内，石景山区推出“5个模式”推进中小企业服务体系建设。“联合服务”模式：首批整合10余家区内载体加入联盟，发掘和利用联盟成员的优势服务资源，鼓励创业基地之间服务联合、服务共享、优势互补，扩大服务覆盖面；“学习提升”模式：树立孵化绩效优异的创业基地典型，发挥其示范、带动作用，组织创业基地之间交流学习，引导创业基地结合自身实际完善服务，发展提升；“政策辅导”模式：向联盟成员单位讲解政策，对符合条件的基地进行一对一辅导申报，争取上级支持，截至年底，联盟2家成员单位已获得市级小企业创业基地认定，多家成员单位有意向继续申报；“信息互动”模式：充分发挥联盟的桥梁纽带作用，设立中小企业服务 QQ 群，共享政策并随时交流服务信息和工作心得；"中介对接"模式：通过举办服务推介会，促进创业基地联盟和金融、财税、法律等不同领域的中介服务机构有效对接，帮助入驻创业基地的中小企业便捷地获得低价、优质的各类专业化服务。

（李雅娜）

门头沟区工业

【概述】 2013 年，门头沟区规模以上工业企业工业总产值 78.7 亿元，同比下降 25.1%；销售收入 82.6 亿元，同比下降 21.6%。其中，销售收入超过亿元的 12 家企业工业总产值 64.8 亿元，同比下降 28.2%；销售收入 66.3 亿元，同比下降 24.8%。

（刘 毅）

【镇村企业】 年内，门头沟区镇村经济营业总收入 53.3 亿元，同比增长 3.9%；利润 5.6 亿元，同比下降 1.75%；完成增加值 9.1 亿元，同比下降 25.41%；上交税金 1.1 亿元，同比下降 15.38%。年内，30 家镇村集体企业完成改制，其中镇办企业 7 家，村办企业 23 家。年内，贯彻落实《门头沟区促进和扶持乡镇企业发展办法》，对北京清水阿嫂野山茶加工厂、北京灵之秀文化发展有限公司、北京山农生态农业有限公司等 21 家企业的技术改造项目进行扶持，扶持资金 200 万元。

（刘 毅）

【技术改造】 年内，北京精雕科技有限公司投资 6100 万元的 Carver600V 型数控雕刻机的研发与产业化项目完工。北京明航科技发展有限公司的 Argos 浮标北斗信息传输设备生产线、北京中创华拓科技发展有限公司的磁能开水器技术改造、北京双吉制药有限公司的 GMP 改造等项目启动。

（刘 毅）

【4 家企业退出】 年内，门头沟区按照区清洁空气行动计划要求，制定《门头沟区工业领域空气重污染应急预案》，5 家重点企业在重污染期间必须采取停产或减排 30% 的措施。按照区加快压减燃煤和清洁能源建设工作方案要求，制定《门头沟区工业领域淘汰落后产能和压减燃煤工作方案》，2013—2017 年关闭退出 22 家高污染企业，压减燃煤 4700 吨。年内，退出（或生产环节退出）北京三聚环保新材料股份有限公司、北京三毅有岩金属材料有限公司、北京市京浆工贸有限公司、北京市门头沟滚塑制品厂 4 家企业。

（刘 毅）

【4 家企业获市专项资金】 年内，门头沟区累计为北京精雕科技有限公司、北京竞业达数码科技有限公司等 4 家企业争取国家和北京市中小企业发展专项资金 1238 万元，带动固定资产投资 2.3 亿元。

（刘 毅）

【中小企业融资服务】 年内，门头沟区有针对性地组织银企对接会 3 次，促成 19 家企业融资 1.6 亿元，共给予企业 364 万元的贴息补助，有效地缓解企业融资难题。推动集合信托、融资租赁、诚信纳税等新型融资方式，首次通过融资租赁的方式帮助北京大源非织造有限公司融资 1933 万元，通过集合信托方式帮助北京华油兴业能源技术有限公司等 4 家企业融资 1800 万元。

（刘 毅）

【投资项目立项备案】 年内，门头沟区共完成北京鑫华源机械制造有限责任公司的基于物联网的智能立体停车系统、北京首钢鲁家山石灰石矿有限公司的消石灰生产线建设等 18 项非政府投资工业固定资产投资项目的备案，项目固定资产投资 5.7 亿元。

（刘 毅）

房山区工业

【概述】 2013 年，房山区工业总产值 1008.6 亿元，与上年基本持平。工业税收 88.2 亿元，占全区税收比重的 49.9%。全区出口企业增势较好，23 家出口企业产值 11.9 亿元，同比增长 14.2%。

（刘晓会）

【重点项目】 年内，北车集团调整投资计划，设立北京北车长客二七轨道交通装备有限公司，注册资金 2000 万元。项目总投资 30 亿元，占地面积约 68 万平方米，建筑面积约 26 万平方米，重点发展城市轨道交通车辆、铁路机车车辆等轨道交通装备和矿山交通装备2个领域10余种产品，并启动TOD项目建设。北控太阳能、矿大节能、奥祥通风、海斯特、九州一轨、普驰电气、恒通创新、乐利荣和新材料科技产业园等10个项目正在建设；新材料与产业技术北京研究院主体正在进行中。基础设施建设方面，再生水厂和供水厂一期工程已建成，瓦窑头和普安屯变电站、市政天然气管线、规划市政道路等基础设施工程稳步推进。

（刘晓会）

【物流基地】 年内，房山区完成一级开发的10.67万平方米土地已经上市，入驻的首家企业北京中融安全印务生产基地项目已揭牌，正在办理前期手续。在谈重大项目《知识经济（北京房山）国际创新示范区》由联合国工发组织、房山区和天洋硅谷公司全面合作。该项目包括基础设施投资，企业项目投资及配套商业社区建设等，规划面积300万平方米，包括8个专业示范区，4个平台中心与配套的商业社区及配套公寓酒店等，现合作框架协议文本已完成，上报区政府审议。

（刘晓会）

【招商引资】 年内，房山区工业新建、续建项目共41个，计划总投资139.15亿元，实际到位资金51.77亿元。在北车集团、新材料科技产业园、9万吨丁基橡胶项目的拉动下，全区工业固定资产投资84.59亿元，超额完成82亿元的年度任务。其中，房山青年创业园发展势头尤为强劲。青创园由市经济信息化委、团区委与北京良乡城市创业发展有限公司共同筹建，位于盛通广场6~9层，总面积8000平方米，2012年11月8日开园以来，首期启动8层共2000平方米，已审核批准入园企业47家，二期6000平方米已全面启动。

（刘晓会）

【淘汰落后产能企业900余家】 年内，房山区集中关停、整合资源型及落后产能企业900余家。10月15日，组织召开工业系统防治大气污染工作部署会议，下发工作方案和任务分解表，进一步提升全区工业发展质量，加快转变经济增长方式，加大产业结构调整力度，完成节能减排任务。区经济信息化委会同相关执法部门和乡镇，研究制订淘汰落后产能“防反”方案，对已关闭的落后产能企业严防死守，采取设立检查站、成立巡查组、严肃处理违法行为等措施，有效遏制反弹现象。建立工业企业防治雾霾天气长效机制，成立领导小组，明确工作预案方案。组织6家重点用能企业进行能源审计、2家企业开展清洁生产审核；推广合同能源管理，深入挖掘工业企业节能潜力，结合工业企业节能减排与污染治理课题，对区内6家重点企业进行调研；推进关停33家高污染企业工作。

（刘晓会）

【加强中小企业融资体系】 年内，房山区在区中小企业担保资金管理中心的基础上，成立与首创担保公司合作的北京首创投资担保房山分公司和具有自主开展业务资格的北京燕鸿担保公司。注册资金从2003年的1000万元增至6.2亿元，增长了62倍；从业人员从最早的2人增至42人；担保业务范围从单一的流动资金扩展到园区基础设施、企业流动资金、工程履约、集合票据等多个品种；合作银行从1家增至14家。担保公司完成新增担保贷款项目401笔，到位担保金额44.48亿元。累计办理担保项目1689笔，到位金额100.9亿元；担保资金放大6倍，是本市平均放大倍数的1倍。

（刘晓会）

【搭建六大平台】 年内，房山经济信息港利用互联网、无线通信网、有限电视网等多种网络通道，借助电脑、智能手机、电话等多类终端，构建覆盖区经济信息化委各部门、乡镇、园区、就业基地、区内企业的信息化协作体系，搭建“产业规划布局、招商展示推介、企业运行监测、全景数字房山、智慧创新园区、企业智能服务”六大数字化互动平台，建立“数据共享系统和网络支撑平台”。可视化反映区域工业经济运行态势，成为政府服务企业的有效网络窗口和工业经济信息发布的权威数字港湾。为促进中小企业发展，区经济信息化委以北京市“青云计划”为主线，以企业信息化基础建设和互联网推广为切入点，在全区中小企业中实施推广信息化提升工程，并于11月14日举办了启动仪式。针对使用区级财力投资的新建、续建和升级改造及信息安全、系统运维、服务外包等信息化项目，制定《房山区政府投资信息化建设项目管理规定》。对全区的信息化建设项目进行科学规划、统筹建设、共享利用，全年共评审信息化项目44个，审定金额约1亿元，验收项目11个。

（刘晓会）

【北京高端制造业基地】 年内，北京高端制造业基地被市经济信息化委认定为北京市新型工业化产业示范基地，并获得118万平方米扩区批复。基地355万平方米纳入中关村房山园，被中关村管委会认定为中关村北京高端制造业基地和中关村特色产业基地，全年产值65亿元。在建、签约、在谈项目约60个，总投资近700亿元。长安汽车、京西重工、国能电池、金鹏达4个项目已顺利投产见效。

（刘晓会）

【北京石化新材料科技产业基地】 年内，中石化投资66个重点项目，现已建成42个，完成投资112亿元；在建项目12个，总投资66亿元；待批项目12个。社会投资重点项目13个。合成稀土橡胶催化剂、环宇京辉工业气体2个项目已建成投产；迅邦润泽物流、集联20万吨催化剂2个项目已建成；八亿时空液晶显示材料项目在建中。燕房东北环线、河道治理、用电设施等基础设施工程稳步推进。

（刘晓会）

【北京海聚工程高科技产业园】 年内，北京海聚工程高科技产业园已签约项目10个，总建筑面积13万平方米。其中，北京飞航吉达航空科技有限公司主要生产航空航天新型复合材料，产品应用于中国第一飞机设计研发院、西安飞机制造公司，现已建成试产；永华晴天已开工建设；西山新干线、能通国际手续已办理完成。

（刘晓会）

通州区工业

【概述】 2013年，通州区工业总产值792.4亿元，同比增长11.8%；销售收入869.6亿元，同比增长12.8%；增加值194.9亿元，同比增长9.9%；利润40.3亿元，同比增长36.7%；上缴税金48.4亿元，同比增长14.1%，其中全区规模以上工业企业总产值658.3亿元，同比增长9.4%，高于全市平均增速2.5个百分点。

全区规模以上企业工业品内销产值605.6亿元，同比增长9.8%。汽车制造业和电子通信行业发展态势良好。全年汽车制造业产值94.1亿元，同比增长22.1%，其中北京泫南车饰有限公司、天纳克汽车减震器（北京）有限公司、北京岱摩斯变速器有限公司等企业发展形势较好；电子通信行业产值67.0亿元，同比增长52.4%，其中北京百纳威尔科技有限公司贡献突出。上述2个行业拉动全区工业产值增速提高6.1个百分点。通州区计算机、通信和其他电子设备制造业中，生产"天语"手机的北京百纳威尔科技有限公司产值56.7亿元，同比增长53.8%，绝对值增加20亿元，拉动全区产值增速提高3个百分点。北京汽车动力总成有限公司成为新增长点，全年产值3.8亿元，拉动全区产值增速提高0.5个百分点。六大重点产业呈现五升一降的发展态势。增速同比上升的是基础与新材料产业、汽车与交通设备产业、电子信息产业、都市产业、生物与医药产业，增速同比下降的是装备产业。

（朱宝刚）

【9项目被列市重大项目】 年内，通州区9个工业项目被列为北京市2013年重大工业项目，总投资91.5亿元。截至年底，已有5个项目施工建设、2个项目正在办理前期手续、2个项目正在跟踪。9个工业项目分别是北京汽车集团有限公司的动力总成基地一期建设项目和研发中心建设项目、北京捷宸阳光科技发展有限公司的太阳能电池增资扩产项目、北京诺思兰德医药科技有限公司医药产业基地项目、四环医药控投集团总部基地项目、甘李药业有限公司第三代胰岛素糖尿病药产业化项目、天海工业公司汽车与低温设备生产基地项目、北京通用航空航天集团自主品牌航空活塞发动机研发产业化项目和喷气直升机合资项目。

（朱宝刚）

【产业布局调整】 年内，通州区以6个市级园区和2个新型示范产业基地为重点，根据空间布局和入驻企业性质，明确产业发展方向。开发区东区以发展汽车零部件和医药产业为重点；金桥科技产业基地以发展集成电路产业园、电子和高端装备产业为重点；开发区西区以发展通用航空、医药产业为重点；永乐开发区以发展高端原料药及医药产业为重点等。在建项目如北汽动力总成基地一期及研发中心，为了确保工程进度，责成专业科室进行跟踪协调解决项目建设中的问题。在谈项目如通航产业基地，区政府与北汽集团战略合作框架协议经区委常委会研究通过。国家集成电路产业园项目正在洽谈中，区政府成立专门工作领导小组，区经济信息化委内由1名主管领导和科室专门负责。高端原料药基地项目正在洽谈中。

（朱宝刚）

【出台9个政策、意见和办法】 年内，通州区制定出台9个政策、意见和办法。为了抓好"三高"企业退出，制定《通州区2013年淘汰落后产能工作方案》《通州区淘汰落后产能工作奖励暂行办法》《通州区淘汰落后产能工作验收暂行办法》；为了加快区内中小企业发展，起草、审定并印发《关于进一步促进中小企业发展的实施意见》；为了促进全区信息化建设，印发《通州区信息化建设管理办法》《加快通州区信息化建设的实施意见》《通州区政务专网管理办法》《通州区政务网站群建设管理办法》《通州区公务员电子邮箱管理办法》。

（朱宝刚）

【固定资产投资】 年内，通州区加强工业固定资产投资统计，投资千万元以上的工业项目 104 个，总投资 187.5 亿元，全年完成投资 42.2 亿元。完成非政府工业固定资产投资项目的项目备案 57 件，总投资 135.4 亿元。其中，工业备案项目 38 件，总投资 131 亿元；技术升级改造项目 19 件，投资 4.41 亿元。

（朱宝刚）

【节能降耗】 年内，通州区依据《通州区“十二五”时期淘汰落后产能工作的实施意见》，编制《通州区 2013 年淘汰落后产能工作方案》《通州区淘汰落后产能工作奖励暂行办法》《通州区淘汰落后产能工作验收暂行办法》，进一步明确 2013 年淘汰落后产能工作重点及领导小组各成员单位的职责；按计划淘汰退出新城规划 1.55 亿平方米范围内企业的落后产能；完成 16 家规模以上企业的技改升级工作；以关、停、并、转的方式完成 81 家落后产能企业淘汰退出工作；协调相关部门做好东方化工厂停产、退出有关工作和北京日化二厂搬迁的前期准备；完成 8 家企业的清洁生产申报工作，并通过市清洁生产审核小组的验收；协调北京市资源综合利用协会对 10 家企业进行资源综合利用认证，并顺利通过。

（朱宝刚）

【帮扶企业】 年内，通州区组织北京北内发动机零部件有限公司、北京博格华纳汽车传动器有限公司等 6 家中小企业申请北京市专项资金补助 1177 万元；推荐北京汽车动力总成有限公司动力总成基地研发区（一期）建设项目、北京四环制药有限公司针剂产业化生产线建设项目等申报 2013 年国家重点产业振兴和技术改造专项，获专项资金补助 12902 万元；帮助北京财富传媒文化发展有限公司、北京信泰德利华自动化技术有限公司和北京创导高科绝热材料有限公司等 6 家企业申请融资 1.07 亿元；组织 5 家企业申请国家中小企业技改补助项目支持，获奖励资金 921 万元；做好 2012 年度工业企业保增长及流贷贴息奖励资金的申报、发放工作，为 29 家企业发放奖励资金 1189 万元；4 个园区通过首批市级新型工业化产业示范基地认定，获市政府奖励资金 800 万元。

（朱宝刚）

【减轻企业负担】 年内，通州区按照北京市减负工作会议的部署，明确 2013 年减负工作任务，同时根据通州区减负领导小组各成员单位的职能，将各项减负工作任务分解落实到各有关成员单位，进一步明确各单位的减负任务分工。

（朱宝刚）

【跟踪 4 家生物医药企业】 年内，通州区做好 4 家生物医药企业的跟踪服务，分别是四环医药控股集团总部、销售、结算中心及新药研发、生产基地项目，投资 11 亿元；天圣制药集团总部项目，投资 5.6 亿元；北京珅诺基医药科技有限公司建设项目，投资 2.53 亿元；北京诺思兰德医药科技有限公司建设项目，投资 1.67 亿元；帮助企业协调解决有关难题，督促尽早投产。

（朱宝刚）

【宣传工作】 年内，通州区不断加强对工业和信息化工作的宣传报道，充分利用电视、网络、报纸等新闻媒体，向全社会广泛宣传通州区在大力发展高端制造业、战略性新兴产业、信息化建设、项目建设以及工业化和信息化融合工作中取得的成果。在通州电视台开办“经济和信息化”专栏，制作并播出 22 期，在“通州时讯”进行 5 次相关工作报道。

（朱宝刚）

【基础设施建设】 年内，通州区绘制全区信息化基础设施的城乡分布图，为决策提供了有力的数据支持。按照区委区政府整体部署，建成“世界一流，全国领先，北京市首屈一指”的政务协同办公系统。截至年底，完成了区政务协同办公门户、区政务协同主体大框架、全区大 OA 系统、全区电子监察系统、通州区网上审批网上许可统一管理平台（网上政务服务中心）、两办信息报送系统、即时通信系统的建设。12 月 18 日，全区政务协同办公系统正式使用，系统运行稳定。利用统一的网站群管理平台，推进部门网站群的建设进度，构建“以政府门户网站为中心主站、以部门网站为分站”的网站群体系。

（朱宝刚）

顺义区工业

【概述】 2013年，顺义区工业完成市级下达指标，总量和增速位居全市第一。其中，汽车制造业产值增幅任务值20%，实际完成32.3%。全区325家规模以上工业企业工业总产值2810亿元，占全市总量的16.3 %，同比增长21.3%，高于全市增速14.4个百分点；销售产值2797.9亿元，同比增长22.5%，出口产值409.4亿元，同比增长12.7%。产销率为99.6%。税收240.7亿元，占总数的48.7%；地方财政收入35.6亿元，占总数的36.3%；与同期相比分别增长43%和41%。产值净增量493.3亿元，其中178家企业实现增量572.5亿元；147家企业实现减量79.2亿元。增量亿元以上企业33家，增量543.5亿元，占总增量的95%。

（顺义区）

【六大产业】 年内，顺义区生物医药产业提速发展，其他五大产业产值超百亿，其中主导产业超千亿。汽车与交通设备、电子及都市三大产业产值占全市各产业比重的47%、17.1%和15.9%。汽车与交通设备产业产值1644亿元，占全区总量的58.5%；占全市该产业总数的47%。电子产业产值374.1亿元，同比增长18.4%，占全区总量的13.3%；占全市该产业总数的17.1%。基础产业产值305.1亿元，占全区总量的10.8%；占全市该产业总数的4.4%。都市产业产值258.7亿元，占全区总量的9.2%；占全市该产业总数的15.9%。装备产业产值190.7亿元，占全区总量的6.8%；占全市该产业总数的8%。生物医药产业产值37.5亿元，占全区总量的1.3%；占全市该产业总数的6.5%。

（顺义区）

【镇村经济】 年内，镇域规模工业产值958.2亿元，同比增长16.7%，占全区规模工业总量的34.1%，镇域规模工业在全区主导产业的拉动下，实现较快增长。全年属地税收128.96亿元，同比增长17%，占全区总数的26.1%；公共财政预算收入32.6亿元，同比增长18%，占全区总数的33.3%。总收入1339亿元，同比增长9.2%。其中，二产收入877亿元，同比增长13.3%；三产收入462亿元，同比增长2.2%；二、三产业占比为65.5 ：34.5。

（顺义区）

【科技创新】 年内，顺义区积极培育国家级、市级企业技术中心建设。北京世桥生物制药有限公司、北京市罗森博格电子有限公司、北京康仁堂药业有限公司、北京升华电梯有限公司和北京中卓时代消防装备科技有限公司5家企业通过了年度市级企业技术中心认证，全区市级企业技术中心数量达到31家。北京澄通光电股份有限公司成功通过企业技术中心创新能力建设项目审核，获得资金支持100.9万元。12家企业获工业企业知识产权运用能力培育工程试点企业试点认证。

（顺义区）

【项目总投资834亿元】 年内，顺义区投资亿元以上的产业项目90个，总投资834亿元。90个项目涉及11个产业，其中航空航天产业7个、软件电子信息产业6个、汽车产业7个、都市产业16个、金融服务产业4个、装备制造产业9个、仓储物流产业10个、基础与新材料产业9个、文化创意产业6个、总部型13个、生物医药器械3个。其中，已开工建设项目57个，如中建股份研发基地、中航信等项目。已投产项目7个，如数码视讯、康仁堂药业等项目。主体已完工正在进行内部装修及市政施工项目16个，如国家地理信息科技产业园一期、宝泉钱币等项目。

（顺义区）

【退出落后产能企业34家】 年内，顺义区淘汰落后产能企业任务32家，实际完成退出34家，申报获得奖励资金855万元。按时完成重污染日企业停产减排工作，其中东方雨虹防水技术股份有限公司、金刚化工（北京）有限公司、北京金隅顺发水泥有限公司3家企业获得了停产奖励资金。6月关闭顺义区古城砖厂建筑渣土烧结砖生产线。

（顺义区）

【经济功能区建设】 年内，顺义区15家重点经济功能区税收256.3亿元，同比增长16%，占全区总量的51.8%；地方财政收入51.3亿元，同比增长12%，占全区总量的52.3%。汽车生产基地、空港开发区和空港物流基地3家园区税收分别为167.1亿元、36.6亿元和25亿元，共占园区总数的89.2%；3家园区地方财政收入分别为23.2亿元、9.8亿元和8.9亿元，共占园区总数的81.7%。年内，15家重点经济功能区规模工业总产值1713.4亿元，同比增长26.8%，占全区规模工业总数的61%；出口交货值372.1亿元，同比增长20.8%，占全区规模工业总数的90.9%。列入全区重大产业、投资在亿元以上的项目41个，总投资569亿元，占全区项目个数和投资的45.6%和67.2%。已开工项目20个，已竣工项目1个。空港开发区与北小营镇合作共建，共引进项目23个，投资总额19.58亿元。物流基地携手大孙各庄镇，对镇域总体规划范围内工业用地部分地块接收的请示得到批复同意。8月2日和16日，召开2次经济功能区研讨会，市经济信息化委、发展改革委、金融局相关负责同志应邀出席并就发展战略新兴产业、空间综合利用、产业特色发展、金融服务规划等方面为顺义经济功能区发展提出了具体意见。

（顺义区）

【中关村顺义园】 年内，顺义区完成《中关村科技园区顺义园发展战略规划（2014—2020）（暂行）》《中关村顺义园新占用土地项目准入标准和审核办法（暂行）》《中关村顺义园优惠政策摘要》的初稿工作。完成114家企业国高新和村高新的认定工作。引进6家企业落户，总投资42.2亿元，涉及能源环保、文化创意、下一代互联网等中关村重点扶持的优势产业。申报中关村各级、各类扶持政策资金，空港创意产业园东区再生水厂项目扶持资金830万元。年内，园区内重大项目22个，占地面积316.15万平方米，总投资382.25亿元，超过半数企业已完成主体施工，部分项目正在办理前期手续。

（顺义区）

【扶持中小企业】 年内，顺义区中小企业发展专项资金共扶持39个项目，资金额度1980万元。申报北京市中小企业发展专项资金项目共4批次7个项目，获得专项资金1230万元。北京动力泉能源科技有限公司、北京嘉和一品企业管理股份有限公司2家企业的2个项目申报国家中小专项资金，获得专项资金400万元。组织3批次12家企业进行创新融资申报，获得专项资金460万元。

（顺义区）

【基础设施建设】 年内，顺义区信息化基础设施建设投入4.55亿元。新建基站274个，其中2G基站125个、3G基站149个，累计1313个；新建管道66.02公里；敷设光缆1753公里；光缆已覆盖281个村，159个住宅楼及别墅，光覆盖住户已达29.32万户，光覆盖比例达到91.8%。截至年底，光纤用户累计达12.2万户，光接入用户全部可享用10兆~20兆光纤高速上网。新建WiFi（WLAN）覆盖热点228个；新增移动用户数54万户，累计移动用户数158.13万户；宽带用户数18.26万户，新增有线电视用户1.2万户，高清机顶盒发放33914个。

（顺义区）

大兴区工业

【概述】 2013年，大兴区工业总产值810.9亿元，同比增长13.1%。规模以上工业企业产值629.1亿元，同比增长10.8%。全区工业固定资产投资44.1亿元，同比增长22.3%。

（大兴区）

【15项目开工建设】 年内，大兴区实现开工项目15个，总投资48.5亿元，占地面积55.4万平方米。实现竣工项目15个，总投资42亿元，占地面积72.1万平方米。

（大兴区）

【军民结合产业基地建设】 年内，大兴区蓝鲸军民融合创新平台完成主体工程建设。航天新长征电动汽车等项目正在办理开工手续。

（大兴区）

【完成备案项目66件】 年内，大兴区完成备案项目66件，其中有效立项61件，总投资155.03亿元。其中，新建项目20件，投资140.42亿元；技术改造和扩建项目41件，投资14.61亿元。

（大兴区）

【园区建设】 年内，大兴区各园区基础设施建设投资实际支出共计2.78亿元，园区承载力进一步提升。1月，生物医药基地、黄村、青云店、瀛海工业区批获市新型工业化产业示范基地。

（大兴区）

【腾退、盘活土地67.87万平方米】 年内，大兴区利用《大兴区工业发展资金使用和管理办法》，重点支持低效闲置产业用地腾退、盘活和园区基础设施建设，共腾退、盘活低效闲置产业用地67.87万平方米。

（大兴区）

【节能减排】 年内，大兴区落实《北京市大兴区2013—2017年清洁空气行动计划实施方案》，实现53家不符合首都功能定位的企业退出。完成市级以上园区180蒸吨燃煤锅炉改造任务，推进工业企业燃煤锅炉改造工作。政策支持3家“三高”工业企业退出。

组织开展“工业企业环境综合整治”工作。

（大兴区）

【自主创新】 年内，大兴区支持企业争创驰名、著名商标，共有6家企业获得北京市著名商标、2家企业获得中国驰名商标。鼓励企业建立技术中心，北京天罡助剂有限责任公司，北京威派格科技发展有限公司2家企业获得北京市企业技术中心认定；北京资源亚太饲料科技有限公司获国家企业技术中心认定。

（大兴区）

【区域合作】 年内，大兴区与河北省固安县、内蒙古乌兰察布市等外埠地区进行产业转移的深入对接。整理了16个地区的招商政策并编制《外埠招商政策汇编》，根据拆迁时序，适时发放到企业，促进低效企业转移。

（大兴区）

【设六大平台服务中小企业】 年内，大兴区强化了中小企业服务中心建设，设立政策指导、融资上市、技术创新、管理咨询、培训交流、信息化建设与培训交流六大服务平台，为中小企业提供全方位服务。其中，“中小企业投融资服务平台”为工业企业新增担保贷款3亿元。在调查掌握工业企业融资需求的基础上，组织多次融资对接会、融资培训会。组织开展职工技能培训工作，共培训企业职工1500人次。

（大兴区）

【基础设施建设】 年内，大兴区完成“智慧大兴顶层设计报告”“实施方案”，制定《大兴区信息化项目管理办法》《大兴区政务信息资源管理办法》《大兴区政务网络与信息安全管理办法》《大兴区政务网站管理办法》等，信息化统筹管理能力不断增强。大兴政务云平台二级协同办公系统试点、区公共地理信息服务平台等项目12月底全部完成。深化“两化融合”工作，组织企业与第三方电子商务运营商对接，引导企业利用电子商务拓展市场。

（大兴区）

昌平区工业

【概述】 2013年，昌平区305家规模以上工业企业产值1258.6亿元，同比增长2%；资产1589.2亿元，同比增长4.6%；销售产值1253.6亿元，同比增长1.5%；主营业务收入1287.1亿元，同比增长5.1%；利润77.1亿元，同比增长33.4%；主营税金及附加5.5亿元，同比增长35.2%；利税117.7亿元，同比增长32.2%。

六大产业总体呈现“四增二降”。其中，基础与新材料产业57家规模以上工业企业产值501.6亿元，同比下降5.9%；汽车与交通设备产业21家规模以上工业企业产值315.9亿元，同比增长3.2%；装备产业132家规模以上工业企业产值293.7亿元，同比增长13.2%；生物与医药产业27家规模以上工业企业产值71.9亿元，同比增长18.7%；都市产业51家规模以上工业企业产值58.9亿元，同比下降2.1%；电子信息产业17家规模以上工业企业产值16.6亿元，同比增长18.1%。

（于凌燕）

【海外人才孵化论坛召开】 1月23日，昌平园管委会牵头主办的“昌平海外人才孵化论坛暨项目对接会”在美国硅谷召开，主题为生物医药和能源环保创新孵化。昌平区相关委办局领导、硅谷当地专业协会的专家与负责人共30余人应邀出席。对接会上，昌平园管委会介绍了昌平园政策和重点生物医药企业情况并播放宣传片，硅谷地区创业协会执行总监介绍了硅谷华人创业故事与成功经验，美中绿色能源促进会总监介绍了能源合作在中美合作中的地位。对接会共吸引11家生物医药与能源环保初创企业到现场推介，其中3家企业与昌平园管委会对接。

（陈 敏）

【中关村昌平园成为IASP正式会员】 2月25日，中关村科技园区昌平园管委会通过IASP会员资格审批，成为中关村国家自主创新示范区体系第五家正式会员，其他4家分别是中关村科技园区海淀园管委会、清华科技园、中关村科技园区管委会和中关村科技园区丰台园管委会（以获批时间前后为序）。国际科技园协会（IASP）成立于1984年，总部设在西班牙，分为亚太分会、欧洲分会、北美分会和拉丁美洲分会，在54个国家拥有200多家会员单位，是唯一的世界性科技园区、企业孵化器创新机构的协会，宗旨是促进世界各国科技园之间的交流及科技创新机构之间的联络与合作，聚集有各国的会员园区，其唯一的外派机构北京办公室设在清华科技园。

（陈 敏）

【未来科技城首个产业项目落户】 4月3日，昌平区政府与中国中小企业发展促进中心共同签署了《中国（昌平）高成长中小企业服务示范园合作备忘录》。中国（昌平）高成长中小企业服务示范园为首个落户未来科技城的产业项目。

（陈 敏）

【诺和诺德中国新研发中心启用】 5月8日，诺和诺德中国新研发中心启用仪式在中关村生命科学园举行。诺和诺德公司总部位于丹麦，是全球著名的生物医药企业，排名第14位，1994年初进入中国，其中国研发中心于2004年落户中关村生命科学园。诺和诺德公司宣布，其研究领域将进一步从糖尿病前期扩展到药理学研究。

（陈 敏）

【重大项目】 年内，昌平区重点推进三一北京制造中心、福田发动机、中国移动国际信息港等30个投资在3000万元以上的重大产业项目建设。总投资164亿元，占地面积221.53万平方米。其中，北京科兴生物制品有限公司“昌平新疫苗产业基地”、北京神雾热能技术有限公司节能减排示范与产业化基地扩建工程、北京衡器厂有限公司新厂区3个项目完工且投入使用；福田发动机扩能技改项目、修正药业集团北京修正医药科技产业基地等9个项目主体工程完工；中国移动通信有限公司二期的网管支撑中心、研发创新中心、业务支撑中心3个工程、北京通用航空产业园激光成形研发生产基地项目、北京康比特体育科技股份有限公司运动营养产业基地项目、中船重工北京昌平船舶科技产业园建设项目等6个项目开工建设；迈瑞北京研究院、地源热泵工程技术中心建设项目、北京新雷能科技股份有限公司模块电源扩产项目、北京泰宁科创科技有限公司雨水综合利用研发及生产基地、北京知蜂堂蜂产品有限公司蜂产品以及茶色素和膳食纤维生产基地等12个项目正在办理手续。做好非政府投资的工业项目备案、核准等工作，全年共办理核准立项40个，总投资4.37亿元，固定资产投资4.09亿元，总建筑面积5.69万平方米。办理备案项目立项111个，总投资26.70亿元，其中固定资产投资19.70亿元，铺底流动资金7.01亿元。完成环保备案242个，意向总投资16.87亿元。

（于凌燕）

【科技创新】 年内，昌平区经济信息化委组织区属企业申报认定市级企业技术中心，北京赛迪时代信息产业股份有限公司、中节能六合天融环保科技有限公司、北京科聚化工新材料有限公司、二六三网络通信股份有限公司等7家企业通过认定。截至年底，全区共有市级以上企业技术中心42家。新增“北京市著名商标”8件，分别是北汽福田汽车股份有限公司“FORLAND”和“图形”、北京万泰生物药业股份有限公司“艾知AID”、北京首钢吉泰安新材料有限公司“钢花牌”、北京天新福医疗器材有限公司“天义福”、北京金篮子食品有限公司“金篮子”、北京市金盛福食品有限公司“金盛福”、北京华都酿酒食品有限责任公司“华都”。全区共有著名商标44件，驰名商标9件。北京神雾环境能源科技集团股份有限公司通过2013年国家技术创新示范企业的评审，成为昌平区首家国家技术创新示范企业。

（于凌燕）

【循环经济】 年内，昌平区做好退出“高污染、高耗能、高耗水”工作。多次召开“昌平区退出企业工作会”，指导企业退出步骤和流程，共完成20家企业退出，获得市、区奖励资金451万元。制定《昌建时代建材厂退出工作方案》，协调相关部门组织召开“昌建时代建材厂退出工作会”近10次，砖厂生产线和窑炉于6月30日前全部关闭，企业已完成营业执照的注销工作，按照《昌平区低端产业退出政策及实施细则》，为企业做好关停补偿等退后工作。贯彻落实《昌平区空气重污染日应急方案》，强化“昌平区工业企业空气重污染日减排应急工作小组”各成员单位职责，督促减排和停产措施类企业按照预警级别做好停产和减排工作。要求各镇政府（街道）扩大辖区企业监管范围，进一步做好非雾霾天气应急预案的宣传与监管工作。1月，启动4次《昌平区空气重污染日应急方案》；11月，完成“空气重污染红色预警应急演练工作”，企业采取了停产减排措施。开展17家能耗2000吨标煤以上企业的节能潜力评估，制定“昌平区工业企业合同能源管理推进步骤”。按照《昌平区工业重点用能单位节能潜力评估报告》重点开展调研走访工作，就节能潜力交换意见，商讨节能项目实施步骤。

（于凌燕）

【国有资产监管】 年内，昌平区监管企业资产总额175.24亿元，所有者权益64.41亿元；主营业务收入24.83亿元，同比增长21.28%；上缴税金1.15亿元，同比增长23.75%。制定出台《监管企业上报“三重一大”事项附则》《董事会监事会换届工作暂行办法》等规范性文件，推动完成北京昌房建筑工程有限责任公司和北京宏达兴投资管理公司的改制工作；加强财务监管，向7家一级监管企业委派财务机构负责人；推进国有资本经营预算和收益收缴试点工作，全区国有资本经营预算收入1047.47万元，国有资本预算支出1033.85万元；落实董事会定期汇报制度和监事会监督检查制度，监事会全年列席各类企业会议34次，提交监督检查报告7份，问题整改完成率85%；规范产权管理工作，加大权属企业管理，严格企业实物资产登记，全年办理产权登记、转让、资产评估等38个项目。

（许正兴）

【国有资产发展】 年内，昌平区为未来科技城和北京振邦承基开发建设有限公司完成增资5.52亿元；北京昌房建筑工程有限责任公司围绕TBD功能区建设，推进巩华城和七里渠南北村拆迁工作；北京铭嘉房地产开发有限责任公司加快推动新城东区建设，新增投资7.81亿元；北京市昌平区自来水公司立足服务社会民生，做好供水服务保障和水厂管网项目建设；北京晨光昌盛融资担保有限公司开展贷款担保服务，累计为全区305家企业提供担保约97.3亿元；北京宏达兴投资管理公司200辆电动出租车实现城区运营。昌平水产养殖场产权转让，依法收回国有资本3.26亿元；北京红冶汇新控股集团有限公司完成产业外迁，依托委托贷款拓展新的经济增长点；完成北京市昌平保障房建设投资管理有限公司组建；新元科技园引入“院士专家工作站”；年底，新元科技园区厂房面积约10万平方米、入园企业90多家，园区产值约13亿元、纳税9000万元。

（许正兴）

【建设投融资平台】 年内，昌平区8家国有企业资产划转，组建北京昌鑫建设投资有限公司。截至年底，公司资产总量159.3亿元、净资产61.7亿元，为全区重点项目融资33.4亿元，提供担保196.6亿元，在保金额142.4亿元。参与北京燕龙水务集团有限公司和北京永安市政建设投资有限公司组建，在履行工作程序、政策性指导等方面提供了帮助和建议。

（许正兴）

【企业帮扶】 年内，昌平区举办第四期高级职业经理人资格认证培训班，参加培训的68名企业管理人员获得《高级职业经理人资格证书》。举办“昌平区工业企业申报中央和市级资金培训会”，150多家企业参加培训。举办10场《小企业会计准则》和企业“营改增”培训，300家中小企业的400余名负责人参加培训。开展中小企业服务体系建设工作，组织9场小企业财会培训，培训人员260人；组织开展4家金融中介机构与40家中小企业创新融资对接会，13家企业融资3.76亿元，获市级支持资金800余万元；组织企业开展国家中小专项和服务体系建设申报工作，9家企业获得市级以上奖励资金1290万元。中小企业网注册企业170家。为158个项目争取昌平区转型升级专项资金7484万元；为21个项目申请区级配套资金365.7万元。

（于凌燕）

【中关村昌平园】 年内，昌平园总收入2943亿元，同比增长25.6%，总收入占示范区比重9.7%；工业总产值1244.0亿元，占全区工业产值90%以上；进出口总额27.2亿美元；上缴税费122.7亿元；利润208.8亿元；资产总计4593.3亿元；科技活动经费支出总额75.5亿元。园区高新技术企业总数1498家，从业人员144552人。园区有亿元级企业184家，总收入2778亿元，占昌平园总收入的94%。其中，6家百亿级企业总收入1082.8亿元（2012年为5家），同比增长86%，占昌平园总体的57%。昌平园共有20家上市企业，总市值突破1400亿元。新增6家企业登陆新三板，新三板企业达到15家。

年内，昌平园共申请专利3345件，占示范区专利申请总量的8.9%。共有授权专利2238件，占示范区专利授权总量的10.7%，专利申请数量、专利授权数量在一区十六园中均排名第三位。其中，北汽福田汽车股份有限公司专利申请量超千件，北京市三一重机有限公司、北京勤邦生物技术有限公司、天地融科技股份有限公司、汉能科技有限公司等4家企业被评为北京市专利示范单位。神雾公司承建的中国第一条焦炉煤气直接炼铁生产线，填补了中国气基竖炉直接还原炼铁技术和产品的空白。北京诺禾致源生物信息科技有限公司的“基于高通量测序技术的癌症基因检测芯片技术研发与推广”等25家企业的项目获得2013年度北京市科技型中小企业技术创新资金立项。海林太阳能阳台通过中国节能产品认证。北京神雾环境能源科技集团股份有限公司研发的蓄热式直接还原炼铁转底炉入选2013年度国家重点新产品计划。北京雪迪龙科技股份有限公司申请承担的开发专项项目“固定污染源废气VOCs在线/便携监测设备开发和应用”获2013年度国家重大科学仪器设备开发专项项目立项。2家企业入选市中小企业公共服务平台，66家企业专利获中关村专利促进资金总共218万元支持。

年内，昌平园新增企业443家，完成注册资金624.8亿元。其中，注册资金亿元以上企业19家，千万元以上企业49家（未含亿元以上企业）。通过中关村高新技术企业认证企业460家，注册资金712.1亿元，昌平园入园企业总数达到2160家，减去年内核销企业，实际入园企业2108家。其中，电子与信息企业131家，生物医药企业92家，新材料企业31家，先进制造类企业62家，现代农业企业11家，能源类企业65家，环境保护企业19家，其他类型企业49家；注册资金亿元以上企业23家，千万元以上企业91家（未含亿元以上企业）。

（刘 蕊）

【解决遗留问题】 年内，昌平区解决北京鹿牌都市生活用品有限公司2012年7月停产调整以来在职职工社会保险、伤残职工补偿、农合工养老金补偿等遗留问题，安置和分流2424名职工。

（许正兴）

【基础设施建设】 年内，昌平区落实北京市信息基础设施提升计划，协调电信和广电运营商，加快信息化基础设施建设。截至年底，完成新建及扩容通信基站675个，建设信息管道200沟公里；建设无线宽带接入点（AP）3637个，累计达到17362个；新建有线电视双向网2.8万户，双向网络改造2.2万户；发放高清机顶盒3.88万户，累计推广高清机顶盒25.33万户；未来科技城北区管网建设基本完成。

（于凌燕）

平谷区工业

【概述】 2013年，平谷区工业总产值258.3亿元，同比增长9%；营业收入286.2亿元，同比增长10.2%；利润14.9亿元，同比增长14.5%。全区规模以上工业企业120家，工业总产值238.3亿元，同比增长8.7%，占全区工业总量的92.3%；主营业务收入266.4亿元，同比增长9.6%；利润15.7亿元，同比增长14.7%。

（平谷区）

【固定资产投资16亿元】 年内，平谷区开工建设工业固定资产投资项目52个（含上年结转26个），计划总投资47.5亿元，全年完成16亿元。北京旺洋食品有限公司等10个项目竣工投产，产值3.6亿元。新开工的26个建设项目全部竣工达产后，工业产值7.4亿元。

（平谷区）

【优化企业发展环境】 年内，平谷区政府制定印发《奖励工业产值贡献突出企业的实施办法》《平谷区产业用地项目准入和退出标准》《平谷区中小企业（工业）发展专项资金管理办法》。认真做好国家和市政府政策运用工作，落实国家资金支持项目2个，获得支持资金323万元；落实市政府政策资金支持项目2个，获得支持资金880万元。做好区内政策支持资金兑现工作，22个项目共为区内企业兑现政策支持资金755.7万元。

（平谷区）

【拓展企业融资渠道】 年内，平谷区中小企业信用促进会建设进展顺利，发展北京麦斯赛林金属建材有限公司、北京麦邦食品有限公司等成为会员企业，会员总数增加到20家，3家企业处于考察期中。共收取信用准备金777万元。发放短期拆借资金3600万元。完成谷诚担保公司重组工作。举办银企沟通交流专题会，促进金融部门与企业进行合作，确保企业正常生产所需资金。区内金融机构累计为企业发放贷款6亿元。

（平谷区）

【提升企业发展能力】 年内，平谷区推荐北京普析通用仪器有限责任公司申报国家技术创新示范企业。组织北京市老才臣食品有限公司、北京旺旺集团、北京乳旺食品有限公司3家企业申报区政府产品促销和品牌建设支持项目。淘汰落后产能，水泥二厂按期关闭。截至年底，完成千喜鹤集团等4家企业煤改气工作。组织北京长吉加油设备有限公司申报市级技术中心认证，组织北京绿都乐谷投资有限公司、中小企业服务中心、马坊物流园区申报服务平台和中小企业创业基地认定。

（平谷区）

【打造特色产业集群】 年内，福田汽车一期候车桥地块正在直路调整规划进庄，该项目将办理建设工程施工许可证。探索“园中园”模式，总投资2亿元的电子科技园、投资额为50亿元的“联东U谷”平谷产业综合体和25亿元“统一”食品园落户兴谷开发区。标准化厂房建设工作有序推进，全区集体建设用地建标准化厂房共约9万平方米。兴谷开发区已完成建设4万平方米，有2万平方米标准化厂房正在建设中，马坊开发区已完成建设4万余平方米。北京祥辉电线电缆有限公司、北京迦南印刷有限公司、北京平谷同创汽车部件有限公司等企业13.33万平方米闲置土地正在盘活中。恒昶精密组件有限公司和北京理韩汽车有限公司入驻马坊工业园区标准化厂房并投入生产。首都通用航空产业基地项目稳步推进，与永翼飞行学院、滨奥航空集团、奥凯航空公司等签订合作协议。

（平谷区）

【制定实施稳增长政策】 年内，平谷区量化分解指标，对重点行业和重点企业进行跟踪分析，把工业产值指标分解到开发区和乡镇，增强地方责任意识。对新工业增长点进行跟踪，协助企业解决问题，发挥增长点的增长带动作用。建立项目联席会议制度，及时解决项目建设中遇到的问题，促进项目尽早竣工投产。做好新建投产企业入统工作，重点掌握北京旺洋食品有限公司、北京敏实汽车零部件有限公司、北京九鼎通信设备有限公司、北京圃美多绿色食品有限公司等企业情况，及时协助企业申报入统。

（平谷区）

【推进平谷园建设】 年内，平谷园成为全市首家新挂牌园区，对接中关村政策，完成《中关村平谷园总体发展规划》编制，编辑并印发《中关村平谷园政策汇编》。明确“中关村平谷园”的功能定位和总体发展思路。成立平谷园管委会，与市、区机构对接。举办中关村政策宣讲会，开展中关村平谷园高新企业认定工作，北京普析通用仪器有限责任公司等50余家企业被认定为中关村高新技术企业。入园企业快速增加，新增注册企业达876家。为平谷园建设及企业发展争取扶持资金，全年累计争取资金2000万元，协助企业获得融资贷款1000万元。

（平谷区）

【基础设施建设】 年内，平谷区起草完成《“智慧平谷”顶层设计》，出台《平谷区加快信息化发展的意见》和《平谷区信息化项目管理办法》，制定《全区电子政务绩效考评办法和细则》。组建信息化高端人才工作室，初步形成覆盖全区的信息化人才体系。稳步推进“智慧社区”和“智慧农村”建设，建成市级信息化创新示范社区1个，示范村3个。吸引社会投资500万元，在全市率先开展“多功能照明信息杆柱”示范建设，新建39个4G基站，全市第一个实现4G政务物联数据专网城区全覆盖。推进兴谷开发区“智慧园区”建设。

（平谷区）

怀柔区工业

【概述】 2013年，怀柔区规模以上工业企业164家，其中大型企业6家、中型企业19家，85%为小微型企业。销售收入亿元以上工业企业62家，较上年增加3家。其中，超百亿元工业企业1家，为福田戴姆勒汽车有限公司；10亿元~100亿元企业8家；5亿元~10亿元企业6家。规模以上工业企业总资产465.4亿元，同比下降0.4%，其中固定资产原值146.3亿元，同比增长2%；工业总产值547.3亿元，同比增长23.9%；主营业务收入612.5亿元，首次突破600亿元，同比增长20.3%；工业增加值102.5亿元，同比增长14.3%；利润33.8亿元，同比下降21.4%；上交税金34.2亿元，同比增长11.0%；40家工业企业出口交货值22.0亿元，同比增长3.6%。

规模以上汽车及零部件、食品饮料、包装印刷企业81家，累计总产值472.0亿元，同比增长25.1%；销售收入540.8亿元，同比增长20.4%；工业增加值81.7亿元，同比增长12.7%；利润24.3亿元，同比下降32.0%；上缴税金29.6亿元，同比增长9.1%。三大主导行业产值占全区规模工业同口径比重的86.2%。

年内，怀柔区共实施非政府投资工业固定资产投资项目41个，总投资70.6亿元。其中，新建项目10个、技改项目14个、结转项目17个，新建项目中投资亿元以上项目6个。

（张秋红）

【统实饮品项目落户】 8月，开曼统实（中国）控股股份有限公司在怀柔区设立北京统实饮品有限公司，项目投资9000万美金，注册资本3000万美金，为外商独资企业。该项目在统一饮品原址承接购买该企业饮料产品生产设备，包含1条无菌充填线、3条热充填线及TP饮料罐装及相关饮料配套生产设备。

（张秋红）

【工业转型升级】 11月19日，北京康普锡威科技有限公司、北京斯普乐电线电缆有限公司通过市经济信息化委审核，成为“市级技术中心”，怀柔工业企业市级技术中心增至12家。分别是北京红星股份有限公司、有研粉末新材料（北京）有限公司、四维一约翰逊实业股份有限公司、北京东明兴业科技有限公司、北京奥瑞金包装股份有限公司、北京御食园食品股份有限公司、北京红螺食品有限公司、中冀福庆专用车有限公司、奥星恒迅包装科技有限公司、福斯汽车电线有限公司、北京康普锡威科技有限公司和北京斯普乐电线电缆有限公司。年内，2家企业的商标被认定为北京市著名商标，分别是联合荣大“联合荣大”文字商标、金田麦的“伊田面馆”商标。截至年底，怀柔工业企业共拥有中国驰名商标3件，北京市著名商标23件。

（张秋红）

【玛氏总部基地投入使用】 12月16日，怀柔区第一个企业总部基地——玛氏中国总部基地正式投入使用。该基地总投资1.3亿元，总建筑面积1.3万平方米，是玛氏在华的行政管理中心、结算中心、人才发展中心及科技研发中心。

（张秋红）

【区级领导联系重点企业制度】 下半年，怀柔区建立区级领导联系重点企业机制。区领导带领相关部门与重点企业对口联系，每半年走访联系企业至少1次，主责部门每季度至少上门1次。重点企业服务办公室设在区经济信息化委，区委办、政府办、人大办、政协办、区发展改革委、经济信息化委、科委、商务委、环保局等相关委办局作为主责部门，首批联系对象来自都市型工业、汽车产业、战略性新兴产业、影视文化产业、现代服务业的24家企业。

（张秋红）

【汽车及零部件业全年产值300.2亿元】 年内，怀柔区规模以上汽车及零部件企业34家，从业人员1.2万人。全年产值300.2亿元，占规模工业总量的54.9%，同比增长41.0%；销售收入301.8亿元，同比增长27%；工业增加值27.8亿元，同比增长41.5%；上交税金8.4亿元，同比增长36.1%。汽车产业拉动整个工业产值增长19.8个百分点，拉动收入增长12.4个百分点。其中，福田戴姆勒汽车生产重卡10.65万辆，比上年增加3.29万辆，产值241.1亿元；销售重卡10.44万辆，同比增长29.4%，销售收入238.3亿元。31家规模零部件企业产值5.2亿元，同比增长15.0%；销售收入5.3亿元，同比增长12.9%。

（张秋红）

【6家食品饮料企业规模超10亿元】 年内，怀柔区规模以上食品饮料企业36家，从业人员1.8万人，其中6家企业规模超10亿元，比上年增加1家。全行业产值137.8亿元，同比增长4.0%；销售收入199.7亿元，同比增长14.6%；工业增加值44.8亿元，同比增长2.4%；利润13.7亿元，同比增长32.4%；税金18.7亿元，同比增长0.4%。行业产值占规模工业总量的25.2%。

（张秋红）

【规上包印企业累计产值34.0亿元】 年内，怀柔区11家规模以上包装印刷企业累计完成工业产值34.0亿元，同比增长6.7%；销售收入39.3亿元，同比增长5.6%；利润总额3.5亿元，同比下降30.5%；税金2.5亿元，同比增长6.3%。全行业经济总量约占规模工业总量的6.2%，拉动工业增长0.5个百分点。

（张秋红）

【规上生物医药企业累计产值6.8亿元】 年内，怀柔区规模以上生物医药企业9家，从业人员1158人，累计完成产值6.8亿元，同比增长19.4%；销售收入6.5亿元，同比增长6.4%。延续了近2年来较快的增长态势。

（张秋红）

【高新技术企业达61家】 年内，怀柔区高新技术工业企业达61家，比上年增加13家，主要经济指标实现两位数增长，其中工业总产值118.1亿元，同比增长17.8%；收入127.4亿元，同比增长15.3%；利润总额13.7亿元，同比增长5.5%；增加值29.6亿元，同比增长15.0%；税金7.6亿元，同比增长32.4%。高新技术企业中收入过亿元的已达25家。

（张秋红）

【中小企业培训】 年内，怀柔区已初步形成由主管部门、中介机构和企业自我培训等相互补充、相互完善的培训体系，全年开展专业培训和综合培训6期，分别是中小企业会计准则培训1期、项目包装及申报工作培训2期、国家和北京市扶持资金申请解读1期、《劳动合同法》公益培训1期、食品工业企业诚信体系建设培训和对外投资政策解读1期，参与培训的企业有300余家，超过700人次。

（张秋红）

【经贸交流活动】 年内，怀柔区共组织20余家企业参加4期展会，分别是京澳洽谈会、第十届中国国际中小企业博览会、第二十二届食品博览会和北京市农产品加工品“进城入市”活动。

（张秋红）

【安全生产标准化建设】 年内，怀柔区通过多项举措推动工业企业安全生产标准化建设。7月，制定印发《怀柔区工业系统推进企业安全生产标准化建设工作实施方案》，明确具体的推进措施。把推进标准化建设和日常检查相结合，把安全生产标准化建设列入企业检查的必检项目，并且做了大量推动工作，开展标准化建设的企业数量超出年初确定指标的5倍。年内，全区25家工业企业完成三级以上安全生产标准化建设，其中通过国家一级标准的有5家，通过二级标准的9家，通过三级标准的11家。

（张秋红）

【福田重型机械项目投入生产】 福田重机项目是我区重大产业项目，2012年5月动工。2013年5月，1号、2号联合厂房主体结构完成。7月，各种辅助工程主体建设完成。9月，设备安装完成，开始联机调试。10月，办公楼建设全部完成，开始试生产。截至年底，产量达到30台/月。

（张秋红）

密云县工业

【概述】 2013年，密云县工业总产值320.5亿元，同比增长10.8%，完成年计划315.9亿元的101.5%；主营业务收入348.9亿元，同比增长10.5%，完成年计划342.7亿元的101.8%；利润18.1亿元，同比增长13.7%。规模以上企业工业总产值287.9亿元，同比增长9.9%，超额完成市下达的计划。从主要行业来看，汽车及零部件业占全县工业比重四成以上，主营业务收入143.1亿元，同比增长21.5%，占全县工业比重的41.0%。生物医药业保持高位运行态势，主营业务收入10.2亿元，同比增长58.9%，占全县工业比重的2.9%。食品饮料业小幅增长，主营业务收入53.5亿元，同比增长2.5%，增速比上年减缓5.3个百分点，占全县工业比重的15.3%。纺织服装业持续收缩，主营业务收入28.7亿元，同比下降19.6%，降幅比上年增加13.8个百分点，其中服装服饰业主营业务收入14.5亿元，同比下降13.2%，降幅比上年增加4.8个百分点。黑色金属矿采选业降速放缓，主营业务收入23.5亿元，同比下降3.6%，降幅比上年减缓16.5个百分点。铁精粉产量213.4万吨，同比增加8443吨。

（密云县）

【节能减排】 年内，密云县对4家监管企业2012年节能完成情况进行考核。协调相关部门落实《2013年密云县清洁空气行动计划》，完成金润佳美铝合金塑钢门窗厂和北京爱丽龙印刷有限责任公司退出工作。完成3家企业签订能源管理合同。对463家工业企业进行调查，摸清耗能数据。对全县1000吨标煤以上重点能耗企业建立重点能耗企业台账，加大监控力度。建立雾霾天气应对机制和空气污染应急预案，对北京檀州节能砖厂、北京科勒有限公司等10家雾霾天气重点监控企业执行停产、限产工作，成功减少污染物排放15%；与北京青岛啤酒三环有限公司、首云矿业股份有限公司、北京市化工建材厂签订重点污染期间减排和停产承诺书。积极推进燃煤锅炉改造，压减燃煤1820吨，开发区完成2台50蒸吨燃气锅炉安装并试运行。133家规模以上工业企业综合能源消费212730.12吨标煤，同比下降1.29%；万元产值能耗0.10吨标煤，同比降低6.98%。

（密云县）

【累计签约工业项目31个】 年内，密云县累计签约工业项目31个，协议投资额19.8亿元。其中，协议投资1亿元以上项目5个，协议投资额14亿元。

（密云县）

【工业固定资产投入超20亿元】 年内，密云县工业固定资产投入项目61个，投入20.4亿元，同比增长2.3%。投入5000万元以上项目8个，投资12.7亿元，占投入总额的62.3%。投入前三位的行业是汽车及零部件业5.7亿元，占投入总额的27.9%；食品饮料业3.2亿元，占投入总额的15.9%；黑色金属矿采选业3.1亿元，占投入总额的15.1%。

（密云县）

【出口交货值23.9亿元】 年内，密云县规模以上出口企业涉及12个行业大类，其中9个行业增长。出口交货值23.9亿元，同比增长13.9%。其中，汽车及零部件业13.3亿元，同比增长58.1%；纺织服装业5.3亿元，同比下降34.9%。

（密云县）

【“一区七基地”建设】 年内，密云县“一区七基地”工业收入269.5亿元，占总工业收入的77.2%，同比增长16.5%，高于全县工业平均增速6个百分点，拉动工业增长12.1个百分点。其中，经济开发区拉动工业增长10.8个百分点。

（密云县）

【农民就业产业基地提升】 年内，密云县落实《农民就业产业基地提升考核办法》，以盘活闲置土地、引进入区企业、建设标准厂房、完善基础设施等指标为重点，督促各试点镇制订落实提升方案，确定年度目标，并对落实情况进行检查。全年基础设施投入8507万元，盘活闲置企业12家，腾退企业1家。实施《环开发区三镇与经济开发区对接方案》，指导有关乡镇开展相关工作。河南寨镇外立面设计改造、基础设施改造初级设计已完成，十里堡镇隆源小区道路建设工程完成投资323万元。

（密云县）

【专项扶持资金项目】 年内，密云县成功为北京康辰药业有限公司冻干粉针车间质量升级改造项目申请国家扶持资金259万元、北京精和顺磁业有限公司磁性材料生产技术改造项目申请国家扶持资金172万元、北京国电四维清洁能源技术有限公司新建高压变频器生产线项目申请国家扶持资金116万元。另外，组织北京亨通斯博通讯科技有限公司、北京美中双和医疗器械有限公司、北京富特盘式电机有限公司3家企业申报重点产业振兴和技术改造项目。同时，对获得国家中小专项项目进行管理，北京鑫海金奥胶印有限公司、北京元驰液压制造有限公司的项目情况良好，并顺利完成竣工验收。

（密云县）

【非政府投资核准备案】 年内，密云县非政府工业固定资产投资共办理核准、备案及其他类项目76项。其中，核准项目2项；备案项目51项；市级项目初审3项；撤销备案项目7项；建设期审核项目2项；招投标审核项目1项；办理产业证明初审1项；项目审核9项。核准投资总额0.77亿元，备案投资总额23.95亿元。

（密云县）

【规上企业工业总产值287.9亿元】 年内，密云县133家规模以上企业工业总产值287.9亿元，同比增长9.9%，超额完成市下达计划，同比增长9%；主营业务收入316.9亿元，同比增长9.8%，占全县工业比重的90.8%。

（密云县）

【年收入亿元以上企业】 年内，密云县年收入亿元以上企业50家，工业总产值251.1亿元，占全县工业的78.3%，同比增长11.9%。其中，年收入10亿元以上企业6家，工业总产值123亿元，占全县工业的38.4%，同比增长6.4%；年收入5亿元~10亿元企业8家，工业总产值54.1亿元，同比增长22.8%；年收入1亿元~5亿元企业36家，完成工业总产值74.0亿元，同比增长14.3%。

（密云县）

【能源调控企业】 年内，密云县29家重点用能监测企业综合能源消费量15.3万吨标煤，同比下降1.29%；万元产值能耗0.10吨标煤，同比下降6.98%。从能耗总量增减情况看，11家企业能耗同比增长，16家企业能耗同比下降，北新住宅产业有限公司没有同期数未进行对比，北京市密云建华铸钢厂停产未进行统计。从单耗同比增减情况看，7家企业万元产值能耗同比增长，20家企业万元产值能耗同比下降。其中，16家企业下降幅度大于4.82%。从行业上看，纺织服装业单耗同比增长，其他5个行业单耗同比下降，其中黑色金属矿采选、建材和其他行业下降幅度大于4.82%。

（密云县）

【推进企业上市】 年内，密云县制定2013年上市工作要点，召开第三次上市工作联席会部署上市工作；以“两高六新”为重点，开展第二批上市资源企业申报工作，北京美中双和医疗器械有限公司、派石新能源技术开发（北京）有限公司等9家公司提交申报材料；争取县内和外埠上市公司募投项目落地密云，先后与DDI国际工业技术（北京）有限公司、博天环境集团股份有限公司、京中电加美环境工程技术有限责任公司、北京合纵科技股份有限公司等公司进行接洽并达成共识；举办上市业务培训6期，组织开发区100余家企业开展上市政策宣讲，普及上市知识。推动北京富泰革基布股份有限公司递交上市申请并被正式受理。

（密云县）

【中小企业融资1.9亿元】 年内，密云县与北京中关村科技融资担保有限公司、北京首创融资担保有限公司、北京密云农业担保有限公司等担保公司，再担保公司及中国信托投资公司、中信信托投资公司开展集合信托。年初征集资金需求企业60家，全年为企业融资1.9亿元；与北京星展银行、北京市融资租赁公司合作推行融资租赁方式，为3家企业融资2000万元；与广发银行、北京银行合作采取信用贷款方式，成功为2家企业融资700万元；与国元证券、中信信托公司合作，采取私募债方式为2家企业融资2亿元。同时，召开银企协调会，改善融资环境。根据金融部门、企业需求召开协调会，随时发现并解决融资过程中存在的问题，为银企双方共同发展搭建平台。新增企业贷款户数20户、金额1亿元。

（密云县）

【完善中小企业网】 年内，密云县突出“两大平台、两个系统”，进一步完善中小企业网，着力解决困扰中小企业发展的融资、信息等关键性问题。投融资服务平台已进入试运行阶段。项目申报系统正式上线运行，中小企业数据库建设完成采集方案、软件工作。按照工信部要求，对中小企业网窗口平台建设项目进行验收，完成7个板块开发初步方案。

（密云县）

延庆县工业

【概述】 2013 年，延庆县规模以上工业企业总产值 64.8 亿元，同比下降 4.4%。主营业务收入 74.7 亿元，同比增长 5.2%；利润 12.5 亿元，同比下降 1.1%；全县工业固定资产投资 8.19 亿元，同比增长 59.6%；税收 4.76 亿元，同比增长 2.7%。规模以上工业五大产业呈现“二增三降”。“二增”为纺织服装产业，产值 15.3 亿元，同比增长 4.2%；医药制造产业，产值 2.6 亿元，同比增长 0.5%。“三降”为新能源和环保产业，产值 17 亿元，同比下降 4.6%，占全县规模以上工业的 26.2%；食品产业，产值 7.3 亿元，同比下降 9.5%；基础和新材料产业，产值 19.2 亿元，同比下降 9.5%。

（宋 强）

【中关村延庆园建设】 4 月 3 日，苟仲文常委为“中关村延庆园”授牌。9 月 3 日，北京市编办批复同意《延庆县经济和信息化委员会加挂中关村科技园区延庆园管理委员会牌子》。县经济信息化委会同县财政局、两个开发区、康庄镇成立了中关村延庆园建设协调推进小组，协调推进中关村延庆园建设各项工作。9 月 27 日，延庆县政府与中关村发展集团正式签订《关于中关村延庆园开发建设合作框架协议》，搭建市县两级首个资源整合平台。中关村延庆园管委会组建方案经县政府办公会审议通过。年内，审核认定中关村高新技术企业 27 家，协调帮助多家企业申报政策支持项目。其中，北京玻璃钢研究设计院获得专利扶持资金 6.5 万元、八达岭开发区生态系统建设和智能微电网建设项目获得扶持资金 1800 万元、延庆县规划展览馆布展及设计项目获得扶持资金 900 万元。

（宋 强）

【园区工业运行】 年内，延庆、八达岭 2 个开发区规模以上工业产值 59.2 亿元，占全县规模以上工业产值的 91.4%。其中，延庆开发区规模以上工业产值 31.4 亿元，同比下降 6.5%；八达岭开发区规模以上工业产值 27.8 亿元，同比增长 4.2%。其他区域规模以上工业产值 5.5 亿元，同比下降 25.7%。

（宋 强）

【重大项目】 年内，延庆县新能源孵化器二期、2 兆瓦屋顶光伏电站、智能微电网项目基本建成，北京华润高科天然药物有限公司、北京九龙制药有限公司等技改项目已竣工投产；金果园老农（北京）食品有限公司生产加工基地一期项目主体结构已完工。北京合力清源科技有限公司、北京京城压缩机有限公司、京能集团 31 兆瓦光伏示范电站项目建设稳步推进；北京环都拓普商贸有限公司、北京远东仪表有限公司等项目前期手续正在办理；推进北汽福田汽车股份有限公司、北控集团北京地铁车辆装备有限公司、创业板创新总部基地等项目落地。推动八达岭机场改造，带动高端装备与通用航空产业项目引进。重点折子工程项目阶段性完成，包括北京东方润泽节水科技有限公司八达岭经济开发区生产与研发基地建设项目、北京美正生物科技有限公司八达岭经济开发区生产基地建设项目、北京合力清源科技有限公司 40 套 / 年沼气生产及配套发电设施项目、北京环都拓普空调有限公司热回收节能空调项目、东晨阳光（北京）太阳能科技有限公司构件式太阳能热水器生产与研发基地项目、北京京仪远东系统工程技术有限公司节能环保仪表系统产业基地项目。

（宋 强）

【招商引资】 年底，延庆县与北京市太阳能研究所有限公司、北京浩运金能科技有限公司、国能生源科技有限公司、北京华电卓越科技有限公司、北京锦能伟业能源科技有限公司完成签约。

（宋 强）

【节能减排】 年内，延庆县委县政府对节能减排高度重视，多次召开专题会研究部署节能减排工作。按照《北京市大气污染治理方案》和空气重污染日应急预案要求，研究制定《延庆县工业大气污染治理方案》和《工业企业空气重污染日应急预案》，定期对北京玻璃研究院、北京华润高科天然药物有限公司、北京众和聚源混凝土有限公司和北京庆和食品有限责任公司 4 家企业进行监督检查，完成北京市空气重污染日应急演练。与企业签订空气重污染日限产、停产承诺书，严格落实空气重污染日各项应急措施。为空气重污染日临时限产、停产企业北京玻璃研究院和中材科技股份有限公司申请补贴金 35 万元。淘汰退出北京三川纸业有限公司和北京都宇龙鑫机械制造有限公司 2 家“三高”企业，为退出企业申请“三高企业退出”政策资金 250 万。制订工业压减燃煤工作实施方案，推进工业燃煤锅炉改造。鼓励和引导企业加大节能技术引进，加快节能项目建设，支持企业实施清洁生产认证。全年工业能源消耗量累计减少 1475 吨标准煤，废气排放量减少1350万立方米。

（宋 强）

【扶持中小企业】 年内，延庆县为加快新能源和环保产业的集聚发展，设立新能源环保产业发展专项资金，并出台专项资金管理办法。优化中小企业发展环境，减轻企业负担，协调帮助北京恒阳电缆厂、北京长城高效有机肥料有限公司等13家中小企业化解历史债务问题；为北京合力清源科技有限公司、北京京仪远东系统工程技术有限公司等7家企业申请免缴城市基础设施建设费1786万元；为北京京仪绿能电力系统工程有限公司、森特士兴集团股份有限公司、北京九龙制药有限公司等企业申报技术改造政策支持金491万元。落实市经济信息化委对“11.3”雪灾中受灾企业的扶持金1869万元。为稳增长做出突出贡献的北京华润高科天然药物有限公司、北京卓文时尚纺织股份有限公司、森特（北京）国际建筑系统有限公司、金果园老农（北京）食品有限公司等企业申请奖励资金250万元。对通过质量管理体系和环境管理体系认证审核的雪润（北京）羊绒制品有限责任公司、费尔特兰（北京）汽车产品有限公司等15家中小企业申请并发放奖励资金43万元。围绕企业信息化、财务管理、科技创新等主题，组织开展各类培训10余场，300多家企业受益。

（宋 强）

【亿元企业达13家】 年内，延庆县产值过亿元企业达13家，累计产值53.4亿元，同比下降1%，占工业总产值的82.4%。过亿元企业中上十亿元企业有1家，为森特士兴集团股份有限公司；新入统企业有1家，为北京合锐清合电气有限公司。2012年过亿元企业北京华都阳光食品有限公司已停产；北京恒阳电缆厂产值6695万元，同比下降35.4%；北京京城压缩机有限公司完成产值9128万元，同比下降19.8%。

（宋 强）

【6家企业通过认证】 年内，延庆县继续加大力度组织企业申报环境、质量管理体系认证。北京京仪绿能电力系统工程有限公司、北京八达岭酒业有限公司等14家企业取得ISO9001:2008质量管理体系认证；雪润（北京）羊绒制品有限责任公司、北京玻璃钢复合材料有限公司等5家企业取得ISO14001:2004环境管理体系认证。全县累计通过质量管理体系认证企业92家，累计通过环境管理体系认证企业63家。

（宋 强）

【基础设施建设】 年内，延庆县按照《智慧北京行动纲要》要求，完成《智慧延庆顶层设计规划方案》，结合实际，提前启动“延庆县智能城市运行管理平台”、图像共享交换平台建设，完成增补光缆、电缆187条，总长度约15万米；完成城区路口、广场、车站等重点地区128个点位的高清监控系统建设，基本实现城区重点部位监控全覆盖；建成并全部开通应急、综治、市政、公安110指挥中心、12个派出所等43部门的应用平台；完成空间地理信息服务系统（GIS）开发平台建设和网格化社会服务管理系统开发；开通28个社区居委会政务网络。老旧小区光纤到户改造工程完成37530户，在建及新建的小区、楼宇已经全部完成光纤、有线电视线缆入户工作，具备20兆宽带接入能力；宽带用户数5.2万户，使用4兆以上宽带接入互联网的用户数达1.5万户。累计发放高清双向机顶盒约3.56万台，延庆城区用户机顶盒发放实现全覆盖。协调相关委办局及乡镇，帮助解决电信运营商基站建设选址难问题，启动电信4G网络一期建设工程，在建基站96个，基本覆盖延庆城区。稳步推进葡萄酒庄产业带信息化建设。加快工业和信息化两化深度融合，鼓励企业开展电子商务活动，北京卓文时尚纺织股份有限公司全年网上销售突破3500万元，金果园老农（北京）食品有限公司网上销售实现1000万元。

（宋 强）

开 发 区

2013 年，北京市开发区主要经济指标持续增长，企业经济效益明显改善，开发区招商工业取得明显成效，土地集约利用水平进一步提高。

开发区经济规模稳步扩大。年内，北京市开发区实现总收入 3.3 万亿元，同比增长 15%。其中，中关村国家自主创新示范区实现总收入 3 万亿元；三个市级开发区①实现总收入 1632.2 亿元。北京市开发区实现利润总额 2413.1 亿元，同比增长 23.6%。其中，中关村国家自主创新示范区实现利润总额 2264.8 亿元；三个市级开发区实现利润总额 91.3 亿元。

招商引资工作取得丰硕成果。自开始至报告期，北京市开发区招商项目个数共计 39424 个，项目总投资 1.23 万亿元，注册资本 1.05 万亿元，其中三资企业注册资本 2058.7 亿元；外商实际投资 185.4 亿美元。中关村国家自主创新示范区招商项目个数 32529 个，项目总投资 1 万亿元，注册资本 8745.2 亿元，其中，三资企业注册资本 1565.5 亿元；外商实际投资 140.4 亿美元。

土地集约利用率有所提高。年内，北京市开发区规划面积 425.8 平方公里，同比增加 32.7 平方公里。其中，3 家国家级开发区规划面积 412.9 平方公里，占全市开发区面积的 97%；3 家市级开发区规划面积 12.9 平方公里，占全市开发区的 3%。截至年底，全市开发区累计已开发土地面积和累计已供应土地面积分别为 270.4 平方公里和 153.1 平方公里，占规划面积的比重分别为 63.5% 和 36%。累计已建成城镇建设用地面积 217.9 平方公里，占规划面积的比重为 51.2%。全市开发区已建成城镇建设用地每公顷土地实现总收入 15352.9 万元；其中，中关村国家自主创新示范区每公顷土地实现总收入 15327.6 万元。

中关村国家自主创新示范区

【概述】 2013 年是中关村国家自主创新示范区建设具有里程碑意义的一年。改革创新迈出坚实步伐，“新四条”政策经国务院批复实施，“1+6”政策试点持续深化，“京校十条”等一批市级创新政策出台。创新能力和效率明显提升，企业申请专利首次突破 3 万件，同比增长 34.2%；获得授权专利首次突破 2 万件，同比增长 36.2%；企业新创制标准 221 项，已累计创制标准 4882 项；在战略性新兴产业领域涌现出中国第一台关键应用主机浪潮天梭 K1 系统、乐视 TV 超级电视等一批前沿重大技术创新成果，国家自主创新源头地位更为突出。产业结构实现优化升级，下一代互联网、移动互联网和新一代移动通信、卫星应用等 6 大优势产业和集成电路、新材料等 4 大潜力产业占示范区总收入的 60% 以上，现代服务业占 2/3 以上。收入过亿元企业 2300 家，比上年增加 400 余家。新创办科技型企业约 6000 家。示范引领作用跃上新台阶，“1+6”部分政策在全国扩大试点，累计与天津、河北等 50 个地区建立战略合作关系，中关村及北京市技

① 2012年中关村扩区为“一区十六园”之后，原有16家市级开发区中有13家纳入中关村范围，仅剩林河经济开发区、天竺空港经济开发区、房山工业园3家未纳入，为避免重复计算，市级开发区数据仅加总此3家。

术合同成交额2848.1亿元，比上年增长16%，占全国的38.2%，近80%辐射到京外地区。

深化体制机制创新和政策先行先试，营造良好的政策环境。深入实施国务院支持的“1+6”政策。在创新平台增设了军民融合创新工作组，成立了由国家发展改革委等九部委参加的国家科技金融创新中心建设指导委员会。2013年新批复5家单位的股权激励方案，新认定高新技术企业1120家，新增“新三板”挂牌企业73家，所有北京市财政支持的科研项目均纳入了经费管理改革试点，列支间接费用9000多万元。同时，科技成果处置权和收益权管理改革、研发费用加计扣除、职工教育经费税前扣除、股权奖励个人所得税、高新技术企业认定管理等试点政策获批延长适用期。“新四条”试点政策获国务院批准实施，在中关村开展高新技术企业认定中文化产业支撑技术等领域范围、有限合伙制创业投资企业法人合伙人企业所得税、技术转让企业所得税、企业转增股本个人所得税等四项政策试点。着力推动市级层面政策创新。推动出台《关于加快推进高等学校科技成果转化和科技协同创新的若干意见》，示范区领导小组会议审议通过中关村百千万科技金融服务平台、支持企业国际化发展、创业期企业集中办公区认定、小微企业信贷风险补偿、支持互联网金融产业发展、市属国有创投企业持有和转让所持中关村企业股权管理等6个政策文件。落实扶持创业的政策措施。印发实施了示范区创新型孵化器发展规划，培育车库咖啡、创新工场、创客空间等17家新型孵化器，新确定“金种子企业”95家，累计培育“金种子企业”195家，成功组织首届“中关村—硅谷创新创业大赛”。示范区投资案例和投资金额均占全国的1/3左右。

加速聚集高端创新要素，优化创新创业生态系统。加快推进人才特区建设。推动落实13项特殊政策，实现中关村高端领军人才职称评价政策“一区十六园”全覆盖，起草形成《中关村国家级人才特区政策创新和体制机制改革方案》。完善人才发展平台和培训体系，在打造企业家党校班、创新创业（海归）人才高级培训班等培训品牌的基础上，开展了企业家和大学生专项培训。北京市入选“千人计划”904人，中关村占78%，约占全国的21%；全市入选“海聚工程”514人，中关村占70%；“高聚工程”共引进158名高端人才。全面建设国家科技金融创新中心。印发实施《北京市建设中关村国家科技金融创新中心重点任务分解实施方案（2013—2015年）》。着力推进国家科技金融功能区建设，启动中关村百千万科技金融服务平台建设，成立总规模100亿元的发展基金。实施“展翼计划”，设立小微企业信贷风险补偿资金，联合人行营管部开展了“零信贷”小微企业金融服务拓展活动。推动互联网金融产业发展，出台了支持中关村互联网金融产业发展的若干措施，成立了全国首家互联网金融的行业组织。在“新三板”挂牌和通过备案的企业达255家，上市公司总数达到230家，其中创业板上市公司占全国1/7。加强技术创新体系建设。推进建设国家知识产权制度示范园区，获批筹建国家技术标准创新基地，深化中关村标准创新试点。做好国家商标战略实施示范区工作，支持科技型企业评选“北京市著名商标”。完善海关检验检疫服务模式，协调推动国家质检总局分级授权审批、延长检疫许可证有效期等改革试点，为企业开展进出口业务营造良好环境。中关村开放实验室服务模式不断创新。发挥社会组织在政产学研用协同创新中的作用。深化社会组织登记管理改革试点，举办了示范区社会组织工作大会，2013年新增15家产业联盟，登记注册了中关村社会组织联合会、中关村创新文化发展促进会等37家新型社会组织，活跃在示范区的社会组织达110家。

全面落实国务院批复精神，优化示范区空间规模和布局。推动示范区空间规模和布局调整。贯彻落实国务院批复的空间规模和布局调整方案以及市委市政府的实施意见，完成示范区落桩定界、分园授牌、高新企业认定、政策宣讲、政策覆盖等工作，落桩定界材料以市政府名义报国务院完成备案。推动健全分园管理机构。组织修改示范区优化产业布局指导意见，初步编制示范区特色产业基地规划建设方案。发挥“两城两带”带动作用。中关村科学城有44个项目启动规划建设，“理化技术产业创新园”“科技法律服务创新园”第四批项目整体打包纳入市绿色审批通道。未来科技城一期10平方公里的主体工程基本完工，正加快筹建二期工程的北扩工作，参建央企15家。北部产业带总收入预计1.5万亿元，同比增长20%，南部产业带总收入预计7800亿元，同比增长27%。各分园成为区县加快转变发展方式的引擎。新入区的平谷园深入开展规划调研工作、高新认定等工作，门头沟园加大对重点企业的走访服务力度，房山园加快北京高端制造业基地建设，顺义园起草了新占用土地项目准入标准和审核办法，密云园着力加强了企业融资服务工作，怀柔园积极打造北京纳米科技产业园，延庆园加强了与中关村发展集团的对接合作。

深入实施创新引领工程，初步形成战略性新兴产业集群创新格局。前瞻布局战略性新兴产业发展。完成“641”产业关键技术、重点产业联盟、重点企业和产业基地情况梳理。依托北京市100亿元统筹资金，支持重大产业化项目96个，储备一批战略性新兴产业项目。完善技术创新市场导向机制，支持参股设立集成电路产业基金，设立创业投资引导资金、企业改制上市及并购资助资金。支持现代服务业平台类项目和企业52个，支持资金共计3.5亿元，带动社会投资42亿元。支持龙头企业提升影响力。在大数据、移动互联网、生物和健康、节能环保等重点领域聚焦服务模式创新，426家“十百千工程”培育企业预计实现收入1.2万亿元，占示范区总收入的42%。亿元以上企业经济规模已占示范区经济总量的八成，对示范区经济增长的贡献率超过90%。新兴产业交叉融合发展态势凸显，涌现出搜狗、人人贷、58同城、去哪儿网等一批高成长企业。推进产业链上下游集群创新。围绕大数据、3D打印、石墨烯、分子育种等前沿技术，布局重点产业联盟。重点支持了黔龙泰达数字图像压缩技术、九州华芯密码芯片技术等前沿技术的市场化应用。支持了小米电视与利亚德、京东方公司合作等一系列产业链上下游的强强联合。

服务国家战略和首都经济社会发展重大关切，发挥示范引领和辐射带动作用。积极服务国家战略需求。推动“1+6”政策在全国扩大试点，研发费用加计扣除、职工教育经费税前扣除、股权激励个人所得税试点政策，推广至东湖、张江示范区和合芜蚌综合试验区，“新三板”试点扩大至全国。加快中关村军民融合科技创新示范基地建设，出台2013—2015年行动计划，设立军民融合科技创新发展专项资金，年内军民融合项目金额超过60亿元，基本完成蓝鲸军民融合创新园主体工程施工。服务解决首都经济社会发展重大关切问题。实施支持企业参与首都生态文明与城乡环境建设的工作方案，为解决大气污染治理、垃圾污水处理、交通拥堵等热点难点问题提供科技支撑，重点支持了高能耗企业云能源管控平台的开发及产业化等一批重点项目，支持房山海聚高科产业基地水资源综合利用工程等21个中关村生态园区建设项目。以服务京津同城化、京津冀一体化发展为重点，开创区域创新合作新局面。推动成立中关村—滨海新区大数据产业技术创新联盟和京津冀及周边区域节能低碳环保产业联盟，启动共建京津中关村科技新城。研究提出运用互联网思维、互联网技术促进区域产业结构优化升级和运用节能环保技术促进区域传统产业改造提升的思路，主办了京津冀及周边节能环保产业技术推广对接会。与河北唐山、浙江衢州等21个地区建立了战略合作关系，促成100多家示范区企业在河北承德、贵州贵阳等地达成170余个合作项目，总金额200多亿元。

加快国际化发展步伐，全球资源配置能力不断提升。拓展国际化发展渠道。出台《中关村国家自主创新示范区支持企业国际化发展行动计划（2013—2015年）》。分别与芬兰、以色列共建芬华创新北京中心和中以创新合作转移中心，与中关村建有合作关系的国际创新区域近20个。支持企业在境外建立研发机构、合资公司和孵化器。提高整合利用全球创新资源能力。实施高端链接战略，依托专业机构和专利数据开展绘制全球顶尖技术和团队分布图。举办“科技创新与产业革命”中关村论坛年会，申办成功2015年世界科技园协会（IASP）年会。创办中关村国际化大讲堂，落实国际化发展专项资金，服务和推进企业国际化发展。

（王　锦）

【6家企业参展国际消费电子产品展】 1月8—11日，第46届美国国际消费电子产品展览会在美国拉斯维加斯会展中心举办。中关村管委会组织了北京君正集成电路股份有限公司、北京天宇朗通通信设备股份有限公司等6家企业集体参展，展位面积185平方米。天宇朗通展示的首款LTE网络手机、德信无线通讯科技（北京）有限公司发布的三防手机和健康手机均受到了参展商和媒体的关注。参展企业在展会现场的订单总额近1000万元。展会期间，中关村管委会还举办了“中美科技企业美国市场拓展研讨和对接会”活动，为中美双方企业创造交流契机，发挥国际合作桥梁纽带作用。

（王　锦）

【中关村青年联合会成立】 1月10日，由团市委、市青联、中关村管委会共同主办的“共青团中关村科技园区工作委员会暨中关村青年联合会成立大会”在中关村示范区展示中心会议中心举行。市委常委陈刚，团市委书记常宇，市青联主席刘震，中关村管委会主任郭洪等相关领导出席。团市委相关部门、各团区县委和来自中关村各行业领域青联委员近200人参加。成立中关村科技园区团工委和中关村青联，旨在自主创新方面树立标杆和示范，将个人的奋斗融入推动首都科学发展的生动实践中，在投身中关村国家自主创新示范区建设的历程中建功立业。经团市委、中关村管委会、中关村各分园管委会、各有关高校、相关协会等组织单位推荐以及企业自荐，共推荐出中关村青年联合会第一届委员168名。在成立大会后召开了第一届一次会议，中关村管委会副主任杨建华当选中关村青联第一届主席；北新集团建材股份有限公司董事长王兵、北京大学党委常务副书记张彦、中关村发展集团股份有限公司副总经理李妍（女）、北京市海淀区人民政府副区长孟景伟、中国科学院北京分院副院长欧龙新、北京交控科技有限公司董事长郜春海、北京千方科技集团有限公司董事长夏曙东、北京小米科技有限责任公司董事长雷军当选中关村青联第一届副主席。

（王 锦）

【基因敲除大鼠研发成功】 1月13日，北京百奥赛图基因生物技术有限公司利用TALEN制备基因敲除大鼠的技术研发成功。百奥赛图公司利用TALEN技术制备的RAG2基因敲除大鼠，基因型鉴定结果证实为：阳性RAG2基因敲除杂合子大鼠。

（王 锦）

【5家企业首次亮相世界能源峰会】 1月15—17日，第6届阿联酋阿布扎比世界未来能源峰会暨环保能源展（WFES）在阿联酋阿布扎比国际展览中心举行，中关村管委会首次组织北京仁创科技、桑达太阳能等5家示范区企业参展，示范区企业自主研发的多项产品引起广泛关注，共签署25份合作意向书。其中，北京博电新力电气股份有限公司的静止无功补偿装置、北京市远方动力可再生能源科技发展有限公司的太阳能控制器、北京仁创科技集团的透气防渗沙等产品均居于国内领先，并已达到国际先进水平。中关村管委会副主任宣鸿出席展会。

（王 锦）

【猪圆环病毒疫苗技术获奖】 1月18日，在北京人民大会堂举行的“国家科学技术奖励大会”上，北京大北农科技集团股份有限公司参与完成的“重要动物病毒防控关键技术研究与应用”项目获2012年国家科技进步奖一等奖。大北农集团主要针对国内猪圆环病毒2型疫苗种类少的问题，研发了猪圆环病毒2型灭活疫苗（DBN–SX07株）。其采用的毒株（DBN–SX07株）由大北农集团动物医学研究中心自行分离，具有毒力和免疫原性强、免疫保护率高的特点。在研发过程中，科研团队攻克了转瓶大规模培养、生物富集及免疫效力替代试验等3项关键技术，采用β-丙内酯灭活技术，提高疫苗的抗原含量与免疫原性，改进疫苗评价标准，解决了病毒培养滴度提升、生产工艺优化、效力检验标准确立以及猪体攻毒模型的建立等问题。

（王 锦）

【中国农大创业园企联成立】 1月21日，中国农大创业园企业团拜会暨企业联合会成立大会在中国农大创业园召开。该会旨在提升企业核心竞争力，增进企业间以及企业与社会各界的交流合作，搭建政企沟通桥梁，创造性地开展工作，努力成为民营科技企业的“代言人”，在区域创新体系与和谐社会建设中贡献力量。会上宣布了企业联合会的组织架构，会长单位由北京建设大学担任；副会长单位由北京世纪阿姆斯生物技术股份有限公司、北京屯玉种业有限责任公司等企业组成。中关村管委会、海淀园管委会、海淀区投促局等单位相关领导及100余家园区企业的代表出席。

（王 锦）

【合众思壮公司收购加拿大公司业务】 2月2日，北京合众思壮科技股份有限公司发布《收购资产公告》，宣布公司通过下属全资公司思壮加拿大公司（1718784 Alberta Ltd.）、思壮美国公司(Hemisphere GNSS（USA）Inc.）加拿大半球股份公司（Hemisphere GPS Inc.）及加拿大半球有限公司（Hemisphere GPSLLC.）签署协议，投资2000万美元，收购加拿大半球股份公司部分资产及业务，包括高精度产品线和相关的所有知识产权，以及“Hemisphere GPS”商标。

（王 锦）

【135个项目获北京市科技奖】 2月21日，市委市政府召开的“北京市科学技术奖励大会暨2013年北京市科技工作会议”举行。中关村示范区共有135项科技创新成果获得2012年度北京市科学技术奖。根据《北京市科学技术奖励办法》（市政府令第222号）的规定，决定授予由中芯国际集成电路制造（北京）有限公司等单位完成的“超大规模集成电路65~40纳米成套产品工艺研发与产业化”等27项科技成果为北京市科学技术奖一等奖，中关村示范区内18项；授予由中国科学院计算技术研究所等单位共同完成的“面向国家骨干互联网的安全监测技术及其应用”等53项成果获二等奖，中关村示范区内41项；授予由北京京能热电股份有限公司等单位共同完成的“燃煤电厂氮氧化物控制综合技术与低品位余热综合利用技术研究示范”等104项成果获三等奖，中关村示范区内76项。

（王 锦）

【美国医疗器械项目推介会召开】 3月7日，由中关村发展集团股份有限公司主办、新发现资本有限公司（Neos Discovery Capital LLC）协办的美国医疗器械项目推介会在中关村发展集团公司召开。发展集团、新发现资本和中关村管委会产业处等单位领导出席。参加推介会的企业有乐普医疗器械股份有限公司等10

余家医疗器械行业企业，以及汇龙森国际企业孵化（北京）有限公司、国科嘉和（北京）投资管理有限公司等4家投资机构。中国食品药品检定研究院主任高尚先、宣武医院神经内科主任王玉平担任咨询专家。会上介绍了包括手持式鼻科手术仪、用于癫痫诊断的神经影像处理软件、MRI引导的手术精确线性定位仪等11个医疗器械项目。嘉宾与项目负责人就项目的核心技术、合作模式等问题进行了沟通与交流。本次推介会将美国明尼苏达大学医疗器械中心的领先技术成果与中关村医疗器械企业进行“嫁接”，通过“1+1”合作模式，为引进海外高端医疗器械技术和海外项目落户中关村搭建平台。

（王 锦）

【中关村集成电路产业联盟成立】 3月15日，“中关村集成电路产业联盟成立大会”在北京丽亭华苑酒店举行。该联盟由中芯国际集成电路制造（北京）有限公司、北京集成电路设计园有限责任公司、北京兆易创新科技有限公司等集成电路产业链上下游30余家企业共同发起，是北京市首个覆盖集成电路全产业链的产业联盟，旨在围绕中关村示范区集成电路全产业链，搭建开放式合作平台，提升中关村示范区集成电路产业整体能力。副市长苟仲文、中关村管委会主任郭洪等领导以及发起企业代表等人参加。

（王 锦）

【骨科机器人完成骨科手术】 3月26日，深圳市第二人民医院的医务人员首次利用北京天智航医疗科技股份有限公司研发的Galen骨科机器人导航定位系统成功完成2例股骨颈骨折空心钉内固定手术。Galen骨科机器人导航定位系统包括牵引导航系统和计算机系统，适用于任意患肢部位的骨固定术，具有：病历管理的功能，采集C型臂图像的功能，定位靶点、计算锁钉路径和长度的功能，术前模拟仿真的功能，存储靶点、锁钉路径和长度图像数据的功能，胫骨骨折闭合牵引复位的功能。

（王 锦）

【中芬合作创新平台落地中关村】 4月8日，由中关村软件园主办的“中芬国际合作创新平台启动暨北京芬华创新中心签约仪式”在中关村软件园云广场举行。该中心的成立是促进双方优势互补、合作共赢新的重要举措，有助于中关村企业与芬兰科技企业的双向交流与技术研发合作，促进中关村链接以北欧为代表的全球高端创新资源。其办公地点设在中关村科技园区内。中关村管委会副主任周国林、海淀区副区长孟景伟、中关村发展集团董事长于军，以及海淀园管委会，芬兰欧洲事务与外贸部、芬兰驻华使馆、芬兰外交部和芬兰贸易协会负责人以及中关村软件园等单位领导和企业代表近200人出席。

（王 锦）

【“高分一号”卫星发射成功】 4月26日，“高分一号”卫星在酒泉卫星发射中心由“长征二号丁”运载火箭成功发射。“高分一号”卫星由航天东方红卫星有限公司牵头研制，是中国高分辨率对地观测系统重大专项的首发星，主要用户部门为国土资源部、环境保护部、农业部，同时还将为其他10余个用户部门和有关区域提供示范应用服务。该卫星是中国首颗设计、考核寿命要求大于5年的低轨遥感卫星，可实现在同一颗卫星上高分辨率和宽幅成像能力的结合，将在国土资源调查、环境监测、精准农业、助力减灾救灾等方面发挥作用。

（王 锦）

【华力创通公司发布车载芯片】 5月8日，北京华力创通科技股份有限公司发布《关于发布GNiStar-2车载北斗/GPS多媒体智能处理器芯片的公告》，宣布其完成GNiStar-2车载北斗/GPS多媒体智能处理器芯片研发和量产测试，并开始接受市场订货。该芯片基于华力创通公司研发的北斗/GPS兼容卫星导航技术，将北斗/GPS兼容定位与智能CPU操作系统、多媒体影音、汽车总线、车身影像等应用技术融合，而研发完成的一款单片集成的北斗/GPS多媒体智能处理器芯片，主要应用于车载智能终端、车载多媒体导航监控终端、多功能行驶记录仪等。

（王 锦）

【示范区企业参展卫星导航年会】 5月15—17日，在“第四届中国卫星导航学术年会”上，北京北斗星通导航技术股份有限公司、北京合众思壮科技股份有限公司、北京东方联星科技有限公司等中关村示范区参展企业，展示了卫星导航的芯片、板卡、终端、运营服务等产品和技术。北斗星通公司推出蜂鸟Humbird芯片、UR370高精度接收机等产品。Humbird芯片是一款兼容北斗的多模GNSS SoC芯片，具有体积小（面积25平方毫米）、功耗低（35毫瓦）、灵敏度高（捕获灵敏度−147分贝毫瓦，跟踪灵敏度−160分贝毫瓦）等特点，并支持基站辅助定位（AGNSS）和差分辅助定位（DGNSS），扩展功能丰富。和芯星通科技（北京）有限公司推出基于北斗的驾考应用系统解决方案。

（王 锦）

【中交兴路公司与英特尔公司签约】 5月22日，“智慧交通 芯动力——英特尔和中交兴路战略合作签约仪式”举行。车联网产业链企业代表参加。根据协议，双方将发挥英特尔公司在智能终端、云计算、大数据处理及系统安全建设、国际化等方面的优势，以及北京中交兴路信息科技有限公司在车联网实践中的资源、技术能力和实际应用等优势，在中国车联网应用领域开展全方位、多层次的合作。

（王　锦）

【中关村发布孵化器发展规划】 5月24日，在北京市科技企业孵化器及大学科技园工作会议上，中关村管委会正式对外发布《中关村国家自主创新示范区创新型孵化器发展规划（2013—2015年)》。规划坚持“全球视野、创新引领、特色突出”的发展原则，明确了孵化器作为原创产业的源头和创新创业的摇篮的战略定位，提出了建设全球最具吸引力的创业中心的发展目标，对“一区十六园”的创新型孵化器建设进行了总体布局，到2015年创新型孵化器将达到80家，在孵企业获得天使投资、创业投资的比例达到25%，研发投入占销售收入比例达到6%以上，平均毕业年限不超过2年，培育2~3家商业模式在全球领先的企业，孵化器内战略性新兴产业领域企业比例超过80%。

（王　锦）

【用友公司“核高基”项目获批准】 6月4日，用友软件股份有限公司发布《关于公司承担的“核高基”重大专项获得批准的公告》，宣布收到工业和信息化部《核高基实施管理办公室关于批复核心电子器件、高端通用芯片及基础软件产品科技重大专项2013年立项课题中央财政资金预算的通知》（工信专项一简〔2013〕45号），其承担的“核高基”重大专项“面向大型行业应用的共性云计算基础软件平台研制与应用”获工业和信息化部批准。项目将研究大型行业应用的云计算环境下软件服务化转型的共性技术问题，建设面向制造、流通与服务、医疗、金融、电信、政府、教育、汽车等行业大中型企业应用的共性云计算基础软件平台，支持大型行业应用服务的开发与运行，并通过产业化推动云计算在中国大中型企业的发展和普及应用。项目实施周期为3年（2013—2015年），中央财政对项目的预算资金为3025万元。

（王　锦）

【85个国家创新基金项目通过验收】 6月6日，由中关村管委会推荐并监理的85个项目通过科技部2013年第一批国家创新基金项目验收。其中企业承担的2009年创新基金项目有北京广灵精华科技有限公司的“半固态镁合金流变成型技术生产汽车方向盘骨架”等75个；企业承担的2010年创新基金项目有北京有恒斯康通信技术有限公司的“3G无线传输视频监控管理系统”等10个。

（王　锦）

【金隅环贸科技商务区揭牌】 6月14日，由中关村管委会主办的“中关村金隅环贸科技商务区揭牌仪式”在北京环球贸易中心举行。东城园按照“一园多基地”的发展模式，搭建中关村科技园区与金隅环贸中心的高端服务平台，促进中关村“1+6”先行先试政策和标准体系的覆盖，发挥金隅在京津冀区域的产业布局优势，促进中关村创新成果向其他区域的转移和产业化，实现各方的共赢。中关村管委会、东城区政府、中关村雍和园管委会等单位有关领导及入驻金隅环贸科技商务区企业代表出席。

（王　锦）

【首批高铁作业车订单签约】 6月18日，“利用世行贷款采购160公里/小时多功能作业车签约仪式”在北京二七轨道交通装备有限责任公司举行。中国铁路总公司、北京二七装备公司等单位领导参加。根据合同，北京二七装备公司向中国铁路总公司提供16台接触网多功能综合作业车，将装备北京、上海、济南等铁路局。这是该车获得的首批订单。该车由北京二七装备公司研制，是针对高速铁路的专用救援车辆，车上配有升降旋转作业平台、高空作业斗、导线拨线装置、接触网检测装置等设备，可进行线路故障的处理以及铁路电气化接触网的维护和保养作业，具备铁路接触网综合检测功能。

（王　锦）

【市领导到中关村担保公司调研】 6月18日，市委常委陈刚到中关村科技融资担保有限公司调研。中关村管委会主任郭洪、中关村发展集团董事长于军陪同调研。担保公司负责人就主要经营状况、服务中小微企业情况和未来发展规划做了详细汇报。陈刚表示，担保公司整体发展顺畅，业务定位清晰，内部管理到位，出色地承担起政府出资企业的社会职能，又按照市场化规则，通过加强内部管理和市场客户拓展，形成了自己的经营特色，取得了很好的效果，并对今后工作提出了要求。

（王　锦）

【14家企业亮相亚洲国际科技展】 6月18—21日，“2013新加坡亚洲国际通信与资讯科技展及国际广播科技与设备展览会”在新加坡滨海湾金沙展览中心举行。中关村示范区共组织14家企业参展。中关村管委会副主任廖国华出席展会并考察了示范区企业参展情况。展会期间，北京中科大洋科技发展股份有限公

司参展的 iChannel2 Clustered Automation 高集成模块化播出系统和 Fresco Multiviewer 多画面分割器受到主办方及业内人士高度评价；来自澳洲的客户现场签订了 150 个由北京飞亚视科技发展有限公司自主研发的变焦双色温、亮度无级可调影视灯产品订单；北京算通科技发展股份有限公司展出了数字电视前端产品 H.265 转码器。

（王 锦）

【乐普医疗公司收购新帅克公司】 6 月 22 日，乐普（北京）医疗器械股份有限公司与河南新帅克制药股份有限公司战略合作签约仪式在北京世纪金源大饭店举行。中国船舶重工集团公司以及签约双方相关领导参加。乐普医疗公司与新帅克公司的控股股东拉萨恒宁创业投资合伙企业签署《股份转让协议》。根据协议，乐普医疗公司出资 3.9 亿元收购新帅克公司 60% 股份，将对新帅克公司的产品销售、技术研发、资本运作和服务领域进行整合和优化。新帅克公司注册资金 5500 万元，产品涉及心血管、消化系统、妇科等领域。

（王 锦）

【23 家企业参展国际环保展】 7 月 23—26 日，在中国国际展览中心举行的“第十三届中国国际环保展览会”上，中关村国家环境服务业发展联盟以“引领自主创新，共建生态文明”为主题组织中关村示范区 23 家企业参展，展示了水污染治理、大气污染治理、固体废物处理处置、节能、新能源以及环境服务等领域的技术和装备。北京威业源生物科技有限公司展示的微普紧急泄漏处理液（水域型）是基于微普生物修复技术研发的生物修复型环保溢油处理产品，能迅速分解并降解水面溢油，消除溢油污染，修复水域生态环境。中食（北京）净化科技发展有限公司展示的“保食安”水触媒食品净化机系列产品，无任何化学添加，仅用水作为解毒净化的介质，可杀灭食品上各种致病微生物，降解农药、激素、抗生素等化学残留。

（王 锦）

【首台超导磁共振成像系统获图像】 8 月 7 日，中国科学院电工研究所王秋良研究部与北京汇影互联科技有限公司等合作，研制成功中国首台自平衡电磁力的磁场强度在 0.5~0.7 特斯拉的开放式超导核磁共振系统，并获得高清晰的人体成像。该系统由两个大分离间隙超导磁体、一体化低温系统以及复杂形状的铁轭组成，采用液氦零挥发技术，具有磁场强度较高、结构紧凑、场强和均匀度高、磁场连续可调、操控性好、运行平稳可靠、节能、经济和环保等优点。

（王 锦）

【中关村国家新媒体产业基地授牌】 8 月 14 日，“中关村国家自主创新示范区国家新媒体产业基地”授牌仪式在国家新媒体产业基地举行。市委副秘书长傅华、市文资办主任周茂非、北京经济技术开发区管委会主任张伯旭等单位领导及 100 余家企业代表出席。中关村管委会主任郭洪、大兴区代区长谈绪祥为“中关村国家自主创新示范区国家新媒体产业基地”授牌。该活动以“新媒体 新梦想 新启航”为主题，集中面向企业就国家新媒体产业基地的企业服务项目及招商环境、优惠政策进行了展示。国家新媒体产业基地纳入中关村国家自主创新示范园区后，成为可同时享受“中关村 + 北京经济技术开发区”双重政策覆盖的文化创意产业园区，有利于促进新区文创产业加速发展，为各类文创设计产业企业、人才、项目的落户和发展提供政策扶持和资金奖励措施。授牌仪式上，国家新媒体产业基地企业咨询服务中心正式对外开放。服务中心设有 5 个服务窗口，为企业提供金融扶持政策、融资需求、企业服务、党建、工会建设等方面的申请、审核服务。

（王 锦）

【承建北京城区首个地下再生水厂】 8 月，北京肖家河污水处理厂升级改扩建工程开工。工程由桑德集团有限公司承建，位于北京肖家河污水处理厂厂区内，是北京城区首个地下全封闭再生水厂。其污水处理工艺将由原来的半地下的“预处理 + A2O + 生物滤池 + 深度处理 + 二氧化氯消毒”工艺，升级改造为全地下的“预处理 + A2O+MBR 膜生物反应器 + 臭氧紫外联合消毒”工艺，处理能力将由 2 万吨 / 天提高到 8 万吨 / 天，出水水质将由《北京市水污染物排放标准》的一级 A 标准限值提高到《地表水环境质量标准》（GB3838−2002）IV 类水体的水质标准。

（王 锦）

【中关村创新创业大赛结果揭晓】 9 月 11 日，2013 第二届中国创新创业大赛（北京赛区）暨首届中关村—硅谷创新创业大赛（北京地区）决赛在北京京仪大酒店举行。大赛评委会评出团队组、初创企业组和成长企业组各一等奖 1 名、二等奖 2 名、三等奖 3 名。其中团队组：北京元复科技有限公司（Topgrid 团队）；初创组：北京梅德厚普科技有限公司；成长组：北京梦之城文化有限公司分别获得本组一等奖。会上，为获奖者颁奖。赛后，举行了“中关村创业特训营”开营仪式。

（王 锦）

【德青源公司获全球水晶鸡蛋奖】 9 月 24 日，在南非开普敦举行的2013世界蛋品年会上，北京德青源农业科技股份有限公司因其为广大消费者提供优质的蛋白质，同时有效解决养殖带来的环境问题，通过企业核心技术将畜禽粪便、农业废弃物、城市垃圾转化为生物质能源，以及其对产业模式的示范意义和对社会责任的杰出贡献，获得世界蛋品协会颁发的2013年度全球水晶鸡蛋奖。

（王 锦）

【发展集团同延庆签署合作协议】 9月27日，延庆县政府与中关村发展集团签署中关村延庆园开发建设合作框架协议，共同开发建设中关村延庆园。延庆县政府所属投资主体与中关村发展集团共同出资设立项目公司，注册资本2亿元，负责该区域土地一级开发、二级载体建设、配套基础设施建设及相关运营管理工作，按照产业集群创新引领的发展格局，加快推进节能环保、新能源、高端装备和通用航空、现代服务业产业集群发展。合作开发总用地面积266.2公顷。其中，延庆经济开发区合作开发用地面积129.3公顷，八达岭经济开发区合作开发用地面积136.9公顷。双方将按照园区整体规划布局，采用"腾笼换鸟"、土地置换等方式，推动园区新能源和节能环保产业的聚集发展。

（王 锦）

【中共中央政治局在中关村举行第九次集体学习】 9月30日，中共中央政治局以实施创新驱动发展战略为题举行第九次集体学习。习近平等来到中关村国家自主创新示范区展示中心，听取了中关村管委会负责人关于中关村创新发展情况的汇报，前往展厅参观，同企业负责人和科研人员深入交谈，听取了科技部部长万钢介绍我国科技创新总体情况，并就实施创新驱动发展战略进行讨论。习近平就此提出5个方面的任务。一是着力推动科技创新与经济社会发展紧密结合。二是着力增强自主创新能力。三是着力完善人才发展机制。四是着力营造良好政策环境。五是着力扩大科技开放合作。市长王安顺，市委常委李士祥，市委秘书长赵凤桐，副市长张工陪同参观，中关村管委会主任郭洪等参加接待。

（王 锦）

【召开学习习近平总书记重要讲话精神座谈会】 10月8日，中关村管委会组织召开座谈会，传达学习习近平总书记在中央政治局集体到中关村学习时的重要讲话精神。副市长张工，市委副秘书长傅华出席，中关村管委会有关领导及各园管委会、北京航空航天大学等高校院所、联想集团等重点企业、产业联盟、行业协会、金融机构等各类创新创业主体代表共50余人参加。围绕习近平讲话精神和创新驱动战略交流认识与体会，并从产业、技术、政策、金融、人才等各方面为中关村如何实施创新驱动发展战略献计、献策。

（王 锦）

【中关村创新文化促进会成立】 10月16日，中关村创新文化发展促进会筹备成立大会暨第一次会员大会在裕惠大厦举行。该会是经北京市民政局批准成立的，由中关村企业、研究机构、社会组织以及相关专家学者、企业家、社会知名人士等自愿结成的公益性社会组织，其宗旨是研究、培育和弘扬中关村创新文化，营造创新创业浓厚氛围，增强中关村软实力、感召力和向心力，架起政府、企业、研究机构沟通联系的桥梁与纽带，更好地服务中关村科学发展。中关村管委会、示范区各分园管委会负责人，中关村企业、高校、科研院所代表共100余人出席。会上，审议通过了中关村创新文化发展促进会章程和会费收取管理办法；中关村论坛协会秘书长夏颖奇当选为第一届会长，中关村管委会主任郭洪为指导委员会名誉主任；选举中关村论坛协会、微软公司等17家单位为第一届理事单位，中关村软件园、中关村电子商会、中关村人大文化科技园为监事单位。会员单位有时代集团、北京新东方教育科技（集团）有限公司等56家企业和社会机构。

（王 锦）

【获国际科技园区协会年会举办权】 10月16日，第三十届国际科技园区协会年会在巴西累西腓市举行。会议主题为"科技园塑造新城市"。会上，还投票确定了2015年IASP年会的举办权。中关村科技园区在与意大利科莫科技园、俄罗斯萨洛夫科技园、波兰波兹南科技园的申办竞争中，以96票的成绩，获得2015年国际科技园区协会（IASP）年会举办权。

（王 锦）

【蓄热式转底炉项目获奖】 10月21日，中国机械工业联合会、中国机械工程学会联合发布《关于表彰2013年度中国机械工业科学技术奖奖励项目的通告》（中机联科〔2013〕525号），北京神雾环境能源科技集团股份有限公司吴道洪等完成的"蓄热式转底炉直接还原技术开发及产业化推广"项目获中国机械工业科技进步奖一等奖。项目完成蓄热式转底炉成套装备和技术开发，即对蓄热体材料、结构以及工艺的改进和创新，重点解决普通蓄热式烧嘴直接在转底炉应用出现蓄热体堵塞等难题；不同含铁原料的直接还原工艺技术的开发，针对原料物理化学性质、冶炼性能、产品应用的差异，以转底炉直接还原为核心研发内容，结合燃气熔分、电炉熔分、磁选压块等技术，二次集成创新形成多种新工艺技术和流程。项目针对低品位难选矿、复合共伴生矿、低品位红土镍矿等非常规矿石资源，以及冶金固废等劣质含铁资源利用难度大、利用水平低等难题，将蓄热式高温空气燃烧技术和转底炉直接还原技术相结合，建成转底炉大型中试平台。

（王 锦）

【中国首次实现卫星双轴帆板自主控制】 10月29日，国家知识产权局发布《关于第十五届中国专利奖授奖的决定》（国知发管字〔2013〕74号），北京控制工程研究所张笃周等完成的“一种非太阳同步轨道卫星双轴帆板控制方法”获第十五届中国专利金奖。发明是针对双轴太阳帆板驱动机构提出的控制方法的，使卫星无须进行姿态机动就可以使卫星帆板法线指向太阳，简化了卫星的飞行程序，节约了卫星进行姿态机动的成本，并且卫星可以始终保持在对地定向三轴稳定状态，卫星的正常工作内容无须因姿态机动而被打断，提高了卫星的工作效率，降低了卫星的管理成本。同时，还使卫星对姿态机动的要求降低，可减少星上为姿态机动而配备的设备和算法，使卫星重量减轻，降低卫星的研制成本，并使运载火箭增加有效载荷。成果首次实现中国卫星双轴帆板自主控制，使中国成为世界上继美国和俄罗斯之后第三个掌握该项技术的国家。

（王 锦）

【纳米生物医药项目落户怀柔园】 10月，北京科卫临床诊断试剂有限公司与北京市长城伟业投资开发总公司签署《厂房租赁合同》，作为北京纳米科技产业园引入的首个生物医药类项目，落户北京雁栖经济开发区。北京科卫公司前身为中国人民解放军第302医院于1990年创建的北京科卫临床诊断试剂厂。该公司拟在纳米科技产业园投资建设纳米抗体产业化项目，项目总投资2亿元，全部达产后年产值及销售收入将达到10亿元、年税收3亿元的规模。该项目预计2014年6月投产。

（王 锦）

【中以信息技术洽谈】 11月1日，由中关村管委会、以色列经济部首席科学家办公室、以色列经济部产业研发中心共同主办的以色列信息通信技术洽谈会在北京裕龙国际酒店举行。以色列大使馆经济参赞贺华夫、中国科学技术交流中心、中关村管委会等单位领导参加。会上，以色列经济部产业研发中心主任米歇尔·海瓦特介绍了以色列信息通信技术发展情况。中关村30多家企业、投资机构分别与10家以色列信息通信企业代表进行了一对一洽谈，在技术、产品或项目上找寻合作机会。

（王 锦）

【太尔3D打印机获第一名】 11月11日，美国《MAKE》杂志宣布，北京太尔时代科技有限公司研制的桌面级3D打印机——UP Plus 2获该杂志2013年度消费者最易使用奖（Best in Class: Just Hit Print）的第一名，并给予UP Plus 2“创新性的自动校准、上佳的打印质量、丰富的功能和易于使用的软件”的总体评价。UP Plus 2的打印尺寸为：长140毫米、宽140毫米、高135毫米，配备自动对高块和水平校准器，可自动化完成喷嘴高度测试以及打印平台的水平校准。

（王 锦）

【首证热休克蛋白90α为肿瘤标志物】 11月17日，“全球首证热休克蛋白90α肿瘤标志物成果发布会”在清华大学举行。发布会宣布，抗肿瘤蛋白质药物国家工程实验室罗永章教授课题组在国际上首次发现热休克蛋白90α（Hsp90α）为一个全新的肿瘤标志物，自主研发的Hsp90α定量检测试剂盒已通过临床试验验证，获得了国家第三类医疗器械证书，并通过了欧盟认证，获准进入中国和欧盟市场。罗永章教授课题组首次揭示癌细胞分泌Hsp90α调控机制的重大科学发现和细胞外Hsp90α与细胞内Hsp90α的分子差异，证明了分泌型Hsp90α能促进肿瘤侵袭及转移，且其在血液中的含量与肿瘤恶性程度正相关，并与普罗吉生物科技发展有限公司合作，研发了Hsp90α定量检测试剂盒。

（王 锦）

【车库咖啡在美国硅谷设分店】 11月28日，在《车库咖啡——“中国硅谷”的创业梦》新书发布会上，车库咖啡创始人苏菂宣布车库咖啡北美分店已经开始试营业了。该店设在美国斯坦福大学附近的“sand hill Road”，中国人称之为“沙丘路”。“让海外创业者在创业初期就能跟中国国内无缝连接”是车库咖啡北美分店最重要的定位。此举吸引来了不少华人圈子的留学生、创业者，店内可通过独享海底光缆24小时与中国创业者视频互动。一个美国版的车库咖啡正成为草根创业者的新聚集地。

（王 锦）

【中关村与宝坻区签署合作协议】 11月30日，“中关村管委会、中关村发展集团股份有限公司、天津市宝坻区人民政府战略合作签约仪式”在天津宝坻经济开发区举行。中关村管委会主任郭洪，天津市科委主任赵海山，宝坻区委书记贾凤山等单位的领导出席。本次签约是中关村与宝坻区共同贯彻落实中央领导关于京津冀一体化发展等一系列指示精神和京津合作协议的具体举措。根据协议，双方将围绕探索建立跨区域产业协同发展模式和新型利益共享机制，共同构建创新创业生态系统，推动两地间发展要素和创新资源合理流动。在完善政策体系，支持产业拓展对接和项目合作，推动科技创新和示范应用，加强现代服务业合作，建立人才交流合作机制和科技金融服务体系等方面开展深入合作，高标准建设京津中关村科技新城，形成区域创新合作与互动发展新格局。

（王 锦）

【5家企业入围最具创业潜力企业】 12月15日，“2013（第四届）中国留学人员创业园百家企业”颁奖典礼在天津市东丽区举行。22家企业入围“最具成长性企业”、63家企业入围“创业潜力企业”，同时评选出本年度“十大创业领军人物”。经海淀园创业服务中心推荐申报，北京和竑灵源照明技术有限公司、北京维康双元生物医药科技有限公司、普强信息技术（北京）有限公司、北京志光伯元科技有限公司和北京安生绿源科技有限公司等5家企业入围“最具创业潜力企业”；德威华泰（北京）科技有限公司董事长袁国文入选“十大创业领军人物”。

（王 锦）

【17家孵化器入国家科技企业管理体系】 12月30日，科技部火炬中心向中关村管委会发来“科技部火炬中心关于支持中关村示范区创新型孵化器创新发展的复函”（国科火函[2013]52号），同意将创新工场、车库咖啡、36氪、创客空间、天使汇、微软云加速器等17家中关村示范区创新型孵化器纳入国家科技企业孵化器的管理体系及相关科技计划项目的支持范围，支持中关村示范区创新型孵化器不断探索新型孵化机制和模式，增强创业增值服务能力和水平。

（王 锦）

【民海生物公司四联疫苗上市】 年内，由北京民海生物科技有限公司研制的“无细胞百白破b型流感嗜血杆菌联合疫苗”四联疫苗上市。该疫苗主要针对3个月至5岁大的婴幼儿，能够帮助幼儿从原本要打8针疫苗才能预防百白破和b型流感嗜血杆菌等4种疾病，变成只要2针疫苗就能完成。

（王 锦）

【建设雨洪利用示范工程】 年内，中关村示范区展示中心雨洪利用示范工程完工。该示范工程位于展示中心东侧绿地，采用北京仁创科技集团有限公司研发的“雨水专家系统”建设蓄水池和“透气防渗沙”做沙砖垒砌，具有透气不透水和有收集过滤、储存保鲜雨水的功能。蓄水池容积7000立方米，主要收集海淀公园、中关村示范区展示中心、新建宫门路的雨水，并可缓解万泉河桥低洼地区的积水。“雨水专家系统”是专门针对新建小区与老旧小区改造、城市道路及立交桥等开发的生态雨水收集系统，实现由传统的“点式”排水变成“线式”、“面式”相结合的“立式”排水，形成“收集、蓄用、渗补、排放”相结合的生态雨水系统。

（王 锦）

【玉米全基因组育种芯片研发成功】 年内，国家作物分子设计工程技术研究中心首席科学家邓兴旺等研发成功全球最高精度玉米全基因组育种芯片。该芯片能够从9万个位点观测种子。利用该技术，原来8年到10年的育种周期，可以减半到4年到5年。这种杂交前先验DNA的方法，还能更好地观测到种子的隐性基因、预测后代的特征，为农民减少种植风险。

（王 锦）

北京经济技术开发区

【概述】 2013年，北京经济技术开发区（简称开发区）新区完成地区生产总值1330亿元，其中开发区913.5亿元，同比增长10.4%，开发区完成规模以上工业总产值2292.9亿元，增长4.8%。新区完成全社会固定资产投资870亿元，增长6%，其中开发区375.2亿元，增长10.4%。完成出口总额121.5亿美元，增长9%，其中开发区110.3亿美元，增长2.6%。完成税收收入421.3亿元，增长16.2%，其中开发区298.5亿元，增长13.4%。

企业运行效益进一步优化，规模以上企业实现收入4786.2亿元，同比增长10.6%，利润总额276.6亿元，增长30.4%；重点行业贡献力进一步增强，汽车与交通设备产业实现产值492.7亿元，同比增长26.5%，对全区产值增长的贡献率达98.3%；高端产业集聚效应进一步提升，现代制造业完成产值1852.7亿元，占全市现代制造业产值的近1/4；集约节约发展成果进一步巩固，每公顷土地完成投资、税收分别为2056.7万美元、1292.3万元，同比增长26.5%、8.7%，单位地区生产总值能耗占全市的1/3。

高端产业项目推进加快。设立驻德国招商代表处，加大对欧盟国家的主动招商力度；健全项目全程管理机制，强化目标责任。新区全年引资总额83亿美元，同比增长73%，创历史新高。36个重大项目签约落地，其中包括中石化新能源总部、GE医疗中国总部等一批总部类项目，以及乐视智能电视、泰德制药二期等一批高端制造业项目；百度云计算、蓝鲸军民融合园等30个重大项目顺利开工；康宁二期、协和制药等30个重大项目实现投产，新增产值228亿元。推进要素整合，促进21个区内产业项目对接，实现产业链增值10亿元。"北京·亦庄"品牌效应持续扩大，北京·亦庄·云世界大会成为国际互联网新名片，"中国设计瑰谷"永久落户新区，京港洽谈会、京交会、金博会等活动的亦庄影响力进一步增强。

产业集群发展势头良好。发动机工厂投产运行，采埃孚车桥等6家配套项目投产，奔驰海外最大的汽车产业园初具规模；京东方8.5代线盈利能力持续提升；中芯国际一期项目增长迅速，二期项目完成主体结构，北方微电子技术能力和市场份额快速拓展；京东商城销售规模突破千亿；两区融合以来累计向六园布局华润北药等大项目29个，总投资164亿元。生物医药产业园产值同比增长66%；新媒体产业园总收入增长24%；新能源汽车产业园产值增长20%；军民结合产业园完成14.67万平方米土地一级开发，蓝鲸军民融合园项目完成结构封顶；生产性服务业产业园引入渣打银行等金融项目；新空港产业园累计储备66个优质高端项目。

创新驱动步伐加快。新增市级研发机构35家，4家孵化器进入市级孵化基地行列。新培育"小巨人"重点企业、市专利试点企业等共76家。3家企业入选第一批国家级知识产权优势企业。发布"德勤亦庄高科技高成长20强"，其中7家跻身德勤中国50强。成为全市首个国家生物医药国际创新园，国家知识产权试点园区申报通过初审。科技"十二五"规划近半数重点指标提前完成，科技创新服务体系日趋完善。

（研究室）

【科技创新专项资金落地】 1月30日，2012年度科技创新专项资金落地会议召开，开发区拿出1.27亿资金对178家企业的274个项目给予创新资金扶持。在这274个项目中，研发配比类项目占20个，其中多个研发配比项目承担国家重大课题；自定研发项目32个，成果转化类项目22个；而获得最大扶持力度的则是知识产权类项目，共计101个，占总项目数量的36.9%。此次科技扶持首次对科技孵化器企业提供增值服务的项目进行了扶持。

（研究室）

【2项目获市科学技术一等奖】 2月21日，2012年度北京市科学技术奖励大会召开。"超大规模集成电路65纳米~40纳米成套产品工艺研发与产业化"项目，是以中芯国际研发团队为主体开发的项目。该项目为先进集成电路设计企业提供了高端生产技术，为设备和材料企业提供了集成电路大生产验证平台。其中，65纳米工艺技术产品在2012年占中芯国际销售收入的1/3，40纳米工艺技术也已在中芯国际实现量产。"高性能大功率LEDs外延、芯片及应用集成技术"项目是北京朗波尔光电股份有限公司参与完成，该技术成果转化解决了从基础研究、前沿技术、应用技术到产业化示范半导体照明全产业链的关键技术，突破了核心器件发光效率和可靠性两大技术瓶颈，形成了特色产业基地与产业集群，3年累计实现销售收入近6亿元。开发区企业2个项目获市科技一等奖尚属首次。

（研究室）

【天地超云发布云计算"英雄战略"】 3月12日，北京天地超云科技有限公司发布了云计算"英雄战略"。该公司是云基地的基础云设备链条，专门从事云计算服务器的制造与研发，从提出"超云"服务器构想，到建生产线及第一台云计算服务器下线，整个过程不到8个月，体现了"北京速度"。超云推出了云计算管理平台、云安全管理系统，形成了云计算高温一体机、云慧大数据一体机、云仓云存储一体机等产品方案。高温一体机系统可全年无休地运行在40摄氏度左右的高温环境，无须空调，节约了能耗，适合云计算中心的大规模应用部署。

（研究室）

【中高控股公司落户开发区】 4月，大功率燃气内燃发电装备及能源系统领域的企业——中高控股集团有限公司落户开发区，并注册成立了中高联洋电力装备科技有限公司，以后将陆续成立动力装备公司、电力设备成套公司、国际电力投资公司、国际电力工程总包公司等控股公司，建设一个集总部、研发、工程总包、成套设备、电力投资为一体的产业集团。

（研究室）

【义翘神州研发成功H7N9疫苗关键蛋白】 4月，义翘神州研发成功H7N9血凝素（HA）和神经氨酸酶蛋白（NA），这是H7N9疫苗的关键蛋白，为科研人员进一步研制成功H7N9疫苗以及药物奠定了关键性的基础。目前蛋白已经被送往国内外几十家科研院所和研究机构，为下一步研制疫苗做准备。整个研发过程不过短短12天。义翘神州的科学家已完成从H7N9病毒序列分析、HA基因合成到重组蛋白表达纯化、质量控制分析等工作，以及冻干制剂，为后续应对H7N9病毒的科学研究奠定了基础。

（研究室）

【9项目在科博会签约】 5月23日，第十六届科博会科技合作项目签约，在共14个项目合计142.5亿元的签约金额中，北京亦庄签下9个项目，项目金额共计141.72亿元，成为此次签约的“主角”。此次签约的9个项目既有泰诚信数字化装配、中航智无人航空器研发生产基地等高端装备制造项目，也有中石化新能源总部基地等投资规模较大的总部经济项目。此外，小米智能电视及软件产业基地及中航锂电项目、航天拓扑扩产项目也颇受关注。

（研究室）

【清洁生产项目启动】 8月16日，在华联印刷有限公司十一周年庆典上，举行了清洁生产项目启动仪式，按相关要求，对生产工序各环节进行改善，采取主动方式在生产过程中进行环境保护。为改进绿色印刷过程，巩固和提升绿色印刷印证成果，华联印刷启动了清洁生产项目认证。

（研究室）

【天通泰中以科技园奠基】 8月27日，由天通泰投资集团投资的首个中以合作项目——天通泰中以文化数码科技园，在开发区举行奠基仪式。北京首个以色列科技园开工建设。该科技园位于开发区路东区，占地7.48万平方米，以科技园建设、运营为主业，为科创企业搭建成长平台，主营项目有环保、能源技术的开发与转让服务、投资管理等。

（研究室）

【高科技高成长20强公布】 9月5日，开发区管委会和德勤华永会计师事务所在博大大厦共同举行“德勤亦庄高科技高成长20强（2013）”发布会，公布了德勤亦庄高科技高成长20强（2013）名单。该项目是由德勤与北京经济技术开发区联合打造的高成长企业甄选项目，旨在发现北京经济技术开发区不断创新、追求卓越的佼佼者，从而集中力量，重点培育一批技术水平高、发展潜力大、具备核心竞争力的科技型中小企业发展壮大，打造“亦庄创造”品牌。此次入选企业的3年平均增长率达到125%以上，其中北京圣福伦科技有限公司以高达601%的3年平均增长率荣登榜首。

（研究室）

【中铁北方总部落户开发区】 9月27日，中国铁建投资有限公司北方总部项目签约仪式在管委会召开，中国铁建投资有限公司北方总部正式落户开发区。该公司是特大型国有控股企业——中国铁建股份有限公司的全资子公司，世界500强企业之一。此次在开发区成立的北方总部，将与开发区总公司紧密合作，共同投资开发区的基础设施、一级土地整理、产业地产开发，参与新区重点项目建设，并推动新节能环保产业发展，促进新材料产业化项目入区，与区内云计算企业进行深入合作。

（研究室）

【“豪骏行”落户开发区】 10月9日，玛莎拉蒂北京售后3S中心“豪骏行”正式落户北京经济技术开发区。该3S中心主要提供汽车零配件、汽车售后服务、汽车信息反馈综合功能服务，占地面积5000多平方米，是目前玛莎拉蒂在中国最大的3S中心，具有双层的售后中心、先进的设备配备及专业的技术人才。

（研究室）

【开发区参加北京·香港洽谈会展示】 10月23日，第十七届北京·香港经济合作研讨洽谈会在北京饭店开幕，开发区参加在活动现场的区域展板展示。新区以“国际高端产业新城”为主题,展示了“三城、三带、一轴、多点、网络化”的空间布局，重点展示了电子信息、汽车制造、生物医药、装备制造四大主导产业的发展模式，以及以“一区多园”为载体的产业发展平台。新区重点推介了移动硅谷创新中心、数字电视产业园、生物医药产业园、国家新媒体产业基地等招商项目。

（研究室）

【膜实验平台启动】 10月28日，北京博大水务有限公司膜实验平台正式启动。膜实验平台是利用双膜法工艺，将园区内集中式污水处理厂的工业污水处理成为高品质工业用再生水，并提供给园区内企业用来代替自来水作为工艺生产使用的模式。膜实验平台全部由博大水务公司自行设计制造，以膜实验平台为基础的反渗透膜阻垢剂质量检测及对比实验立项报告已经通过审批。

（研究室）

【被认定为生物医药国际创新园】 10月，开发区国际创新园被科技部认定为“北京国家生物医药国际创新园”，享受国家国际合作基地的相关扶持政策。开发区已经聚集了500余家化药、生物药、中药、诊断试剂、服务外包、药品流通销售等企业。在化药方面，形成了药物筛选、化学合成、制剂研发、规模化生产和药品上市的完整产业链。

（研究室）

【通用电气医疗科技园奠基】 11月12日，通用电气医疗研发试产运营科技园在开发区奠基，项目建设总投资8亿元，占地面积约5万平方米，园区总建筑面积超8万平方米，建成后用于大型医疗影像诊断设备的研发试生产和运营，园区可容纳2500人。

（研究室）

【留学人员创业企业项目推介会】 11月27日，由中关村科技园区管理委员会主办，开发区汇龙森留创园承办的中关村留学人员创业企业精品项目推介会在汇龙森举办，30多个生物医药和医疗器械等留学创业精品项目的代表，与30余家风险投资机构进行了交流和对接，围绕生命科学成果转化，实现签约和意向投融资总额约8.7亿元。此次汇龙森专场推介会主要聚焦在生命科学相关领域，汇龙森留创园发布了“孵化＋创投”模式的落地政策，扩大了融资对接的外延，由过去单一项目筛选，转为持续的资本关注。

（研究室）

【循环化园区建设推荐会】 11月28日，开发区召开循环化园区建设推荐会，现场推荐了来自盈创绿纽扣科技有限公司和华新绿源环保产业发展有限公司的绿色循环项目，同时宣告开发区循环化园区建设正式启动。开发区成立20年来，推进产业集约、集聚、循环发展，先后获批成为国家环境管理体系试点单位，建设国家太阳能光伏发电示范区、国家工业节水示范园区、国家国土资源节约集约示范区、国家水资源综合利用示范区、国家生态工业示范园区，为循环经济发展奠定了基础。2012年11月开发区成功申报园区循环化改造示范试点。

（研究室）

【被认定为国家级科技企业孵化器】 12月，科技部火炬中心发布了《科技部关于认定北京亦庄国际生物投资管理有限公司等69家单位为国家级科技企业孵化器的通知》，亦庄生物医药园的法人单位——北京亦庄国际生物投资管理有限公司名列其中，至此开发区国家级孵化器增至3家。开发区共有国家级科技企业孵化器3家，市级孵化器5家，区级孵化器10家。

（研究室）

其他开发区

【北京天竺综合保税区】 2013年，开发区完成固定资产投资44.3亿元；完成总收入119.2亿元，同比增长46%；完成利润总额149069万元，同比增长341.3%。自开始至报告期累计招商项目162个，项目累计总投资126.1亿元，外商实际投资累计完成4533万美元。

【北京天竺空港经济开发区】 2013年，开发区完成固定资产投资20.1亿元；完成总收入1498.6亿元，同比增长68%；完成利润总额853862万元，同比增长140.8%。自开始至报告期累计招商项目527个，项目累计总投资543.9亿元，外商实际投资累计完成157920万美元。

【北京通州经济开发区】 2013年，开发区完成固定资产投资14.1亿元；完成总收入42.1亿元，同比降低76.2%；完成利润总额17596万元，同比降低71.4%。自开始至报告期累计招商项目305个，项目累计总投资284.1亿元，外商实际投资累计完成44120万美元。

【北京兴谷经济开发区】 2013年，开发区完成固定资产投资9.5亿元；完成总收入18.3亿元，同比降低91.6%；完成利润总额164787万元。自开始至报告期累计招商项目195个，项目累计总投资78.5亿元，外商实际投资累计完成45491万美元。

【北京雁栖经济开发区】 2013年，开发区完成固定资产投资19.2亿元；完成总收入298.8亿元，同比增长17%；完成利润总额302246万元，同比增长34.6%。自开始至报告期累计招商项目1286个，项目累计总投资297亿元，外商实际投资累计完成252780万美元。

【北京密云经济开发区】 2013年，开发区完成固定资产投资19亿元；完成总收入107.9亿元，同比降低62.4%；完成利润总额67366万元，同比降低53.8%。自开始至报告期累计招商项目230个，项目累计总投资232.5亿元，外商实际投资累计完成43275万美元。

【北京永乐经济开发区】 2013年，开发区完成固定资产投资2.8亿元；完成总收入18亿元，同比增长222%；完成利润总额2534万元，同比降低34.8%。

自开始至报告期累计招商项目25个，项目累计总投资21.7亿元，外商实际投资累计完成1487万美元。

【北京大兴经济开发区】 2013年，开发区完成固定资产投资11.2亿元；完成总收入190亿元，同比增长8.7%；完成利润总额81572万元，同比增长38.1%。自开始至报告期累计招商项目321个。

【北京八达岭经济开发区】 2013年，开发区完成固定资产投资7.3亿元；完成总收入114.9亿元，同比增长23.2%；完成利润总额76247万元，同比降低18.7%。自开始至报告期累计招商项目1191个，项目累计总投资71.6亿元，外商实际投资累计完成75万美元。

【北京延庆经济开发区】 2013年，开发区完成固定资产投资7.2亿元；完成总收入337.3亿元，同比增长189.7%；完成利润总额179.7亿元。自开始至报告期累计招商项目833个，项目累计总投资186.8亿元，外商实际投资累计完成6494万美元。

【北京房山工业园区】 2013年，开发区完成固定资产投资1.5亿元；完成总收入7亿元，同比降低42.6%；完成利润总额302万元，同比降低89.1%。自开始至报告期累计招商项目25个，项目累计总投资23.6亿元。

【北京林河经济开发区】 2013年，开发区完成固定资产投资0.3亿元；完成总收入126.6亿元，同比降低13.5%；完成利润总额58755万元，同比降低12.3%。自开始至报告期累计招商项目177个，项目累计总投资83.5亿元，外商实际投资累计完成8312万美元。

【北京石龙经济开发区】 2013年，开发区完成固定资产投资3.5亿元；完成总收入42.4亿元，同比降低60.3%；完成利润总额59406万元，同比降低68.7%。自开始至报告期累计招商项目5605个，项目累计总投资193.3亿元,外商实际投资累计完成6423万美元。

【北京良乡经济开发区】 2013年，开发区完成固定资产投资3.1亿元；完成总收入168.6亿元，同比降低15.8%；完成利润总额12076万元，同比降低62.1%。自开始至报告期累计招商项目82个，项目累计总投资33.6亿元，外商实际投资累计完成1532万美元。

【北京采育经济开发区】 2013年，开发区完成固定资产投资5.8亿元；完成总收入116亿元，同比增长259.5%；完成利润总额753.9万元。自开始至报告期累计招商项目57个，项目累计总投资71.4亿元，外商实际投资累计完成780万美元。

【北京昌平小汤山工业园区】 2013年，开发区完成总收入38.5亿元，同比增长4%；完成利润总额27253万元，同比增长197.7%。自开始至报告期累计招商项目78个，项目累计总投资5.3亿元，外商实际投资累计完成655万美元。

【北京马坊工业园区】 2013年，开发区完成固定资产投资3.5亿元；完成总收入181.8亿元；完成利润总额38397万元。自开始至报告期累计招商项目57个，项目累计总投资64.7亿元。

（以上内容均为市经济信息化委规划处提供）

2013年北京市开发区土地开发情况

单位：公顷

名称	规划总面积	累计已开发土地面积	累计已供应土地面积	累计已建成城镇建设用地面积
合计	42584.61	27037.66	15310.59	21785.61
国家级开发区	41290.09	25833.15	14446.97	20919.01
北京经济技术开发区	4680.00	3700.00	3807.04	3700.00
中关村国家自主创新示范区	38693.69	24461.15	10326.93	19897.01
中关村国家自主创新示范区海淀园	13242.17	10683.92	697.76	9986.16
中关村国家自主创新示范区丰台园	1763.00	289.00	176.63	160.70
中关村国家自主创新示范区昌平园	5140.00	2068.92	1952.92	1719.67
中关村国家自主创新示范区朝阳园	2610.00	1471.88	1443.06	1211.00
中关村国家自主创新示范区亦庄园	2678.00	2678.00		2678.00
中关村国家自主创新示范区西城园	1000.00	1000.00	1000.00	
中关村国家自主创新示范区东城园	603.00	288.78		288.78
中关村国家自主创新示范区石景山园	1334.00	127.60	40.99	127.60
中关村国家自主创新示范区通州园	3434.64	1901.58	1851.59	1587.06
中关村国家自主创新示范区大兴生物工程与医药产业基地	1207.35	460.40	359.30	501.00
中关村国家自主创新示范区平谷园	508.00	343.31	117.35	107.05
中关村国家自主创新示范区门头沟园	189.00	120.00	120.00	
中关村国家自主创新示范区房山园	1573.00	886.93	855.08	505.77
中关村国家自主创新示范区顺义园	1208.49	905.26	699.19	364.67
中关村国家自主创新示范区密云园	1000.84	699.27	598.20	450.99
中关村国家自主创新示范区怀柔园	711.00	266.30	165.30	17.93
中关村国家自主创新示范区延庆园	491.20	270.00	249.55	190.63
北京天竺综合保税区	594.40	350.00	313.00	
市级开发区	9005.46	6514.96	4965.19	4638.62
北京石龙经济开发区	189.00	120.00	120.00	
北京良乡经济开发区	240.93	109.24	105.82	102.63
北京大兴经济开发区	746.48	225.26	217.73	190.14
北京通州经济开发区	960.80	515.60	515.60	354.60
北京雁栖经济开发区	1096.00	942.40	712.86	659.53
北京兴谷经济开发区	978.79	901.25	656.52	643.49
北京密云经济开发区	1246.41	1246.41	940.01	890.39
北京林河经济开发区	416.00	385.00	260.00	349.00
北京天竺空港经济开发区	660.00	660.00	444.11	405.35
北京八达岭经济开发区	480.79	318.59	209.64	299.37
北京永乐经济开发区	459.81	329.39	162.98	122.91
北京延庆经济开发区	354.00	111.96	81.80	159.76
北京昌平小汤山工业园区	257.34	14.32	14.32	45.32
北京采育经济开发区	355.01	327.08	215.94	192.35
北京房山工业园区	218.52	159.51	159.51	112.25
北京马坊工业园区	345.58	148.95	148.35	111.53

注：1. 本表所指开发区包括全市国家级开发区和市级开发区。

2. 中关村国家自主创新示范区亦庄园数据在中关村国家自主创新示范区与北京经济技术开发区中为重叠部分。

3. 自2013年起，平谷园、门头沟园、房山园、顺义园、密云园、怀柔园和延庆园7个园区纳入中关村国家自主创新示范区统计范围，后表同。

4. 除中关村国家自主创新示范区海淀园外，中关村国家自主创新示范区各园"规划总面积"指标均填报批复土地面积，范围较2012年有所变化。

5. 表内"累计"指自开始至年末的累计数。

6. 表1、表2、表3中，由于亦庄园同时属于北京经济技术开发区和中关村国家自主创新示范区，为避免重复计算，国家级开发区合计数的计算公式为：北京经济技术开发区＋中关村国家自主创新示范区＋北京天竺综合保税区－亦庄园；中关村扩区为"一区十六园"后，原16个市级开发区中，除林河经济开发区、天竺空港经济开发区、房山工业园外，其余13家市级开发区均纳入中关村国家自主创新示范区。为避免重复计算，全市开发区合计数的计算公式为：国家级开发区＋林河经济开发区＋天竺空港经济开发区＋房山工业园。

2013年北京市开发区投资、生产情况

名称	自年初累计		
	固定资产投资（万元）	总收入（万元）	利润总额（万元）
合计	12030539	334472350	24131257
国家级开发区	11810693	318150093	23218339
北京经济技术开发区	3751544	47861613	2765610
中关村国家自主创新示范区	9098175	304974327	22647561
中关村国家自主创新示范区海淀园	3132492	125335753	9384202
中关村国家自主创新示范区丰台园	922336	32955947	1773379
中关村国家自主创新示范区昌平园	1209279	29434078	2088271
中关村国家自主创新示范区朝阳园	794573	35511248	3429624
中关村国家自主创新示范区亦庄园	1482039	35878281	2343902
中关村国家自主创新示范区西城园	764824	10606371	1471834
中关村国家自主创新示范区东城园	40031	7646107	482180
中关村国家自主创新示范区石景山园	232637	11836061	651667
中关村国家自主创新示范区通州园	96758	3461837	114043
中关村国家自主创新示范区大兴生物工程与医药产业基地	107504	2341734	240651
中关村国家自主创新示范区平谷园	21179	667659	35558
中关村国家自主创新示范区门头沟园	29976	498710	26738
中关村国家自主创新示范区房山园	20685	1703568	6332
中关村国家自主创新示范区顺义园	131594	3968182	290782
中关村国家自主创新示范区密云园	67009	1120487	88654
中关村国家自主创新示范区怀柔园	32368	1494039	183908
中关村国家自主创新示范区延庆园	12892	514268	35839
北京天竺综合保税区	443013	1192434	149069
市级开发区	1284063	33067255	3210495
北京石龙经济开发区	35308	423530	59406
北京良乡经济开发区	31295	1686355	12076
北京大兴经济开发区	112014	1899844	81572
北京通州经济开发区	141463	421454	17596
北京雁栖经济开发区	192203	2987593	302246
北京兴谷经济开发区	95209	182910	-21006
北京密云经济开发区	190270	1078521	67366
北京林河经济开发区	3220	1265997	58755
北京天竺空港经济开发区	201237	14985858	853862
北京八达岭经济开发区	73496	1148551	76247
北京永乐经济开发区	28041	179850	2534
北京延庆经济开发区	71741	3373354	1796919
北京昌平小汤山工业园区		384632	27253
大兴采育经济开发区	58184	1160250	-163029
北京房山工业园区	15389	70401	302
北京马坊工业园区	34993	1818155	38397

注：1. 中关村国家自主创新示范区亦庄园数据在中关村国家自主创新示范区与北京经济技术开发区中为重叠部分。

2. 北京经济技术开发区、市级各开发区“总收入”“利润总额”指标的统计范围为规模（限额）以上法人单位。

2013 年北京市开发区招商、入资情况

名　称	自开始至报告期累计					
	招商项目企业个数（个）	项目总投资（万元）	注册资本（万元）	#三资企业	合同外资金额（万美元）	外商实际投资（万美元）
合计	39424	123150520	105118553	20586885	2605053	1853558
国家级开发区	38695	116640147	100783271	18522112	2449636	1687326
北京经济技术开发区	6669	29855173	20731984	6718144	948438	611181
中关村国家自主创新示范区	32529	100804243	87451806	15655102	1785380	1404055
中关村国家自主创新示范区海淀园	19737	41585339	36576639	8164934	1141502	747353
中关村国家自主创新示范区丰台园	4798	11591742	11591742	227253	26905	33239
中关村国家自主创新示范区昌平园	2104	13383559	13181112	619996	57084	57084
中关村国家自主创新示范区朝阳园	1374	8843383	8843383	1205527	101053	101053
中关村国家自主创新示范区亦庄园	665	15280431	7996762	4169956	328978	332443
中关村国家自主创新示范区西城园	546	5111775	5111775	460394	75723	75723
中关村国家自主创新示范区东城园	545	748592	748592	92745	1678	1796
中关村国家自主创新示范区石景山园	2239	1672536	1752034	203504	31308	34210
中关村国家自主创新示范区通州园	176	1205084	459640	172406	16222	16222
中关村国家自主创新示范区大兴生物工程与医药产业基地	65	393669	249730	23200	4750	4750
中关村国家自主创新示范区平谷园						
中关村国家自主创新示范区门头沟园	71	27313	27313			
中关村国家自主创新示范区房山园	40	20685	459878	204804	75	75
中关村国家自主创新示范区顺义园						
中关村国家自主创新示范区密云园	66	517900	305407	23192		
中关村国家自主创新示范区怀柔园	76	392865	123240	86740		
中关村国家自主创新示范区延庆园	27	29370	24559	450	102	107
北京天竺综合保税区	162	1261162	596243	318822	44796	4533
市级开发区	10994	21916582	11498097	3239874	531794	569344
北京石龙经济开发区	5605	1933437	1933437	41265	7997	6423
北京良乡经济开发区	82	336327	109545	12057	1532	1532
北京大兴经济开发区	321		272524	14256		
北京通州经济开发区	305	2841426	675512	213306	44370	44120
北京雁栖经济开发区	1286	2970448	914645	460489	240471	252780
北京兴谷经济开发区	195	784886	309676	228143	49545	45491
北京密云经济开发区	230	2325071	489601	125010	23807	43275
北京林河经济开发区	177	835156	518899	113882	13382	8312
北京天竺空港经济开发区	527	5438959	3700953	1950891	142035	157920
北京八达岭经济开发区	1191	716221	520538	27217	75	75
北京永乐经济开发区	25	216934	47139			1487
北京延庆经济开发区	833	1867915	1622724		5857	6494
北京昌平小汤山工业园区	78	52800	34731	6242	989	655
大兴采育经济开发区	57	713971	124347	6981	1735	780
北京房山工业园区	25	236258	115429			
北京马坊工业园区	57	646772	108396	40135		

注：1. 中关村国家自主创新示范区亦庄园数据在中关村国家自主创新示范区与北京经济技术开发区中为重叠部分。

2. 本表中关村国家自主创新示范区统计口径为注册在园区内的法人单位，其他开发区统计口径为经营在开发区内的法人单位，部分开发区范围较2012年有所变化。

国有及国有控股公司

首钢集团

【概述】 首钢集团是以钢铁业为主，兼营矿业、电子、机械、建筑、服务业和海外贸易的大型企业集团，以首钢总公司作为母公司，下属北京首钢股份有限公司、首钢迁安钢铁有限责任公司、秦皇岛首秦金属材料有限公司、北京首钢特殊钢有限公司、首钢矿业公司、中国首钢国际贸易工程公司、北京首钢房地产开发有限公司、北京首钢机电有限公司、北京首钢自动化信息技术有限公司、北京首钢实业有限公司、北京首钢国际工程技术公司、北京首钢建设集团有限公司12家子公司及其他独立经营单位；国内其他钢铁企业7家，分别是山西长治钢铁公司、贵州水城钢铁公司、贵阳特殊钢公司、新疆伊犁钢铁公司、吉林通化钢铁集团、贵州首黔资源开发有限公司和首钢凯西钢铁有限公司；在香港有4家上市公司，分别是首长国际企业有限公司、首长四方集团有限公司、首长科技集团有限公司、首长宝佳集团有限公司，在南美洲有首钢秘鲁铁矿股份公司等海外企业。

2013年，首钢集团销售收入2108亿元，实现利润2.12亿元。集团生铁产量3257万吨，粗钢3152万吨，钢材3037万吨。全年钢铁业4地推进产品产量996.8万吨。其中，高端领先产品产量307.7万吨，同比增加102.9万吨。推进产品比普通产品增收47.26亿元，增效18.04亿元。全年4地降成本39.4亿元。清理部分钢铁企业外包外委降低费用2.57亿元；加强进口矿和国内原燃料市场运作，全年采购进口矿比当期普氏指数价格降低6.35亿元；年末4地原燃料及备件资金占用同比降低16.8亿元。钢铁业降低成本和减亏幅度实现近3年最好水平。京唐公司各工序费用创历史最好水平，同比减亏幅度66%。顺义冷轧公司强化产销衔接，提高高端领先产品比例。迁钢公司提高整体合同订单和重点产品整单兑现率，电工钢产销量108万吨，进入全国前3位。

北京园区项目启动实施。首钢启动实施西十筒仓改造、首钢广场综合体、二型材厂房利旧改造、二通园区、特钢绿能港科技中心等9个项目，其中西十筒仓改造通过国家发展改革委组织的专家评审，获得中央预算资金支持2600万元。完成西十筒仓余料清理及设备设施、电力脱硫装置等14个项目拆除，累计拆除设备设施近2200台套，建构筑物超过10万平方米。首钢园区被国家发展改革委列入全国城市老工业区改造试点，被北京市列入首批绿色生态示范区。完成首钢广场项目概念性设计方案征集。

非钢新产业盈利能力提升。全年首钢非钢新产业盈利53.01亿元，中首公司实现利润53.01亿元，矿业公司精矿粉产量481万吨，矿业投资公司实现利润1.39亿元。12月23日，鲁家山生物质能源发电项目投入试生产。机电公司盈亏持平，国际工程公司实现利润1.9亿元，首自信公司实现利润1.19亿元。首建集团全年开发签约量90.42亿元，同比增加10.07亿元。5月，新成立的医疗投资公司进行药品集中采购。首钢园区被授予国家级工业文化旅游AAA级景区。整合组建的首钢体育文化公司开始运营。

调整加强集团管控体系。首钢集团调整总公司领导分工，成立新产业开发管理部、海外事业管理部、园区开发部、园区管理部、园区服务公司。加强对外投资管理，对改制及合资合作企业经营情况开展调研，完成36家企业清撤。

人才队伍建设。全年首钢集团共培训21.8万人次；

评选并表彰第 6 批首钢技术专家 77 人，首钢技术带头人 161 人。全年引进高层次专家、高端人才 27 人。截至年底，首钢集团有专业技术人员 3.2 万人，其中博士 234 人、硕士 2961 人、本科生 14338 人，高级职称 3223 人，高技能人才占技工总数比例达 41%。首钢集团在岗职工人均年收入 6.19 万元，同比增长 1.9%。

（李淑萍）

【获国家级示范企业称号】 1 月 18 日，在工业和信息化部公布的国家级信息化和工业化深度融合示范企业名单中，首钢总公司被国家工业和信息化部授予“国家级信息化和工业化深度融合示范企业（2012 年）”称号。获得示范企业称号的有 218 家，其中钢铁行业共有 10 家。

（李淑萍）

【获市科技一等奖】 2 月，首钢 4300 毫米宽厚板生产线超快速冷却系统开发及新一代 TMCP 工艺的应用项目被北京市科技委员会评为科技一等奖。该项目依托首钢秦皇岛中厚板生产基地，开发出基于超快冷技术的新一代控制冷却系统，形成具有首钢自主知识产权的高强度均匀化冷却新技术，实施新一代 TMCP 工艺，并在国内率先应用于管线钢、高强钢、水电钢、耐磨钢等一系列高端品种钢的生产中，在确保产品性能的同时，减少合金含量和工艺流程，达到降低生产成本的目标，节约成本年经济效益 8000 万元。经中国钢铁工业协会鉴定，该项目的技术水平达到国际领先水平。已在鞍钢、南钢等推广应用。

（李淑萍）

【市领导调研】 4 月 3 日，北京市常务副市长李士祥到首钢调研，实地考察长安街西延道路工程项目进展情况。4 月 12 日，中共中央政治局委员、北京市委书记郭金龙，市长王安顺等领导到北京首钢生物质能源项目现场调研。5 月 19 日，中共中央政治局委员、天津市市委书记孙春兰，市长黄兴国到首钢京唐公司参观考察。5 月 22—23 日，北京市政府副秘书长戴卫，市经济信息化委副主任樊健一行就电机节能技术应用等工作到首钢迁钢公司、矿业公司调研。10 月 13 日，中共北京市委常委、常务副市长李士祥到首钢生物质能源项目现场调研。在首钢生物质能源项目、北京市鲁家山循环经济（静脉产业）基地展板前，首钢就生物质能源项目的建设做了汇报。李士祥听取了汇报并对今后工作提出要求。市领导一行先后到垃圾吊控制室、卸料平台、汽机厂房、主控中心考察。

（李淑萍）

【西十筒仓列入国家改造项目】 5 月 29 日，首钢老工业区西十筒仓改造项目一期工程被国家发展改革委正式批复列为全国老工业区搬迁改造首批试点项目，获得中央预算资金 2600 万元的支持。该项目总建筑面积约 10 万平方米。项目分三期进行建设，首钢取得该项目一期、二期国家发展改革委立项备案。一期项目总建筑面积 1.27 万平方米，已经完成建设项目环境影响评价，取得规划意见书。开展一期项目改造设计工作，截至 12 月 17 日，该项目完成皮带机拆除清运 480 吨；清理余料 3.3 万吨，其中清理焦炭 0.77 万吨、杂矿 2.53 万吨，合计降低费用 2090 万元，利用火车直接发往首秦公司，节省汽车倒运费用近 175 万元。

（李淑萍）

【筹建首钢博物馆】 5 月 30 日，首钢第一批文物迁移入库启动仪式在钢区管理处举行。方坯结晶器、职工休息室桌椅、二炼钢原 3 号连铸机“康卡斯特标牌”等 20 件文物被陆续移至首钢博物馆。年内，首钢第二批文物迁移入库。迁移文物涉及 8 家单位、共计 20 件文物，其中包括日本昭和时期的车床，朱德赠送首钢的 620 车床，钱伟长设计的油压机，首钢最早使用的红旗、奔驰轿车，首钢 20 世纪 90 年代初期使用的卫星转播天线等。首钢博物馆征集到各类文物 1400 件，拍摄及搜集资料照片 2000 张。首钢委托西安建筑科技大学建筑学院承担首钢博物馆概念设计。成立首钢博物馆展陈大纲编写组，完成展陈大纲框架、目录、分类、细目。成立工业遗产保护领导小组、工作组，建立工业文物管理体系。成立文物鉴定组，征集文物 1128 件，拍摄资料照片 800 余张，对民国、日伪时期遗存的五锅炉房、炼焦设施等工业历史建筑进行抢救性保护，第一批 32 台件具有历史文化价值的工业设备、产品通过鉴定。启动口述史工作，完成第一批 100 人录制计划。

（李淑萍）

【被评为汽车零部件供应商 50 强】 5 月，在弗戈工业媒体举办的“中国汽车制造业行业盛典”活动中，首钢京西重工被评选为“中国汽车制造业优秀零部件供应商 50 强”。2010 年 2 月 20 日，京西重工投资兴建房山减震器工厂，一期工程建设规模 400 万支减震器，达产后实现年产值 8 亿元。首钢京西重工在全球拥有 6 家工厂、5 个研发中心、14 家客户服务中心，覆盖 14 个国家和地区。公司生产磁流变减震器、主动稳定杆系统、电子稳定性控制系统、防抱死制动系统等产品，技术处于世界一流水平。已经拥有宝马、法拉利、沃尔沃、一汽大众等国内外众多客户，并获得法拉利、捷豹路虎、上海通用等整车厂授予的最佳合作伙伴、优秀供应商奖项。

（李淑萍）

【连续3年进入世界500强】 7月8日，美国《财富》杂志发布世界500强企业排名，首钢集团以343.30亿美元（2166亿元人民币）的营业收入列322位。首钢集团继2011年首次上榜《财富》世界500强后，连续3年入选榜单。世界500强企业排行榜以公司上年度营业收入等业务指标为主要评定依据，由《财富》杂志每年发布1次。2013年世界500强名单中，中国企业89家，其中钢铁行业有7家企业。

（李淑萍）

【首钢园区服务公司成立】 7月10日，北京首钢园区综合服务有限公司成立。首钢总公司全额出资设立的法人企业，公司设立董事会、监事会，实行自主经营、独立核算，纳入北京园区体系管理。业务范围包括报废设备拆除、拆解及增值性修复加工；电梯、空调（制冷系统）及电气设备的维护、检修、安装工作；园区基础设施维保和再利用资产项目施工；园区设备设施、修理材料及备件采购；为园区资产租赁、使用项目及新开发项目提供综合性服务。

（李淑萍）

【获质量技术优秀奖】 7月18日，中国质量协会组织召开2012年度质量技术奖励暨第十届全国六西格玛大会，首钢的《降低一热轧汽车板降级率》《提高直读法氮分析准确度》《提高热轧磨床的可投入率》《2160轧线Q345B/R钢性能优化》六西格玛项目获2012年度中国质量协会质量技术奖优秀六西格玛项目，首钢迁钢公司荣获2012年度全国六西格玛管理推进先进企业。

（李淑萍）

【首钢医药公司成立】 8月，首钢医药公司挂牌成立。首钢总公司董事会通过《首钢发展医疗健康产业的实施方案》；首钢与嘉事堂药业股份有限公司签署战略协议，双方合作在国内创新并建立医药集中采购组运营模式，降低成本。启动北京大学首钢医院医药供应链管理模式改革和医药集中采购工作。特钢泰康医院、首钢矿山医院纳入供应链改革和医药集中采购范围。首钢医药公司月均销售利润300万元。

（李淑萍）

【获得冶金科学技术奖项目】 8月，首钢6项获得中国冶金科学技术奖，其中一等奖1项、二等奖2项、三等奖3项。中国冶金科学技术奖由中国钢铁协会和中国金属学会联合设立，经过国家科技部批准的奖项。首钢《超大型高炉高效低耗技术集成》荣获一等奖，《大型高效板坯连铸机自主设计与集成》和《冶金行业水电共生集成技术》荣获二等奖，《基于应变设计的X70HD大变形管线钢研制与开发》《冶金过程控制系统开发平台》和《大型露天矿山胶带运输工艺高效运行关键技术研究与实践》荣获三等奖。《超大型高炉高效低耗技术集成》项目完成了拥有首钢自主知识产权的全干法高风温5500立方米高炉的设计、建设及冶炼技术的研究、开发与应用，实现了超大型高炉高效低耗生产，高炉利用系数2.37吨/时·立方米，燃料比480千克/吨铁，煤气利用率51%以上，高炉风温1300℃，大幅度降低二氧化碳的排放。该项目实现中国超大型高炉关键技术和重大装备的自主创新，形成授权发明专利9项，授权实用新型专利5项，技术秘密5项。

（李淑萍）

【节能环保】 9月8日，迁钢公司2×50兆瓦CCPP 2号机组燃气轮机一次并网成功。投产后迁钢公司年发电量增加4.98亿千瓦时。11月14日，首钢二通园区5台（20吨×5）燃煤锅炉正式供暖。二通园区燃煤锅炉改清洁能源治理项目投产后，每季度消减烟粉尘1.1吨、二氧化硫1.74吨。11月15日，首钢老厂区内各蒸汽采暖区域供暖。供热面积缩减为22万平方米，供暖蒸汽消耗减少30%。11月20日，首秦公司35兆瓦发电机组并网运行，每年创经济效益8000万元，节约标准煤8.04万吨，首秦公司自发电率由15.3%提升到40%。

（李淑萍）

【开发超薄规格热轧酸洗板】 9月，京唐公司2250热轧生产线轧制1.6毫米超薄SAPH440热轧酸洗板，其表面质量、板型和强硬度等指标均符合标准和厂家要求。热轧酸洗板是以优质热轧薄板为原料，生产直接冲压产品。市场需求主要集中在汽车、摩托车、压缩机、钢家具和电器控制柜等对钢板质量要求高的行业，具有环保、高强和价廉等优点。

（李淑萍）

【船板质保书在线签认系统上线】 10月1日，首秦公司KR船板质保书在线签认系统正式上线运行。该系统支持KR船级社的验船师远程登录、查询、签认、拒签电子版质保书，实现KR船板质保书网络签认的功能。节省邮寄纸质质保书的费用和时间，提高工作效率，缩短钢板交货周期。首秦公司自主开发的KR电子质保书系统，历经1年时间，没有产生任何费用。

（李淑萍）

【第一卷电镀锡卷下线】 10月15日，首钢京唐公司第三冷轧厂1号电镀锡机组成功下线第一卷电镀锡卷。规格为0.3毫米×1000毫米，钢卷外形整齐，表面光洁，质量合格。镀锡板俗称马口铁，具有耐腐蚀、无毒、强度高、延展性好的特性，广泛应用于食品、饮料、油脂、化工、涂料、油漆、气雾罐、瓶盖的包装中。

（李淑萍）

【招商推介】 10月24日，北京市石景山区国家服务业综合改革试点区暨新首钢推介会在石景山区铂尔曼酒店举行。推介会由北京市投资促进局、石景山区人民政府、首钢总公司和香港贸易发展局共同主办，170家企业参加。首钢以《聚焦新亮点，投资新首钢》为题推介了新首钢高端产业综合服务区。首钢总公司与招商局集团双方签署“中国网谷项目合作协议”。年内，首钢举办“驻京中外知名企业投资首钢行”活动，签署《建立联合招商合作机制协议书》。参与“第五届投资北京洽谈会”。与企业洽谈对接，收集企业名录，组织媒体发布报道。开展征集、制作新首钢园区标识以及主题语专辑册。

（李淑萍）

【耐火材料生产线开工建设】 10月27日，首钢耐火材料生产线开工建设。该生产线利用秦皇岛首耐高温陶瓷有限责任公司闲置空地开展技改扩建工程，建设1条全新生产线。引进德国2500吨全自动液压压砖机，配套国内先进的称量、计量、混料等设备，设计能力年产量2万吨。

（李淑萍）

【冷轧生产线投产】 10月31日，首钢京唐公司三冷轧正式投产。该工程于2012年3月开始土建施工。投产的机组主要包括酸轧机联合机组、连续退火机组、电镀锡机组、电解脱脂机组、罩式退火炉机组、双机架平整机组、重卷机组、横切机组、翻卷机组；三冷轧关键设备采用德国可溶性阳极技术，设计能力年产量88万吨，产品为厚度0.12毫米~0.55毫米的高档饰品包装用电镀锡板及高档家电板。

（李淑萍）

【土壤修复近万吨】 10月，首钢修复处理被焦油“污染”后的土壤近万吨，全部转化为水泥熟料和基建、路基、场地平整用土，成为北京金隅水泥公司生产水泥的原材料。制定完成《首钢钢渣场含垃圾杂物污染土壤处置预处理施工及运输实施方案》，在北京市环保局备案后，该项目全面开工，历时3个月。

（李淑萍）

【设备检修与管理】 11月1日，迁钢公司2160生产线中修后进行热负荷试车，一次性过钢成功。该生产线中修12天，处理影响轧机刚度和设备精度的问题；对侧压机、板卷箱、飞剪等设备的重要部位进行检查和强化；制订设备试车日计划，制订中修后设备保障方案。按期保质保量完成检修项目2744项。年内，京唐公司首次检修清洗海水淡化设备U1蒸发器，每小时生产淡水量提高50吨，每月提高效益17万元；4号25兆瓦发电机组修复低调阀，加装抽汽调阀，发电功率提高2兆瓦，每月增加效益41万元。首钢迁钢推进设备预知管理、劣化管理、周期管理，结合现场实际开展设备树梳理，修订完善点检标准222项、给油脂标准55项；采用设备状态检测技术及装备，对重要设备分类实施周期精密点检和在线连续检测，确立精密点检项目1620台套；自主开发设备管理信息化统一平台，完成设备基础数据及拆分件主要技术参数的收集和整理。

（李淑萍）

【3单位7人获荣誉称号】 11月8日，在北京市构建和谐劳动关系工作电视电话会议上，首钢总公司被授予北京市构建和谐劳动关系先进单位荣誉称号，1人被授予北京市构建和谐劳动关系先进个人称号。11月16—18日，在“中外企业文化2013上海峰会”上，中国企业文化研究会对企业文化建设系列成果进行表彰。首钢总公司获“改革开放35周年企业文化竞争力十大典范组织”称号，首钢总公司党委副书记姜兴宏获“改革开放35周年企业文化竞争力先进工作者”称号，首钢销售公司、首钢国际工程公司获“改革开放35周年企业文化竞争力优秀单位”称号。年内，2人获“北京市有突出贡献的高技能人才”称号；3人获“北京市政府技师特殊津贴”奖励。

（李淑萍）

【总公司领导职务变动】 12月9日，首钢总公司领导干部大会在文馆召开。首钢总公司总经理徐凝主持会议。北京市委常委、组织部长姜志刚，副市长、市国资委党委书记张工讲话，市委组织部副部长刘春锋宣布中共北京市委关于靳伟、王青海职务变动的通知。靳伟任首钢总公司党委书记、董事长，王青海因身体原因，不再担任党委书记、董事长职务，调任北京市人大常委会副秘书长。

（李淑萍）

【市领导到首钢调研】 12月20日，北京市副市长张工到首钢京西重工公司调研。张工听取了有关情况的汇报，参观了房山工厂的生产线，了解京西重工全球生产经营情况，对京西重工今后工作提出要求。

（李淑萍）

【3项产品获特优质量奖】 12月，中国钢铁工业协会发布年度冶金产品实物质量认定结果，“石油天然气输送管用热轧宽钢带”“石油天然气输送管用热轧宽钢带”和“石油天然气输送管用宽厚钢板（高强度）”3项产品获得特优质量奖。首钢20项产品荣获金杯奖。冶金产品实物质量认定活动是由中国钢铁工业协会组织，每年组织一次，通过认定的产品，授予金杯奖和特优质量奖产品称号，有效期3年。此次首钢获的特优质量奖中，2项为重新认定的特优质量奖产品，20项金杯奖中有6项为复评。

（李淑萍）

【首钢生物质能源项目完成调试】 截至年底，首钢生物质能源项目完成单机调试和分系统调试工作，开始烘炉，进入全线热态调试阶段。首钢生物质能源项目于2011年7月破土动工，为垃圾焚烧发电厂，处理规模每天3000吨，年处理能力100万吨。该项目利用烟气处理工艺，在国内垃圾焚烧发电厂中首次采用SCR脱硝；采用抽凝汽轮发电机组，实现热电联产；在国内垃圾焚烧发电中首次使用空冷技术，节水80%，并采用雨水综合利用、沼气发电、太阳能发电等节能环保技术。

（李淑萍）

【环保产业】 年内，首钢组织推进中国首家城市固体废物处理的“鲁家山循环经济（静脉产业）基地”建设规划工作。8月，编制的规划获得国家发改委批复。规划实施城市固体废物环保项目12项；建筑垃圾资源化处理项目、餐厨垃圾收运处一体化项目、残渣暂存场项目上报市发展改革委申请立项，开展环境影响评价、水土保持方案、地质灾害评价、节能评估等工作。首钢二通园区污染土壤处理项目，制定完成《首钢钢渣场含垃圾杂物污染土壤处置预处理施工及运输实施方案》，并报北京市环保局备案，获准项目开工。9月29日，该项目完成，共加工处理土壤近万吨。编制完成《关于组建首钢能源环保产业平台的实施方案》并获得总公司董事会批准。在国家工商总局完成“首钢环境产业有限公司”名称预核准工作。

（李淑萍）

【锂电池设备通过专家评估】 年内，首科喷薄公司锂电池隔膜中试线设备通过北京市科委组织的专家评估。中试线设计产能达到每年30万平方米，性能达到设计要求。已喷制完成5种规格，以PET无纺布为芯材聚烯烃双面静电纺丝的3层复合膜（简称PET复合膜）。1月，型号PET-1-42和PET-1-45膜送中信国安盟固利公司组装成电池后，通过该公司在高真空度严苛条件下的电池绝缘性能测试，其隔膜热收缩性、吸液量和高温条件安全性能等指标测试，优于国外高品质的隔膜，电化学性能接近国外先进水平。

（李淑萍）

【实施效能监察56项】 年内，首钢实施效能监察项目56项，提出监察建议409条，督促建立完善规章制度88项，对发生事故的责任人进行责任追究。集中检查矿业公司、实业公司等6家企业，与北京市国有企业监事会联合开展对通钢、长钢、水钢监督检查试点。组织实施37个审计项目，审计资产总额1029.6亿元，工程报审额181.37亿元，查出问题84项，披露重大经济事项及风险提示176项，提出整改建议112条。

（李淑萍）

【钢铁生产】 年内，首钢集团生铁产量3257万吨，粗钢3152万吨，钢材3037万吨。全年钢铁业四地推进产品产量996.8万吨。首钢钢铁业四地生产推进产品总量996.8万吨，同比增加186.2万吨，占钢材总量的57.4%；生产高端领先产品产量307.7万吨，同比增加114.7万吨，占钢材总量的17.6%，同比增加7.9个百分点；推进产品增收47.3亿元，增利18.3亿元。汽车板产量176万吨，同比增加54万吨，市场占有率15%，汽车板出口6.6万吨；管线钢产量118.2万吨，同比减少11.7万吨，市场占有率24%，连续4年居国内第一位；电工钢产量108万吨，同比增加33.4万吨，市场占有率16%，居国内前3位；耐候钢产量77万吨，同比增加2万吨，市场占有率24%，连续两年保持国内第一位；汽车结构钢产量49.9万吨，同比增加12.2万吨，市场占有率20%，居国内第二位；冷轧专用钢产量52.7万吨，同比增加37.4万吨。

（李淑萍）

【矿产资源业】 年内，首钢矿业公司精矿粉产量481.05万吨，供迁钢球团矿326.14万吨、烧结矿1106.07万吨；实现销售收入158.29亿元，国有资本保值增值率119.11%。全年采剥总量6007万吨，销售矿产品44.67万吨。在露采、地采、选矿、球团、烧结76项可比技术经济指标中，有44项进入前3位，有29项排名第1位。二马采区、唐首马地采项目取得国家发展改革委下发的《项目前期工作函》。完成危机矿山杏山接替区详查工程，地质报告通过国土资源部矿产资源储量评审中心评审。实施杏山地采一期转段延伸工程，巷道掘进2164米。实施水厂铁矿新水尾矿库恢复使用工程，完成坝体堆石、磨石庵副坝压坡、排洪设施建设等主体施工任务。实施水厂铁矿D5皮带机加固工程。启动水厂修改设计工程，完成扩帮量1003.67万吨。新建乳化炸药生产线投入使用，产品通过国家质检部门检验，各项指标达到露采和地采爆破性能要求，部分产品销往社会市场。球团一系列烟气脱硫工程按期投入使用，形成稳定的减排能力。完成360平方米烧结机点火技术改造。滨河村区域生活污水治理项目，达到排放要求。完成电修公司列电煤场防尘治理。启动6台99平方米烧结机脱硫工程；完成烧结老系统5台工艺除尘器、球团195平方米除尘器大修。采用密相塔半干法脱硫工艺实施球团一系列烟气脱硫，通过政府部门验收及减排核查。杏山采区露天转地下开采工程，获得国家产业振兴和技术改造专项补助资金6700万元。

（李淑萍）

【新产品开发】 年内，首钢完成57项研发储备产品的工业试制，其中37项实现商业供货，供货量24万吨。累计实现商业供货的板材牌号数达到586个，同比增加7个百分点。乘用车用热轧高强钢CPW800、高Al成分体系的镀锌DP600产品取得突破。迁钢顺义冷轧生产线通过宝马、一汽大众等7个高端主机厂111个零件认证，宝马和一汽大众主机厂供货量分别达到0.4万吨和0.7万吨。京唐生产线通过16家车辆企业共268个零件的认证。高韧性管线钢X90通过中石油项目部认证与小批量试制，钢管综合性能排名国内第一。工程机械用钢SXQ460C和SXQ600D通过徐州重工的认证并小批量供货400吨。API系列海洋工程用钢完成了7个钢种的产品认证。核电安全壳用钢SA738和10毫米~50毫米低磷低碳9Ni钢一次性试制成功，已启动认证程序。首钢新增金杯奖产品10项，金杯奖总数35项，其中3项产品获得“特优质量奖”称号。

（李淑萍）

【科技成果】 年内，首钢技术中心在国家认定的887家国家级企业技术中心评价中名列第二位，在冶金企业中排名第一位。全年首钢取得科技成果124项，其中8项达到国际先进及以上水平，17项达到国内领先水平。获得上级科技奖励12项，“超大型高炉高效低耗技术集成”等3项获得冶金科学技术进步一等奖。全年申请专利583项，获得专利授权289项，其中发明专利104项。“热风炉定风温控制系统”获得中国专利优秀奖。企业形成技术秘密190项，其中绝密级4项，机密级25项，秘密级161项。首钢总公司获得北京市首批“企业知识产权管理标准化单位”。

（李淑萍）

【获2项国家科技项目】 年内，首钢获得国家科技项目2项，项目获得政府资金支持1506.6万元；“北京市能源用钢工程技术研究中心”获得北京市科委认定；“管线钢优秀创新团队”入围北京市国资委创新团队支持项目，获得资金支持50万元。

（李淑萍）

【同4家企业开发合作】 年内，首钢与台湾中钢的双边交流拓展到热轧工序、冷轧工序和产品开发，制定恢复精轧机架除鳞等8项改进措施；与北汽联合成立“汽车材料联合研发中心”，实现980兆帕级双相钢的小批量试用；与山东兴民签订共建“车轮钢联合实验室”协议；与美的集团就材料升级和产品增值签订先期介入合作协议。

（李淑萍）

【完成环保治理项目18项】 年内，首钢钢铁业完成节能项目18项，年收益1.23亿元，年节约标煤5.49万吨。首钢钢铁基地开展环境污染治理项目5项，投入治理资金1.85亿元。1号球团烟气脱硫、2×150平方米烧结机烟气脱硫、2×200平方米烧结烟气脱硫、焦化酚氰废水处理设施治理项目已投入运行。年削减烟粉尘750吨、二氧化硫1273吨；化学需氧量2154吨、氨氮212吨。完成二通院内污染土的处置及后期构筑物的拆除工作，具备环保验收条件。首钢电力厂脱硫运行费项目和环境监测能力建设等两个项目获得2012年度北京市污染减排奖励资金1118.8万元。完成“房地产公司二通燃煤锅炉改清洁燃料项目”的改造工作，获得北京市锅炉补助资金1000万元。首钢参与市发展改革委组织的碳排放权交易政策和办法的研讨，完成《总公司碳排放权交易管理办法（试行）》的制定及征求意见工作。

（李淑萍）

【钢材产品销售】 年内，首钢钢铁业4地钢材产品销售量1933.60万吨。热轧管线钢销售量101.08万吨，继续保持国内钢厂首位；集装箱板销售量70.68万吨，市场占有率22.08%，连续2年国内销量第一位，其中薄规格产品销售量34.62万吨，高强度钢全年销售量18.22万吨，开发1.5毫米薄规格产品，实现规格全覆盖，全年新增牌号15个，开拓应用新领域5个；汽车结构钢全年销售量48.30万吨，其中大梁钢700L、750L，车轮钢SCX400、540CL、590CL等高级别产品实现批量供货，车轮钢SPFH590实现小批量供货。全年冷轧汽车板销售量173万吨，比上年增长 42.98%。全年家电板销售量 198.50 万吨，比上年增加 1.60 万吨，是国内最大的家电板供货企业；焊丝用钢、涂镀基板、优碳钢等 17 类重点冷轧品种销售量 49.60 万吨，市场占有率 9%；新开发搪瓷钢、导轨用钢、链条钢、电池壳用钢、油汀用钢、制桶专用钢、高级容器钢七大类品种。全年新开发用户 215 户，比上年增加 10 户；其中直供与三方直供 155 户，比上年增加 24 户。与中石油、中石化、中海油等 33 家代表用户合作，管线钢市场份额进一步稳固；集装箱板深化与中集、胜狮、新华昌、中海、马士基 5 大箱厂集团合作；大梁钢成功开发一汽集团，并实现对北汽福田、合肥常青高端大梁钢的批量供货；车轮钢实现与国内知名企业正兴、兴民、日上及国际知名企业马可迅集团、CLN 集团的合作；高强钢实现对工程机械龙头企业徐工集团及宏昌天马的小批量供货。全年对 19 家汽车生产企业开展认证工作，其中 12 家用户 70 个车型的 362 个零件通过认证并转化为订单。全年知名家电企业在首钢订货总量 85.10 万吨，比上年增加 6.60 万吨，提高 8.50%。全年整体合同兑现率 94.6%，比上年提高 2.4 个百分点。共受理质量异议 402 件，结案 381 件，赔付 281 件，免赔处理 98 件，质量异议件数比上年减少 143 件。全年钢材出口 27 个国家和地区，出口钢材 104.65 万吨。

（李淑萍）

【首文碳纤维项目申请专利 10 项】 年内，首文碳纤维项目先后申请专利 10 项；开展的“高强中模”特色碳纤维产品研发，获得安徽省科技厅专项财政支持 1000 万元。

（李淑萍）

【出口创汇 7 亿美元】 年内，首钢出口钢铁产品创汇 7.0 亿美元，出口收汇 6.8 亿美元。钢铁产品出口量 104.68 万吨。海外的秘鲁铁矿公司全年矿产品产销量 1041 万吨，跨入千万吨级矿山企业行列。全年进口炼焦煤到达量 229.7 万吨，降低采购成本 1.9 亿元。利用新加坡世界航运中心税收低、可享受相关优惠政策等优势，在新加坡注册设立卓航海运（新加坡）有限公司。汽车板出口意大利和瑞士，全年签约 5.1 万吨。热轧管线钢 X70 成功签约 1.25 万吨出口土耳其和西班牙。中厚板深加工项目的风塔门框，取得出口印度、巴西的连续订单。首钢产品出口市场包括韩国、美国、越南、智利、比利时、西班牙、墨西哥、中东等国家。全年签订设备引进合同 36 个，累计签约金额 1149 万美元；到货 161 批，金额 6469 万美元；办理减免税金额 5710.97 万元。完成京唐公司热轧精整线、迁钢公司连退机组 2 号脱碳退火生产线等 17 个项目的最终验收工作。首钢承揽的马来西亚综合钢厂项目已经发货 38批次，共计 4.85 万吨，实现收汇 1.28 亿美元。印度埃萨焦化项目收汇 6000 万美元。秘鲁除尘项目完成发运设备 707 吨、3522 立方米。

（李淑萍）

【钢铁主业实现信息化全覆盖】 年内，首钢实现钢铁主业主要业务信息化全覆盖和综合集成。采用五层系统的技术架构，分别为一级设备控制系统，二级过程控制系统，三级车间级制造执行系统，四级企业资源计划系统，五级企业间管理系统及决策支持系统。首钢运行的企业资源计划系统（ERP）实现了从生产、物料、质量、销售、财务、成本、资金、设备、项目等全流程的主要功能管控，系统覆盖首钢的各子公司及职能机构，实现物流、信息流、资金流三流合一。

（李淑萍）

北京汽车集团有限公司

【概述】 北京汽车集团有限公司（简称北汽集团），是中国五大汽车集团之一，主要从事整车制造、零部件制造、汽车服务贸易、研发、教育、投融资和通用航空等业务，是北京汽车工业的发展规划中心、资本运营中心、产品开发中心和人才中心。

2013 年，北汽集团按照“外延式增长与内涵式增长并重、精益运营”的工作思路，狠抓管理，大胆开拓，克服宏观经济下行业压力增大、汽车消费环境恶化、行业竞争加剧等不利因素影响，以跻身世界 500 强、产销突破 200 万辆和成功重组昌河汽车为标志，在生产经营、自主品牌建设、产业布局、合资合作、人才队伍建设等方面取得突破性进展。

年内，北汽集团实现整车销量 216.4 万辆，同比增长 18.8%，增幅居国内五大集团之首；实现营业收入 2658.7 亿元，同比增长 31.8%；实现经营利润 155.2 亿元，同比增长 35.0%。实现产销规模和经济效益的平稳增长，全面进入汽车行业第一梯队。年内，中华全国总工会授予北汽集团“全国五一劳动奖状”。

战略发展。北汽集团提出“践行北汽梦 · 实现中国梦”的战略思想。“北汽梦”以伟大“中国梦”为引领，以兴国为本、强企为先、立人为要，全面描绘出北汽未来发展的宏伟蓝图和中长期量化指标。

自主品牌建设。北汽集团成功推出绅宝、BJ40等重磅车型，全年共销售自主品牌乘用车20.2万辆，同比增长2.06倍，用不到3年时间实现了从零起步到年产销20万辆的跨越。北汽新能源汽车销售总数在全国名列前茅。商用车方面，北汽福田销售66.5万辆，保持国内自主品牌商用车销量第一。动力总成产品方面，B235荣获2013年“中国心”年度十佳发动机称号，B185发动机、1.5升自然吸气发动机完成开发，达到量产条件，CVT变速箱稳步推进。自主创新体系建设方面，全年共获得国家授权专利2054件，同比增长62.6%；北汽股份轿车研究院被评为国家级技术中心。

产业布局和基地建设。北汽集团发挥自身优势，积极整合行业资源，先后并购重组了镇江汽车制造厂和国内知名企业昌河汽车，在云南瑞丽建立了新的生产基地。截至年底，在全国已建立北京、株洲、重庆、广州、镇江、江西、黄骅、云南8大自主品牌乘用车生产基地和9大商用车生产基地，基本完成了全国性产业布局。

重点工程建设。北汽股份株洲分公司二期项目、北京奔驰新建发动机工厂、MRA-Ⅰ总装车间、北京现代三工厂二期项目、北汽有限黄骅基地、北汽福田怀柔重型机械工厂陆续建成投产，解决了近年来制约集团发展的产能瓶颈问题。北汽广州公司初步具备生产条件，动力总成研发中心、海纳川株洲工业园区二期项目工程建设完成，北京奔驰前驱车型（NGCC）项目、北京奔驰生产能力扩充及研发中心项目（MRA）、北京奔驰MRA二期、北京奔驰发动机二期、越野车基地建设项目等一批项目加快推进。

合资合作。“北戴合”项目成功落地，是中国合资模式的重大创新。北汽集团与美国新能源汽车领先企业AB公司、大陆汽车、德国西门子和世界著名变速器制造商德国采埃孚（ZF）等公司合资合作项目也取得重大进展。北汽集团的合资合作从整车领域向全产业链延伸，增强了集团的发展后劲。

产业集群。海纳川公司确立以车身和底盘为核心的主营业务方向，针对性地进行了一系列项目的整合谈判，取得新的进展。同时，通过多个国产化项目的运作，搭建了与戴姆勒合作的技术及项目平台，摸索出了完整的项目运作模式；鹏龙行公司通过自建和并购等方式加快拓展奔驰、北京现代和自主品牌销售服务网络，形成以北京为中心，辐射全国十多个省市的销售服务网络雏形。

国际化。北汽国际正式运营，实现年度订单7355辆，其中在伊朗项目上实现重大突破，共签订订单5604辆；完成6家分销商和14家代理协议签署；陆续启动俄罗斯、南非等五大战略市场的预研工作；在改装车国际合作、海外商品改进、海外市场规划、海外售后服务网络建设及品牌、海外运营技术支持等方面均取得突出成绩。北汽福田实现海外出口4.8万辆，同比增长8.4%；在欧曼GTL、欧马可轻卡、拓陆者皮卡等中高端产品及土耳其、澳大利亚等高端市场取得突破；强化市场终端网络建设，一级网络增加到319家，实现110个国家和地区的覆盖；此外，重点推进印度项目开展，重点市场进行非产权KD和产权KD项目的开发。

组织结构优化。北汽集团根据战略目标和管理提升需求，对集团公司组织结构进行一系列优化调整。为解决当前整车业务管理能力不足问题，设立整车事业本部；为实施集团公司军车、越野车发展战略及建设专业化经营实体，设立北汽越野车分公司；为进一步完善自主品牌研发体系，重组北汽集团乘用车研发资源，形成北汽股份汽车研究院和北汽集团越野车研究院；为强化技术与产品规划和产品管理等职能，设立技术与产品管理部。

管理创新成果。北汽集团品牌管理部申报的创新成果《大型汽车集团品牌建设与管理》获评第二十四届全国企业管理现代化创新成果二等奖。

（张 健）

【北汽股份】 年内，北京汽车股份有限公司（简称北汽股份）坚持高举高打的发展战略，初步形成从产品研发、供应链、质量管控、生产制造到销售售后的全价值链核心竞争能力，其中精准营销策略、完善销售体系和率先实施三包政策成为中国汽车行业发展的创新者。年内，北汽股份在合资品牌与自主品牌两条战线上取得丰硕的成果，在自主品牌乘用车方面取得佳绩。绅宝上市7个月，连获自主中级车细分市场“六连冠”；威旺在所属细分市场稳居第四；北京汽车E系列以出众的性价比优势成为A0级市场明星。

（张 健）

【北京现代】 年内，北京现代汽车有限公司（简称北京现代）全年完成产销103.1万辆，同比增长19.9%，市场占有率7.0%，行业排名继续稳居第4位；实现销售收入1091亿元，同比增长34.2%；实现利润145亿元，利润涨幅高达44.2%。同时，成本管控取得实效，全年成本节俭总金额达到23.33亿元，同比提高36%。新产品名图上市不到1个半月即实现零售突破

1万辆，与索八一起构成“动静结合的双子星”，成为北京现代在中级车市场上又一款主流车型。

（张 健）

【北京奔驰】 年内，北京奔驰汽车有限公司（简称北京奔驰）实现销量11.6万辆，同比增长12.2%；实现营业收入370.7亿元，同比增长13.4%；实现利润21.2亿元，较2012年同期有所下滑。年内，北京奔驰完成E级车中期换型以及GLK260和E400L混合动力的投产；成本控制得到进一步加强，人才体系建设步伐进一步加快，同时保证了产品质量的稳定。在J.D. Power2013年中国新车质量报告中，E级车名列第一。

（张 健）

【北汽福田】 年内，北汽福田汽车股份有限公司（简称北汽福田）全年完成整车销售66.5万辆，同比增长7.2%；市场占有率16.3%，同比增长0.2个百分点，继续保持全国商用车行业排名第一。中高端业务欧曼、欧马可、奥铃、萨普销量上升幅度较大。商务汽车销量上升幅度超过30%。

（张 健）

【北汽有限】 年内，北京汽车制造厂有限公司（简称北汽有限）克服大重组、大基建、大搬迁、大调整的诸多不确定因素，实现了黄骅基地的顺利投产。

（张 健）

【零部件产业】 年内，北京海纳川汽车部件股份有限公司（简称海纳川公司）确立了以车身和底盘为核心的主营业务方向，搭建与戴姆勒合作的技术及项目平台，摸索出完整的项目运作模式。全年实现营业收入236亿元，同比增长26.6%，实现利润15.1%亿元，同比增长24.1%。

（张 健）

【金融产业】 年内，北京汽车集团财务有限公司（简称北汽财务公司）金融资质获批。北京汽车集团产业投资有限公司（简称北汽产业投资公司）与深圳前海管理局开展全面战略合作，成功设立本源晶鸿投资基金，顺利募集完成30亿元基金并成功受让北汽股份股权。

（张 健）

【新能源汽车产业】 年内，北汽新能源汽车公司完成C70GB中高端纯电动轿车开发，C30DS增程式电动轿车取得产品公告；基于C30DB先后完成年度型、出租版、快换型、驾校用车等系列车型的开发，并通过进一步提升综合工况续航里程，中标大兴、通州、顺义、昌平4个区县600辆出租车，全年示范运行规模超过1600辆，居国内首位。北汽福田加快LNG客车等清洁能源汽车的发展，已形成“公交LNG一体化运营”的先进模式。全年北汽福田LNG产品交车达到3012辆。

（张 健）

【通用航空产业】 年内，北京通用航空有限公司（简称北通航）正式运营的第一年，北通航战略规划制定工作顺利完成，重大项目合作、通航全产业链建设等工作扎实推进。其中，雪松、青草、九江等整机生产以及整机销售、通航运营等合资合作、技术引进，股权投资项目陆续落地。

（张 健）

【服务贸易产业】 全年，北京北汽鹏龙汽车服务贸易股份有限公司实现营业收入62.7亿元，同比增长43.3%；实现利润6.96亿元，同比增长28.1%。年内，北京鹏龙行汽车贸易有限公司通过自建和并购等方式加快拓展奔驰、北京现代和自主品牌销售服务网络，形成以北京为中心，辐射全国十多个省市的销售服务网络雏形；完成8家新建奔驰店建设工作，实现2家北京现代4S店开业；多家新建及并购重组项目顺利推进。

（张 健）

北京电子控股有限责任公司

【概述】 北京电子控股有限责任公司（简称北京电控）是市属以电子信息为主业的高科技企业集团，旗下拥有京东方、七星电子、电子城3家上市公司，25家二级企事业单位。主营产业分布在半导体显示、半导体装备、基础电子元器件和大规模集成电路、广电发射设备、自助服务设备及精密仪器仪表等国家战略性、基础性电子信息产业，产品广泛应用于新能源、新能源汽车、节能环保和航空航天等众多领域。旗下老工业基地成功转型，培育了798艺术区、751时尚设计广场、电子城IT产业园、兆维工业园和768创意园等特色园区。

2013年，北京电控坚持“市场导向、高端引领、创新驱动”的发展理念，落实“一二三一”战略，克服内外部环境的不利影响，加大市场开拓力度，产业规模和经济效益大幅提升；加快科技创新步伐，企业核心竞争能力显著提高；加快改革调整和集团化建设进程，资源配置效率和经营管理水平明显增强，完成了全年各项经营指标和重点工作任务。根据财务快报统计，北京电控全年实现营业收入409亿元，历史性突破400亿大关，其中主营业务收入393亿元，同比增长25%；完成利润总额35.87亿元，同比增长200%，收入和利润的增长率均名列市属工业企业前列；经营活动现金流量净额达到92亿元，同比增长114%；产品综合毛利率同比增加9.11个百分点；成本费用总额占主营业务收入的比重为91.17%，同比下降7.51个百分点；总资产周转率同比提高3%；净资产收益率较去年同期提高2.12%，超额完成与市国资委签约的各项经济指标。

（旷炎军）

【"电子城·朔州数码港"项目签约】 3月16日，由北京电子城投资开发股份有限公司与山西省朔州市朔城区人民政府共同开发的"北京电子城·朔州数码港"项目在京签约。该项目位于山西省朔州市朔城区，总占地约93.33万平方米，其中建设用地约89.13万平方米，项目建设规模约147万平方米，打造1个包括商业、住宅、文化、休闲等多种业态的城市综合功能区。北京电子城投资开发股份公司总裁龚晓青与朔州市朔城区区委副书记、区长刘彪共同签署项目战略合作协议书，并与电控董事长、党委书记王岩，朔州市委书记王安庞一起按动项目启动仪式装置。电控总裁赵炳弟、朔城区区委书记郭连厚分别致辞。

（旷炎军）

【北广科技为震区维修广电设备】 4月20日，四川省雅安市发生7.0级地震，当地广电设备因地震受到损坏。北广科技股份有限公司（简称北广科技）第一时间迅速行动，立即前往灾区予以支援。4月21日，副总裁和2名技术人员到达四川省重灾区宝兴县灾区现场，为修复设备给予帮助。北广科技公司准备5部发射机随时根据需求提供到灾区。

（旷炎军）

【举行产品推介会】 4月23日，市国资委企业联盟——2013电控重点产品展示暨推介会在北京时尚设计广场举行。会上，北京电控与北汽集团、北京银行等11家企业签署战略合作协议，同时启动战略合作项目。牡丹电子集团的四倍高清电视机及高端艺术墙、京东方的裸眼3D显示屏、七星的光伏应用解决系统及办公应用解决系统、益泰的LED照明节能系统、兆维的智能银行系统等多家单位产品进行展示。

（旷炎军）

【市主要领导参观科博会电控展区】 5月22—26日，北京电控企业京东方、牡丹集团等携自主创新产品亮相在中国国际展览中心举办的2013年第十六届北京科博会。北京市委书记郭金龙等领导来到电控企业展台观看产品技术展示。牡丹集团展出"炫丽展示"系列、"炫酷互动"系列、"炫目商显"系列和"超炫应用"四大系列。"大块头"的110英寸ADSDS超高清显示屏拥有178度超宽广视角、最前沿的4K×2K分辨率，达到4倍于市面显示主流FHD的UHD超高清级别。三星在2013年美国CES国际消费电子展上展出的110英寸超高清电视，采用的是京东方这款至臻3D和超高清裸眼3D显示屏，在此次展会上再度与公众见面。

（旷炎军）

【新能源汽车动力电池项目签约】 7月5日，北京电控、北汽集团、韩国SKI三方合资成立的"北京电控爱思开科技有限公司"签约仪式在北京市人民政府大厅举行。北京市副市长兼市国资委党委书记张工，北京电控董事长、党委书记王岩，总裁赵炳弟，北汽集团代总经理张夕勇，韩国SKI代表理事具滋荣、电池事业部本部长金真仙等出席签约仪式。该公司预计总投资为10亿元，注册资本3.5亿元。其中，北京电控持股41%，北汽集团持股19%，SKI公司持股40%。初期建设地点设定在北京亦庄经济技术开发区。

（旷炎军）

【京东方8.5代新型半导体项目落户重庆】 7月18日，京东方科技集团股份有限公司（简称京东方）8.5代新型半导体显示器件及系统项目签约仪式在重庆举行。项目总投资328亿元，形成集制造与研发于一体、面板与整机于一体的综合性产业基地。

（旷炎军）

【"65纳米超精细清洗设备"通过国家验收】 9月2日，北京七星华创电子股份有限公司承担的国家科技重大专项《极大规模集成电路制造装备及成套工艺》——"65纳米超精细清洗设备"通过国家验收。该项目申报国家专利和国际专利共197项，300毫米65纳米铜互连清洗机和300毫米抛光片清洗机进入生产线验证，主要技术和工艺指标均达到国际同类产品先进技术水平。

（旷炎军）

【京东方获颁"世界最大的液晶电视"证书】 9月6日，在第53届德国柏林国际消费电子展（IFA 2013）

期间，吉尼斯世界纪录认证中心向京东方颁发了“世界最大的液晶电视”证书。获此殊荣的京东方110英寸超高清ADSDS显示屏最高分辨率可达3840×2160（4K×2K标准），相当全高清（1080p）的4倍，同时采用搭载京东方独有的ADSDS宽视角技术，拥有上下/左右均178度的超宽广视角。显示屏亮度高达1000尼特，在室外公共显示场所能够实现高品质显示，10位色彩技术可呈现10.7亿色，远高于主流显示色彩数，使得色彩更加丰富艳丽，在最大程度上还原了真实色彩。在显示尺寸方面，该产品可以完全替代4台55英寸的拼接效果，实现画面真人尺寸1∶1的震撼再现。

（旷炎军）

【中国首条5.5代AMOLED生产线投产】 11月21日，中国首条、全球第二条5.5代AMOLED生产线——京东方5.5代AMOLED生产线在内蒙古鄂尔多斯点亮投产。该生产线总投资220亿元，建筑面积约46.7万平方米，设计产能为5.4万片玻璃基板/月，产品定位主要为中小尺寸LTPS及AMOLED高端显示器件。

（旷炎军）

【北京电控列入首批国家级知识产权示范企业】 11月21日，第七届中国专利周开幕当天，国家知识产权局向社会公布首批国家级知识产权示范企业和优势企业名单。其中，北京电控为国家级知识产权示范企业，京东方、北方微电子、兆维3家企业为国家级知识产权优势企业。北京电控于2011年列入国家级知识产权示范企业的创建单位。

（旷炎军）

【北广科技博士后科研工作站获批】 11月29日，北广科技举行博士后科研工作站揭牌仪式。北京电控党委副书记、纪委书记张岳明与顺义区副区长林向阳共同为北广科技博士后科研工作站揭牌。近年来，北广科技已建立北京市高技能人才自主评价试点、北京市博士后（青年英才）实践基地工作站、北京市首席技师工作室、国家级技能大师工作室、博士后科研工作站，形成了科研技术人才和高技能人才培养的“两站两室一试点”的优势平台。

（旷炎军）

【成立仪表产业平台】 12月9日，北京电控在瑞普集团召开会议，宣布仪表产业平台工作方案及平台经营团队领导干部任命，仪表平台建设开始实质性启动。

（旷炎军）

【科技创新】 年内，全系统累计投入研发资金27.7亿元，同比增长23.4%，占主营业务收入的7.3%，完成新品投产项目1458项，实现新品销售收入256亿元；申请专利4528件，同比增长47.2%，其中发明专利2082件、海外专利1035件；取得授权专利1770件，其中发明254件，海外授权95件，同比增长51.9%，主持和参与编制国家标准12件、行业标准53件；成为第一批国家级知识产权示范企业。

（旷炎军）

【半导体平板显示产业】 年内，北京电控取得国家级企业技术中心认定，加快LTPS、Oxide、柔性显示、AMOLED等新一代显示技术研发和产业化，65英寸Oxide超高清显示技术获得“CITE2013创新金奖”，98英寸8K×4K超高分辨率超大尺寸电视、超高像素6英寸QHD LTPS显示屏、55英寸UHD Oxide显示屏等产品实现全球首发，9.55英寸柔性AMOLED样品成功点亮；重点产线建设项目取得突破性进展，合肥8.5代Oxide TFT−LCD产线、鄂尔多斯国内首条5.5代AMOLED产线亮屏投产，重庆8.5代线正式开工建设，北京8.5代线扩产项目顺利完成，月产能达到120K。

（旷炎军）

【电子工艺装备产业】 年内，北京电控依托国家02专项，以IC装备为核心，加快推进高端电子装备研发及产业化，积极拓展02专项技术应用领域，持续提升产品的技术工艺水平。65纳米超精细清洗机项目顺利通过验收，28纳米立式氧化炉和28纳米LPCVD完成样机研发；加快2英寸4H-SiC装备的工艺开发和验证，关键指标不断提升。28纳米STI栅刻蚀机实现销售，12英寸28纳米硬掩膜PVD通过客户端的工艺验证，14纳米立体栅刻蚀机项目和国产集成电路装备零部件应用工程项目获得国家部委正式立项批复；完成6英寸APCVD项目薄膜和厚膜外延工艺验证；完成12英寸TSV刻蚀机项目的研发和工艺验证；DBR PVD系列产品实现销售。

（旷炎军）

【基础电子元器件产业】 年内，北京电控完成硅基MEMS麦克风的结构设计，1200伏IGBT超薄芯片的工艺水平进一步提升；加快推动DFN/QFN超小型塑封生产线二期项目建设，年产能达到18亿只；8英寸集成电路芯片生产线建设项目通过国家02专项专家组答辩。攻克大功率条件下的绝缘和散热技术难关，完成大功率水冷电阻研发。完成线性功率放大器系列产品初样开发，高集成度薄膜多层布线基板制造项目顺利通过客户评估，多方阻薄膜电阻工艺技术填补了国内空白。

（旷炎军）

【集成应用装备及服务与仪器仪表产业】 年内，北京电控加大自服应用装备研发力度，完成票据收取机、离线式平板检测设备的研发；探索信息服务业务新模式，云监控安全服务系统实现十万用户级平台的平稳运行。参与数字广播国标的制定与海外推广，完成3千瓦调频发射机、新型1千瓦Doherty数字电视发射机等产品研制，13.56兆赫兹1千瓦射频电源的技术水平进一步提升。完成节能服务公司备案，取得智能建筑一体化一级资质，信息系统集成和建筑系统集成业务能力不断增强。取得高稳定移动卫星通信系统工程装备生产资质，产品交付客户试用；完成锂离子动力电池充放电机和电池化成设备方案设计，1千瓦系列开关电源产品实现销售。完成万分之五高精度压力变送器的技术验证，实现新型有毒气体探测器的批量生产；完成大口径超声波流量计的样机开发和工艺验证，夹持式超声波流量计和V锥流量计产品具备产业化条件。

（旷炎军）

【新能源和节能环保产业】 年内，北京电控抓住国家大力发展战略性新兴产业的机遇，加快推动锂离子动力电池、光伏、LED等产业的技术开发和产业化。围绕打造北京新能源汽车产业链，电控联合北汽集团与韩国SKI成立北京电控爱思开科技有限公司，建设锂离子动力电池包项目，充分发挥三方优势，开发国际一流、国内领先的动力电池包产品，完成了生产车间的一期改造，C33B样件已设计冻结，C70B样件已装车试验。加快推动25兆瓦晶硅太阳能电池中试线建设，装备技术工艺和单机设备自动化水平不断提升，电池片产品转换效率达到国内先进水平；2万Ah锂离子动力电池中试线实现整线贯通，具备批量生产条件。实现32英寸直下式背光灯条产品量产；完成亦庄封装生产线建设，封装产品月产能达到120KK。

（旷炎军）

【园区地产】 年内，北京电控物业租赁面积达到168万平方米，平均出租率达到94%，经营规模和效益大幅提升。电子城完成IT产业园A4厂房竣工验收和A3厂房主体工程，国际电子总部4#、5#项目具备开工条件，完成来广营89号院项目的整体规划调整；落实推进“走出去”战略，朔州数码港项目正式开工建设。北广集团B/C座项目取得规划意见复函，完成土地工业现状协议出让工作。牡丹二期项目完成土地勘察和地价评估等前期工作，正在办理土地出让和工程规划许可手续。正东成功引入奥迪亚洲技术研发中心、大众中国等高端客户，持续提升751D·PARK园区形象。易亨完成内部资源整合，实现房地产业务的集中运营。兆维着眼于园区价值提升，积极推进工业园控规调整和规划设计等工作。鑫元六加快以温泉文化为主题的精品商务酒店建设步伐，完成了公寓及配套设施的装修改造。

（旷炎军）

【改革调整】 北京电控根据企业和产业发展规律，积极推进“三个集中”，企业结构和产业格局进一步优化，资源配置更加合理。推进器件产业平台建设，实现以燕东为核心企业的器件产业集中运营，完成燕东整体提级，存量资源和社保稳定成功剥离；全面启动以瑞普三元为核心企业的仪表产业平台搭建工作，完成瑞普集团国有化改制和瑞普三元自然人股权收购工作。完善资产经营管理平台和社保稳定平台建设，易亨进一步优化管理制度和业务流程，实现离退休职工集中管理和统一服务，形成了扁平化、专业化的管理格局，处理飞达历史遗留问题上取得显著成果；久益公司不断优化社保稳定集中管理体系，与2家试点企业签订委托管理协议，积极推动社保稳定及非经营性资产的集中管理。推动劣势企业退出和压缩管理层级工作，完成37户劣势企业退出任务；利用政府相关政策，实现科林电视、吉亚物业、牡丹城等5家企业的破产退出；形成厂办大集体企业改革方案。推进债转股、金融债务、重大法律诉讼等历史遗留问题的解决，牡丹信达债务初步达成处理意向，瑞普集团701厂担保案签订和解协议，初步实现对北新桥园区的管理。

（旷炎军）

【集团化建设】 年内，北京电控完成了“十二五”规划中期评估工作。持续推进法人治理规范运作，修订完善电控“三会”议事规则和“三重一大”管理制度，推行实施所属企业董事会年度报告制度和外派专职监事会主席制度。全面梳理电控的决策权限、管理环节、运行及审批流程，修订优化制度26项，完善流程138项，有效推动总部与所属企业制度的有机衔接，初步形成了与现代化产业集团相适应的内控机制。强化战略性大客户开发，以电控产品推介会为载体积极开拓国资系统市场资源，与11家市属国资企业签订战略合作协议并实现商业订单；加大系统内配工作力度，完成合同总额2.7亿元。

（旷炎军）

【人才队伍建设】 年内，北京电控积极落实“砺剑工程”各项战略任务，加快推动领军管理人才、高层次专业技术人才、高技能人才队伍建设。完成“十二五”人才发展规划中期评估，积极构建适应电控产业特点的人才开发管理体系。加大人才引进力度，发挥电控平台的资源优势，完成多名稀缺外籍专家的引进工作，围绕电池包合资项目、8英寸集成电路生产线等重点项目，引进各类高端技术人才150余人，有效缓解企业技术带头人短缺的问题；建立优秀应届毕业生引进平台，全系统共引进应届毕业生约1600人，其中硕博研究生比例达到1/4。健全完善人才培养机制，加强人才培养管理的信息化建设，搭建学习管理信息平台，组织完成12个研修班的培训任务；着眼于科技产业发展需求，与国内外高端教育机构深入合作，制订青年人才培养计划，启动“电控—北工大”青年硕士班，进一步提升人才的能力素质和专业水平。充分利用国家和北京市人才相关政策，新增“千人计划”人选2名、“海聚工程”人选4名，电控以7名“千人计划”人选、11名“海聚工程”人选位居市属国企前列。取得北京市失业保险政策试点资助项目，完成京东方液晶技能人才自主评价试点申报工作，获得市政府相关部门多渠道人才建设项目资金支持。注重创新人才激励机制，修订完善所属单位负责人绩效考核管理办法，促进企业经营管理人才的职业化。

（旷炎军）

【公开竞聘企业领导】 年内，北京电控公开竞聘企业领导人员，经过资格审查、笔试、面试和差额考察，最终有11名优秀青年干部从120名报名者中走上领导岗位。11名同志平均年龄33.5岁，最年轻的只有28岁，均为大学本科以上学历，其中研究生学历6人。竞聘工作充分体现公开透明、公平公正，得到职工的肯定。87.3%的人认为竞聘工作做到了公开透明，95.9%的人认为做到或基本做到了公平公正。

（旷炎军）

【北方微电子获国家创新产品证书】 年内，北方微电子公司的“NMC508B”与“ELEDE330”两大产品获得国家科技部、环境保护部、商务部、国家质量监督检验检疫总局四部委共同颁发的“国家战略性创新产品”证书。“十五”期间，北方微电子开始承担“863计划集成电路制造装备重大专项——100纳米高密度等离子刻蚀机”项目，并成功地开发国内首台“8英寸100纳米高密度等离子刻蚀机”。“十一五”与“十二五”期间，北方微电子继续承担国家02重大专项《极大规模集成电路制造装备及成套工艺》“90/65纳米刻蚀机研发与产业化”与“32纳米~22纳米栅刻蚀机产品研发及产业化”项目。北方微电子所生产的NMC508B 8英寸高密度等离子刻蚀机在国内知名生产线中芯国际、上海宏力半导体、上海华虹NEC、中科院先导工艺研究中心等工厂成功产业化并成为干法刻蚀的主力机台，共实现6000多万元的销售收入。

（旷炎军）

【京东方研发出最高分辨率3D显示屏】 年内，京东方成功研发出55英寸裸眼3D显示屏。该款裸眼3D显示屏以京东方自主开发的4K×2K超高清（Ultra HD）液晶面板为基础进行研发，并应用了京东方独有的ADSDS宽视角技术，其分辨率、亮度、视角等特性均得到极大提升。作为全球最高分辨率的裸眼3D显示屏，京东方55英寸裸眼3D显示屏将极大地推进裸眼3D超高清显示的产业化，让家用裸眼3D显示产品照进现实。

（旷炎军）

北京京城机电控股有限责任公司

【概述】 2013年，北京京城机电控股有限责任公司（简称京城机电）全年实现主营业务收入（合并口径）200亿元，与去年同期持平；实现利润1.3亿元（合并口径），同比降低77%；应收账款净额39亿元，同比增长8%；存货净额85亿元，同比增长10%；期间费用21亿元，同比降低5%。公司本部职能部门由20个调整为11个，缩编45%。是年，京城机电完成了“十二五”中期评估工作。进一步明确了公司产业聚焦的战略思想，确定了优先发展产业的范围和方向，通过重大战略举措统筹管理、战略执行情况定期报告、关键节点验收等机制推进了公司战略管理工作的落实。二级企业重新梳理了落实战略的具体路径和举措。

年内，京城机电进一步整合旗下印刷机械板块、气体储运板块和环保板块的资产和业务，完成上市公司重大资产重组。北人股份重大资产置换暨关联交易事项获得境内与香港两地证券监管机构的核准，交割工作接近尾声。推进环保板块的战略整合和北京锅炉厂的业务转型，京城华德对京城中奥电梯公司吸收整合工作，盘活非经资源，完成非经企业资产重组。推进所属企业转型升级，推动北一机床产品快速进入轨道交通领域，推进京城新能源从单一的设备销售转变为风场运营与设备销售相结合的模式，并通过风场运营带动风机销售和风场建设工程业务。加强长期应收账款清收，法律事务部组织系统 11 户企业对长期应收账款进行分析研究，成立长期应收账款清收工作组，完成 5 年以上应收账款清收 5556.44 万元。

（甘晖容）

【企业重组】 年初，北京京城中奥电梯有限公司启动股权重组项目，将公司 100% 股权划转至北京京城华德液压工业有限责任公司。北京京城华德液压工业有限责任公司作为上级母公司对其进行接收、系统整合、规范管理，充分利用北京京城中奥电梯有限公司现有房产、土地、设备、人力、电梯生产资质等优良资源与北京京城华德液压工业有限责任公司相结合实现优势互补，支撑北京京城华德液压工业有限责任公司战略发展。北京京城中奥电梯有限公司离退休人员交由北京京城机电控股有限责任公司非经平台管理。整合后的北京京城中奥电梯有限公司是公司的三级企业，资产得到盘活利用，将逐步实现经营扭亏。截至年底，北京京城中奥电梯有限公司完成股权重组，正在履行股权的工商变更登记程序。5 月，北京锅炉厂纳入北京京城机电控股有限责任公司非经营企业管理平台管理。12 月，北京京城机电控股有限责任公司董事会批复北京锅炉厂出资人由北京京城机电控股有限责任公司变更为北京起重机器厂，保留北京锅炉厂法人资格。北京锅炉厂正在履行股权的工商变更登记程序。

（孙海芝）

【产业发展和结构调整】 年内，北京北一机床股份有限公司与北京海冬青机电设备有限公司共同出资，成立北京北一海冬青轨道技术发展公司，借助北京海冬青机电设备有限公司在铁路系统的资源优势和成功经验，推动北一机床产品快速进入轨道交通领域。北京巴布科克威尔科克斯（中国）有限公司以技术推动市场，借助美国巴布科克威尔科克斯公司提供的国际领先电站设备改造以及电站环保产品技术，积极发展锅炉服务业务，2013 年服务业务订单达到 4.2 亿元。北京京城金太阳能源科技公司获批 12 兆瓦节能减排光伏发电项目，建设工作全面展开。

（甘晖容）

【重点项目】 年内，北京天海工业有限公司车用液化天然气瓶与低温设备生产基地建设项目完成东西区主体钢结构建设并通过验收，主要生产设备进入安装阶段。明晖天海气体储运装备销售公司增资工作已经完成。天津天海高压容器有限责任公司产能扩大项目正在进行项目竣工验收。廊坊天海高压容器有限公司 CNG 气瓶项目已完成决算审计。北京京城新能源（酒泉）装备有限公司的风力发电机及整机制造基地项目验收已完成，具备投产条件；内蒙古商都常胜梁一期 49.5 兆瓦项目，25 台风机全部吊装完毕；甘肃盐池项目获得国家能源局核准。

（甘晖容）

【自主创新与科研成果】 年内，京城机电面向轨道交通运营市场的 UGL15D-CN 数控不落轮车床产品完成与意大利 SAFOP 的联合设计与生产制造。B1-ZX001 汽车零件自动加工生产线，完成汽车零件自动加工生产线的设计、装配、调试、检验、试验和用户试切工作，并根据用户的要求完成机床节拍和快移速度的测试，与客户达成购买意向书。参加 CIMT2013 第十三届中国国际机床展览会。

国家“04”重大专项高温合金航发叶片五轴联动加工中心研制与应用，课题已完成任务合同书中的研究内容，完成 4 台高档数控五轴联动加工中心的研制，交付用户单位沈阳黎明航空发动机有限公司使用，用户已出具使用报告；课题通过工信部专家组预研收。

污泥水热干化系统开发，项目研发了 1 套市政污泥水热干化、资源化利用的工艺系统及装备，项目成果应用于呼市 100 吨 / 天污泥处理工程及青岛绿洁 100 吨 / 天污泥处理工程示范项目，全面完成各项技术指标，并列入国家第一批城镇污水处理厂污泥处理处置示范项目。

1000 兆瓦“W”型 VTUP 锅炉，在已成功投运的 600 兆瓦“W”垂直炉膛低质量流速超（超）临界锅炉的基础上进行开发，将此种适用于燃用无烟煤炉型的容量提高到 1000 兆瓦等级。项目采用新型管材，低质量流速设计，可降低厂用电，提高能源利用率，高效环保，并且有效降低超（超）临界锅炉的设计、制造、安装和维护成本，项目已完成研发和工艺方案评审，具备投标条件。

SI-V 型机动车用液化天然气焊接绝热气瓶，完成了 CDPW600-285/340/375/400/450/500-1.59V 型产品的设计开发，顺利通过了大连锅炉压力容器检验研究院各项型式试验，取得批量生产资格；申报专利 2 项：设置有加长强旋管及支撑棒及肋板的内胆支撑装置、设置有支撑棒及双层强旋管的内胆支撑装置；已经小批量生产，并形成销售。向北京公交、中国重汽、陕重汽等用户供应了约 2000 台储罐。

30 立方米撬装式加气站，采用 1 罐 1 泵 1 机，储罐几何容积30立方米。潜液泵最大流量340升/分。加气机最大加气量可达180升/分，加气机计量精度可达±1%。

全功率风电机组技术引进开发项目，FC2000机组进入批量生产阶段，已签订湖南华顺、内蒙克旗、内蒙商都、宁夏盐池等项目合同；FC3000机组完成设计、装配及现场低压穿越试验，上市销售。其中FC93-2000、FC100-2000、FC113-3000等风力发电机组获得CE认证证书，可出口欧盟。

ZF19-252/T5000-50气体绝缘金属封闭开关设备，高标准设计，额定电流达5000安，接地开关的电磁感应和静电感应要求均超出国标，满足国网招标要求。

10千伏标准配送式智能预制式变电站，产品具有抗震烈度可达9度、工厂化预制、现场快速模块化组装等多项优点，产品在国家电网福建漳州局恒苍变电站成功投产运行，获得国家电网公司、省局领导及相关单位和专家的一致好评与认可，被推选为重点示范工程，为公司大规模进入智能化市场领域奠定了坚实的基础。

围绕工程机械主机，以主机为主线，实施成套开发、系统开发、方案式开发，例如小挖、中挖、履带吊液压系统等，实现为用户提供成套的解决方案和服务，完成HD-A2FE六结构系列马达、HD-MWVL25-1X液控比例多路阀等工程阀、泵/马达产品研制与小批供应。

北京市科技支撑计划“160吨5桥全地面起重机开发”项目及“单缸插销伸缩机构电液控制”等3个相关课题通过市科委组织的专家验收。MKS1620数控（端面）外圆磨床被中国机床工具工业协会评为“中国机床工业产品质量十佳”。危险废物焚烧处理技术及装备项目获得由中国机械工业联合会与中国机械工程学会联合颁发的“2013年度中国机械工业科学技术奖”三等奖。水－乙二醇介质通轴式轴向柱塞变量泵被中国液压气动密封件工业协会评为“行业技术进步奖”二等奖。高端大排量斜轴式轴向柱塞变量马达的系列化研制项目被中国液压气动密封件工业协会评为“行业技术进步奖”三等奖。

（昂登华）

【技术改造与成果】 年内，国内首条液压泵马达生产线落户北京京城华德液压工业有限责任公司。引进国内首条斜轴液压泵/马达装配流水线落户卢沟桥生产基地，彻底改变了多年来传统的泵马达装配方式，多个工位实现机械自动化，极大降低了装配工人的劳动强度，提升工作效率。装配线工位有报警提示装置，在装配发生错误时能够给予及时的提醒，大大降低人工出错几率，保证装配质量。流水线落成后将具备日产400台，月产8000台泵/马达~10000台泵/马达的能力。

北京天海工业有限公司大型人调质线改造节约天然气超30万立方米/年。热处理工序所使用的调质热处理炉主要能源为天然气，改造前大型调质线每小时平均消耗天然气458立方米，消耗量非常大。通过挖掘设备节能潜力，进行燃烧分析、结构调整、设备配型等技术改造，改造后每小时平均消耗天然气为392立方米，年均可节约天然气30万立方米~60万立方米。

北京巴布科克威尔科克斯（中国）有限公司新装四号线弯管机提升工作效率。四号流水线弯管机由德国施瓦茨公司生产制造，新增加了支撑平台，降低了弯管转臂上表面到弯管中心的距离，使得在弯管过程中，转臂能够在平台下转动，大大减小了平台与弯管机之间的距离，提高了弯管质量与效率，同时对薄壁管弯管的质量的提高尤为突出。

北京市节能减排光伏发电项目全部竣工，年均发电1288万千瓦时。1月，为了响应国家号召，促进新能源的开发利用，北京京城机电控股有限责任公司申请的“北京市节能减排光伏发电项目”获得北京市发改委的核准、批复。项目涉及北京北一机床股份有限公司、北京北开电气股份有限公司等11个厂区。

（昂登华）

【节能环保】 年内，京城机电投资1.2亿元，完成了屋顶光伏发电12兆瓦的北京市节能减排示范项目建设工作。按照光伏电站相关标准要求，以电站使用寿命不低于25年计，项目累计发电量可达66250万千瓦时。节约标准煤26.5万吨，减少碳粉尘排放18万吨，减少温室气体排放69万吨。项目建设过程中，使用公司配套设备达1.2亿元。

（王鸿志）

【人才队伍建设】 年内，京城机电加强职工队伍素质建设，依托北京市机械局党校加大专业技术人才、经营管理人才培训，依托北京市工贸技师学院做好高技能人才队伍培训，在实现广覆盖的同时突出重点项目的培训。4月，《北京京城机电控股有限责任公司实施高级技能人才培训工程工作方案》发布，方案计划从2013年开始，利用3年的时间，对控股公司所属系统内企业的技能人员展开轮训工作，不断提升高技能人才在技能人员的占比。12月，公司与首都经济贸易大学联合举办的2013年工商管理培训班顺利结业。此次培训班设置了财务管理、人力资源管理、组织行为学、管理经济学、战略管理、公司治理、营销管理共7门课程。公司系统内共有13家企业、96名中层管理者及业务骨干参加了此次培训。

（张　震）

【效能监察】 年内，京城机电以公司年初工作会上提出的“四个重点”为核心，深入推进“两个全覆盖”，立项的重点分为6大项10小项，突出工作实效性。全年立项总数49项，其中公司本部立项4项、直属单位立项45项，立项数量同比增长11%。党委直属单位立项覆盖率100%。通过实施效能监察总体实现效能5051.98万元，其中避免经济损失290.34万元、挽回经济损失3380.82万元，增加效益1380.82万元。建立健全制度96项，梳理完善工作流程22项，提出改进管理建议86条。

（高虎男）

【制造业信息化课题通过审核】 年内，京城机电申请的国家科技部制造业信息化课题顺利通过审核，课题总预算1070万，获得国家支持资金470万。3月初，国家科技部下发课题任务书，主要研究北京装备制造业集群协同信息化技术，以发电装备产品全生命周期绿色设计制造、数控机床协同设计、制造与精细化管理和新兴产业——工业物流集群协同供应链生产性服务业为主要内容开展关键技术研究，并形成示范应用，带动北京装备制造支柱产业和工业物流生产性服务业发展。

（昂登华）

北京京仪集团有限责任公司

【概述】 北京京仪集团有限责任公司（简称京仪集团）是北京市人民政府出资并按照《公司法》设立的国有独资公司，集科研、设计、生产制造、销售服务、工程设计和系统工程成套为一体的集团公司。注册资金10亿元，拥有控股子公司23户、科研院所3户、科技孵化平台1户、高级技工学校1户，与ABB、艾默生、奥林巴斯等多家国际公司建立了长期合资合作关系。

京仪集团重点发展自动化系统及仪表（C）、科学仪器（I）、电力电子和新能源（E）三大产业板块，并以此为基础向节能、环保、安全等新领域拓展。自动化系统及仪表产业，具有完整的自动化仪表产业链，具备为客户提供自动化领域全方位解决方案和“交钥匙”的工程能力。科学仪器产业，主要包括分析仪器、测绘仪器和真空仪器等，产品具有智能化、专用化、小型化和联用化的特征，同时提供环保监测、生命安全等领域的解决方案。电力电子和新能源产业，形成了具有自主知识产权的较完整的光伏产业链，同时为用户提供电力电子元件和电源装置。

2013年，京仪集团国有及国有控股总资产63.8亿元，主营业务收入27亿元。年内，京仪集团继续加强企业技术中心能力建设。以光伏研发资源为基础，申请组建北京市光伏装备工程实验室和北京市光伏装备工程技术研究中心。京仪集团科技孵化器通过北京市及国家科技企业孵化器认证，成为第一个国家级仪器仪表专业孵化器。集团拥有7家市级企业技术中心、29家高新技术企业。

（付宗义）

【重点发展3个业务领域】 年内，京仪集团在认真开展行业分析研究和现有业务竞争力分析的基础上，提出了紧抓中国加快城镇化建设和环保治理两大行业发展机遇，利用自身技术和产业优势，重点发展以下3个业务领域：与北控水务、北控环保协同发展，共同构成从投资、建设、运营、服务的环保全产业链，以及覆盖水、气、固废的大环保概念，以现有实验室分析仪器、在线分析仪器和环境监测业务为基础，重点发展以PM2.5治理为核心的大气环境监测、治理业务，和环保设备制造和系统集成业务；根据北控集团打造领先的城市基础运营服务供应商的战略定位，与燃气、房地产、智慧城市等业务有效协同，以现有自动化仪表和系统业务为基础，重点发展水电气热等民用和公共服务仪表及管理系统业务，及物联网业务；与北控交通、置业、新能源等业务协同发展，以现有电力电子业务和光伏为基础，重点发展高效节能电力电子产品和光伏系统集成业务。

（付宗义）

【技术创新体系建设取得进展】 年内，京仪集团加强企业技术中心建设，围绕重点项目积极开展研发工作。北分瑞利完成UV-10便携式水质分析仪、WQF-680型傅立叶变换红外光谱仪等产品的研发。远东公司完成DN100水流量标定装置的设计、制造、安装、调试，取得了电磁流量计和转子流量计的计量器具制造生产许可证。布莱迪工程研发成功压力变送器核心部件“溅射微压压力传感器”。京仪绿能完成630千瓦光伏并网逆变器研发工作。京仪海福尔完成25.0兆帕斯卡高压浮子液位计研发。

（付宗义）

【科研项目取得多项成果】 年内，自动化院的机械手12英寸Sorter进入中芯国际验证；真空机械手通过客户验证。光电所承担政府委托科研项目4项，获得支持经费520万元；作为主要起草单位承接了激光类产品国家标准4项。电影所承担北京市科委“小型集热场”项目，完成延庆绿能的12个集热单元的安装调试。京仪孵化器组织完成了《申报北京市战略性新兴产业2013年京仪孵化器课题》的任务，组织近20家入孵企业开展知识产权培训和专利现状的调研分析，完成20多家新入孵企业招商任务；完成大兴科技企业加速器基本建设，引入10家仪器仪表专业企业进驻。完成了《京仪集团整合资源，建设孵化联盟规划》的初稿。

（付宗义）

【专利申请66项】 年内，全集团申请专利66项，其中发明专利12项、实用新型49项、外观设计5项；专利授权81项，其中发明专利4项、实用新型71项、外观设计6项；登记软件著作权11项。

（付宗义）

北京化学工业集团有限责任公司

【概述】 2013年，北京化学工业集团有限责任公司（简称北化集团）营业收入全口径突破50亿元，同比增长11.5%；市国资委口径完成40.6亿元，同比增长35%，是近年来增幅最大的一年。全年利润总额完成7366.7万元，同比增长16.6%，均超过“十二五”规划进度。全面完成了市国资委考核的3项基本指标（利润总额、EVA值、净资产收益率）和4项分类指标（成本费用占营业收入比率、流动资产周转率、应收账款周转率、技术投入比率）；超额完成领导班子3年任期（2011—2013）考核指标（国有资本保值增值率、主营业务收入平均增长率和全员劳动生产率、新产品贡献率）；足额完成国有资本收益收缴指标，连续5年按净利润20%的比例上缴国有资本收益。是年，北化集团完成上缴国有资本收益754万元。职工收入继续保持稳定增长，连续5年平均增幅在10%以上。

全面推进节能减排治理，制造业企业万元增加值能耗同比下降2%，万元增加值水耗同比下降3%，复用水率达到96%；加大科研开发工作力度，全年科技支出总额预计超过5200万元，其中市国资委考核的3家重点企业的科技支出占主营业务收入的比重都超过3%；稳步推进武夷山房地产开发项目，物产置业经营管理迈上新台阶；母体企业管理得到深化、细化；社会化服务产业取得新业绩；三产集体企业平稳发展。

（徐博非）

【完成2个新项目建设】 年内，化工研究院8000吨/年无卤阻燃工程塑料改造扩产项目完成生产和检测设备的安装与调试，公用工程改造全部完成，实现年内投产。华腾新材料公司新增6000吨/年聚氨酯黏合剂（重庆）项目，11月底完成全部土建施工和设备安装调试，12月底投料试车。截至年底，北化集团在6省（区）建立生产基地，制造业京外布局步伐不断加快。

（徐博非）

【产业合作合资取得新突破】 年内，化工厂与日本三菱化学合作生产液晶面板彩胶项目完成工程建设和生产准备，投入试生产，产品供应京东方8.5代线。与美国普莱克斯气体公司合资的金晶玻璃配套气体项目，7月份正式投产，年底前签署股权收购协议。

（徐博非）

【推进筹备项目】 年内，阻燃环保模塑聚苯乙烯板（EPS）保温材料项目全面启动。项目一期，北化集团出资1168万元，与北京东方丰旺有限公司共同设立合资公司，开展新型EPS阻燃保温材料的生产。该产品在防火保温材料领域处于国内技术领先水平。

（徐博非）

【节能减排】 年内，完成废旧溶剂回收装置大修改造，提高了溶剂回收处理能力和生产效率，能够生产高纯回用溶剂，分离出单组份产品，为回收京东方玻璃液提供基础保障条件。完成华腾天海环保科研开发中心，为废旧溶试剂回收的后续发展奠定技术基础。完成华腾橡塑乳胶手套和胶板技术改造、医用手套生产线改造、鞋靴类系列产品技术改造、高速列车耐寒橡胶风挡质量改进项目等一批中小型技术改造项目；试剂所600吨/年高纯化学试剂调整改造项目；华腾橡塑和技师学院两处锅炉“煤改气”等项目。推动重点用能单位的清洁生产审核工作，华腾橡塑完成审核，华腾天海启动相关工作。

（徐博非）

【启动新的置业改造项目】 年内，北化集团对大郊亭原化工二厂西北角的现有房产实施内外装修和综合利用。该置业项目改造全面启动，占地5万平方米，建筑面积2万平方米，定位于花园庭院式办公区，项目投资概算约8500万元。

（徐博非）

【产业发展新支撑】 年内，北京华腾东光科技发展有限公司完成对东光实业凯新科公司51%股权的收购工作。以华腾化工、华腾旌凯、凯新科公司为主要依托，北化集团的贸易业务得到快速提升，贸易资源和业务渠道获得有效拓展，营业收入达到15亿元左右的规模。

（徐博非）

【实施产业促进】 年内，北化集团继续通过银行向优势产业、优势项目、有发展后劲的13家企业提供66笔总额为4.77亿元的委托贷款。向华腾劳务派遣、华腾东光、华腾新材料3家二级企业增资1800万元，有效改善了企业资本结构。

（徐博非）

【调整优化资本结构】 年内，北化集团启动二级企业——华腾新材料股份有限公司的上市准备工作。东光实业总公司“回归国有化”工作取得重要进展。橡胶五厂破产工作取得实质性进展，对相关破产资产进行挂牌拍卖，进行企业破产终结程序；华腾东光所属瑞博龙公司进行工商注销手续；泛洋华腾公司完成工商清算备案和清算公告手续；染料厂所属西北染料公司完成资产变现工作，继续推进相关破产程序；原化工七厂划转移交北京房地集团工作进入尾声。

（徐博非）

【加强董事会建设】 年内，北化集团认真贯彻市国资委《关于规范市属国有独资公司董事会建设的指导意见》等文件精神，不断加强董事会制度建设和机制建设。2月份，市国资委向北化集团派出第二名外部董事，进一步加强董事会力量。两名外部董事分别兼任董事会专门委员会的主任委员，促进相关工作的开展。4月份，北化集团董事会向市国资委进行了年度工作报告，得到市国资委充分肯定。

（徐博非）

【完善制度机制建设】 年内，北化集团积极开展内控体系建设，集团总部开始试运行，二级企业全面启动。新出台14项、修订1项管理制度，完成《行政管理制度》修订汇编。

（徐博非）

【继续强化审计监督】 年内，北化集团系统内有25个内部审计机构，专兼职审计人员66人，全年完成审计项目385个，审计资金总额24亿元。作为一项常规性工作，加强北化集团监督检查力度，年内相继完成7户企业的财务收支审计、9个单位10人次的经济责任审计、3家企业的调整重组审计、154项经济合同审计、10项专项审计。对9家企业的51项基建工程项目和修理修缮项目进行审计，审减金额222万元。

（徐博非）

【推进专项管理工作】 年内，完成“十二五”规划中期评估工作，推进了对标管理；启动“产品领先计划”，加快解决薄弱环节；规范安全生产管理，完善安全管理制度，6家企业达到“安全标准化”国家三级标准；围绕4个方面22项指标，对31家二、三级企业进行了财务绩效情况定量评价，指导企业开展对标改进。企业管理费全年同比基本持平，销售费用占营业收入的比例同比下降0.28个百分点。完成乙烯债转股以及历史遗留的部分土地、房产的权属清理及手续办理工作。

（徐博非）

北京京煤集团有限责任公司

【概述】 2013年，北京京煤集团有限责任公司（简称京煤集团）坚持科学发展，落实强大京煤战略，转方式，调结构，惠民生，创新驱动，稳中求进，企业保持了健康持续发展的良好态势。全年营业收入245亿元，实现利润6.4亿元，资产总额472亿元，比年初增加107亿元，增幅28.97%。

年内，煤炭主业克服产能过剩、价格下降、需求不旺的困难，改进管理流程，推进技术革新，深化客户关系，调结构，控成本，降造价，潜心经营，创新发展，取得了良好的经营业绩。以矸石充填为代表的绿色开采技术得到推广。大台煤矿完成第二个急倾斜矸石充填工作面，实现年初确定的60%矸石不出井目标；木城涧煤矿千军台坑6月份实施巷道矸石充填技术，实现了矸石不出井的目标；大安山煤矿急倾斜煤层矸石充填系统进入试运行；长沟峪煤矿实现炮采壁式工作面采空区矸石充填。沿空留巷及沿空送巷技术取得实效。木城涧煤矿、大安山煤矿采用该技术，共计沿空留巷2082米，减少使用单柱11023根，经济效益显著。中块智能选矸、混中块洗选取得突破。木城涧煤矿实验中块智能选矸、混中块洗选技术打破了多年来京西煤不可洗的固有思维，降低劳动强度，减少用工，提升煤质，降低污染。全年煤炭产量1197万吨，销量1619万吨，实现收入72.74亿元，利润6.64亿元。

城市服务业面对经济下行压力，调整结构，深化管理，保持了科学发展的良好势头。金泰集团资产总额达到125亿元，较年初增加7亿元，增幅为6%；收入总额122亿元，同比增加22亿元，增幅为22%；利润总额1.2亿元，同比增加2773万元，增幅为30%；职工人均年收入8.6万元。

房地产业面对区域发展分化严重的市场格局，立足北京，推进项目落实。年内，在建项目14个，年度开复工面积200.88万平方米，新开工面积50.89万平方米，竣工面积61.05万平方米。截至年底，在售商品房项目完成签约17.65亿元，完成年度计划的116%。年内，金泰地产集团资产总额176.55亿元，营业收入32.3亿元，实现利润2.66亿元。

电力产业与内蒙古广纳煤业集团签订合作协议，完成了股东变更，优化股权结构。通过了华北电监局安全生产标准化二级达标企业评审。企业各项工作全面进步，实现利润9799.97万元。

民爆化工产业出资3750万元控股收购的蒙古国达瓦满度拉公司，已投入生产，实现了跨国经营，拓展了发展空间。天津宏泰企业技术中心获得天津市认定，取得了6项实用新型专利，获得政府政策性扶持资金110万元，获得天津市“守合同重信用企业”称号，提前1个月完成全年预算指标，实现营业收入8970万元，利润1352万元。河北太行积极推进产能转移，开拓滦平、满城两个新市场，确保经营指标完成。全年实现营业收入6448万元，利润550万元。泰克顿公司积极拓展国内外市场，与宁夏、黑龙江、贵州等地厂家建立良好合作关系，依托蒙古国达瓦满度拉公司，累计出口导爆索30万米、工业雷管16万发、硝酸铵500余吨。全年营业收入1.78亿元，利润221万元。年内，京煤化工公司资产总额6.88亿元，比年初4.03亿元增加2.85亿元；营业收入4.72亿元，实现利润768.77万元。

机械制造业实施“专业化、集约化”经营，策略应对市场竞争，依靠技术创新，推进产品升级、装备升级、产业扩张。煤机产品区建成使用，产业园东区着手开工准备，鄂尔多斯京煤机械公司经营快速展开，实现利润1.05万元。停车设备产品签订合同亿元，同比年提高61%。是年，鑫华源公司签订合同3.4亿元，同比提高47%。销售收入2.65亿元，比上年增加387.29万元。实现利润802.13万元，同比提高122.3%。

强化人才引进、选拔、培养工作。引进有能力、有业绩、有潜力的专业型领军人才6人；择优选拔录用高校毕业生238人；选拔中高层管理人员参加各类教育培训近270人；有720人参加了职业技能鉴定，627人取得职业资格证书；有367人晋升了专业技术职称。截至年底，京煤集团在册员工28176人。其中，农民工8763人；专业技术人员5157人；经营管理人员7255人；高级职称364人，中级职称1580人，初级职称1877人；研究生以上学历406人，大学文化4015人，大专文化3583人，中专文化1583人。京煤集团离退休人员32793人。其中，离休人员309人，退休人员31882人，退职人员602人。

（汪智利　马士彬）

【昊华香港公司与非洲煤业公司签署协议】 3月26日，在国家主席习近平访问南非期间，作为重要外交活动之一的中南两国政府及企业间重要合作签约仪式在南非首都比勒陀利亚总统府举行。在中南两国元首主持下，昊华能源香港公司与非洲煤业公司正式签署合作协议，确认昊华能源香港公司作为非洲煤业公司第一大股东所享有的权利，并同非洲煤业公司在公司管理、专项技术交流、新项目融资、产品市场开发、企业战略规划等方面结成全面战略合作伙伴关系。

（汪智利　马士彬）

【昊华能源安全开采经验向全国推广】 4月28日，国家安全监管总局、国家煤矿安监局联合印发通知，要求各产煤省、自治区、直辖市及新疆生产建设兵团安全生产监督管理局、煤炭发行管理部门、各省级煤矿安全监察局、司法部直属煤矿管理局和有关中央企业，认真学习借鉴推广京煤集团昊华能源公司实现复杂地质条件下机械化安全开采经验，进一步推动煤矿机械化改造，提高安全生产保障能力，促进煤矿安全生产形势持续稳定好转。通知指出，京煤集团昊华能源公司的实践证明，机械化开采是实现煤矿安全生产的根本出路，是促进煤矿科学发展、安全发展和可持续发展的治本之策。截至年底，昊华能源共有15个综采综掘和高档普采机械化工作面，机械化产量占总产量的76%。

（汪智利　马士彬）

【昊华能源被认定为国家级高新企业】 5月，经国家科技部批准，京煤集团昊华能源公司被认定为国家级高新技术企业。近年来，京煤集团昊华能源公司取得了300余项较高水平的技术成果。其中，49项获得厅局、省部级科技奖励，3项获得专利，5项专利技术申请已被受理。

（汪智利　马士彬）

【市主要领导到金泰集团调研】 6月15日，中共中央政治局委员、北京市委书记郭金龙，北京市委副书记、市长王安顺等在朝阳区开展“减少城区散煤燃烧，改善城市空气质量”主题调研时，来到金泰集团朝阳分公司所属金泰利达公司南磨房调研型煤替代工作。在南磨房煤厂，郭金龙、王安顺慰问了一线员工，察看优质型煤加工、生产、配送等工序，参观生产车间、了解库存情况和煤场生产能力，对优质型煤替代普通燃煤的可行性进行了探讨，表示支持企业增加优质煤产量、布设网点。郭金龙、王安顺对京煤集团、金泰集团多年来为北京民用煤保供做出的贡献予以肯定，对南磨房煤场环境表示满意。

（汪智利 马士彬）

【煤矿安全】 京煤集团从6月份起到年底，由集团领导分别带队，组成12个督导检查组，集团总部19个部室参加了督导检查，共排查安全隐患273项，已整改完成270项。对查出的隐患和问题列出清单，经总经理审阅签字后在集团机关公示窗进行公示，接受职工群众的监督。年内，发生工业死亡事故2起2人。重伤无，轻伤63人，煤矿百万吨死亡率由0.194降到0.167。在京4个煤矿均通过了国家新标准的二级矿井鉴定。年内，集团公司获北京市“安全生产月”活动优秀组织奖；昊华能源公司长沟峪煤矿获北京市“安全生产月”活动最佳实践活动奖。

（汪智利 马士彬）

【赵军维修首席技师工作室揭牌】 8月1日，“北京市赵军维修电工首席技师工作室”（简称赵军工作室）揭牌仪式在昊华能源公司木城涧煤矿举行。赵军工作室从2007年成立起，先后培养了4名国家技师和3名高级工。赵军工作室为市政府重点资助的首席技师工作室之一。同时，赵军、郭岐顶等5家首席技师工作室也被命名为京煤集团首席技师工作室。京煤集团给予赵军、郭岐顶等5家首席技师工作室10万元资助。

（汪智利 马士彬）

【京煤化工与蒙古国达瓦满度拉签约】 8月8日，京煤化工公司与蒙古国达瓦满度拉公司股权合作项目签约仪式正式举行，京煤化工公司与蒙古国恒立威公司的双方代表共同在股权合作书上签字。恒立威公司位于蒙古国乌兰巴托市，主营进出口贸易业务，直接控股达瓦满度拉公司。达瓦满度拉公司是一家以乳化炸药生产为主的民爆化工企业，年设计生产能力1.5万吨，达产2000吨。

（汪智利 马士彬）

【木城涧煤矸智能分选系统运行】 9月10日，昊华能源公司木城涧煤矿煤矸智能分选系统正式运行。该分选系统是采用核物理技术的一种新型干法选煤设备，为目前国内块状原煤排矸及分选精煤的最新产品。木城涧煤矿生产的无烟煤属极难选煤。随着煤炭开采水平的延伸，煤中含矸率不断增加。由于矸石量大，人工手选矸劳动强度增大，误选率增加，排矸选净效果不稳定，造成部分资源浪费。为此，该矿引进巨龙融智机电技术有限公司的煤矸智能分选系统，降低人工选矸劳动强度，提高中块原煤排矸的机械化水平和工作效率，保证中块煤质量的稳定，改善员工工作环境，填补了京西无烟煤选干技术空白。

（汪智利 马士彬）

【金泰丰台分公司高温热解试制成功】 9月25日，由金泰集团丰台分公司机械经营部设计制作的1200℃高温热解试验台成功完成高于预期目标的实验室实验。该试验台在国内尚属首创，合作双方将申报国家和国际专利。5月，金泰丰台分公司机械部与北京建筑材料科学研究总院（金隅中央研究院）生活固废与节能建材研究部签订合同，合作设计制作1套高温热解试验台。机械经营部经过数月努力，最终于9月底完成了安装，并进行试验，整体设计和试验结果全部达到或高于合作方预期目的。热解试验是用于研究有机物不同加热温度下产物的一种试验过程，广泛应用于垃圾、污泥和污染土等固体废物的研究。已知的现有试验设备，在加热温度、试样容量和产物处理等方面均无法满足此类试验要求。由金泰丰台分公司机械部设计制作的高温热解试验台，最高加热温度达到1200℃，最大试样容量5公斤，可在升温后加入试样。

（汪智利 马士彬）

【5项成果获市企管创新奖】 10月8日，京煤集团有5项创新成果获第二十八届北京市企业管理现代化创新奖，同时获优秀组织奖。昊华能源公司木城涧煤矿《首都煤矿企业特色安全文化的构建与实施》获一等奖；昊华能源公司大安山煤矿《创新“手指口述”培训模式规范员工安全行为》、昊华能源公司物资分公司《以信息化技术为支撑的煤炭行业电子化招标采购管控》、金泰集团东城分公司《租赁公寓在民用煤经营网点转型中的实施与创新发展》、鑫华源公司《机械式停车设备标准化系统建立与实践》共4项创新成果获二等奖。

（汪智利 马士彬）

【市主要领导到京煤集团调研】 11月14日，北京市委副书记、市长王安顺等到京煤集团东城分公司干面煤炭门市部调研冬煤保供工作。王安顺一行来到干面储煤库，亲切慰问送煤工人，查看煤炭库存情况和配送工作，并仔细询问煤炭供应量、主要成分、销售价格和保供措施等相关情况，对京煤集团多年来为首都民用煤保供所做出的贡献予以充分肯定，高度评价煤炭职工“辛苦我一个，温暖千万家”的奉献精神。

（汪智利　马士彬）

【调整结构，盘活资产】 年内，京煤集团调整矿建公司、西达地产等股权持有关系，理顺相关产业的治理结构，支持业务板块发展。受让广纳集团持有京海发电公司1%股权，优化京海发电公司股权结构，实现对电厂的控股。将业务相同的昊亚公司和京煤物业管理公司合并重组，整合资源，发挥整体优势。完成债转股昊煜工贸公司的战略退出。将资产优良和有发展前景的权属四级企业提升为三级企业，通过股权转让、注销等方式退出了部分参股和四级小企业，缩短了管理链条，盘活了资产资源，释放了潜能。

（汪智利　马士彬）

【煤炭生产】 年内，煤炭主业重点投资项目进展顺利，转型发展取得重大突破。在内蒙古开发建设的高家梁煤矿全年销售商品煤666万吨，同比增加148万吨；煤质管理取得实效，累计精煤产率46.1%，比去年高出4.6个百分点，同比增收1600余万元；全年销售收入9.1亿元，利润1亿元。安全无轻伤以上事故，安全质量标准化水平达到一级质量标准化矿井；煤矿二期完成采矿权整合验收，取得了600万吨采矿许可证。红庆梁煤矿累计投资7.88亿元，主、副井分别进入一期和二期施工，完成进尺2450米，项目路条获批，工程按计划推进。东铜铁路公司万吨大列开通，全年发运煤炭346万吨，主营业务收入7137万元。国泰化工甲醇项目累计投资23.57亿元，项目建设进度达到总体计划的85%。以昊华国际为主体，出资1亿美元，于2月7日收购了非洲煤业23.6%的股份，成为该公司第一大股东，影响并推动非洲煤业调整战略规划，将生产重心转移至焦煤的勘探和生产上来，为非洲煤业成为南非最大的焦煤公司奠定基础。煤炭主业实现了从北京到外埠，从国内到国际，从单一开采向煤化工上下游产业链的延伸，实现了转型、转移发展。全年煤炭产量1197万吨，销量1619万吨，实现收入72.74亿元，利润6.64亿元。

（汪智利　马士彬）

【民用煤供应】 年内，京煤集团认真落实优质煤资源保障工作，发挥北京市“减煤换煤、清洁空气”行动计划的主渠道作用，履行优质煤保供责任，克服时间紧、任务急、需求量大等困难，加大人财物的投入，组织优质货源，研制煤炭产品，调整销售结构，停止所有块煤出口和外销，做到了不讲条件，不计报酬，全力保障优质煤供应。承担具体供应任务的金泰集团，在健全和完善民用煤供应制度、制订具体实施办法的基础上，采取增添块煤筛选、包装设备，增加人员、运力和块煤储存场地，积极与有关区县协调，主动联系相关单位，储备民用煤资源等措施。全年优质煤供应涉及朝阳、海淀、丰台、昌平等9个区县，共销售各类优质煤产品11.09万吨，其中无烟块煤6.7万吨、蜂窝煤3.6万吨、蜂料5291吨、煤球2018吨。采购块煤8.8万吨。供应量占全市换煤总量30万吨的1/3，完成了北京市城区民用煤供应任务。

（程林禧　汪智利）

【民心工程】 年内，京煤集团全力实施工矿棚户区改造，其中安置房项目总投资30.3亿元、建筑面积54.4万平方米、6264套，主体工程已基本完工。截至年底，已有2082户居民相继办理了入住手续。继续保障职工权益。年内，职工人均收入达到7.7万元，平均工资同比增长8.37%；分流安置京浆公司113名职工；彻底解决了吕家坡村多年遗留的历史问题；规范落实员工保险福利待遇，全年企业补充医疗保险费支出7471.9万元，减轻了职工医疗负担。

（汪智利　马士彬）

【节能减排】 年内，京煤集团加快实现经济增长向资源节约和低消耗、低排放转变，有效降低了生产能耗。实现了“十二五”期间总生产单耗累计下降17.43%。“十二五”前3年，工业生产单耗累计下降22.47%，超额完成国家要求下降10.58%的节能目标。在节煤上，物业管理公司与当地政府共同出资启动抗震节能工程，覆盖面积4.89万平方米。随着工程的进展，燃煤消耗进一步降低。物业管理公司各分公司共投资136.84万元对29处供暖设备设施进行了更新改造。改造后锅炉运行速度快，效率高，节约了能源，减少了污染。在节电上，昊华能源公司更换节能电动机206台，更新变压器64台，使用变频器7台，年可节约220吨标煤。金泰集团朝阳分公司对新天地大厦的三台新风机组送风管道进行技术改造，用两台新风机组代替三台机组运行，年节电近2.2万千瓦时，节约资金2.75万元。金泰大厦调整大厦夜景照明时间，更换LED节能灯具，用电量比去年同期减少15万千瓦时。在节水节油上，京煤化工爆破器材公司加大对水资源设备的改造，购置封闭式冷却塔及冷水机组设备，生产用水全部采用循环水，年节水6127立方米。

（汪智利　马士彬）

【科技创新取得新成果】 年内，京煤集团完善了以技术中心为核心的创新体系，权属下设6个技术分中心，取得有效专利43项，其中发明专利16项、实用新型专利27项。昊华能源公司和京煤化工公司，被认定为国家级高新技术企业，鑫华源公司被认定为北京市高新技术企业。昊华能源公司成为全煤系统第二个高新技术企业，享有税收优惠政策。“煤矿安全隐患治理与安全预警系统”项目获中国职业安全健康协会科学技术一等奖，第一次作为第一完成单位获得省部级科技进步一等奖。民爆化工和机械产业在电子雷管及自动化装填生产线、新型综采支架、停车设备等方面实现了创新升级。其中，研制多年的停车设备边梁生产线取得突破，形成了完整的标准化、自动化生产线，降低成本70%，提高效率400%。

（汪智利　马士彬）

【高家梁获“全国优质高效选煤厂”荣誉】 年内，昊华精煤公司高家梁煤矿选煤厂被中国煤炭加工利用协会评为“2011—2012年度优质高效选煤厂”。高家梁煤矿选煤厂采用重介分选选煤工艺，设计入洗能力600万吨，选煤厂主要由原煤筛分、水洗、煤泥水处理、介质回收及装车五大系统组成，于2009年12月8日投产。截至10月31日，精煤产率达到45.8%，原煤筛分从最初的13毫米调整为9.5毫米筛缝筛分，筛分技术获得国家专利。

（汪智利　马士彬）

【金泰集团企业改制】 年内，金泰集团加快改革改制步伐，推动改革和管理重心下移。机械厂改制为金泰集团公司机械分公司。解决大连永磁中外合资企业遗留问题，变更为金泰集团公司的一人有限公司。东城分公司完成4家企业合并重组，缩减2家企业；西城分公司合并重组2家企业，缩减1家企业；朝阳分公司退出4家参股企业、注销1家企业（腾达机电泵业中心）；丰台分公司注销木樨园家具城、南三元批发市场2家企业。

（程林禧　汪智利）

北京金隅集团有限责任公司

【概述】 2013年，北京金隅集团有限责任公司（简称金隅集团）坚持以科学发展为主题，以加快转变发展方式为主线，稳中求进，创新发展，较好地完成了年度各项经济指标和工作任务，实现了整体经济平稳较快发展。截至年底，集团资产总额超过1000亿元；全年主营业务收入完成500亿元，同比增长21.5%；利润总额完成43.34亿元，同比增长0.86%。其中，资产总额和主营业务收入提前实现金隅“十二五”规划目标。

有效应对市场形势变化，产业发展质量稳步提升。水泥及预拌混凝土板块通过强力开拓市场、延伸产业链条、深化内部管控、加快结构调整与转型升级等一系列扎实有效的措施，全年水泥销量、混凝土、骨料销量同比分别增长11.7%、42.6%、101.2%。新型建材与商贸物流板块积极调整产品结构，加快实施产能转移，深化整合营销渠道，着力提高经营质量，加快做大商贸物流业务，板块产业规模、企业效益和发展质量稳步提升。

企业调整转型稳步推进。响应市政府的号召，主动关停金隅顺发公司和金隅平谷公司水泥生产线，压缩水泥产能150万吨/年，提前2年完成北京市“十二五”水泥产能调整目标。在完成原西六公司渣土砖生产线和彩瓦生产线、翔牌公司渣土砖生产线停产退出工作的基础上，对原西六公司古建生产线、翔牌公司石膏砌块和EPS保温板及京华玻纤生产线等实施停产退出，使高能耗、低效益产能彻底退出该区域，同时积极谋划该区域产业转型发展方案。完成金隅加气公司大兴基地搬迁腾退工作，推进金隅加气公司石景山基地搬迁调整工作，为北京市重点工程西北热电中心建设提供有力支持。

科技创新能力不断提升。金隅技术中心高质量通过国家级企业技术中心复评。建材科研总院国家建筑产品防火安全质量监督检验中心顺利通过评审，取得相关资质。天坛家具公司获得北京市企业技术中心认定。生态岛公司被评为高新技术企业。公司17个重点科技项目进展顺利，有力地助推了企业发展。年内，公司获得51项国家专利，主编或参编国家、行业和地方标准18项。

资源整合重组创新有效。积极推进外部拓展和区域市场布局，加快产业链上下游延伸和资源整合步伐，采取收购、租赁、托管等多种方式，先后对邯郸辰翔混凝土公司、北京永利源混凝土公司、天津天成混凝土公司等混凝土企业实施整合；在承德、鹿泉、左权、涉县等地新增矿山资源储备，进一步增强水泥等产业可持续发展能力。继续加大“调、改、剥、退”工作力度，全年组织完成16家劣势企业退出和9家企业压缩层级工作。金隅财务公司正式挂牌营业，为公司提高整体资金运营效率、防范资金风险搭建新的平台。继续深化与银行等金融机构良好合作，以较低利率成功发行30亿元短期融资券和15亿中期票据。金隅大成开发公司重庆时代都汇项目为融资标的，成功引入建信信托作为战略投资者，获得15亿元股权融资和5亿元债权融资。8月，启动实施金隅股份非公开发行A股项目，通过市国资委、香港联交所和香港证监会等监管审批。

（徐怀军）

【企业重组】 年内，金隅集团按照市国资委要求，积极组织推进劣势企业退出工作。列入市国资委2013年度退出计划的北京市东郊木材厂等16户企业全部完成退出工作，完成全年任务的100%；按照市国资委关于度压缩管理层级的工作要求，加快推进北京恒业群盈商贸有限公司等9户压缩管理层级工作，完成全年任务的100%。

按照公司内部调整整合的需要，加快相关企业“调、改、剥、退”工作力度，推进业务趋同企业的整合归并，完成企业调整整合17户。以北京大成房地产开发有限责任公司为平台，积极推进集团内非上市非经营性资产（简称“两非”资产）重组整合工作。完善管理制度，健全组织机构，建立“两非”资产台账。对已经建立的“两非”资产台账按行政区域进行分类汇总，按照就近原则拟定资源整合方案。制订2014年度资产资金收支计划。完成集团本部“两非”资产整体划至大成房地产公司相关工作，涉及“两非”资产房屋面积37万平方米、土地面积170万平方米、账面金额合计8451万元；组织完成集团所属西砂公司等8户企业股权划转至大成房地产公司，以及建材供应公司等5户企业的注销工作；制定和完善“两非”资产委托管理、物业服务费用核定及支付流程、应急抢险专项基金管理制度等一系列管理制度和工作流程，进一步加强“两非”资产的规范化、预算化和制度化管理。

加快集团所属相关事业单位重组调整步伐，完成建材质检站、五金质检站、木材质检站、锅检所等“三站一所”事业单位注销手续，并实现其相关授权资质、经营性资产整合进入建材科研总院，促进金隅质检业务权属更加清晰，业务运营更加顺畅。完成恒业群盈工商注销手续，至此，金隅系统内五级企业全部完成注销或提级。

（沈赫）

【建材生产经营】 年内，金隅集团新型建材制造业主营业务收入同比增长43%。其中，国有控股企业同比增长51%，非控股企业同比增长6%。新型建材及商贸物流板块调整产品结构，窦店加气混凝土二期项目、通达耐材淄博项目建成投产，完成唐山加气混凝土项目收购，物流园项目取得一、二期建设的环评及立项审批手续，运营方案逐步成形。大厂天坛项目加紧施工，10万平方米标准厂房完成建设，金隅大厂现代工业园的整体规划建设更加完善，产业集群效应和协同发展优势更加明显，成为金隅最主要的建材制造业基地。金隅窦店科技园完成加气混凝土二期和国家级防火检测项目二期建设。渠道整合取得突破，在天津、沈阳和西安分别设立区域销售平台。

（罗小兵）

【水泥及预拌混凝土生产】 年内，北京金隅水泥产能达到4853万吨，产销量（含熟料）4303万吨，预拌混凝土产能2790万立方米，产销量1321万立方米，水泥及预拌混凝土板块实现销售收入165.8亿元。

北京水泥厂有限责任公司、鹿泉金隅鼎鑫水泥有限公司、天津振兴水泥有限公司、广灵金隅水泥有限公司等多家企业完成水泥窑脱硝改造工程；广灵金隅水泥有限公司完成水泥粉磨系统和7.5兆瓦纯低温余热发电项目的建设；邯郸金隅太行水泥有限责任公司200万吨矿渣粉项目获得集团批复后快速实施；北京水泥厂有限责任公司和张家口金隅水泥有限公司的磨机改造项目和邯郸金隅太行水泥有限责任公司、赞皇金隅水泥有限公司窑头电改袋工程顺利完成；北京市琉璃河水泥有限公司能源管控中心投入使用，金隅水泥整体市场竞争的能力、抵抗环保压力的能力和困境中创效益的能力进一步增强。

响应《北京市2013—2017年清洁空气行动计划》，关停北京金隅顺发水泥有限公司和北京金隅平谷水泥有限公司生产线，当年即压减水泥产能150万吨。加快危废、飞灰、污泥等处置工作和污染土修复工作，实现垃圾减量化、无害化和资源化处置。

（谭福生）

【科技创新取得重大成果】 是年，金隅集团科技投入7.3亿元，新产品销售收入24.8亿元，承担国家级科技项目12项，获得省部级科技奖励7项，获得国家专利51项，主、参编国家及地方标准49项，争取政府科技项目资金1275万元。

金隅中央研究院完成现代混凝土配合比设计与质量控制方法研究与应用项目，可使单方混凝土成本降低5元。水泥节能科技等公司完成外加剂适应性研究项目，改进外加剂对水泥的适应性及对混凝土性能的影响，节约资金389万元。天坛公司完成钻石系列家具开发及涂饰环保水性漆工艺产业化项目，使VOC排放下降70%，新增销售收入638万元。北京金隅水泥经贸有限公司完成水泥产业管理信息系统的应用节省人工成本500余万元。通达耐火技术股份有限公司完成烧结刚玉系列产品研制项目，使制备的优质烧结刚玉系列产品生产成本降低15%以上。

北京市琉璃河水泥有限公司、北京水泥有限责任公司的水泥能源管理中心项目实现生产环节的标准化管理与精细化节能。天津振兴水泥有限公司生料磨和水泥磨实现炉渣双掺，增加资源综合利用的物料种类，降低了生产成本。天津金隅混凝土有限公司绿色环保搅拌站先进工艺集成及示范工程项目，将生产废渣和废水回收再利用，实现生产废弃物零排放。北京金隅节能保温科技有限公司国内单线产能最大、技术最先进的年产3.5万吨岩棉外墙外保温板生产线，在国内首次采用电炉熔化矿石。通达公司高强低导热耐火材料及长寿命新工艺研究与应用项目使窑口和喷煤管产品寿命提高一个月以上。北京金隅涂料有限责任公司WCB室外超薄型钢结构防火涂料，解决了漆膜起泡、缩孔等问题，在四川石化等工程中成功应用。北京金隅嘉业房地产开发有限公司的工程标准体系研究及样板基地建设项目统一工程技术标准，提高建筑工程质量。

北京金隅红树林环保技术有限责任公司将赞皇金隅水泥有限公司、涿鹿金隅水泥有限公司、曲阳金隅水泥有限公司、承德金隅水泥有限责任公司协同处置危废项目纳入河北省《危险废物污染防治实施方案》中。编制房山区水泥窑协同处置生活垃圾实施方案。组织天津振兴编制水泥窑协同处置生活垃圾和生活污泥项目方案。

北京市琉璃河水泥有限公司飞灰项目，年处置飞灰量达到批复能力。北京太行前景水泥有限公司试烧生活垃圾中试完成阶段目标，烟气以及水泥质量检测全部符合国家标准。关停北京金隅顺发水泥有限公司水泥生产线、北京金隅平谷水泥有限公司熟料线，关停北京市西六建材有限责任公司和北京市翔牌墙体材料有限公司建筑渣土砖生产线，实施加气混凝土的整体搬迁升级。在京企业处置废物48.5万吨，其中水泥窑处置24.5万吨。

（田立柱）

【节能环保】 年内，金隅集团节约标煤6.48万吨，节水34.93万立方米，节电1.13亿度，节气62.9万立米，减少物料损失2.58万吨，资源综合利用减免税6.4亿元，北京水泥厂有限责任公司、天津振兴水泥有限公司、北京市琉璃河水泥有限公司、鹿泉金隅鼎鑫水泥有限公司、赞皇金隅水泥有限公司等5家企业入选第一批“建材行业节能减排示范企业”。

金隅集团24家制造业与服务业企业开展清洁生产审核工作，18家企业完成清洁生产审核的阶段性评估验收，本次审核共实施清洁生产方案455个，年产生经济效益1.1亿元。北京金隅凤山温泉度假村有限公司、北京金隅物业管理有限责任公司环贸分公司成为北京市首批通过专家评审的服务业企业清洁生产示范单位。开展沐浴业清洁生产指南、评价指标体系的课题研究，完成洗浴业清洁生产审核指南。

强化用能单位能源消耗统计分析工作，完成政府下达的年度节能目标任务，系统内“万家企业”名单中北京水泥厂有限责任公司、天津振兴水泥有限公司、岚县金隅水泥有限公司等25家重点用能单位2012年节能自查和能源利用状况报告全部通过政府考核。北京市琉璃河水泥有限公司、天津振兴水泥有限公司获全国节能先进单位，北京市琉璃河水泥有限公司获北京市节能减排教育示范基地企业，北京水泥厂有限责任公司、东陶机器（北京）有限公司荣获全国清洁生产示范单位称号。

增加资源综合利用新领域，获准将北京生态岛科技有限责任公司废旧电子废弃物和废矿物油综合利用进行免税认定。完成19家企业到期换证认定工作，新开辟铜矿渣、铝选矿废渣、钛石膏、废矿物油4种符合国家资源综合利用目录要求的废弃物品类，综合利用18种废弃物共2487万吨，产值达到111.7亿元。

（田立柱）

【实施节能减排技改项目45项】 年内，金隅集团共实施节能减排技术改造项目45项，其中天津振兴水泥有限公司一线2#水泥磨节能技改项目、邯郸金隅太行水泥有限责任公司1号~5号水泥磨改造项目、张家口金隅水泥有限公司100万吨/年粉磨站技改项目、北京水泥厂有限责任公司3号水泥磨节能改造项目、鹿泉金隅鼎鑫水泥有限公司分公司生料磨技改项目、广灵金隅水泥有限公司7.5兆瓦余热发电项目等重点项目完工。金隅集团在行业内率先大规模启动水泥企业脱硝工程，系统内水泥回转窑基本完成脱硝技术改造。有序实施北京、天津、河北等区域水泥企业电改袋项目、棚化项目。北京水泥厂有限责任公司被国家工信部授予“清洁生产示范企业”称号，鹿泉金隅鼎鑫水泥有限公司获“2013年河北省绿色企业”称号。

（张 静）

北京一轻控股有限责任公司

【概述】 北京一轻控股有限责任公司（简称北京一轻）是由北京国有资本经营管理中心出资、隶属于北京市国资委的大型国有独资公司，资产总额219.27亿元，直属企事业单位18家，中外合资企业14家。北京一轻坚持以扩大经济总量、提高经济效益为中心，大力推进自主创新，打造出一批拥有自主知识产权的强势企业和名牌产品，形成了5个“中国驰名商标”（红星、大豪、星海、金鱼、龙徽），4个“中华老字号”（红星、龙徽、义利、星海），1个“国家级非物质文化遗产”（红星二锅头酿制技艺），13个“北京市著名商标”（清华阳光、奥琪、宝贝、欧珀莱、熊猫、金鱼、星海、义利、五星、夜光杯、古钟、红星、龙徽），8个“北京知名品牌”（红星、龙徽、义利、欧珀莱、金鱼、星海、大豪、三一）的品牌发展新格局。北京一轻积极引入战略合作伙伴，打造一批具有国际影响力的合资企业，先后与瑞典利乐公司合资组建利乐包装（北京）有限公司，与日本资生堂株式会社合资组建北京资生堂丽源化妆品有限公司，与美国博士伦合资组建北京博士伦眼睛护理产品有限公司，与百事可乐合资组建北京百事可乐饮料有限公司，与法国圣戈班合资组建北京西普耐火材料有限公司，与德国格雷斯海姆集团合资组建北京格雷斯海姆玻璃制品有限公司，与韩国LG生活健康合资组建北京乐金日化有限公司等强势企业。自主品牌企业和合资企业成为北京一轻经济发展的两大支柱。

2013年，北京一轻完成工业总产值99.22亿元，实现营业收入144.85亿元，实现利润18.7亿元，在岗职工年人均收入增长6.17%。全面推进“7+1+3”集团化发展战略和“十二五”规划，实施有进有退调整，企业改革重组进一步深化，战略性结构调整有序进行初现成效，科技创新体系不断完善，自主创新能力进一步提高，品牌建设成效显著，企业上市工作扎实推进，企业集团化建设、要素市场建设取得新的成果，重点建设项目实施取得新进展，资产、资本、生产经营迈上新的台阶。年内，北京玻璃集团公司与丹阳双峰玻璃有限公司合资成立以生产和销售一级耐水药用玻璃管为主的高端玻璃企业，河北博美玻璃制品有限公司。红星股份公司投资3000万元建成全国第一家白酒自动化调酒生产车间。一轻食品集团投资1368万元上马北冰洋易拉罐生产线快速投产。新成立的义利北冰洋文化发展公司，通过参观、体验等展示方式，传播企业品牌形象；北京二锅头酒博物馆通过国家3A级景区认证。红星、龙徽、义利和北冰洋四大品牌亮相第88届全国糖酒商品交易会。积极推荐企业参加北京知名品牌、首届中国质量奖以及品牌价值评价等活动。对7家食品企业的33个重点产品进行抽查，覆盖生产厂、OEM加工厂的各大系列产品。一轻日化公司、一轻食品集团等开展了特色鲜明的品牌宣传活动。一轻研究院按时出版《中国照明电器》《中外乐器信息》等杂志，一轻产品质量检测中心积极为企业和社会培训人才。召开“一轻第四届科技创新暨优秀人才表彰大会”，对12项优秀科技成果、21名优秀专业人才、2名优秀首席专家和20名优秀大学生进行表彰。召开全系统科技工作会和企业技术中心工作会，组织企业总工等人员参加“创新设计理论（TRIZ）”培训；组织企业参加市科委技术转移需求对接会、第六届北京国际食品安全高峰论坛等活动。一轻研究院“科技创新平台项目”取得积极进展。组织申报一批国家级、市级科研项目，大豪科技3项成果获得中国缝制机械协会“优秀新产品奖”，“超多头刺绣机专用电脑控制系统”获国家级重点新产品200万元专项拨款。义利面包、龙徽、红星3家企业通过北京市首批食品企业诚信体系认证。红星股份公司在2012食品·酒业年度总评榜活动中获得北京市民最喜爱的白酒品牌、时尚创新设计白酒品牌、最具京味文化传承品牌、酒行业年度影响力集团及酒行业年度领军人物5个奖项。在2012年中国太阳能热利用行业年会暨太阳能光热产业发展20年纪念会上，清华阳光公司被授予产业发展突出贡献奖、产业发展科技进步奖、产业发展科技突出贡献奖3项产业大奖。在第六届北京影响力评选活动中，红星股份公司获得最具影响力十大企业第四名，“金鱼”品牌获得最具影响力十大品牌第二名。京纸集团“三一”牌复印纸获北京知名品牌；“清华阳光”商标再获北京市著名商标；星海钢琴集团获“北京市实施卓越绩效模式先进企业”和“全国质量信得过单位”称号。北冰洋获“中国饮料行业老品牌复苏企业”称号，义利面包公司获全国食品工业优秀龙头食品企业称号。北京一轻控股公司进入 2012 年度中国轻工百强企业名列第 60 名，分列盈利能力百强企业第 23 名。获第 15 届北京市工业和信息化职业技能竞赛优秀组织奖。

（一轻控股）

【重点项目建设】 3 月 20 日，北京一轻大厦全面建成，控股公司总部正式入驻办公。龙徽公司蒸馏车间改造项目完成立项及工程结算。玻璃集团研发中心项目规划调整启动。天盛建筑公司承建的丽源二期 6 个单体工程主体结构全部完成，进入装修和设备安装阶段。京纸集团南宫仓储基地正在进行外联路段的整修。眼镜城二期开业。时代文具公司 G9 商业楼完成内外装饰和设备安装，鸿运公司回购该楼其余面积。一轻产品质量检测中心办公楼装修完成并投入使用。东经路 5 号院装修改造完成并移交一轻高级技校玉雕专业使用。红星股份“源升号”酒坊遗址完成改建并营业。

（一轻控股）

【改革与调整】 年内，北京一轻资本管理中心成立并上线运行，确定一轻研究院、星海钢琴集团公司、一轻日化公司、丽源公司、京纸集团公司、造纸试验厂、红星酿酒集团公司及控股公司总部 8 家企业为一期上线单位，确定中国工商银行等 4 家银行为资本管理中心合作银行。对 8 家一期上线单位的资金收支实现集中管理，提高资金的使用效率和效益，强化防范风险和资金收支监控能力。成立由义利食品、义利面包、义利连锁、义利糖果和北冰洋饮料等 8 家公司联合组建的综合性北京一轻食品集团，集团旗下拥有“义利”“北冰洋”两大品牌。将义利食品公司和北冰洋食品公司持有 7 家企业的股权，全部无偿划转至一轻食品集团。向义利食品公司增资 3000 万元，向北冰洋食品公司增资 2040 万元。义利食品商业连锁店扩展到 30 家。完成北京丽源公司集体股变更和改制工作，将北京丽源有限公司股权、“金鱼”等商标划转到一轻日化公司。将发酵研究所划归一轻研究院管理，将富莱茵国际旅行社划归龙徽公司管理。京纸集团公司以 1 美元成功受让日本凸版 25% 股权，将凸版公司更名并实施退出。玻璃集团公司以 1 欧元受让德国格雷斯海姆泰陶公司 45.69% 股权，双方按股比豁免北京 · 格雷斯海姆公司债务。扎实推进要素市场建设。北京国际葡萄酒交易所有限公司增资扩股顺利完成，交易所交易平台正式上线运营；与布鲁塞尔国际葡萄酒大奖赛组委会签订合作协议，第一次获得 2015 年世界烈性酒大赛在中国贵阳的举办权；与平谷马坊物流基地签订战略合作协议。广泛开展与央企、京内外企业的新型战略合作。红星股份与京粮集团签署战略合作协议，将进口高粱与国内粮食搭配混用实现优势互补，有效缓解成本压力。京纸集团公司加快南宫仓储基地建设，在南宫基地设立仓储物流分公司，积极吸引战略合作伙伴，打造北京国际浆纸交易中心。努力探索北京玻璃交易中心运营发展。“台湾红星股份有限公司”项目获得国家商务部、市商务委以及台湾有关方面的批准。与华纺房地产公司共同出资设立项目公司。完成天津星月公司、丽源天香公司等 7 家企业的退出工作；同时自行组织退出企业 1 家。廊坊松宫公司依法实施破产清算。

（一轻控股）

【科技创新】 年内，北京一轻实施研发重点科技项目 33 项，其中 13 项已完成转产或即将转产；一轻日化金鱼公司“安全、环保、高效浓缩洗衣液项目”完成验收，磺化系统升级改造为列管式磺化器，工艺为国内首创，实现增产节能。红星股份完成健康因子功能菌生产转化研究等 12 个项目；玻璃集团“低硼硅药用玻管”通过权威机构检验，达到“双一级”耐水性指标要求，填补国内空白，开始批量生产；全年申请专利 50 多项，起草国家和行业标准 63 项。红星股份与中科院合作的“实验室白酒勾调装置及应用技术”获得国家发明专利。北冰洋汽水瓶获外观设计专利。

（一轻控股）

【新品研发】 年内，北京一轻累计科技投入 1 亿元，同比增长 11.1%；完成新产品试制 150 项，累计新产品投产 300 项，实现新产品销售收入 11.5 亿元，同比增长 27.7%；实现利税 4.6 亿元，同比增长 21%。红星股份、大豪科技、一轻食品集团、玻璃集团、京纸集团、星海钢琴集团、一轻研究院、龙徽公司等企业多项新产品投产上市。

（一轻控股）

【技能人才建设】 年内，李东升工作室被评为北京市首席技师工作室。5 名高技能人才获得国务院特殊津贴和北京市特殊津贴。举办各类培训班 9 期，累计培训营销人员、高级技工等 769 人次。全系统 1290 名专业技术人员参加继续教育培训。8 名同志被聘为第二周期北京一轻首席专家。完善博士后工作站管理制度，设立博士后工作站管理委员会和专家委员会。在北京市第三届职业技能大赛中，3 人获得三八红旗手称号，3 人获得青年岗位能手称号，4 人获得技术能手称号，38 人获得高级技术能手称号，5 人获得最佳操作能手称号，北京一轻控股公司获优秀组织奖。全年共接收大中专毕业生120名。一轻被列为市失业保险金支持企业职工培训试点，获培训补贴40万元。一轻高级技校通过国家中等职业教育改革发展示范校验收。

（一轻控股）

【节能减排取得进展】 年内，金鱼科技公司完成清洁生产审核。百事公司完成冲瓶水回收接入冷却补水项目，年节水量约1.5万吨。资生堂丽源公司引入高压清洗机，年节约新水近2万吨，年减少COD排放11吨。五星青岛公司污水处理和锅炉氮氧化物在线监测项目通过市环保局验收。乐金日化公司投资200多万元完成污水处理站配套工程，COD排放量减少50%以上。

（一轻控股）

【盘活存量资产】 年内，北京一轻完成红星股份怀柔厂区新征土地的规划调整。积极推进红星酿酒集团通西地块、照明器材公司西三旗地块、龙徽公司玉泉路2号院规划调整工作。将北冰洋食品公司土地房产无偿划转到义利食品公司，为食品集团统筹规划奠定基础。加强土地资源管理，积极探索建立土地资产有效盘活、高效利用、防止隐性流失的机制。规范房屋出租和资产处置，积极协调解决房屋出租经营中的工商税务问题。开展违法用地、违法建设专项整治行动。积极利用自有土地建设保障性住房，启动红星酿酒集团东坝西北门和石佛营地块的规划调整工作。

（一轻控股）

【效能监察立项42项】 年内，北京一轻全系统共立项42项，并对4家京外投资企业进行“资产管控”的效能监察，控股公司纪委对12个重点项目进行跟踪指导。全系统通过效能监察工作增加经济效益1700.23万元，避免经济损失254.15万元，挽回经济损失173.60万元，提出合理化建议201条，建章建制48项。

（一轻控股）

【全年提出合理化建议逾千条】 年内，北京一轻全系统提出合理化建议1086件，采纳实施549件，创造经济效益236.5万元。1人获“首都劳动奖章”，1人被授予“全国五一巾帼标兵”。

（一轻控股）

【8家企业续签集体合同】 年内，新组建的北京一轻食品集团建立职代会并召开了首次大会。全系统8家企业续签集体合同。一轻研究院职工活动中心成为北京市首批职工之家实体化建设示范单位。北京一轻被授予北京市推动厂务公开民主管理先进单位。

（一轻控股）

【红星二锅头获中国名酒典型酒奖】 年内，中国酒业协会2013年中国名酒典型酒颁奖大会在北京举行。北京红星股份公司生产的53度“红星”蓝瓶二锅头获得“中国名酒典型酒”殊荣，并颁发了证书和奖杯。这是红星二锅头酒在2013年荣获中国食品工业协会颁发的“中国白酒国家评委感官质量奖”后，再一次获国家级品质殊荣。

（一轻控股）

【“双1级”耐水玻管填补国内空白】 年内，北京玻璃集团公司所属河北博美玻璃制品有限公司研制生产的药用玻管制成的注射剂瓶，经北京、江苏两地医药包装材料容器产品检验机构多批次连续检定，稳定达到“双1级”耐水指标。该项成果是中国药用包装材料领域的重大突破，填补国内药用玻璃的化学稳定性“双1级”耐水指标的空白，达到国家食品药品监督管理局关于生物制品、偏酸偏碱及对PH值敏感的注射剂采用的药用玻璃必须达到“双1级”的要求。该公司成为国内第一家生产“双1级”耐水药用玻管的企业。

（一轻控股）

【白酒勾调装置及方法获发明专利】 年内，北京一轻所属北京红星股份有限公司和中国科学院合作开展的红星二锅头酒自动化勾调系统研发及工程化实施产学研地方科技项目中的子项目——实验室白酒勾调装置及电磁阀选择方法获发明专利授权。该白酒勾调系统能够在实验室中模拟并完成大生产过程中的白酒勾调过程，具有精度高、效率高、成本低、维护少的优点。相关技术人员可在计算机操作界面上设定配方，点击开始，即可由控制系统自动完成勾调过程，从而提高了白酒酒体设计勾调的自动化水平，提高自动化、信息化、智能化水平。

（一轻控股）

【资生堂丽源公司被评为功勋企业】 年内，北京资生堂丽源化妆品有限公司被大兴区区委、区政府、开发区工委、管委会评为北京经济技术开发区建设二十周年“十大功勋企业”。资生堂丽源公司作为第一家人驻开发区的企业，其研发生产的“欧珀莱”系列化妆品，长期以来深受广大消费者青睐，资生堂丽源公司已成为国内化妆品行业的龙头企业。

（一轻控股）

【红星公司获市纳税信用A级企业】 年内，北京红星股份有限公司及其全资子公司北京京星泰商贸有限公司，被北京市国家税务局和北京市地方税务局联合评为“北京市2013—2014年度纳税信用A级企业”。

（一轻控股）

【葡萄酒交易平台正式上线】 年内，北京一轻控股有限责任公司联合中信国安葡萄酒业股份有限公司、首旅首采运通电子商务有限公司、中粮酒业有限公司、北京产权交易所有限公司、信达投资有限公司共同出资组建的北京首个国际葡萄酒交易所交易平台正式上线。上线仪式上，北京国际葡萄酒交易所与比利时布鲁塞尔国际葡萄酒大奖赛组委会签署战略合作协议。葡萄酒交易平台致力于成为国内外中高端葡萄酒的交易服务中心、产品推介与文化传播服务中心。

（一轻控股）

【中国酒业投融资服务平台启动】 年内，中国首个酒类行业投融资服务平台——中国酒业投融资服务平台在北京一轻所属北京国际葡萄酒交易所（简称北酒所）正式启动。招商银行将为北酒所平台会员提供不少于5亿元的融资支持，助力该平台的发展。中国酒业投融资服务平台业务包含两大业务板块，即投资服务板块和融资服务板块。投资服务板块定位于酒类投资项目信息的汇集与匹配，依靠北酒所的专业优势及资源汇聚功能，筛选出优质的项目推介给投资人；融资服务板块定位于北酒所为符合资质的酒商做担保，酒商采用“酒品质押”的方式从银行及其他金融机构获得资金。

（一轻控股）

【一轻与京粮集团签署合作协议】 年内，北京一轻与北京粮食集团有限责任公司签署战略合作框架协议。双方将充分发挥各自资源优势、品牌优势、渠道优势，在粮食原料、仓储、物流、酒类、食品、饮料、产品检测、文化办公、生活用品，以及科技开发、人才培训、会议接待、旅游服务、物业管理等方面，通过强强联合，优势互补，广泛开展多领域、深层次的战略合作，实现双方资源共享、品牌共鸣、产品共荣，共同发展。

（一轻控股）

【红星公司获市诚信企业】 年内，北京红星股份有限公司通过国家食品工业企业诚信管理体系（CMS）的评价，获得由国家认监委认证认可技术研究所颁发的诚信体系证书，成为北京市第十三家通过诚信体系的单位。

（一轻控股）

北京隆达轻工控股有限责任公司

【概述】 北京隆达轻工控股有限责任公司（简称隆达公司）是一家国有控股企业，总资产99.36亿元，共有69家企业，其中国有及国有控股企业48家。2013年，主营业务收入41.0亿元，同比增长14.0%；主营业务成本37.45亿元，同比增长14.9%；三项利润4.93亿元，同比增长5.3%。其中，主营业务利润3.43亿元，同比降低1.5%，其他业务利润1.08亿元，同比增长20.0%，投资收益0.42亿元，同比增长35.0%；营业利润0.80亿元，同比增长70.9%；营业外收支净额0.41亿元，同比降低35.0%；利润总额1.25亿元，同比增长12.0%；净资产18.9亿元（归属母公司为10.9亿元），同比增长20.8%；净资产收益率5.6%（归属母公司为5.0%），同比增长5.0%。

转型升级取得进展。白菊零部件公司获得高新技术企业认证；轻钢公司进入高新技术企业认证公示阶段；有色所焊料生产与检测装备；印刷二厂投标获得税票印制资格；雪花公司、塑机公司、北泡公司、华盾公司、北厨·东方公司、富诚公司、塑料三厂等对老厂区进行功能性升级并取得进展。

经济联合不断深化。实施“一新一优”企业布局，8个经济联合体建设取得进展。雪花·华盾公司收到数亿元资金用于转型发展；有色所·达博公司获得政策性创新资金支持近3000万元；北厨·东方公司降本增效和优化资产结构，2年来积累活化资金近亿元，已经做好组建北厨·东方·有色供销公司经济联合体的准备工作；楠辰·惠鼎公司完成合署办公，大兴土地收储与惠鼎老厂区规划项目将推动企业转型升级；塑研所·兴业公司合署办公工作即将启动，降本增效工作正在运筹中；住宅·文百·英特公司经济联合体先期启动住宅·文百公司的合署办公与工作融合，力争在2年内聚集亿元以上的活化资金夯实发展基础；塑三·乾沣公司完成合署办公，乾沣公司的增资扩股正在运筹中，待世界银行的历史贷款解决；富诚·宝岛公司客户升级取得进展，2014年将具备实现利润总额达千万元的发展能力。

战略合作取得成绩。争取政策支持，完成了北泡公司、东方公司的整体改制，引入战略投资1.18亿元；有色供销公司的整体改制进入国资委最后审批阶段，完成后预计引资5800万元；印刷集团的增资扩股获得国资委的政策支持，处于资产评估结果审批阶段。努力开拓市场，有色所、达博公司、宝岛公司、印刷二厂、华盾公司等企业获得主要客户的大力支持；争取合作方支持，北泡公司、北厨·东方公司、白菊公司、雪花公司获得战略合作方的增值服务；压缩机公司计划在合肥建设第二工厂，设计产能为1100万台。

科技项目加快推进。科技项目投入近2亿元，其中获得政策资金支持近5000万元。有色所焊料项目进展顺利，达博公司的非金产品开发取得重要进展；华盾公司水晶膜研发获得700万元政策资金支持；白菊零部件公司在获得高新技术企业认证后，启动搬迁到汽车厂周围的工作并着力提高模具制造和设计能力；塑研所防腐塑料生产线进入试生产阶段；宝岛公司用新技术改造老设备取得显著进展；印刷二厂安全印务业务有望获得政策资金支持。

风险控制实现突破。投入4670万元，解决困扰有色公司十几年的2.2亿元历史诉讼，使被查封的两处房产和两个股权得以解封；白菊公司获得合作方大力支持，解决3亿元历史诉讼问题；困扰塑料三厂、白菊公司多年的本息合计1.8亿元世界银行贷款问题进入方案设计阶段，有望支付2500多万元本金后彻底解决；解决富诚公司职工持股问题，为今后资产经营创造条件；物业经营合同进入专业管控阶段；随着监事会3个专项审计的陆续完成，风险控制工作将迈向一个新的水平；解决塑料三厂土地与房产因历史债务抵押问题；金鹰公司控股股东在12月31日变更为北京国资公司；诺飞公司解决与开发区的土地使用权纠纷，得到土地使用权证；风险管理部审核合同134份，对21个项目进行了风险评估，案件数量减少47%；经济运行部狠抓应收账款管理和清欠工作，3年以上应收账款同比降低535万元。

安全稳定总体有序。有色公司完成金鹰公司停产、设备出售、员工分流安置、大股东变更等一系列工作，没有任何上访事件；雪花公司完成海信（北京）公司1000多员工分流安置；塑机公司完成企业整体搬迁和生产恢复；北泡公司对东铁匠营出租的清理取得重要进展；白菊公司顺利完成零部件公司40多人结构调整；东方公司完成安全生产标准化创建工作，并得到市安监局高度认可。全年没有发生重大安全生产事故和刑事案件，职工来信来访持续走低，实现全年“三无”目标。

（隆达公司）

【第二届恩布拉科创新大赛揭晓】 4月8日，北京恩布拉科创新大赛2012颁奖典礼暨2013启动仪式在上海浦东嘉里大酒店落下帷幕。来自上海理工大学的夏金刚、宋晓燕2人组及来自华中科技大学的王俊博、彭阳、陈平3人组分别荣膺专业组及学生组一等奖。北京恩布拉科雪花压缩机有限公司董事长李玎、雪花公司董事长董淳及总经理倪众勤、惠而浦拉丁美洲公司总裁布莱格先生、恩布拉科全球总裁冈波斯先生出席颁奖典礼并为获奖者颁奖。创新大赛以“制冷创新”为主要课题，走进了全国18所高校，推广覆盖至全国30多所高校，吸引100多位来自中国高校的学生和老师，以及行业研究机构和企业专业人士的参与，共征集技术创新方案及微型压缩机的市场应用及推广方案57项作品。为进一步鼓励人才创新，恩布拉科集团决定将本届原有的特等奖金10万美元作为2013年创新大赛的入围作品的项目启动资金。

（隆达公司）

【成立北京北泡有限公司】 4月10日，北京北泡塑料集团公司改制更名为北京北泡有限公司。注册资本经2次注资，由5029万元增至1.73亿元，股东分别为北京隆达轻工控股有限责任公司，占注册资本52%；手工联社，占注册资本0.26%；北京北箱信发包装有限公司，占注册资本47.74%。公司设立董事会，郭春颉为董事长兼企业法人，姜东为副董事长，董事会聘任王树琍为公司总经理。共安置职工2957人，其中在职职工278人，离休人员24人，退休职工2655人，解决历年拖欠职工费用1547万元。

（隆达公司）

【隆达公司入选中国轻工百强企业】 6月21日，中国轻工业联合会在北京举行中国轻工业百强企业颁奖盛典暨企业家高峰论坛（2013），发布2012年度中国轻工业百强企业荣誉榜单，表彰上榜企业。北京隆达轻工控股有限责任公司入选，党委书记、董事长李玎代表隆达公司出席会议并领取荣誉证书。中国轻工业百强企业的评选是由中国轻工业联合会按统一评价体系，对企业的主营业务收入、利润总额、产值利润率、税收占利税比重及工业总产值增速5项指标，综合评价企业竞争力水平，是评价轻工企业竞争力水平的权威榜单。

（隆达公司）

【26家企业开展财务绩效分析】 8月份，隆达公司启动所属26家重点企业2012年绩效评价工作。9月24日，召开所有二级企业（含重点三级企业）领导和财务负责人参加的绩效评价工作布置会，各单位的财务绩效评价结果纳入集团整体经营业绩考核框架体系中，与二级企业的薪酬考核相结合。同时创新绩效评价管理，运用绩效评价软件进行财务绩效评价，将评价结果作为评价其经营业绩的重要参考依据。

（隆达公司）

【银鹰公司股权调整完成】 年内，为确保共用北京铜材厂原址土地的银鹰公司与金鹰公司各方权益，排除在与国通公司整体开发利用房产土地资源时的障碍，与华融公司协商划分金鹰、银鹰公司使用土地界线，完成了银鹰公司的1.26万平方米土地确权。同时按照国家现行法律法规的有关规定，完成了银鹰公司收购自然人股东64万元股权的工作。

（隆达公司）

【印刷营销团队开拓市场】 年内，印刷集团各企业按2013年全力开拓市场的整体要求，积极采取措施应对各种不利因素的影响。宝岛公司调整销售部门设置，化整为零，提拔业绩突出的年轻同志作为销售经理，成为销售团队的带头人；修订绩效考核办法，取消销售经理年薪制，年内成功开发2个新增规模客户，形成385万元的合同金额，部分弥补了大客户订单的减量，通过对老客户挖潜，部分客户实现合同增量，合同金额同比增加140万元；印刷二厂土地证产品稳步增长，福利彩票产品按新生产线的工艺特点，完成11个新产品设计研发，保证了全年产品订单充足，中标国税发票，完成了全国出生证与记者证的打样，在拓宽票证卡目标市场方面取得新的进步；富润饭店将门市价格、网络价格、会员价格、协议价格进行合理有效地区分，统一各个分公司价目，年平均房价比去年同期提高了13.12%，同时尝试多种经营形式，引进第一家加盟酒店——十里河酒店，输出管理，收取加盟费，以此实现扩张，提升品牌效益；研究所根据市场的发展，侧重于大幅、巨幅画作的复制，装裱及现场安装取得较好的增长；胶印厂调整转型后着力进行数码印刷的市场拓展，在淘宝网及OA161网络平台尝试开展电子商务，实现主营业务收入同比提高270%。

（隆达公司）

【成立北京隆达东方电器有限公司】 年内，完成东方电器公司整体改制工作，成立北京隆达东方电器有限公司。新公司注册资本6500万元，其中隆达公司出资1898.64万元，占注册资本29.21%；手工联社出资1022.34万元，占注册资本15.73%；卓世恒立控股有限公司以现金出资1854.02万元，占注册资本28.52%；北京融信时代投资有限公司以现金出资1725万元，占注册资本26.54%。安置职工636人。

（隆达公司）

【企业改制】 年内，隆达公司所属北泡集团公司整体改制工作完成工商变更登记，实现二次增资；东方电器公司整体改制完成工商变更登记工作。2家企业共引进现金约1.3亿元。有色供销公司改制工作完成资产评估、国资委审核、董事会审定，合同、章程已确定，正进行工商变更。印刷集团增资扩股工作，与合作方签署《审计评估业务约定书》，资产评估及增资扩股方案报市国资委，合作各方及审计评估方集体协商4次，审计评估报告已呈市国资委，预提费用方案已初审，7个经营单位职代会已召开，审议通过2个方案。乾沣公司、瑞成斋公司增资扩股项目正在进行资产评估及相关工作的协调。印刷集团收购彩印厂职工持股会股权已完成。完成绿源公司股权重组工作和增资扩股工作。完成华盾公司在河北固安设立子公司工作。北京国有资产经营公司收购金鹰公司股权。完成达博公司增资扩股，申请国有资本预算资金2000万元，北京有色金属与稀土应用研究所成为北京达博有色金属焊料有限责任公司第一大股东。

（隆达公司）

【有色工业】 年内，隆达公司所属有色金属工业全面完成预算目标是主营业务收入超额完成18亿元预算目标，达到26亿元，完成预算144%；实现利润在消化6500万元各项减利因素后，达到2718万元，完成预算101%；诺飞公司实现当年扭亏目标。有色总公司降低历史债务诉讼风险，累计偿还东方公司和中财公司历史担保债务4200万元；偿还延庆农行历史担保债务150万元；偿还中国有色服务公司历史债务70万元。解决诺飞公司土地使用权证的纠纷问题。诺飞公司产品升级和区域开发取得进展，铝焊料产品实现自主经营，泡沫铝、新能源汽车电池箱铸件等新产品打入市场，资源区域规划和招商引资的前期工作全面启动。有色所完成焊丝生产车间改造和搬迁；改造厂房和场地4000平方米；完成4000万元的固定资产投资和新设备购置。达博公司产品结构调整有了新突破，银丝产销量超过7200万米。公司总部向经营性转型加快进行，完成广外10号楼经营权的收回。

（有色公司）

【推进印刷包装结构调整】 年内，在企业转型及结构调整方面：彩印厂职工持股会股权转让工作、富煜公司股权转让工作已完成；物资公司完成公司办公迁址工作，在积极开展园区办公配套设施建设的同时，启动园区规划、招商工作；以新特公司为载体的印刷集团生产基地建设项目设计方案已形成，基地建设立项已获批，基地园区规划初步形成；菱重公司合作期已期满，通过对经营现状与预期分析，国有股退出方案已上报获批，正式启动清算程序；瑞成斋图文设计公司改制方案框架已上报获批；北京印刷集团增资扩股项目完成资产评估与审计工作；集团本部办公迁址工作完成。印刷二厂投资近900万元引进小森对开五色胶印机完成安装调试工作，投入正式生产；宝岛公司投资近百万元的CP2000胶印机UV改造项目完成；印刷二厂、宝岛公司的印前配套技改工作实施，CTP、色彩管理系统全部引进完成。彩印厂整体出租项目全面完成，印刷二厂友太文化园区建设已经起步，佟麟阁路36号院出租项目已实现，各企业完成物业服务方案的制订，到期合同租金收入同比提高29％。

（隆达公司）

【干部队伍建设】 年内，隆达公司共任免干部48人次，涉及干部34名。其中，新提拔2人、职务调整23人、免职3人（退休免职）、试用期满正式任职6人。按照规定程序任用印包公司党委书记，与北京市双高人才中心共同开展隆达公司党办副主任、监察部副部长和华盾集团公司总经理竞聘工作。围绕隆达公司企业联合体建设和企业改制后法人治理结构建设，做好相关人员安排的各项工作。通过测评和专题培训，严格审核，选派11名挂职干部按照挂职单位的意向在系统内进行为期6个月的挂职锻炼，同时加强了跟踪培养，吸引4名高校博士后在系统内企业挂职，拓宽高端人才引进方式。组织推行新任干部试用期结束实施考核跟踪制度，针对考核不符合规定的具体情况，采取适当调整延长试用期或调换岗位的办法。组织开展二级企业领导班子民主测评和干部选拔任用“一报告两评议”。

（隆达公司）

【雪花集团完成华盾公司股权转让】 年内，雪花集团完成华盾公司的绿源股权转让工作，华盾公司获得800万元的股权转让收入。完成华盾马家楼厂区物业开发项目的项目审批、可研报告、合作方尽职调查、协议合同文件的起草和洽谈工作。在塑料产业基地建设工作中，完成固安新公司的工商注册、产品方案及其工艺方案设计、工程设计招标、土建结构设计和土地权证的办理，完成开发区工程建设的阶段性手续，为基地建设提供了资金支持。完成向福建亚通公司转让股权及向绿源公司的增资工作。在转让股权的过程中，双方股东同意向绿源公司注资共计400万元用于设备更新改造，新购置的生产线已投入运行。对于绿源新基地建投项目，经过多次研讨拟定产品方案，完成项目可研报告，以及对项目2个备选地固安和保坻的对比分析。恩布拉科压缩机公司的各方股东和经营团队在对宏观环境、市场、竞争对手、企业自身运营等多方面的信息进行动态分析和研究的基础上，形成在中国建设第二工厂的决议。2012年，压机公司董事会决定成立联合工作小组，对第二工厂建设项目选址等问题进行分析论证，工作小组先后对北京、天津、河北、山东、安徽等多个开发区进行了实地考察和反复洽商、争取更优惠政策。9月初，美国惠而浦、巴西恩布拉科、隆达、雪花、合资公司共同就入驻合肥高新区签署备忘录。压机公司董事会一致同意将第二工厂的建设地选定在合肥高新区，并确定项目建设方案和投资规模。

（隆达公司）

【北泡集团改制】 年内，北泡集团公司成功引入投资方北京北箱信发包装有限公司，引入资金6480万元，于4月完成工商注册登记工作，顺利完成北泡集团整体改制工作。9月完成内部股东股权转让和工商变更工作，10月按照改制方案完成在职人员劳动合同变更工作和财务调账的前期工作。改制后，公司本部利润总额取得较大的增长，由2012年的亏损180万元到2013年扭亏并盈利100万元，摆脱了亏损亏现的状况。

（隆达公司）

北京纺织控股有限责任公司

【概述】 2013年，北京纺织控股有限责任公司（简称纺织控股公司）加大推动战略实施力度，加快企业转型升级步伐，努力构建适合首都经济特点的纺织发展格局。

经济运行稳中有变，变中有升，各项经济指标达到目标要求。主营业务收入完成76亿元，同比增长6.3%；主营业务利润完成11亿元，同比增长6.8%；利润总额3.7亿元，同比增长5.3%，全面完成公司董事会确定的各项指标，均好于上年。全面完成市国资委下达的7项年度考核指标。

转型升级，推进有序，步伐加快。以专业化、精准化为目标，结合企业发展特点明确企业发展定位；以企业发展定位为要求，确定核心骨干企业发展方向和目标，促进转型升级。24户企业作为重点推进的骨干企业，53项加强核心骨干企业建设的重点工作已完成87%。8户制造业企业通过结构调整、产品升级等，主要经济运行指标总体好于行业完成值，盈利能力得到较明显的提升；以推进品牌建设为切入点，加大资本投入，整合品牌资源。年内，控股公司与铜牛集团、大华衬衫厂及专业运营团队共同投资1200万元，设立“北京铜牛户外用品有限公司”和“北京无咎品牌管理有限公司”，铜牛户外用品通过引进国外代理品牌及运营团队，实现户外产品由贴牌生产向自主品牌的创新转型。无咎品牌公司以轻资产经营为理念，实现从品牌生产商向运营商的根本转变；以资产调整重组为重点，提高国有资产质量，推进企业提升发展。纺织控股公司积极推进毛纺集团和铜牛集团的战略重组，在原有京兰公司、清兰公司的基础上，采取吸收合并的方式，将隶属2个集团的同一产品的公司进行重组，并增资成立新的公司，扩大规模，形成新的增长点。同时腾出铜牛集团张家湾园区，引进新的战略合作者。对京棉集团国宝公司、英特莱公司的资产重组、调整，则为光华集团功能性产业用纺织品发展提供了空间。年内，对8户企业进行增资，增资额达5.6亿元。一批核心骨干企业得以加快发展。铜牛信息科技公司实现“新三板”上市。继续加快劣势企业的退出，全面提前完成市国资委下达的5家劣势企业退出任务。全年共完成劣势企业退出11家，减少损失1046.57万元。完成市国资委考核的压缩管理层级企业2家。

加强以财务管理为核心的管控体系建设，降低企业经营风险。是年控股公司整体综合绩效评价得分为70.64分，综合绩效状况在全国纺织行业中处于良好水平，合并范围内企业评价结果为优或良的接近50%；加强资金使用情况调研，强化资金风险管控。年内，为13户企业发放委托贷款23笔，解决“借新还旧”资金，生产流动资金及其他短期周转资金共计8.27亿元；抓好重点企业经济运行实时监控，特别是加大调整扭亏的力度，确保各项指标稳中有升。年内，2家企业实现扭亏为盈，2家企业亏损额大幅度降低，全年亏损数比上年有所下降；加强和完善制度建设，确保企业规范运作。在2012年修订完成40项重要管理制度的基础上，年内又完成新一轮制度的修订工作。同时，结合发展要求就企业项目后评价、工程招投标等制定一批新的制度。品牌运营有所突破，科技创新效果显现。铜牛户外用品公司在品牌运营、市场营销上创新新模式，其引进的国际品牌“RLP CURL”第一家品牌专营店已于12月开业。大华衬衫厂以轻资产经营为核心，以新的品牌运营公司为主体，设计策划“A牌”“无咎”等4个新品牌，以期实现品牌的多元化和差异化发展，形成品牌集群。年内，纺织控股公司重点服装品牌销售总额达3.13亿元，同比增长35%；专题召开“品牌服装电子商务研讨会”，电子商务得到同步发展，新型营销平台初显潜力。铜牛集团几十家分销店、淘宝旗舰店、淘宝北京专卖店、京东旗舰店、自营店等开始运转，营销额稳步增长。雪莲集团、大华衬衫厂等电子商务建设取得初步成效。

“十二五”重大科技创新项目，产业化进程加快。“十二五”确定的16个重大科技项目，已有15个启动。其中，2个项目验收结题，其余的13个项目全年可完成投资2.04亿元，实现销售收入7.09亿元，利润4670.95万元。铜牛集团的“高效IT服务基地建设”项目，光华集团的“高技术产业用纺织品在城市应急给排水和避险系统中的应用及产业化”项目等都产生了极好的经济效益和良好的社会效益。京工集团结合“雷蒙”品牌握拳发展与北京服装学院签订关于品牌建设的框架协议。雪莲集团就紫禁城科技大厦项目与北京联大签订科学实验室的合作意向书。年内，纺织控股公司各企业专利申请11项，授权12项。

年内，纺织控股公司积极响应市政府的号召，以最短的时间通过对现有企业的土地资源的调研，向市政府申报了第一批开发项目。经过多轮申核审核，供销公司沙河等4个地块列入开发项目，方案进入专家评审阶段，可实现建筑面积30万平方米以上。

（张建国）

【实现细纱工和针织染色工高级技师零的突破】 4—11月，在市人力社保局职业技能鉴定中心的大力支持下，铜牛集团等企业15名技术骨干获得破格参加细纱工和纺织针织染色工高级技师培训和鉴定资格。通过理论、实操考试和论文答辩，15人全部获得国家一级（高级技师）职业资格。这是北京纺织首批自主培训的专业高级技师，实现了细纱工和纺织针织染色工高级技师零的突破。5月6日，新媒体技师学院赵磊动画技师工作室获批北京市31家市级首席技师工作室。9月22日，北京光华集团霍玉春获“北京市有突出贡献的高技能人才”荣誉称号。

（纺织控股公司）

【6选手在市青年制版师大赛获奖】 11月17日，由纺织控股公司承办，团市委与市国资委、市人力社保局、市总工会联合发起的“百万青工 岗位建功”行动——“天坛杯”北京市青年制版师大赛决赛在大华天坛服装有限公司房山生产园区开赛。来自全市服装纺织行业企业和市属职业院校等数十名青年制版师参加了决赛。6名优秀青年选手最终脱颖而出摘得大赛金、银、铜奖。其中，北京大华天坛服装有限公司安琪、马沛莹，北京雪莲集团有限公司邢超摘得大赛铜奖；北京大华天坛服装有限公司夏明、邓国颖摘得大赛银奖；北京大华天坛服装有限公司王彦一举夺魁，摘得

本届大赛金奖。

（纺织控股公司）

【五洲燕阳与总后油研所签署战略合作协议】 12月10日，北京五洲燕阳特种纺织品有限公司与中国人民解放军总后勤部油料研究所就“油（水）应急输送与储存系列产品及成套装备成果转化和联合研发”项目在河北固安聚氨酯软质装备园区签署战略合作协议。旨在联合打造具有国际知名的“油（水）应急输送与储存系列产品及成套装备的产研联合体”。

（纺织控股公司）

【完成企业改革16家】 年内，纺织控股公司共完成企业改革16家（不含退出），其中投资新设4家；股权重组12家，其中股权收购5家、增资扩股6家、股权划转1家；完成劣势企业退出12家（注销5家、转让7家）。其中，列入市国资委2013年退出计划企业5家（注销3家、转让2家）；完成列入市国资委压缩管理层级目标企业2家；吸引社会资本5129.26万元，收回国有权益3624.75万元，完成投资约6.44亿元。

年内，纺织控股公司与铜牛集团公司及品牌运营团队共同出资设立北京铜牛户外用品有限公司。新公司注册资本1000万元，其中纺织控股公司持有30%股权、铜牛集团公司持有40%股权。纺织控股公司与北京市大华衬衫厂共同出资设立北京无咎品牌管理有限公司，新公司注册资本500万元，其中纺织控股公司持有40%股权，大华厂持有60%股权。京棉集团公司推进文化创意产业，投资设立北京永乐颐康文化有限公司，注册资本500万元，其中京棉集团公司持有51%股权。

年内，雪莲集团公司对雪润（北京）羊绒制品有限责任公司增加投资，增资后注册资本4825.02万元，其中雪莲集团公司持有51.25%股权。光华集团公司对北京光华时代纺织进出口有限公司增加投资，增资后注册资本1000万元，其中光华集团公司持有78%股权。毛纺集团公司和铜牛集团公司对北京清兰非织造布有限公司增加投资，增资后注册资本3000万元，其中毛纺集团公司持有60%股权，铜牛集团公司持有20%股权，北京京兰非织造布有限公司持有20%股权。纺织控股公司增加对北京市大华衬衫厂的长期投资300万元，支持企业发展。

年内，方恒股份公司以不高于评估值的价格整体收购北京市金通世纪房地产开发有限公司全部股权，将其变更为全资子企业；方恒股份公司还收购方宏置业公司持有北京方拓商业管理有限公司20%股权，将方拓公司变更为全资子企业；京棉集团公司收购北京国宝技术纺织有限公司中其他股东全部股权，将其变更为全资子企业；雪莲集团公司收购三友商场持有北京京都紫禁城饭店有限责任公司全部股权，将其变更为全资子企业。

光华集团公司经市国资委批准协议收购五洲集团公司持有北京五洲燕阳特种纺织品有限公司51%股权，成为控股股东。纺织控股公司将持有北京科兴源热电有限公司82%的股权无偿划转毛纺集团公司。

经中国证监会批准，北京铜牛信息科技股份有限公司成功进入“新三板”资本市场，纳入非上市公众公司监管，成为纺织控股公司首家进入资本市场的企业。

北京燕京描稿有限公司、河北京冠强纺织有限公司、上海燕鹏国际贸易有限公司、北京第三印染厂、北京制线厂旅馆完成工商注销登记。北京瀛海供热有限公司、北京中彩天星纺织品有限公司、北京佳益华服装制造有限公司、北京方诚宏基工程监理有限公司、北京英特莱科技有限公司、河北凯森化纤制品有限公司、北京京港物业发展有限公司完成国有股权全部转让。

（杨　舒）

【自主创新与科技成果】 年内，纺织控股公司主要生产企业新产品销售收入实际完成7.73亿元，占产品销售收入的29.33%，科技支出实际完成1.17亿元，占产品销售收入的4.43%。

企业申请专利22项，其中发明专利13项；获得授权14项，其中发明专利8项。光华集团获批国家知识产权示范园区专利保险试点单位和北京市工业企业知识产权运用能力培育工程试点企业，光华启明烽科技有限公司成为北京市专利试点单位并通过验收。

铜牛股份“复合功能性学生体育装面料的研发”项目获“纺织之光”2013年度中国纺织工业联合会针织内衣创新贡献奖。清河三羊毛纺集团混纺自然弹性花呢获得2013年“维尔佳”杯三等奖，竹原纤维混纺面料“似锦岁月”入围2014春/夏中国流行面料，“羊毛黄麻花呢”面料获得2014/2015秋冬中国流行面料优秀奖，清河三羊毛纺集团被授予2014/2015秋冬中国流行面料入围企业荣誉称号。大华天坛公司在2013年中国国际园林博览会职业装设计大赛中获得媒体最关注作品奖。天彩公司“天然彩棉宝宝袜”产品，纺科所文创工作室系列作品“麋鹿苑漫游记”获第十届北京礼物旅游商品大赛优秀奖。

（张和平）

【品牌建设】 年内，“绿典”“京冠”继续蝉联2013年度北京市著名商标，至此系统内共有“铜牛”、“雪莲”、“雷蒙”、“天坛”、“绿典”、“佳泰”、绿典棉桃“图形”、“京冠”等8个商标为北京市著名商标。铜牛品牌荣获2013北京最具文化创意十大时装品牌银奖；雪莲品牌荣获2013北京最具文化创意十大时装品牌；天坛、雷蒙品牌荣获2013北京文化创意优秀时装品牌。

推进品牌建设，打造市场知名品牌。年内，控股公司与铜牛集团、大华衬衫厂及专业运营团队共同投资设立“北京铜牛户外用品有限公司”和“北京无咎品牌管理有限公司”。北京铜牛户外用品公司引进国外代理品牌及专业运营团队，实现户外产品由贴牌生产向时尚户外品牌的创新转型。北京无咎品牌管理公司实现从品牌生产商向品牌运营商的根本转变。“A牌”“PURE TOUCH”“无咎”“Proteus 普罗狄斯”4个新品牌形成品牌集群。

“大华”“雷蒙”“伊里兰”品牌以全新的设计理念参加第21届中国国际服装服饰博览会；“清河三羊毛纺”整体亮相于第十九届中国国际纺织面料及辅料（春夏）博览会，并以强烈的视觉效果，展示品牌形象、推广品牌文化，提升品牌价值；是年，“雪莲”品牌功能性羊绒衫在全国科技活动周暨北京大型科普博览上闪亮登场。纺织控股公司T台秀——服装安全的“图说”，展现了其所倡导的“绿色纺织、科技纺织、服务纺织”理念；2013“PH Value第一汇”（原中国国际针织博览会）中，“铜牛”品牌凸显“绿色、自然、健康”的品牌理念。纺织控股公司铜牛、天坛、绿典、昱璐、雷蒙、伊里兰、京冠、埃姆8个重点品牌销售收入同比增长35%。

（张芳芳）

【重点项目推进】 年内，15个重大科技创新项目投资合计2.54亿元，实现销售收入合计7.40亿元，实现利润5070.95万元。铜牛集团通过“提升品牌营销管理，拓展业务发展新模式”项目的实施，打造形成一个“主动定位、推拉结合”的快速反应供应链系统。电子商务营销模式得到进一步发展，外省会终端建设达到整体提升，大型全国连锁商超系统得到有效拓展，定制业务渠道拓展同时加强；铜牛集团“高效IT服务基地建设”电力增容等基础设施建设项目基本完成，初步建成数据中心服务平台，销售收入增长迅速；光华集团“高技术产业用纺织品在城市应急给排水和避险系统中的应用及产业化”项目，通过调整、调配项目承担单位的生产和人员，优先确保雅安地震灾区帐篷按时交付使用，为国家抢险救灾物资提供重要的保障；光华集团“聚氨酯软质装备产业化”项目顺利完成厂房建设、内部装修、一期设备购买和3条软管挤出生产线、两条软管打压台及集中供料系的安装，其中1条生产线已于2013年12月底顺利投产；大华“RFID服装智能吊挂生产系统技术研究和产业化应用”项目中的服装智能吊挂生产系统安装完毕，开始运行投产。

（葛顺顺）

【产品销售】 年内，北京纺织控股公司工业企业产品销售收入完成2.64亿元，同比增加2375万元、增长0.9%。其中，光华集团完成11.28亿元，同比增长15.2%；毛纺集团完成2.00亿元，同比增长22.2%；京工集团完成1.11亿元，同比增长3.3%；大华天坛公司完成1.44亿元，同比增长6.6%；雪莲集团完成3.80亿元，同比下降2.7%；京棉集团完成8549万元，同比下降11.9%；铜牛集团完成5.87亿元，同比下降20.5%。销售收入超亿元的企业有9家，其中中纺海天染织技术公司完成3.17亿元，同比增长12.1%；北京五洲佳泰新型涂层材料公司完成2.33亿元，同比增长1.7%；北京埃姆毛纺公司完成1.63亿元，同比增长27.8%；北京启明峰公司完成1.50亿元，同比增长177%；北京大华天坛公司完成1.44亿元，同比增长6.6%；北京铜牛泰鹰公司完成1.26亿元，同比增长18.3%；北京五洲燕阳特种纺织品公司完成1.07亿元，同比增长37.1%；北京铜牛服装有限公司完成2.31亿元，同比下降38.7%；北京天彩纺织服装公司完成1.51亿元，同比下降5%；北京京冠毛巾公司完成1.50亿元，同比下降3.7%；雪润（北京）羊绒制品公司完成1.38亿元，同比下降24.1%。工业出口销售额完成5.13亿元，同比下降29.6%，出口比重为19.5%，内销收入21.23亿元，同比增长12.7%，内销比重为80.5%，分别下降和增加8.4个百分点。

按照产业类别划分，纺织服装产业完成收入21.47亿元，同比减少1.1亿元，下降4.9%。其中，服装业完成收入10.44亿元，同比减少1.31亿元，下降11.2%，所占比重为48.6%，同比减少3.4个百分点；面料业完成收入4.80亿元，同比减少3121万元，下降6.1%，所占比重为22.4%，同比减少0.3个百分点；装饰及产业用纺织业完成收入6.24亿元，同比增加5254万元，增长9.2%，所占比重为29%，同比增加3.7个百分点。

纱总计销售1651.1吨，同比下降12.8%；布总计销售344.7万米，同比增长3.7%；精纺毛织品总计销售108.9万米，同比增长3.4%；服装总计销售961.8

万件，同比下降36.7%，其中梭织服装销售625.1万件，同比下降38.8%；针织服装销售336.7万件，同比下降28.2%；羽绒服装销售7.2万件，同比下降16.3%。

（武小京）

【出口创汇】 年内，北京纺织控股公司系统18家进出口公司、企业出口创汇（按企业报关统计）2.73亿美元，同比减少1447万美元，下降5%。其中，进出口公司创汇2.15亿美元，同比减少1973万美元，下降8.4%；进出口企业创汇5721万美元，同比增加526万美元，增长10.1%。

在出口创汇中，8家进出口公司中4家同比增长，其中北京市金三环纺织进出口公司完成2870万美元，同比增长44.7%；北京光华时代纺织进出口公司完成4258万美元，同比增长6.3%；北京京棉进出口公司完成1047万美元，同比增长20.1%；北京市溥利进出口公司完成298万美元，同比增长128%。9家进出口企业中有3家同比增长，其中北京埃姆公司完成616万美元，同比增长23.1%；北京五洲燕阳特种纺织品公司完成1138万美元，同比增长686%；北京佐田雷蒙公司完成476万美元，同比增长31.9%。

（武小京）

【节能环保】 年内，为推进铜牛三大中心（包括研发中心、信息中心、贸易中心）、雪莲科技大厦改造项目进程，纺织控股公司以资本金注入方式拨付行业调整资金2200万元投资铜牛三大中心、2000万元投资雪莲科技大厦用于两个项目的改造。经市发展改革委、市经济信息化委批准，光华集团（原北京光华染织厂）原厂址2号地增收4.80亿元土地补偿金享受污染搬迁政策到位，完成免税约2.3亿元。10月，光华集团（原北京光华染织厂）原厂址2号地污染扰民搬迁技术改造项目建议书（代可行性研究报告）获得市发展改革委、市经济信息化委批复。为推行企业清洁生产工作，达到降低万元产值能耗、水耗指标及污染物排放目标，京棉集团生产园区、毛纺集团方泽劳动服务公司、科兴源公司三家企业顺利通过清洁生产审核验收；为完成纺织控股公司“十二五”节能减排、工业污染防治总体目标，毛纺集团平谷生产园区安装高效节能LED路灯40余台，大幅提高照度，降低电耗40%~50%。

（陈玉民 王伟）

【领导班子结构改善】 年内，纺织控股公司党委严格按照领导人员管理权限和程序，决定重大人事任免。共调整领导班子48个次，涉及领导人员143人次。其中，提拔12人次，聘任、任命108人次，解聘免职27人次，退休8人次。截至年底，二级企业领导班子成员及控股公司本部负责人共102名，平均年龄为49.4岁，大学以上学历占83.3%。二级集团公司主要领导人员完成新老交替，领导班子年龄结构得到一定改善。

（刘玮）

【领导人员任期考核稳步推进】 年内，根据控股公司“股权代表管理办法”和“任期届满综合考核评价办法”规定，控股公司薪酬与考核委员会于年初对2012年底任期届满的二级企事业单位主要负责人进行任期考核，并提出考评意见。根据考评结果，控股公司董事会决定：16名被考核人员，除1人退出实职，15人全部续聘。在考核的基础上，控股公司董事会对二级单位新一届董事会、监事会成员组成进行了重新委任。控股公司党委对新一届经理班子提出建议人选。

（刘玮）

【效能监察完成率100%】 年内，纺织控股公司效能监察立项25项，完成25项，完成率100%。其中，一级立项19项，二级立项6项。为企业避免经济损失107.5万元，挽回损失230万元，增效1223.25万元；提出改进管理建议89条，被采纳80条；建立和完善规章制度52项。举办效能监察工作培训班18期，培训人员223人次。评比效能监察优秀项目一等奖1名、二等奖2名、三等奖3名、优秀奖10名。

（张肖雯）

北京工美集团有限责任公司

【概述】 北京工美集团有限责任公司（简称工美集团）自1980年成立以来，始终坚持以工艺美术为主业，以传承与弘扬中华民族工艺美术文化、发展文化创意产业为己任，是集工艺美术品设计开发、商业经营、国际贸易、检测鉴定、职业教育、文化交流等为一体的多元化综合性企业集团，是北京乃至全国工艺美术行业的龙头企业。作为北京市国资委下属一级“国”字号企业，工美集团一直承担着国家级礼品的设计生产任务，其代表作有：中国恢复联合国席位时赠送给联合国的第一份礼物象牙雕刻《成昆铁路》，中央政府颁发给十一世班禅的金印、金匾、金册，中央军委颁发给“两弹一星”科研英雄的金质勋章，中央军委颁发给“神五”“神六”“神七”航天员的金质奖章等。“十二五”发展战略规划伊始，北京工美集团提出以“三大板块、五大中心”为支撑，打造百亿集团、产业航母的宏伟目标，发力整合行业资源，牵头成立了近百家成员单位参加的北京工美联合企业集团，致力成为主导全国工艺美术行业的具有较强核心竞争力和国际影响力的大型文化创意企业集团。

2013 年，工美集团按照加快、加大、加深“盘整、盘活、盘升”总方针，坚持稳中求进总基调，认真落实董事会提出的工作要求，扎实做好各项工作，顺利完成董事会下达的经营指标，实现营业收入 44.8 亿元，同比增加 13.5 亿元；全年实现利润 6077 万元，同比增加 842 万元。年内，工美集团在规范品牌管理的同时，探索品牌经营思路、推广品牌经营模式，实现了品牌创利的战略跨越。将中华老字号主体由王府井工美大厦变更为集团公司，扩大使用范围，惠及工美联合企业集团成员单位。有 122 家新会员单位加入北京工美联合企业集团。至此，拥有 204 家成员单位的北京工美联合企业集团实现了对北京工艺美术生产和销售企业的全覆盖，一跃成为全国最大的工艺美术行业经济联合体。12 月 23 日，北京工美联合企业集团金属工艺集团、玉器石雕集团、金漆雕漆集团正式成立。

（李海涛）

【重点工程取得新突破】 9 月 23 日，“北京城”工美大厦工艺品商场正式开门迎客。商场建筑面积 8000 平方米，主要经营黄金制品、珠宝首饰、翡翠玉石、丝绸绣品、现代与传统工艺品、民间工艺品、地毯家具等工艺美术品。11 月 12 日，供热中心点燃达到欧洲排放标准的新燃气锅炉，标志着煤改气工程取得圆满成功。11 月 14 日上午，中共北京市委副书记、市长王安顺及朝阳区委书记程连元、区长吴桂英来到供热中心考察工作，并对煤改气工程完成情况以及供热运行、安全保障等工作给予肯定。

（李海涛）

【特艺厂改制完成】 9 月 25 日，北京市特种工艺装饰品厂有限责任公司取得工商执照，标志着特艺厂改制工作顺利完成，重新回归工美集团旗下。

（李海涛）

【多项研发新成果获奖】 年内，集团公司组织“新任大师、设计师精品创作活动”中的多数作品参加北京工艺美术创新奖、华礼奖、第八届文博会等展示，并获得多项奖项，其中部分作品已转化产品上市销售。集团公司结合自身设计思路，整合社会及高校设计力量，共计完成“北京礼物”设计方案 300 余款，从中挑选 167 款分批次进行打样。历经两年创意、设计、制作的“跨界融合”工艺美术产品——工艺钢琴《梦 · 蝶》于 2013 中国（上海）国际乐器博览会面世，受到广泛的关注与一致的好评。同时，与华东乐器厂进行的小提琴跨界融合尝试，先后获得工美杯创新设计大赛金奖和华礼奖金奖。

（李海涛）

【营销模式得到新提升】 年内，电子商务中心认真落实在知名电子商务平台上开设工美店铺的计划，已经形成 1 网 6 店的合理布局；积极尝试与苏宁展开 O2O 的深度合作，在苏宁刘家窑店开辟 45 平方米的专区作为工美品牌体验店，正逐渐将这些成熟平台的客户资源转化为工美艺城网的忠实客户。

（李海涛）

华润医药集团有限公司

【概述】 2013 年，华润医药集团有限公司（简称华润医药集团）按照一个组织、一个团队、一种文化、一个目标“四个一”的战略发展目标，深入开展组织变革，强化资源整合，加强精益管理，发挥协同效益，圆满完成 2013 年各项工作任务，集团综合实力跃居全国医药行业第二位。是年，实现营业收入 909 亿元，同比增长 34%，3 年复合增长率为 53%，其中工业营业收入 164.7 亿元，同比增长 9.4%，3 年复合增长率为 15.6%；商业营业收入 743 亿元，同比增长 38.5%，3 年复合增长率为 81.5%。实现经营利润 63 亿元，同比增长 24.2%；工业净利润同比增长 16.2%，经营利润增速高于营业额增速。下属工业利润中心中东阿阿胶营业收入增长速度最快，增幅达到 32%；商业利润中心中华润广东、华润河南等 8 家企业增幅超过 30%，华润新龙、华润辽宁等 9 家企业增幅超过 20%。

以变革为引领，提升组织效率。华润医药集团总部与华润医药商业集团总部进行了职能合并，集团总部职能从战略管控型转为战略运营管控型，成为实体化管理总部。在合并基础上进行了总部机构改革，从原来的 7 个管理职能线调整为“一办八部四中心”矩阵式组织。通过整合战略与研发职能组建“战略研发部”，增强创新研发和BD合作能力；组建市场营销部，将商业集团与集团管理职能合并；组建生产制造部，增加生产计划、产能规划相关职能；财务管理部扩充职能，增加成本管理、集中资金管理，整合全资公司财务核算，建设大财务管控核算体系。成立生产制造、市场营销、创新研发和信息（IT）4个中心作为实体运营业务管理机构。根据总部机构调整进行“人岗匹配”和定岗、定编、定责，聘任高级总监、总监中层管理人员，高级经理及以下职级人员公开竞聘，人员优化上岗。根据管理需求开展对员工市场认知的培训和实践，总部134名员工深入营销、生产一线开展为期1个月的岗位实践活动，提高了总部人员对基层岗位特性的熟知度，增强了管理人员和各BU沟通理解，提升组织效率。总部组织变革同时推动下属企业生产运营管控模式的变革。华润三九从2月开始生产管理变革，组建4个中心管理模式，逐步对下属全国范围内生产企业实现统一管控，重要客户销售额同比增长28%。华润双鹤参考国际先进企业管理经验，进行财务管理创新变革，创立双鹤财务管理模式，在华润集团内建成首个财务共享服务中心，覆盖18家子公司。

以资源梳理整合为重点，夯实价值链一体化基础。华润医药全面开展商业渠道资源梳理，共梳理出商业渠道6800个，占全国总量的52%，业务覆盖全国，业务往来的终端客户（医疗和零售终端）超过20万个。对工业产品资源（药品生产批文）进行全面梳理，整理出2600多个未在产产品批文。通过调查、汇总、分析，依据现行药事法规和集团打造价值链一体化的目标需求，分析批文资源盘活的可行方式，通过集团统一组织对接，充分发挥各业务单元生产、营销渠道潜力和集团工商一体化整体优势，实现集团资产效益最大化。对在研项目进行全面梳理，梳理出各诊疗领域在研项目12大类120项。根据价值链一体化发展战略，华润医药首先开展了对华润紫竹的工商一体化整合，将其生产制造、市场营销、人力资源、财务管理等职能整合至集团总部职能统一管理，对华润紫竹资源按集团整体部署进行统一配置和有效利用。

以创新为动力，提升市场竞争力。医药商业板块成功创新推广药品物流智能一体化服务模式（Hospital Logistics Intelligence，HLI），HLI模式已在北京、河北、广东、山东等各地医院和社区医疗服务中心实施推广。国家卫计委、商务部等领导曾视察HLI项目，给予充分肯定。零售业务创新新特药直销（DTP）零售销售模式，以自营零售药店为依托，打通直接面向患者的医院外通路，为患者提供专业用药指导、医疗管理、用药跟踪等服务，成功在北京、广州、天津、上海、苏州等10个城市中复制18家DTP药房。是年，DTP销售规模增长迅速，达到1.85亿元。工业板块大力推进生产技术创新和质量管理改革，有力提升产品市场竞争力，华润三九感冒灵采用多项生产工艺提升药品质量；华润双鹤研发新产品巴尼地平上市，白消安注射液进入新药创制科技重大专项“十二五”课题；东阿阿胶“瑞通立”高效混合复性装置获得专利证书，阿胶和复方阿胶浆产品申报28项专利；华润紫竹炔雌醇和左炔诺孕酮原料药成为全球首个通过WHO认证的生殖健康原料药；华润赛科异烟肼原料药通过WHO的认证检查，成为我国第一个列入WHO抗结核药采购范畴的原料药。在生产经营资质提升方面，工业企业170条各种剂型生产线中有115条提前通过国家新版GMP认证，提前通过率为67%，部分生产线通过欧盟GMP认证、美国FDA认证和WHO国际资质认证，具备开拓国际医药业务的条件；商业企业中华润医药商业、华润广东、华润赛科昌盛等公司提前通过新版GSP认证，其中华润医药商业公司是北京市第一个通过新版GSP认证的医药流通企业。

以协同为突破，持续创造内部价值。是年，华润医药在集团内部以及华润集团各业务单元之间开展广泛深入的业务协同，主要集中在产融协同、工商协同、集中采购、产产协同、政府事务协同等工作方面。产融协同方面，与华润银行增加了存贷款业务量，同比去年大幅提升；工商协同方面，加强内部工商业企业的业务对接，协同产生的营业额增至19亿元，同比增长137.5%；集中采购方面，通过华润集团集采机电建材类物资462万元，华润医药内部集采生产性物料及印刷包材达2.6亿元；产产协同方面，与华润建筑开展合作，对华润医药北京产业园进行项目管理，下属公司华润紫竹、东阿阿胶在华润万家超市、苏果超市设立样板店和销售柜台；政府事务协同方面，运用集团政府资源推进各地HLI项目落地谈判，建立区域政府事务协调机制协同开展各地医药招投标工作。

以精益管理为手段，促进经济效益提升。是年，华润医药集团层面共立项并重点跟进25个精益项目，年末全部进入结题评审，产生的财务收益使华润医药人均利润提升5.5%。其中，精益管理工作效果突出的有华润三九和华润双鹤，华润三九通过改善配方颗粒生产流程，将标准工时内的生产效率在原来定额基础上提高 30%，避免了因缺货原因造成客户流失，同时增加销售收入近 7000 万元；华润双鹤通过“跬步行动”，广泛征集微小改善提案，共征集 6128 件提案，大部分已经在生产流程中得到应用，产生财务收益 1897 万元。

（曹秀琴）

【华润三九发行 10 亿元债券获准】 3 月 15 日，华润三九医药股份有限公司发行 10 亿元公司债，获得中国证券监督管理委员会发行审核委员会审核通过。华润三九是华润集团内首家通过发行公司债券募集资金的内地上市公司。

（曹秀琴）

【向雅安震区捐赠近 900 万元物资】 4 月 20 日，四川雅安地震发生后，华润医药立即启动药品供应应急预案，迅速开展救灾药品、医疗器械的紧急供应工作，并组织捐赠价值 650 万元的药品和 231 万元的企业和员工捐款用于抗震救灾和灾后重建工作。下属企业华润医药商业集团捐赠价值 215 万元的药品，组织员工捐款 110 万元，紧急调配了黄连素等消炎药，藿香正气水、百服宁等抗感冒药，清凉油等外用药和蛇药片等解毒药，听诊器、一次性换药包、麻醉咽喉镜等医疗器械，物流中心急救配送队第一时间配送到位，全力以赴保障抗震救灾一线的需要。华润三九雅安公司在开展抗震自救的同时，向灾区捐赠了价值 100 万元的急用药品。华润双鹤、华润赛科捐款 70 万元用于抗震救灾。

（曹秀琴）

【北京医药产学研联盟通过验收】 5 月 9 日，“十一五”国家科技重大专项“北京医药集团产学研联盟”在京顺利通过任务验收。该课题涉及中国医学科学院药物研究所等 6 家成员单位共 11 个子课题，历时 3 年(2010 年 1 月至 2012 年 12 月)。课题验收组专家和领导听取了课题总负责人顾晓宏博士以及各子课题负责人汇报的课题执行情况，并考察了联盟建设项目——华润赛科国际化制剂平台的运行情况。验收专家组充分肯定了北京医药集团产学研联盟在固定计量复方新药的有益探索、长期用药的结局研究和抗肿瘤药聚谷氨酸紫杉醇平台技术等方面取得的突出成果，认为达到了专项的预期目标。

（曹秀琴）

【3 公司位列中国制药工业百强】 6 月 14 日，国家食品药品监督管理总局南方医药经济研究所和《医药经济报》联合发布 2012 年度中国制药工业百强榜，华润医药集团下属华润三九医药股份有限公司、华润双鹤药业股份有限公司、山东东阿阿胶股份有限公司 3 家上市公司分列第 19、30 和 48 位。

（曹秀琴）

【华润医药北京产业园举行奠基仪式】 10 月 22 日，华润医药北京产业园举行奠基仪式和项目汇报会。华润医药北京产业园坐落在北京大兴生物医药产业园，占地 42.67 万平方米，规划建设面积 74.6 万平方米，总投资预计 148 亿元。华润医药聘请国际著名设计机构 HDR 为总设计公司，引入国际先进的理念进行园区设计和工艺布局规划，采用国际先进工艺技术和装备，按照 CGMP 标准建设，并且全面贯彻绿色低碳的理念，全部生产工艺实现低碳环保。

（曹秀琴）

【位列中国医药企业集团十强第二位】 11 月 12 日，华润医药集团在中国化学制药工业协会、中国医药商业协会、中国非处方药物协会等单位组织的 2013 中国化学制药行业优秀企业品牌和优秀产品品牌评选活动中，位列 2013 中国医药行业企业集团十强第二位。华润医药下属企业华润双鹤、华润赛科、华润紫竹同时入选 2013 中国化学制药行业工业企业综合实力百强，分别位列第 13、61、76 位。华润三九产品品牌“皮炎平”荣获 2013 中国化学制药行业 OTC 优秀产品品牌；华润紫竹产品品牌“毓婷”荣获 2013 中国化学制药行业妇科用药优秀产品品牌。

（曹秀琴）

【2 公司获上市公司奖】 11 月 29 日，每日经济新闻报社主办的 2013 年中国上市公司口碑榜在成都举行颁奖典礼。华润医药旗下上市公司华润三九凭借前三季度突出的业绩表现及优秀的品牌运作能力，荣获最具成长性上市公司奖项；另一上市公司东阿阿胶因其良好的公司治理和持续高分红表现，荣获最佳内部治理上市公司奖项。

（曹秀琴）

【华润双鹤启动“春雨计划”】 12 月 18 日，华润双鹤在石家庄召开“春雨计划”启动会。“春雨计划”是华润双鹤与卫生部心血管病防治研究中心、中国高血压联盟、中华医学会心血管病分会、中国医师协会高血压专业委员会联合举办的患者教育公益项目。此项目通过医院渠道定期对高血压患者进行《中国高血压患者教育指南》公益讲座，向高血压患者宣传高血压防治的正确理念。

（曹秀琴）

【华润双鹤“〇号”获百姓“放心药奖”】 12 月底，国家卫计委主管的健康报社主办第九届百姓放心用药调查活动中，华润双鹤的降压药“〇号”获得百姓安全用药“放心药奖”。降压药“〇号”是双鹤的经典产品之一，上市30余年来累计销售100多亿片，年固定服用人群超过600万人，以疗效确切、质量过硬、价格合理被誉为“中国人的〇号”。

（曹秀琴）

中国北京同仁堂（集团）有限责任公司

【概述】 中国北京同仁堂（集团）有限责任公司（简称同仁堂集团）是市政府授权经营国有资产的国有独资公司，以中药为主业，集科工贸、产供销为一体的大型中药企业集团。拥有6个二级集团、3个院、2个储备单位，其中包括北京同仁堂股份有限公司（简称同仁堂股份）、北京同仁堂科技发展股份有限公司（简称同仁堂科技）和北京同仁堂国药（香港）集团（简称同仁堂国药）3家上市公司，北京同仁堂健康药业集团、北京同仁堂商业投资集团、北京同仁堂药材参茸投资集团等5家中外合资及股份制公司，1家研究院、1家中医医院、1家教育学院。业务涉及中药材种植及饮片加工，中成药、普通营养食品、保健食品、传统滋补品、生物制品及化妆品的生产销售、科研开发、出口贸易等方面。年可生产24个剂型1400余个产品，拥有83条通过国家GMP认证的生产线。

2013年，同仁堂集团全面落实《北京同仁堂“十二五”发展规划》，以管理转型为主线，以“专业化、规模化、集团化”发展为主旨，实施经济实体与文化载体双轮驱动。加快推进资本证券化，紧抓工程项目建设，加大品牌保护和科研创新力度。拓展海外市场，扩大同仁堂海外影响力。克服不利因素影响，增强应对市场变化和抵御风险能力。围绕市场需求，加强品种群建设，促进销售上量，更新换代主销品种，增加产品附加值，提升利润空间。实现销售收入、利润总额连续17年2位数增长，集团整体投资回报率创历年最高。职工人均增资5级，收入稳步提高，增强企业凝聚力。弘扬企业文化，承担社会责任，积极参与公益活动。全年无重大安全、质量事故。截至年底，同仁堂集团累计实现汇总营业收入215.94亿元，同比增长8.72%，实现合并营业收入132.19亿元，同比增长11.80%，实现利润18.91亿元，同比增长16.26%。

（葛 冰）

【获“北京十大商业品牌金奖”】 2月28日，2012年度（第八届）北京十大商业品牌揭晓。此次评选由《北京日报》、北京市商业联合会主办，《北京商报》承办，同仁堂从数千家候选企业中脱颖而出，获得“北京十大商业品牌金奖”称号。

（葛 冰）

【市领导到同仁堂调研】 3月19日，中共北京市委常委、市委宣传部部长、市政府副市长鲁炜到同仁堂集团调研。鲁炜参观了同仁堂博物馆，听取同仁堂集团重点工作及宣传与文化建设成果和发展思路的汇报。他强调，要围绕同仁堂的诚信、品牌、文化、经营、先进人物等方面加大宣传力度。要建立与企业行之有效的沟通机制，更好地把国有企业改革发展的亮点宣传出去。要善于运用互联网、微博、手机等新媒体，扩大国企在全球的影响力。同时，同仁堂集团要抓好文化建设的落实，普及中医药文化要从娃娃抓起。

（葛 冰）

【同仁堂国药香港创业板上市】 5月7日，北京同仁堂国药有限公司在香港联交所创业板正式挂牌上市。当日，开盘价4.70港元，收盘价6.53港元，成交额6.77亿港元。借助香港市场提供的融资平台，继续大力开发海外市场，加速开拓保健食品领域，探索发展养生保健服务及推广中医养生文化，打造医疗健康服务产业。

（葛 冰）

【主办革命老区光明行活动】 5月16日，北京市政协委员、北京同仁堂革命老区光明行——走进怀柔大型公益活动，在北京怀柔区渤海镇卫生院举行。活动旨在帮助生活在革命老区贫困白内障患者重见光明，同仁堂集团共出资100万元，为200名贫困白内障患者进行免费手术治疗。北京市政协副主席陈平，秘书长周毓秋等出席启动仪式。

（葛 冰）

【新加坡贵宾参观亦庄生产基地】 5月16日，新加坡卫生部传统及辅助医药基层与社区医疗司主任吴汉升到同仁堂股份亦庄生产基地参观。吴汉升对同仁堂厚重的历史文化、现代化的生产线、高质量的产品和严格的企业管理表示赞赏，对同仁堂在新加坡市场上的表现给予充分肯定，并表示今后会更加支持和帮助同仁堂在新加坡的发展，也希望同仁堂能在新加坡传统及辅助医药领域发挥更大的作用。国家中医药管理局，同仁堂集团对外经济工作办公室负责同志陪同参观。

（葛 冰）

【中央与市主要领导考察京交会同仁堂展位】 5月30日，中共中央政治局委员、国务院副总理汪洋，视察了京交会同仁堂展位，他特别关注了中医药“走出去”的发展，询问了同仁堂在香港上市情况及海外销售总额，并对同仁堂“医药结合、以医带药”的海外推广模式表示肯定。在听取同仁堂海外发展情况的汇报后，他指出，中药下一步的目标是要打开欧美主流市场，证明中药真正被西方认可。同日，商务部部长高虎城，北京市委副书记、市长王安顺，国务院副秘书长毕井泉，商务部部长助理仇鸿，北京市副市长程红先后考察了京交会同仁堂展位。同仁堂集团公司副总经理丁永铃汇报了同仁堂开展海外服务贸易的情况。

（葛 冰）

【致公党负责人到同仁堂调研】 6月14日，致公党中央副主席程君培就中医药立法等事宜到同仁堂进行专题调研。程君培表示致公党中央长期以来一直关注中医药的发展，认为同仁堂作为中国中医药产业的代表，在推动中医药发展中做出了大量卓有成效的努力，对同仁堂所取得的成绩表示高度的认可和赞扬，并希望双方在今后的工作中进一步加强沟通与交流，共同为中医药的发展做出努力。同仁堂集团总经理等领导陪同调研。

（葛 冰）

【加蓬前总理参观同仁堂】 7月10日，非洲联盟委员会前主席、加蓬共和国前总理兼外长让·平调研同仁堂生产基地。在参观了现代化生产线和品种展示厅后，他介绍了非洲及加蓬目前的医疗卫生体系、药品销售和国际交流合作等情况，希望通过此次调研加强与中方交流，建议同仁堂尝试开拓非洲市场，将产品与技术带到非洲国家，让非洲人民享受到更加物美价廉的医疗环境。市侨办及同仁堂集团负责同志陪同。

（葛 冰）

【塞尔维亚总统夫人参观同仁堂药店】 8月26日，塞尔维亚共和国总统夫人参观同仁堂药店。在听取关于北京同仁堂的历史、文化和发展情况介绍后，她表达了自己对中医药和同仁堂的浓厚兴趣，并希望同仁堂能在塞尔维亚开店，让中医药更好地惠及塞尔维亚人民。中国驻塞尔维亚大使夫人，外交部礼宾司及同仁堂集团负责同志陪同。

（葛 冰）

【同仁堂科技增发H股】 8月30日，同仁堂科技成功发行新增H股，共募集资金约11.69亿港元，全部用于同仁堂科技“十二五”规划工程项目和未来发展。

（葛 冰）

【乌克兰卫生部副部长参观同仁堂生产基地】 9月25日，乌克兰卫生部副部长伯加切夫·罗曼参观同仁堂生产基地。他在听取关于同仁堂历史、文化、中药制作过程、产品科研和医疗服务等方面的介绍后，表示乌克兰对中医药合作政策很开放，同仁堂可以借鉴以医带药、医药结合的海外发展模式，为乌克兰人民提供健康服务。

（葛 冰）

【国家卫计委负责人到同仁堂调研】 10月11日，国家卫生和计划生育委员会副主任、国家中医药管理局局长王国强到北京同仁堂中医医院进行现场调研。王国强在参观了中医医院中药饮片调剂区、煎药室、乐家老宅精品药房、大师工作室、远程医疗、康复病区和刁氏正脊区域后指出：药方好，还要药材好。并对中医医院质量上乘的药品给予了充分肯定。北京市中医药管理局局长，同仁堂集团公司总经理陪同。

（葛 冰）

【同日本日水制药签署合资合同】 12月3日，同仁堂集团与日本日水制药株式会社签署合同，合资开办北京同仁堂日水制药株式会社。旨在通过合作更好地服务日本民众，促进同仁堂品牌和中医药文化在日本的宣传和推广。

（葛 冰）

燕山石化

【概述】 燕山石化是隶属中国石油化工集团公司的特大型石油化工联合企业，前身为1970年成立的北京石油化工总厂。在其后的发展过程中，管理体制和机构多次变化。曾更名为燕山石油化学总公司、中国石油化工总公司北京燕山石油化工公司、北京燕山石油化工集团有限公司，中国石化集团北京燕山石油化工有限公司。自2000年中国石化股份公司成立后，燕山石化由中国石油化工股份公司北京燕山分公司（简称燕山分公司）和中国石化集团北京燕山石油化工有限公司（简称燕化有限公司）两部分组成，其中燕化有限公司还包括北京东方石油化工有限公司和保定石油化工厂。燕山石化总部位于北京市房山区燕山岗南路1号。

燕山石化始建于1967年，1970年成为我国第一家炼化一体化企业。2013年，燕山石化拥有63套主要生产装置、68套辅助生产装置，原油加工能力超过1000万吨/年，乙烯生产能力超过80万吨/年，可生产94个品种431个牌号的石油化工产品，是国内第一家生产欧Ⅳ标准成品油的千万吨级炼油基地。每年为市场提供汽油、柴油、航空煤油以及润滑油基础油、石蜡、硫磺等多种产品。在清洁油品生产、节能减排、合成橡胶新胶种研发等关键领域达到了国内先进水平。合成树脂包括低密度聚乙烯、高密度聚乙烯、EVA、聚丙烯以及改性专用树脂等产品，年产量超过100万吨，专用料比例达82%以上。合成橡胶包括顺丁橡胶、SBS、溶聚丁苯橡胶、丁基橡胶等，其中顺丁橡胶荣获国家科技进步奖，连续3次获得国家质量金奖；丁基橡胶、溴化丁基橡胶等填补国内空白。基本有机化工原料包括乙烯、丙烯、丁二烯、苯酚、丙酮、苯、乙二醇、苯乙烯等多种产品，间苯二甲酸、间二甲苯、1－己烯等替代进口、畅销全国。

是年，燕山石化生产经营由于国内石化产品市场低迷等因素，生产形势非常严峻。在严酷的形势面前，广大员工努力工作，从10月份实现分公司当月扭亏开始，11月份实现整体扭亏，初步扭转了效益连续下滑的被动局面，企业保持了平稳有序、稳中有进的基本态势。全年累计加工原油870万吨，生产成品油518万吨，生产乙烯72.3万吨。整体实现营业收入709亿元。全年整体亏损31.5亿元。其中燕山分公司炼油亏损9.3亿元，化工亏损11.4亿元；有限公司亏损10.8亿元。全年共上缴税金73.6亿元。

（孙　明）

【50万吨／年苯酚丙酮扩能项目施工】 1月5日，50万吨/年苯酚丙酮扩能改造项目开始场平施工，进入土建施工阶段。4月15日，50万吨/苯酚丙酮扩量改造工程破土动工。50万吨/苯酚丙酮项目是燕山石化“十二五”重点项目，是在现有31万吨/年苯酚丙酮装置进行的“大烃化双氧化大精制”扩量改造工程，采用的是燕山石化自有的先进工艺技术。11月29日上午，该项目完成精馏单元2303−E丙酮精制塔第2段塔体的空中吊装工作，该塔直径4米、高54米、重达210吨，分2段进行空中吊装组对焊接，是装置中最大的工艺塔，至此精馏单元6具工艺塔的主体安装工作全部完成。该项目建成投产后满足15万吨双酚A和6万吨聚碳酸酯装置的原料需求。

（孙　明）

【中石化首套异戊橡胶生产装置建成】 1月29日，中国石化首套3万吨/年异戊橡胶生产装置在燕山石化建成中间交接。5月23日10时30分，稀土异戊橡胶装置聚合单元按计划投料开车；22时45分，后处理单元顺利产出产品。26日11时，装置产出合格成品胶，各项指标均达到设计要求。至此，燕山石化橡胶一厂继镍系顺丁橡胶、SBS、溶聚丁苯橡胶、低顺橡胶和稀土顺丁橡胶之后，又成功生产出了第六个橡胶品种。稀土异戊橡胶装置的投产，填补了中国石化稀土异戊橡胶生产的空白。稀土异戊橡胶素有“合成天然橡胶”之称，是目前国内天然橡胶制品的最佳替代品。燕山石化稀土异戊橡胶装置是中国石化科技“十条龙攻关项目”之一，以碳五分离装置产出的聚合级异戊二烯为原料，所有设备均为国内制造。采用燕山石化与北化院燕山分院开发的具有自主知识产权的稀土催化聚合异戊橡胶技术和聚合反应工艺，与传统工艺比较，不仅装置能力大、蒸汽消耗低，而且排放污染物也大幅降低。

（孙　明）

【碳五分离装置投产】 4月8日，15万吨/年碳五分离装置实现中间交接。4月21日，进入投料开车阶段。5月19日晚20时，继产出双环戊二烯、间戊二烯产品之后，产出合格异戊二烯主产品，实现装置一次开车成功，主要产品全部合格。此装置从破土动工到开车成功仅用370天，创国内同类装置建设最佳开工纪录。燕山石化乙烯装置每年副产碳五约16万吨，其中富含的间戊二烯、双环戊二烯和异戊二烯等都是高附加值的产品。特别是异戊二烯产品，是异戊橡胶装置的重要生产原料，用于生产接近天然橡胶的异戊橡胶产品，经济效益可观。然而，过去由于这些高附加值组分因为不能有效分离，只当作燃料被烧掉或是被低价卖掉。为了将廉价产品“吃干榨净”，15万吨/年碳五分离装置于2012年中期开工建设。

（孙　明）

【能源管理系统试点项目启动】 5月24日，燕山石化全面启动能源管理系统试点项目。该系统将在整合原有各能源模块的基础上，覆盖燕山石化能源供应、生产、输送、转换、消耗、优化全过程，全面提升能源管理水平。为搞好此项工作，燕山石化明确能源管理系统项目的组织机构和工作要求，组织了由专业及软件开发方面的技术骨干与实施顾问共同组成项目实施小组，制定了详细的工作计划，进行基础数据收集，搭建了系统生产环境，对能源管理系统项目关键用户就能源管理系统理念、能源管理实施方法与项目管理方法、工厂模型和能源工厂模型静态数据收集4个方面进行了集中培训。

（孙 明）

【首批京V标准汽油投放市场】 5月31日，燕山石化首批京V标准汽油投放首都市场。6月16日，完成京标Ⅳ标准油品置换工作，全部炼油装置正式开始生产京V标准汽、柴油等油品，成为了同时具备生产京V标准汽、柴油油品的炼化企业。9月，新建260万吨/年柴油加氢精制装置一次开车成功，产出合格产品，精制柴油硫含量为2ppm，大大低于京V 10ppm的标准。这套装置投产后，燕山石化每年增加京标V车用柴油230万吨，进一步增加了燕山石化京标V柴油在首都成品油市场上的占有份额，还为北京市节能减排及清洁生产做出贡献。

（孙 明）

【45万吨／年润滑油加氢装置工程中交】 6月28日，燕山石化45万吨/年润滑油加氢装置及系统配套工程顺利中交。该工程采用国内外先进的润滑油加氢技术，由加氢处理、加氢异构及公用工程等部分组成，使燕山石化润滑油产品实现质量全面升级。该项目于2012年1月开始土建施工，2012年8月土建工程全面交安，2013年6月14日装置正式受电。

（孙 明）

【燕山地区易积水路段改造工程完成】 6月30日，燕山石化完成燕山地区易积水及低洼路段的改造整修工程。共新建雨箅子88个、排水井2座，埋设铺装排水管1267米，铣刨修整路面13500平方米。施工作业由社区服务管理中心承担，工程包括东风铁路桥下穿路段、燕山中路凤凰亭桥路段、炼油厂南门至橡胶事业部路段、岗北路清洁队路段、燕山石化西门迎风商场前路段、蓝腾商场前路段、影剧院至北庄路口路段、燕山分局路口路段、凤凰亭路国税局路口等10余处，使企业防汛能力和通行安全得到提升和改善。此项工作于2月上旬开始进行，历时50天。

（孙 明）

【成品油长输管线实现在线监测】 7月16日，燕山石化安装在3条成品油长输管道上的在线泄漏监测系统开始投入试运行，年内运行稳定。3条成品油长输管道分别为汽油、柴油和航煤，起自燕山石化储运一厂罐区，末至北京石油长辛店油库。该成品油长输管道泄漏监测系统采用负压波法原理，于2011年立项，历经3年的系统安装和反复调试后投入运行。这是燕山石化首次在长输管道上应用在线泄漏监测技术。

（孙 明）

【燕山石化领导班子调整】 7月18日，燕山石化召开干部大会，宣布了中国石化集团公司关于王永健、罗强、王哲的职务调整决定，即王永健不再担任燕山石化公司董事长、党委书记、东方石化董事长，调往总部任职；罗强任燕山石化公司董事长，建议作为东方石化董事长人选，继续担任燕山石化公司总经理、党委副书记；王哲任燕山石化公司党委书记、副总经理。中国石化集团公司董事长、党组书记傅成玉到会讲话，中国石化集团公司党组成员、中国石化股份公司高级副总裁戴厚良主持会议。

（孙 明）

【加快RTC和PTC项目建设】 7月18日，燕山石化召开RTC（中国石化橡胶技术中心）、PTC（中国石化塑料技术中心）项目建设推进启动会，就进一步加快项目建设进度，提升合成树脂、合成橡胶产品质量和市场竞争力进行安排部署。RTC和PTC燕山部分，是中国石化集团公司“三大合成材料加工应用中心”的重要组成部分。其中，RTC项目主要开展合成橡胶在医用领域、密封领域的技术开发和产品评价、认证等工作，现阶段正在进行方案完善。PTC项目则通过建设完善PTC树脂检测实验室、电线电缆加工试验室、薄膜加工试验室，增强企业在合成树脂产品应用领域的技术开发能力。

（孙 明）

【稀土顺丁产出镍系顺丁橡胶】 镍系顺丁橡胶是燕山石化一个重要的胶种。经技术改造，将镍系顺丁装置胶液送至稀土顺丁装置，利用该装置后处理生产线生产镍系顺丁橡胶。6月19日，镍系顺丁装置至稀土顺丁装置胶液跨线改造项目顺利完工。10月中旬，稀土顺丁装置后处理单元正式开车，进行镍系顺丁橡胶试生产。经过对工艺设备参数进行反复摸索和调整，相继解决了胶中金属屑和后处理单元干燥机电机振动异常问题。11月18日，稀土顺丁装置后处理单元成功产出了合格镍系顺丁橡胶产品。此次成功产出合格镍系顺丁橡胶产品，标志着稀土顺丁装置具备了同时生产稀土顺丁及镍系顺丁两种胶种的能力。

（孙 明）

【联合国官员到燕山石化参观】 7月31日，由联合国全球契约组织总干事乔治·科尔率领的关注气候中国峰会代表团到燕山石化参观，代表团先后参观了燕山石化展览馆、化工六厂中控室、燕山威立雅东区水净化车间、牛口峪生态中心。了解了中国石化在发展循环经济、加强环境保护方面采取的措施和取得的成效，感受中国企业为倡导低碳发展、保护碧水蓝天所做出的努力。在燕山威立雅东区水净化车间，乔治·科尔品尝了由化工废水经过特殊深度净化处理而成的再生纯净水，并竖起大拇指。乔治·科尔对中国石化“十二五”后3年实施的“碧水蓝天”计划表示赞赏。他说，中国石化是全球契约和关注气候领先企业，在绿色低碳环保方面取得了卓越的成绩，其探索实践将鼓励和带动其他国家向中国学习，共同推动关注气候的实践。

（孙 明）

【研制航空汽油新产品成功】 8月28日，中国石化集团公司组织燕山石化召开高标号航空汽油生产讨论会，要求燕山石化尽快完成铅含量低于1.2‰的民用100号低铅航空汽油的开发，改变国内高标号航空汽油需求主要以含铅的95#和100#为主的局面。燕山石化航空汽油生产资源充足，并有75#航空活塞式发动机燃料生产经验，化验分析手段较为齐全。他们与石油化工科学研究院合作，成立课题研制小组，进行了大量的组分分析、技术调研、配方调合小试实验等系列工作，成功研制出100LL低铅航空汽油，各项指标全部合格，既满足美国ASTM D910、DEFSTAN 91-90等先进国外标准，又满足即将发布的中国民航100LL航空汽油征求意见稿标准，填补了国内低铅航空汽油生产空白。相比国内铅含量低于2.4‰的100号航空汽油，铅含量降低了50%，但动力等性能完全不受影响。该产品的成功研制开发，可逐步实现高标号航空汽油无铅化。

（孙 明）

【MTBE裂解装置一次开车成功】 9月3日，燕山石化10万吨/年MTBE（甲基叔丁基醚）裂解装置顺利实现中交，全面进入开车准备阶段。该装置于2012年6月开始土建施工，是以MTBE为原料裂解生产高纯度异丁烯，为9万吨/年丁基橡胶装置的配套工程。11月27日，10万吨/年MTBE裂解装置采用外购粗MTBE进行生产，进料后满负荷运行并成功采出合格精异丁烯产品，实现一次开车成功。

（孙 明）

【国家领导人到燕山石化调研】 9月11日，国务委员王勇到燕山石化现场调研安全生产工作并看望慰问一线员工。王勇先后来到安全生产指挥中心和化工三厂实地考察。王勇说燕山石化是一个拥有上万名员工的特大企业，是首都的能源供应基地，肩负着重大的社会责任，安全生产的责任更是重于泰山。安全工作做得好，是为人民造福；做不好，就有可能给党和人民、给首都带来灾难。王勇说，中国石化是中央企业，不但要在经济建设中做表率，也要在安全环保上做表率。要把安全责任落实到每一个人，树立“人人为安全，安全为人人”的理念。各个岗位必须有严格的操作规程，要坚决杜绝违反规程的操作行为。要通过全体员工共同努力，把中国石化真正建设成责任央企、安全央企、阳光央企，为员工和全国人民谋福利。王勇强调，中国石化作为中央企业，要清醒认识形势的严峻性，认真吸取一些企业的安全事故教训，全面提升安全生产工作水平，为促进国民经济持续健康发展做出更大贡献。国务院国资委党委书记、副主任张毅，国家安监总局局长杨栋梁，中国石化集团公司董事长傅成玉，中国石化股份公司总裁李春光陪同调研。

（孙 明）

【260万吨／年柴油加氢装置一次开车成功】 9月12日，燕山石化新建260万吨/年柴油加氢精制装置一次开车成功，14时产出合格产品，精制柴油硫含量为2ppm，大大低于京V 10ppm的标准。该装置是中国石化集团2012年重点项目，主要包括260万吨/年柴油加氢精制装置、装置原料罐区、泡沫站、污水提升泵站、外围管廊5部分，总投资约5.4亿元，占地面积2.90万平方米。该装置采用中国石化开发的RTS柴油加氢深度脱硫技术，采用加氢精制催化剂，将柴油的超深度加氢脱硫过程通过两个反应器完成。装置投产后，每年增加京标V车用柴油230万吨，可完全满足北京市场需求，不仅可创造良好的经济效益，还将为北京市节能减排及清洁生产做出贡献。

（孙 明）

【第二套S-Zorb装置建成中交】 9月22日，燕山石化采用美国ConocoPhillips石油公司专利技术建设的第二套120万吨/年S-Zorb（催化汽油吸附脱硫）装置及配套系统工程中间交接签字仪式暨开工动员会举行，负责装置设计、监理、建设和质量监督的相关单位以及炼油二厂负责人在装置中间交接书上签字。该项目的建成投产，将使燕山石化全部汽油质量均达到京V标准，进一步满足北京市汽油质量升级的需求。燕山石化第一套120万吨/年S-zorb汽油吸附脱硫装置于2007年建成投产。

（孙 明）

【绩效管理体系优化工作启动】 10月25日，燕山石化全面启动绩效管理体系优化工作。2008年以来，燕山石化进行了管理体制框架的重大调整，确定了专业化、扁平化的发展道路。12月11日，燕山石化公司确定机关管控模式和组织优化方案，决定调整设立炼油事业部、化工事业部、行政管理部、财务计划部4个职能部门。炼油事业部负责炼油板块限下工程项目的实施，牵头落实炼油板块的优化运行、生产调度、质量控制、检维修及安全管理等事项。化工事业部负责化工板块限下工程项目的实施，牵头落实化工板块的优化运行、生产调度、质量控制、检维修及安全管理等事项。行政管理部负行政后勤管理职责和土地房产管理中心现有的行政后勤管理职责。成立中国石化集团北京燕山石油化工有限公司财务计划部和中国石油化工股份有限公司北京燕山分公司财务计划部，两部门合署办公，统称为财务计划部，统计在北京燕山分公司。负责原财务部所有职责，调整增加生产经营计划、生产统计、原油采购管理等职责。

（孙 明）

【炼油系统大检修改造】 2013年炼油装置大检修改造是中国石化集团公司提出炼油装置“四年一修”长周期运行目标后的第一次大规模停工检修。检修自3月28日，二催化装置停工开始，截至10月末，共完成检修项目4123项、技术改造项目62项、设备更新项目11项、隐患治理项目4项，涉及生产装置20套、公用工程装置5套。7月15日，随着四蒸馏装置正式进入停工阶段，检修改造全面展开，中间还穿插了为期1周的化工系统机会检修。四蒸馏装置年加工能力800万吨，是加工含硫原油的重要装置。检修中常压部分实施节能优化扩能改造，装置处理能力达到1000万吨/年；减压部分采用英国KBC公司技术，实施减压深拔改造，最大处理能力460万吨/年，外甩常渣80.13万吨/年，实现向新建润滑油加氢装置提供干点高、黏度高的减压蜡油，达到在生产重质原料的同时，降低减压渣油收率的目的；可研批复总投资9300万元。检修中还进行了润滑油系统提高产品质量的技术改造，建设处理能力为45万吨/年的润滑油加氢装置，生产高黏度润滑油基础油。大检修改造任务于10月全面完成，10月27日，延迟焦化装置顺利引入渣油，装置成功开车。

（孙 明）

【火炬实时监控系统上线投用】 该系统11月11日上线试运行，实现了对燕山石化13座火炬及285个调节阀的实时自动监控。此前，燕山石化对火炬燃烧排放情况的监督主要依赖安全生产指挥中心视频监控设施和调度预警指令系统进行，在火炬燃烧排放时，可通过这两套系统监测到火炬排放的开始时间和停止时间，但具体到哪个火炬排放点、哪个单位、哪套装置、排放物料成分，很难进行及时确认。实施火炬实时监控系统是采用信息化手段实现对火炬排放单位、装置以及排放成分的实时监控。燕山石化从9月底开始进行火炬实时监控系统开发工作。通过火炬实时监控系统，调度人员不仅能够实时了解到火炬排放时间，同时能确切掌握各火炬排放点，即哪个单位、哪套装置、哪个设备、调节阀位号、调节阀开度等信息。

（孙 明）

【锅炉烟气脱硝试验项目完成】 11月15日，作为中国石化集团公司“碧水蓝天”计划当中的环保重点项目，燕山石化动力锅炉烟气脱硝试验项目顺利建成，并于18日进行了热态调试，在热力厂热力车间一部3号油气锅炉上新安装的6台低氮燃烧器完成首次手动点火试验。锅炉烟气脱硝试验项目的投用，使3号油气锅炉的氮氧化物排放优于北京市规定的标准，也将为燕山石化探索氮氧化物总量减排辟出一条新路。该项目采用西安热工院的专利技术。按照中国石化集团公司“碧水蓝天”环保计划，燕山石化共有涉及东西厂区异味治理、水体风险防范、炼油系统污水计量及采样监控系统建设和污染物总量减排等27个环保项目，获得专项资金4.8亿元。锅炉脱硝综合治理投资8900万元，是燕山石化27个项目中投资数额最大的。年内，燕山石化其他26个“碧水蓝天”环保项目也在稳步推进中。

（孙 明）

【北京环交所完成首笔碳交易】 11月28日上午，北京市碳排放权交易启动仪式在北京环境交易所举行。中国石化北京燕山分公司购买了京能集团2万吨碳配额，完成了基于配额的首笔碳排放权交易。这是中国石化继11月26日完成上海首笔碳交易之后在碳交易方面的又一有益尝试，也是国内培育和发展环保市场的重大突破性进展。国家发改委副主任解振华和北京市市长王安顺参加启动仪式。

（孙 明）

【新一轮泄漏检修工作展开】 12月1—4日，燕山石化采用环保专项治理基金购置的16台便携式有毒挥发气体分析仪，被发放至炼油化工等系统的10个生产厂，对生产厂区内近60万个动、静设备密封点的新一轮泄漏检测与修复（简称LDAR）工作全面展开。LDAR是国际上被石化企业广泛采用和认可的化工废气检测与修复技术，主要通过对石油化工企业生产全过程所涉及的静设备（即反应器、炼塔、换热器、分离器、储存罐等）和动设备（即生产装置中具有转动机构的工艺设备）易产生的挥发性有机物泄漏点，采用移动监测设备进行监测，并对超过一定浓度的泄漏点进行修复，从而达到控制泄漏点对环境造成污染的目标。开展新一轮泄漏检测与修复（LDAR）工作，可及时发现和消除生产厂区内不易发现的隐蔽泄漏点，达到消减挥发性有机物的泄漏、降低装置物料损耗、减轻环境污染、消除厂区异味的目的，同时还可有效消除部分生产装置由于泄漏产生的安全隐患，提升国企积极履行社会责任的良好形象。本次 LDAR 工作将严格按照集团公司《石化装置挥发性有机化合物泄漏检测规范》和北京地方标准《炼油与石油化学工业大气污染物排放标准》进行。

（孙　明）

【9 万吨 / 年丁基橡胶装置中交】 12 月 5 日，9 万吨 / 年丁基橡胶装置及配套工程中间交接签字仪式举行，标志着该项目由建设阶段正式转入生产试运行阶段。9 万吨 / 年丁基橡胶装置建设工程是中国石化集团公司重点工程建设项目，也是燕山石化调整产品结构，升级技术水平，实现可持续发展的重点工程。项目批复总投资 20.3 亿元，是燕山石化历史上单套装置投资规模最大的项目，其工艺包为自主开发，采用最新开发的催化剂体系，装置国产化程度高，是一套具有国内领先水平的橡胶装置。该项目的建成，可使燕山石化丁基橡胶生产能力由 4.5 万吨 / 年增加到 13.5 万吨 / 年，对稳固丁基产品竞争力具有重要作用。

（孙　明）

【加强生产经营管理】 是年，燕山石化加强优化运行各项工作，生产经营取得很大成效，各项指标总体平稳。成立专项优化小组，加强生产经营全过程优化。优化原油运作，结合市场情况，测算最优采购方案；积极开拓思路，开展套期保值操作，有效规避计价风险；用足用好商储原油及商储政策，减少财务费用。优化生产运行，开展高低硫原油价差盈亏平衡点测算，调整原油加工和生产方案，做大汽油、航煤；调整乙烯原料结构和运行方式，降低吨乙烯原料成本。优化库存结构，分析库存资金占用，及时掌握物资动态，严控库存规模；加大产品出厂力度，积极降库，回笼资金。持续加强安全管理，全力做好环保工作。落实安全生产责任制，组织 HSE 大检查，加大考核力度。加强直接作业环节监管，实施挂牌管理，7 个单位共获奖 95.91 万元；重奖立功人员，2 人分别获得 1 万元奖励。汲取青岛“11·22”事故教训，加强隐患治理，保证管线安全。加强预案演练，企地联动组织气体泄漏大型应急演练。高度重视环保工作，修订环保考核细则，加大处罚力度；落实北京市清洁空气行动计划，组织实施“碧水蓝天”项目，认真开展 LDAR 检测工作；全部“国控污染源”实现在线联网，及时发布 PM2.5 和 VOC 监测数据，推进信息公开，接受群众监督。强化内部管理，压减费用提升效益。修订经济责任制考核办法，实施“完全成本考核”，形成倒逼机制，全年节省费用 4.5 亿元。加强财务管理，成立专项小组，及时揭示问题跟踪解决。开展劳动纪律检查，严查违规违纪现象。推行“首接负责制”，机关作风得到进一步改善。建立招投标大厅，切实发挥纪检监察、审计监督职能。严肃纪律，狠抓小库物资清查，全面清理二级单位 74 个小库物资。开展“我为制度做诊断”活动，全年征集建议 1.5 万条。加强信息化建设，成立信息技术开发中心，开展 10 套生产装置 APC 建设，桌面云全面推广。

（孙　明）

【推进技术进步】 年内，燕山石化着力突出差异化竞争，不断推进技术进步。拓展高附加值产品市场，氯化聚乙烯、超高分子量聚乙烯实现批量生产。成功生产新型 PPR 管材料，EVA、三元共聚等产品质量稳定，客户反映良好。强化专用料开发，实现为用户定制产品。乙丙橡胶中试产品得到下游企业认可。加强售前、售中、售后全方位服务。“十条龙”攻关项目进展顺利，稀土顺丁橡胶轮胎试制工作取得突破，高压 XLPE 绝缘料工业技术开发有序推进。加大科技研发力度，完成专利申请 30 项，授权 33 件，14 个项目获省部级科技进步奖。第二套 S-Zorb、260 万吨 / 年柴油加氢等新建装置建成投产。化工系统抢修择机进行，消除了安全隐患。物资供应、治安保卫、生活后勤协同作战，为大检修圆满完成提供保证。积极抓好项目建设，碳五分离、稀土异戊、稀土顺丁装置开车投产；9 万吨 / 年丁基橡胶、45 万吨 / 年润滑油加氢等 15 个项目建成中交。积极推动连续重整、气体分离中心、第三套三废及乙丙橡胶等项目进程，RTC、PTC 项目建设进展有序。

（孙　明）

【人力资源】 年内，燕山石化启动绩效管理体系优化项目，全面梳理问题，深化改革调整，建立健全与专业化管理相适应的运行机制。优化机关组织管控，组建炼油事业部、化工事业部、行政管理部，撤销经营计划部，调整财务部职能，成立财务计划部，进一步夯实生产管理基础、强化设备运行维护、提升环保治理水平、优化整合后勤职能；开展定责定岗定编，加强生产管理力量，生产系统管理部门人数达到机关总人数的近 60%。实施发展研究中心业务整合，成立专家委员会办公室。选聘重点工程建设项目经理，加强业绩考核，实现责权利相统一。首次实现厂际人力资源规模化流动，抽调526人补充到一线新建装置。减少劳务外包，降低人工成本。实施向一线职工倾斜政策，增开倒班班车，增加倒班职工餐补，改进送餐方式，切实为一线着想，为一线服务。做好过渡住房配租方案，改善职工居住条件。完成星城供热站改造，保证居民温暖过冬。发挥BBS作用，对于职工提出的问题，高度关注，妥善解决。开展EAP员工帮助计划，组织有毒有害岗位疗、休养。高度重视社区安全，为21276户居民安装可燃气体报警器。加强企地合作，积极与燕山办事处协调，20件利民实事逐步落实。落实保稳定责任制，定期开展信访排查，及时化解矛盾，解决合理诉求，保持了队伍稳定、社区稳定。

（孙　明）

【为宁夏项目提供技术支持】 年内，中国石化集团公司投资，燕山石化公司负责援建的宁夏回族自治区吴忠市塑料制品项目1条棚膜生产线、4条地膜生产线、4条滴灌带生产线开车投产，成功实现正常生产运营。燕山石化派遣专家到宁夏项目现场帮助安装、调试棚膜、地膜设备等建设。4月15日，中国石化援建宁夏塑料棚膜、地膜、滴灌带项目成功中交，比原计划提前45天。自转人生产阶段后，燕山石化选派6名管理人员分别负责项目的销售和设备、技术、生产、调度、财务以及质检等各方面工作。同时对当地员工进行技术培训。在生产方面，燕山石化专门筹建了专家组，从配方选定、设备选型、标准的制定一直到市场调研、试生产产品检验，全程参与宁夏塑料制品项目的技术指导工作。帮助宁夏项目同原料厂家建立了联系，沟通生产所需母粒的采购事宜，积极跟踪原料到位情况，保证膜产品正常生产试运行。并将试生产膜样品的力学性能、老化性能进行相关检测评价。至4月下旬，3层共挤棚膜设备试车及产品调试完成，日光膜、流滴膜3个配方产品全部调试成功。

（孙　明）

【信息化助推智能工厂建设】 年内，燕山石化基本实现“数字燕山”战略目标，关键数据的数采率达到99.7%，有效率为99.5%。近10年来，燕山石化把信息化定位和企业长远发展相结合，从解决现实问题入手，围绕重点领域和关键业务，先后投用了企业资源计划系统、生产执行系统，自主开发了盈亏平衡分析系统、设备实施监控系统、装置平稳率考核系统、非计划停工管理系统等90余项信息化应用系统。形成了由效益分析，到计划优化、全面预算、生产执行、运营监控、指标考核，再到财务分析的闭环应用模式。为确保做好原油加工，确保效益最大化，炼油一厂完成管控一体化联合办公系统改造，形成了集原料计划分析、过程控制、生产分析优化、生产调度、管理信息、生产决策等功能为一体的多层次、多结构信息管理系统。将原油盯防“关口”前移，推进到曹妃甸，自原油上岸到储运一厂，再到四蒸馏装置，对原油性质等进行“全程盯防”，及时进行预评估，依据数据分析指导操作。“燕山石化移动办公系统”，实现了手机终端与公司信息系统的数据交互，运用手机平台，即可综合展示与生产相关的各类数据，覆盖与生产经营密切联系的机关部室及二级单位的主要负责人员，给相关生产经营人员带来极大的便利性，不管人在哪儿，都能及时看到主要生产经营数据信息，并能进行文件在线审批工作，随时随地进行移动办公。

（孙　明）

【工业用新鲜水量继续下降】 年内，燕山石化抓住节水减排工作难点和薄弱环节，开展技术攻关、系统优化等工作，各项工业水技术指标有了较大幅度提高，工业水重复利用率提高到98.4%。在工作中，燕山石化加强循环水供水水质和排污管理。针对炼油装置水冷器漏油问题，积极组织查漏，在最短时间内查到了漏源并将漏源切出，并做好水质的恢复工作。在夏季积极增开风机台数，使供水温度尽可能满足生产装置要求；在生产特殊产品时，增开水泵。对于较脏的循环水系统，进行粘泥剥离或化学清洗；严格控制各循环水场的排污量，通过优化操作，控制药剂的投加量，充分利用现有补充水流量计，根据计算结果辅助药剂投加，避免过量投加药剂，在进行水质调整时形成用水浪费。在排污控制方面，督促各装置尽量利用过滤器的强制反冲洗来代替直接排污，减少水的消耗；系统受到污染时，要选择最适合的时机及剥离剂、杀菌剂、缓蚀阻垢剂剂量，使污染物稳定在系统中而不是沉积下来或黏附在换热器管壁上，尽力避免大量排放及补水。加强节水工作和节水项目管理。开足马力生产再生水，8个节水项目均按计划进行，其中5个项目处在施工阶段，2个项目处在材料采购阶段，化工板块地下供水管网查漏项目已结束，查出新鲜水、消防水、再生及生活水管线漏点51处，累计减少瞬时的泄漏损失902立方米/小时。对新鲜水统计数据进行研究、分析，确定了炼油、化工、公用工程系统的新鲜水使用比例，找出了影响新鲜水使用量的各项因素，根据数据锁定了新鲜水消耗大户——循环水系统，并从循环水补水着眼，细化各项节水措施。在抓好科学巡检工作的基础上，进一步从严从细管理，严格落实交接班制，抓好工艺纪律，操作纪律，提高巡检质量，优化工艺操作指标，并采取在线监测等精细管理措施，确保装置循环水各项水指标合格。通过“小指标创优”劳动竞赛活动平台，把循环水总磷和碱度、冷却塔出水含油、pH值、溶解氧和滤罐出水浊度等重要操作指标作为班组月度、年度考核指标，激发全体职工比技术、争先进的积极性，进一步提高循环水处理效果。对排污、旁滤、冷凝水、河道水等系统进行技术改造共计24项。通过西区凝结水管网技术改造，在解决了三供水二工段回收凝结水超量浪费问题的同时，也解决了三供水一工段除油除铁装置因回收凝结水量小，导致装置运行不合理、不经济的难题；将四供水三循旁滤器改造为ASF型号全自动高效过滤器，两组并联运行，使系统补水量每月减少5000吨，节水效果显著。优化运行方式，寻找节水新办法。将节水工作向纵深发展，借助新鲜水、循环水、软化水和污水“四水合一”的优势，对生产运行方式进行深入分析，调整了部分能源消耗较大、运营成本效率不高的运行模式，达到了节水的目的。3月，通过技术改造，将化工八厂氧化车间使用的二级除盐水，由原来的四供水车间化学装置供应改为三供水车间四工段供应，全年减少新鲜水消耗9万余吨，减少废水排放1万余吨；将白水寺河道水、炼油三厂雨排水以及丙烯罐区雨排水进行回收，为七供水车间两套稳高压消防系统及四循水场补给新鲜水，收到了节水的效果。

（孙　明）

【127项降本增效折子工程完成】 年内，燕山石化127项降本增效、节能降耗折子工程全部完成，涉及主要装置增产增收、优化资源配置、调整产品结构、降本减费、节能降耗等诸多方面，实现了优化装置平稳运行、降本减费等方面显著成效。炼油二厂膜分离制氢装置顺利投用，分离后的气体经过炼油一厂二制氢装置PSA系统提纯后，成功并入炼油系统氢气管网，进一步提高了氢气资源利用率，增加了炼油系统的氢气产量，在一定程度上有效缓解了炼油系统氢气供需矛盾。制苯装置碳六抽提单元实施了T−1102塔釜新增再沸器回收溶剂余热改造项目，通过在碳六切割塔T−1102塔釜新增1台再沸器，利用循环溶剂作为热源，与已有再沸器并联使用，以回收溶剂热量，降低加热蒸汽使用量，实现了节约蒸汽和循环水的目的。在裂解渣油夏储冬用项目中，热力厂对北山罐区6个储罐进行了改造，通过重新设计、安装罐体加热器，拆除浮顶设施，增加管线伴热，以及将储运二厂渣油线与储罐进行连接等一系列改造，将原来的苯料储罐改造为裂解渣油储罐，用于夏季储存裂解渣油，该项目最多可储存裂解渣油1.3万吨左右，进一步缓解了冬季燃气紧张的状况。

（孙　明）

【3个人才工作室建成】 燕山石化公司先后建立了谷长吉工作室、左金海工作室以及东方化工厂的王建军工作室。年内，左金海工作室针对燕山石化储运一厂装油单元在生产、设备、安全、环保方面的瓶颈，先后完成了大鹤管液压油缸防渗漏、油气回收，京标98号汽油装车防污染等项目，并成功研发全封闭式航煤装车鹤管和密闭蒸汽洗车装置。同时，为改进集油设施，设计安装了新型集油器；为降低劳动强度，设计安装了盘管器等设施，为储运一厂装油单元的平稳运行奠定了良好基础。谷长吉工作室则将精力集中在焊接技术研究以及带压堵漏技术培训方面，通过工作室成员的共同努力，先后完成了立式离心泵找正专用工具、集装式机械密封打压试验设备、多位阀盖安装器、爆破筒压入器等技术攻关项目。同时，进一步完善了带压堵漏方法，保障了生产装置的安全稳定运行。是年，谷长吉工作室被中国能源化学工会授予全国能源化学系统劳模创新工作室称号，是谷长吉工作室自2011年12月成立以来获得的最高荣誉。

（孙　明）

北京市电力公司

【概述】 国网北京市电力公司（简称北京电力）是国家电网公司的子公司，前身是1905年创建的京师华商电灯股份有限公司。2003年以前作为华北电力集团公司的直属单位，按地市公司实施“收支两条线”管理；2003年成为华北电力集团公司授权经营、独立核算的分公司，由国家电网公司按省公司直接管理；2008年成为独立法人企业。北京电力作为首都最大的公用事业单位，负责北京地区1.64万平方千米范围内的电网规划建设、运行管理、电力销售和717万客户的供电服务工作。先后完成了第29届奥运会、新中国60周年庆典等重大活动保电任务。北京电力下设29个单位，包括16个供电公司、10个业务支撑单位和3个其他单位，资产总额 761.22 亿元。

2013 年，北京电力完成售电量 824.85 亿千瓦时、营业收入 530.97 亿元，实现利润 15.31 亿元。现有 35 千伏及以上变电站 459 座，变电容量 77160 兆伏安，输电线路 8662 千米、电缆 1597 千米，2013 年最大负荷 1776 万千瓦，城市供电可靠率达到 99.985%，处于国内领先水平。截至年底，北京电网已经形成六大分区相互支持的坚强结构，具备较强的资源配置能力和抵御风险能力。同时，北京电网又是一个典型的受端电网，本地发电仅占全部用电负荷的 30%，其余 70% 的电力依靠山西、内蒙古等地输入。

年内，北京电力积极践行"努力超越，追求卓越"的企业精神和"诚信、责任、创新、奉献"的核心价值观，坚持做好为中央党政军领导机关服务，为日益扩大的国际交往服务，为国家教育、科技、文化和卫生事业的发展服务，为首都市民的工作和生活服务。年内公司荣获国家电网公司综合标杆及业绩、管理标杆，安全管理、人力资源和规划管理进入专业管理标杆行列；公司连续 6 年获得全国"安康杯"竞赛优胜企业，保持全国文明单位和首都文明单位标兵荣誉称号；在第六届北京影响力评选中，公司获传媒大奖"人文共享奖"。

截至年底，北京地区共有发电厂 23 座，发电机组 172 台，总装机容量 7684 兆瓦。其中火电厂 10（含燃气）座，发电机组 38 台，装机容量 6446.4 兆瓦；水电厂（含抽水蓄能）6 座，发电机组 18 台，装机容量 1013 兆瓦；风电厂 1 座，发电机组 100 台，装机容量 150 兆瓦；垃圾、沼气及核电厂 6 座，发电机组 16 台，装机容量 74.6 兆瓦。110 千伏及以上变电站 436 座，变压器 1081 台，变电容量 98384.4 兆伏安。110 千伏及以上架空线路 516 条，共 6369.2 千米；110 千伏及以上电缆线路 849 条，共 1515.7 千米。

年内，华北 500 千伏主网七横三纵通道中，西电东送七横中四个通道、三纵中一纵为北京电网外受电通道；北京电网 500 千伏层面由 9 座变电站形成扩大双环网结构，西北部和南部分别外扩至张家口和河北地区，通过 500 千伏 10 个通道 20 回线路与外网联络，为北京电网 3/4 的负荷提供外送电源支撑；220 千伏层面由 7 座 500 千伏变电站的 220 千伏母联开关作为分区点，形成昌城、城顺朝、朝顺通、通安兴、兴房门、门昌 6 个相对独立的供电分区，各分区之间通过联络线互为备用；110 千伏及以下电网除并网线路外，全部开环运行，形成辐射状电网覆盖全市。

（吴国健　居然）

【电网建设与发展】 10 月，北京电力全面启动北京电网"十二五"规划滚动修编，11 月完成修编。此次修编的内容针对 220 千伏及以上主网部分，共调整电网项目 19 项，新增 6 项。创新性开展"网格化"配电网规划，按照"自下而上"的方式，基于城市控规将北京地区细分为 4.4 万个基本规划单元，延伸优化 110 千伏变电站空间布局，规划 10 千伏站点 20121 座、配电线路 19136 千米。

促请市政府协调国家能源局，将北京东、北京西特高压外受电通道建设纳入"大气污染防治能源保障方案"和"大气污染防治行动计划电网实施方案"。落实"网格化"配电网规划成果，完成 166 项管线综合会签、213 千米管道规划，完成重点地区 270 个开发项目接入系统方案。实施 81 项配电网升级改造工程，10 千伏架空线路联络率达到 96.7%，同比提升 2.5 个百分点；更换高损变 921 台、油开关 128 台，高损变和油开关比率分别由 13.9%、1.6% 下降到 12.5%、1.3%。

开展"大规划"体系建设调研，梳理 5 类 16 项建设问题并及时完成整改。110 千伏 ~220 千伏项目可研评审和 110 千伏项目可研批复权限由总部调整至公司发展部。自体系建设运行以来，累计完成电网规划和专题研究 94 项、电源接入系统设计 135 项、工程可研评审 1151 项；电网规划编制效率提高 30%，可研、电源及客户接入系统方案评审效率提高 50%。

联合市发展改革委、规委完成《北京电网中长期发展规划》和《北京电网空间布局规划》，将 186 座变电站和 44 个输电走廊资源纳入城市控规；配合市政府制定并启动 2013—2017 年清洁空气电力行动计划，有序开展以电代煤、以电代油、电从远方来、新能源并网 4 类工作任务。多渠道争取前期工作支持，无偿获得建设用地约 9 万平方米，折合 2.7 亿元；促成 36 项输变电工程纳入市政府重大项目审批绿色通道，将串行审批改为并行审批；突破线路走廊环评拆迁范围 20 米的惯例，利用现有走廊的改扩建工程环评拆迁范围降低到 5 米。

是年，北京电力共计新开工输变电工程 44 项，新建 35 千伏及以上变电容量 656 万千伏安、线路 642.47 千米。投产输变电工程 23 项，新增 35 千伏及以上变电容量 298.3 万千伏安、线路 183.92 千米，建成 35 千伏及以上电力隧道 28 千米；完成 19 项电力设施迁改工程，6 项充电站工程，4 项架空线入地工程，5 项配迁工程。完成城区范围 4.4 万户以及农村地区 4514 户"煤改电"工程。220 千伏桃园输变电等

13 项度夏工程按期投产；海淀 500 千伏电缆隧道全面贯通，电缆敷设及 220 千伏线路切改全面启动；东北、西北热电中心配套电力工程有序推进；怀柔雁栖湖 APEC 会议配套电力工程全部开工。

（吴国健　居然）

【人力资源】 截至年底，北京电力共有全民职工 8466 人，其中研究生及以上学历 955 人，本科学历 3511 人，专科学历 2059 人；高级职称 952 人，中级职称 1621 人；技师及以上职业资格 3083 人，高级工 2959 人，中级工 416 人。人力资源同业对标在国网公司排名第三位，获得人力资源专业管理标杆称号。人才引进指数达到 1.2564，在国网系统省公司中排名第一；人才当量密度达到 1.034，人事费用率实现 4.54%，均在国网系统省公司中排名第三。

加强定编定岗定员管理。规范各层级机构设置，理顺职责界面，调整本部 21 项管理职责。供电公司内设班组数量降低 6.6%。开展客服中心、物资公司等业务支撑单位内设机构优化调整，搭建经研院分、子公司合署办公模式。完成各层级机构更名工作。依据国网公司标准岗位名录，规范本部、基层单位岗位名称，设置供电公司典型岗位 193 个。修订劳务派遣用工岗位名录，新增仓储配送等服务类岗位序列。贯彻落实《国家电网公司员工奖惩规定》，制定公司员工奖惩实施细则，加强公司员工队伍管理。

规范薪酬管理。理顺收入分配关系，依据业绩情况、人才结构适度拉开薪酬水平差距。规范福利保障管理。规范福利管理流程，细化分项考核标准，提升福利管理水平。

加强全员绩效管理。印发《全员绩效管理工作考核评价细则》，明确公司、各单位、部门、岗位 4 个层级绩效管理评价标准，全面推进职能部门目标任务制和一线员工工作积分制建设。建立企业负责人业绩考核季度看板，加强绩效评价的过程管控。

加强人才队伍建设。开展全员培训，开展岗位业务竞赛活动，参加国网公司 15 项调考竞赛。推进专家人才队伍建设，编制公司人才队伍培养实施方案，制定人才培训培养 3 年规划，搭建专业化、系统化、结构化培训标准体系。完成各级各类专家选拔工作，评选省、地市级专家 90 人，入选国网公司级专家 18 人，形成 3 级专家人才梯队。

（吴国健　居然）

【经营管理】 年内，北京电力固定资产投资完成 78.71 亿元，售电量完成 824.85 亿千瓦时。依托电网联合共建机制，落实外部渠道资金 17.11 亿元；完成涵盖各专业的全口径项目储备 7961 项，储备率达 306%。对重大投资项目开展专项评审，节约项目投资 8911 万元。

完成电价调整工作，取得调价收益 0.48 亿元。争取到市财政延长城市附加费返还政策，每年可获财政补贴约 3 亿元，专项用于架空线入地建设。财务集约化年度排名国网公司第五名。全面实现资金一级管理，荣获国网公司资产经营对标最佳实践单位。

完成 321 平方米的运营监测大厅建设，全面开展运营监测（控）核心业务工作。截至年底，接入指标 1409 项，涵盖公司 14 个业务职能部门，总计接入指标数据 1415.73 万条，明细数据 5659.85 万条。

围绕电网建设等关键领域，组织完成战略课题 10 项、专项课题 25 项和基层课题 154 项。出台重大经营决策法律论证管理制度，建立决策论证工作机制，深度参与业务委托等决策事项和重大投资项目的法律论证。全面完成国网公司法律风险防范体系建设试点任务。开展合同管理专项提升活动，督促各单位对薄弱环节逐一落实整改。建立公司周例会通报案件和风险反馈机制，强化案件全过程管理，形成闭环管理。深入推进分层次普法工作，健全规章制度管理机制，推进与国网公司通用制度对接。

强化内部审计监督力度，持续加强对领导干部、工程建设、物资管理、社保资金等重点领域的审计监督。深化审计成果运用，全面推动问题整改落实，健全监督管控机制，防范和化解经营风险。

全年共完成采购计划 84 个批次，完成集中采购金额 74.94 亿元，签订采购合同 2641 份，完成 10 千伏 ~35 千伏主要设备及装置性材料类供应商资质业绩现场核实 7 批次 127 家供应商，共监造发现质量问题 153 起。制定科学合理的仓储定额，加快库存周转。启动仓储网络优化工作，完成了北京公司仓储网络规划方案。构建公司物资督察工作体系，对招投标及物资管理开展常态化督察工作。

国家电网公司发布的 2013 年度对标指标评价结果，北京电力综合排名第五位，业绩对标排名第四位，管理对标排名第四位。获得国家电网公司综合标杆、业绩标杆、管理标杆，以及安全管理、人力资源管理、规划管理专业标杆；获得华北区域管理标杆称号、安全管理专业标杆称号。发布技术标准 7 项、管理标准 8 项。北京电力被评为北京市管理创新工作优秀组织单位。《省市级电网调控一体化的安全管理》获得国家级管理创新成果二等奖，13 项成果获得北京市级奖项、行业及国网公司级奖项各 4 项。6 个 QC 小组荣获“全国优秀质量管理小组”荣誉称号，7 项 QC 小组活动成果获得国家级奖项，13 项成果获得行业级奖项。

（吴国健　居然）

【安全生产】 年内，北京电力以“大运行”“大检修”体系建设为主线，完成全年安全生产任务，安全生产形势总体保持平稳。全年未发生人身安全事件，未发生五级及以上安全事件。完成迎峰度夏（冬）和防汛任务，完成十八届三中全会等重大保电任务 186 项。全面实现了政治供电“零闪动”、安全生产“零死亡”目标。

SOP 深化应用向地调延伸，实现市地两级调控同质化管理。建立状态操作管理体系；建设地调配网抢修指挥中心；完成开发智能调度技术支持系统 10 项核心功能，AVC、WARMS 系统建设管理稳步推进；完成检修公司 28 类生产业务外委工作。完成 7 座变电站无人化改造工作，应用超声波、高频超高频等 10 项检测技术，编制完善 18 项带电检测技术导则。

强化监督检查，综合应用 3G 单兵、工业电视和现场检查等手段，累计检查工作现场 9099 个，巡检覆盖率达到 70.26%。完成 4685 名生产员工安全技能等级评价和 3233 名关键岗位人员安规普考；修订完善工作票填写执行规范和专业典型示范工作票。建立隐患重点排查工作机制，修订公司隐患排查治理实施细则，规范过程评价，实现过程管理量化考核。建立保安稽查队，强化保安工作质量监督检查，全年外力破坏事故下降 7.6%。健全应急工作体系，构建 3 个层级的应急队伍，成功举办应急联合实战演练，有效应对大风、大雨等恶劣天气。

积极应用直升机巡线等新技术、新装备，大力推进 500 千伏兴都等变电站标准化建设，制定完善输电线路差异化运维巡视标准，以 18 项反措为依托开展全过程技术监督。充分利用红外、紫外灯带电检测手段，修编完善带电作业技术标准，全年整体不停电作业率达到 83%。

7 月 16 日，北京电力在通州西集应急培训基地举办 2013 年应急技能竞赛暨应急救援故障抢修联合演练。竞赛及演练全方位应用了动力伞、固定翼无人机、气垫船、抽水车、卫星通信车、发电车、破拆工具等应急装备。两级调控中心强化电网运行管理，针对重大检修方式开展专项校核 73 次。对 1056 户重要客户外电源逐一进行风险评估，开展四大热电中心并网和轨道交通供电安全分析。停电计划管理逐步完善。有效缩短停电时间。

（吴国健　居然）

【营销工作】 年内，新增用电客户 36.46 万户，新增容量 879.08 万千伏安，同比增长 8.57%；完成售电量 824.85 亿千瓦时，同比增长 4.14%；500 千伏及以下线损率完成 6.77%，较年度指标低 0.02 个百分点；节约电力 11.68 万千瓦，节约电量 5.16 亿千瓦时。

推广热泵项目应用 242 项，应用面积 667.49 万平方米，推广分散式居民电采暖应用增加用电量 4.86 亿千瓦时，全面完成电能替代及 2013 年电力销售市场“百日攻坚”活动；累计受理客户申请报装容量 1478.8 万千伏安，同比增加 48.64%。

加强电费回收管控，开展高压客户分次划拨电费、分次抄表结算电费及电费担保等协议的签订工作。通过运用律师函、诉讼等法律手段赢得债权支持 449 万元。开展智能电表换装工作，全年换装智能表 170 万具，超额完成全年 140 万具的计划任务，收集客户信息开通短信服务 80 万户。制定换装标准化作业流程及质量监督考核管理办法，开展 6600 名施工人员全员上岗培训取证，全年抽查施工现场 435 次，回访 95598 热线反馈问题 185 次，下发督察整改单 32 份，有效提升现场作业质量。

11 月 18 日，第九届中国（北京）国际园林博览会结束，北京电力完成历时半年的保电工作。

开展微功率无线互联互通及新型插接式计量箱研究试点，形成国网公司企业标准。完成 163 万卡表客户巡视检查，发现计量故障隐患 18.6 万户，追补电费约 0.65 亿元。组织开展营业普查和打击窃电专项工作，通过信息化管理系统，对客户用电情况进行远程监控和深入分析，全年追补电量 1574.95 万千瓦时，追补电费及违约使用电费 4151.16 万元。

推动电动汽车充换电服务网络建设。建设完成 77 座充换电站 2995 个充电桩。已投运的充换电站服务电动汽车 4070 辆，累计提供充换电服务 61.13 万次，充电量 2075.81 万千瓦时，服务里程 4324.81 万千米，实现二氧化碳终端减排 1565.43 吨。签订电池租赁合同 73 项和充换电服务合同 15 项。建成投运北京最大的电动公交车充换电站四惠充换电站和全国规模最大的、首个实现“快充 + 慢充”的纯电动出租车充电站——通州小圣庙出租车充电站；北京市首个出租车分散补电快充站——顺义奉伯充电站。

建成“大营销”业务质量管理体系，开展重点稽查监控主题 95 个，常态监控 281 项数据质量问题，日均监控数据量高达 10 亿条，全年累计整改问题数据 479.50 万条。

年内，共签订 23 份购电协议，其中签订了 1 份跨区跨省协议、2份发电权交易协议、20份年度购售电合同。合同签订率100%，合同备案率100%。完成电量交易与结算，全年累计购电量878.88亿千瓦时，同比增长4.44%。

（吴国健　居然）

【开展科技项目顶层设计】 年内，北京电力开展科技方向培育和项目顶层设计，组织成立电网技术、输变电技术、配用电技术等5个领域专家组，开展9个专题技术研讨，编制并发布2014年科技项目立项申报指南，形成电网仿真、状态检测、配用电、电动汽车等领域持续研究方向。加强公司外部项目的组织策划。成功牵头申报“主动配电网关键技术研究与示范”国家863计划课题1项，公司获得首个国家级实验室“国家能源主动配电网技术研发中心”授牌，公司获得北京市科技进步奖5项；获得国网公司科技进步特等奖、一等奖1项、二等奖1项、三等奖3项。获得中国电力科学技术奖三等奖3项。专利申请695项，其中发明专利申请317项；专利授权314项，其中发明专利授权34项；海外专利申请6项。

开展信息化建设任务95项。完成一体化平台、业务应用与集成、运营监测（控）信息支撑系统等重点建设任务。完成人资、财务协同办公等七大类系统150余份调研问卷的分析工作，延庆公司荣获国网公司2013年度地（市）县单位信息系统深化应用示范单位称号。完成“三集五大”专业体系建设。开发GIS系统管道断面功能，开展低压GIS试点应用和配变台区采集信息深化集成工作。强化对互联网出口和重要信息系统的管控力度，有效抵御对公司的互联网出口攻击。实现全国“两会”“三中全会”“神舟十号”等政治供电信息通信保障。承担国网公司信息系统状态检修试点工作，研究设定监测指标84项，对营销、生产等重要信息系统进行评估，主动开展状态检修6次。组织完成57个信息专业应急预案的两轮修编，开展专项演练12次，通过系统数据级灾备演练，将数据库恢复时间由4小时缩短至30分钟。公司获国网公司首批四星级信通调度称号和第三期信通调度运行流动红旗。

是年，北京电力先后完成部分地区光传输网改造、数据网二期二阶段、山区供电所视频会议系统等项目的建设。形成了以光纤为主，微波、电力载波为辅，兼有会议电视电话系统、应急通信装备等通信业务的通信网。所管辖通信站点共计1306个，同比增加129个，增长9.88%；各类通信主设备4543台套，同比增加352台套，增加7.76%；光缆总里程9532.821千米，同比增加462.581千米，增长5.10%。110千伏及以上站点光缆覆盖率达到100%，35千伏站点光缆覆盖率约100%，覆盖全部公司二级生产单位，部分运行工区、供电所。

（吴国健　居然）

【提升优质服务】 年内，北京电力开展供电服务提升工程，研究制定《北京市电力公司供电服务提升工程实施方案》，制定加强电网规划建设、规范供电服务行为、加强服务队伍建设等8个方面的推进计划，定期组织召开供电服务提升工程调度会，编制《供电服务提升工程工作简报》。

严格履行重要客户服务、通知、报告、督导“四到位”工作要求，完成了“十八届三中全会”“神舟十号航天飞船发射”等各类重要活动用电安全服务保障任务，创造了保障期间电气设备“零故障”、供电服务“零投诉”、供用电安全100%可靠、客户100%满意的优异成绩。

研究制定北京公司95598五项业务办理管理办法，实施95598热线日分析、周通报、月评价制度，发布95598热线日报365期。11月23日，95598五项业务平稳集约上划至国网公司客服中心，全年受理客户投诉584起，全部按时限要求及时处置。

全力推进收费电子化工作，在公司自有网点、银行机构缴费方式的基础上，开通支付宝购电业务和电费充值卡业务。全市售电网点达20760个，城镇地区基本建成“十分钟交费圈”。

编制保障房供电方案232份，完成59个保障房项目的外电源工程和8项轨道交通配套受电工程。完成4.85万户“煤改电”工程。推进老旧小区配电设施改造，解决并实施41处老旧小区用电问题，惠及百姓4.4万户。编制北京市南水北调工程建设项目22份，报装容量5.55万千伏安，完成送电项目1项。

制定服务队“菜单式”服务内容和工作指导书，持续开展“六进三送”活动780次。建立“社区客户经理”服务模式，在300个社区实现社区经理挂牌服务，构建居民用电社区服务新平台。

加强电力市场服务管理。努力搭建政府、电厂、电网三方和谐沟通的平台；做好市场主体的问询与答复工作，及时将答复意见反馈问询人。针对新建并网机组购售电合同签订、北京地区分布式光伏发电购电结算，编制了《购售电合同签订工作指南》《北京地区分布式光伏发电购电管理指导意见》，进一步提高了购电管理工作效率。

（吴国健　居然）

北京二七轨道交通装备有限责任公司

【概述】 中国北车北京二七轨道交通装备有限责任公司（简称二七装备公司）隶属中国北车股份公司。公司主要经营开发、设计、制造、修理、销售铁路及城市轨道交通运输设备、电子设备、机械电器设备等。有机械动力设备3000余台（套），占地面积43万平方米，厂房建筑面积16.5万平方米。固定资产原值11.90亿元，净值71196万元；从业人员3351人。现有博士7人，硕士116人，本科747人。其中，具有高级专业技术职称154人，中级职称325人。公司行政下设12部2室5中心、12个生产分厂（分公司）、1个事业部。党群系统设有8个职能部室。截至年底，已累计制造各型内燃机车2400多台，配属全国18个铁路局（公司）和路外100多家大型企业，并出口古巴、越南、安哥拉、爱沙尼亚、尼日利亚、苏丹、委内瑞拉、刚果（金）、坦赞等14个国家和地区，累计出口机车超过200台。公司已达到年生产六轴大功率交流传动电力机车100台，内燃机车新造年产100台，大型养路机械60标准节，内燃机车年修理80台的能力。获国家火炬计划重点高新技术企业及北京市安全文化建设示范企业称号。主要产品有HXD3、HXD3C型7200KW电力机车，DF7系列内燃机车，GK1E和GK31E型内燃机车，铁路大型养路机械LZC−800型路基处理车，GMC96B型钢轨打磨车，多功能作业车，边坡清筛车等。

（胡跃平）

【生产发展与市场营销】 年内，二七装备公司完成销售收入13.5亿元；利润−0.92亿元。其中，生产路外、出口新造内燃机车31台，大修内燃机车62台，路内新造电力机车10台，边坡清筛机7列，96头钢轨打磨列车4列，50吨自卸车25台，配件收入3.66亿元。总增加值率为18.57%。

签订机车大修64台，其中路内58台车平均在厂周期29.5天，独立参与中国铁路总公司HXD3C型电力机车招标，获10台HXD3C型电力机车合同。参加中国铁路总公司“十二五”补采招标，中标4台边坡清筛机供货合同。BR711C型快速多功能作业车被誉为我国首台“高铁救护车”，获中国铁路总公司16台订单。16头地铁打磨车参加了深圳地铁组织的3号线综合作业车组投标。完成5台苏丹国铁机车、4台坦赞机车、2台委内瑞拉机车、1台越南机车及18台刚果（金）国铁机车的合同签订工作，累计新签约出口机车30台，合同签约额约3.09亿元。完成了出口爱沙尼亚机车项目欧盟第三方认证和ETSA（爱沙尼亚技术质量监督局）型号批准，具备了进入欧洲市场的基本准入条件，这是我国第一个进入欧盟的大型成套机电设备。俄罗斯八轴9600千瓦交流传动电力机车项目已完成《俄罗斯铁路大功率交流传动干线货运电力机车技术经济可行性分析报告》。

签订路外新造机车合同27台，路外机车大修6台；与西班牙达诺巴特公司成立合资公司，生产研制不落轮镟床，首台机床通过外方评审并获得部分订单。

（胡跃平）

【售后服务】 年内，二七装备公司派出售后服务人员275余人次，处理机车故障255余项，接收铁路电报19份、传真43份、反映机车质量问题电话记录322余件。收回“零公里整备机车故障”通知书16份，反映问题102件。HXD3、HXD3C型电力机车分别配属丰台段、安康段、洛阳段、济南西段和广州段。每段安排2名~3名驻段服务人员，24小时服务。“乘务人员机车意见考核表”反馈：满意98%、不满意2%。“运用机车故障处理记录”中段方反馈的满意情况：满意90%、较满意10%。“满意度调查表”：满意100%。由公司领导带队，赴郑州局郑州北机务段、西安局新丰镇段、北京局丰台机务段、株洲段、衡阳段等进行了重点走访，用户满意97%。

（胡跃平）

【企业管理】 年内，成立由二七装备公司第一管理者担任组长的安全委员会及安全风险管理办公室。通过职业健康安全和环境管理体系、国家安全生产标准化一级企业的复评审核，启动国家级“企业安全文化示范企业”申请工作。成立精益管理办公室，针对精益管理的10个纬度进行逐项整理落实，成立管理提升办公室，大力推进管理提升工作。将生产指挥资源与工艺技术资源进行整合，成立了制造中心。制定并下发了《公司IRIS体系运行质量提升计划》，通过法国贝尔IRIS认证公司的监督审核。组织开展了机车源头质量安全大检查工作，按照铁路系统要求有序推进铁路产品CRCC认证工作；制定了《内燃机车大修质量提升年活动计划》建立了合格供应商目录，对合格供应商进行动态管理。运用ERP、PLM系统的功能，创建完成真正意义上的HXD3C型电力机车制造BOM，对接北车电子物流平台。完成ISO 3834焊接体系年度审核，通过EN15085认证审核。下发了“能源供应与使用凭证”“重点耗能设备管理办法”“能源计量管理办法”，组织开展2013全国节能宣传周，开展能源审计工作，完成节能减排指标。

在股份公司授信额度内办理信用证并减少公司资金占用约4亿元；利用跨境支付及海外代付、票据结算等业务方式缓解公司资金支付压力；以“四清两降”工作为主线，增强成本管控能力。全年累计回款9.7亿元。办理完成退税额870万元。通过审计全年共审减金额338.92万元。发布并修订《新产品研发项目考核奖励办法（暂行）》《科研项目实施管理细则》，二七装备公司被批准成为“北京市轨道交通维护装备工程技术研究中心”，正在申报国家研究中心；通过国家科技部火炬中心评选认定，成为国家火炬计划重点高新技术企业，已有国家科研补贴50万元，北车研发费投入1000万元，增值税减免72万元。全年年科技研究投入资金8000万元。

制订《高端人才招聘办法》《公司特殊人才管理办法》，进行“双师”型人才培养和技能人才的“双元技能”评定工作，确保关键岗位人员持证上岗。通过技术员工的业务培训和技能鉴定，已有持证技术工人1684人，高技能人才比率达到51.7%。提高高技能人才的比例及工资待遇等。

将技术中心分设为机车研发中心、工程机械研发中心、工艺研发管理中心。对机车修理分公司进行事业部试点。根据《国家出资企业产权登记管理暂行办法》规定及《关于北京二七轨道交通装备有限责任公司与中关村发展集团股份有限公司合资组建新公司的批复》《关于北京二七装备轨道交通装备有限责任公司与西班牙达诺巴特集团公司共同出资设立北京北车二七达诺巴特机床制造有限公司的批复》，二七装备公司申请办理了北京北车重型机械科技有限公司和北京北车二七达诺巴特机床制造有限公司两家子公司的投资新设立占有产权登记。

完成北京北车长客二七轨道装备有限公司的注册工作，此公司是由二七公司与长春轨道客车装备有限责任公司共同出资成立的，注册地房山轨道交通装备制造园。

（胡跃平）

【开发新产品新技术】 年内，二七装备公司自主完成爱沙尼亚内燃机车、尼日利亚内燃机车的开发。爱沙尼亚内燃机车按照欧盟标准和GOST标准设计制造，机车噪声、废气排放符合欧盟第三代标准要求，并且首次进行了国内机车碰撞计算，通过整车及部件电磁兼容试验。

BS－1200型国产化边坡清筛机通过国产化设计，国产化率达到70%，首次采用全部国产化制造转向架和输送带、液压缸等大部件，产品70%的原材料规格也相应进行国产化设计和转化。GMC－96B型国产化钢轨打磨列车已通过部级技术方案评审。正在进行GMC16A型钢轨打磨列车、钢轨铣磨车、全断面边坡清筛机自主研制。自主完成BR711C型快速多功能作业车、190吨电动轮自卸车样机研制，这2项产品在国内工程机械领域为首创全新产品，填补了铁路工程抢修、救援和国内大功率自卸车产品的空白。BR711C型快速多功能作业车是电气化铁路接触网检修、维护、抢修专业设备，也可用于部分线路桥梁设施的维护。被誉为“高铁救护车”。

（胡跃平）

【园区建设取得进展】 年内，轨道交通装备制造园取得规划许可证，一期工程项目正在进行可研报告编制和报建手续办理，规划方案已通过房山规划分局评审。调试联合厂房正在进行钢结构及水电施工，完成制造园土地预付款，总体工艺设计基本完成，基础设施建设工作按计划进行，6个厂房全部开工建设。组装联合厂房正在进行钢结构及辅助间内部施工，零部件加工厂房及涂装加工联合厂房正在进行基础及辅助间砌筑施工，钢结构厂房及备料厂房正在进行基础施工，总开工面积17万平方米，投资额累计完成7.3亿元。

中关村轨道交通装备科技创新园暨丰台轨道交通科技文化创新园初步规划方案已完成。完善土地开发和招商引资方案，形成控规方案初稿，编制完成科技创新城规划方案的多媒体宣传影片。丰台区正式上报北京市规划委纳入2013年项目规划。

（胡跃平）

南车二七车辆有限公司

【概述】 南车二七车辆有限公司（简称公司）隶属中国南车股份有限公司，为国内铁路货运平车、平车——

集装箱两用车和特种平车的制造基地。

2013 年末，公司本部在册人数 2748 人，其中教授级高级工程师 14 人、具有高级专业技术职称 87 人、中级专业技术职称 214 人；设置行政部室 22 个、党群部门 5 个、生产车间 7 个（5 个直接生产，2 个辅助生产）、控股合资企业 2 个、全资子公司 1 个；公司固定资产原值 4.8 亿元，生产用地 64 万平方米、房屋建筑 19.2 万平方米；有各类机械动力设备 1765 台，含主要生产设备 1333 台。

（刘 峰）

【年度经营】 是年，全体员工认真落实“抢订单、抓项目、降成本、增活力”的总体工作思路，克服重重困难，全年完成新造货车 2878 辆，修理货车 2884 辆，全年经营形势保持了整体平稳有序。

（刘 峰）

【规划发展】 年内，公司组织制定了利用区位优势、盘活土地资源，整合集团优势、聚集社会资源，打造南车在京总部基地和高端制造基地总体方案。公司“建两园、鼎三足”的转型发展战略达成共识。其中，两园是“产业园”和“科技园”，三足是“货运轨道交通装备及配件新造、客运轨道交通装备新造及维修、承载高新科技孵化的总部基地”。

（刘 峰）

【新产业】 年内，公司的长纤维复合材料项目开发产品 10 余项并实现销售。传感器项目研发的四合一室内污染物检测仪获得产品 CE 认证，签订销售合同 127 万元。诺安舟高楼逃生舱获 3 项专利和北京市特种设备检测中心出具的鉴定证书，产品已进入供货安装阶段。积极开拓新项目，对轮轴再制造、液化天然气罐式集装箱、垃圾资源化、减隔震产品制造基地和农业机械等 8 个项目进行深入调研，形成了调研报告，其中减隔震项目与北京工业大学签订战略合作协议。

（刘 峰）

【经营管理】 年内，公司严控 3 项费用，制造、管理和销售费用显著降低。通过实施车体打砂等项目外包，压低车体面漆喷涂等外包业务价格，优化制修工艺、严控材料定额和外委配件，争抢报废车拆解，修旧利废配件，采用先进节能技术等措施，降低了制造成本。全年制定规章制度 21 项、修订 61 项，进一步完善了公司制度体系。制定承揽外委业务奖励办法。《深入实践原材料精细化管理提升企业市场竞争力》获南车第六届企业管理现代化创新成果二等奖。加强信息化建设，深化 ERP 应用，完成质量信息和知识管理系统建设项目，升级主动防御和设备资产管理系统项目，档案管理系统投入运用。修订、实施法律事务与合同管理办法，推进合同管理信息化。深入开展审计监察，加强风险管控。构建与生产需求相匹配的能源供应模型，整合细化设备管理标准。开展清洁生产审核，实现节能减排达标排放。

（刘 峰）

【科技创新】 年内，公司持续优化三大技术平台，重点提升产品研发、工艺制造和质量保证三大技术能力。NX80 型共用车参加全路重载货车线路适应性试验效果良好。SQ7 型运输汽车——普货两用车、接触网维护用专用车设计方案通过铁总方案审查，其中 SQ7 完成关键部件验证和整机试制，接触网维护用专用车实现批产。双密封主动润滑式制动缸、手制动机断链快速连接器经铁总鉴定定型，其中主动润滑式制动缸已小批量生产，手制动链断裂快速修复技术已推广使用。运煤专用敞车重载货车缓冲器通过了神华公司招标立项答辩。SQ6 型车集成制动方案、SQ1 型车上端门改造方案通过了铁总技术审查。5 类 7 个单元产品通过了第三方监督审核，保持了 CRCC 认证证书，C70（H）和 SQ3K 型车厂修通过 CRCC 生产资质审查。

（刘 峰）

【市场营销】 年内，公司分区域跟踪自备车用户 24 家，分别与 5 家公司签订技术咨询协议。与 4 家铁路车辆企业签订战略合作框架协议，促进了公司配件销售。铁矿粉—卷钢运输专用车与中铁联合物流签订技术合作协议。积极开拓海外市场，跟踪项目约 30 个，参与投标项目 6 个。其中，泰铁车项目通过外方技术和价格最终评审。津巴布韦高帮敞车项目通过外方评审。

（刘 峰）

【生产与安全】 年内，公司持续深化精益管理，夯实现场管理基础，打造生产现场标准工位，提升工位制节拍化生产流水线建设覆盖面和节拍兑现水平，精益示范区（线）建设涵盖了所有车间并扩展到参控股子公司。试点模拟生产线和模拟配送线建设。C70E 制动组装生产线被评为南车二星级精益生产示范线。

（刘 峰）

【人力资源管理】 年内，公司推行人力资源精益管理，整合精简管服岗位，优化管服人员配置，严控生产车间劳动用工；加强中层团队素质和能力建设，开展系统化培训，推行中层领导任期制，建立中层领导退出常态化机制。按照“职类—职群—职种”结构框架制定职位管理办法。试点实施职业生涯发展通道管理。完善全员绩效管理，梳理公司绩效奖励体系，搭建整体奖励框架，突出部门业绩导向，强调逐级授权与二次分配。全年举办一、二级培训班184期，培训5612人次。评选出南车级核心人才31人，新增教授级高工2人，高级技术职务人员14人，高级技师14人。1人获丰台区有突出贡献人才奖。13人通过全国质量工程师考试。

（刘 峰）

【质量管理】 年内，公司IRIS管理体系以72%得分率通过第二次监督审核，连续3年保持整机企业最高得分率。通过EN15085焊接体系审查，证书有效期延长一倍。2013年铁路货车造修质量抽查新造、检修均并列第一。2项QC成果获铁道部级奖励，2项成果获南车级奖励。

（刘 峰）

【多个项目获得荣誉】 年内，公司获得北京金桥工程项目奖2项，铁道学会科技奖2项，南车科学技术奖5项；获得北京市安全文化建设示范企业称号。获得北京市构建和谐劳动关系先进单位、北京市厂务公开民主管理先进单位、北京市无偿献血先进单位、中国南车四好班子、丰台区诚信统计单位等荣誉称号。

（刘 峰）

北京南口轨道交通机械有限责任公司

【概述】 北京南口轨道交通机械有限责任公司（简称南口机械公司）员工总数1176人，其中具有高级技术职称59人、中级技术职称116人、初级技术职称407人。固定资产原值7.09亿元，净值4.61亿元。占地面积47.78万平方米。各类设备1055台（套），其中大型精密设备68台，进口设备72台。设行政部室12个、党群部门1个，主产品生产单位8个，事业部1个，合资公司2个。主产品销售收入同比增长22%。

（陈宗河）

【改制改革】 年内，南口机械公司按照不同产品系列和市场对象调整营销部门组织机构，成立海外业务部，分别给予铸造厂、铁路配件厂专项产品营销职能，营销二部按照销售公司模式管理；撤销风源产品事业部，成立压缩机公司和压缩机配件厂，风源系统产品市场拓展能力、产品研发制造能力、经营效率与效益得到提升。完成存续企业所属北京昌平南口经联公司营业执照移交地方政府工作，存续企业所属俱乐部及办公场所盘活工作有序推进。

（陈宗河）

【生产经营】 年内，南口机械公司完成主要配件品种85项、产量264178件（套）。其中，轨道交通产品完成各型空压机214台、各型主机油泵900台，和谐2型技术引进机车主动齿轮1302个、从动齿轮982个、抱轴箱铸件1420个、齿轮上箱铸件1240个、下箱铸件1240个，和谐3型技术引进机车从动齿轮1775个，东风7G型机车主动齿轮294个、从动齿轮159个，东风4型机车主、从动齿轮共计570个，各型喷油泵上体装配3800套、下体装配2940套，各型喷油器2340套，各型喷油器偶件20800付、柱塞偶件7000付。

（陈宗河）

【市场开拓】 年内，南口机械公司轨道交通产品市场得到巩固，风电齿轮箱、石油机械齿轮箱、压缩风源系列产品市场布局逐步实现由点状分布到全面拓展。获得美国开利公司转子产品100%订单，实现转子出口。开发安瑞科公司、中山艾能公司、牧风公司等13家新的主机产品市场。同优势企业合作，整机产品销售实现突破，与4家企业签订整机销售代理协议。大功率50DB、70DB齿轮箱及泥浆泵配件全面进入宝石公司、兰石公司、山东科瑞公司等国内3家主要石油机械企业。860千瓦渔船电推齿轮箱通过渔检行业认证，为进入船用齿轮箱市场奠定基础。风电齿轮箱形成久和、华创、济南、海装等4个主机用户市场，并成功开发印度苏司兰风电齿轮箱修理市场。

（陈宗河）

【新技术新产品开发】 年内，南口机械公司进一步优化、提高产品设计验证能力，探索、吸收先进技术手段，技术研发能力显著提高。轨道交通产品有成立中国北车齿轮传动研发中心，占据中国北车该领域技术领先地位；开发成功具有完全自主知识产权250公里时速中国标准动车组牵引齿轮箱样机产品，完成CRH5动车组齿轮箱图纸设计、技术文件编制及技术方案评审，轨道交通齿轮箱开发设计达到较高水平；出口孟加拉米轨内燃动车齿轮箱投入装车运行，状态良好；北京地铁10号线车辆齿轮箱开发成功；自主开发成功30吨轴重重载电力机车配套齿轮箱箱体以及主、从动齿轮产品。风电齿轮箱产品：实现2兆瓦~2.5兆瓦风电齿轮箱系列化和通用型覆盖。交付用户不同规格风电齿轮箱63台，其中24台久和83速比2兆瓦风电齿轮箱在宁夏固原风场挂机测试，2台久和77.9速比2兆瓦风电齿轮箱样机在新疆淖毛湖风场挂机测试并网发电，2 台华创 1.5 兆瓦风电齿轮箱样机在山东栖霞挂机测试并网发电。完成华创 1.5 兆瓦 VRS 恒转速输出风电齿轮箱、1.5 兆瓦高温型风电齿轮箱、2.1 兆瓦风电齿轮箱开发设计以及重庆海装 2 兆瓦风电齿轮箱总体设计方案。初步形成 1.5 兆瓦、2.0 兆瓦、2.5 兆瓦不同功率等级共计 10 种机型系列风电齿轮箱产品，完全满足陆地风机配套需要。关键零部件自主化替代具备自主开发和试验验证能力，重庆海装 2 兆瓦风电齿轮箱进入风电领域技术领先行列，恒转速输出 VRS 风电齿轮箱实现创新机型研发设计。压缩风源产品：实现大型系列化螺杆主机开发整合，成为国内大机型系列可靠供应商，40 立方以上螺杆主机产品处于国内领先地位，成功替代进口产品；移动式空压机研发成功，由动力风源供应市场向矿山工程市场拓展提供可靠技术准备；三转子产品开发成功，形成该领域同国际领先企业保持最新产品开发合作良好态势，成为美国开利公司亚洲最佳供应商；110 千瓦 ~160 千瓦、250 千瓦 2 种功率等级螺杆压缩机整机开发成功；压缩风源产品形成完整系列。工矿传动产品有完成 860 千瓦电推船用齿轮箱试制、500 小时耐久性试验，通过渔检认证，公司齿轮箱技术具备进入船舶产品领域条件。全年申请技术专利 18 项，其中发明专利 3 项。

（陈宗河）

【多元经营】 年内，南口机械公司多元经营取得实效，风电齿轮箱产品销售收入 2137 万元，实现零的突破；风源产品销售收入 7151 万元，较上年增长 54%；工矿石油机械产品销售收入 2741 万元，较上年增加 1603 万元。完成不同规格螺杆空压机整机产品 603 台、主机产品 469 台、各型系列转子产品 3290 对；风电齿轮箱形成系列产品，批量交付用户；完成宝石齿轮 370 个、齿圈 154 个；完成兰石 70DB 油田齿轮箱 4 台、2000 马力油田齿轮箱 1 台；完成 860 千瓦船舶齿轮箱 2 台；完成 22 千瓦抽油机减速器 73 台、18.5 千瓦抽油机减速器 68 台。

（陈宗河）

【基本建设与技术改造】 年内，南口机械公司调整重点项目投资计划和投资方向，技改项目布局更加合理。4.2 亿配套大功率机车及 200 公里以上动车组齿轮箱专业化生产技术改造项目累计完成投资 4 亿元，购置设备 80 余台 / 套，完成土建施工 7000 余平方米。原 7.8 亿交流传动机车及高速动车组传动装置与风源系统产业化能力提升技术改造项目累计完成投资 2.8 亿元，购置设备 50 余台 / 套，主要土建工程基本完工。完成风电组装实验联合厂房收尾工程、齿轮加工和热处理联合厂房主体工程、箱体厂房主体结构工程以及机电厂厂房改造工程；采购热处理井式炉生产线、齿轮成型蜗杆磨床等设备 25 台。完成铆焊厂 28 台设备工艺布局调整，购置设备 10 台。设备更新改造开工 23 项，完成 20 项，项目完成率 87%。申报减免城市基础设施费 400 万元，获得政府政策补贴 355 万元。

（陈宗河）

【企业管理】 年内，南口机械公司完成管理提升活动第一、第二阶段各项工作，进入“持续改进，总结评价”第三阶段，支撑公司规模发展经营管理平台逐步形成。重新梳理、编制、修订 122 项涉及经营计划管理、预算管理、成本管理、采购管理、风险管理等方面专项业务内部控制制度，构成公司完备管理制度体系。完成 1500 页《内部控制手册》重新编制、修订和发布。组织申报和实施管理创新项目 43 项。管理信息化、电子化工作取得重大进展，投资 1060 万元启动财务业务一体化项目建设，项目实施范围涵盖技术管理、营销管理、物流管理、生产管理、财务管理、质量管理 6 个方面，进入模拟运行阶段。开展“开源节流、创收增效、盘活存量资产”专项活动，取得明显经济效益，久和 2 兆瓦风电齿轮箱样机单台物料采购成本由最初 112 万元降到 63 万元，降幅 47%；优化数控刀具，创效 210 余万元。质量体系通过埃尔维质量认证中心监督审核，CRCC 铁路认证产品全部通过认证；未发生特别重大、重大、较大质量事故和一般 A、B、C 类质量事故；铁道部产品质量监督抽查合格率 100%。持续推进精益生产，达到中国北车精益生产评价模型Ⅱ级水平规定目标。轻伤事故率控制在 2.6‰指标以内，未发生重伤以上工伤事故。坚持人才引进、人才培养，引进管理专家 1 人，报送 2013 年度中国北车资深专家 1 人、专家 4 人；接收高校毕业生 76 人，其中硕士研究生 9 人；完成各级各类培训 58 项，培训 1973 人次。

（陈宗河）

北京工业六大产业重点企业分布图

北京地区都市产业重点企业分布图

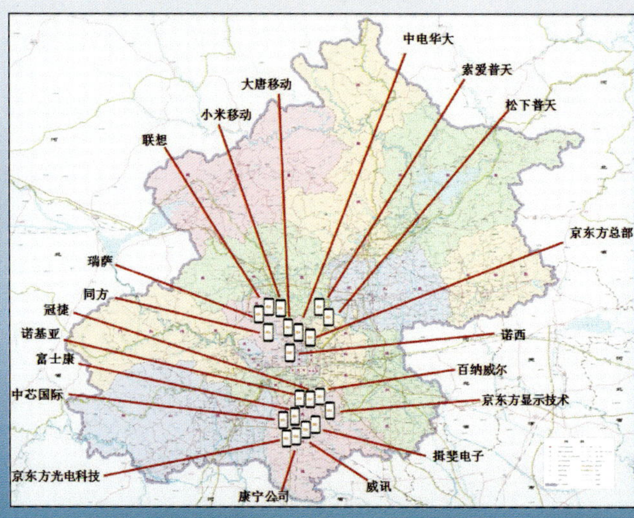

北京地区电子产业重点企业分布图

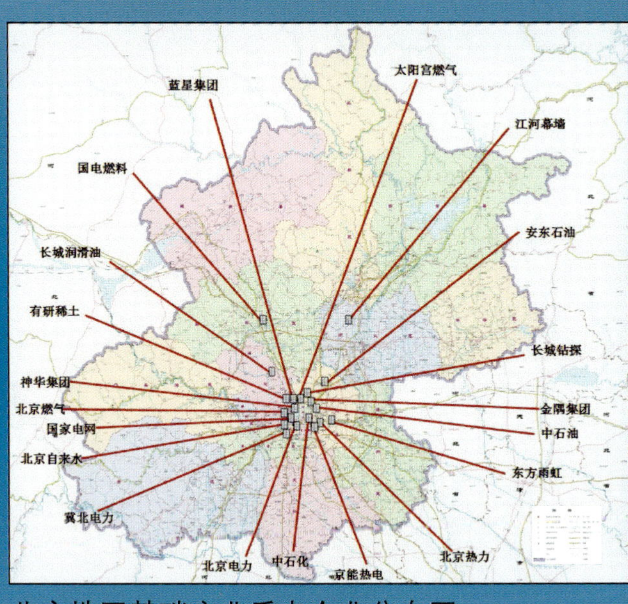

北京地区基础产业重点企业分布图

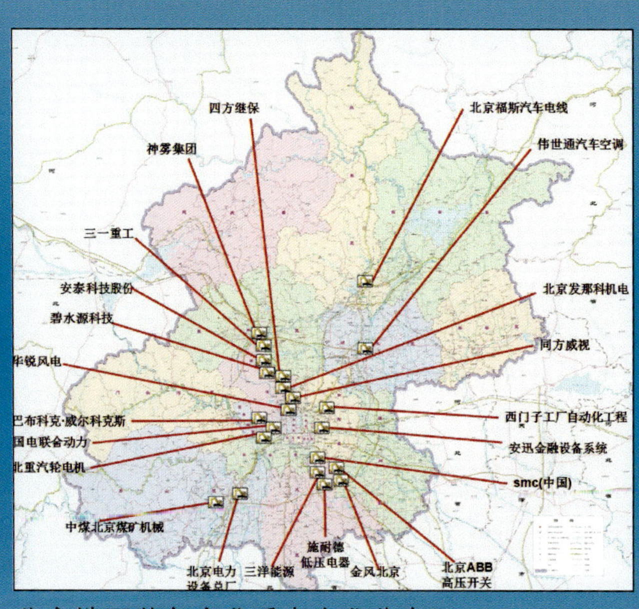

北京地区装备产业重点企业分布图

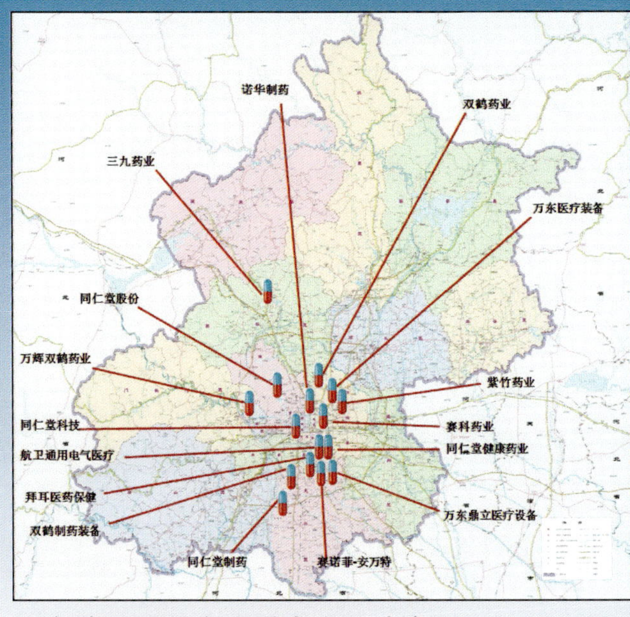

北京地区医药产业重点企业分布图

北京地区汽车产业重点企业分布图

昌平区经济和

2013年，昌平区305家规模以上工业企业完成产值1258.6亿元，同比增长2%。全区工业经济和信息化系统深入贯彻落实科学发展观，牢牢把握“稳中求进”的总基调，以转型发展、科学发展为主线，以加强项目建设、优化发展环境、推进节能减排、加快自主创新、促进两化融合、提高运行质量为重点，将“抓大”和“扶小”相结合，“引新”和“退低”相结合，加快发展和调整结构相结合，各项工作均取得了新成绩，全区经济总量进一步扩大，经济实力不断增强，产业结构得到优化，自主创新能力不断增强，区域工业经济继续保持健康发展的良好势头。

地址：昌平区西环路15号
电话：69742365
邮编：102200
网址：http://cp.bjsme.gov.cn

4月9日，昌平区企业在中国北京国际供热通风空调、卫生洁具及城建设备技术展览会上

4月18日，昌平区召开产业转型升级资金培训会

5月16日，昌平区召开中小企业创新融资对接会

5月21日，昌平区经济信息化委与中国邮政开展进社区、做公益、献爱心活动

信息化委员会

5 月 30 日，昌平区召开三高企业退出工作会

6 月 28 日，国电新能源技术研究院整体入驻未来城

7 月 23 日，京北数码港一期商务园区工程奠基

11 月 15 日，昌平区经济信息化委传达学习十八届三中全会精神

12 月 10 日，昌平区召开 2013 年中小企业贷款贴息兑现会

12 月 12 日，昌平区举行第四期高级职业经理人颁证仪式

行有道·达天下

Your Wish · Our Ways

北京汽车

1月11日，北汽集团党委书记、董事长徐和谊荣获2012年度中国汽车影响力人物大奖

2月1日，北京汽车集团有限公司与戴姆勒股份公司高层在德国斯图加特奔驰总部签署战略入股协议

3月7日，北汽股份株洲分公司第十万台自主品牌整车下线仪式举行

3月29日，北京奔驰汽车有限公司MRA总装工厂竣工暨启动仪式举行

4月20日，北汽集团在2013年上海国际车展隆重举行品牌战略发布会

4月21日，北京现代全新车型MISTRA名图在2013年上海国际车展上全球首发

集团有限公司

4 月 22 日，北京新能源汽车动力电池项目在京正式签约

6 月 29 日，韩国总统朴槿惠考察访问北京现代汽车有限公司

北京汽车集团有限公司荣获“全国五一劳动奖状”

6 月 15 日，北汽集团党委书记、董事长徐和谊等 10 人荣获“新中国汽车工业 60 周年领军人物”大奖

5 月 11 日，北京汽车宣布旗下首款中高级轿车绅宝正式上市

6 月 20 日，北汽集团越野车基地项目在顺义区赵全营镇奠基

行有道·达天下

Your Wish · Our Ways

北京汽车

8 月 7 日，北汽集团与镇江市人民政府在南京签署战略合作框架协议

9 月 27 日，北汽威旺十万用户庆典暨荣耀之星用户颁奖典礼在京举行

9 月 29 日，北汽集团华东（镇江）产业基地项目正式开工

10 月 26 日，北汽集团云南产业基地（瑞丽）合作协议在昆明签约

10 月 28 日，北汽威旺首款紧凑型 M20 正式上市

10 月 29 日，北汽动力总成公司生产的第 1 万台 B205/235 自主品牌发动机下线

集团有限公司

12 月 25 日，北汽云南瑞丽汽车有限公司项目奠基仪式举行

11 月 11 日，美国《财富》杂志在中国银泰中心举行北汽集团“世界 500 强”证书颁发仪式

11 月 19 日，北京现代中高级轿车 MISTRA 名图上市仪式在广州举行

11 月 21 日，北汽股份株洲分公司第 20 万台整车下线

12 月 10 日，北汽动力设计生产的 B235RGA 汽油机荣获“中国心”2013 年度十佳发动机称号

12 月 22 日，在第六届“北京影响力”评选活动中，北汽集团获得“十大企业”称号；北汽集团董事长徐和谊获得“十大企业家”称号

首 钢

12 月 18 日，市国资委领导到首钢冷轧公司参加民主生活会

首钢迁钢公司炼钢主控室

12 月 23 日，首钢鲁家山生物质能源发电一期工程点火试生产

首钢迁钢公司二炼钢板坯生产线

北京园区建设和新产业发展取得新进展

首钢迁钢公司全景

 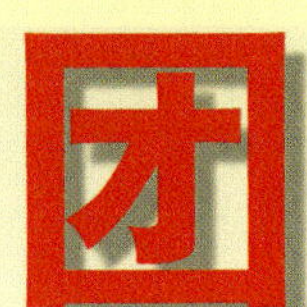

首钢迁安公司循环经济产业园利用焦化工艺处理废塑料生产线

京唐公司特大型高炉采用全干法除尘工艺，节约水和电

首钢连续 3 年进入世界 500 强

首钢京唐公司焦化工程干熄焦工艺既环保又节能

首秦公司生产的 X70 管线钢

首钢京唐公司全景

同仁堂集团

3月19日，中共北京市委常委、宣传部部长、副市长鲁炜到同仁堂集团调研

5月7日，北京同仁堂国药有限公司在香港联交所创业板正式挂牌上市

10月11日，国家卫生和计划生育委员会副主任、国家中医药管理局局长王国强到北京同仁堂中医医院进行调研

北京国际酒类交易所有限公司

北京国际酒类交易所有限公司是经北京市政府批准，由北京一轻控股有限责任公司联合中信国安葡萄酒业股份有限公司、首旅首采运通电子商务有限责任公司、中粮酒业有限公司、信达投资有限公司、北京产权交易所有限公司等股东单位共同出资组建的国际酒类交易平台。

北京国际酒类交易所有限公司立足酒类现货交易，通过先进的电子交易系统、广泛的会员网络和合作伙伴，以国际标准打造全球最大、最具影响力的酒类交易中心市场，致力于成为国内外中高端酒类的交易服务中心、产品推介与文化传播服务中心、金融创新服务中心。

地址：北京市海淀区玉泉路 2 号

邮编：100143

电话：+86 [10] 88289800

传真：+86 [10] 88289810

网址：Webwww.bjiwex.com

北酒所交易平台上线仪式

走廊

投融资服务签约仪式

北酒所外景

北酒所夜景

上市公司

京东方科技集团股份有限公司

【概述】 京东方科技集团股份有限公司（简称京东方A、京东方B，股票代码：000725、200725）是于1993年4月9日成立的股份有限公司，总部位于北京。该公司的母公司为原北京电子管厂，后实施“债转股”转制为“北京京东方投资发展有限公司”（简称京东方投资），最终控股公司为北京电子控股有限责任公司（简称电子控股）。

京东方科技集团股份有限公司是一家半导体显示技术、产品与解决方案的提供商。该公司累计可使用专利超过1.8万项，2013年新增申请专利数量4282项，年新增专利数全球业内前二、研发人员人均专利申请量全球业内第一，出货量及市占率均位列全球业内前五。公司拥有北京第5代和第8.5代TFT−LCD生产线、成都第4.5代TFT−LCD生产线、合肥第6代TFT−LCD生产线和第8.5代氧化物TFT−LCD生产线以及鄂尔多斯第5.5代AMOLED生产线等6条半导体显示器件生产线，同时还有建设中的重庆第8.5代新型半导体显示器件及系统项目，是中国唯一能够自主研发、生产和制造全系列半导体显示产品的高科技企业。

截至年底，公司注册资本135.22亿元，净资产282.52亿元，总资产925.39亿元，员工人数26922人。公司及所属子公司在全球分为4个主要业务分部：薄膜晶体管液晶显示器件（简称TFT−LCD产品）业务、显示光源产品业务、显示系统产品业务及其他业务，其他业务包括精密零件与材料业务、光伏业务及办公物业租赁业务等。在北京、重庆、四川成都、安徽合肥、内蒙古鄂尔多斯、河北固安、江苏苏州、福建厦门等地拥有多个研发制造基地，营销和服务体系覆盖欧洲、美洲、亚洲等全球主要地区。

（陈 珊）

【年度经营】 年内，京东方科技集团股份有限公司营业收入337.74亿元，净利润23.52亿元，比上年同期盈利提升811.33%，基本每股收益约0.174元，超预期完成盈利目标。各条生产线满产满销，产能明显高于上年同期，规模化经营效果凸显。产线调整和产品结构持续优化，移动类面板产能比重进一步提升，有效提升了盈利能力。新增申请专利数量4282项，年新增专利数全球业内前二、研发人员人均专利申请量全球业内第一。截至年底，京东方累计可使用专利超过18000项。随着第四季度投产的鄂尔多斯5.5代AMOLED生产线及合肥8.5代氧化物TFT−LCD生产线产能逐步释放，京东方将继续保持强劲的盈利势头。截至年底，京东方市值达282亿元，公司市值增长领先上证综合指数2.9个百分点。

（陈 珊）

【面板出货量全球第五】 年内，京东方已建设并成功运营了成都4.5代线、北京5代线、合肥6代线、北京8.5代线，并始终保持了业内一流的产品良品率水平。合肥8.5代氧化物TFT−LCD生产线、鄂尔多斯全球第二条5.5代AMOLED产线已点亮投产，重庆8.5代氧化物TFT−LCD生产线正在建设，将于2015年投产，其应用的Oxide和LTPS、AMOLED技术将显著提升京东方产品竞争力和盈利力。京东方已形成以北京为中心的泛渤海产业基地、以合肥为中心的泛长三角产业基地和以成都为中心的西南产业基地。2013年，面板出货量已稳居全球第五位。

（旷炎军）

【人均新增专利申请量全球业内第一】 年内，公司新增专利申请4282件，同比增长59%，累计可使用专利数量超过1.8万件；研发人员人均新增专利申请量为全球业内第一。京东方在超高分辨率、低功耗GOA及高通过率、透明显示、超高清裸眼3D等全球前沿技术与产品领域均处于领先地位，陆续推出了全球最大尺寸8K超高清显示屏、全球首款65英寸氧化物TFT显示屏、超高清裸眼3D等明星产品，全球新品首发率已超30%。

（陈 珊）

【显示器件事业】 年内，公司中大尺寸产品事业：与国内外品牌客户协同开发多款全球首发产品，全球市占率稳步提升；高附加值的产品占比逐步提高为74%；产品结构逐渐得到优化；完成新品开发45款，其中全球首发产品7款；北京8.5代线0.5t玻璃改造项目进展顺利；产线小型化、增值化、特色化转型进度加快，盈利能力进一步增强。中小尺寸面板事业：国际客户端份额逐步提升，战略客户事业部模式运营成功。产品结构日益丰富并不断优化，在售量产产品达49款，其中高附加值的产品销量超70%；On Cell Touch项目初步具备量产能力；成都4.5代线穿戴、车载、医疗产品量产出货；合肥6代线小型化比例达70%以上，成功量产5款手机产品；关键资材国产化配套能力大幅提升。电子材料、部品和真空器件事业：电子材料、部品事业完成2013年战略目标，真空电器保持盈利。

（陈 珊）

【3机型实现量产销售】 年内，公司显示终端事业，自主开发65英寸、55英寸智能一体机、110英寸UHD产品已实现量产销售，BiTV1.0三款产品已于年底上市；照明/光伏事业自主研发能力不断提升，多款产品实现首发；代工制造事业全年销量同比增长57%，其中中小尺寸事业实现盈利。

（陈 珊）

【法人治理】 年内，公司进行了董事会、监事会换届选举，成立第七届董事会和第七届监事会，并由董事会选聘了公司新一届高级管理人员，保证了公司治理结构的规范性和有效性。同时，对《公司章程》《股东大会议事规则》《董事会议事规则》《监事会议事规则》中涉及董事、非职工监事候选人的提名、资格审查、名单审议、最终表决等事项进行梳理和修订。报告期内，公司持续在多方面推进公司治理工作，积极安排公司新任董事、监事参加北京证监局组织的专题培训，并定期在公司内部开展主题普法宣传，保持对关联方资金往来、对外担保和董事、监事和高级管理人员所持公司股份及其变动管理的定期自查，通过维护完善深圳证券交易所投资者互动平台加强与投资者的良好沟通。

（陈 珊）

【内部控制】 年内，根据《企业内部控制基本规范》及其配套指引的规定及其他内部控制监管要求，结合所处行业特征和自身实际，京东方科技集团股份有限公司制定并发布《京东方科技集团股份有限公司2013年度内控规范建设方案》。公司按照“内部控制规范建设与SOPIC同步”原则，对组织结构调整的组织，设计控制措施并修订完善其内部控制制度手册。强化风险评估，基本建立起风险评估体系。公司各部门定期开展内部控制自我检查，审计监察部门定期对重点领域开展内部控制自我评价，同时公司聘请了外部注册会计师对内部控制的设计、运行及评价情况实施了审计。按方案要求，公司在内部控制自我检查及自我评价的基础上，开展了2013年度内部控制评价，未发现重大和重要缺陷。

（陈 珊）

北京合康亿盛变频科技股份有限公司

【概述】 北京合康亿盛变频科技股份有限公司（简称合康变频，股票代码：300048）成立于2003年，注册资本1.23亿元，净资产超过12亿元，是一家专业从事研发、生产、销售各种压变频器和防爆变频器的高科技企业，于2010年1月20日在深交所正式挂牌上市。2010年11月，合康变频在北京中关村高科技园区亦庄园的现代化高压变频器生产研发基地投入生产，总建筑面积1.5万平方米；同时，公司在武汉东湖高新区建设总建筑面积8.5万平方米的高、中、低压及防爆变频器生产研发基地。

合康变频研发、生产、销售的高压变频器，分为通用高压变频器和高性能高压变频器两大系列，广泛应用于电力、矿业、冶金、水泥、石化、市政等领域，可实现对各类高压电动机驱动的风机、水泵、空气压缩机、提升机、皮带机等负载的软启动、智能控制和调速节能，从而有效提高工业企业的能源利用效率、工艺控制及自动化水平。2011年公司拓展中、低压变频器和防爆变频器的研发、生产及销售，由于其调速精度高、占地小、工艺先进、功能丰富、操作简便、通用性强、易形成闭环控制等优点，优于以往的任何调速方式，在矿业、起重机械、纺织化纤、油气钻采、冶金、电力、石油化工、电梯、建材等行业得到广泛应用。

合康变频下设3家全资子公司，1个重点实验室和1个技术中心，现有员工超过600人，其中研发、技术人员约占20%，大专以上学历达到70%。

（李雅娜）

【年度经营】 年内，合康变频已逐渐形成了包括高、中、低压及防爆变频器在内的全系列变频器产品，形成了较为完整的变频器产品线，进一步优化了公司产品结构，丰富了公司产品的应用领域，满足了客户多元化需求，并提高了公司为客户提供整体解决方案的能力。年内，受宏观环境影响，在高压变频器行业整体业绩不佳的背景下，公司主营业务仍继续保持良好发展势头，实现营业收入6.62亿元，同比下降5.80%；因报告期内公司加大了研发投入力度，使管理费用有所增加，同时产品毛利下降，联营企业亏损，募集资金存款减少，利息收入减少，武汉生产基地建成投产计提折旧费增加，使公司实现营业利润为3635.64万元，同比下降69.80%；利润总额5870.77万元，同比下降63.39%；归属母公司股东的净利润为4446.68万元，同比下降67.07%。

（李雅娜）

【新增3项专利申请】 年内，合康变频新增3项专利申请，其中发明专利2项，实用新型专利1项。公司及全资子公司武汉合康拥有33项专利，另向国家知识产权局共申报发明和实用新型的专利申请12项，其中4项已发布授权通知，证书暂未收到。截至年底，拥有软件著作权8项。

（李雅娜）

【大功率水冷变频器可以批量生产】 年内，合康变频大功率水冷变频调速系统产业化研究水冷单元已形成系列化，10千伏/7400千瓦水冷变频器已到现场成功运行，标志着公司大功率水冷变频器可以批量生产。高性能低压变频调速系统已经完成了从原理样机到产品化的阶段，根据市场需要已研发出1140伏三电平的高性能低压变频调速产品，而且在本系统研究中已充分考虑到第三代高压变频器的需求，将多机联动控制等高压变频器的独特功能集成到本系统研究中，并且已有成功的现场应用案例。矿用隔爆兼本质安全型交流变频调速装置系列化研究已完成了市场需求最大的1140伏/315千瓦~560千瓦矿用隔爆兼本质安全型交流变频调速装置的系列化。第三代高压变频器是合康变频为提高核心竞争力重点打造的产业化项目，已经研制出800千瓦/6千伏原理性样机，并完成了厂内试运行，产品功能、性能方面的部分优点已经在样机上得到验证。第二代通用V/F变频器HID300A系列产品研发已经批量化生产，主要面向风机、水泵市场，以节能应用为主。

（李雅娜）

【法人治理】 年内，合康变频按照《公司法》《证券法》《上市公司治理准则》《上市公司章程指引》《上市公司股东大会规则》等有关法律法规的要求，建立并不断完善公司的法人治理结构，建立健全公司内部管理和控制制度；推行职务不兼容制度，形成了"三权"（决策权、执行权和监督权）互相监督、互相制衡的体制。

（李雅娜）

北京京能热电股份有限公司

【概述】 北京京能热电股份有限公司（简称京能热电，股票代码：600578）前身是石景山发电总厂，于2002年5月10日在上海证券交易所挂牌上市，于2013年7月16日更名为京能热电石景山热电厂、2013年10月10日更名为北京京能电力股份有限公司。两大股东为北京能源投资（集团）有限公司和华北电网有限公司，两大公司是具有很强实力和良好信誉的大型电力投资和电网运营企业。作为北京市最早的发电厂，具有80多年历史的京能热电在北京乃至全国电力企业中占有重要地位，一直肩负着出产品、出人才、出经验等多重任务，为国家的电力事业的发展、首都的电力供应和经济增长做出了卓越的贡献。京能热电是北京地区主要的热电供应单位，也是北京地区电力负荷的支撑电厂，北京西部最主要的供热热源。京能热电的电力供应是北京电力负荷的重要支撑，供热面积为北京地区集中供热面积的1/4。公司年发电量52亿千瓦时左右，年供热量达到860万吉焦左右。通过多年的技术改造，公司发电机组技术水平已经达到国内同类机组的先进水平。

（李雅娜）

【经营业绩创新高】 年内，京能热电经营业绩创历史新高，累计完成发电量332.39亿千瓦时，同比增长2.50%；供热量1149.88万吉焦，同比下降13.12%；营业收入100.71亿元，同比下降0.11%；净利润28.69亿元，同比增长38.03%，其中归属母公司所有者的净利润21.96亿元，同比增长36.01%。

（李雅娜）

【项目建设】 年内，京能热电康巴什2×350兆瓦热电联产机组项目基建已完成，2台机组分别实现168小时满负荷运行，具备商业运行的能力；涿州热电、十堰热电和吕临发电项目取得国家能源局审批，正落实相关报告，争取项目早日核准建设。

（李雅娜）

【节能减排】 年内，京能热电通过技术改造，综合供电煤耗和厂用电率同比有效降低，单位发电量二氧化硫、氮氧化物、烟尘排放率等明显下降，在全面取得脱硫电价的同时，3家企业顺利取得脱硝电价批复，2家企业获除尘电价批复。石热电厂在北京碳权交易开市仪式上，以每吨50元的价格与中石化签署二氧化碳排放配额2万吨的交易合同。

（李雅娜）

北京东方信联科技有限公司

【概述】 北京东方信联科技有限公司（简称东方信联，股票代码：TSTC）是专业从事无线通信系统应用解决方案及相关设备开发的国家高新技术企业，总部位于北京中关村科技园石景山园区。2004年，公司在美国Nasdaq股票交易市场上市，已于2013年5月退市。

公司拥有一批国内一流的无线通信技术专家，现有技术中心2个，从事应用无线设备产品的开发和技术解决方案的研究，并在全国设有26个工程技术分支机构，承担无线通信系统集成服务业务。截至年底，公司拥有8个系列400余种完全拥有自主知识产权的产品，在无线技术的有源设备、微波有源部件、无源器件和专用无线技术等领域处于国内领先水平。

公司拥有信息产业部颁发的“甲级通信信息系统集成企业”资质证书，并通过ISO 9000、ISO 14000和GB/T 28000国际管理体系认证。公司被北京市科委认定为“高新技术企业”，并被国家科技部火炬中心认定为“重点高新技术企业”。公司还连续多年获得“北京市纳税信誉A级企业”称号。

（李雅娜）

【通过三标一体化外部审核】 3月28日，ISO 9001质量管理体系、ISO 14001环境管理体系、OHS 18001职业健康安全体系的外部审核工作组对公司的相关责任部门、各项程序文件以及各个工作环节进行了严格的审查。3月30日，在外审的末次会议上，审核组表示公司严格依照三标一体化管理体系标准，各项工作均按程序文件有效进行，并宣布通过三标一体化外部审核。

（李雅娜）

【获评知识产权工作先进单位】 4月17日，北京市石景山区2013年知识产权联席会议工作会召开，东方信联在会上被授予“2012年石景山区知识产权工作先进单位”称号。此次荣获“2012年石景山区知识产权工作先进单位”，代表了石景山区知识产权管理局对东方信联知识产权工作建设的肯定与鼓励。

（李雅娜）

【第十六届国际科技产业博览会】 5月22日，第十六届中国北京国际科技产业博览会于中国国际展览中心隆重开幕，东方信联作为信息通信行业的企业代表，于“中关村自主创新成果展馆”尽现信息通信行业风采。东方信联本次参展重点展出的是符合现代社会的“智慧城市”建设需求的——“智慧驻地系统（TIPS）”，该系统采用一张光纤网络，承载多种网络业务，避免重复建设资源浪费，工程施工简单、后期管理维护方便简捷。TIPS系统已在国内外建成约3万个成功运行的案例，在展会期间，TIPS系统广受客户和媒体的关注。

（李雅娜）

【年度经营】 年内，东方信联工业总产值3861.8万元，主营业务收入8165.1万元，利润239.8万元，税金230.73万元。

（李雅娜）

【入驻中关村国家自主创新示范区展示中心】 年内，东方信联作为自主创新科技产品的先进企业和中关村国家自主创新示范区创新试点单位，携“智慧驻地系统（TIPS）”入驻中关村国家自主创新示范区展示中心。中关村国家自主创新示范区展示中心是市政府重点工程，汇聚了中关村产业集群中最具引领性、最具代表性、最具展示性的数百家重点企业，是中关村示范区科技创新成果集中展示的平台。

（李雅娜）

北京东土科技股份有限公司

【概述】 北京东土科技股份有限公司（简称东土科技，股票代码：300353）是深圳证券交易所创业板上市企业，科技部、中科院和北京市政府共同认定的中关村国家自主创新示范区第一批56家创新型企业之一、中关村国家高新标准化示范区首批试点企业，北京市高新技术企业。专注于机器与机器之间通信技术的研究，在通信技术中不断融合数据采集技术和控制数据管理技术，为构建工业信息化的智能“神经网络”平台提供先进可靠的解决方案和产品。东土科技是参与起草和制定中国自主制定的第一个工业自动化国际标准EPA/IEC61158的唯一通信企业，并与浙江大学共同主导起草了中国又一个工业自动化国际标准IEC62439，同时也是国家标准“测量和控制用工业以太网交换机技术标准”的编制承担单位，是多项国家863计划课题的研究单位。

（李雅娜）

【出席年内首届工业信息安全用户高峰论坛】 8月8日，“2013首届工业信息安全用户高峰论坛”在北京歌华开元酒店举办。东土科技副总经理张俭锋在本届峰会上以“工业测控网络中的主动安全技术与应用”为主题，对工业测控网络安全现状、网络安全威胁与防范手段进行了分析，对东土工业测控网络安全主动安全技术进行了详细的讲解，主动安全技术即主动网络流量管制，智能攻击识别、主动防御、实时安全保障，为构筑新一代安全交换设备，保障工业测控网络安全发挥作用。

（李雅娜）

【年度经营】 年内，由于东土科技主营业务相关的部分应用行业项目投资放缓，公司整体年度收入低于年初预期水平，全年营业收入1.74亿元，同比增长5.8%；由于公司募集资金投资项目的实施导致成本费用的增加，同时公司在工业控制领域的网络安全新产品、新技术方面大幅增加了研发投入，实现营业利润2840.19万元，同比下降23.63%；利润总额4047.08万元，同比下降19.15%；归属上市公司股东的净利润3419.70万元，同比下降23.68%。

（李雅娜）

【研发投入近3000万元】 年内，东土科技共投入研发费用约2878.90万元，占营业收入的16.53%，继续保持了较高水平，同比增长21.54%。截至年底，公司研发人员145人，研发人员占员工总数比例为40%。公司主导起草制定的《GB/T 30094–2013 工业以太网交换机技术规范》正式批准公布为国家标准，为我国工业以太网技术的进一步发展奠定了标准化基础。公司承担的“完全国产化工业以太网交换机开发与产业化推广”项目通过了行业专家组成的评审组验收。年内，公司新增获得授权的发明专利4项、实用新型专利5项、外观设计专利4项、软件著作权14项。

（李雅娜）

【市场拓展】 年内，东土科技在电力市场方面，重点加大了新能源市场的开拓力度，在太阳能发电、风电、水电等领域均取得了较好销售业绩。公司3种型号设备通过测试在年初入围了南方电网选型名单，将通过与南方电网建立稳定合作关系。在轨道交通市场方面，密切关注并根据北京、深圳、天津等城市的地铁、城铁建设情况，及时调整了销售策略，铁路信号控制系统的销售额较去年同期取得了较大增长。在能源领域，公司煤炭井下定制产品，其稳定的性能，充分满足了客户井下严酷环境的使用要求。公司在军工舰船领域取得了重大突破，全年完成签约额2086万元，为进一步拓展业务打下了坚实基础。年内，公司进一步加快走向国际市场的战略步伐，加强国外市场布局，全年海外合同额达到557万美元。

（李雅娜）

【工业以太网交换机技术规范获批公布】 年内，东土科技根据国家质量监督检验检疫总局、国家标准化管理委员会发布的《关于批准发布铝锭等320项国家标准和33项国家标准样品的公告》，制定的国家标准《GB/T 30094—2013 工业以太网交换机技术规范》已批准公布。

《工业以太网交换机技术规范》国家标准，是东土科技于2009年受全国工业过程测量和控制标准化技术委员会委托，主导起草制定。该项国家标准规范了工业以太网交换机的相关技术标准，为我国工业以太网技术的进一步发展奠定了标准化基础。

（李雅娜）

【国内首家通过IPv6 Ready认证企业】 年内，东土科技 SICOM3028GP 网管型机架式模组化交换机获 IPv6 Forum 国际组织颁发的 IPv6 Ready Logo Phase-2 金牌认证证书，这是国内交换机品牌第一款获得此项认证的工业以太网交换机，显示了东土科技在该工业以太网领域的技术领先地位。

（李雅娜）

北京顺鑫农业股份有限公司

【概述】 北京顺鑫农业股份有限公司（简称顺鑫农业，股票代码：000860），是经北京市人民政府批准，由北京市泰丰现代农业发展中心（现改制为北京顺鑫农业发展集团有限公司）独家发起，以社会募集方式设立的股份有限公司。1998 年 11 月 4 日，顺鑫农业股票在深圳证券交易所挂牌上市。

顺鑫农业的主营业务包括白酒酿造与销售；种猪繁育、生猪屠宰与肉食品加工销售；农产品精细加工与物流配送；农产品市场管理与服务；水利建筑工程施工与房地产开发；高档花卉、果品的种植与销售等。

截至 2013 年底，顺鑫农业总股本 4.39 亿股，顺鑫集团持股 2.15 亿股，占总股本的 48.99%。公司共有在职员工 6645 人，其中生产人员 4034 人，占总数的 60.71%；销售人员 598 人，占总数的 9%；技术人员 797 人，占总数的 11.99%。在职员工中包含研究生 41 人，占总数的 0.62%；本科生 709 人，占总数的 10.67%；大专生 1395 人，占总数的 20.99%；高中生及以下 4500 人，占总数的 67.72%。

（顺义区）

【年度经营】 年内，顺鑫农业营业收入 90.72 亿元，同比增长 8.76%；实现归属上市公司股东的净利润 1.97 亿元，同比增长 57.09%。

（顺义区）

【技术创新】 年内，顺鑫农业同中国农业大学达成战略合作伙伴关系，将在强化科研、加强专业人才建设以及促进科研成果转化等方面进行深入合作，“北京顺鑫农业股份有限公司博士后科研工作站”挂牌成立，作为公司科技创新的一个重要抓手和吸引高层人才的重要载体，进一步提升公司的科技研发能力。另外，公司所属鹏程食品分公司与哈尔滨兽医研究所开展合作，对下属畜牧养殖场进行生猪疾病免疫、检测，提高并稳定了产子率、成活率等关乎经营效益的各项指标；创新食品分公司扩大研发中心面积、加大科研设备投入，并加强与中国农科院、北京农学院等科研院所的合作，进一步提升了公司的综合竞争能力；公司所属鑫大禹水利建筑工程公司与中国农业大学专家开展环保科研合作，为环保产业板块的未来发展奠定了技术基础。截至年底，顺鑫农业拥有国家级实验室 2 家，拥有专利 31 项，其中发明专利 4 项。

（顺义区）

【完成区年度节能指标】 年内，顺鑫农业完成政府部门对鹏程食品分公司和牛栏山酒厂 2 家企业下达的年度节能指标，在 6 月 19 日举行的顺义区“2013 年节能宣传周”启动仪式上，公司被评为“2012 年度顺义区节能先进单位”。9 月，北京市开展碳排放权交易试点工作，实施碳排放配额管理和碳排放权交易制度。作为北京市重点排放单位，顺鑫农业积极参与碳排放试点工作，顺利完成了 2009—2012 年历史年度排放数据核查，并按要求办理了配额、交易账户等开通工作。按照《北京市空气重污染应急预案》要求，顺鑫农业下属牛栏山酒厂作为空气重污染日采取应急措施企业，制定了《牛栏山酒厂空气重污染日应急预案》，一旦接到相关主管部门空气重污染预警信息，立即启动预案，以减少污染物排放量。同时，顺鑫农业所属牛栏山酒厂投资 1822 万元完成洗瓶废水循环处理工程，将冲瓶生产工艺中产生的废水进行循环利用，年节水量达 48 万吨；响应“清洁空气行动计划”倡导，牛栏山酒厂投资 1500 万元进行锅炉“煤改气”工程，年节煤量达 2000 吨标准煤；下属鹏程食品分公司投资 5000 万元完成了制冷机房改造，将原有制冷机房内的老旧设备更换为新设备，制冷效果明显提高，年节电量达 109.5 万千瓦时。

（顺义区）

【研发 88 款白酒产品】 年内，在白酒制造方面，牛栏山酒厂借助“牛栏山一号清香型低温大曲”成功搭载“神舟九号”飞船进入太空开展科研实验的机遇，与中科院工程过程研究所通过近一年的努力，顺利完成了一期实验工作，并先后完成了 50 度 500 毫升百年牛栏山盛情子豪、48 度 500 毫升百年牛栏山中国牛等 88 款产品的研发工作。

【向 3 领域延伸农产品细加工】 年内，农产品细加工方面，自主研发了中式汤系列、速冻蔬菜系列及罐头汤自加热系列产品，在满足餐饮的基础上向军供食品、民政救灾食品、商业及医院功能性方便食品延伸。

（顺义区）

【提升品牌影响力】 年内，牛栏山酒厂围绕“正宗二锅头 地道北京味”的品牌诉求，展开宣传造势，先后在北京电视台、《华夏酒报》、《中国酒》、《新食品》、中国网等媒介刊登宣传稿件100余篇，参加各类展会20余次，进一步提升了品牌影响力。

（顺义区）

【白酒产品结构调整】 年内，牛栏山酒厂围绕将“牛栏山”品牌打造成为中国二锅头第一品牌的目标，加大产品结构调整力度，已形成“百年牛栏山”和“牛栏山二锅头”两大系列、400余种产品，并且多款产品单品销售收入达亿元。

（顺义区）

【公司治理】 年内，顺鑫农业严格按照《公司法》《证券法》、中国证监会的有关规定以及《深圳证券交易所股票上市规则》等法律、法规的要求，对《董事会议事规则》《总经理工作细则》《重大事件内部报告制度》《关联交易内部决策规则》《投资者关系管理制度》《募集资金管理办法》等制度进行了修订，保障了公司运作的科学性和规范性。

（顺义区）

北京东方雨虹防水技术股份有限公司

【概述】 北京东方雨虹防水技术股份有限公司（简称东方雨虹，股票代码：002271）成立于1998年，是亚洲最大的，集防水系统设计、防水材料研发、生产、销售和工程施工服务于一体的防水系统服务商。于2008年在深圳证券交易所上市，是中国防水行业首家也是目前唯一一家上市公司，市值超过50亿元。上市当年即凭借在资本市场上的优异表现，从273家中小板上市公司中脱颖而出，成功入选第三届“中小板五十强企业”。

1998年成立以来，公司主要经济指标保持50%的年均增长率，连续8年在防水行业销售量排名第一，是中高端房地产、建筑企业的首选战略合作品牌，建立了世界唯一一座以防水为主题的博物馆。东方雨虹是国家火炬计划重点高新技术企业，拥有业内首家国家级企业技术中心、博士后科研工作站、技术创新示范企业、防水材料北京市重点实验室、先进橡塑防水材料北京市工程实验室和北京市专利示范单位。公司先后被评为亚洲品牌500强、中国建筑防水行业知名品牌、中国家居产业最具影响力企业、中国房地产500强开发商首选战略合作品牌；“雨虹”商标先后获得北京市著名商标、北京名牌产品、中国驰名商标。

截至年底，公司共有在册员工3006人，其中技术序列399人，占员工总数的13.27%；生产序列842人，占员工总数的28.01%；业务序列998人，占员工总数的33.20%；管理序列638人，占员工总数的21.22%；财务序列80人，占员工总数的2.66%；施工工人49人，占员工总数的1.63%。

（顺义区）

【年度经营】 年内，东方雨虹销售收入39.03亿元，同比增长31.02%，营业利润3.64亿元，同比增长92.78%，利润总额4.44亿元，同比增长99.35%。

（顺义区）

【法人治理】 年内，依照《公司法》《证券法》等法律法规的要求，公司建立了完善的法人治理结构，制定了公司《章程》《股东大会议事规则》《董事会议事规则》《监事会议事规则》《独立董事制度》等公司规章制度，保护了公司和全体投资者的合法权益。公司已形成了以股东大会为最高权力机构、董事会为决策机构、经理层为执行机构、监事会为监督机构，各司其职、各尽其责、相互协调、相互制衡的法人治理结构。

（顺义区）

【成立技术市场委员会】 年内，东方雨虹成立技术市场委员会，定期召开专项会议，针对客户的问题和市场的反应研究讨论相关技术应对方案，确定改进方案推动实施。继续推行“产品经理制”，将防水系统设计、产品研发、生产及施工服务四大板块串联，建立“基于客户需求的产品管理体制”，以进一步增强与客户的沟通，做深做细各个系统。对条件成熟的，逐步推行“事业部管理”模式，为客户提供更加贴心、更有针对性的专业服务。

（顺义区）

【建立三级环境监控体系】 年内，东方雨虹建立三级环境监控体系，推进环境管理系统化；编制《环境管理条例》《节能减排手册》《标准化施工条例》，规范公司环保行为；加强环保技术和环保设施的应用和推广，增加环保投入，实现绿色生产、绿色施工、绿色办公；完善环境管理考核机制，明确奖惩标准，接受相关环境管理部门的核查。

（顺义区）

【推行 5S 管理】 年内，东方雨虹各大生产基地推行5S管理，通过对生产现场的整理、整顿，使生产环境整洁有序、生产过程安全高效。同时，公司还强化三体系等管理，做到管理规范化、科学化，提高体系运作效率。

（顺义区）

【建立 5 制度】 年内，东方雨虹建立《机械设备维修保养制度》《设备内部借调保养规定》《设备操作规范》《设备使用的安全与防护》《设备管理制度》5项制度，运行"预期维保、监测维保、事后维保＋小修、项修和大修＋日常保养、定期保养、特殊保养"的立体维保体系。通过对战略规划、技术性能等因素评估后，基础设施更新改造由每年的采购计划、预算计划确保实现，重点投入"高、新、专、特"核心设备和现代化设施。通过设备科学合理配置，可以达到设备投入针对性强、专业设备大幅增长；先进设备增加，可大幅提高技术水平，实现设备高完好率、利用率。

（顺义区）

北京燕京啤酒集团公司

【概述】 北京燕京啤酒集团公司（简称燕京啤酒，股票代码：000729）于1980年建厂，1993年组建集团。旗下拥有41家啤酒酿造基地、2家原料基地和8家相关附属企业，遍布全国18个省市，是目前中国大型啤酒企业集团中唯一没有外资参股和控股背景的民族啤酒工业企业，拥有总资产210亿元，员工总数超过4万人。公司已拥有2个中国品牌产品和4个中国驰名商标。

燕京啤酒的发展历程分为4个阶段：第一阶段，1980—1988年，每年以增加1万吨啤酒的速度递增，实现了小型啤酒厂向中型啤酒厂的过渡；第二阶段，1989—1993年，每年以增加5万吨的速度递增，实现了中型啤酒厂向大型啤酒厂的过渡；第三阶段，1994—1997年，每年以增加10万吨的速度递增，实现了大型啤酒厂向大型啤酒集团的过渡；第四阶段，1998年至今，每年以增加30万吨以上的速度递增，使企业进入了高速、健康、稳定的发展阶段。特别是1997年实现香港红筹股和内地A股两地上市后，在资本的推动下，燕京啤酒获得了快速发展，产销量复合增长率达到13%，是行业增速的两倍，确保了中国啤酒行业第一集团军的地位。

年内，燕京啤酒完成啤酒销量571万千升，销售收入188亿元，利税总额40亿元，上缴财政30亿元，巩固了中国啤酒行业第一集团军的位置，并连续5年进入世界啤酒行业前八强。

（顺义区）

【市场布局】 年内，燕京啤酒北京总部市场占有率仍然保持在85%以上，主导市场竞争地位得到进一步巩固。同时，广西、云南、贵州市场蓬勃发展，年销量突破120万千升；内蒙古等优势竞争区域稳步发展，广东、四川、新疆等成长性市场继续保持良好的发展势头。

（顺义区）

【资本融资】 年内，燕京啤酒在二级市场大势不好的情况下，以公开发行股票的方式成功从A股市场募集资金16.4亿元。该项目获得广大投资者的认可，实现超额认购，吸引资金近28亿元，认购比例达到3.66倍。截至年底，燕京资本市场累计融资70亿元，股票市值已达227亿元。

（顺义区）

【获评国家技术创新示范企业】 年内，燕京啤酒充分利用国家级科研中心的科研优势，着力开展原辅料配比、麦芽香味、啤酒泡持性、溶解氧控制、啤酒香气、新鲜度管理的立项研究与实验攻关，跻身由国家工业信息化、国家财政部联合评定的3家北京市国家技术创新示范企业之一。年内，被评为国家技术创新示范企业。

（顺义区）

【质量管控】 年内，燕京啤酒建立集团食品安全监管及原辅料、成品酒、酿造用水的质量监管流程，增加投资，改造生产设备和工艺，产品质量得到稳固和提升，顺利完成"A级绿色食品"续展申报工作。

（顺义区）

【"燕京"品牌价值达 502.65 亿元】 年内，燕京啤酒利用中国国家乒乓球队战略合作伙伴、中国探月官方合作伙伴的优势资源开展品牌公关，组织"2013清爽燕京新鲜之旅鲜啤网络推广"活动和"燕京团观摩嫦娥三号发射"活动，将4支燕京酵母菌种成功地搭载"神舟十号"开展太空试验与研究，进一步强化燕京民族品牌特征和科技实力。经世界品牌实验室评估，

2013 年“燕京”品牌价值达 502.65 亿元。

（顺义区）

【节能环保】 年内，燕京啤酒落实北京市及顺义区《2013—2017 年清洁空气行动计划》及有关要求，建立与完善保障制度，严格制定公司级环境应急预案，着力做好 4 万吨减燃煤任务分解及完成情况检查。加快节能减排技术改造，特别是重点实施锅炉脱硝改造项目。其中，北京地区总部燃煤量已由去年的 14 万吨下降至 10 万吨。

（顺义区）

北京利尔高温材料股份有限公司

【概述】 北京利尔高温材料股份有限公司（简称北京利尔，股票代码：002392）位于北京市昌平区小汤山工业园，前身是成立于 2000 年 11 月 8 日的北京利尔耐火材料有限公司。2007 年 12 月 28 日，经北京市工商行政管理局核准，依法整体变更为股份有限公司。2010 年 4 月 23 日，在深交所成功上市，注册资本 59927 万元，是国家级高新技术企业，拥有上海利尔耐火材料有限公司、洛阳利尔耐火材料有限公司、辽宁利尔高温材料有限公司、内蒙古包钢利尔高温材料有限公司等 10 家子公司。其中，北京利尔、上海利尔、洛阳利尔、马鞍山利尔开元、辽宁中兴均为国家高新技术企业，通过了 ISO 9001:2008 质量管理体系、ISO 14001:2004 环境管理体系及 GB/T 28001–2001 职业健康安全管理体系认证。集团公司总占地面积 100 万平方米，截至 2013 年 9 月 30 日，公司总资产 35.78 亿元，净资产 27.15 亿元。

公司致力于冶金、石化、建材、有色等高温工程行业用耐火材料的技术研究、产品开发、生产销售以及提供使用现场的施工维护服务工作，并对高温工程行业的耐火材料使用提供技术支持和成套方案设计工作。近年，公司赢得了宝钢、首钢、河北钢铁集团等 50 余家大中型钢铁企业的信赖，在俄罗斯、英国、南非等 10 余个国家和地区设立了海外营销机构。公司主要产品包括不定形耐火材料产品、定形耐火材料制品、预制件产品、连铸用功能耐火材料制品、耐火隔热陶瓷纤维制品等五大系列共计 200 多个品种。并承担高温热工窑炉和装备的耐火材料设计、研发、配置、制造、配套、安装、施工、使用、维护与技术服务为一体的“全程在线服务”的整体承包业务。主要应用于冶金系统的高炉、鱼雷罐、铁水包、电炉、转炉、精炼炉、钢包、连铸中间包、加热炉、垃圾焚烧炉、石化、有色、建材等诸多领域。

截至年底，公司职工总数 980 人，其中科技人员 342 人，占员工总数的 30% 以上。技术人员专业覆盖了无机非金属材料、机械设计、热工、冶金、检测等多个专业领域，各学科相互交叉补充，使公司具备了新产品开发、工程设计、热工与模具设计、理化检验与测试、现场技术支持等综合研发设计能力。

（魏轶楠）

【股本变更】 北京利尔高温材料股份有限公司首次公开发行前股本总额为 10125 万股。经中国证券监督管理委员会证监许可，首次向社会公开发行人民币普通股（A 股）3375 万股，在深圳证券交易所中小企业板挂牌上市后，首次公开发行后公司总股本变更为 13500 万股。2011 年 3 月 22 日，以资本公积向全体股东每 10 股转增 10 股，并发布 2011-029 号 2010 年度股权分派实施公告，2011 年 5 月 6 日为股权除权除息日，本次转增股本后公司股本变更为 27000 万股。2011 年 9 月 9 日，以资本公积向全体股东每 10 股转增 10 股，并发布 2011-053 号 2011 年半年度股权分派实施公告，2011 年 9 月 26 日为股权除权除息日，本次转增股本后公司股本变更为 54000 万股。2013 年 7 月 13 日，经中国证券监督管理委员会《关于核准北京利尔高温材料股份有限公司向李胜男等发行股份购买资产的批复》核准，公司向李胜男发行 38181307 股股份、向王生发行 9761882 股股份、向李雅君发行 11336528 股股份购买相关资产。本次发行新增 59279717 股股份已于 2013 年 8 月 6 日上市，公司股本变更为 59927.9717 万元。

（魏轶楠）

【年度经营】 年内，公司营业收入 14.81 亿万元，同比增长 34.51%；营业利润 1.94 亿万元，同比增长 53.05%；实现归属上市公司股东的净利润 1.73 亿元，同比增长 54.48%。公司经营活动产生的现金流量净额为 1.64 亿元，同比增长 252.89%；投资活动产生的现金流量净额同比下降 734.19%；筹资活动产生的现金流量净额同比下降 80.90%。耐材生产量 36.95 万吨，同比增长 28.74%；销售量 40.77 万吨，同比增长 23.60%；库存量 6.50 万吨，同比增长 5.73%；菱镁矿开采生产量 41.22 万吨，销售量 44.20 万吨，库存量 2.86

万吨。

（魏轶楠）

【技术创新】 公司具有强大的耐火材料技术研发、自主创新和检测能力，综合技术实力业内领先，公司及子公司洛阳利尔、上海利尔、马鞍山利尔和辽宁中兴均为高新技术企业。公司技术人员专业齐全，覆盖了多个专业领域，各学科相互交叉补充，使公司具备了新产品开发、工程设计、热工与模具设计、理化检验与测试、现场技术支持等综合研发设计能力，同时实行市场—科研—中试—产业化—市场的一体化创新模式。建立了以项目组为中心，以市场为导向，以满足市场需求为目标，与生产、使用现场紧密联系的研发机制，紧密结合钢铁冶金等客户市场对新产品、新技术发展的需要，以及公司产品质量稳定和提高的需要，开展了卓有成效的研发和技术创新工作。强大的研发和创新能力为本公司迅速发展并在行业中占据领先地位提供了坚实的技术支撑。

（魏轶楠）

【法人治理】 年内，公司根据《公司法》《证券法》《公司章程》等有关法律法规的要求，建立了股东大会、董事会、监事会和管理层的法人治理结构，年内新建立《内幕信息知情人登记管理制度》等相关规定，明确了各机构在决策、执行、监督等方面的职责权限，形成了科学有效的职责分工和制衡机制。

（魏轶楠）

北京探路者户外用品股份有限公司

【概述】 北京探路者户外用品股份有限公司（简称探路者，股票代码：300005）成立于1999年1月，是一家致力于高新技术材料、高新技术研发应用及行业技术标准制定、产品优化设计的高科技企业。经过10多年的发展，探路者已成为国内户外用品行业中的领导品牌，拥有核心的自主知识产权“中国驰名商标”“探路者”。2009年10月30日，探路者成功登陆创业板，成为全国创业板首批28家企业之一。根据中国行业企业信息发布中心权威调查数据公布：“北京探路者户外用品股份有限公司生产的探路者牌户外用品2008、2009、2010、2011、2012年连续5年荣列全国市场同类产品销量第一，市场占有率第一”。

“探路者”品牌是公司最核心、最具价值的资产。2007年，探路者品牌被认定为“中国驰名商标”，并成为“2008年北京奥运会特许生产商”，创造了中国户外用品行业的2项唯一。2009年，公司成为中国南、北极考察队独家专用产品提供商，标志着产品品质和综合实力被高度认同。

探路者的快速成长源于自主品牌的梦想，探路者以“打造卓越品牌，分享户外阳光生活”为使命，以“提供周全的户外保护”为品牌基础，积极创新，广泛采用新材料、新技术、新工艺，产品覆盖户外生活各个领域，面向大众倡导积极健康的户外休闲生活方式，为勇敢进取的人提供专业品质的户外用品。

（魏轶楠）

【年度经营】 年内，公司营业收入14.45亿元，较去年同期增加30.74%，其中主营业务收入14.43亿元，同比增加31.04%；营业成本7.22亿元，同比增加33.19%，其中主营业务成本7.19亿元，同比增加34.41%；公司销售费用、管理费用、财务费用和所得税费用合计为4.41亿元，同比增加21.40%；研发投入总额为5446.01万元，占本期营业收入的3.77%。

（魏轶楠）

【构建三大品牌协同发展格局】 年内，公司根据旗下三大品牌不同的户外运动类目属性，推动品牌整合营销方案，强化公司三大品牌不同定位。其中，公司主品牌探路者（Toread）面向相对专业的户外运动市场，品牌定位为“追求科技创新，为勇敢进取的人提供安全舒适的户外运动装备”。国际户外休闲品牌Discovery Expedition面向国内高端户外休闲用品市场，专注于自驾、越野等户外休闲领域，品牌主张为“非凡之旅”，品牌传播方向强化其自驾、越野属性。电子商务品牌阿肯诺（ACANU）面向线上电子商务户外用品市场，专注于户外骑行等领域，以“乐享改变”为品牌主张，品牌传播方向强化其户外骑行属性，精准锁定户外年轻时尚人群。阿肯诺与Discovery Expedition两个新品牌尚处于培育阶段，阿肯诺品牌全年实现营业收入317.52万元，Discovery Expedition品牌全年实现营业收入258.53万元。

（魏轶楠）

【连锁经营店铺超1600家】 年内，公司通过品牌塑造与推广、产品自主设计与开发、营销网络建设与优化等销售策略，探路者品牌的营销网络已遍布全国31个省市自治区，300多个大中城市。截至年底，公司连锁经营店铺总数超过1600家。同时，公司大力发展线上领域，探路者电商业务几乎涵盖淘宝、天猫、京东、亚马逊等所有网络平台，探路者电商销售额，在各网站平台销量均为第一名。

（魏轶楠）

【科技创新】 年内，公司与中国极地研究中心正式签署《联合开发极地户外装备科技》协议，双方将进一步加强针对极地环境的户外科技研发，为中国南、北极科学考察队提供更加专业的户外保护，截至年底，探路者已经连续5年为中国南极科学考察贴身护航。在产品科技创新方面，公司锁定“极地仿生”这一高科技领域，极地仿生科技平台包含TiEF和SAFree两大科技板块，其中相应平台类目下的TiEF PRO（防水透湿创新环保功能科技）、TiEF DRY（智能单向导湿科技）和TiEF SKIN（超轻防晒科技）已经应用于公司当季核心产品中。在运用数字技术创新方面，公司为增强与潜在消费者的互动，加强对消费者户外运动数据的分析，已于2013年11月初步尝试推出户外智能蓝牙手环以及与之相匹配的APP程序，以便为广大用户提供更加优质的户外指导和体验服务。截至年底，公司拥有专利21项，设计的17项产品获国内设计界最具权威性的“中国创新设计红星奖”，其中一款羽绒睡袋获得红星奖金奖。

（魏轶楠）

北京利德曼生化股份有限公司

【概述】 北京利德曼生化股份有限公司（简称利德曼，股票代码：300289）创始于1997年11月，于2012年2月16日在深圳证券交易所创业板上市。公司总部位于北京经济技术开发区宏达南路，拥有达到国际先进水平的研发中心和参考实验室，并于2008年5月顺利通过北京市药品监督管理局质量体系考核。利德曼通过科研创新和严谨的管理，先后荣获了北京市高新技术企业和中关村高新技术企业、北京市重点实验室和北京经济技术开发区博士后工作站，同时拥有具备国际水准的研发中心和参考实验室；通过了YY/T 0287 idt ISO 13485质量管理体系认证和GB/T 19001 idt ISO 9001质量管理体系认证。利德曼下设十大管理中心和旗下所属子公司。其中，十大管理中心分别为资本管理中心、人力资源及行政管理中心、财务管理中心、运营保障中心、销售中心、市场战略中心、采购中心、生产运营中心、质量技术中心、研发中心，子公司为北京阿匹斯生物技术有限公司。

（王玉婵）

【生物工程专业研究生实践基地】 6月13日，中国科学院大学生命科学学院、中国科学院微生物研究所与利德曼合作设立“中国科学院大学生物工程专业研究生实践基地”签约仪式暨培养方案研讨会在中国科学院微生物研究所举行。利德曼生物工程专业研究生实践基地的建立，旨在更好地培养高水平的应用型生物技术人才，增进研究生对生物产业发展的了解，提高研究生解决生产实际问题的能力，同时增进研究所与企业的合作，有利于研究所的成果转化和企业的人才引进。

（王玉婵）

【年度经营】 年内，利德曼营业收入3.434亿元，同比增长8.31%；利润1.28亿元，同比增长11.70%；总资产达12.44亿元，同比增长10.07%。母公司主营业务收入3.36亿元，同比增长8.24%，主营业务收入仍主要来源于诊断试剂业务，但比重有所下降，较去年同期下降0.19个百分点；仪器业务仍保持稳定增长，全年销售收入3900.32万元，同比增长11.55%，在主营业务收入中的比重同比增加了0.34个百分点；母公司净利润1.09亿元，同比增长11.87%。子公司阿匹斯销售收入1088.49万元，同比下降19.36%；净利润70.33万元。

（王玉婵）

【建立“胶乳比浊”试剂项目平台】 年内，利德曼建立了“胶乳比浊”试剂项目平台，在核心技术方面取得重大突破，实现公司化学交联胶乳试剂从无到有的转变，为生化试剂的研发拓展了新渠道；在“定性”检测试剂方面也有较大突破，基本确立了定性试剂研发和生产的质量控制方法，为此类项目完成生产转化、实现批量生产打下了坚实的基础。

（王玉婵）

【产品研发】 年内，利德曼完成的生化试剂有唾液酸（SA）、血氨（AMM）、脂蛋白a（LPa）、胱抑素C（CYSC）、β2微球蛋白（化学交联法）、胶乳试剂大规模生产工艺。发光试剂有乙肝表面抗原（定量）、乙肝表面抗体（定量）、乙肝e抗原（定性）、乙肝e

抗体（定性）、乙肝核心抗体（定性）、甲状腺球蛋白（定量）。IDS仪器平台方面，基本完成了现有31个发光试剂项目中的24个试剂项目与IDS仪器平台的适配工作。生物化学原料研发领域成功研发24个项目，其中菌种构建类4项、单克隆抗体类6项、多克隆抗体类3项、蛋白工艺开发类6项、化学合成类5项。CI1000化学发光免疫分析仪通过了医院临床实验，实现了研发到生产的转化，BA800全自动生化分析仪完成了性能测试工作。

（王玉婵）

【入选"十百千工程"】 年内，利德曼入选中关村国家自主创新示范区"十百千工程"第三批重点培育企业，此次入围"十百千工程"的共有120家企业。"十百千工程"是2010年在中关村国家自主创新示范区正式启动的一项扶植重点企业做大做强的政府工程，主营业务领域涵盖电子信息、生物工程与新医药、能源环保、新材料、航空航天、高技术服务等战略性新兴产业，旨在做强做大一批具有全球影响力的创新型企业，培育一批国际知名品牌，培育一批收入规模在十亿元、百亿元、千亿元级的创新型企业，形成具有全球影响力的创新企业群。"十百千工程"对于入选企业要求极其严格。入选企业要求具有一定规模，成长速度快，技术创新能力强，企业核心管理团队优秀，品牌知名度高等。入围后，中关村国家自主创新示范区将对入选企业实行"一企一策"的支持方式，在企业市场开拓、提升技术创新能力、引进和激励人才、建设研发和产业化基地、企业并购、塑造知名品牌等方面给予政策和资金的支持。

（王玉婵）

北京首钢股份有限公司

【概述】 北京首钢股份有限公司（简称首钢股份，股票代码：000959）是由首钢总公司独家发起，以社会募集方式设立，在深圳证券市场上市的股份有限公司。1999年10月15日，经北京市工商行政管理局核准，北京首钢股份有限公司正式设立。同年12月16日，首钢股份股票在深圳证券交易所上市，总股本23.1亿股，其中首钢总公司持有国有法人股19.6亿股，向社会公开发行社会公众股3.5亿股。2003年12月16日，公司发行20亿元可转股债券。同年12月31日，首钢转债（125959）挂牌上市。2005年11月9日首钢股份完成股权分置改革，首钢总公司持股由19.6亿股（占总股本的84.85%）减至187589.73万股（占总股本的81.19%）。2007年2月26日，首钢转债满足赎回条件，4月6日停止交易和转股，尚未转股的4978万元"首钢转债"，由公司按面值的105%全部赎回，公司总股本由231000万股增至296653万股，有限售条件的流通股比例由81.19%降至63.24%。

首钢股份主营黑色金属冶炼和压延加工，是中国的钢铁联合企业，曾拥有从焦化、烧结、炼铁、炼钢到轧材工序能力配套的生产体系。主营线材、板材及特殊用钢，产品质量享誉国内外，多次获得国家、部市级优质产品奖，产品应用于长江三峡、中华世纪坛、北京奥运场馆等国家重点工程，远销美国、日本、瑞士、东南亚等10多个国家和地区。

2010年，按照国务院批复的《北京市城市总体规划（2004—2020）》及国家发改委《关于首钢实施搬迁、结构调整和环境治理方案的批复》中"加快实施首钢等地区的传统工业搬迁及产业结构调整""2010年底首钢北京石景山区冶炼、热轧能力全部停产"的要求，首钢股份位于北京石景山区的生产和辅助生产系统已于2010年12月31日全部停产，同时启动资产重组工作。2013年1月16日，"北京首钢股份有限公司重大资产置换及发行股份购买资产暨关联交易的相关事项"，已经中国证监会重组委审核，并获得无条件通过。

首钢股份具有完善的法人治理结构，董事会设立战略委员会、审计委员会、提名委员会、薪酬与考核委员会4个专门委员会。董事会、监事会分别设立日常办事机构董事会办公室和监事会办公室，实行董事会领导下的总经理负责制。首钢股份下设有证券部、计财部、生产部、销售部、人事部、机动部、技术质量部和经理办公室等职能部门，还设有物资供应公司和焦化厂、第二炼铁厂、第二炼钢厂、第一线材厂、高速线材厂和钢材深加工6个下属生产厂，以及维检中心、技术中心等生产辅助部门。拥有北京首钢冷轧薄板有限公司、贵州首钢产业投资有限公司等4家子公司。

截至年底，首钢股份有员工2218人。其中，生产人员1230人，行政管理人员498人，工程技术人员131人，服务人员117人。职工平均年龄43岁，平均工龄23年。具有大专及以上学历823人，具有高级职称 65 人，中级职称 131 人。取得职业技能等级的 1299 人。

（李淑萍）

【信息披露】 1 月 10 日，因证监会审核公司重组方案，首钢股份发布停牌公告。同月 17 日，重组方案获重组委无条件审核通过，公司发布公告。同月 31 日，公司发布 2012 年度业绩预告。4 月 13 日，公司发布 2012 年度业绩快报及 2013 年一季度业绩预告公告。同月 25 日，公司公布 2012 年度报告及 2013 年一季度报告，并发布董事会换届公告、监事会换届公告及独立董事候选人及提名人公告。同月 26 日，发布股东总数的补充公告。5 月 17 日，发布公司 2012 年度股东大会决议公告，新一届董事会决议公告，监事会公告。7 月 13 日，发布公司半年度业绩预告。8 月 23 日，发布公司半年度报告摘要，董事会决议公告，监事会决议公告，公司调整固定资产折旧年限的公告，三季度业绩预告。10 月 26 日，公司发布三季度报告及董事会决议公告。

（李淑萍）

【资产置换】 1 月 16 日，中国证监会并购重组委员会发布 2013 年第一次会议审核结果公告，北京首钢股份有限公司重大资产置换及发行股份购买资产获得无条件通过。2011 年 11 月 18 日首钢股份董事会通过了关于重大资产置换的预案，股票复牌。2012 年 8 月 23 日，召开 2012 年第二次临时股东大会，资产置换方案获得超过 2/3 的有效表决同意，审议通过。8 月 27 日，中国证监会正式受理公司发行股份购买资产申请，首钢重大资产重组工作进入证监会发审审核阶段。

（李淑萍）

【对北汽股份增资】 2 月 22 日，首钢股份完成向北汽股份 2012 年增资的二期增资款 18.38 亿元，即经首钢股份 2012 年 12 月 28 日四届十四次董事会审议通过，对北汽股份 2012 年度增资事项。首钢股份本次增资总额为 7.35 亿元，其中 2012 年 12 月 28 日第一期出资额 55.15 亿元。首钢股份增资后持股比例为 18.32%。11 月 26 日，戴姆勒股份公司增资北汽股份持股 12%，首钢股份在北汽股份的持股比例从 18.32% 变为 16.12%，仍为北汽股份第二大股东。

（李淑萍）

【公司治理】 年内，公司董事会、监事会完成换届工作。董事会选举产生董事长、副董事长，聘任了总经理、董事会秘书等高管人员；监事会选举产生了监事会主席。公司股东大会、董事会、监事会会议召开程序规范，符合《公司章程》及相关议事规则规定；董事、监事遵规守法，勤勉尽责，维护公司和股东合法权益；管理层严格遵守公司各项内控制度，确保公司依法合规运营；公司严格按照《深圳证券交易所股票上市规则》《上市公司公平信息披露指引》等规则要求，认真、及时履行信息披露义务，保证公司信息披露的真实、准确和完整，未出现虚假记载、误导性陈述或者重大遗漏情形。公司共有内部控制制度 245 项，其中内部制定制度 206 项，转发政府有关部门制度 39 项。公司治理的实际情况符合中国证监会发布的有关上市公司治理的规范性文件要求。

（李淑萍）

【年度经营】 年内，首钢股份位于石景山区的钢铁主流程于 2010 年底停产后，第一线材厂于 3 月停产。公司全年经营实现减亏。全年首钢股份公司生产钢材 213.03 万吨，同比降低 4.89%；实现营业收入 92.50 亿元，同比降低 8.44%；利润总额 −33921 万元，同比增长 36.59%。其中，第一线材厂线材产量 10.48 万吨，同比降低 77.98%。冷轧公司冷轧板材产量 202.55 万吨，同比增产 26.2 万吨，增长 14.82%。其中，汽车板产量 113.2 万吨，同比增产 22.3 万吨，增长 24.4%；家电板产量 38.3 万吨，同比增产 3.5 万吨，增长 10.1%，均创历史最好水平。

（李淑萍）

【科技进步】 年内，首钢股份所属子公司冷轧公司欧标系列冷轧低碳钢板及钢带 DC06、连续热镀锌 / 锌铁合金钢板及钢带 H300LAD+Z、H340LAD+Z 产品荣获冶金产品实物“金杯奖”。申请专利 53 项，其中发明专利 32 项，实用新型专利 21 项。公司解决制约高端产品的技术瓶颈问题。改善酸轧纵向条纹表面质量，优化镀锌黑点、表面粗糙度，镀锌外板具备批量供货能力。连退机组解决 1850 毫米极限宽度 IF 钢稳定通板技术瓶颈问题，开发 DP980 新钢种。完成六西格玛二期项目 15 项，取得经济效益 2127 万元；启动六西格玛三期项目 22 个，涉及工艺、质量、生产、设备、能环、信息化 6 个专业。耐指纹产品和捆带钢实现批量稳定供货，华晨宝马热成型钢完成小批量供货，产品性能和质量均达到客户要求。退火板和镀锌板均实现 DP590 产品批量稳定供货。通过华晨宝马二方审核及 27 个零件的批量认证工作，实现汽车板批量出口意大利菲亚特公司。截至年底，冷轧公司认证的车辆企业共计 46 家，其中 30 家实现批量供货。

（李淑萍）

【项目投资 1.93 亿元】 年内，首钢股份项目投资 1.93 亿元，其中冷轧公司罩式退火项目批准概算 5.99 亿元，投资5823万元，累计6.13亿元。截至年底，国产罩式退火炉进入试生产阶段，进口设备等待外方进口配件进场、安装及调试，工程结算尚未完成。投资1867万元，包括CMI镀锌汽车板技术支持、镀锌产品质量控制与工艺研究、冷轧重卷机组改造等重点项目。通过着力提升产品质量和档次，提高产品盈利能力。

（李淑萍）

【市场营销】 年内，首钢股份加强市场调研，收集市场需求动态、全年提供钢材市场情况分析周反馈48期，编制《调研信息简报》95期。搜集《中国乘用车分布格局图》《中国商用车分布格局图》《中国工程机械产业格局图》《中国土方工程机械产业格局图》《中国起重机械产业格局图》共65张。强化技术服务意识，以现场确认及处理质量异议为主的单一质量工作模式，转变为处理质量异议、提供技术服务、产品质量跟踪等全方面服务模式。完善用户档案，形成客户个性化表面质量判定标准，提升市场服务意识。

（李淑萍）

【实现投资回报近3亿元】 年内，首钢股份股权投资项目7项，投资总额47.85亿元，全年实现投资回报2.96亿元，累计投资回报17.5亿元。发挥首钢与北汽建立的战略合作平台作用，争取首钢股份的出资人利益最大化。首钢股份支持北汽股份H股发行上市，建立双方在重大事项前期沟通的工作机制。

（李淑萍）

【机构调整与薪酬机制】 年内，首钢股份根据《关于开展优化劳动组织实施定编定岗降低人工成本工作的安排》，审核冷轧公司和供应公司的优化劳动组织方案，重新批复机构定员编制。结合股份公司资产置换工作进展情况，完成公司机关组织机构优化精简工作。公司制定《2013年三支人才队伍薪酬激励机制实施方案》，完成3支人才队伍的绩效考核、职务评聘、职级晋升、择优升级等工作。考核结果与职务评聘、职级晋升挂钩；特殊贡献的职工按3%~5%择优聘任，按25%择优升级。调整增加技师、高级技师、技能操作专家等高技能人才的津贴，调动了高技能人才队伍的积极性。

（李淑萍）

【信息化建设】 年内，冷轧公司完成按月结算电算化系统、腾讯通系统、KPI系统等上线运行。4月，首钢KPI平台系统正式投入使用；建成月结电算化系统并投入使用；8月，完成公司一卡通系统立项申报工作，启动一卡通平台建设；11月，完成卡务模块、考勤模块的上线工作；12月，完成消费模块的上线工作；组织实施成品库垛位扫码程序开发。

（李淑萍）

【第一线材厂停产】 根据“首都城市总体规划安排”及首钢股份资产重组报告书的承诺，3月25日，第一线材厂线材生产线停产，搬迁至迁钢。10月30日，第一线材厂线材生产线在迁钢热试成功，产品直径5.5毫米~16毫米规格，包括优质碳素结构钢、钢绞线、冷镦钢、弹簧钢、焊条钢等系列品种，年产量50万吨。

（李淑萍）

北汽福田汽车股份有限公司

【概述】 北汽福田汽车股份有限公司（简称福田汽车，股票代码：600166）是上交所上市的股份公司。1998年6月发行A股，截至2013年底，公司总股本28.10亿股。其中，北京汽车集团有限公司持943600630股，持股比例为33.58%；北京国有资本经营管理中心持148313200股，持股比例为5.28%。

2013年，中国经济中速增长，商用车微增长、在产能过剩的现实情况下，福田汽车销量完成66.4万辆，商用车继续排名第一位，国内市场占有率达到16.2%。福田汽车品牌价值增长至508.67亿元，继续领跑中国商用车企业，福田汽车已连续9年位居商用车榜首。福田汽车目前拥有欧曼、欧辉、欧马可、蒙派克、风景、奥铃、时代、萨普、迷迪、拓陆者、雷萨等业务品牌，生产车型涵盖轻型卡车、中重型卡车、轻型客车以及大中型客车等全系列商用车及重型机械。年内，福田汽车围绕管理转型升级、科技创新体系转型升级，在管理模式、市场驱动、科技驱动、订单交付系统、平台模块化、精益制造、核心制造、体验营销、全球市场、服务创新等方面取得了显著进步，基本实现了转型战略的全面突破。公司对商用车全系产品的升级工作进行了系统规划，持续提高产品科技含量，提升产品性能、可靠性与精细度，实现商用车向高端产品升级。随着拓陆者越野版、雷萨全新L8系列、蒙派克S级商务车等新产品的陆续上市或投放，充分展示了福田公司在战略、技术、产品、营销上的创新和突破。福田汽车品牌价值增长至508.67亿元，并已连续9年位居商用车品牌价值榜首。

（张 健）

【年度经营】 年内，福田汽车销售收入342亿元，累计销售汽车66.47万辆(含福田戴姆勒合资公司销量)，同比上升7.2%。商用车市场占用率达到16.2%，较去年同期上升0.1个百分点，在商用车行业中排名第一。其中，中重型卡车销量127280辆，同比上升33.3%，行业同比上升14.5%，高于行业上升幅度18.8个百分点，市场占有率达12%，较去年同期上升1.7个百分点。轻型卡车（含微卡）销量496059辆，同比上升0.5%，行业同比上升2.4%，市场占有率达20.4%，保持全国第一。大中型客车销量4980辆，同比上升14.8%，行业同比上升0.8%，市场占有率为2.9%，较去年同期上升0.4个百分点。轻型客车销量28301辆，同比上升42.9%，市场占有率达到7.3%，较去年同期上升1.4个百分点。此外，在国内商用车出口下滑的形势下，福田汽车逆势增长，全年实现商用车出口47991辆，同比增长8.2%。

（张 健）

【获得荣誉】 年内，福田汽车获得多项荣誉。1月11日，由《商用车界》杂志主办的“2012商用车界年度盛典”在北京举行，欧辉客车获“2012年度用户最满意的客车品牌”。2月1日，商务部国际商报社举办“最具竞争力”企业评选活动，福田汽车被推选为“最具竞争力出口企业”，这是对公司既往海外拓展的肯定，也是公司成为全球化企业的新起点。3月4日，根据国家质量监督检验检疫总局第37号公告，福田汽车全资子公司北京福田国际贸易有限公司获准实施检验检疫绿色通道制度，成为北京市唯一一家获此绿色通道制度的企业。6月28日，北京海关举办“北京海关A类证书颁发仪式”，福田汽车全资子公司北京福田国际贸易有限公司获得了2013年度A类企业资质，这标志着北京福田国际贸易有限公司完成了从一般贸易企业向资信良好企业的成功转型。8月26日，福田汽车获得国家颁发的“出口免验证书”，成为“国家级出口产品质量安全示范区示范企业”。此外，福田汽车还获得了多项知识产权荣誉，包括“第三届北京市发明专利奖特等奖”“第十五届中国专利发明专利优秀奖”“国家知识产权战略实施工作先进集体”“国家专利运行试点企业（导航）”“首批国家级知识产权示范企业”；“FORLAND”及燕子图形被认定为“北京市著名商标”，公司现拥有12个著名商标，在同行业中位居首位。

（张 健）

【公司战略】 年内，福田汽车坚持以2020战略为指引，以打造现代型企业为福田汽车实现可持续发展的总目标和总纲领，通过“五大转型”和“五种能力”建设，夯实提升商用车的竞争力，形成了卓越的产品创造中心、世界一流的全球制造中心和营销服务中心。福田汽车通过17年的投入、积累，形成了以北京为主体的科技创新中心，自主研发能力领先；在近4年内投入100多亿元，按照零排放、无接触、自动化的世界标准，全新打造了世界级水平的制造工厂和自动化生产线；公司大力度推动精益制造系统建设，强化制造质量过程控制；以行销和体验营销为抓手，大幅提升分销网络的产品分销和金融分销能力，打造全球营销与服务中心。

（张 健）

【管理创新】 年内，福田汽车在“1+N”业务管理模式下，建立了以业务为经营主体的2级管理体系，即以业务为经营主体、以业务流程为主导，自上而下的2级管理体系，全面推动能力建设。同时，以OTD项目为切入点，对商品制造运营流程进行优化，并逐步扩展至其他环节，提高商品制造运营能力，提升运营效率及效益。遵循一手抓体系、一手抓过程的推进原则，完成精益制造推进业务优化调整，构建了已组织体系为保证，通过目标体系引导改善实践、依靠标准体系固化成果的精益制造推进体系。确定工厂在精益制造能力建设中的主体地位，围绕产品名牌工程，开展了标杆工厂建设。公司通过产品规划和定义能力提升、产品平台化模块化导入、零部件体系优化和同步开发，以及质量控制系统完善，新产品交付质量一轮轮呈螺旋式提高。

（张 健）

【新能源业务】 年内，福田汽车新能源产品实现高速增长，切实履行了企业公民的社会环保责任。随着中央政府对雾霾治理力度的逐渐加大，福田公司积极应对，迅速反应，在提升各类发动机排放标准的同时加大了新能源汽车研发和投放，福田康明斯发动机和欧辉新能源客车产业基地已经抢占了先机。年内，福田公司销售的新能源及清洁能源商用汽车产品6896辆，涵盖了混合动力客车、纯电动客车、LNG客车、环卫车、出租车、LNG中重卡等多种产品，形成了良好的新能源汽车产业化发展市场效应。

（张 健）

北京七星华创电子股份有限公司

【概述】 北京七星华创电子股份有限公司（简称七星电子，股票代码：002371）主要从事基础电子产品的研发、生产、销售和技术服务业务，主要产品为大规模集成电路制造设备及高精密电子元器件，是国内大规模集成电路制造设备领先企业，也是军工电子元器件研发生产的骨干企业。集成电路设备主要应用于集成电路、太阳能电池、TFT-LCD以及电力电子等行业；电子元器件类产品主要应用于包括航空航天在内的军工行业。

2013年，军工电子元器件受益于国产化政策支持及新产品销售规模的扩大，七星电子高精密电子元器件类业务继续保持增长。公司设备类业务的部分下游行业投资趋缓，特别是集成电路设备类产品中来自光伏行业的产品订单和收入下降幅度较大，使得集成电路设备类业务收入下降，造成公司2013年度主营业务收入同比减少，以致归属于上市公司股东的净利润同比下降。

年内，七星电子营业总收入8.60亿元，同比下降15.09%。其中，主营业务8.19亿元，同比下降17.93%；利润总额1.59亿元，同比下降17.68%；归属于上市公司股东的净利润1.03亿元，同比下降26.97%。

（旷炎军）

【产品研发】 年内，七星电子推进新产品新技术研发工作，承担的国家科技重大专项300毫米立式氧化炉装备已进入大生产线，并通过客户的各项技术指标考核、全流程工艺验证和马拉松可靠性验证，主要技术指标达到国际主流产品水平，正在申请项目验收；300毫米生产线需要的高精度气体质量流量计已研发完成且得到客户的在线验证，各项指标达到国际先进水平，并实现销售，同时该产品在燃料电池等领域得到批量应用；65纳米超精细清洗设备研制与产业化项目完成产品的国家验收，且产品样机已进入客户开始进行工艺验证；45纳米~32纳米LPCVD设备产业化项目已完成任务合同书的研发目标，各项技术指标通过客户离线测试达到国际先进水平，样品已运至客户，准备进入大生产线考核验证。在光伏设备方面，公司已经完成晶硅太阳能电池25兆瓦半自动生产线和25兆瓦全自动生产线的工艺调试。公司在锂离子动力电池制造设备研发方面也取得突出进展，已完成了薄膜分离萃取机、薄膜流延涂布机、自动上料系统及凹版转移涂布技术等新产品、新技术的研发，并推向市场形成销售。同时，公司对锂离子电池制造设备的全系列产品已经完成工业外观设计，并在新销售的产品中得到应用；完成锂离子动力电池试验线中试线设备的购买及安装，并调试完毕。高精密片式电阻器、钽电容器、SMD TCXO、微波组件、DC/DC电源等电子元器件新产品的产量和销量增长迅速，推动了公司元器件业务的增长。

（旷炎军）

【科技创新】 公司建立了以技术中心为研发主体的新产品、新技术研究开发体系，形成了产品的自主开发和技术创新能力。在产品和技术保持国内领先的基础上，公司跟踪国际先进技术发展，不断加大对技术研究和新品研发的资源投入，也注重加强对技术的保护，在相关技术形成专利点时，及时向专利局申请专利，形成自主知识产权。截至年底，公司已获授权专利共226项，其中发明专利38项。

（旷炎军）

北京电子城投资开发股份有限公司

【概述】 北京电子城投资开发股份有限公司（简称电子城）是一家专业的科技产业园区开发管理、运营服务企业，是中关村科技园区最早的开发建设成员之一。电子城股份前身北京电子城有限责任公司，是1994年北京市人民政府批准的落实《北京电子城发展实施方案》的主体单位，也是中关村科技园区电子城科技园开发建设、招商引资具体工作的实施主体及北京电子城老工业基地改造建设主体。20年来，通过“市政基础设施建设”“环境整治”“旧厂房改造”“危旧住房改造”“新产业基地建设”“数字电子城建设”“文化创意产业扶持”“区域招商引资”等工程，成功实施了北京电子城老工业基地的升级改造和中关村电子城科技园区的开发建设。

年内，电子城总资产 39.40 亿元，同比下降 1.75%；营业收入 14.70 亿元，同比增长 5.1%。

（旷炎军）

【“电子城 · 朔州数码港”项目】 3 月 13 日，电子城董事会审议通过了《北京电子城投资开发股份有限公司拟投资成立项目公司的议案》。3 月 28 日，经山西省朔州市工商行政管理局朔城分局核准，朔州电子城数码港开发有限公司注册完毕，取得了企业法人营业执照。8 月，完成了项目一期 8.4 万平方米用地的招拍挂工作，项目一期工程建设工作已启动。12 月 5 日，“北京电子城 · 朔州数码港”项目在山西省朔州市正式启动。朔州数码港项目是电子城股份在外阜投资的第一个项目，也是朔州市转型发展的重点工程，总占地 93.33 万平方米。

（旷炎军）

【110 千伏全地下变电站开工】 10 月 18 日，电子城股份举行 110 千伏全地下变电站开工仪式。该工程位于 IT 产业园东北角，建设用地面积约 4500 平方米，新建 4 台 50 兆伏安变压器，电缆线路 1.8 公里。

（旷炎军）

【万国数据电子城数据中心启动】 11 月 12 日，万国数据电子城数据中心启动仪式在“电子城 ·IT 产业园”举行。万国数据电子城数据中心项目为电子城股份北京产业板块项目“电子城 ·IT 产业园”引入的重点项目之一，是其在北京以及北方地区最大的一个数据中心，同时也是万国数据在全国第 5 座自建数据中心，项目将通过高标准的数据中心基础设施，以及高可用的数据中心服务体系，发挥对于国内市场特别是华北地区数据服务的支撑能力，推进区域经济发展。万国数据电子城数据中心项目总建筑约 3.45 万平方米，地上建筑面积约 2.88 万平方米、地下建筑面积约 5760 平方米。项目采用高起点、高标准的规划和设计，其基础设施整体建设符合 ISO 质量标准以及国家最新规范要求，实现了电力、制冷、网络等关键性资源的按需提供与灵活调节。

（旷炎军）

【成立子公司】 年内，电子城为实现可持续发展，投资设立了朔州电子城数码港开发有限公司，相关公告刊登于 3 月 14 日的《中国证券报》《上海证券报》和上海证券交易所网站。3 月 28 日，朔州电子城数码港开发有限公司已注册成立。

（旷炎军）

【吸收合并丽水嘉园】 年内，电子城为优化产业格局、减少管理层级，对全资子公司丽水嘉园实施整体吸收合并，相关公告刊登于 6 月 22 日的《中国证券报》《上海证券报》和上海证券交易所网站。截至年底，丽水嘉园的工商注销登记已办理完毕。

（旷炎军）

【公司治理】 年内，电子城按照《公司法》《证券法》《上市公司治理准则》《上海证券交易所股票上市规则》等法律法规的要求，不断完善公司治理结构和公司治理制度，启动制度体系建设工作，成立专门的组织机构，制定工作实施方案和推进计划，形成 207 个制度文件，构建了由 32 个一级制度、61 个二级规定、114 个三级办法组成的制度体系。

（旷炎军）

北京同仁堂股份有限公司

【概述】 北京同仁堂股份有限公司（简称同仁堂，股票代码：600085）是北京市经济体制改革委员会批准，由中国北京同仁堂（集团）有限责任公司独家发起，以募集方式设立的股份有限公司。于 1997 年 5 月 29 日发行人民币普通股 5000 万股，1997 年 6 月 18 日成立，注册资本 2 亿元，股本 2 亿股，并于 1997 年 6 月 25 日在上海证券交易所正式挂牌。截至 2013 年底，公司总股本为 1311097303 股。公司尚未完成工商变更登记手续，注册资本仍为 13.02 亿元。截至年底，同仁堂股份总股本为 1311097303 股。

同仁堂股份拥有北京同仁堂科技发展股份有限公司、北京同仁堂商业投资集团有限公司、北京同仁堂天然药物有限公司、北京同仁堂吉林人参有限责任公司、北京同仁堂陵川党参有限责任公司、北京同仁堂内蒙古甘草黄芪种植基地有限公司、北京同仁堂蜂业有限公司等子公司。公司以中药为主业，集生产、销售、科研、配送为一体的产品公司，在大兴、昌平、通州、亦庄均有生产基地。业务涉及药用动植物的饲养和种植及饮片加工，中成药、保健酒、不含医药作用的营养液及化妆品的生产销售、技术开发与转让、自营和代理各类商品及技术的进出口业务等方面。拥有 538 个品种，29 种剂型。主要生产的剂型有蜜丸、水蜜丸、水丸、胶囊、口服液、酒剂、颗粒剂、散剂等。主要产品有同仁乌鸡白凤系列、同仁牛黄清心丸、同仁大活络丸、安宫牛黄丸、国公酒等，产品行销全国及世界部分地区。

截至年底，母公司在职员工为2509人，子公司在职员工为521人，总数为3030人。母公司及主要子公司需承担费用的离退休职工人数为1393人。其中，生产人员1667人，销售人员322人，技术人员524人，财务人员77人，行政管理人员440人；大专及以上学历1405人，中等文化学历1027人。

（葛 冰）

【年度经营】 年内，同仁堂股份适时调整机构，确保执行到位，经营团队依托管理转型，及时转变思路调整组织机构，将销售体系的搭建与销售区域充分融合，促进营销人员和经销商无缝对接，确保营销措施落实到位。深入分析品种，优化渠道布局，经营队伍深入分析品种特性，探索品种梯队与市场区域的最佳结合点，在充分发挥品种群优势的基础上，选择适合长期发展的单品种；经营单位与生产、配送单位保持沟通，合理制定各品种、各区域的铺货计划，保证品种供应，进而保障产品销售上量。细化考核指标，发掘队伍潜力，经营队伍进一步探讨考核体系的合理性，对于业务完成情况既考核指标，也关注品种，既考虑市场的拓展情况，也考察经营秩序的维护管理情况。全年，营业收入87.15亿元，同比增长15.94%，营业利润同比增长20.42%，实现年度经营目标。

（葛 冰）

【技术创新】 年内，同仁堂股份科研部门以管理转型的发展思路为指引，继续在新品研发、优化工艺、改进设备等方面为公司持续发展提供技术支撑。六类新药清脑宣窍滴丸二期临床研究工作已顺利完成，并已启动三期临床研究；八类新药坤宝片已结束全部研究工作，处于注册申报阶段；六类新药参丹活血胶囊已正式启动四期临床研究工作。濒危动物原材料替代性研究工作也在持续进行中，为公司做好长期品种规划提供保障；科研部门积极配合经营团队，通过开展产品培训、组织专项品种研讨会等形式，提高业务人员对公司产品的认知，并以研讨会专业报告的形式充分展现公司产品的优势与特点，助推营销工作的顺利开展。此外，科研人员对部分自动化生产线控制体系的改进、提取设备的技术改造，做了大量工作，为公司提升产品品质和提高质量控制水平提供关键技术支持。

（葛 冰）

【节能降耗】 年内，同仁堂股份为提高劳产率、有效控制人工成本，继续大力推动机械化生产的进程，其中散剂灌装机的成功引入，有力提升了该剂型的机械化生产水平，该条生产线已进入试产阶段，为今后实现散剂整体机械化生产奠定良好基础。对于大蜜丸、小蜜丸的机械化包装减少手工程序，公司也取得一定突破。通过借鉴先进经验，合作开发针对蜜丸剂型的包装设备，均已进入调试阶段，为缓解生产压力、提高产品质量又添助力。

（葛 冰）

【股权投资】 年内，同仁堂股份出资3271.65万元购买北京金蜂蜂业有限公司51.29%的股权；投资3518.25万元港币组建北京同仁堂国药（香港）集团有限责任公司，持股比例为46.91%。

（葛 冰）

【公司治理】 年内，同仁堂股份根据中国证监会《上市公司监管指引第2号——上市公司募集资金管理和使用的监管要求》，及时修订了《募集资金管理办法》，对公司募集资金的存放、审批、使用、责任追究等进行了明确规定，进一步规范募集资金的管理；此外，公司继续健全内部控制，制定《内部控制制度》以完善内控体系。

（葛 冰）

协会组织

【概述】 2013年，各行业协会围绕北京工业发展大局积极开展活动，为政府和企业服务，向政府建言献策，发挥桥梁和纽带作用。

北京医药行业协会、北京表面工程协会围绕产业政策，多次组织企业与政府进行政策对话，促进了政策的完善，维护了企业的利益。北京工业经济联合会受市发展改革委、市经济信息化委等政府部门委托，牵头组织协调5家行业协会，6家集团（或控股）公司，22家工业企业，7家标准化、检验、技安、节能专业机构，计40家共200多人，完成13个产品的地方标准制定工作，其中10个标准由市质量技术监督局正式批准并公布执行。北京医药行业协会受市政府相关部门委托，分别承办医药工业统计、医药商业统计和药监统计，被评为统计工作先进单位；并以统计信息为基础编印了《年度医药经济运行分析》一书。受食药监局委托承办药品医疗器械广告初审，全年药品广告受理2791卷，通过2559卷；医疗器械广告受理614卷，通过513卷。北京包装技术协会推动包装行业生态文明建设，发展循环经济，在发展大宗包装废弃物资源再生产基础上，促进企业资源回收、清洁生产。北京工美行业协会实施"大工美"战略，打造"联合舰队"，在全行业建立"三位一体"行业管理体制，即北京工美联合企业集团、北京工美行业协会和工艺美术学会联合式办公，统一运筹、协调对外，优势互补，资源共享。成立工艺美术专家联谊会，发挥专家智慧，解决行业在管理、技艺传承、营销、创新研发等方面出现的问题。北京建材行业联合会联合北京家具协会、北京水泥行业协会、北京墙体材料工业协会，承担首都绿水蓝天、大气治理调研课题。表面工程协会落实清洁生产促进法，推进清洁生产审核，在收到17家企业委托基础上，又有3家企业委托协会开展清洁生产咨询服务，5家电镀企业通过清洁生产审核验收，提出无/低费方案116个、中/高费方案26个。共取得经济效益4009.8万元。节水22万吨，节能折合标煤1359吨，减排废水18万吨，减排氮氧化物51吨，减排二氧化硫102吨，减排二氧化碳3342吨。服装纺织行业协会组织14家骨干品牌企业的领导到威克多制衣中心参观交流。牵头组织"北京时装之都品牌展"，举办第九届"北京时装之都热销品牌"发布会，主办2013年北京最具文化创意十大时装品牌评选。北京机电行业协会接受市工商管理局商标监督处和中国技术交易所有限公司委托，对2012年申请认定"北京市著名商标"的14个机电类项目进行审核推荐。组织全国机械工业先进集体劳动模范和先进工作者北京地区的评选推荐工作，涉及汽车行业协会和仪器仪表行业协会所属450余户会员单位以及各区县的企、事业单位，北京评选推荐全国机械工业先进集体3个、劳动模范9名、先进工作者2名。北京企业投资协会接受评估审查，完成北京市社会组织等级评定工作，获得4A级社会组织资质。协会组织多场融资对接活动，为50余家参会企业介绍融资产品，为20余家中小企业解决了融资需求。北京家具行业协会开展企业诚信创建活动，组建"北京家具产学研联盟"。协会与北京林业大学结成"北京家具产学研联盟"，在人才培养、产品与技术开发、科学研究与成果推广、学生就业与人才引进、行业服务以及基地建设等领域开展合作。北京汽车行业协会提出"有作为、有朝气、有创新、有纪律、有能力、有水平"的工作思路。北京软件行业协会人才服务与培训分会获得北京市民政局的正式批准，由相关的软件企业、大中专院校、各类培训机构、从事软件行业的专业人士等自愿组成。政府对北京印刷行业的政策支持力度很大，在绿色印刷清洁生产方面取得了新成果。市级财政资金投入3000多万元，支持北京市绿色印刷工程实施和绿色印刷产业发展。在“北京市绿色印刷工程——优秀少儿读物绿色印刷示范项目”中，北京盛通等 7 家企业获得行业政府主管部门奖励 58.71 万元。在北京地区 2013 年秋季学期中小学教科书绿色印刷中，北京美通等 19 家企业获得行业政府主管部门奖励 480.46 万元。24 家企业通过绿色印刷认证，北京地区获得绿色印刷资质认证的企业达到 45 家，名列全国首位。

（吴 彧）

【北京工业经济联合会】 2013 年，组织北京的行业协会参加中国工经联全国性的经济形势报告会、企业社会责任报告会、行业协会发展论坛、2013 年世界工商论坛及中国首届中小企业投融资交易会等，500 多人次参加。为丰富会员活动内容，促进会员相互交流，组织会员单位参观北京汽车博物馆和“复兴之路”展览，约 150 人参加。“北京工业经济”期刊和“北京工业行业管理信息服务平台”网站利用文字和电子信息两种形式，沟通政府和协会、协会与协会、政府与企业、协会与企业、企业与企业等多方位交流渠道，将政府的相关政策、法规、规定等宣贯到协会、企业。

组织并完成 13 个北京工业“单位产品能源消耗限额”地方标准制定工作，其中 10 个由市质量技术监督局正式批准并公布执行。完成调整“北京工业能耗水耗指导指标”修订工作。对指导指标中的万元产值能耗、万元产值水耗指标（包括新上企业准入指标，生产运行企业降耗指标、淘汰、退出指标）381 个数据进行了重新测算和调整。完成“北京市清洁空气行动计划”中工业新上项目能评数据的测算、对比及分析工作。协同有关单位做“工业企业节能降耗实时监测评价系统研发与应用示范”，对现代汽车有限公司和新能源汽车有限公司进行了企业能耗状况调研、数据采集，开展了能耗趋势、构成、节能科技、策略等分析，提出了企业能耗监测系统设计方案及应用示范，为企业科学管理提供技术支持。组织行业协会参与“北京清洁空气行动”，在北京市清洁空气行动计划动员大会上，代表工业行业向全市企业宣读倡议书，提出树立可持续发展观、转变发展方式、淘汰落后工业、从源头上控制和减少污染物排放、接受社会监督、履行社会责任等具体倡议条款。

组织行业协会参与城市社会建设。推动并落实北京医药行业协会的《社区居民安全用药知识普及与服务》、北京信息产业协会的《利用移动互联网构建社区居民生活服务平台》工作，并争取到政府购买社会组织服务项目资金支持。为 8 个行业协会争取到 10 个“政府购买社会组织管理岗位”。开展企业社会责任调研工作。在走访、调研、座谈、培训、专家咨询等基础上，制定并发布《北京企业社会责任评价指标体系》，促进企业管理水平提升。

开展行业协会职能调研工作。收集、整理、分析北京市及部分外省市行业协会相关资料，深入行业协会调研，召开座谈会，形成《北京工业领域行业协会职能调研报告》。承办市社工委、社会办“促进政府向社会组织转移职能，社会组织承接政府转移职能（事项）”工作调研，组织 53 家协会，填写调查问卷并整理、汇总、上报。

（北京工业经济联合会）

【北京企业联合会、北京市企业家协会】 2013 年，北京企业联合会、北京市企业家协会（简称北京企联）参与了《商标法》《劳动合同法修正案》《工资集体协商》《劳务派遣若干规定》《北京市最低工资调整方案》《企业工资指导线》等立法草案征求意见和修订工作。组织 20 名企业法律负责人参加市人大召开的立法征求意见座谈会，代表企业方利益发表意见，从立法源头上维护企业合法权益。组织和参加北京市协调劳动关系三方机制工作，研究劳动关系面临的形势，通报劳务派遣用工管理和工资集体协商工作进展情况，讨论工资集体协商监督检查工作方案。召开“工资集体协商工作经验交流会议”，优秀工资协商谈判员介绍经验。开展小企业劳动合同制度实施 3 年行动计划，与市劳动保障局、市总工会三方组织开展全市性专项检查。围绕劳动关系工作编辑出版了 12 期《劳动关系通讯》。

推进和谐劳动关系单位、和谐工业园区建设，评选出 2011—2012 年度“和谐劳动关系单位”200 家，“和谐劳动关系工业园区”4 家，“和谐劳动关系先进个人”100 名，并召开了全市表彰大会。开展劳动关系形势和劳务派遣用工管理分析，提出北京市劳动关系形势面临的 5 个问题，分别是实现年度收入增长目标难度加大，制造业规模性裁员问题增多，产业结构调整等多重因素影响下劳资纠纷隐患加剧，非公企业劳动关系的稳定性趋弱，社会舆论氛围加大协调劳动关系工作难度。

企业管理创新成果申报、评审与宣传推广，成立了新一届评审委员会。全市 39 个系统共申报 318 项管理创新成果，评审委员投票表决产生 82 个市一等奖成果和 11 个申报国家级奖项成果，评选出 14 家管理创新成果优秀组织单位。共评出 247 项获奖项目，其中一等奖 82 项，二等奖 142 项，三等奖 23 项。组织了以全面标准化管理体系构建与实施、基于战略转型的企业文化、资金管控模式的创新与实践、全面预算管控体系的构建与实施为题的4次管理创新成果大讲堂活动，参加400多人次。

举办第二届“让百姓吃得放心、用得放心——北京企联与知名企业进社区公益活动”，北京首农集团三元食品股份公司、北京金隅集团公司所属天坛家居有限公司、中国联通北京公司、北京一轻控股集团的龙徽酿酒公司和日化公司、中国北京同仁堂（集团）公司、华润医药商业集团股份有限公司、北京纺织控股有限公司所属光华天彩公司和铜牛集团公司、北京联合智业检验检测公司等10家企业，在丰台区方庄芳群园社区街心花园设立展台。参加活动的企业结合展示产品进行现场讲解，与居民互动问答，向社区居民介绍产品性能、品牌识别方法。社区居民700多人参加。

与区县企联联合招生办班，举办高级职业经理资格认证培训班，96人获取高级职业经理资格认证证书。与北京市人事考试中心联合组织管理咨询师资格审查，共核准报名247人。举办考前培训班，参加培训30人，29人考试合格取得管理咨询师证书。全年举办职业经理资格认证培训、咨询师考前培训和咨询师继续教育培训，共培训158人。编辑《北京企业》杂志12期，不断更新维护“北企联合网站”，面向企业，为企业和企业家服务。

发挥北京企业联合会联系政府和企业的优势，为企业排忧解难，为北京现代汽车有限公司、北京绿港机场建设有限公司等单位的科技企业认证工作进行了政策咨询，就北京联合智业控股有限公司成立食品检测机构事项与有关部门沟通。

全年吸纳14个新会员。分别对50个副会长单位、47个常务理事单位、57个理事单位、60个会员单位的会员数据进行了补录和更新。

开展《加强企业文化建设 推动企业和谐发展》课题调查研究，完成课题撰写。开展2013年社会组织评估工作，对照110个评估指标，梳理并健全规章制度35项，整理出北京企业联合会章程、资质及各项业务工作原始资料、台账等共46册。

（刘新华）

【北京质量协会】 2013年，北京质量协会连续4年开展“北京质量奖”创奖争优系列推选表彰活动，北京红星股份有限公司、国贸物业酒店管理有限公司2家企业荣获第四届“北京质量奖”荣誉称号；天地融科技股份有限公司荣获“北京质量奖入围奖”荣誉称号；北京大唐电信科技股份有限公司等5家企业获得2013年度“北京市实施卓越绩效模式先进企业”称号；中国普天信息产业集团公司副总经理王忠夫等5人荣获“北京杰出质量人”称号。开展第四届“北京知名品牌”创优争先推选表彰活动，北京三元食品股份有限公司、北京庄子工贸有限责任公司等33家企业生产的36个品牌产品荣获第四届“北京知名品牌”称号。继续开展“北京实施用户满意工程先进单位”及“全国用户满意企业、产品、服务、建筑工程”的复评和推荐工作，有12家企业获“北京市用户满意企业”称号，推荐5家企业获得“全国用户满意企业”称号。

开展工业企业质量信誉承诺活动，北新集团建材股份有限公司等30家重点企业参与了质量信誉和自我声明承诺活动。举办北京市第62次质量管理小组成果发表会暨“北京稻香村杯”冠名杯赛，196个成果获“北京市优秀QC小组”荣誉称号。举办第63次小组成果发表会，92个成果获“北京市优秀QC小组”荣誉称号。全年推荐30个“全国优秀质量管理小组”，19个“全国质量信得过班组”，2个“全国质量管理小组活动优秀企业”，2个“全国质量管理小组活动卓越领导者”，2个“全国质量管理小组活动优秀推进者”。

举办2013年第九期国家新型工业化产业示范基地质量标杆暨央企质量协作网经验交流活动，200多名企业代表参加。举办质量管理诊断师考评班、诊断师提高班，有258人参加培训学习。

受工信部和市经济信息化委委托，完成《北京市工业企业自主品牌建设专项调研报告》《北京工业企业质量管理现状专项调研报告》《标杆管理推进质量提升追求卓越方法的应用研究》。

（陈永莲）

【北京建材行业联合会】 2013年，全市规模以上建材企业工业总产值620亿元，比上年增长4%；工业增加值130亿元，比上年降低3.7%；主营业务收入720亿元，比上年增长5.9%；利润总额30亿元，比上年下降9.1%。

北京建材行业联合会对全市44家页岩砖企业进行调查，编制出北京市页岩砖行业调研分析报告，为政府决策提供依据。受市经信委委托，家具协会成立调研小组，对行业150家小微企业实地考察，形成《我市小微家具企业发展现状》专题调研材料，《我市小微家具企业生产工艺状况》《我市小微家具企业生产经营状况》等调研报告，提出“北京市家具行业发展的方向和重点”建议。受市经信委委托，北京市建材联合会、墙体协会、北京建材研究总院完成《北京市建筑防水卷材行业情况调研》，编制出北京市建筑防水卷材行业调研分析报告，为防水卷材行业调整提供了依据。按市经信委要求，完成《北京地区耐火材料生产企业调查》的调研报告。为市经信委拟定了《北京地区利用污泥生产建材产品的意见》，提出优化工艺方案。建材行业联合会完成购买岗位项目的实施。室内装饰协会获得市总工会专项资金支持，举办了仿古建室内装饰高级培训班。

建材行业联合会发挥“国建联信认证中心北京地区认证工作联络站”作用，监察审核54家212项次；举办2项最新标准三体系内审员培训班，有22个企业95人获“三体系内审员”证书，18人获“职业健康安全内审员”证书。完成“北京市建材标准化技术委员会”第六届换届工作。作为主编或参编单位发布实施的国标、行标和地标共18项，其中，国家标准1项，行业标准15项，地方标准2项；完成23项企业标准的修订工作和12项北京市地方标准的宣贯工作。

组织开展工程技术系列（建材）中级专业技术资格评审工作。北京地区申报并确认有资格的143人。专家评审有111人通过答辩审评，占参评人数78%。科技项目评审，建材行业联合会收到18家企业44个申请评奖项目，经审议有23个项目获奖，占申报项目的52.3%。完成全国建材行业先进集体、劳动模范的评选推荐工作，北京地区有1个先进集体和11名个人受到表彰。

推荐绿色环保节能节水建材产品，全年办理绿色建材证书企业4家，完成第三批14家企业的质量登录工作。

加强国内外交流，家具行业协会组织企业代表30余人参加意大利米兰家具展；水泥协会组织大型企业集团参加欧洲考察；市场流通委员会组织8会员单位赴杭州绿城公司参观高端地产项目。

开展环渤海6省市建材协会活动，北京地区共有22家企业被授予环渤海建材行业AAA级诚信企业称号，10家企业被评为“环渤海地区建材知名品牌”，北京金隅集团、北京金隅水泥节能科技有限公司、通达耐火技术股份有限公司3家企业获环渤海6省市“最具影响力企业”称号。

（北京建材行业联合会）

【北京化学工业协会】 2013年，北京化学工业协会受市安全监管局委托，组织开展危险化学品标准化体系研究工作，完成危险化学品标准化体系研究报告初稿。组织专家完成市安全监管局组织的危险化学品生产企业的现场审查及危险化学品建设项目审查工作。

受北京经济技术开发区安全监管局委托，开展涉及“两重点一重大”危险化学品企业安全生产专项整治及相关工作。对开发区内涉及“两重点一重大”企业摸底调查。编写了《危险化学品库管员安全管理手册》，组织培训130余家单位的仓库安全管理及从业人员300余人。

参与标准制定，主要有《乙烯单位产品能源消耗限额》《高压聚乙烯单位产品能源消耗限额》《原油加工能源消耗限额》3个地方标准，均发布实施。制定的《实验室危险化学品安全管理规范》地方标准已进入送审讨论阶段。

为5个危险化学品使用单位进行安全培训，82名员工参加。组织完成10次企业产品标准审定会，审定标准涉及10家企业的82个产品。完成2家企业质检机构定级认证的审查（一个A级、一个B级）。组织完成10家危化品从业单位突发环境事件应急预案备案前的专家评审。

（北京化学工业协会）

【北京电力行业协会】 2013年初，电力行业协会加强社团组织管理，发文对北京市电力公司各部门、各单位成立、参加、挂靠的社团组织进行调查和统计，提交了调查报告。对公司各部门参加的社团组织的会费缴纳实现了统一预算、统一上缴管理。受中国电力企业联合会科技开发服务中心委托，对会员单位开展了信用评价工作，对3家申报企业的资料审核完毕。对226家会员单位重新审核，确定会员单位为155家。新入会3家企业。改版恢复《电力行业信息》双月刊，全年共印发6期。受国家电网公司人才评价中心委托，在会员单位中开展专业技术资格申报工作和评审工作。北京电力行业协会是全国电力系统唯一有资格在会员单位中负责和参与专业技术资格申报与评审工作的省级电力行业协会。到2013年底，通过北京电力行业协会工作站复审并上报国网人才评价中心评审的中级职称16个，副高级职称10个，复审一次通过率90%以上。组织北京电力行业QC成果评审会，有24个会员单位的24个QC成果参加评审。向中国水电质协推荐QC成果7个，QC活动优秀企业3个，QC卓越领导者3个，QC活动优秀推进者3个。

（李曼丽）

【北京机电行业协会】 是年，北京机电行业协会开展“北京知名品牌”和“北京市著名商标”评审推荐工作。对参加评选的产品进行专业评审，将符合条件的项目推荐给“北京知名品牌”推选办公室。会员单位绿友机械集团股份有限公司生产制造的“绿友”牌草坪修剪机被评为“北京知名品牌”。受市工商管理局商标监督处和中国技术交易所有限公司的委托，对2012年申请认定“北京市著名商标”的14项机电类项目进行审核推荐。

组织全国机械工业先进集体劳动模范和先进工作者北京地区的评选推荐工作。评选推荐工作涉及北京市机电行业协会、汽车行业协会和仪器仪表行业协会所属450余户会员单位以及各区县的企、事业单位。机电协会与市人力资源和社会保障局及相关协会联合成立评选推荐领导小组和工作办公室。设在协会的办公室按照规定的评选程序和要求，认真筛选、审核申报材料，广泛听取意见。确定上报推荐名单，北京评选推荐全国机械工业先进集体3个，劳动模范9名，先进工作者2名。

受市发展改革委、中关村科技园区管委会等5家单位联合工作组委托，继续承担2013年度中关村科技园区“首台（套）重大技术装备试验、示范项目”的技术评审工作，选聘“评估咨询专家信息库”中具备相关领域专业技术知识、熟悉国家相关产业政策和市场行情的专家35名，按专业技术领域划分成9个专家组，对43个申报项目开展技术评审及推荐。

参与《北京市禁止新建、扩建工业项目指导目录》（简称《指导目录》）的编制工作，分3批推荐相关专家对《指导目录》技术咨询，为开展北京产业结构调整，禁止新建、扩建高耗能、高污染、高排放、不符合首都功能定位及劳动密集型的低端产业，治理改善大气环境，提供智力支持。

组织部分会员单位参加工业领域照明现状问卷调查，在会员单位中挑选20家重点生产企业发放调查问卷，为政府制定高效照明推广政策提供依据。

受市人力资源和社会保障局委托，继续承担北京市工程技术系列机械、电气专业中级、高级专业技术资格评审与机电专业工人技师、高级技师职业资格的社会化考评工作。获得高级工程师资格255人，工程师资格868人；获得社会化职业资格的高级技师134人，技师资格456人，机械行业特有工种考评鉴定合格50人。举办专业技术资格评审论文辅导培训班3期，培训422人。

组织评审专家召开研讨会，研究完善职业技能鉴定工作方法。推荐多名同工种专家考取考评员证书；扩大技师鉴定考评工种，新增加冷作工、机械检查工。与市总工会培训部等单位加强协作，开展了首批电梯维修技师、高级技师的培训。

制定行业专家组织管理办法，协会专家资源有中、高级职称评审专家262人，技师评审专家64人，评估咨询专家87人，标准化专家21人。专业技术涉及的领域有，机械制造与自动化、机电一体化、机械工程、电气工程、电气自动化、电动机及自动控制、数控机床与柔性制造技术、重型（专用）汽车、精密仪器、机械传感与控制、生物医学工程、环境科学工程、固体废料污染控制与资源化、材料科学工程等。

（魏人英）

【北京汽车行业协会】 2013年，协会工作指导思想是：以党的“十八大”精神为统领，求真务实，积极进取，全面提高工作质量，努力开创协会工作新局面。

加强协会自身建设。协会召开四届四次常务理事会暨新春团拜会，审议通过题为《抓住机遇 迎接挑战 努力为北京汽车产业的大发展做出新的贡献》的2012年工作总结及2013年工作要点的报告；批准接纳北汽（广州）汽车公司等4家企业为新会员。完成申报北京市社会工委购买岗位服务并获得一个岗位批准，秘书处先后增加2名工作人员。协会被市民政局命名为北京市第一批社会组织示范基地。积极发展新会员，有多家单位咨询加入协会事宜，4家单位符合入会条件，提交理事会批准。

服务行业，推进汽车出口产品质量安全示范区建设。国家质检总局正式批复同意北京地区出口汽车产品质量安全示范区为“国家级出口工业产品质量安全示范区”，是全国首个国家级出口汽车产品质量安全示范区。新增入区企业32家，其中协会推荐并入选2家。开展北京市外贸转型升级示范基地建设，市商务委颁发了“北京市汽车及零部件产品外贸转型升级示范基地”牌匾。

组织全国机械行业先进集体及个人评选工作，北京现代被评为先进集体，集团下属单位3人被评为劳动模范，协会1人被评为先进工作者。协助中汽咨询委完成《中国汽车工业史（1991—2010）》初稿。配合市工经联开展北京市能耗水耗指导指标修订工作。对获得2013年度中国汽车行业及北京汽车行业统计工作先进个人称号的39名统计人员进行了表彰并颁发证书。

开展行业调研。主要调研活动有，北汽自主品牌高端基地调研，了解北汽集团自主品牌建设新成就，服务北汽集团化建设开展；北京现代公司调研，了解北京现代新基地、新产品情况；北京路桥机械厂调研，了解搬迁调整情况，为其尽快投产正常运营提供咨询和支持；北汽新能源汽车公司调研，了解北汽新能源汽车新进展；新产品试验牌照及商品车临时牌照申领难问题调研，了解专用车新产品试验牌照及商品车临时牌照申办的困难和问题，与保险公司联系探讨为新产品试验牌照及商品车临时牌照办理交强险事宜；中天特种车公司调研，了解房车行业标杆企业及市场情况；与模具协会交流，共同到北京市计算中心及模具协会会员单位学习调研；针对北汽福田迷迪纯电动出租车在延庆的运行情况再调研，了解纯电动出租车运行情况；到北京长安汽车公司及房安出租公司调研，了解长安 E30 纯电动出租车及公司运行情况；北京新能源汽车发展调研，分别到合肥、杭州、深圳等地的企业和政府部门了解新能源汽车示范运行情况；中信国安盟固利动力科技有限公司调研；北京汽车零部件调研，配合市经信委召开北京零部件产业发展座谈会，搜集整理近 500 家北京市汽车零部件企业基本信息；到三一重能公司调研，完成三一重工注册地址变更、专用车生产资质咨询等工作。

协助市经信委开展公告管理。受经信委委托，对公告企业更名、改制、迁址等提供咨询服务。更新《北京市专用汽车生产企业信息汇总》内容。组织开展了机动车整车出厂合格证信息管理系统与车辆购置税系统综合利用培训会。为市经济信息化委汽车处提供了《关于开展北京市报废汽车专项整治工作的通知情况汇报》《关于加强道路交通安全工作的意见》《关于北京专用车企业注册地与生产地分离的有关情况》《2013 年专用车企业固定资产投资意向》《北京汽车产业分布调研报告》等材料。

配合市经济信息化委开展“两化融合”调研组织工作。配合市商委、北京出入境检验检疫局开展汽车出口产品质量示范区建设工作。配合市质监局开展汽车产品质量监督工作，参与了市质监局产品质量监督处对北京市车辆生产企业产品质量安全专项检查方案的制定、标准研讨，参加现场检查工作，共检查 20 家企业。配合市商务委开展北京市外贸转型升级示范基地建设。配合市台办完成京台汽车电子论坛组织工作。协助市工商局修订《北京市汽车买卖合同》。受会员企业委托组织产品鉴定和参与评议活动。受中国国际科技促进会邀请，组织专家参与了“汽车智能防尾撞（追）动态变色刹车灯”评议会。

开展专项课题研究。协会配合北京国际工程咨询公司进行“北京新能源汽车发展现状调研”课题，重点承担了北京新能源汽车现状调研、示范城市调研的组织协调等工作，并通过专家评审。会同市工经联编制《普通轿车及普通运动型乘用车单位产品能源消耗限额》《高级轿车及高级运动型乘用车单位产品能源消耗限额》《中、重型载货汽车单位产品能源消耗限额》3 项地方标准，邀请专家组织了“高级乘用车定义”问题专家咨询会，3 项地方标准获得批准。配合市经信委开展“十二五”北京汽车产业规划中期评估，完成评估报告的编写、组织专家评审、报告修改完善等工作。对全行业重点项目能源评价报告中的能耗信息汇总整理，形成行业能耗基础资料。

组织会员企业参加“第五届中国（北京）国际警用装备及反恐技术装备展览会”，展出现场勘查车等产品。协助中国汽车工程学会电动汽车分会、中国电工学会车辆技术委员会举办“第九届北京国际纯电动车、混合动力车暨清洁能源汽车及零部件展览会”，组织会员企业参加展会。组织企业、会员单位赴美国参加达拉斯专用车及零部件展。组织会员企业赴湖北随州、武汉参加“2013 中国（随州）专用汽车产业发展国际论坛及第二届中国国际商用车展览会”。接待台湾地区的访问、交流，推动京台在新能源汽车领域合作。组织 5 家会员企业参加“2013 年上海国际汽配展，暨 2013 年上海国际汽车零配件、维修诊断检测设备及服务用品展览会”。

协会每月编发两期《北京汽车信息》，完成季度电动汽车跟踪报告，完成社团年检。

（北京汽车行业协会）

【北京电子商会】 北京电子商会接受北京市经信委委托，协助进行北京电子信息制造业经济运行数据的统计、汇总、监测及分析工作，向经信委汇报 100 多家企业的主要经济指标。商会组织北京航星科技有限公司、北京兆维电子（集团）有限责任公司、同方股份有限公司等企业参加了“2013 年度高新技术企业资格认定、复审准备与后期维护专题培训”。组织企业参加了“中国－乌兹别克斯坦投资贸易合作研讨会”。受北京市工业经济联合会委托，邀请同方股份有限公司、北京仲达集团等会员单位的 20 多名高层领导参加了在京西宾馆举行的“2013 年经贸形势报告会”。组织电子控股集团等企业参加了“中国北京国际科技产业博览会”的中国战略性新兴产业发展论坛活动。组织会员企业参加“2013 年中国中小企业投融资交易会”、中国中小企业发展论坛等活动。组织京东方等企业参加了由北京市科学技术委员会主办的“2013 北京跨国技术转移大会（2013ITTC）”。组织京东方科技集团股份有限公司、北京北广电子集团有限责任公司等企业参加“第二十四届中国哈尔滨国际经济贸易洽谈会”。组织旅之星科技有限公司参加了“2013 北京文化数码产业博览会”。组织北京爱德发科技有限公司、爱国者数码科技有限公司等10家企业参加了在上海举行的“第十五届中国国际工业博览会”。商会与苏宁云商销售有限公司合作，联合开展“大型专属员工福利团购会”活动。与央视网合作，为企业在央视网上做免费推广服务。组织京东方科技集团股份有限公司、北京航星科技有限公司等30多家会员企业到天津北辰区、天津武清区京滨工业园进行招商考察活动。帮助北京北广科技股份有限公司在天津蓟县投资建厂。与深圳电子商会、元器件交易网共同主办了2012华芯邦杯优质供应商评选“电子行业百强企业颁奖盛典”。完成2012年度中关村园区管委会委托商会开展的题为《中关村电子信息制造业百强企业经济运行分析报告》课题研究。

（北京电子商会）

【北京医药行业协会】 2013年，北京医药行业协会围绕市场需求，提高服务能力和水平，取得新进步，被市民政局命名为首批“北京市社会组织示范基地”。

协会围绕生物医药产业发展政策、医疗器械生产企业扶持政策、医疗器械产品国家采购政策、科研重点项目推进政策等专题，多次组织政府与企业的政策对话。协会先后对中药饮片重复检验、新版GSP农村药店验收标准、互联网销售药品监管政策、北京地区药品物流延伸、北京医药生产、物流企业电子监管码实施情况等专题调查研究，写出调研报告，为政府决策提供依据。

受市政府相关部门委托，协会分别承办医药工业统计、医药商业统计和药监统计，被评为统计工作先进单位，并编写了以统计信息为基础的《年度医药经济运行分析》一书。受食药监局委托，承办药品、医疗器械广告初审，全年药品广告受理2791卷，通过2559卷；医疗器械广告受理614卷，通过513卷。承办市药监局“百千万药品安全体系”建设中的“千”字工程，即评选千家药品质量管理示范企业，经过3年时间，前后3批981家企业被评为“百千万工程质量管理示范企业”。

围绕市场需求，为企业提供多元服务，医药协会加强职业培训。全年开办培训95班次，培训专业人员16024人。协会建立的“北京26（医药）职业技能鉴定所”全年完成44个批次4740人次的鉴定工作。其中，初级1354人，中级3242人，高级144人。鉴定所连续3年被市人力社保局、市职业技能鉴定管理中心评为“优秀技能鉴定所”，并被市民政局译定为5A级中国社会组织。

协会建立生物医药创新促进平台、技术成果转移平台和中小企业公共服务平台。其中，北京市中小企业公共服务平台为全市社会组织建立的首个，被国家工信部确认为国家级中小企业平台。

协会利用药品交易会平台打造京药品牌，历经8个年头，16次参展。2013年分别参展武汉全国第六十九届、广州全国第七十届药交会。药交会开会期间，分别组织了“创新、合作、发展”“质量、品牌、市场”等主题论坛，扩大了京药在全国的影响力和竞争力。

推进科技创新，引领医药产业转型升级。协会在2009年、2011年分别举办两届“北京医药科技创新大会”，2013年又举办了第三届“北京医药科技创新大会”。大会以“科技创新引领产业转型升级”为主题，组织了“医药企业如何坚持国际化发展战略”“如何用制剂国际化推动产业转型升级”“如何加快新药研发”等专题论坛。

协会通过国内外交流合作，推动科技进步。分别赴印度考察制剂国际化经验；与美国相关协会探讨产品研发、进出口等合作事项；与台湾地区相关协会开展经济技术交流。协会先后赴海南、黑龙江考察，达成开发利用大兴安岭漠河野生资源的合作意向。

（杨希民）

【北京服装纺织行业协会】 2013年，协会推进自主品牌建设，配合工信部重点跟踪品牌企业调研。围绕企业经营状况、面临问题、投资计划项目、企业需求及建议等，重点调研品牌企业发展情况。协会牵头“北京时装之都品牌展”亮相CHIC展，集中展示了天坛、红都、伊里兰、雷蒙等北京知名品牌。举办第九届“北京时装之都热销品牌”发布会，近50个品牌被授予“热销品牌”称号，15个品牌被授予“营销金牌”称号。开展“2013北京信得过的职业装企业”评选，10家企业获得奖牌。主办“2013年北京最具文化创意十大时装品牌”评选，为获奖品牌企业、单位和个人颁发奖杯。举办国际品牌投资合作沙龙活动，与会12家企业、控股公司和协会领导就品牌合作模式进行了探讨。开展2013年北京地区针织服装系列产品质量推优发布会，8个产品获得“北京优质产品”证书和奖牌。协办“2013年北京信用论坛暨第五届北京企业诚信论坛”，大华天坛服装公司代表作了“诚信——基业长青的资本”的主题演讲。

推进服装设计产业发展，承办“北京第九届国际园博会职业服装设计大赛”活动。来自北京·南山中国职业装研究院的顾远渊的《水岸霓裳》摘得金奖，北京汉狮服装有限公司的李晓盼的《春色烂漫》夺得银奖，依文服装服饰有限公司于政英的《倾韵》获得铜奖。选送7位选手参加首届“全国十佳服装制版师大赛”决赛，北京金典今服装工作室汪来春获得全国服装行业“十佳制版师”荣誉称号。举办“爱慕2013北京时装设计周”系列活动，组织艺术院校、品牌企业、知名艺术家、设计师，文化公司以及时尚媒体，推出“蓝蓝的天”青年设计师优秀作品联演、北京时装艺术国际展——第五届 fashion art（时尚艺术）展、北京时尚设计论坛系列活动。其中，14位艺术家的展品进入拍卖市场，9件作品成交，拍卖总金额76.2万元。参加第十届“北京礼物”旅游商品大赛，爱慕公司的“绚烂轻旅系列”获得金奖，木真了公司的“印象北京”获得铜奖。举办以“虚拟化的立体剪裁技术”为主题的第十八期时尚沙龙活动、2013年纺织服装“三新”推广应用信息发布会。开展专业技术职称评定，郭培、刘薇通过高级工艺美术师专业技术资格评审。

针对企业需求举办高研班和培训班。由协会、纺织控股公司主办，淘宝网、北京维富友科技发展有限公司协办，以“新形势下品牌企业电子商务的发展趋势及攻略”为主题的服装纺织企业电子商务高级研修班在北京莱锦创意产业园举办，百余名学员参加学习。由协会、纺织控股公司主办的“2013年节能减排新形势下首都服装纺织业生存和可持续发展的思路及对策高级研修班”，控股公司及所属企业班子成员参加了学习。举办国家服装质量标准宣贯培训班，50多位企业技术质量经理参加学习。组团参观上海国际职业装博览会，16位职业装经营管理人员参加，天坛、朗迪品牌在上海职业装博览会上参展。

组织14位知名品牌企业经营管理者赴韩国学习考察，与衣恋集团、三星和新世界商城等企业进行同业和跨界交流。组团赴美国纽约参加2014时装周活动，品牌企业11人参加。

协会与市妇联蓝之声艺术团共同举办“职业女性着装”讲座，30多位女局长参加。协会与新疆和田地区经信委签署服装专业人才培训合作协议。联系北京服装学院、北京工贸技师学院轻工分院做出培训计划和课程安排，并对新疆墨玉县、和田县的服装企业实地调研。

加强信息宣传和信息报送工作。“时装之都网”及时链接新入会会员的官网和旗舰网店，在《服装时报》集中版面做主题宣传。组织全国服装行业百强企业申报，铜牛集团、爱慕内衣、威克多制衣和依文公司进入2012年全国服装行业销售收入、利润总额和销售利润率百强企业。组织会员企业两次参加北京服装学院毕业生双选会，为企业提供人才信息。

（北京服装纺织行业协会）

【北京工艺美术行业协会】 2013年，北京工艺美术行业协会（简称京工美协）进一步加强了组织领导，与北京工美联合企业集团发展新增会员122家。“京工美联企”召开一届四次董事会，确定“联企”机构设置四室五部，按照行业内门类、技艺划分为玉器石雕、金属工艺、金漆雕漆等10个专业集团。12月23日，“京工美联企”的玉器石雕集团、金属工艺集团和金漆雕漆集团成立。成立北京工艺美术专家联谊会，由近400名高级工艺美术师、工艺美术大师、高级技师和大专院校的知名专家学者组成。北京工艺美术专家联谊会举办首届沙龙活动，为8位顾问颁发了聘书。

举办工艺美术展览展销活动。1月3日，“中国工艺美术大师米振雄景泰蓝作品成就展”在中华民族艺术珍品馆开幕，展出新作百余件。4月12日，“第48届全国工艺品交易会”在江苏省扬州国际展览中心开幕，同时举办“中国工艺美术‘金凤凰’创新产品设计大奖赛”“玉缘杯中国玉雕作品大赛”“漆花杯中国漆器艺术精品大赛”，北京展团共获得金、银、铜等59个奖项。4月24—27日，京工美协组织15家企业的26人赴台湾地区，第5年参加“海峡两岸文化创意产业展”，参展作品有景泰蓝、玉器、漆器、花丝镶嵌等13大类260多件。4天时间吸引两万人次参观，现场销售额近160万元，接受订单上千万元。6月14—17日，北京工美联合企业集团组织14家成员单位，参加在青岛举办的“中国创新设计文化展暨2013中国（青岛）工艺美术博览会”。7月26日至8月25日，由京工美协主办、华夏珍宝博物馆承办的“纪念北京建都860周年宫廷艺术——中国当代景泰蓝艺术精品展”开幕，共展出7家企业、17名国家级和市级工美大师的200多件景泰蓝珍品。10月31日至11月4日，“京工美联企”组团参加由中国工艺美术协会在湖北武汉市主办的“第十四届中国工艺美术大师作品暨国际艺术精品博览会”。11月7—10日，由北京市经济和信息化委员会主办、北京工美行业促进中心和京工美协承办的“第七届北京工艺美术展”在第八届文博会期间开展，共有北京工美行业50余家骨干企业和近百名国家级、市级工美大师的作品参展，集中展示了珍品玉雕“燕京八景”和大型景泰蓝“聚宝盆”，北京“工美杯”评比中获金、银、铜奖的作品，以及在第三届创新设计大赛和“百年风云·红色文化创意大赛”中的获奖作品，观众20万人次。11月14日，“百年风云·红色文化创意作品大赛”作品展卖活动在华夏珍宝博物馆举行。12月13日，“京工美联企”组织的“中国景泰蓝大全汇展”开幕，北京地区景泰蓝厂家及工美大师的百余件作品参加展销。

总结表彰和经验交流。1月30日，召开北京工艺美术行业年度工作会议，300余人出席。会上向孙森、时金兰、费保龄、双起翔、王永明、康玉生、冯海瑞7位75岁以上的老工美大师颁授了“终生成就奖”荣誉证书和纪念品，向荣获“第二届工艺美术创新设计大赛”的获奖者和“优秀组织奖”获奖单位颁发了奖牌、证书。5月18—23日，京工美协组织31名企业负责人和工美大师赴广东省考察学习。12月17日，京工美协召开工美大师带徒总结大会，李博生、李春珂、文乾刚、王树文4位国家级工美大师在会上分别介绍了各自带徒传艺的经验。

组织技艺培训。3月1日，京工美协举办工美大师书画知识系列讲座，年龄在65岁以下的百余名大师参加了学习。5月17日，京工美协举办第七届工美大师培训班，上课16学时，新评定的市级工美大师共40余人参加培训。9月6日，北京市工艺品雕刻工技师研修培训班开课，共8天64课时，来自北京的玉雕、牙雕和木雕行业37名学员参加。11月22日至12月14日，北京工艺美术企业市场营销策划与实践高管研修班开班，40人参加学习。

京工美协编辑出版《工艺美术家》杂志4期和《北京工艺美术》报6期，约60万字。李苍彦著《中华灯彩》由北京工艺美术出版社出版发行。京工美协组织编写的《中国工艺美术全集·北京卷》撰写出5部初稿，约160万字，全书设计为6部，每部32万字。

（李苍彦　王琪）

【北京食品协会】 2013年，北京食品协会协助组织“首都食品产业升级”研讨会，邀请17家企业领导参加，研讨产业升级的推进工作。协助举办“都市产业发展政策培训会”，配合政府主管部门推进食品产业发展。还分别向市政府有关部门提出《北京食品结构调整建议》《洋品牌调研报告》等报告。

开展食品企业节能减排、清洁生产工作，推进节能环保。协助市经信委进行工业领域照明现状调查，将10余家食品企业大户调查情况上报；参与市经信委组织的“节能环保限制发展产业”评价，参加市节能环保中心组织的“清洁能源生产项目”评价和项目验收，分别对“红螺”“今麦郎”企业进行了现场考核。

组织会员企业参加“北京礼物”评选，向“北京礼物”组委会推荐13件入围产品，获得银奖1名，优秀奖9名。与北京食品学会合作，助力食品企业科技创新，联合主办第五届国际（北京）食品科技论坛，50多家企业、300名专业技术人员参加。组织参与全国食品工业优秀龙头企业评选活动，北京10家食品企业被中国食品工业协会评为全国食品工业优秀龙头企业。协会牵头组织召开黑龙江省合作座谈会，北京多家食品企业与黑龙江省达成初步合作意向。协会联系北京二商集团、京粮集团，促进山东省商河县与北京食品企业合作，落实合作意向。配合北京二商集团举办了江西省高安市产业项目推介会。

协会配合市经信委推进诚信体系建设工作，分支机构“食品企业诚信建设管理工作委员会”完成有关手续。北京红螺食品有限公司通过由国家认监委负责评审的诚信体系认证，获得国家诚信管理体系证书。协会参与食品标准备案工作，配合市卫生局，组织食品行业相关协会和相关企业负责人参加市卫生局召开的座谈会，研讨《北京市食品安全企业标准备案办法》和《北京市食品安全地方标准管理办法》，提出行业和企业的意见。协会配合市经信委，组织行业信息化对标和企业整体性评估工作。北京食品安全企业联盟成立，在北京市食品安全宣传周活动中，向社会食品企业发出“落实主体责任，坚守道德诚信”的倡议。向有关部门提出《北京食品安全管理建议》等报告，为食品安全立法提出行业意见。协会与北京食品学会合作，共同主办了“第六届中国（北京）国际食品安全高峰论坛”。

承办“第八届中国（北京）餐饮·食品博览会”，共设展位400个，80家企业参展。展会举办了“北京菜篮子产品与食品企业对接交流会”等活动，12家食品工业企业参加了对接会。北京食品协会组团先后参加“第十届中国国际中小企业博览会”和“第二十二届中国食品博览会暨交易会”。展会期间，举办北京特色食品推介会，北京团获得食博会最佳布展奖和最佳组织奖。

主办“首都食品流通行业信息化交流研讨会”，60余人参加，专家顾问团队与参会嘉宾互动，交流云销售解决方案和在信息化建设中的企业成功案例。协会组团赴台湾地区参加“2013海峡两岸食品展览会”，期间举办了“两岸食品安全研习会”。配合农业部有关部门，组织相关企业参加了“2014年美国国际超市和教育行业互联大会暨2014特色食品展发布会”。与中国罐头协会合作，实现天福号与无锡三凤桥两企业间参观交流；为“毛泽东餐饮文化研究会”和稻香村合作提供帮助，为全聚德和御食园合作牵线搭桥。

（北京食品协会）

【开发区协会】 2013年，协会协助进行第一批3家国家级示范基地的复核工作，以及“2013年度北京市新型工业化产业示范基地”创建工作。

组织会员单位参观考察3次，参加中开协会议、会展3次，帮助兄弟协会安排参观考察1次，与兄弟协会座谈1次，为会员单位提供国外会议、会展机会3次。组织部分园区和基地参加了在海南省举办的“中国经济开发区建设与发展研讨会”；组织会员单位参加了在京召开的“2013年经贸形势报告会”“第六届中国开发区信息化年会”，安排广东省工业园区协会参观考察。继续完善协会门户网站和服务平台建设，加大开发区宣传力度，网站平台访问量1957187次，较2012年增长12.4%。

（开发区协会）

【北京软件行业协会】 2013年，北京软件行业协会举办软件和信息服务企业申报、2013年度国家各类项目及专项资金支持申报工作培训会，120余家企业代表参加。协会举办“北京软协主题沙龙——企业教练助您打造成功企业”，30余家企业负责人或高管参加。举办“中关村现代服务业2013年试点项目辅导会”，22家企业代表参加。举办北京软协CEO互访活动第二站，与会企业家讨论了“智慧城市”建设发展情况、企业合作契机以及面对的问题。举办“赢商”总裁沙龙，20余位来自北京软件行业协会会员企业的董事长、总裁或总经理参加了首次学习，探讨企业经营管理中面临的问题。协会与北京市保护知识产权举报投诉服务中心（北京12330）共同主办“北京软件企业知识产权保护培训”，100余家会员企业参加。

北京软件行业协会等单位举办了2013“第十七届中国国际软件博览会‘北京馆’北京软件活动周”，主题为“建成有世界影响力的中国软件名城北京”，整体展示北京软件产业发展成果，展示北京软件和信息服务业的名企、名人、名品、名园以及创新产品。软件周期间还举办了北京软件名人论坛。

协会完成市经济信息化委委托的软课题项目《北京软件和信息服务业发展报告2013》，对北京软件和信息服务业2012年总体情况、重点领域、新兴领域、投融资、人才、技术发展进行了调研和分析。协会的益智与娱乐软件分会牵头，成立游戏软件出口工作小组，编制游戏软件出口工作方案，推动游戏产业出口工作不断发展。

在北京市社会团体管理办公室召开的“2013年北京市市级社会团体年检动员会暨建设管理工作会”中，北京软件行业协会获得“第一批社会组织示范基地”授牌。协会的人才服务与培训分会获北京市民政局批准成立，是由相关软件企业、大中专院校、各类培训机构、从事软件行业的专业人士等自愿组成的行业性组织。

（北京软件行业协会）

【北京市矿业协会】 2013年，北京市矿业协会针对会员单位提出的应加大对采矿选矿废渣资源综合利用投入、加大金融政策扶持和协调服务力度的建议，先后起草文件4份，将有关对废石加工的机制砂石实行减免增值税优惠政策的报告及证据材料分别报送国家发改委、财政部、税务总局、北京市发改委等相关部门。又向国家发改委资源节约与环境保护司综合利用处、国家税务总局货物与劳务税司、国家财政部税政司提交了《北京市矿业协会关于利用矿山废石加工成机制砂石应享受增值税优惠政策的建议报告落实情况的询问函》。

配合政府部门，推进“绿色矿山”活动开展。参加市国土资源局召开的《北京市绿色矿业（2013—2020）发展规划》《北京市绿色矿山建设管理办法》汇报会。与中国国土资源经济研究院北京绿色矿业发展规划编制组人员，探讨在北京地区创建绿色矿业发展规划。

发挥桥梁纽带作用，为企业发展排忧解难。在密云首云矿业股份有限公司组织召开了北京市矿产资源节约与综合利用研讨会，33个单位参加会议。为促成北京市住房和城乡建设委员会与河北省承德市住房和城乡建设局关于尾矿建材产品开发和利用协作，协会完成北京市尾矿废石存量、年新增数量情况调查。

发挥自身服务职能，提升协会社会影响力。举办两期地质灾害危险性评估资质培训班，55个单位共420人参加培训和考试。完成《北京矿业》杂志一、二、三期的编辑、印刷、发放工作。

为首都可持续发展献计献策。协会2次应邀参加北京市住建委召开的加强本市城乡建设工程砂石料供应调控工作专题研讨会，提出意见，促进砂石供应，保障城乡建设需要。

（张爱武）

【北京水泥行业协会】 2013年，协会开展《北京水泥行业协会自律与诚信创建活动》，自觉接受会员单位和社会监督，呼吁会员中大型企业集团自觉开展自律和诚信活动，主动承担社会责任。针对北京出现严重雾霾天气，联合京津冀地区协会，主动倡导水泥企业避风压产、淘汰落后产能。在北京水泥生产企业逐渐减少的情况下，通过走访河北、河南、山西等企业，行程3000多公里，新发展会员7家，新增补副理事长单位5家，使会员企业达到59家，副理事长单位达到28家，形成了跨地区跨行业的综合性协会。

（北京水泥行业协会）

【北京家具行业协会】 2013年，协会向市商委建议并促成“家具以旧换新”活动继续开展，企业参与数量增加，时间从1个月增加到6个月，刺激了家具消费。受市经信委委托，协会对150家小微家具企业调研，形成《关于我市小微家具企业生产经营状况》调研报告。在家具行业中开展企业诚信创建活动，组织专家编制了“评价细则”。协会举办“信赖‘北京品牌’、净化首都市场”主题活动，签署并发布倡议书。与北京林业大学结成“北京家具产学研联盟”，在人才培养、产品与技术开发、科学研究与成果推广、学生就业与人才引进、行业服务以及基地建设等领域开展合作。

协会举办两期“家具产品使用说明书”培训班。协助企业申报“北京名牌”“北京市著名商标”“中国驰名商标”等工作，截至目前共获中国名牌2家，中国驰名商标5家，北京市名牌4家，北京市著名商标26家，环渤海地区诚信企业9家。

协会组织40余家优秀企业参加广州、深圳、上海、福州家具展。其中，民用家具的世纪百强、伊思蒙沙，办公家具的国林系统、世纪京泰获得奖项。组织企业代表30余人参加意大利米兰家具展。

与天津、四川、辽宁等省市家具协会联合发起“中国十省市环保家具知名品牌”“中国十八省市诚信企业”认证工作，会员单位中有74家通过了“中国十省市环保家具知名品牌”“中国十八省市诚信企业”认证。

（郭建强）

【北京室内装饰协会】 2013年，协会加大培训力度，培养专业人才。举办仿古建室内装饰高级培训班，60余名会员单位学员参加培训，被市总工会评为优秀项目之一。开展企业诚信星级认定工作，申报企业达到113家，参评会员企业逐年递增。协会是北京市企业诚信创建活动4个试点之一，有50多家会员单位参加了创建启动仪式，协会代表在会上宣读《企业诚信承诺书》。

规范市场，秘书处设立市场管理部，专人负责市场调查，维护会员单位的合法权益，打击伪冒作假行为，发现冒用协会铜牌证书的企业劝其入会。根据行业发展需求，协会调整了设计专业委员会和家居配饰专业委员会两个分支机构的领导班子，由两个分会负责建立设计师创业园和高级室内设计师培训。

细化资质管理标准，规范行业行为。只要企业提交的年检资料齐全并符合要求，都予以办理年检，年检工作从过去的5个工作日完成调整为随到随检，全年为企业办理资质168个，年检资质468个。在全市室内装饰行业开展“评优”活动，全年共评出优质工程12项，精品工程8项；天坛杯银质奖6项，金质奖4项；优秀企业24家。

（北京室内装饰协会）

【北京照明电器协会】 2013年，协会组织灯具灯饰市场专业委员会成员到市场开展经营交流活动，研讨实体经营形式在电子商务冲击下应采取的相关对策。为保证室内外照明工程设计施工质量，协会对行业内所属照明工程企业主管领导和项目工程师，进行了国家标准《建筑电气照明装置施工与验收规范》及相关知识的讲解和培训。协会与香港雅式展览公司合作举办“2013中国（北京）国际照明展览会暨LED照明技术与应用展览会”，与中国电子国际展览广告有限责任公司合作举办“第五届北京国际LED显示技术及LED城市景观照明展览会”。

协会派出照明电器专家组参与首都医科大学国际学院LED广告大字标牌失火现场调查，并写出分析报告，提出整改意见。

（北京照明电器协会）

【北京电子电器协会】 为促进企业国际化发展，充实协会服务内容，协会组织开展了“走进东盟，企业国际化发展新商机”系列活动。5月16日，组织业界100多位企业代表参加“中国—东盟自由贸易区商机政策报告会”。5月中旬，启动企业“走进东盟”需求调查，涉及节能环保、工业自动化控制、LED生产制造、有机农业、生物农药、软件等领域。5月28日，组织企业参加了中国—东盟商务理事会举办的“促进中泰投资合作座谈会”；并与7月5日、8月20日、10月18日，分别举办了与泰国、印尼、柬埔寨、越南驻华使馆商务参赞的对接交流会议。协会还根据中地海外汉盛（北京）贸易有限公司进口贸易项目和拟在泰国设立办事机构等问题，分别与中国—东盟商务理事会、泰国使馆商务处、泰国商会北京代表处进行联络沟通，洽商进口业务项目操作等具体事宜。9月，完成《走进中国—东盟自贸区初读》一书的整理编印工作。该书汇聚了《李克强在第十届中国东盟博览会和中国—东盟商务与投资峰会上的致辞》《中关村示范区国际化发展专项资金管理办法（试行）》《中国—东盟产业合作状况、趋势及建议》，以及东盟十国的投资环境、政策资源和东盟自贸区的相关知识等，送给会员企业和相关企业。11月6日，在中国—东盟知名品牌新闻发布会上，协会提交的京东方科技股份有限公司和北京广联达软件股份有限公司的驰名商标与知名品牌产品被列入发布名录。

开展区域合作，驱动企业北京总部经济发展。参与中关村协会联席会组织的区域性合作活动，赴天津京滨工业园考察，并与该工业区管委会签署战略合作协议书，还就招商引资政策、环境、优势等问题进行了交流，为会员企业跨区域和跨国际市场铺路搭桥。8月18日，在广西省电子电器行业协会成立大会上，本协会与贵州省毕节市（地级）政府签订了"促进毕节市经济开发区（省级园区）建设与发展战略合作协议书"，为入驻毕节开发区企业嫁接西部市场服务。

规范消费电子售后服务市场，推广应用"北京市消费电子服务管理平台"，服务机构已达200多家，运行服务量20万单，IT服务维护设备近10万台。4月25日，在北京第四方电子电器服务城召开电子产品维修服务市场规范管理工作研讨会，推进服务理念系统化、服务流程标准化、服务技术专业化、服务价格透明化、服务场所便利化，提升用户厂商和服务商的服务满意度。承办了"2013年北京市商业服务业服务技能大赛系列活动电视故障排除项目"，提升家电维修服务行业综合素质。10月24日，举行了理论知识市级选拔赛，前30名优秀选手进入市级决赛，并最终选拔出"十佳"选手。

服务会员企业。帮助可来博公司节能产品寻求销售渠道，首先在海尔的高端空调机控制部件中应用，项目进入洽谈采购计划与供货协商阶段。

组织企业参加"中国（义乌）首届国际电子产品博览会"，并组织"打造贸易平台，推动电子行业跨越发展"专题论坛。组织企业参加由中国电子企业协会主办的2013全国电子信息行业优秀企业申报评选工作，联想、京东方、北京和利时系统工程有限公司、北京坤腾世纪科技有限公司、首都信息发展股份有限公司5家公司获全国电子优秀企业奖，北京柏瑞安科技有限公司和北京中科可来博电子科技股份有限公司获优秀提名奖。

（徐　静）

【北京表面工程协会】 落实清洁生产促进法，推进清洁生产审核。2013年，在17家企业已通过验收的基础上，又有3家企业委托协会开展清洁生产咨询服务，5家电镀企业通过清洁生产审核验收，共提出无/低费方案116个、中/高费方案26个；共取得经济效益4009.8万元/年；节水22万吨/年，节能折合标煤1359吨/年，减排废水18万吨/年，减排氮氧化物51吨/年，减排二氧化硫102吨/年，减排二氧化碳3342吨/年。

开展企业资质认证，促进电镀行业优化升级。本年度新审定了9家企业资质，共有45家企业通过电镀生产资质核查。

参与行业文件编写工作，受工信部委托编写的《电镀行业清洁生产技术推行方案》已由工信部发布；受中国环境规划院委托起草的《电镀行业重金属污染物排放量趋势及企业现场核查细则研究》已通过专家验收并结题；与中国环境规划院合作编写的《电镀污染物排放标准（GB21900—2008）评估》题内两份研究报告《电镀标准实施评估数据分析和评估、电镀行业污染防治技术应用评估、电镀标准对行业产业发展影响》和《电镀相关企业现场考察报告》，已通过专家评审；受国家发改委和环保部委托，整合《电镀行业清洁生产评价指标体系》，正在征求意见；与中国环科院合作编译《金属与塑料表面处理最佳可行技术》（欧盟BAT文件），已完成编校并送交出版社。

反馈行业信息，促进行业发展。10月，针对国家安监总局发布的《危险化学品目录（征求意见稿）》，协会将镍盐（硫酸镍、氯化镍等）列入危险化学品目录意见函呈报，提出对《危险化学品目录（征求意见稿）》的修改意见；向北京市发展改革委报送《2012年度清洁生产审核咨询工作总结》，经审核，协会继续作为市发展改革委发布的节能减排及应对气候变化中介服务机构推荐名单成员；组织完成《北京市清洁生产管理办法（上报稿）》和《北京市服务业清洁生产工作手册》征求意见反馈。

组织专家参加多项专业技术咨询和项目评审。技术咨询有：布尔顿紧固件（中国）有限公司电镀项目进行评审方案并提出整改建议；与中国汽车工程学会开展系列合作，协助举办汽车防腐蚀技术论坛，并为长城汽车公司推荐了华北、华东地区的汽车表面处理配套厂家。项目评审有：参与中国机械工业联合会组织的6家电镀企业申报的清洁生产项目评审工作，评出清洁生产示范项目；参与中国航空625所评标工作；参加广东省揭阳市电镀园区"零排放"环保处理工程技术评审。协会还组织召开了"中国电镀污染综合防治最佳可行技术评估"专题研讨会，为编写"中国电镀污染综合防治最佳可行技术"提供素材，组织人员编写完成《我国电镀行业污染综合防治实用技术指南（初稿）》。

考察交流，横向联系，促进行业技术进步。国内交流有：组团参加2013年“第四届中国国际水技术展览会”；派出专家出席中国汽车技术研究中心主办的2013年车用材料技术国际研讨会，并做了题为《电镀行业六价铬替代技术现状与发展趋势》的报告；受环保部清洁生产中心委托，派出专家为江苏省环科院举办化工、电镀行业清洁生产审核培训班，解读电镀行业清洁生产的相关问题；参加中国环境保护产业协会在浙江省召开的环境保护研讨会，做了题为《中国电镀行业污染防治发展趋势》的报告；派专家参加航天集团热表处理技术交流会，介绍有关热表处理工艺政策法规。国际交流有：访问韩国釜山电镀企业及园区，并与釜山长林镀金事业协同组合代表座谈；接待美国表面精饰协会（NASF）访问，并组织座谈；参加在印度召开的世界表面精饰大会—亚太区会议（Interfinish-SERIA 2013）。

提升电镀行业人员素质，举办电镀工、电镀技师和电镀污水处理工培训班，共培训电镀初级工10人，中级工21人，技师6人，污水处理工15人。其中，48人取得《职业资格证书》，考核通过率92%。

开展行业基础调研。11月25日，市经信委装备产业处与协会商定共同组织对北京市38家电镀企业调研，为北京市行业规划和产业调整提供依据。年底向会员发放《北京市表面处理企业调查表》，已收回68份调查表。

启动协会成立三十周年庆祝活动筹备工作，编写《北京电镀史》及协会成立三十周年纪念专刊，征集纪念文章、历史照片和行业论文。

推进会刊与网站建设，协会会刊《北京电镀通讯》在2013年1月出版最后一期后，与《中国电镀》合并。至2013年12月，《中国电镀》发行至第9期，发行量较前一年增长10%。协会官网“北京电镀网”（bj-plating.com）传达行业动态与活动信息，“中国表面处理网”（zgbmcl.com）进行改版策划，浏览量有所增长。

（刘 娥）

【北京电源行业协会】 2013年，北京电源行业协会与平安银行、北京银行及担保公司等机构合作，成立北京电源行业投融资服务平台，主要职能包括：中小企业集合信托、融资租赁、小微企业信用贷款、中小企业私募贷款、创业投资、新三板挂牌。与中国技术交易所签订合作协议，为会员提供知识产权融资服务、融资租赁、技术转移和技术交易等服务。该平台通过银行向企业发放贷款近2000万元。与中国电源工业协会、中国电源产业技术创新联盟、重庆车辆检测研究院有限公司联合共建中国电源产业技术创新联盟质量监督检测技术中心，该技术中心合作主要内容包括：为会员及企业提供行业质量监督与检测服务，出具行业成果鉴定报告书；开展电动汽车及关键零部件的专业工程技术人员的培训和培养；开展电动汽车整车、电机及其控制器的电磁兼容试验，电动汽车整车的能耗试验，电动汽车电机及其控制器的性能试验，电动汽车锂电池、镍氢电池、超级电容、铅酸电池等的充放电、寿命、穿刺、挤压、跌落、高低温、振动、短路等试验；在电动汽车安全、环保、节能及机电一体化两个方向进行科技攻关项目。与北京知识产权举报投诉服务中心（北京12330）合作成立北京电源行业12330工作站，通过企业走访、座谈、培训等方式，指导企业健全知识产权制度，强化知识产权保护意识。与国家知识产权局专利审查员走访调研3家新能源企业，了解了企业知识产权现状、管理状况和相关需求，协助编写了《新能源行业知识产权保护指南》一书。与北汽集团新能源汽车有限公司合作，在北京地区开展电源行业电动汽车示范运营项目，组织会员单位参观体验北汽电动车生产基地，试驾电动车。在山东枣庄组织举办了“国际新能源锂电产业博览会暨研讨会”，就锂电池相关技术、电动自行车、电动汽车的发展模式等问题进行展示和交流，国内外近千家企业参与活动。协会通过会刊《电源工业》、电源门户网（cpsa.com.cn）等传统途径，以及手机应用、微信、微博等新媒体，向会员提供政策、市场、技术等信息。

（刘 维）

【北京电器电材行业协会】 2013年，协会针对行业面临问题，由理事长牵头开展行业调研，为企业转型升级提出具体建议和方案。

协会与国源容开国际科技公司联合召开智能开关电容器推介会，为电器成套设备生产制造企业提供环保、节能、智能化的配套产品。做产品鉴定工作，全年对3家企业生产的18种产品进行了鉴定。对鉴定企业在产品研发、生产、工艺、检验、标准化等方面给予指导和咨询。加强信息工作，办好会刊，协会主办的《电器电材之窗》刊登介绍新产品新技术方面的文章和相关行业动态。协会开办的电协兴电器电材经营部为会员单位的生产提供配套服务，服务范围扩大，品种增加。发展新会员，吸收2家企业入会。

（林笑葆）

【北京光机电一体化协会】 2013年，北京光机电一体化协会举办了“第四届先进制造应用技术研讨会”，研讨了工业机器人在机床工业上的应用与发展，激光冲击强化技术的发展与应用，3D打印技术在制造业的应用，超声波技术的应用等内容。

协会组织会员单位参观了“国际现代化工厂／过程自动化技术与装备展览会”。组织会员单位参加了北京光学学会举办的“激光技术前沿论坛”，组织重点会员单位参加了国家4部委领导所做的经贸形势报告会。协会与京仪孵化器股份有限公司、北京银行联合组织了中小企业科技创新融资贷款对接会。

协会完成北京市经信委装备产业处有关重点企业经济数据的采集，智能制造装备发展专项管理服务工作项目验收及资料的管理工作，完成京仪公司工业机器人项目、PCC工业可编程控制器项目的调研。

（北京光机电一体化协会）

【北京模具行业协会】 2013年，在经历了前两年的金融危机的冲击后，随着经济形势的好转，模具行业也呈现出企稳回升的态势，汽车制造、电子信息、节能环保、交通建材、化工生物、医疗新药各行业都体现了模具行业的支撑。模具行业的转型升级促进了模具行业的新发展。北京东明兴业科技有限公司取得了很好的经济效益，年内完成工业总产值3.2亿，同比增长50%；北京比亚迪模具有限公司完成产值1.5亿；北京航天振邦精密机械有限公司完成产值2.4亿，其他模具企业也有了长足的提升。

为了进一步发挥协会的桥梁和纽带作用，服务好企业，协会承担了政府购买课题，以厂校研三结合培训技能人才基地方法解决了企业人才匮乏问题，提升了企业的技术水平。

（北京模具行业协会）

【北京铸锻行业协会】 从2004年至2013年底这10年以来，随着北京市工业调整的深入，已有大约3/4的铸、锻造企业转产或退出，现在全市还有铸、锻造企业100多家（不包括军工企业）分布在10个区县，多数集聚在通州区。铸件年产量约19.8万吨，锻件年产量约9万吨；销售收入30亿元，其中铸造20亿元，锻造10亿元；税收1.7亿元，其中铸造1.2亿元，锻造5000万元。协会近期配合市政府各级相关部门针对节能减排、企业转移及产业对接等工作进行服务和引导。承接了北京市技术监督局与北京市经济和信息化委员会《北京市百项节能标准建设》中《铸铁件产品能源消耗限额》项目的编制工作，填补了北京市铸造行业标准的一项空白。配合北京市经济和信息化委员会进行《北京地区铸锻行业情况调研》，编写出调研情况报告。主办了“第五届中国环渤海经济区铸造论坛”，并出版论文集；组织企业参与及参观“中国（北京）国际铸造工业展览会”；组织企业到河北等地考察调研；并发挥本行业的优势整合资源、筹建铸锻技术研发平台，打造跨省市技术服务团队，推动区域合作。

（北京铸锻行业协会）

【北京金属学会】 北京金属学会在2011—2013年，共牵头组织或与中国金属学会专业分会、地方金属学会联合举办学术交流活动16次，参与2000余人次；会员单位及专业分会组织开展学术交流184次，参与1万余人次。打造了“线棒材高效能生产技术研讨会”“全国炼钢学术会议”等一批具有较强影响力的学术活动精品。与机械工程学会等下游行业联合举办了“第四届全国金属加工润滑技术研讨会”；与中国金属学会自动化分会、中国自动化应用专业委员会联合举办了“全国第十八届自动化应用技术学术交流会”；与河北、河南、湖北等10余个地方金属学会联合举办了“2012中国（唐山）绿色钢铁高峰论坛”“第六届耐火材料学术交流会”“安全环保学术交流会”等大型学术交流活动。结合会员单位生产技术难点问题，举办生产工艺技术专题研讨，为生产一线科技工作者服务。

学会会同中国钢研集团组团赴泰国，与东南亚钢铁协会开展交流，举行2013中泰双边钢铁新技术研讨会。学会连续10余年在会员单位组织开展“北京冶金青年优秀科技论文”和“冶金年会论文”的评选活动。2011—2013年期间，共开展两届北京冶金青年优秀科技论文评选和一届冶金年会论文评选，共征集论文643篇，评出获奖论文337篇，3篇论文获北京青年优秀科技论文评选奖励。学会还举办了以“绿色制造，创新发展”为主题的首届冶金青年学术演讲比赛。

（北京金属学会）

【北京针织行业协会】 2013年，协会会同北京服装纺织行业协会联合举办“2013年北京地区针织服装系列产品质量推优活动”，会员企业“铜牛”“凯婴琪”参加活动送检的3个品牌产品都达到优质合格。组织企业参加北京服装纺织行业协会举办的“国家服装质量最新标准”宣贯培训班。撰写了近2万字的《北京针织行业现状分析报告》。协会为企业处理转型中的设备和库存产品，利用展销会帮助推销。编印《针织简讯》，为会员企业不定期赠送《针织世界》等刊物，帮助企业开阔思路，引导企业加强管理和经营。

协会同首都企业家俱乐部共同组织了赴葡萄牙、西班牙、英国3国的商务考察，6人参加。举办第四届传统针织品展销会，其中清河秋季展销会接待顾客

10万人次，销售额2000多万元。协会在北方工业大学教工之家举办了迎新春针织品展销会，12家会员单位参加，历时5天，为该校师生提供服务。

（北京针织行业协会）

【北京市豆制品协会】 2013年，协会落实工信部等部委《食品工业企业诚信体系建设工作指导意见》，开展诚信管理体系建设试点工作。落实民政部《关于开展行业协会行业自律与诚信创建活动的通知》及市民政局落实活动的安排意见，开展行业自律与诚信创建活动。向社会公开《企业食品安全责任共承诺活动》，参加承诺活动会员统一使用协会会标，产品全部包装化入市。协会修改完善行业公约，制定违约惩戒规则，对2008年制定的行业公约进行修改和完善，新行业公约共15条，增加了企业恪守职业道德，确保食品安全，履行食品企业义务与责任等条款。协会参与北京企业评价协会等单位发起的在北京地区开展“诚信长城杯创建”活动，申请成立“诚信长城杯创建办公室”。

协会为会员建立信息服务平台，注册了手机信息名址“北京豆制品”“中国豆制品机械”和互联网域名www.88866.mobi，逐步完善手机12114网络信息，向社会公示协会活动。协会为会员企业在手机和互联网上发布信息和广告，设立了行业组织、豆制品生产企业、豆制品销售、豆制品设备、豆腐文化等板块信息。通过《协会通讯》内部期刊，与会员企业及政府部门交流情况，沟通信息。

协会利用主编国家职业标准教程优势，先后与北京市劳动技能鉴定中心第69所合作举办3期“豆制品制作工职业技能培训班”和“豆制品制作工技师、高级技师国家职业资格等级鉴定培训班”。22名来自本市发酵、非发酵豆制品企业的技术人员参加学习、考核、鉴定，其中21人被市人力资源和社会保障局审核批准授予技师（国家职业资格二级）或高级技师（国家职业资格一级）证书。

协会多次参加市卫生局关于“标准管理办法”讨论会，研讨《GB7718-2011预包装食品标签通则》和《GB28050-2011预包装食品营养标签通则》实施问题。召开两次会员大会，就贯彻这两个国家标准进行了专题讨论。

（北京豆制品协会）

【北京酿酒协会】 4月26日，北京酿酒协会召开第五届第三次全体会员（理事）会议，通过《成立北京酿酒协会二锅头酒分会的决定》和《北京酿酒协会二锅头酒分会管理办法》。7月12日，协会组织在北京二锅头酒业股份有限公司召开白酒单位产品能源消耗限额地方标准征求意见会，邀请9个单位的领导及专业人员参加。协会还组织部分会员单位参加了市第十届“北京礼物”旅游产品大赛。

组织会员单位参加论坛、技术交流。9月10日，北京酿酒协会、北京顺鑫农业股份有限公司牛栏山酒厂作为第五届全国清香类型酒高峰论坛的主办方，在北京金宝花园酒店组织了论坛。参加人员有全国15省、市、自治区的42家企业代表，10个省、市、自治区酿（白）酒协会的会长、秘书长、行业著名专家，台湾地区中华酒业发展协进会秘书长及阿里山制酒集团总工，高校研究院专家，新闻媒体代表等，共计136人。论坛收到论文23篇，创新产品37个。

（北京酿酒协会）

【北京市饲料工业协会】 2013年，北京市饲料工业协会打造科技安全品牌和优秀人才队伍，在平谷召开了“北京市饲料协会2013年度第一次副会长扩大会暨新春团拜”，峪口禽业公司介绍了产业延伸和科技效应做法，100人参会。协会与《饲料与畜牧》杂志共同举办“2013·第二届母猪饲料生产与应用技术高端研讨会”，来自全国饲料及畜牧行业600余人参加。协会与昕大洋公司共同举办了“2013年昕大洋之旅暨第二届、第三届北京交流峰会”，介绍饲料酶制剂和微生态产品的生物学特性、创新发展与应用，随后来自全国饲料及畜牧科技代表500人前往河北怀安参观生产研发基地。协会召开“北京市饲料产业发展高端培训宣讲大会”，北京市标杆、优秀饲料企业家代表等做了科技引领及精细管理的演讲，300人参加大会。

协会组织会员企业高管14人赴台湾地区考察交流，并参加在泰国曼谷举行的VIV Asia（亚洲国际集约化畜牧业展览会），为北京参展企业牵线搭桥，促成合作项目。协会支持北京福乐维公司在中关村新三板挂牌上市。协会安排北京正大饲料有限公司接待来自阿尔及利亚等11个受援国官员研修班观摩考察。

协会组织北京饲料企业参加在成都国际会展中心举办的“中国饲料工业展会暨畜牧业科技成果展示大会”，北京38家企业参展，共计214个展位，还组织8家会员企业领导17人参观当地两家优秀企业。协会组织4家企业向农业部提交了“关于将天然植物提取物列入《饲料添加剂品种目录》的建议书”；组织28位企业家赴林州参观考察北京中农颖泰生物技术有限公司生产基地；推荐第一批4家企业获得农业局农机补贴项目并资金到位。协会组织17位企业家及辖区领导参加“2013年广东饲料行业年会”，期间赴港、澳学习、交流，参观广东瑞生科技有限公司和正大康地（蛇口）有限公司番禺厂。协助密云县动物卫生监督所调解北京某饲料企业与养牛场因饲料产品质量引发纠纷事宜，达成双方认可的行政调解协议。

加强自身建设，协会吸收4个企业为协会会员。编辑出版《饲料与畜牧》杂志4期，发表文章480余篇。编辑《京韵雁飞》会刊。发布网站信息5000多条。

（北京市饲料工业协会）

【北京印刷协会】 2013年，召开了北京印刷协会第八届会员大会，确立了转型升级、创新驱动、高端引领、注重环保、构建北京印刷新业态的发展目标。

北京盛通印刷股份有限公司投资建设云印刷数据处理中心，北京大恒、京华虎彩、京师印务、奇良海德、中印快印、时代时美、中环盛元等企业在数字印刷领域树立了市场优势。北京东港安全印务有限公司参与北京市电子发票的应用试点工作，开通电子发票服务平台。雅昌集团从传统印刷向文化创意产业转型。企业集中度继续提高，亿元以上企业达42家。

和北京顶佳创世纪投资有限公司联手举办系列公开课，围绕行业转型升级的热门话题，与企业家共同解析探踪。

争取市级财政性资金投入3000多万元，支持北京市绿色印刷工程实施和绿色印刷产业的发展。又有24家企业通过绿色印刷认证，北京地区获得绿色印刷资质认证企业达到45家，名列全国首位。北京市印刷质检站在北京实现绿色印刷检测全覆盖。北京市新闻出版局主办、北京印协与必胜印刷网承办的“2013北京绿色印刷产业促进商务交流会暨2013出版印刷创新论坛”在北京中国职工之家举行，促进了绿色印刷产业链的融合。在“北京市绿色印刷工程——优秀少儿读物绿色印刷示范项目”中，北京盛通、北京华联、北京利丰雅高、北京新华等7家企业共获得行业政府主管部门奖励5871万元。北京在全国率先实现9年义务教育阶段中小学教科书绿色印刷全覆盖。在北京地区2013年秋季学期中小学教科书绿色印刷中，北京美通、北京印刷一厂、人教出版社印刷厂等19家企业共获得行业政府主管部门奖励480余万元。

开展北京印刷业清洁生产状况调研工作，调研涵盖书刊印刷、报纸印刷、包装装潢印刷、安全印务等不同规模印刷企业，提交了调查报告，为行业政府主管部门指导北京地区印刷企业推进清洁生产提供了依据。北京日报社印刷厂在北京地区率先通过市环保局、发改委的清洁生产审核，北京华联、北京利丰雅高、北京盛通等6家企业启动了清洁生产审核工作。

和必胜印刷网联手发起组建北京印刷职业技能培训创新联盟，整合教育培训资源，形成科研、教育、培训、专家、学者、网络多方优势共托的“线上—线下综合性印刷培训基地”，为国内首创。全年培训工种9个，参加培训786人。其中，初级培训387人，中级培训237人，高级培训55人，技师培训20人，高级技师培训16人，质检员培训71人。取证人数631人。其中，初级工证书293人，中级工证书195人，高级工证书50人，技师证书9人，高级技师证书13人，质检员证书71人。印刷质量工作委员会对企业质量管理人员进行培训，实行持证上岗，共有76人取得质检工作上岗证。

2013年评出“北人杯”质量大奖14名，“北人杯”质量提名奖23名，出版物优质品金奖（五连冠）2名、金奖5名、银奖7名、优秀奖14名；评出杰出质量人物9名；评出质量十佳企业32家，质量先进单位35家，质量达标企业5家。在国家印刷6个大奖中，北京盛通、北京雅昌名列其中，北京新华获得提名奖。

（张华明）

【北京包装技术协会】 2013年，北京包装技术协会发挥包装行业跨多行业、多专业的产业集群优势，与市经信委、市发改委、市科委、市质监局、市新闻出版局等相关政府主管部门沟通联络，完成政府交办的工作。参与市经信委制定《北京市禁止新建扩建工业项目名录》的修订工作，并对有关包装内容提出书面修改意见，承担了《北京包装印刷行业企业调整退出调研》课题的研究；落实中央关于厉行勤俭节约的指示精神，制定在商场、超市探索推行“零包装”试点工作实施方案；受市经信委、市科委委托，组织第十届“北京礼物”旅游商品大赛——都市工业旅游商品分赛包装印刷组工作。

发展循环经济和资源再生产业，聚酯瓶和利乐包的废弃物回收实现技术和产业化的突破。开发推广薄型马口铁包装原材料减量化，节约资源，保护环境。协会拓宽与企业的联系与合作渠道，重点支持发展包装印刷装备制造业创新研发，集聚北人印刷机械股份有限公司、北大方正电子、北京北印东源新材料科技有限公司等筹建创新队伍，分别与这些具备创新要素的企业开展专项合作，争取各方面资金，扶持重大研发项目，支持行业发展。发挥专家团队的作用，利用专家团队指导项目立项建设，提高项目验收质量。

按照北京市工业发展资金管理办法，对行业内相关工业建设项目予以辅导，从项目立项前的调研至项目建设过程中的指导直至完成召开验收评审会议，提供全过程服务。推进京津冀环渤海首都经济圈发展战略实施，协会与上海、天津、重庆3个直辖市包装协会建立区域合作机制，与天津、河北包装协会建立了京津冀环首都经济圈区域产业联盟机制。利用行业平台宣传政府支持政策，协会组织包装企业参加市经信委政策宣讲，并邀请市科委四处室两次举办“北京政策法规系列宣讲团走进包装行业政策专题宣讲会”，为北京包装及相关领域企业解读国家及北京的相关政策，促进北京地区包装及相关企业尤其是上市企业用好用活科技政策。

开展行业交流与国际协作，先后组织参与“2013第三届青岛·中国纸箱行业峰会暨2013美印纸箱行业(青岛)联谊会”“第八届北京国际文化创意博览会”。组织企业参与、参观“美国拉斯维加斯国际包装展”“香港国际礼品展”“香港国际包装展”“惠普行业印刷数字化解决方案研讨会（北京站）”“北京市保护知识产权举报投诉中心—知识产权纠纷司法委托调解培训会”“2013年经贸形势报告会”“第四届世界工商协会论坛（WICO）”“2013中国国际瓦楞展”“2013中国国际彩盒展（Sino Folding Carton 2013）”等活动。创新发展新会员，将会员范围扩大到包装用户企业。联络医药、食品、工美等相关行业组织，共同发挥行业优势，联手为产业链服务。

（北京包装技术协会）

【北京玩具协会】 2013年，北京玩具协会结合“民间手工艺品扩大销售规模，拓展市场渠道”服务项目，相继到密云县、门头沟区、平谷区、大兴区的“一村一品”专业村和产业基地进行调研检查指导工作，助推“送艺下乡、一村一品”发展。与西城区新街口街道联合举行“民间手工艺培训基地”首期培训成果巡回展，活动以“弘扬传统文化，走进百姓家庭”为主题，本着服务民生、服务社区建设、服务地区文化建设的目的，分期分批在新街口街道下属社区巡回展出，进行民间手工艺培训，社区200多位居民参加。

协会申报的“来京务工人员子女学习北京传统技艺”项目经市社团办批准，正式列入2013年福彩公益金资助社会组织开展的公益服务项目，暑期“来京务工人员子女学习北京传统技艺”公益培训活动在百荣世贸商城举办，200多名来京务工人员子女参加了绳艺、珠编、脸谱、毛猴、蛋雕、风筝、灯笼、内画等8门传统手工技艺的学习和培训。

协会利用市经信委“北京传统工艺美术保护发展资金”支持，实施“民间手工艺品扩大销售规模拓展市场渠道”项目，分别在密云县古北口镇古北口村、怀柔区九渡河镇红庙村、门头沟区王平镇西石古岩村组织生产、原材料采购和管理培训班，每期40~50人，培训民间手工艺生产加工基地的管理人员和一线生产人员。继续开展传艺进社区培训活动，和新街口街道联合举办培训班，来自9个城区20多个街道的70名学员参加了堆绣工艺基础班和提高班的学习培训，此后又连续举办5期扩展班，近300人参加，培训对象为特殊群体，包括下岗待业人员及残疾人等，扩大了社区特殊群体的就业机会。学员们先后学习了花卉、人物、虫鸟等8种图案，共制作完成作品189幅。

协会和新街口街道工委办事处联合主办了“传艺进社区”成果汇报会。协会和大兴青云店镇共同打造的“北京民间工艺培训加工基地”在大兴垈上营村落成。风筝艺人罗焕文女弟子夏兰英“风筝工艺坊”在密云县北庄镇北庄村开业。

北京民间手工艺加盟首届北京农业嘉年华，协会组织60多位民间工艺大师现场展示、表演北京民间手工艺术绝活，参加2013北京金源新燕莎庙会活动。非遗技艺大师出席西城“助残日”主题活动，应北京市残联、西城区残联邀请，北京玩具协会选派德艺双馨、技艺高超的民间手工艺大师参加“提供一个岗位，幸福一个家庭”主题招聘会，脸谱、风筝、毛猴、内画、堆绣、面塑等6个艺术门类受到众多残疾人求职者的普遍欢迎。协会选派20多个门类的50位民间工艺大师参加中国玩具和婴童用品协会主办的“2013年中国（北京）国际玩具动漫教育文化博览会”。协会应邀组织民间传统手工技艺大师参加“第八届中国北京国际文化创意产业博览会”。

受北京市人民政府侨务办公室委托，协会在高碑店华声天桥民俗文化园主办“海外华文教师教学技能培训、海外华裔青少年中文学习春令营与北京传统民间工艺对接”主题活动，接待100多名海外华裔青少年“中国寻根之旅”夏令营团；与北京市海淀区教师进修学校附属实验学校合作，组织了“中国寻根之旅”夏令营逛庙会活动。协会组织会员参加“北京礼物”旅游商品大赛，“跳棋—行走京城”和“室内盘飞风筝”作品获得铜奖，8人作品获优秀奖，北京玩具协会荣获“优秀组织奖”。

（宁 爽）

【北京日化协会】 2013年，日化协会进行了第八届理事会的换届改选工作，组成了33人的理事会。发展新会员3个，分别是北京协和精细化学制品技术有限公司、北京化大化新生物有限公司、宝健（中国）日用品有限公司。

社团评估工作，按照300个评估工作指标对照检查，撰写了4册30万字评估材料，评审结果为4A级协会。

举办学术交流研讨活动7次，分别是"2013中青年科技工作者学术研讨会""民族化妆品企业发展联谊会2013伽蓝国际技术研讨会——功效评价：从体外到人体""第二届芦荟与健康——创新与发展研讨会""第三届中国化妆品科技大讲堂""中日化妆品国际交流协会首次年度交流会""第二届中国化妆品法规国际研讨会——化妆品原料法规国际研讨会""第三届体质养颜技术与产品推广交流会"。参加学术活动的企业科技工作者、中青年科技人员、国内外专家学者计540人次。

参与海淀区科技周、全国科普日及科教进社区活动期间，参加活动的科技人员及专家28人次，覆盖社区4个，受益群众500余人，免费发放宣传册和日化产品及化妆品试用装计1500余份；现场咨询服务、测试皮肤300余人次；讲解14种洗涤用品的使用方法和"皮肤养护与人体保健"知识等。

组织会员单位参加"第十届北京礼物旅游商品大赛"，一轻日化集团有限公司"宝贝"儿童化妆品套装和北京日光集团止痒护发三件套获得优秀奖。会同中国洗涤工业协会及韩国首尔产业通商振兴院分别举办了2013中国国际清洁产业博览会及化妆品展销会，并组织15家会员单位参观和展卖。与民生银行联络与沟通，为企业发展和促进科技改造，争取融资金额2亿元。

开展企业诚信活动，参加"2013年北京信用论坛暨北京企业诚信论坛"。北京绿伞化学股份有限公司、北京章光101科技股份有限公司、北京新时代健康产业（集团）有限公司参加了北京企业诚信经营承诺活动；北京日光精细化工技术研究所、北京靓妃化妆品有限公司获得"北京优秀诚信企业"及"优秀诚信品牌"的称号。

组织开展中国科协会员日活动，组织科技工作者30余人参观"复兴之路"大型展览，召开了科技工作者座谈会，组织30余人进行学术交流等。

协助政府，宣传制定化妆品政策法规，收集整理了2008年至2013年初北京市药监局关于化妆品的法规文件，装订成册，下发会员单位。整理、撰写化妆品生产许可制度研究报告，整理、编辑了中、美、日、韩、欧盟等国（地区）化妆品法规及制作进口化妆品注册法规体系的电子文档。参加北京电视台生活频道"婴幼儿化妆品节目"录制，并为中国消费者报等社会媒体撰写了访问稿件。编辑《北京日化》杂志4期。利用网站提供科技新闻、协会动态、宣传政策法规和行业动态，报道行业发展情况。

（刘 洪）

【北京市手工业生产合作社联合总社】 2013年，北京联社收回投资收益700万元，联社净资产达到3.47亿元；联社投资控股的轻工集团主营业务收入2.27亿元，轻工集团同比口径计算实际完成利润总额1969万元，取得投资企业分红收益81万元。联社在企业改制中发挥重要作用。北京东方电气公司由四方出资6500万成立北京隆达东方电气有限公司，联社委派一名监事参与企业管理，联社出资额增加1010.42万元，提高了联社投资资产质量，实现联社资产的保值增值。按照集体企业条例，按利益共享、风险共担的原则，对联社系统在职会员（职工）连续6年效益"分红"。

优化联社对企业投资的结构，投资有进有退。北泡集团改制，联社与改制企业签订股权转让协议，将股权34.76万元转让给北京北箱信发包装有限公司，按协议规定收回在北泡投资。北京雪花公司与城建公司成立合资公司对北京雪花公司大兴厂区开发，联社作为企业股东同意以轻工雪花公司的等额资产为隆达公司的担保提供反担保，为企业开展正常的经营活动提供了帮助，提高了企业市场竞争力。

轻工集团贸易业规避资金风险，巩固精铝、普铝、合金铝三块成熟贸易业务，贸易总收入1.36亿元，其中外贸年度总成交金额1750多万美元。轻工集团对"闲置资金"和"闲散资金"有效运作，通过两级资金管理体系，使全集团系统的资产、资金形成一体化。提升经营管理软实力，颁布实施管理制度36项。加强后备人才队伍培养。聘请北京双高人才发展中心中青年干部进行综合素质测评，建立了后备人才数据库。开展学习交流，组织联社及下属企业分两批赴重庆考察。

（霍永峰）

【北京市京郊中小企业发展促进会】 2013年，促进会组团赴迁安商务考察，创造商机，曲美家具的迁安店装修完毕开业，蟹岛集团环保设备制造新项目落户迁安工作正在筹备。组织20多家机电行业的会员企业登门拜访北京京城机电控股集团，促成双方产业、产品对接。组织会员企业走出去开展国际经贸合作。赴印度、尼泊尔进行"投资环境与经贸合作"考察。组织10多家会员单位参加河北望都县招商引资项目推介会，北方企业集团的汽车板簧厂迁址事宜达成合作协议。组团参加在北京国家会议中心召开的"第四届世界工商协会论坛”，18家会员企业参加。组织到丹江口市“饮水思源”商务考察活动，考察团全体成员表示共同捐资为一所库区移民小学购置教学器材，用北京独有的汉白玉雕刻题词：“南水北调，同饮一江水，北石南运，共是一家人。”

（北京市京郊中小企业发展促进会）

【北京企业投资协会】 2013年，协助市经信委组织减轻企业负担政策宣传周现场咨询活动，参与拟订活动方案、问题梳理归类，组织32家企业参会。协助市经信委组织两场企业减负和惠企政策巡讲会，邀请工信部中小企业发展中心、市经信委、市国税局等政府部门工作人员，讲解营改增对工业、服务业影响，介绍现行惠企税收政策。组织“政企面对面”减负政策交流会，27家企业负责人参加。组织核心会员赴南京调研，学习江苏省经信委减负办工作经验，研究和探讨在北京设立同类型政府资金的可行性。编制印发了《北京市企业减负政策汇编》《中关村惠企政策汇编》两套材料，帮助企业把握政策。

完成北京市社会组织等级评定工作，获得4A级社会组织资质。组织100余家高新技术企业，进行高新技术企业减负政策专场宣贯。组织融资对接活动，解决企业融资困难，为20余家中小企业解决了融资需求。

（北京企业投资协会）

【北京嵌入式系统技术行业协会】 2013年，协会贯彻北京市政府购买服务项目，和北京工业大学电机工程学院合作“全民上网实现中国梦的快速道”计算机培训项目，协会负责组织，工大负责教学。

协助北京工业大学激光学院主办的“第三届激光先进制造技术应用研讨会”，参会100余人。与北京工业大学联合举办科技周活动，在朝阳区分会场举办了“太阳能电池应用及技术发展”报告会，参会100人。

协会帮助北京柏瑞安电子技术有限公司解决在北京经济技术开发区地热源泵工程注册验收、登记注册问题，使该项目成为合格项目。协会配合安博教育集团，申请在开发区新建综合实验基地，占用面积5万平方米，获得开发区批准。发挥智囊团作用，推动嵌入式技术发展。在北京市政协会议中心会议厅召开顾问专家委员会、科技专家委员会会议，参会53人。

开展教育培训，工业和信息化部教育与考试中心授权，北京嵌入式系统技术行业协会为培训基地，负责电子商务、软件工程师、嵌入式设计师等专业培训。协会与北京工业大学实验学院、北京联合大学自动化学院共同开办嵌入式设计师专业培训，两校负责教学，协会发放教材、考试大纲和教育计划。

成立机器人专业委员会、汽车电子专业委员会、特种材料与加工专业委员会、测量与认证专业委员会、物联网专业委员会、电磁兼容专业委员会，完成机构及专业委员会人员的组建工作。

（荫寿琪　谭家骏）

【北京市调味品协会】 年初，协会更换会长单位，由原北京市金狮龙门食品有限公司更换为北京六必居食品有限公司。1月31日，协会在北京金狮龙门食品有限公司召开北京市调味品协会第四届一次会员大会暨理事会，选举杜吉信担任新一届协会会长、王建华为监事长，表决通过了《章程修正案》，以投票的形式通过了《北京市调味品协会会费管理办法》。

年内，邀请北京市产品质量监督检验所副主任吴颖对全体会员单位做专题培训，讲解新的《北京市食品生产许可证管理办法》；组织协会会员参加了北京市卫生局组织的“食品安全企业标准备案工作培训”；完成北京市卫生局食品安全企业标准专家库专家的推荐工作；参与北京市食品地方标准清理意见反馈信息；组织有关部门会员企业参加北京市卫生局食品营养标签问卷的调查。

（北京市调味品协会）

企 业

【北京华大智宝电子系统有限公司】 简称华大智宝，成立于2004年，是一家致力于数据安全、移动互联等领域并提供高端智能产品和服务的高新技术企业。经多年发展，华大智宝成为集研发、生产、销售和服务为一体的综合提供商，公司涵盖智能卡、数据安全产品、整机终端、应用解决方案等产品体系，产品包括安全芯片、锂电池芯片等芯片系列产品，USB-Key、SD Key、Token等金融支付认证系列产品，加密机、智能用热控制终端、移动金融服务终端等信息安全整机产品，SIM卡、社保卡、加油卡等智能卡系列产品以及读卡器等产品，年均成果转化达20项。产品已进入金融、电信、社保、外交、电子政务及公用事业等多个领域，并远销美国、俄罗斯、澳大利亚、越南、新加坡、印度等地。主要客户涵盖了相关领域的知名企业及机构，如中国移动、中国联通及中国电信三大运营商；中国石化及中国石油两大石油行业领导企业；建设银行、工商银行、北京银行及农业银行等大型金融机构；外交部及交通部等国家部委机构等。公司生产基地配备多条智能卡和信息安全产品的封装加工、个人化生产线，引进国际先进的生产管理体系，建立了原材料采购、质量控制、自动化生产流程，保证了大批量生产产品的品质要求。

地址：朝阳区高家园1号

邮编：100015

电话：84576888

传真：64364487

网址：www.bhz.com.cn

电子邮箱：market@bhz.com.cn

法定代表人：刘晋平

（陈 珊）

【北京中材人工晶体研究院有限公司】 简称晶体公司，是隶属于中国中材集团公司的高新技术企业，前身是成立于1963年的中材人工晶体研究院。公司专业从事人工合成晶体材料、高性能陶瓷材料、先进功能复合材料及制品的研发、生产和销售。晶体公司具有雄厚的科技开发实力，先后承担国家科技攻关计划、国家"863"计划、国家自然科学基金、国防军品配套项目、北京市各类科技项目等共计200余项，取得了200多项技术鉴定成果；负责起草了近百项国家标准和行业标准；荣获国家科技进步一等奖2项、二等奖5项、杜邦科技创新奖2项、部级科技奖40余项；拥有国内外专利数十项；参与国家多项目重大工程（如探月工程、载人航天工程、神光Ⅱ、北京奥运工程）的科研任务。开发新产品上百种，形成了光电功能晶体材料、红外光学材料、先进功能复合材料、超硬材料、高性能陶瓷材料为主的五大系列高科技产品，如人造水晶及制品、非线性光学晶体、红外晶体、激光晶体、闪烁晶体、金刚石薄膜及制品、特种陶瓷及制品以及合成云母及制品等。具备多种晶体生长技术（包括提拉法、坩埚下降法、泡生法、改进熔盐法、冷坩埚法、高温高压法、各种薄膜生长方法等）、加工技术及设备，是首批100家具有进出口经营权的科研院所之一。

地址：朝阳区东坝红松园一号院

邮编：100018

电话：65492620

传真：65492622

网址：www.risc.com.cn

法定代表人：张伟儒

（陈 珊）

【北京谊安医疗系统股份有限公司】 简称谊安医疗，成立于2001年，是中国领先的手术室、ICU设备研发制造厂商及医疗系统解决方案提供商之一，注册资本达1.05亿元。业务涵盖麻醉与手术支持、急救与危重症治疗、医疗工程设备三大产品组合以及医用层流净化解决方案、环境及设备配置、集中供气、流程质控、信息一体化等五大医疗系统解决方案。谊安麻醉机、呼吸机、吊塔在国内市场占有率名列前茅，已有61款产品获得欧盟CE认证，销往全球120多个国家和地区。其中Shangrila510急救呼吸机在2008年8月成为北京奥运场馆唯一承担现场急救的呼吸机品牌。由谊安制造的麻醉机和危重症呼吸机在2008年和2013年分别通过美国FDA 510K认可，在中国企业中第一个登陆美国市场。在美国宾夕法尼亚、中国北京和上海，谊安建有三大研发中心。谊安一直坚持自主创新，至今已经获得授权和申报的专利达800余项，其中发明专利500余项；研发人数超过30%，每年的研发经费均超过销售收入的10%。多年来，谊安产品陆续承担"国家火炬计划"和"国家科技支撑计划"项目，产品荣膺"国家重点新产品""北京市自主创新产品"等称号；谊安公司被评为中关村科技园区创新型试点企业、中关村国家自主创新示范区"十百千工程"企业、北京市企业技术中心、北京生物医药产业跨越发展工程（G20工程）规模企业。2013年，该公司实现工业总产值1.8亿元。

地址：丰台区科学城航丰路4号
邮编：100070
电话：83681616
传真：63718989
网址：www.aeonmed.com
电子邮箱：panlihua@aeonmed.com
法定代表人：李长缨

（杨 婷）

【北京天山新材料技术股份有限公司】 是北京市高新技术企业，成立于1993年底，坐落在风景优美的北京市八大处高科技园区。主要以专业研究、开发、生产、销售工程胶黏剂及辅助产品而著称于中国工程胶黏剂领域。天山公司拥有一支高素质的、充满活力和锐意进取的员工队伍，60%以上员工具有大学以上学历，其中包括技术实力雄厚的科研开发队伍和具有专业销售素质的销售队伍。2013年实现销售收入3.65亿元，利润6206.83亿元。

地址：八大处高科技园区中园路7号
邮编：100041
电话：88795588
传真：68865252
网址：www.ts.com.cn
法定代表人：王兵

（李雅娜）

【北京意科能源技术有限公司】 简称北京意科，成立于1993年，是集技术开发、生产、销售及工程服务为一体的高新技术企业，是国内最早涉足太阳能产业的高科技公司之一。公司成立20年来，业务种类已经从太阳能、电力通信等业务的基础上逐步拓展到风电、储能、节能环保等领域，涵盖发电、通信、石油、电力等多个行业。公司紧紧抓住国内、外新能源市场增长的机遇，以集团公司完整的太阳能产业链为依托，经过近3年的快速发展，已经形成集投资、生产、销售、电站建设与运营、工程总包等多项职能于一身的强大经营实体。公司业务迅速发展，客户遍及国内外，业务应用领域涵盖电信、石油、电力、交通、教育等行业，在国内外新能源及通信行业中具有重要的地位。2013年实现销售收入1.09亿元。

地址：石景山区八大处科技园实兴大街11号
邮编：100041
电话：68896688
传真：68896536
网址：www.bjecom.com/cn/index
法定代表人：何怀兴

（李雅娜）

【北京天宇朗通通信设备股份有限公司】 2004年7月在京成立，中国少数拥有自主研发实力并进行全市场运作的的手机厂商之一，2012年已成为移动互联网运营商之一。具有700名全球手机研发专家组建的世界顶级手机研发实验室，同时具备主板设计、工业设计、结构设计、软硬件设计、手机测试等方面的全面研发实力，为全球手机厂商提供智能手机搭载的云OS操作系统。公司根据运营商的需求打造差异化产品，并在社会化渠道方面鼎力配合。面对智能手机领域的新机遇，2011年，天语手机率先在业界推出了首款搭载了云OS操作系统的云智能手机，开启了"云智能时代"，也完成了天语手机从一个传统的硬件厂商转型成为移动互联网运营商的里程碑式的跨越。2012年，天语手机凭借其成熟的硬件制造实力和云OS强有力的市场竞争力，不断完善属于中国人自己的智能手机操作系统，持续完成产品的升级和创新。天语手机有1600家渠道商，产品遍及国内每个角落，并已踏足亚洲、非洲、欧洲等22个国家。同时，天语手机还拥有中国最大的售后服务体系和健全的售后平台。700余家授权售后服务站基本覆盖了全国的一、二、三级城市和部分重点四级城市。高效的技术支持与物料供给，实现了维修站到营业厅的无障碍对接。2013年完成产值58亿元，同比增长60%；税金1700万元，同比增长 120%。

地址：通州区中关村科技园区通州园光机电一体化产业基地嘉创二路 55 号
邮编：101111
电话：58929211
传真：58954544
网址：www.k-touch.cn
电子邮箱：gw@ k-touch.cn
法定代表人：荣秀丽

（朱宝刚）

【北京二商大红门肉类食品有限公司】 成立于 2003 年 5 月，是北京二商集团投资建设的集生猪屠宰、肉制品加工、冷藏储运、连锁销售为一体的大型现代化肉类加工企业。公司地处通州区潞城镇食品工业园区，占地 6.67 万平方米，一期工程投资 1.5 亿元，引进具有国际先进水平的荷兰施托克全套屠宰分割加工设备，采用米达斯三点全自动击晕系统、真空放血、自动蒸汽烫毛隧道、火焰燎毛炉、同步检测线、二段式预冷排酸工艺，以及国际先进的自动分割生产线，设计达到班屠宰生猪3000头。熟肉制品二期工程投资1.5亿元进行改造的原低温肉制品车间，达到日产量高低温肉制品 100 吨，年产高低温肉制品 3 万吨。企业主要产品有生、熟肉制品两大类，生肉制品以白条肉、冷却排酸肉及分割肉为主，熟肉制品以速冻、酱卤类、灌制类、火腿类、熏烤类为主。公司生产的“大红门”品牌生、熟肉制品深受政府和消费者信任，多次承担两会及中央和北京市重大活动的特供任务，是北京市政府实施“肉蛋菜食品放心工程”的重点企业。2013 年完成产值 17.8 亿元，同比增长 25%；税金 450 万元。

地址：通州区潞城镇食品工业园区武兴北路 1 号
邮编：101101
电话：61520289
传真：61520289
网址：www.esdhm.com
电子邮箱：esdhm@163.com
法定代表人：吴启成

（朱宝刚）

【北京昆仑华港清洁能源技术开发有限公司】 注册于 2011 年 4 月 28 日，注册资金 3000 万元，是华港燃气集团有限公司的全资子公司。主要经营范围是技术推广；销售管道天然气、压缩天然气、液化天然气、煤层气（以上销售范围限北京以外地区分支机构经营）、通用设备、专用设备；危险货物运输和租赁通用设备、专用设备。公司主要业务是经营华北油田自产天然气和转供陕京天然气的销售与结算，以批发为主；2012 年扩展 LNG 液化天然气业务，建设 LNG 加注站 1 座，为北京公交车辆加气服务。石油天然气主要销售区域为北京周边市场及河北的廊坊、霸州、永清等地；下游客户有廊坊华油天成天然气销售有限公司、霸州华港石油天然气销售有限公司，二者均是华港燃气集团的子公司，以及社会单位的永清中油昆仑燃气有限公司、北京中油公交石油销售有限公司、北京公共交通控股集团有限公司等。公司为一般纳税人绿卡企业，2011 年 5 月正式运营。现有员工 37 人，其中在职职工 11 人、劳务派遣工 7 人、外雇工 19 人。2013 年完成产值 10.4 亿元，同比增长 4.73%；税金 4716 万元。

地址：通州区中关村科技园区通州园光机电一体化产业基地嘉创路 10 号枢密苑 c1 座
邮编：101111
电话：81503198
传真：81503198
电子邮箱：rqc_ll@163.com
法定代表人：赵随年

（朱宝刚）

【甘李药业有限公司】 成立于 1998 年，是一家集科研、开发、生产、销售于一体的高科技生物制药企业。公司在生物合成人胰岛素及其类似物的开发、研制和生产等方面均处于国内外领先地位，是目前国内唯一专注于生物合成人胰岛素的专业公司。公司产品线品种齐全，产品质量达到了欧美药典标准。1998 年甘李的创始人甘忠如博士和他的胰岛素小组研制出中国第一支生物合成人胰岛素注射液，被 587 名两院院士评为中国十大科技进步新闻之一，并获得 2002 年度国家科学技术进步奖。2001 年研制出中国第一支超速效人胰岛素类似物速秀霖；2002 年研制出中国第一支长效人胰岛素类似物长秀霖；2004 年在北京建成亚洲第一、世界第三大的现代化生物合成人胰岛素生产基地。公司占地面积 3.8 万平方米，建筑面积 5000 平方米，资产总额 1.54 亿元，主要产品为人工胰岛素。现有职工 499 人，本地劳动力 23 人。2013 年完成产值 6.1 亿元，同比增长 57%；税金 1.6 亿元，同比增长 46%。位于开发区南区的甘李药业胰岛素产业园一期项目，投资 7.2 亿元，目前已完成打桩、开槽和临建建设，两厂房一层主体封顶。该项目 2013 年已完成投资 1.67 亿元。

地址：通州区漷兴西三街
邮编：101109
电话：56965155

传真：60504998
网址：www.ganlee.com
电子邮箱：wangshengyang@ganlee.com
法定代表人：甘忠如

（朱宝刚）

【北京汽车动力总成有限公司】 公司总用地面积103.93万平方米，其中建设用地面积约66.67万平方米，计划投资总额109亿元，基地由研发中心、发动机工厂和变速器工厂构成。成为集研发、设计、制造为一体，集成化、模块化生产，国内领先、国际一流的动力总成基地。项目计划分两期建设，目前已开工建设。一期投资65.9亿元，建筑面积50.8万平万米；二期投资43.7亿元，建筑面积8.5万平方米。2013年完成产值3.9亿元；税金750万元，同比增长8%。
地址：通州区经济开发区东区靓丽三街1号
邮编：101108
电话：80868806
传真：80868803
法定代表人：田安民

（朱宝刚）

【北京海纳川江森汽车部件有限公司】 简称海纳川江森，是北京江森汽车部件有限公司投资的全资子公司；北京江森汽车部件有限公司由美国江森自控汽车内饰投资有限公司（51%）和北京海纳川汽车部件股份有限公司（49%）共同出资组建；北京海纳川汽车部件股份有限公司是北京汽车工业控股有限责任公司子公司，注册资金10亿元，拥有29家子公司（包括11家中外合资合作企业），是北京奔驰、北京现代、福田的主要股东。北京海纳川江森汽车部件有限公司位于瀛海镇工业区内，是大兴区和北京经济技术开发区行政资源整合后的两区第一个联合招商项目，注册资金100万元，总投资1.4亿元，占地2.39万平方米，建筑面积1.4万平方米（生产厂房面积1.2万平方米）；2011年7月开工建设，2011年底主体完工，2012年3月投产，年生产8万辆套奔驰汽车内饰和座椅，包括奔驰E级、C级轿车、GLK全系的座椅和内饰。2013年产值22亿元，收入22.7亿元，利润6227万元，上缴税金5141万元。
地址：大兴区瀛海镇镇区瀛顺路
邮编：100076
电话：63173722
传真：63132253
法定代表人：赵跃华

（李淑敏）

【北京民海生物科技有限公司】 简称民海公司，成立于2004年6月，位于中关村科技园区大兴生物医药产业基地，是一家专业从事人用疫苗类产品研发、生产和销售的企业。民海公司注册资本2亿元，总投资7亿多元建设了一个国内先进的新型疫苗研发中心，以及由12个生产车间组成的占地6万多平方米的现代化疫苗生产基地。民海公司于2009年被认定为国家级高新技术企业，于2010年成功入选北京市首批G20工程潜力企业。2011年民海公司研发中心被北京市科委授予“结合疫苗新技术研究北京市重点实验室”。2012年被北京市发改委授予“新型疫苗北京市工程实验室”。2013年被国家人保部批准设立“博士后科研工作站”。2014年被北京市科委认定为“新型疫苗北京市国际科技合作基地”。2013年，民海公司自主创新的国家“863”项目“无细胞百白破b型流感嗜血杆菌联合疫苗”（填补国内空白）和北京市政府重点支持的“b型流感嗜血杆菌结合疫苗”、“麻疹风疹联合减毒活疫苗”3个疫苗品种顺利通过新版GMP认证并成功上市。2013年实现产值4亿多元，纳税近千万元，解决就业人数500多人。一期基地新增投资2亿多元的“23价肺炎球菌多糖疫苗”和“冻干人用狂犬病疫苗（MRC-5细胞）”2个车间已经建设完成。
地址：大兴区中关村科技园区生物医药产业基地思邈路1号
邮编：102600
电话：59613600
传真：59613655
网址：www.biominhai.com
法定代表人：杜伟民

（李淑敏）

【北京三元食品股份有限公司】 简称三元食品，前身是成立于1956年的北京市牛奶总站，1968年更名为北京市牛奶公司，1997年成立北京三元食品有限公司，2001年公司改制成为北京三元食品股份有限公司，2003年在上海证券交易所成功上市，公司总股本8.85亿股。三元食品产品涵盖屋形包装鲜奶系列、超高温灭菌奶系列、酸奶系列、袋装鲜奶系列、奶粉系列、干酪系列及各种乳饮料、冷食、宫廷乳制品等百余品种，日处理鲜奶达1000余吨。三元食品顺利通过了ISO 9000、ISO 14000、ISO 22000、OHSAS 18000四大管理体系的审核，成为通过四合一管理体系整合的食品企业。公司是国家、中小学质量教育社会实践基地、国家技术创新示范企业、国家级企业技术中心。三元食品公司2009年开始在大兴区瀛海镇工业园区投资 8.2 亿元（固定资产投资 6.8 亿元）建设食品工业园，占地面积 19.4 万平方米，厂房建筑面积 10 万平方米，日设计产能 1200 吨，产品包括常温奶、低温鲜奶、低温酸奶、瓶装奶及干酪等五大类百余品种。2013 年实现产值 19.3 亿元、收入 25.9 亿元、利润 −5039 万元、纳税 7098 万元。

地址：大兴区瀛海镇瀛昌街 8 号

邮编：100076

电话：56306666

网址：www.sanyuan.com.cn

法定代表人：张福平

（李淑敏）

【北京铁路信号有限公司】 是集科技研发、生产制造、产品销售、技术服务于一体的铁路信号专用设备和轨道交通信号控制设备专业公司，隶属于中国铁路通信信号股份有限公司。公司产品几乎覆盖高速铁路、客运专线或普速线路所有的列控设备，主要包括轨道电路、车载 ATP、地面应答器、列控中心等设备。ZPW-2000 型无绝缘轨道电路设备实现列车占用检查和向车载设备传递列控信息，2007 年该系统获国家科学技术进步二等奖；CTCS3-300T 型列控车载 ATP 设备是基于地面数据和列车特性参数计算制动曲线，用于列车超速防护控制；地面应答器设备向车载设备传送线路参数、线路速度等信息。公司先后向下列线路提供了列控系统设备和技术服务：中国第一条时速 350 公里京津城际铁路；第一条具有自主知识产权、时速 350 公里武广高铁；世界上一次建成线路里程最长、技术标准最高、自主创新亮点最多的京沪高铁；中国第一条最寒冷线路哈大高铁。公司累计向中国 25 条高铁 / 客运专线提供了列控系统设备和技术服务，产品遍布全国 18 个铁路局。2013 年，公司资产总额 22.4 亿元，2013 年营业收入 13.75 亿元、利润总额 2.45 亿元。

地址：大兴区狼垡四村西路 456 号

邮编：102613

电话：51214022

传真：51853055

网址：www.brsf.com.cn/

电子邮箱：brsfcb@brsf.com.cn

法定代表人：康文

（李淑敏）

【北京同仁堂制药有限公司】 是中国北京同仁堂（集团）有限责任公司与香港泉昌企业有限公司合资组建。公司产品拥有 90 余个品种，包括丸剂、颗粒剂、片剂、胶囊剂、浓缩丸及散剂。并根据市场需求逐步开发新药产品、新剂型。公司位于中关村科技园大兴生物医药产业基地，2005 年底通过 GMP 认证并于 2006 年初投入使用，占地面积 3.68 万平方米。基地引进了先进的丸剂生产线，实现了丸剂机制及微波干燥的流水线生产。北京同仁堂生产的各种中成药由于处方独特、选料上乘、工艺精湛而疗效显著。其较先进的设备、生产工艺及管理系统的信息化、网络化，提高了中药生产的自动化水平，增强了企业的核心竞争力。主要产品有皮肤病血毒丸、龙胆泻肝丸、久强脑立清、参苓白术丸、清肺抑火丸、香砂和胃丸等。2013 年，销售收入 1.82 亿元，利润 3032 万元。

地址：大兴区黄村镇北京生物工程与医药产业基地永旺路 29 号

邮编：102600

电话：61252233−8032

传真：61252990

网址：www.trt-pharma.com

电子邮箱：info@trt-pharma.com

法定代表人：梅群

（李淑敏）

【北京星光影视设备科技股份有限公司】 简称星光，成立于 2000 年 9 月，是主要生产影视照明灯光设备的高科技企业。公司占地面积 3 万平方米，注册资金 1.41 亿元，企业总资产 12.23 亿元。主导产品影视灯具设备的技术水平处于国内外同行业领先水平，市场占有率 70%以上，产品畅销意大利、美国、德国及东南亚地区。星光研发的大功率投影幻灯系列、灯杯形系列冷光灯、大功率 LED 系列灯具等产品，已应用在国家重点工程，如国家体育馆（鸟巢）景观照明工程、北京奥运会开闭幕式、天安门广场夜景照明、新中国成立 60 周年大型音乐舞蹈史诗《复兴之路》、秦岭隧道照明、中央电视台的春节联欢晚会、上海世博会、广州亚运会点火仪式、长安大戏院、北京人民大会堂等，连续获得了广电行业十大品牌。2010 年被评为北京市专利示范单位。2013 年，星光共投入科技经费 2500 万元，拥有专业灯光设计人员 198 人，申报核心技术专利 197 项，其中发明专利 56 项、实用新型专利 84 项、外观设计 42 项、软件著作权 13 项、涉外专利 1 项(欧洲专利 1 项)。2013 年销售收入 8.16 亿元，纳税总额 4015 万元，利润总额 1.20 亿元。

地址：大兴区西红门镇星光巷 7 号

邮编：100162

电话：60251752

传真：60251751
网址：www.starlighting.com.cn
电子邮箱：60256494@163.com
法定代表人：陈瑞福

（李淑敏）

【北京以岭药业有限公司】 成立于2006年10月，注册资本8800万元。其主营业务为专利中药新药及保健品的研发、生产和销售，是国家高新技术企业、国家专利试点企业、北京G2O工程企业和中关村首批“十百千”工程重点培育企业。公司董事长吴以岭院士获得国家技术发明二等奖在内的等5项国家大奖。公司随控股公司石家庄以岭药业股份有限公司于2011年7月28日在深交所上市。公司现有专利新药参松养心胶囊和连花清瘟颗粒在市场上销售，被认定为北京市第十批自主创新产品，进入2012年度国家基本药物目录。参松养心胶囊用于治疗快慢速心律失常，具有快慢兼治的显著疗效，填补了心律失常快慢综合症治疗药物的空白，并因此获得2009年度国家科学技术进步二等奖，是2012年国家中药二级保护品种。连花清瘟胶囊/颗粒为国家重点新产品，2009年甲流防控发挥积极作用，列入卫生部《人感染甲型H1N1流感诊疗方案》及《中药饮片和中成药的储备品种》。“连花清瘟胶囊治疗流行性感冒研究”获2011年度国家科学技术进步二等奖。2013年，该产品又列入国家卫计委《人感染禽流感H7N9诊疗方案》。公司固体制剂车间按照欧盟GMP标准设计建造，具备年生产片剂15亿片、胶囊27亿粒、颗粒剂3亿袋的生产能力，实现年产值30亿元。2个车间的胶囊剂和颗粒剂生产线全部通过新版GMP认证。2013年实现销售收入8.1亿元，产值8.04亿元，纳税8100余万元。

地址：大兴区生物医药产业基地天富街17号
邮编：102600
电话：59705129
传真：59705129
网址：www.yiling.cn
电子邮箱：luzhenzhen@yiling.cn
法定代表人：吴相君

（李淑敏）

【北京博德世达石油技术股份有限公司】 简称博德石油，是集研发、生产和技术服务为一体的综合性油气田开发公司，是国家认定的高新技术企业、北京市认定的北京科技研究开发机构、北京市知识产权局认定的企业知识产权管理标准化单位。2013年10月，公司在全国中小企业股份转让系统挂牌，股票名称：博德石油，股票代码：430321。博德石油的产品和技术服务主要集中于完井工具的研发、生产及技术服务；套管钻井和旋转固井的方案设计及技术服务；钻杆输送式测井与微地震监测等三大领域。公司致力于科技创新，已获得发明专利及实用新型专利10余项，多项产品已通过美国石油学会（API）的产品认证。公司的生产、销售及技术服务体系已经通过ISO 9001质量体系认证以及安全、环境与健康管理体系（HSES）认证。博德石油以提供油气田开发整体解决方案为目标，以自主研发新产品及整合国际先进技术为依托，立足于高科技和环保优势，促进国际交流合作，努力提高服务质量，不断强化科技创新。2013年销售收入92.8万元，利润总额167.2万元。

地址：昌平区科技园区超前路甲1号6号楼
邮编：102200
电话：57325832
传真：57325829
网址：www.petrostaroil.com
电子邮箱：hr@petrostaroil.com
法定代表人：蔡万伟

（魏轶楠）

【北京星原丰泰电子技术股份有限公司】 成立于2004年，坐落于昌平区沙河镇豆各庄彩易达科技园内，总面积为1万平方米，注册资金1700万元。2013年7月，公司在全国中小企业股份转让系统挂牌，股票名称：星原丰泰，股票代码：430233。星原丰泰是专业从事高频模块电源研发、生产、销售于一体的高新技术企业，主要生产满足工业级以上应用标准的DC-DC系列、AC-DC系列及DC-AC系列高频模块电源产品与开板组合电源。公司依托在电源研发方面与行业应用方面的技术积累，为客户提供具有行业针对性的整体电源解决方案，以及电源产品的行业应用服务。公司通过多年的模块电源技术开发及制造经验的积累，具有雄厚的技术研发力量和先进的电源生产检测工艺，拥有完整的半自动化电源生产线及严格的质量管理、控制工艺流程。公司产品广泛应用于邮电通信、铁路、电力机械、工控、公路、航空航天、军工及新能源等领域，已成为国内模块电源的主要供应商。2013年销售收入3101.9万元，利润总额12.3万元。

地址：昌平区沙河镇豆各庄彩易达科技园
邮编：102206
电话：80733900
传真：80733900

网址：www.saps.cn
法定代表人：徐伟新

（魏轶楠）

【普康迪（北京）数码科技股份有限公司】 成立于2006年，是国内警务信息化领域的专业厂商，为大、中型警务应用系统的运行、管理、服务提供完整的解决方案。公司在全国中小企业股份转让系统挂牌，股票名称：普康迪，股票代码：430333。公司在上海、沈阳建有软件技术研发中心、系统软件研发中心、终端硬件研发中心、应用软件研发中心，通过将云计算、系统安全、嵌入式产品研发、移动互联应用等技术与公安的实战需求相结合，自主研发了涵盖基础平台、业务系统、终端产品、系统安全等应用的一系列软件产品，包括警务云平台、治安综合应用管理平台、特种行业治安管理信息系统、移动警务系统、地理信息系统、密钥及制卡系统、人像比对系统、实有人口管理系统等，可满足交警、治安、巡防、边防、刑侦等各警种的全方位管理需求。公司软件产品已经广泛应用于辽宁、新疆等地10多个省市公安厅（局）。在终端硬件方面，公司配套公安的移动执法需求，研发了移动警务、行业管控等2个产品系列近10款终端产品，其中MC206移动警务终端、NC100移动警务终端、PC300行业智能终端处于国内领先水平。2013年销售收入1373.1万元，利润总额229.3万元。

地址：昌平区科技园区超前路37号6号楼4层1225
邮编：102200
电话：51626871
传真：51626871
网址：www.saps.cn
邮箱：service@chinapcd.com
法定代表人：郭云霞

（魏轶楠）

【有研粉末新材料（北京）有限公司】 成立于2004年3月，由北京有色金属研究总院控股，专门从事有色金属粉末研发、生产、销售的国有股份制企业，主要生产铜粉、铜合金粉、锡粉、钴粉、超细铁全金粉及各种预合金粉末，为粉末冶金零件、金刚石工具、电碳制品和化工电子等行业提供优质的金属粉末原料及服务，是国内最大的有色金属粉末生产基地，生产能力和产品技术在国际市场处于先进行列。资产总额达3.1亿元，现有员工200人，其中教授级高工6人，本科以上学历38人。 企业属高新技术企业，专业技术力量雄厚。2005年公司研发中心落成并投入使用，2008年被认定为北京市企业技术中心；拥有发明专利38项，其他专利9项；自主研发产品曾获国家有色金属工业二等奖、北京市科技进步二等奖、北京市科技技术奖，6个项目通过部级科技成果鉴定。拥有一流的水雾化和空气雾化设备及专业的筛分、烧结和合金化设施，各种粉末年生产能力达到1.2万吨，国内有色金属粉末市场占有率达到35%以上。经北京市商务局批准，取得自营进出口权，在加拿大设立了海外销售公司，产品出口到英国、加拿大、日本、韩国、巴基斯坦、伊朗等国家；生产工艺和系统通过ISO 9001:2000质量体系认证和ISO 14001认证，所有产品完全符合REACH标准。2013年，生产各种金属粉末1.04万吨，销售9525吨；完成工业总产值5.3亿元，销售收入5.6亿元，上缴税金1194万元。

地址：怀柔区雁栖经济开发区雁栖南四街12号
邮编：101407
电话：61667638
传真：61667638
网址：www.gripm.com
电子邮箱：zyq@gripm.com
法定代表人：黄松涛

（张秋红）

【北京广振商工汽车部件有限公司】 位于怀柔区杨宋镇凤翔科技开发区，成立于2008年12月，由2003年成立的北京水兴广振汽车部件有限公司更名转化而来，由山东水兴橡塑集团和韩国广振商工株式会社合资兴建，占地2.2万平方米，建筑面积5736平方米，注册资金1680万元，现有员工150人。企业主要从事汽车零部件研发、设计、制造和销售，为北京现代汽车部件有限公司的一级配套厂商，主要生产和销售汽车车门玻璃升降器总成及其他类似产品。2011年6月，获批国家级高新技术企业；年底投资500万元建100平方米的产品测试实验室。2012年实验室正式落成并投入使用，专门用于测试和改善研发阶段和生产过程中的产品性能和质量。实验室落成后，改变了以往生产产品必须经过国外强化测试合格后，国内投入生产的固定模式，成为了自主研发、自主测试、生产销售一条龙的创新型企业。北京水兴广振汽车部件有限公司建厂时拥有2条生产线，年产量不足10万台套。2013年底发展为1条生产线，年生产能力16万台套，共生产汽车车门玻璃升降器685万台套，完成产值3.78亿元，销售收入3.79亿元，实现利税2300万元。

地址：怀柔区杨宋镇凤翔科技开发区安平园2号
邮编：101400
电话：61675033

传真：61678334
电子邮箱：bskauto@163.com
法定代表人：郑基范

（张秋红）

【北京太尔时代科技有限公司】 成立于2003年，是中国第一家专门从事研发、生产和销售工业级和桌面级3D打印机的高科技企业，现已发展成为国际领先、亚洲最大的3D打印机制造企业。其桌面级3D打印机UP！是全球三大品牌之一，在Windows8.1面市后，成为在全球范围内可与该操作系统接口的唯一产自中国的桌面级3D打印机。太尔时代是第一家将国产3D打印机出口海外的中国公司。公司已在美国、英国、俄罗斯、澳大利亚、日本、南非等国设立了40余家代理机构，国内销售网络已覆盖26个省、市区域。太尔时代3D打印机可应用于工业制造、航空航天、医疗、教育、文化创意等多个领域。UP!系列可用于小型产品打样、产品展示、市场调研、教学实践及个人DIY中。拥有多款工业级INSPIRE系列大型三维打印机和桌面型UP!系列三维打印机，而且3D打印机的控制系统、机械系统、打印材料等核心技术均为自主研发，并对此拥有完全自主的知识产权。太尔时代现有8000多平方米的生产基地，生产体系完备，加工设备先进，技工储备充裕，拥有一支专业化、年轻化的研发团队，其骨干均为博士、硕士，现已拥有10余项发明专利和实用新型专利以及核心软件的著作权。
地址：怀柔区雁栖经济开发区雁栖大街18号
邮编：101407
电话：51662221
传真：51662221-805
网址：www.tiertime.com
电子邮箱：tiertime@tiertime.net
法定代表人：郭戈

（张秋红）

【北京双得利科工贸有限责任公司】 是专业研发、生产、销售物联网水电气表的高新技术企业，是国内首家物联网水电气表系统解决方案的提供商。公司成立于1996年，注册资金2000万元，坐落于怀柔区雁栖经济开发区经纬工业园，占地面积1.25万平方米，建筑面积6000多平方米。公司拥有雄厚的技术实力和研发能力，与北京工业大学、中国联通公司等专业机构保持长期合作，建立了科研中心和实验室。公司已通过ISO 9001质量体系认证并获北京市“科技之光”百强创新品牌企业奖。公司的“基于物联网的水电气表运营支撑平台”项目获怀柔区科学技术硬课题一等奖，获“2010年信息北京十大应用入围成果奖”；“基于物联网的‘智慧仪表’能源管理及应用建设”项目获“2011中国城市信息化成果应用奖”。2013年产值9430万元、收入1.21亿元、实现利润3858万元。
地址：怀柔区北房镇经纬工业区
邮编：101400
电话：61684983
传真：61684979
网址：www.sangry.com
电子邮箱：sdl@sangry.com
法定代表人：彭明双

（张秋红）

【中材科技风电叶片股份有限公司】 简称中材叶片，成立于2007年6月，注册资本2.55亿元，总部位于北京八达岭经济开发区/北京市新能源产业基地，由中材科技股份有限公司（股票代码：002080）作为主要发起人组建，隶属于国务院国资委下属中央企业中国中材集团有限公司。是专业从事风电叶片及模具设计、制造、销售和技术服务的具有完全核心自主知识产权的高新技术企业，是国内最早形成兆瓦级风电叶片产业化的公司之一，是国内知名、北京地区唯一的兆瓦级风电叶片制造商。中材叶片资产总额20亿元，员工1500多人。中材叶片拥有多家国内一流风电主机客户，已实现2000余套不同型号的兆瓦级风电叶片在西北、东北、华北、南亚等地区上百个风电场装机，运行效果持续稳定可靠，得到了客户的普遍青睐。中材叶片拥有北京总部、甘肃酒泉、吉林白城3个兆瓦级风电叶片产业基地，其中北京总部拥有兆瓦级风电叶片示范基地、新产品设计开发中心、研发实验中心和模具制造中心，具有年产3000套兆瓦级风电叶片的生产能力。中材叶片产品开发实现了从1兆瓦、1.5兆瓦到3兆瓦系列化推进，有4个系列近10个型号产品。首次投放市场的1.5兆瓦/Sinoma 40.2风电叶片填补了国内空白，成为国内主流产品，相关技术多次获得行业技术进步一等奖。重点开发的3兆瓦风电叶片，采用最先进的设计理念和新型碳纤维的材料体系，是目前国内最大的碳纤风电叶片。2013年，主营业务收入15.4亿元，同比增长14.7%；利润2986万元，同比下降54.1%。
地址：延庆县八达岭经济开发区康西路261号
邮编：102101
电话：61162143
传真：61162500

网址：www.sinomablade.com.cn
电子邮箱：sale@sinomablade.com.cn
法定代表人：赵俊山

（宋 强）

【森特士兴集团股份有限公司】 原北京士兴钢结构有限公司，10余年来专注于为客户提供高端金属建筑围护系统、声屏障系统和钢结构工程的设计、制造、安装施工一体化服务；集团所属原森特（北京）国际建筑系统有限公司，主要承揽新型钢结构高铁站、会展中心、博览会展馆、文化体育场馆、机场候机楼、交通枢纽等大型公共建筑的金属屋面、墙面系统建设；2012年5月1日，集团各公司重新整合，经国家工商总局批准，更名为森特士兴集团股份有限公司，公司拥有钢结构工程专业承包一级资质，通过了ISO 9001质量管理体系认证、ISO 14001环境管理体系认证、GB/T 28001职业健康安全管理体系认证、美国FM认证；同时，也是中国钢结构协会会员企业，高新技术企业，全国首批国家级征信企业，北京市建设行业诚信企业，2010年被授予全国高科技低碳钢结构产业化示范基地。公司具备独立承接钢结构工程、围护系统工程、环保工程的咨询、设计、制作、施工的丰富经验，凭借精湛的专业技术、科学的企业管理、丰富的行业经验、敬业的经营团队，敢于竞争，善于创新，为客户提供完美、快捷、优质、高效的服务。公司具有先进的生产设备，包括国内领先的复合板及声屏障吸音板全自动生产线、自动剪板设备、自动成型设备以及其他高端建筑材料的生产设备。公司有独立的实验中心和先进的检测设备。2013年，主营业务收入11.3亿元，同比增长21.1%；利润2.4亿元，同比增长77.6%。
地址：北京市经济开发区BDA国际企业大道42号
邮编：100176
电话：67817692
传真：67817691
网址：www.centerint.com
法定代表人：刘爱森

（宋 强）

【舒泰神（北京）生物制药股份有限公司】 是以研发、生产和销售生物制品为主的制药企业，其前身是成立于2002年8月的舒泰神（北京）药业有限公司。2009年5月，公司改制成立股份有限公司，更名为"舒泰神（北京）生物制药股份有限公司"。公司主要产品是自主研制开发的国家Ⅰ类新药——注射用鼠神经生长因子"苏肽生"和国内唯一具有清肠和便秘2个适应症的清肠便秘类药物——聚乙二醇电解质散剂"舒泰清"，此外还生产阿司匹林肠溶片等3种药品。同时，尚有数个国家级Ⅰ类新药、具有自主知识产权的新药处于实验室到临床试验等不同研发或申报阶段。公司于2008年12月被认定为北京市高新技术企业、中关村高新技术企业；2009年12月被北京市政府、科技部和中国科学院联合命名为中关村国家自主创新示范区创新性企业，承担多项国家级、市级科技创新及产业化项目。主要产品先后被认定为"国家火炬计划产品""北京市高新技术成果转化项目""国家生物医药高技术产业化示范工程项目""北京市自主创新产品"，获得北京市科技进步三等奖。2013年实现营业收入8.93亿元，利润1.24亿元。
地址：北京经济技术开发区经海二路36号
邮编：100176
电话：67519888
传真：67519794
网址：www.staidson.com

（舒泰神）

【北京北一机床股份有限公司】 简称北一机床，是由北京京城机电控股有限责任公司控股的国有企业。北一机床主体承继了具有60余年悠久历史的北京第一机床厂的优质资产及机床业务，收购了北京第二机床厂有限公司的全部股权和北京机电院高技术股份公司机床业务与资产，并设立了北京机电院机床有限公司，与原北京第一机床厂境内及境外各子业务单元形成了北京机床产业集团的格局。公司在境内拥有顺义、良乡、通州、丰台、河北高碑店五大主机生产及配套基地，包括3个制造部和参控股子公司13家，境外全资子公司3家。北一机床产品有重型机床产品的数控龙门镗铣床、数控落地镗、数控立车、导轨磨床；中型机床产品的数控铣床、数控磨床、数控车床、加工中心、车铣复合机床、激光雕刻、钻削中心、五轴联动叶片/叶轮加工中心、数控珩磨机、高精度外圆磨床、普通外圆磨床、专用磨床、超精加工机床、自动生产线、普通铣床、成套设备、功能部件等。产品广泛应用于汽车、航空航天、船舶、发电设备、轨道交通、模具、通用机械等行业。2013年北一机床主营业务收入26.02亿元，利润总额3017万元。
地址：顺义区双河大街16号
邮编：101300
电话：89451560
传真：89451869
网址：www.byjc.com.cn
电子邮箱：office@byjc.com.cn

法定代表人：王旭

（刘赫第）

【北京京城国际融资租赁有限公司】 简称京城国际，成立于2010年9月2日。隶属于北京京城机电控股有限责任公司，主要经营范围是融资租赁业务、租赁业务、向国内外购买租赁财产、租赁财产的残值处理及维修、租赁交易咨询和担保。2013年京城国际业务收入3.02亿元，利润6300万元。

地址：北京市朝阳区建外大街光华东里8号中海广场中楼28层
邮编：100022
传真：59772323
电话：59772352
网址：www.jcifl.com
电子邮箱：zhangdx@jcifl.com
法定代表人：仇明

（刘赫第）

【北京京城新能源有限公司】 简称京城新能源，由北京京城机电控股有限责任公司、北京北重汽轮电机有限责任公司和北京重型电机厂共同出资组建，于2010年8月成立。厂区占地面积3.41万平方米；建筑面积3.68万平方米；生产性建筑面积3.02万平方米。京城新能源是北京京城机电控股有限责任公司旗下专业从事大型风力发电机组及关键部件设计、制造和风力发电场投资、建设、运营的新能源企业。公司有一流的产品设计和制造技术，完备的生产设施和整机满功率并网试验条件，并在风资源丰富地区建立了风电整机、关键部件生产基地，具备年产风电机组2000兆瓦和双馈异步风力发电机、大中型电动机2000兆瓦的生产能力。京城新能源具有优秀的人才队伍，员工人数479人。其中，工程技术人员87人，一线技术工人199人，教授级职称1人，高级职称23人，中级职称51人，初级职称42人，高级技师7人，技师18人，高级工87人。京城新能源通过技术引进和自主创新，现已形成1.5兆瓦、2兆瓦、3兆瓦、5兆瓦风电机组产品系列，其中包括3兆瓦海陆两用风电机组和5兆瓦海上风电机组。公司已有数百台风电机组并网发电、投入商业运营。2013年京城新能源实现主营业务收入2.28亿元。

地址：石景山区吴家村路57号
邮编：100040
电话：51792570
传真：51792570
网址：www.jcnewenergy.com
电子邮箱：zhang.yucheng@ jcnewenergy.com
法定代表人：仇明

（刘赫第）

【北京北仪创新真空技术有限责任公司】 该公司创建于1954年，总部位于中央商务区（CBD）的中心位置。生产基地位于大兴工业开发区，占地面积3.11万平方米，建筑面积4.55万平方米。2003年通过ISO 2000质量体系认证。共有真空获得、真空测量、真空应用三大类产品，从低真空到超高真空30多个系列160多个品种。产品广泛地应用于航天航空、电子信息、光学产业、冶金、建筑装饰、食品、纺织、电力环保及新能源等行业。北仪创新公司始终站在中国真空行业的前沿，并有多项科研成果获得国家专利。

地址：大兴工业开发区前高米店盛坊路仪器仪表基地
邮编：102600
电话：60251397
传真：60251210
网址：www.bjbyzk.com.cn
法定代表人：陈卫

（付宗义）

【北京京仪海福尔自动化仪表有限公司】 该公司是中国从事物位、流量仪表制造和相关专业自动化控制系统工程的著名企业。公司现为中国仪器仪表行业协会管理科学学会常务理事单位，中国仪器仪表行业协会物位仪表专业协会副会长和技术开发部部长单位。在行业内率先通过ISO 9001质量体系和ISO 14001环境体系认证。公司先后为国家石化、冶金、电力、水泥、粮食等行业的重点工程以及科研项目提供了数量可观、质量优良的自动化仪表产品，并参与和完成了国家级重点科研项目“大型工业过程自动化控制技术的研究”的分专题项目的研发。公司遵循“高技术起点、高素质员工、高效率运转、高质量产品与服务”的“四高”发展战略，大力调整产品结构，在大兴工业开发区仪器仪表产业基地内自行设计建立了高达24米的液位检测水塔、自动跟踪监测系统和高低温试验装置，为高端液位仪表的研发和功能检测提供了国内独有的设备条件。已开发成功的具有数字化、智能化的高精度物位仪表新产品通过了严苛的军标检测，在国家重点工程中使用。

地址：东城区安定门外安德路洲际大厦319室
邮编：100164
电话：60250310
传真：60250317
网址：www.hifor.com.cn

法定代表人：王智杰

（付宗义）

【北京京仪北方仪器仪表有限公司】 该公司秉承了30余年电能计量和振动测试领域的技术积累和专业制造经验，现形成两大系列产品，即以感应式单三相电能表、电子式单三相电能表、预付费电能表、多费率电能表、低压电力用户自动抄表系统为主导的智能型电能计量产品系列和以位移、速度、加速度传感器及振动分析仪器为主导的现场测试、状态监测仪器产品系列。为制造高品质产品，拓展国内及国际市场，公司先后通过了ISO 9001–2000质量体系认证，荷兰KEMA认证及国内相关机构的产品认证，并拥有自营进出口权，产品现以销售到世界10余个国家。

地址：大兴工业开发区前高米店盛坊路仪器仪表基地

邮编：102600

电话：60250334

传真：60257647

网址：www.bj3b.com.cn

法定代表人：王永胜

（付宗义）

【北京市自动化系统成套工程公司】 该公司是北京市认定的“高新技术企业”，设有北京市级企业技术中心——京仪BCC流体控制节能技术发展中心，注册资金3000万元，占地面积3.5万平方米，现有中、高级技术人员48人，中高级管理人员16人，取得了在各领域完成国家级省、部、市级重点工程和技改项目自动工程420余项的显著业绩，合同总额3亿多元，获得各类科技成果奖、优秀设计奖30余项。公司立足于能源、化工、冶金、城镇集中供热、水处理等领域，集产品研发、工程设计、营销服务和生产制造于一体。自有知识产权的机电一体化产品有：平衡型电动三通调节阀、E3000暖通空调仪表、蒸汽泵热机组、加氯机、吹氧成套设备。公司1998年通过ISO 9000质量体系认证。

地址：东城区安德路地兴居9号

邮编：100011

电话：84113335

传真：84119678

网址：www.bcc.net.cn

法定代表人：殷毅刚

（付宗义）

【北京普莱克斯实用气体有限公司】 1993年成立，是由美国普莱克斯实用气体有限公司与北化集团及建行信达公司合资成立，现有在岗员工220人。主要从事工业、医用气体产品的生产、销售，具有全系列高质量气体产品生产能力及全中国最大的瓶装气生产基地。产品年销售收入近2亿元。2013年获高新技术企业称号。近年来，公司主动适应首都经济的发展需求，在绿色环保行业和新兴行业方面积极开发利于客户降低成本和降低污染物排放的产品，在金属冶炼和加工、制药、食品饮料、污水处理、新材料和汽车制造等领域确定了产品应用和市场竞争优势。

地址：朝阳区化工路6号

邮编：100124

电话：52810108

传真：52814768

网址：www.praxair.com

电子邮箱：dong_tian@praxair.com

法定代表人：郎斌

（徐博非）

【北京昊华能源股份有限公司木城涧煤矿】 为北京京煤集团昊华能源股份有限公司所属煤矿，位于北京市门头沟区木城涧，下设千军台坑、木城涧坑和大台井共3个坑井共有职工7000余人，矿区绵延10公里，是昊华能源公司最大生产单位。京西矿务局多次调整煤矿名称和隶属关系，原大台煤矿更名为木城涧煤矿，大台立井命名为大台煤矿。1999年11月，北京矿务局将木城涧煤矿与大台煤矿合并，名称为木城涧煤矿。2000年，北京矿务局与北京市煤炭总公司合并为京煤集团，2002年，京煤集团将所属煤矿合并成立北京昊华能源股份有限公司，木城涧矿为京煤集团昊华能源公司所属煤矿。木城涧煤矿产品为洁净、环保、优质无烟煤，灰分18%~24%，含硫量0.3%以下，发热量5500大卡/千克~6300大卡/千克，具有特低硫、低磷、低氮等特点，是冶金、电力、化工、建材等行业和民用的极好燃料。产品除供应国内市场外，还远销韩国、日本、巴西等国际市场。2013年煤炭产量238万吨，煤炭销量224.48万吨。

地址：北京市门头沟区木城涧煤矿

邮编：102304

传真：61872014

电话：61872014

网址：www.mcjmk.com

法定代表人：孙春岐

（汪智利　马士彬）

【北京一轻食品集团有限责任公司】 成立于2013年8月8日，隶属于北京一轻控股有限责任公司。集团下属有北京义利面包食品有限公司、北冰洋（北京）饮料食品有限公司、北京义利商业连锁有限公司、北京义利糖果食品有限公司、义利北冰洋文化发展有限公司等5家实业公司，拥有“义利”“北冰洋”两大品牌。“义利”始建于1906年，英国商人詹姆斯·尼尔在上海创办义利洋行，20世纪40年代中期义利洋行转为中国民族资本经营，并更名为义利食品公司。1951年，义利由上海迁至北京，逐步发展成为中国食品工业骨干企业之一。

百年义利追求品质，殊荣不断，义利“星牌”巧克力早在1915年巴拿马国际博览会上荣获金奖，1937年再获国际金奖；自20世纪70年代以来，义利先后有77种产品荣获国家及北京市金、银质奖；先后被评为“优秀食品老字号”“北京市名牌产品”“北京市著名商标”，2006年被商务部评选为首批“中华老字号”企业。“北冰洋”始建于1936年，是北京第一家人工制冰企业，中国饮料、冷食的创始企业之一。1951年正式注册“北冰洋”商标，商标图案由雪山和白熊组成。北冰洋拥有国内先进水平的玻璃瓶、易拉罐碳酸饮料生产线，主要产品为橘汁、橙汁、酸梅、枇杷汽水。北冰洋汽水自2011年11月重新上市以来深受广大消费者青睐，已经遍布北京大街小巷，并将走向全国。北京义利面包食品有限公司从荷兰引进生产制作设备，主要生产经营面包和西点，目前日产面包能力达30吨，居亚洲之首。现有的包装面包品种已达到几十种，中西点200多种，其中著名的传统产品有大果子、维生素、乳白、葡萄、全麦面包等。北京义利糖果食品有限公司采用义利传统工艺方式，主要生产酥糖系列；酸三色、话梅、黄油球传统硬糖系列；牛轧糖系列和威化巧克力等特色经典产品。北京义利商业连锁有限公司依靠“义利”百年品牌和自身技术服务优势，采用“以我为主、OEM为辅”的方式运营，建立了义利北冰洋品牌的专属销售渠道，创立发展独具特色的综合性食品专卖连锁门店。义利北冰洋文化发展有限公司依托“义利”“北冰洋”两大著名品牌和企业文化，不断发展扩大工业旅游、面包巧克力DIY制作等项目，并与动漫骑士公司合作，将一个有经典文化传统的老字号企业和传统产品，以文化体验、动漫作品的方式展现传递给大众，扩大企业影响力，将民族品牌和产品发扬光大。

地址：大兴区北兴路东段6号
邮编：102600
电话：60240118
网址：www.yilibread.com
法定代表人：李奇

（一轻控股）

【北京市北泡轻钢建材有限公司】 是北京隆达轻工控股有限责任公司所属二级企业北京北泡有限公司的子公司，是一个以承揽轻钢结构工程为主的专业生产及建筑承包企业。具有“钢结构工程专业承包壹级资质”“轻型房屋钢结构专项工程设计乙级资质”，已通过ISO 9001标准质量体系认证。主要产品有：钢结构，各类夹芯板，压型钢板，保温门、窗及聚苯乙烯板材等。北泡轻钢在为顾客提供品质优良的钢结构系列产品的同时，更为顾客提供从技术顾问、方案优化、工程设计、加工制造、项目管理，到建筑安装和售后服务的全程一体化实施方案。历年承接的工程已超过5000项，累计产值达36亿元。2013年销售收入达2.9亿元，利润总额156万元。

地址：通州区张家湾镇光华路8号
邮编：101113
电话：61565731
传真：61563561
网址：www.beipao.com
法定代表人：郭春颉

（北 泡）

【北京市印刷物资公司】 成立于1982年，是国内具有一定规模的专业性印刷物资流通企业，公司总资产4000万元。公司长期从事印刷机械、纸张、油墨、橡皮布、PS版材、润版液、洗车水等各种印刷器材的经销。长期代理国内外知名品牌商品的销售。在华北地区和全国拥有上千家用户，长期与其保持着良好的合作关系。公司设有2个经营销售部和1个河北廊坊分公司。拥有1座建筑面积900平方米的印刷物资经营销售楼、1座占地面积1.25万平方米的大型仓库和建筑面积1700平方米的中心商业区底商。2013年实现销售收入6000万元，利润3万元。

地址：丰台区东老庄75号
邮编：100070
电话：87293483
传真：67256185
法定代表人：孙祖光

（印 刷）

【北京德福缘出租汽车公司】 成立于1992年12月13日，隶属于北京市三露厂，现有驾驶员120人、管理人员6人。2013年底，该公司已由建立初期的34辆运营车发展为94辆运营车，固定资产由300万元增值为953万元。车型也由轻型面包、夏利、富康更新为全新舒适的现代伊兰特车型。该公司连续20年获得北京市公安局公交总队治安先进称号，多次被评为市级、区级交通安全先进单位。获得北京市安委会专业运输单位交通安全A级单位称号以及北京市民政工业总公司多次先进单位称号。公司有10位驾驶员获得“的士之星”荣誉称号。自2008年奥运会以来，成为北京市发展改革委、北京市交通委专项数据统计的25家公司之一。公司实行制度化、信息化、人性化管理。各项制度健全，管理严格。安装了最新的GPS监控系统、安保系统、叫车系统。通过先进的科技手段对驾驶员进行培训教育。2013年实现销售收入648.2万元，利润9.14万元。

地址：东城区永生巷4号

邮编：100061

电话：67117651

传真：87550991

电子邮箱：stephen-yang@sohu.com

法定代表人：杜恩辉

（王 志）

【北京德福缘汽车驾驶员学校】 由北京市三露厂于1993年创办，开办资金200万元，驾校的经营范围是汽车驾驶员培训和新司机陪练。德福缘驾校训练场位于离市区最近的王四营盛华训练场内，地理位置比较优越，有免费的班车接送学员。驾校共有教职工39人，其中教练员28人。驾校一直严格按照上级的指导方针与要求，结合当前培训市场的特点，不断加强基础设施建设，强化科学办学，同时不断加强教练员队伍建设，提高教练员教学水平，加强了内部管理，使学校各项工作力争做到人性化、高效化和规范化。德福缘驾校有自己的办学特色和优势，驾校有针对听障学员的一整套教学方案，报名前听力测试和体检指导，专门定制的手语光盘，全程手语翻译的法培课，手语讲解的实际驾驶培训课程，许多外地听障学员慕名来校学习。在收获学员口碑的同时也得到了车管所等部门的好评。驾校2010年4月被北京市残疾人联合会、北京市聋人协会授予“聋人培训基地”，被车管所、法规培训学校认定为北京市唯一一所“聋哑人培训学校”。2013年实现销售收入346.64万元，利润－70.16万元。

地址：东城区幸福大街永生巷4号

邮编：100061

电话：67101221

网址：bjdfyjx.com/

电子邮箱：jcdfyjx@sina.cn

法定代表人：杨建

（王 志）

【北京市大宝日用化学制品厂】 创立于1989年，是隶属于北京市民政工业总公司的福利企业。企业地处北京市朝阳区平房企业园区。企业占地7000余平方米，建筑面积近3.4万平方米，年单班综合生产力2万吨。现有职工240余人，拥有由大学本科生、研究生和业内专家等20多位专业人士组成的科研队伍；有专业的营销和管理团队，形成了集研发、生产、销售于一体的完整的生产经营体系。大宝日化为消费者提供“贝贝熊”“净道”“洁亿之花”品牌的绿色、环保，健康的高科技洗涤产品。大宝日化主要生产销售各类家用清洁剂、洗涤剂，其中包括五洁粉系列、厨房清洁用品系列、衣物洗涤剂系列、卫生间清洁剂系列、个人护理用品系列、化妆品等六大系列，上百种产品。各系列产品均有多种规格和香型。产品种类满足家庭、宾馆和酒店等各方面日用清洁需求。1991年获得北京发明展览会“高效益奖”；2004年被评为“北京市用户满意企业”；2006年被中轻产品质量保障中心评为“国家权威检测质量合格产品”；同年“贝贝熊”洗涤产品被中国质量协会评为全国用户满意产品；2008年奥运会期间，“贝贝熊”消毒和洗涤类产品被指定为专用产品。企业2003年通过了ISO 9001质量管理体系认证；2007年通过ISO 14001环境管理体系认证；2010年建造年产10万吨原浆液及配套灌装能力的新型的洗化工厂和化妆品工厂；2011年被推荐为北京市朝阳区安全生产先进单位；2012年被评为北京市民政工业总公司先进企业；2013年被中国福利企业协会授予全国福利企业示范单位。截至2013年年底，大宝日化累计实现销售1.05亿元，实现回款7200万元；生产量达16540吨（约合125万箱），同比增长31%。

地址：朝阳区姚家园南路一号院4号楼

邮编：100025

电话：52080388－8318

传真：52080385

网址：www.dabaorihua.com

电子邮箱：dabaotn@163.com

法定代表人：姜武

（王 志）

【北大医疗产业集团有限公司】 成立于2003年，注册资金25亿元，是北京大学的实际控股公司。北大医疗产业集团由北京大学和北大方正集团于2003年共同组建，是北大方正集团旗下五大产业集团之一，也是北京大学医学部践行产学研结合模式的平台。依托北京大学和北大方正集团的丰厚资源，北大医疗产业集团目前已经发展成为覆盖医疗、医药两大产业，集医疗服务、医院管理、医疗信息化、健康管理、设备租赁、医院后勤及配套服务、医药研发、医药制造、医药营销为一体的产业集团，是中国最具影响力的医疗产业集团之一。2013 年，销售收入 43.74 亿元，资产总额 126.68 亿元，所有者权益 40.78 亿元。

地址：海淀区成府路 298 号中关村方正大厦 7 层

邮编：100871

电话：82524351

传真：82524350

网址：www.pkucare.com

电子邮箱：info@pkucare.com

法定代表人：柯杨

（刘晓丽　马凡）

【北京北大科技园建设开发有限公司】 简称北大科技园，成立于 2000 年，注册资金 5 亿元，是北京大学的控股公司。北大科技园是北京大学为响应国家“科教兴国”战略，促进北京大学科研成果产业化而建立的，是国内最早的国家级大学科技园之一，是北京大学建设世界一流大学的重要组成部分。北大科技园主要业务涵盖项目开发、科技成果转化服务、孵化投资、园区建设管理、酒店旅游等多种领域。作为北京大学科技园区开发建设与经营管理的主体，截至年底，北大科技园已在北京、苏州、江西、内蒙古、河南等地设立分园，拥有控股企业 10 家，参股企业 19 家。年内，销售收入 1.66 亿元，实现利润 2.18 亿元，实现利税 1521.39 万元，资产总额 35.65 亿元，所有者权益 966.71 万元。

地址：海淀区中关村北大街 127-1 号北大科技园创新中心

邮编：100080

电话：62769088

传真：82667188 62769919

网址：www.pkusp.com.cn

电子邮箱：colligation@pkusp.com.cn

法定代表人：张兆东

（孙　怡）

【北京华环电子股份有限公司】 简称华环公司，成立于 1989 年，是清华控股下属清控创业投资有限公司控股的高新技术企业。注册资本为 5242 万元。总部位于北京上地信息产业基地。公司于 2006 年 11 月 28 日正式登陆代办股份转让系统（证券简称：华环电子，代码：430009）。华环公司以清华大学为技术支撑，以信息网络为主要方向研制各类通信传输和接入设备，致力于推动国家民族信息产业的进步。公司开发了 2.5G 的 MSAP 平台，提出了 MSAP2 的分组化核心设计，为客户提供从传输到接入领域的全面解决方案。公司承担了 2005 年、2006 年“两会”期间的警卫指挥信息系统建设；为国庆 50 周年、60 周年阅兵通信指挥、天安门电力网调度通信及北京军区通信部提供了全面的光纤通信系统及综合业务接入设备；在第 29 届奥运会、第 13 届残奥会期间，为国家电网提供通信保障等。此外，公司产品已出口到欧洲、南亚、东南亚、中东、非洲、独联体和拉丁美洲等几十个国家和地区。华环公司获得了国家知识产权局颁发的多个发明专利证书，承担了国家科技部的多个“国家级火炬计划项目”，连续多年被评为“高新技术企业”“2013 年中关村百家最具影响力信用企业”。并连续 7 年入选“中国光传输与网络接入设备最具竞争力企业 10 强”，获得“北京市新技术产业开发试验区优秀新技术企业”“十大新兴技术型企业”“科学技术进步奖”“中国通信设备制造企业综合实力 50 强”“中关村国家自主创新示范区百家创新型试点企业”“中关村瞪羚计划重点培育企业”“2010 年度德勤高科技、高成长亚太区 500 强奖杯”等荣誉。公司产品获得了中关村科技园区“百项表彰拳头产品”奖、中国民用工业企业技术与产品参与国防建设“特别贡献奖”“中国通信业百个成功解决方案”等奖励。2013 年，销售收入 1.72 亿元，利润 1689.6 万元。

地址：海淀区上地六街 26 号华环大厦

邮编：100084

电话：52046188

传真：52046288 52046388

网址：www.huahuan.com

电子邮箱：support@huahuan.com

法定代表人：周立业

（申　银）

【北京紫光测控有限公司】 简称紫光测控，成立于 2001 年 12 月，注册资金 4000 万元，是清华控股的参股公司。北京紫光测控有限公司属于继电保护及电力自动化行业，是专业从事智能变电站、电力综合自动化系统、变电站和电站微机保护监控装置以及电力系统自动化相关技术和产品的研发、生产、销售及技术服务的高新技术企业，为各类电力系统提供二次系统全面解决方案。成员企业包括天津空港经济区的研发生产中心、成都分公司及青海分公司。公司自主研发的微机监控保护装置和综合自动化系统产品包括 DCAP3000 系列及 eDCAP600 系列变电站综合自动化监控保护装置、eDCAP700 系列智能变电站数字保护产品、eDCAP400 系列低压保护装置、调度自动化系统、配网自动化系统以及其他电力及工业自动化产品。

公司主要产品被列入国家火炬计划、国家“双加工程”，部分产品获得国家技术发明奖，并多次荣获国家级新产品称号，被国家经贸委列为全国电网建设改造首批推荐产品，取得法国科技质量监督评价委员会高质量科技产品认证，并被国家贸促会列为向欧盟和WTO推荐产品。作为国内继电保护领域技术主要推动者之一，紫光测控参与了多项行业、国内和国际标准的制（修）订。2013年，销售收入9338.31万元，利润857.03万元。

地址：海淀区清华科技园科技大厦C座21层

邮编：100084

电话：62770909

传真：62781234

网址：www.unismc.com

电子邮箱：unismc@unismc.com

法定代表人：胡家为

（李　兰）

【清控科创控股股份有限公司】 简称清控科创，成立于2010年，注册资金1.3亿元，是清华控股的参股企业及其旗下的战略功能平台。清控科创立足于科技服务业，紧密围绕区域创新和科技企业发展两大主线，倾力打造科技创新、创业服务全链发展模式，致力于为区域政府、各类科技园区载体和高科技企业搭建创新、创业服务五大体系：园区体系、产业促进体系、企业发展商业服务体系、投融资服务体系、创业服务体系。清控科创拥有10余家控参股公司，主要从事各地科创慧谷园区开发建设、委托运营园区管理、孵化服务平台、投融资服务平台及海外园区等业务板块。经过不断的开拓与创新，科创的合作伙伴覆盖全国50余个城市和地区，已基本形成遍布全国的科技服务载体网络。同时，清控科创在美国硅谷建立国际孵化器，搭建了连接海内外优秀科技资源与创新人才的桥梁。清控科创已发展成为一家具有全球视野和业务格局的专业科技服务提供商和科技园区建设运营商。2013年，营业收入1.16亿元，利润3702.08万元。

地址：海淀区清华科技园科技大厦C座9层

邮编：100084

电话：82158900

传真：82158699

网址：www.tiholding.cn

电子邮箱：tiholding@tiholding.cn

法定代表人：秦君

（曾　彤）

【北京泽华化学工程有限公司】 简称泽华公司，成立于1995年，注册资金5000万元，是清华大学的参股公司。公司主要从事化工分离技术的开发与推广、化工塔器设备的设计制造与现场服务，承接炼油、石化与化工分离装置的新建或改造工程，主要产品包括高性能塔板、填料及塔内件系列。公司现有员工近200人，其中80%以上具有本科或本科以上学历，60%以上具有中高级技术职称。2013年，泽华公司全资收购了美国AMT公司，成为一家在全球运营的跨国公司。泽华公司在包括美国和欧洲在内的全世界范围内拥有上百项的专利及专有技术。在国内，泽华公司依靠3个控股或参股的设备加工厂来完成设备加工。2013年，泽华公司被中国石油和化学工业联合会评为本行业十强之首，销售收入6.01亿元，利润3494.91万元。

地址：海淀区地锦路7号院8号楼

邮编：100095

电话：58317000

传真：58317097

网址：www.zehua-chem.com

电子邮箱：zehua@zehua-chem.com

法定代表人：杨宝华

（冯光胜）

【中核能源科技有限公司】 简称中核能源，是由清华控股有限公司与中国核工业建设集团公司于2003年8月共同出资组建的核能高科技企业。2007年，中国广核集团公司通过增资扩股成为公司的第三方股东。公司注册资金1.18亿元。该公司是国内具有自主知识产权的高温气冷堆、低温核供热堆先进核能技术的自主创新企业主体和产业化推广平台；是高温气冷堆核电站国家科技重大专项的牵头实施单位和工程实施主体，并负责承担高温气冷堆核电站示范工程设计总体院、核岛及其辅助设施的设计、采购、建造总承包商职责；是核能行业少数同时拥有核行业工程设计甲级资质、核行业工程咨询甲级资质、特种设备（压力容器）设计资质等关键核心资质的高新技术企业之一。该公司具有突出的核电工程EPC总承包能力，多项科技成果获得国防科技进步奖、核工业优秀工程咨询成果奖等国内外殊荣，并且被国家国防科技工业局评为军工能力建设先进单位。截至2013年年底，资产总额已达9亿元，市场价值超过20亿元。

地址：海淀区中关村软件园26号楼

邮编：100093

电话：82506000

传真：82506200

网址：www.chinergy.com

电子邮箱：info@chinergy.com
法定代表人：祖斌

（庄昌银）

【北京科技大学设计研究院有限公司】 简称北科大设计院，前身是北京科技大学设计研究院，成立于1988年，注册资金647万元，是北京科大资产经营有限公司的全资子公司。自成立以来，公司充分发挥多学科交叉和专职化科研团队的优势，实现了科研成果工程转化的机制体制创新，完成了轧制自动化、先进工艺与装备、钢材品种开发与性能优化、表面检测技术等关键共性技术的自主研发和工程转化，为解决行业重大技术需求、推动企业技术进步做出了突出贡献。公司承担国家和省部项目170多项，企业合作项目300多项，项目经费超过18亿元。获得国家科技进步奖9项、省部级奖50余项；于2012年11月获得国家发展改革委颁发的工程中心“杰出贡献奖”；于2013年12月获人力资源社会保障部、中国钢铁工业协会颁发的“2013年全国钢铁工业先进集体”称号。获得的资质包括冶金行业（金属材料）甲级、环境工程（水污染防治）乙级、国家技术转移示范机构、北京市高新技术企业、ISO9001质量管理体系认证。2013年销售收入2.42亿元，实现利润369万元，实现利税443万元，资产总额1.82亿元，所有者权益1576万元。

地址：海淀区学院路30号
邮编：100083
电话：62332598
传真：62332947
网址：nercar.ustb.edu.cn
电子邮箱：nercar@ustb.edu.cn
法定代表人：唐获

（米振莉）

【北京科大分析检验中心有限公司】 简称分析检验中心，成立于2005年，注册资金100万元，是北京科大资产经营有限公司的全资子公司。分析检验中心是“首都科技条件平台”首批机制创新试点单位之一，依托北京科技大学，在新材料研究与制备技术领域的学科优势和丰富的科技资源，开展材料制备与分析检验、分析检验技术咨询、分析检验人员培训等服务。中心实行市场化运作、企业化经营，由“北京科大分析检验中心有限公司”负责中心的建设和运营，是北京科技大学唯一面向社会全面开展分析检验服务的窗口。中心拥有各类仪器设备1500多台套，整合形成了材料制备、化学性能测试、物理性能测试、力学性能测试、组织结构分析、金相及热处理等六大分析测试体系，并于2008年完成了实验室认可（CNAS）和计量认证（CMA），成为独立的第三方商业化实验室。2013年销售收入253.68万元，实现利润34.84万元。

地址：海淀区学院路30号
邮编：100083
电话：62333726
传真：62333726
网址：www.ustbtest.com
电子邮箱：test@ustbtc.com
法定代表人：张明忠

（张宏伟）

【北京金太阳药芯焊丝有限公司】 成立于1999年，是北京工业大学投资的股份制校办企业，是专门从事焊接材料生产及相关技术研究与开发的高新技术企业。公司主要产品包括药芯焊丝、焊条、不锈钢埋弧焊丝、焊带、焊剂等几大类。其中药芯焊丝包括结构钢药芯焊丝、低合金钢药芯焊丝、耐热钢药芯焊丝、电弧喷涂丝、堆焊药芯焊丝、不锈钢药芯焊丝等六大类50余个品种。焊条包括碳钢焊条、结构钢焊条、不锈钢焊条、耐热钢焊条、堆焊焊条等九大类200多个品种800多个规格的焊条，应用于船舶、机械、建筑、石油化工、核电站、大型钢厂等多个重要领域。药芯焊丝、焊条的设计开发、生产和售后服务顺利通过中国船级社质量认证公司GB/T9001-2008/ISO9001:2008质量管理体系标准。“太阳”牌商标的产品享誉国内外。2009年6月，注册号为234486的“太阳”牌商标被认定为北京市著名商标。公司依托北京工业大学的技术优势，拥有先进的焊条生产丝和药芯焊丝生产线、完备的试验和检测设备，具有一大批高素质的科研和工程技术人员，其中TY−YJ502（Q）药芯焊丝通过中国（CCS）、挪威（DVN）、美国（ABS）、英国（LR）、德国（GL）、日本（NK）、韩国（KR）7国船级社3Y级认可，并成为数家船厂的首选产品。由北京工业大学和金太阳公司共同研制及生产的地铁盾构刀头刃口用堆焊药芯焊丝，在北京地铁五号线使用中，已能满足工程施工要求，当刀具磨损失效后，可拆下进行现场堆焊修复，能够显著缩短盾构施工周期，打破了盾构丝一直依靠进口的局面。截至2013年年底，公司共向上海沪东中华造船厂、江南造船厂、渤海船舶重工供货船用焊丝600余吨，实现销售收入约600余万元。

地址：房山区窦店镇大高舍村二区50号
邮编：102402
电话：80318812
传真：80316240

网址：www.bjjty.cn
电子邮箱：bjjty@126.com
法定代表人：赵卫民

（李爱民）

【北京裕华创新科技发展有限公司】 简称北京裕华，成立于2000年，注册资金300万元，位于北京市密云县工业开发区地东吉路80号，属北京化工大学资产经营公司——北京北化大投资有限公司参股公司。生产经营项目是技术开发、转让，药品及辅料、化妆品、保健品研发。主要产品有TDDS贴剂新型骨架材料SIS及低温熔融成型工艺技术、TDDS贴剂（酮洛芬、奥昔布宁）和功能性化妆品贴膜。获得“十一五”重大专项创制的资质，并且获得一种适应医药贴剂的基质材料、一种适应于外用贴剂的制备工艺、一种用于医药贴剂的基质材料及其制备方法3项国家发明专利。公司采用TDDS贴剂新型骨架材料及成型设备及检测系统，年生产能力为2000万贴。2013年销售收入270万元，利润总额48万元。

地址：朝阳区樱花西街8号北方安华大厦606室
邮编：100029
电话：64435571
传真：64413870
电子邮箱：ningmengshu112@163.com
法定代表人：王书伟

（侯玉庆 刘彦宏）

【北京服装学院服饰时尚设计产业创新园】 简称北服创新园，是北京服装学院投资的校办企业，成立于2012年3月，主要功能是促进纺织服装行业、创意设计行业的集聚，占据产业链高端环节，形成环北服时尚圈，使都市服务型工业的发展真正起到促进就业、发展区域经济、培育新经济增长点的作用。创新园现有场地1万平方米，其中可为入驻企业提供3000平方米场地。2013年在有限的空间内，实现入驻率百分之百，同时完成了聚集中心、展览厅、传习馆3000平方米的改造和加建工作，开拓虚拟注册的方式，增加入驻企业数量，提升优质企业数量是园区发展的重要指标之一。截至11月，北服创新园入驻企业和机构48家，涵盖了服装设计、服饰设计、平面设计、建筑设计、品牌推广、文化创意、新媒体等多个领域。园区聚集设计师160人，就业人数1000人。BIFT COLLECTIONS是整个创新园的品牌，主打本土年轻原创设计师作品，园区将入驻的设计师独立品牌也纳入到这个品牌下，产品包括创新园BIFTPARK的品牌和设计师个人的独立品牌。2013年，注册品牌30个，申请外观专利5件，园区企业销售收入3000万元，上缴税收150万元左右。

地址：朝阳区樱花东街甲2号
邮编：100029
电话：64520943
传真：64520942
网址：www.biftpark.com
电子邮箱：info@biftpark.com
法定代表人：王琪

（周怡琛）

【北京人大文化科技企业孵化器有限公司】 成立于2012年，注册资金100万元，是北京人大文化科技园建设发展有限公司的全资子公司。孵化器公司已经形成了以科技及文化创意相关产业为主导方向，以“创业服务＋创业投资＋创业导师”为核心的综合孵化服务体系，为入园创业企业提供部分租金减免、种子资金投资、国际合作补贴、企业上市补贴等优惠政策，对园区处于各产业链环节的企业进行针对性的孵化服务支持，助推企业成功创业、快速成长。2012年3月，孵化器运营的中国人民大学留学人员创业园被北京市委组织部、北京市人力资源和社会保障局、北京市科学技术委员会评为“优秀留学人员创业园”。2013年销售收入130.19万元，利润36.88万元。

地址：海淀区中关村大街45号兴发大厦404室
邮编：100086
电话：82509532
传真：82509959
网址：www.cyruc.com
电子邮箱：cspruc@ruc.edu.cn
法定代表人：彭翊

（宗 民）

产 品

【**Shangrila510 急救转运呼吸机**】 谊安公司产品，2004年5月上市，在国内外已拥有数千家成熟用户。主机造型小巧精致，简洁流畅，体积小，重量轻，工业设计方便可靠；适用于急救车、急诊室、内外科急救室、院内转运、野外行军等多种恶劣环境和场合；提供3种供电方式，即市电、车载电源、内置电池；配备多用途挂架，方便救护车和转运病床使用。2005年，Shangrila510 急救转运呼吸机顺利通过 CE 认证，是中国第一个获得 CE 认证的气动电控急救转运呼吸机。2008年，成为“5·12 汶川地震”的主要救援机型；2008年，Shangrila510 急救呼吸机中标北京奥组委医疗急救设备购置项目，成为2008年北京奥运会各赛场急救设备中唯一入选的急救呼吸机产品，并在服务期间成功救助南非山地自行车教练；业已装备中国人民解放军各军区战略储备和各大军队医院近千台。2013年，该机型在国内销售298台，在国外销售382台，并为援外项目提供56台。

Shangrila510 急救转运呼吸机

地址：丰台区科学城航丰路4号
邮编：100070
电话：83681616
传真：63718989
网址：www.aeonmed.com
电子邮箱：panlihua@aeonmed.com
法定代表人：李长缨

（杨 婷）

【**VT5250 治疗呼吸机**】 谊安公司第二代高端治疗型呼吸机。该产品2012年取得 SFDA 认证，同年取得欧盟 CE 认证，2013年取得美国 FDA 认证，为中国首款呼吸机在美国取得 FDA 认证。VT5250 是维系危重症患者生命的关键设备，它能够替代或辅助危重症患者呼吸运动，帮助患者获得适当的氧气并排出二氧化碳。它可广泛应用于各类重症监护室（ICU），亦可在呼吸科、急诊科、神经内科、神经外科、骨科、心外科等使用。

VT5250 治疗呼吸机

地址：丰台区科学城航丰路4号
邮编：100070
电话：83681616
传真：63718989
网址：www.aeonmed.com
电子邮箱：panlihua@aeonmed.com
法定代表人：李长缨

（杨 婷）

【Aeon8700A 麻醉机】 谊安公司麻醉机的主要代表机型之一。其拥有不锈钢拉丝工艺的工作台面，美观耐用；该机型潮气量设置的准确度和稳定性均超过临床要求；创新性的回路设计结合加热技术，确保新鲜气体的精确输送；ICU 品质的通气模式，覆盖各种各样的患者类型；精确的电子流量计，快捷设置、超长使用寿命；流量传感器独特布局设计，避免了冷凝水的影响，测量精度高；辅助吸氧装置可为麻醉过程提供全程氧疗支持。该机型已通过欧盟 CE 认证，安全质量可靠性高，已在国内多家医院配置。2013 年，该机型麻醉机在国内销售 23 台，国际销售 21 台。

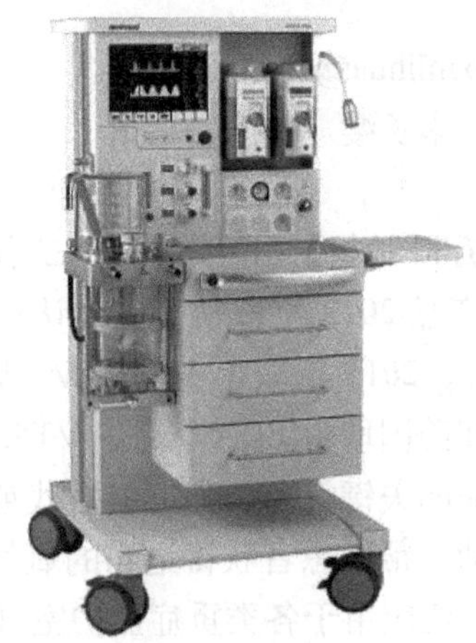

Aeon8700A 麻醉机

地址：丰台区科学城航丰路 4 号
邮编：100070
电话：83681616
传真：63718989
网址：www.aeonmed.com
电子邮箱：panlihua@aeonmed.com
法定代表人：李长缨

（杨 婷）

【OP850 电动手术台】 谊安公司产品，可将患者摆出各类手术体位，可应用于心胸、神经、肝肾、妇科等各类手术；床垫具有减压、记忆、阻燃功能并可有效防止褥疮；腰桥不影响 X 射线透视，同时方便胆肾手术；内置大容量电池，使用时无须外接电源，增加了手术安全性；双重操作系统，手持控制与床体辅助控制并存，提高了手术台的应急控制能力。经国内多家医院的临床使用，其安全可靠性媲美国际著名品牌。2013 年，该型手术台在国内销售量为 13 台，国外销售 114 台。

地址：丰台区科学城航丰路 4 号
邮编：100070

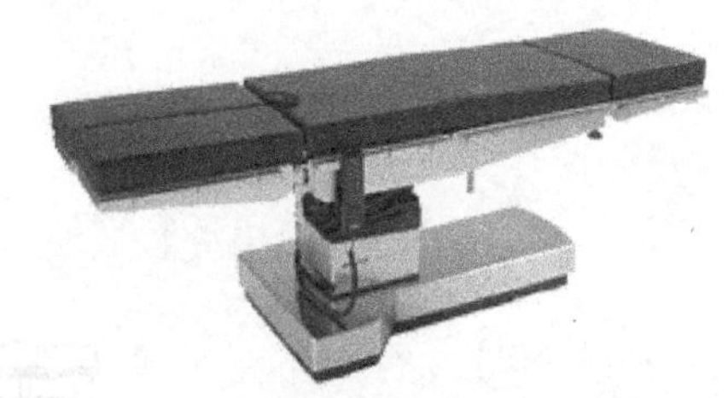

OP850 电动手术台

电话：83681616
传真：63718989
网址：www.aeonmed.com
电子邮箱：panlihua@aeonmed.com
法定代表人：李长缨

（杨 婷）

【OL9570LED 手术无影灯】 谊安公司产品，于 2010 年 2 月上市，其采用医用 LED 作为光源，环保、低能耗、超长的使用寿命（5 万小时）；新一代暖白光 LED，具有更接近自然光的显色能力；无紫外线辐射，极少的红外线辐射，减少创面的温升和组织损伤，改善术后愈合；灯内带有腔镜手术背景照明灯，可灵活提供腔镜手术所需要的辅助光源；超薄流线型的专利外观设计，方便层流新鲜空气更流畅地到达手术创面。该产品适用于医疗单位手术照明用并能减弱手术中的阴影。该产品获得 2013 年度"国家重点新产品计划"荣誉。

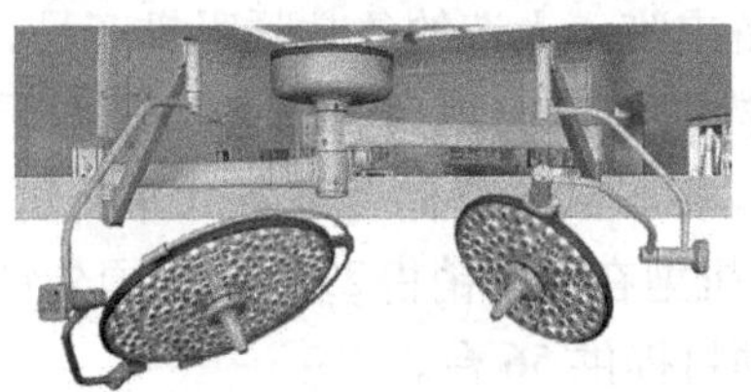

OL9570LED 手术无影灯

地址：丰台区科学城航丰路 4 号
邮编：100070
电话：83681616
传真：63718989
网址：www.aeonmed.com
电子邮箱：panlihua@aeonmed.com
法定代表人：李长缨

（杨 婷）

【新能源汽车】 北京汽车新能源汽车有限公司产品。已开发出了 E150EV、威旺 306EV、绅宝 EV 等多款纯电动乘用车系列产品，以及动力电池、电机动力总成、驱动控制系统、整车控制系统等关键零部件产品。新能源汽车的普及推广，缓解了国内石油资源对外依存度趋高的不利态势，为治理大气污染做出了贡献。自2012年起，北汽新能源公司已在公务车、出租车、物流、租赁及私人用车等领域销售近3000辆，行驶里程超过2000万公里，每年每辆纯电动汽车减少二氧化碳排量可达5吨~6吨。同时推出了“24小时保姆式服务保障体系”，确保电动车辆的安全平稳运行。2013年实现销售收入3.1亿元，产值2.4亿元，纳税604.8万元。

地址：大兴区采育镇采和路1号
邮编：102606
电话：80278085转8861
传真：80208363
法定代表人：林逸

绅宝EV纯电动汽车

（李淑敏）

【大功率LED灯】 北京星光影视设备科技股份有限公司产品。该公司全面攻克大功率灯具的散热、二次光学设计、驱动控制等关键技术问题，研发出的高效LED灯具成功替代了传统的舞台卤钨灯具，包括LED400瓦聚光灯、300瓦成像灯、100瓦数字化聚光灯、100瓦平板柔光灯、300瓦变色光束灯、190瓦天幕/地排灯等。通过采用实验性研究、调查性研究和理论分析，证明LED照明灯具完全可以满足舞台剧场的应用。2013年推广到中央电视台、北京市新少年宫剧场、民族文化宫剧场等单位。实现灯具销售数量2000台，销售产值1650万元，综合效益显著，示范带动作用明显，涉及项目的经济效益达到5000万元。

400瓦大功率LED聚光灯

地址：大兴区西红门镇星光巷7号
邮编：100162
电话：60251752
传真：60251751
网址：www.starlighting.com.cn
电子邮箱：60256494@163.com
法定代表人：陈瑞福

（李淑敏）

【针对国人X体形设计的男装】 北京威克多制衣中心产品。2013年，通过对国人着装习惯、特点、人体形态等进行大量的调查、研究和分析，在“国人的习惯坐高”“国人的腰长均值”“坐姿时的穿衣感受”三大方面进行了改革创新，依靠自有技术团队研发出拥有自主知识产权的专利技术，研制针对国人X体形设计的男装。该产品让顾客在办公批阅文件或外出驾车时袖子活动量不受活动的影响，松度适中，没有牵引压迫感，使得“坐姿时的自由奔放”成了威克多男装专利。此板型及工艺的进步将填补国内西装制作行业高端西装工业化生产的空白，其产品品质将达到国际顶级品牌同等水平，高品质的西装受到高端消费群体的青睐，市场反应良好。可新增年品牌服装设计产品的系列化30万件，新增年销售收入约4亿元，新增各类综合税收8000万元，新增利润5000万元，解决劳动力就业150人。

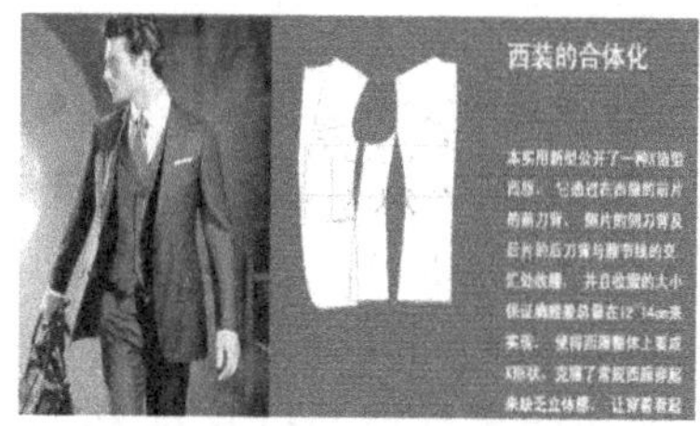

针对国人X体形设计的男装

地址：大兴工业开发区金苑路甲15号
邮编：102600
电话：61276688-888
传真：60215168
网址：www.vicutu.com
电子邮箱：caicg@vicutu.com
法定代表人：蔡昌贤

（李淑敏）

【贝比安™无创DNA产前检测技术】 贝比安™无创DNA产前检测技术是一项新型的、针对胎儿染色体非整倍体疾病的产前检测技术。该技术仅需抽取孕妇静脉血，即可判断胎儿是否患有唐氏综合征（T21）、爱德华氏综合征（T18）、帕陶氏综合征（T13）三大染色体非整倍体疾病。该项技术由北京贝瑞和康生物技术有限公司全自主知识产权研发，于2010年正式启动首期大规模临床试验。业内专家在2012年召开的专家座谈会上，将该技术定位为“近似于产前诊断水平的”“目标疾病指向精确”的产前筛查技术。贝比安™具有简单、安全、快速、准确的优势，在国内临床上已有超过15万例的应用。相对于广泛采用的血清学筛查方法68%~80%的准确率，贝比安™具有99%的高准确率。而相对于16周后孕妇羊水穿刺检查等传统的侵入性诊断方法，有效规避感染和流产带来的风险，并可极大地降低孕妇及其家属的心理负担，代表了当前产前诊断和防止先天性缺陷儿出生的最新发展方向。

贝比安™无创DNA产前检测技术的商业标识

地址：朝阳区京顺东街6号院9号楼
邮编：100015
电话：84409706
传真：84409672
网址：www.berrygenomics.com
电子邮箱：info@berrygenomics.com
法定代表人：周代星

（魏轶楠）

【十功能自动煎药机】 北京东华原医疗设备有限责任公司产品，十功能自动煎药机具有14项技术特点。十功能自动煎药机遵循传统中草药原理，结合现代微电脑智能控制技术，自动完成中草药煎煮过程，实现了汤剂煎煮有先煎后下，常压煎药，文、武火转换，自动搅拌，自动清洗，药渣自动分离，自动高温灭菌等功能，充分体现了传统煎药的特点。本机型从2010年以来销售3600余台，共约3000家客户，涵盖了大型医院、诊所、药店等。在使用过程中能够按照传统煎药方式煎药，既能提高工作效率、节省人力资源，又可以高质量地完成煎药过程，使药物有效成分得到最大限度的煎出。同时，本机开锅前功率为2940瓦，开锅后处于保温状态，改用文火煎煮，耗电量小，用水量是传统煎煮方法的一半。

地址：昌平区科技园区振超路1号

十功能自动煎药机

邮编：102200
电话：4008880258
传真：89718021
网址：www.donghuagroup.com
电子邮箱：zhichan@bjyadong.com.cn
法定代表人：南龙

（魏轶楠）

【直列四缸高压直喷式柴油发动机】 北京福田康明斯发动机有限公司投产研发的ISF系列2.8升和3.8升全电控轻型直列四缸高压直喷式柴油发动机，功率范围覆盖107马力~168马力。两款发动机具有动力强劲、可靠耐用、结构紧凑、高效经济等特点，能够满足欧III（国III）、欧IV（国IV）及欧V排放，并能轻松升级，适用于轻卡、中卡、轻客、中客、皮卡、MPV、SUV等汽车领域以及小型工程机械和小型发电机组等非公路设备。创新构造设计保证了高耐久性、低自重和高负载能力。加固的缸体、合成油底壳和气门罩以及后齿轮传动确保ISF发动机运行时保持低噪声和低振动。模块化的结构便于安装和单侧维修，降低了运营成本。大修间隔里程可达50万公里。先进的电子集成技术使工业标准数据通信线可接受动力总成所有部件的输入信息，提供准确和高速的信息共享。精准的电控模块（ECM）具备高速处理能力，实现整机载荷要求、燃油经济性和排放控制的最优化设置。博世高压共轨燃油系统可在极高的燃油压力下精确控制燃烧过程。精确的燃油压力控制帮助发动机完成准确和快速的动力输出，同时降低噪声并实现燃油经济性。ISF发动机根据不同市场和客户需求提供多元化的排放后处理技术，其中包括选择性催化还原技术（SCR）以及废气再循环技术（EGR），完整的排放处理方案不仅轻松满足欧IV、欧V等排放法规要求，而且安装便捷、轻松升级，满足未来更严格的排放法规要求。2013年销售收入26.97亿元，利润1.06亿元。

直列四缸高压直喷式柴油发动机

地址：昌平区沙河镇沙阳路 15–1 号
邮编：102206
电话：80736888
传真：80736888
网址：www.bfcec.com.cn
法定代表人：王金玉

（魏轶楠）

【太尔时代 UP! 系列 3D 打印机】 由太尔时代科技有限公司于 2010 年推出。UP! 系列 3D 打印设备应用熔融挤压快速成型技术，该技术集成了机械工程、CAD、数控技术和材料技术，加热熔化并挤出塑料丝材，运用层层堆积的原理形成 3D 实体模型，打印过程安静、稳定，适合在工作室或家中应用。UP! 系列 3D 打印机机身简洁、性能完备，可方便地直接打印出各类模型实物，适用于多个行业领域，更为个人、家庭等用户提供高效解决方案，满足不同人群的特殊需求。2013 年 5 月，太尔时代推出升级产品“UP Plus 2” 3D 打印机。与第一代产品相比，“UP Plus 2”产品除了外观更加时尚外，还增添了一些非常实用的新功能。“UP Plus 2”套装中增加了 2 个全新的部件——自动对高块和水平校准器，可自动完成喷嘴高度测试以及打印平台的水平校准；借助新材料挂轴上的卡口可以将打印材料轻松固定在机身。除了硬件性能的提升，最新的 1.19 版软件能够节省耗材，并提升了打印模型的速度。

地址：怀柔区雁栖经济开发区雁栖大街 18 号
邮编：101407
电话：51662221
传真：51662221–805
网址：www.tiertime.com
电子邮箱：tiertime@tiertime.net
法定代表人：郭戈

太尔时代 3D 打印机 UP Plus 2

（张秋红）

【欧曼 GTL 第三代智能渣土车】 北京福田戴姆勒汽车有限公司产品，于 2013 年 12 月 20 日发布上市。欧曼 GTL 第三代智能渣土车新品采用欧洲标准研发，严选全球优质供应链资源，采用为渣土运输专业化设计的底盘，具备高可靠性。同时，在主动安全和被动安全方面都进行了创新与改进。新品在车辆承载方面进行了系统优化，针对渣土车车桥、车架、悬架等易坏件进行全面改善。采用 16T 的奔驰桥使整车可靠性提高 10%~15%；车架总成采用高强度合金钢板，加强抗扭曲能力；同时用自卸车专属的加强型横梁代替原平衡轴，横梁加宽至 206 毫米；车桥、车架、悬架全面加强，承载能力系统升级，大幅降低了车辆故障率。绿色渣运智能管理系统的应用，能够对车辆运营状况进行实时监控，避免传统渣土车超载、超速、洒漏及乱卸的弊端，解决了车辆管理、运营效率与价值提升的问题。欧曼 GTL 第三代智能渣土车已通过可靠、动力、安全、智能、舒适等方面的严格测试，获得了德国莱茵认证（TUV）。

欧曼 GTL 第三代智能渣土车

地址：怀柔区红螺东路 21 号
邮编：101400
电话：60678738
传真：60678000
网址：www.bfda.cn
电子邮箱：BFDA_public@bfda.cn
法定代表人：吴越俊

（张秋红）

【安装远程熄火控制系统的运钞车】 四维—约翰逊实业股份有限公司研发的一种用于运钞车的远程熄火停驶控制系统，可大大提升运钞车的安全指数，确保在押运过程中的人员和财产安全。四维—约翰逊发明的远程熄火停驶控制系统由信号触发单元、节点控制器、停驶执行单元、信号发射/接收单元、电源单元、总线单元组成，其具体控制方法是信号触发单元启动运钞车熄火停驶的信号，并通过信号发射/接收单元发送到远程控制中心，远程控制中心下达运钞车熄火停驶指令，通过信号发射/接收单元发送到节点控制器，节点控制器向停驶执行单元发出运钞车熄火停驶命令，使执行单元执行运钞车的远程熄火停驶。通过该发明中的技术方案，使执行任务中的运钞车能够及时与主控中心取得联系并可实现停驶熄火与再次启动的远程控制，运钞车的安全级别大大提高。

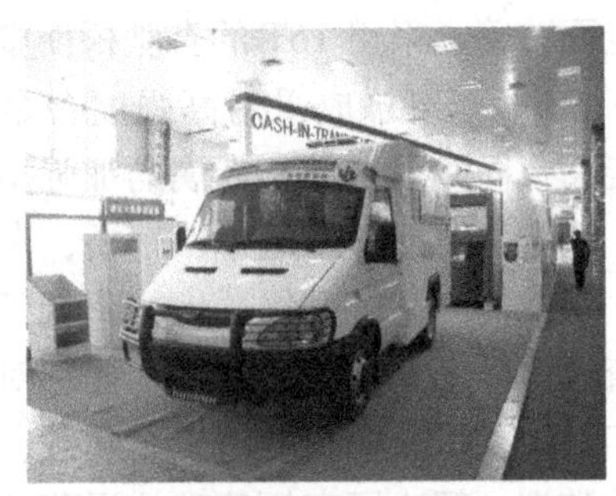

安装远程熄火控制系统的运钞车

地址：怀柔区雁栖经济开发区雁栖路9号
邮编：101407
电话：61669450
传真：61669450
网址：www.fd-johnson.com.cn
电子邮箱：sales@fd-johnson.com.cn
法定代表人：王珽

（张秋红）

【安装C型双孔操作机构装置的开关设备】 北京杰远电气有限公司的“C型双孔操作机构装置”获国家发明专利，该项技术主要应用于六氟化硫全绝缘环网开关柜，可大大增加设备的可靠性，为用户人身安全提供了保障。与传统C型负荷开关相比，杰远电气所研发的C型双孔操作机构装置，利用齿轮啮合旋转来实现操作，结构简单，减少事故发生点；采用半齿轮形式，齿轮之间互锁，进一步增加联锁可靠性；可以整体装配，提高生产效率；易于实现标准化，减少管理成本；机构连锁简单，且操作方便、稳定、可靠。该项技术已应用于新型六氟化硫气体绝缘的中压开关设备——XGW系列环网开关柜，其标准单元可灵活搭配组合，既适合网络节点和用户终端的要求，又满足各种二次变电站对紧凑型开关柜灵活实用的需要。XGW系列环网开关柜为紧凑型中压开关设备，全绝缘全密封机构，满足环网和辐射式配电网各种接线方案，可满足12千伏及以下中压配电系统电缆网的各种要求。该产品为企业主要产品XGW系列环网开关柜的重要部件，2013年实现产量3942台。

安装C型双孔操作机构装置的开关设备

地址：怀柔区雁栖经济开发区
邮编：101407
电话：62979948
传真：62988464
网址：www.sojoline.com
电子邮箱：market@sojoline.com
法定代表人：赵志宏

（张秋红）

【御食园驴打滚】 北京御食园食品股份有限公司“驴打滚食品及其制法”获得国家发明专利。科研人员对传统生产工艺进行了工业化改良和新工艺的创新，通过大量实验研究，合理调配糖脂、糖浆的比例，增加淀粉的表面活性，实现了糊化后的多糖物质之间的隔离，确保了水分不游离和淀粉的防老化。同时，解决了无菌包装技术在糕点食品中的应用难题，使得这一传统风味美食在保持营养成分不流失的情况下更大限度地延长保存期。该系列产品在常温保存条件下保质期可达到6个月，6个月内不发生糯米淀粉老化，保持新鲜产品的良好口感；产品的包装形式新颖独创，产品方便卫生且不失正宗口味，同时具备休闲化的特点，差异化强，既便于消费者即时食用，也便于长路途携带；通过特异化设备的开发，产品的标准化程度高，品质稳定。作为御食园主打产品之一，“驴打滚”系列产品年产能达650吨，产品远销内蒙古、山西、山东、浙江、上海、广东、湖南等省市和地区。2013年产品销量为490吨，居公司所有产品的前10位。

御食园驴打滚

地址：怀柔区雁栖经济开发区乐园大街31号
邮编：101407
电话：61668198
传真：61668195
网址：www.yushiyuan.com
电子邮箱：ysyxzb2009@163.com
法定代表人：曹振兴

（张秋红）

【超大尺寸LED电视】 利亚德光电股份有限公司生产的LED应用产品主要包括LED全彩显示产品、系统显示产品、创意显示产品、LED电视、LED照明产品和LED背光标识系统等六大类。利亚德推出的LED电视产品将成为颠覆国内外电视市场的"革命之作"，它不仅让国内外各行业和商业领域用户充分体会了LED电视在显示领域的优秀品质，还为未来中国LED产业向高精尖领域发展奠定了产业基础，开创了中国小间距LED电视产品走向国内外市场的先河。

利亚德LED电视

地址：海淀区颐和园北正红旗街9号
邮编：100091
电话：62888888
传真：62877624
网址：www.leyard.com

（利亚德光电）

【55英寸至臻3D显示屏】 京东方推出全球首款55英寸至臻3D显示屏，显示屏采用了京东方独有的ADSDS超级屏技术。55英寸至臻3D显示屏由京东方与全球领先的影院3D技术方案商RealD合作开发，结合了京东方先进的3D面板技术以及RealD在电影院线3D领域的卓越优势，开创性地将影院级3D技术应用到显示屏上。与目前市场普遍的快门式3D和偏光式3D显示相比，它不仅解决了快门式3D显示亮度低、画面闪烁的缺点，还弥补了偏光式3D显示损失分辨率、视角窄的不足；同时其使用的偏光眼镜也更为轻便。

京东方显示屏

地址：北京经济技术开发区经海一路118号
邮编：100176
电话：57676800
网址：www.boe.com.cn

（京东方）

【自主设计研发的"磨边机"】 技术融合7项、提升单人产能400%、削减设备制造成本99%，这些成绩都来源于SMC中国工厂自主设计研发的"磨边机"。这台设备成为SMC公司获授的第一份专利。进给、排屑靠工件自身重力、让异形工件在设计好的通道中移动、靠高转速铣刀完成加工，过程无夹紧定位等工序。设备成功之处在于削减了工序间运送工件时产生的搬运、定位及装卡等辅助性质工作带来的工时浪费。设备虽然简陋，却有180度无间断供料、单自由度工件流、重心支撑、重力进给、浮动定位、动切削、重力排屑等7项技术应用其中，较以前的生产方式，削减设备制造成本99%，提升单人产能400%。此外设备可实现多人同时上料，以应对加急的订单；在使用

SMC磨边机

过程中只需要提供普通照明电源就能进行加工，受环境限制较小，移动方便，可以根据现场管理需要随时进行设备调配。

地址：北京经济技术开发区万源街 7 号
邮编：100176
电话：67885566
传真：67876732
网址：www.smc.com.cn

（SMC 中国）

【人造皮肤】 由北京富龙康泰生物技术有限公司自主研发的人造皮肤已实现产业化，并将投资 200 万用于新的实验室，届时人造皮肤产能将提升近 5 倍。日用化学品、化妆品是否引起机体皮肤刺激性或腐蚀性反应检测，是皮肤用药安全性评价以及危险鉴定的重要组成部分。长期以来，这种检测往往通过动物来完成，但今年起欧盟禁止进口源于动物实验的化妆品，所以国内企业就只能从国外进口人造皮肤模型。富龙康泰生产的 3D 人造皮肤模型不仅可替代传统的动物试验，检测化学物质、生物制品、日化产品以及化妆品的所有剂型，例如粉剂、液体、膏剂；同时可通过 MTT（噻唑蓝）和 IL-1a 双重点检测方法有效提高皮肤刺激性和腐蚀性试验的灵敏度、特异性和精确性。

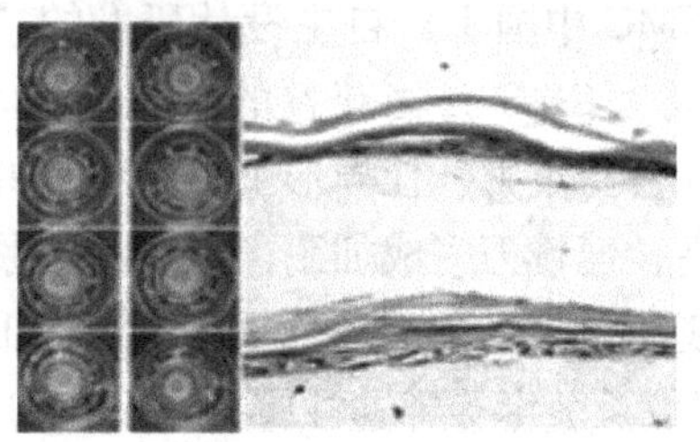
人造皮肤

地址：北京经济技术开发区路东区科创 6 街 88 号院 3 号楼 1609 室
邮编：100176
电话：56315230
传真：56315231
网址：www.forelandpharma.com

（富龙康泰）

【增程式纯电驱动客车】 由北京中瑞蓝科电动汽车技术有限公司研制生产的增程式纯电驱动客车在开发区成功下线，这款为通勤摆渡特别定制的纯电动客车，由于安装了增程设备，续航里程可达 350 公里。这款车是结合了中瑞蓝科在新能源汽车上的技术优势，以及合作方北方车辆在国内高档旅游车开发上的优势，强强联合共同打造的一款市场定制车。增程式纯电动通勤车的电池、电机及整车控制器等核心产品均为中瑞蓝科自主开发产品。该款车具有 3 个特性：行驶距离长，一次充电可行驶不少于 350 公里；充电时间短，在电压为 220 伏的情况下，正常充电时间仅需 6 小时~7 小时，在使用专用充电桩的情况下，时间更短；舒适程度高，全车 42 个乘位，航空座椅，企业还可以根据需求进行配置增配。

中瑞蓝科电动汽车

地址：北京经济技术开发区中和街 9 号
邮编：100176
电话：67872328
传真：80109263
网址：www.sinoev.com.cn

（中瑞蓝科）

【板坯连铸机成套设备】 北京首钢机电有限公司产品。公司生产的板坯连铸成套设备，单台年产合格板坯 140 万吨，板坯厚度 200 毫米~400 毫米和板坯宽度 1500 毫米~2400 毫米。采用国际和国内先进的设计技术。从 2005 年以来，公司机械厂相继为首秦、迁钢、京唐提供 20 条连铸机核心设备生产线，承担三大工程中的连铸机重点、关键设备的设计图纸转化和设备制造任务，板坯连铸机全部投产年生产常规板坯和宽厚板坯 2000 万吨 / 年。2013 年板坯连铸机成套设备被首钢评为第五届名优产品。

板坯连铸机成套设备

地址：石景山区老山西里
邮编：100043

电话：88297127
传真：88297135
法定代表人：白新

（陶晓海）

【350兆瓦贫煤对冲超临界锅炉】 北京巴布科克威尔科克斯（中国）有限公司产品。该产品采用墙式对冲燃烧方式，配双进双出钢球磨冷一次风机正压直吹制粉系统，特别是1台磨带1层半燃烧器，这样配置使制粉系统更加灵活，在锅炉行业内燃用贫煤超临界锅炉的制粉系统配置上实现了较大的突破，提高了贫煤电厂的设计灵活性。该产品采用美国B&W公司标准，已顺利投入商业运行，技术上在国内外都具有领先地位。该产品1号炉和2号炉分别于2013年1月29日和2013年6月5日通过168小时性能考核试验，均达到技术要求。350兆瓦贫煤超临界锅炉的推出，填补了北京巴威公司350兆瓦等级燃用贫煤超临界锅炉的技术空白，提高了市场竞争力，为公司赢得了更多的订单。

地址：石景山炉36号
邮编：100043
电话：68862244
传真：68861336
网址：www.bwbc.cn/
法定代表人：王国华

（昂登华）

【UGL-30D/CNC、UGL-15D/CNC数控不落轮镟床】 该系列机床是北京北一机床股份有限公司自主创新产品。2013年初启动设计研发，12月完成首台试制产品的整机装配。该产品的研制同时列为“首都科技提升计划”和“北京市科技计划”课题。该机床配备高自动化数控系统，可自动执行轮对的举升和定心、轮对几何尺寸的测量、数据读出和加工设定、切削量的优化、新轮廓的测量、加工后轮对的主要数据打印报告，也可连接内部局域网络。该机床拥有轮对独立的举升、对中、卡持单元，在加工过程中，轮对始终保持在正确的轴线位置上；保持摩擦驱动滚轮和车轮表面的接触；压紧、支撑、驱动机构的受力直接作用在立柱上，横梁只承受刀架重量和切削力。该产品适用于地铁、动车、机车、货车及服务车辆，在车辆轮对不解体的条件下，对车轮轮缘踏面的自动镟修，并且也适用于单个轮对轮缘踏面自动镟修，以及刹车盘的镟修。该产品的研制，适应国内高速铁路，缩小了国产机车轮机床与国外机床的差距，有利于提高国产轮对机床修复技术水平、逐步替代进口、降低用户的采购成本。

数控不落轮镟床

地址：顺义区双河大街16号
邮编：101300
电话：89496161-6690
传真：89451869
网址：www.byjc.com.cn
法定代表人：王旭

（昂登华）

【B3HM-039高精度小孔珩磨机】 北京北一机床股份有限公司产品。该机床是为汽车电控共轨柴油燃油喷射系统中燃油喷射泵组件加工特殊设计的高端珩磨类产品，也是国家“04重大专项”子课题之一。2012年1月开始设计开发，2013年6月完成。该设备适用于小孔零件高精度孔的精密珩磨加工，可加工材质硬度不同的各类通孔、盲孔和间断孔。其灵活的配珩系统，解决了高压共轨系统密封的难题。通过在线自动测量装置测得的数据，返回给系统，由系统自动分配珩磨余量，从而达到配珩的目的。该机床通过了国家机床检测中心的认证。该机床的研制成功，打破了国外公司此类机床在国内市场的垄断局面，为国家电控共轨系统国产化提供了重要支持，对国家汽车行业的发展起到了推动作用，尤其是对军用汽车所需国产装备有着深远的影响。珩磨机是实现汽车燃油国四以上标准必不可少的装备之一，也是加工电控共轨核心零部件喷油器偶件最后一个关键的环节。

高精度小孔珩磨机

地址：顺义区双河大街16号
邮编：101300
电话：89496161-6690
传真：89451869

网址：www.byjc.com.cn
法定代表人：王旭

（昂登华）

【18 吨 ~25 吨中型履带式挖掘机用马达】 北京京城华德液压工业有限责任公司产品。行走马达 HD-XM1V174HM 以及回转马达 HD-HM1F128CM 是华德液压与徐州科源液压有限公司合作研发的新产品，应用于 18 吨 ~25 吨中型履带式挖掘机。行走马达 HD-XM1V174HM 采用内藏式的平衡阀和溢流阀，制动采用反控制模式。回转马达 HD-HM1V128CM 内部装有机械式制动装置，具有良好的液压稳定性，将具有吸收冲击功能的溢流阀和补油阀紧凑设计到马达上，并携带反转防止阀。该系列产品已完成 1000 小时工业性实车试验，马达跑合正常，无异响，冲击小，压力、速度达到设计要求，制动符合要求参数，爬坡能力 ≥ 60°。对马达可靠性的评估和检测，证明各个零部件运转正常，得到用户充分认可，并签订新的合作意向合同。项目的研制成功填补了国内空白，具有科技创新意义，为国家节省了大量外汇，提高了国内装备制造行业加工装备国产化水平。

中型履带式挖掘机用马达

地址：北京经济技术开发区同济北路 5 号
邮编：100176
电话：83895364
传真：83895364
网址：www.Huade-hyd.com/cn
电子邮箱：hd_design@sohu.com
法定代表人：杜旭东

（昂登华）

【HD-LIQZO-LES 系列高频响比例流量插装阀】 北京京城华德液压工业有限责任公司产品。HD-LIQZO-LES 系列高频响比例流量插装阀有 25 毫米、32 毫米、40 毫米、50 毫米通径，该系列阀主要应用于陶瓷压机、注塑机、吹塑机、冲孔机和轧板设备等。根据输入信号的大小提供无压力补偿的流量控制。HD-LIQZO-LES 三通型比例流量插装阀采用集成块式安装，根据输入信号的大小提供流量控制。此类阀与电子放大器协同工作。放大器向比例阀提供适当的驱动电流，以校准阀的调整量，使之与供给放大器的输入信号相对应。流量调节通过带双先导面积的阀芯滑入阀套并提供给 LVDT 位置传感器信号而实现。阀芯是由 1 个高性能比例方向阀“强行”对强的震动和机械冲击进行控制。集成式放大器已经过工厂预调，保证了阀的良好性能，阀的安装和电气连接简单。HD-LIQZO-LES 系列高频响比例流量插装阀的创新点在于用 2 组放大器及 2 个位移传感器并配合比例阀形成双闭环控制来代替高频响先导阀（伺服阀）的阀芯与阀套零遮盖结构，降低了加工难度；主阀芯采用分体结构，便于加工；主阀芯采用葛莱圈封油，摩擦阻力小，运动平稳、封油效果好；主阀芯与主阀套采用配磨方式，保证配合间隙，减小泄漏量。

高频响比例流量插装阀

地址：北京经济技术开发区同济北路 5 号
邮编：100176
电话：69082994
传真：69082111
网址：www.Huade-hyd.com
电子邮箱：fyfs2012@sina.com
法定代表人：杜旭东

（昂登华）

【污泥干化焚烧系统及成套装备】 北京机电院高技术股份有限公司 2013 年研制成功的新产品。该成套系统以温州项目为依托，采用以桨叶式干燥机干化、流化床焚烧为核心的污泥处置工艺，并配套与之相契合的余热利用、尾气处理及灰渣处理系统，将含水率 80% 的湿污泥干化至含水率 30% 的半干污泥，并将半干污泥和湿污泥混合至含水率约 50% 后送入焚烧炉焚烧，充分利用半干污泥的自身热值，降低了辅助

污泥干化焚烧系统

燃料的投加量，进而降低处理的直接运行成本。烟气经过尾气处理系统达标排放。该产品实现了污泥处置的减量化、稳定化、无害化及资源化，在国内属于领先水平。温州项目为国内首例污泥干化＋焚烧集中处理项目，于2013年正式进入投产，填补了国内污泥焚烧的空白，极大缓解了温州市区的污泥处理压力，为国内其他污泥干化焚烧项目起到标杆和示范作用。该项目于2013年获得京城控股公司技术进步二等奖。该产品利用污泥焚烧过程中产生的热能进行污泥干化，使热能得到高效利用的同时极大降低了污泥处理系统的能耗，进而降低了污泥的直接处理成本，以温州项目为例，年运行成本直接降低约470万元。该产品能解决城市的污泥处理难题，改善生态环境，同时解决部分人的就业问题，带动配套服务业的发展。

地址：朝阳区工体北路4号
邮编：100027
电话：85236805
传真：65023278
网址：www.bmei.net.cn
电子邮箱：lujinqi999@163.com
法定代表人：赵莹

（昂登华）

【餐厨垃圾资源化处理系统】 北京机电院高技术股份有限公司2013年研制成功的产品。该成套系统是公司专利技术，以“高温湿热处理技术”和“微生物好氧发酵技术”相结合，并囊括了生物柴油制备系统、高浓度有机废水厌氧发酵系统及高效除臭系统。处理规模每天从100吨~500吨不等，可满足不同城市餐厨垃圾资源化处理的需要。该产品自主开发出符合国内餐厨垃圾特性的工艺流程，形成多项自主知识产权，项目工艺先进、系统稳定可靠，处于国内行业领先水平，使餐厨垃圾的处理真正达到了减量化、无害化和资源化。产品工艺充分实现资源的循环有效利用，具有良好的经济效益。在预处理阶段，通过分选对金属类物质进行回收利用；每100吨餐厨垃圾可形成生物柴油约1.5吨，饲料或肥料约9.5吨，沼气约1250立方米。沼气作为清洁能源，可用来热电联产或用作车载燃料。

餐厨垃圾资源化处理系统厂房

地址：朝阳区工体北路4号
邮编：100027
电话：85236779
传真：65023278
网址：www.bmei.net.cn/
电子邮箱：yangjie@bmei.net.cn
法定代表人：赵莹

（昂登华）

【CNG−3型车用铝内胆碳纤维全缠绕复合气瓶】 北京天海工业有限公司产品。CNG−3型车用压缩天然气铝内胆碳纤维全缠绕复合气瓶由瓶体和瓶阀2部分组成。瓶体包括铝质内胆和复合材料缠绕层2部分。内胆材料为6061AL。缠绕层由碳纤维经环氧树脂浸渍后环向缠绕，通过固化炉固化而成。主要用于盛装20兆帕斯卡或25兆帕斯卡CNG气体，与管路、减压器、混合器一起构成发动机的供气系统。在有限的空间内安装容量更大的气瓶逐步成为市场主流，根据市场变化，公司在2012年底完成了该气瓶的开发，提升了天海公司缠绕瓶的市场占有率，创造了很好的经济效益及社会效益。天海公司已在全球建立销售网点8个，主要分布在美国、新加坡、韩国、印度、澳大利亚等国家；国内经销网点25家，遍布国内各地区。

车用铝内胆碳纤维全缠绕复合气瓶

地址：朝阳区天盈北路9号
邮编：100124
电话：67383444

传真：67367022
网址：www.btic.cn
电子邮箱：world@btic.com.cn
法定代表人：王平生

（昂登华）

【HPDI–T6 型机动车用液化天然气低温贮罐】 天海公司 2013 年生产的一种低温贮罐，设计有双层（真空）结构。内胆用来储存低温液态的液化天然气，在其外壁缠有多层绝热材料，具有超强的隔热性能，同时夹套（两层容器之间的空间）被抽成高真空，共同形成良好的绝热系统。该产品适用于高压直喷发动机，主要供应高端用户，能为重卡提供大于 400 马力的动力。主要用于港口运输、长途运输、大型卡车。已完成制造 25 台样品瓶，供欧洲沃尔沃重卡进行跑车试验。LNG 汽车与燃油汽车相比，CO_2（二氧化碳）下降 20% 左右，NO_X（氮氧化合物）下降 30% 左右，CO（一氧化碳）下降 90% 左右，HC（碳氢化合物）降低 70% 左右，且 LNG 汽车尾气不含有铅尘、硫化物以及苯类等有害物质。该类产品对节能减排，改善大气环境，降低 PM2.5 意义重大。

机动车用液化天然气低温贮罐

地址：朝阳区天盈北路 9 号
邮编：100124
电话：67383444
传真：67367022
网址：www.btic.cn
电子邮箱：world@btic.com.cn
法定代表人：王平生

（昂登华）

【2 兆瓦高速永磁同步风力发电机】 北京京城新能源有限公司 2013 年研制的新产品，产品型号 TFY2100-6-（80）。该型号高速永磁同步风力发电机引进 Windtec 公司高速永磁风力发电机组整机技术，参考公司自主设计的 2 兆瓦空冷型、1.5 兆瓦空冷型和水空冷型双馈异步风力发电机技术，按 Windtec 公司整机配套风力发电机技术要求，完全自主研发的新型风力发电机。2 兆瓦高速永磁同步风力发电机体积小，可在地面与变频器等机组配套装置实现机组联调试验，多数故障可在地面时提前排除，提高了机舱上塔后的安全可靠性；机舱密闭性好，机舱内各部件运行安全性、可靠性提高；整个机舱无特大型部件，现场安装条件与双馈机型相同，安装费用降低；电机发生故障时维修、更换费用低；生产制造可与现有的双馈电机共用 1 个生产平台，生产线无须追加大设备投入；发电机转子采用永磁材料励磁，替代了励磁绕组励磁，整个电机的电气可靠性提高，电气故障率降低；发电机通过全功率变频器与电网连接，低电压穿越功能易于实现。

高速永磁同步风力发电机

地址：北京市西郊吴家村 57 号
邮编：100040
电话：51792570
传真：51792570
网址：www.jcnewenergy.com
法定代表人：仇明

（昂登华）

【功能性清漆系列产品】 由北京华腾新材料股份有限公司所属广东华南精细化工研究院研发生产。主要有水性环氧工业漆、水性丙烯酸工业漆、耐黄变聚氨酯清漆、聚氨酯清漆、聚氨酯亚光清漆、黄聚氨酯清漆、聚氨酯半光清漆等。其中，水性环氧 / 丙烯酸工业漆无毒、无味、无污染，对人体健康没有任何危害，真正做到了绿色环保等特点，适用于汽车、船舶、网架、

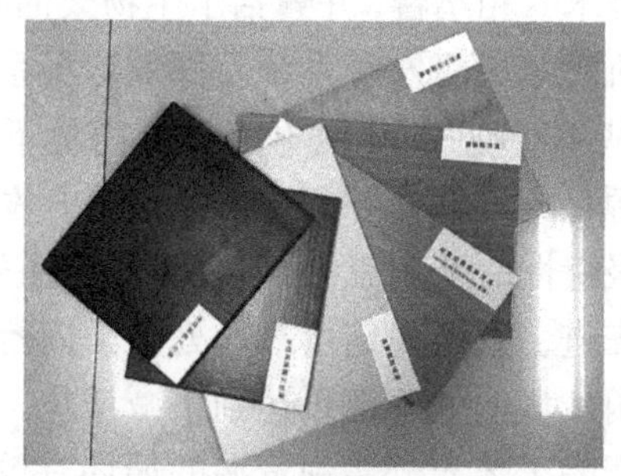
功能性清漆系列产品

机械制造、集装箱、铁路、桥梁、风电叶片、钢结构等行业；聚氨酯清漆具有光泽高、硬度好、附着力优、耐化学性好等特点，广泛应用于要求高光泽、高硬度等条件要求比较高的物件的装饰性涂装上。

地址：中关村北大街123号
邮编：100084
电话：62551996
传真：62578698
电子邮箱：jlb6@hthitech.com
法定代表人：陈宇

（徐博非）

【特种纤维氨纶纺丝油剂】 北京中纺海天染织技术有限公司自主研发项目。特种纤维氨纶纺丝油剂从原料合成、复配、应用工艺等技术进行了全面攻关，自主合成隔离性优良的改性硅油、复配分散剂、抗静电组分，并配合不同型号氨纶丝，研制出系列纺丝油剂以及油剂的制备方法，申请发明专利3项，已授权2项，形成企业标准1项。氨纶纺丝油剂具有优良的平滑性、柔软性和抗静电性以及防粘性能，经其处理后的氨纶纤维，饼丝具有良好的成型性和退绕性，在后续加工过程中，氨纶丝不塌边、易退绕、断丝少。本产品研究技术成果处于国内领先水平，打破了发达国家对特种纤维氨纶纺丝油剂的垄断。产品品质完全达到进口油剂水平，能够替代进口，已形成规模化生产。近3年累计形成销售量4200吨，实现销售收入8298万元。

地址：朝阳区光华路8号
邮编：100026
电话：65830837
传真：65830835
网址：www.zfht.com.cn
法定代表人：李少苓

特种纤维氨纶纺丝油剂的应用产品

（葛顺顺）

【含锗远红外抗疲劳羊绒衫】 北京雪莲羊绒股份有限公司研发生产的功能性羊绒产品。该产品外层和外观具有纯羊绒产品的风格，内在具有人体温度下发射较高的远红外保暖，产生负离子抗疲劳、抗菌的功能。应用该技术可以生产内层局部高锗含量镶嵌织造的远红外抗疲劳粗纺羊绒产品；还可以生产精纺性质的人体温度下含锗远红外抗疲劳内衣产品，束纤包芯纱性质的人体温度下含锗远红外抗疲劳内衣。通过该产品技术应用推广可为服装消费者提供更好功能性的羊绒产品，为企业创造更高的经济效益。

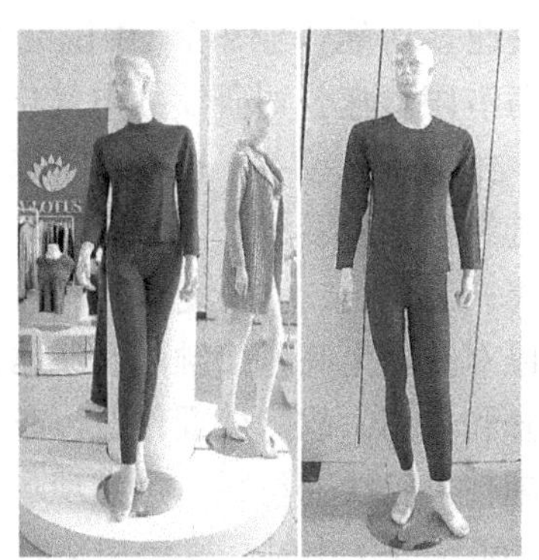
含锗远红外抗疲劳羊绒衫

地址：大兴区瀛海镇瀛海工业园中路一号
邮编：100076
电话：13701139207
电子邮箱：miaoxg@sina.com
法定代表人：孟泽

（葛顺顺）

【120支精梳棉针织内衣产品】 北京铜牛集团有限公司选用驰名世界的秘鲁长绒棉研发生产的针织内衣产品。秘鲁是海岛棉，又称“华贵纤维”的发源地，素以人工培植的最长的棉纤维著称。120支为棉中极品，品质上乘，柔软如丝。100%秘鲁长绒棉精梳纱经过了烧毛等特殊工艺处理，织物表面更光洁细腻。产品具有极佳的亲肤透气性，穿着更为柔软舒适。该产品的成功研发，满足了消费者对针织内衣实用又时尚、舒适、柔软、轻质和功能性的需求，填补了高端内衣市场高支纱超轻棉针织内衣的空白，促进了铜牛产品的结构调整和品牌建设。

120支精梳棉针织内衣产品

地址：朝阳区金台里甲 9 号
邮编：100026
电话：65858596
网址：www.topnew.cn
法定代表人：张为民

（葛顺顺）

【BR711C 型快速多功能作业车】 中国北车北京二七轨道交通装备有限责任公司研发的电气化铁路接触网检修、维护、抢修专业设备，也可用于部分线路桥梁及隧道等设施综合检修及维护。车顶安装有伸缩臂式工作台、升降式工作台、网线定位器、接触网检测弓等装备，可以对线路上高压接触网及线路设施进行综合检测、维修和保养、故障处理作业。车内带有多种检修机械和配件、管线等材料，可在现场进行检修和更换。具有 160 公里 / 小时高速牵引运行和 10 公里 / 小时恒低速作业运行 2 种模式，其中的伸缩旋转臂式高空吊斗工作范围大，可到达轨面以上 18 米、轨面以下 14 米任意位置作业。被誉为“高铁救护车”。

BR711C 型快速多功能作业车

地址：北京市丰台区长辛店杨公庄 1 号
邮编：100072
电话：83306001　83306066
传真：83303736
网址：www.27rail.com.cn
电子邮箱：market@27rail.com.cn
法定代表人：杨永林

（胡跃平）

【“贝贝熊”洗化系列产品】 北京市大宝日用化学制品厂产品。该系列产品强力、快洁、环保，香味雅致，专用配方经过国家权威机构检测，完全符合健康、绿色、环保的要求。该系列产品包括五洁粉、厨房清洁用品、衣物洗涤剂、卫生间清洁剂、个人护理用品等五大系列近百种产品，能够满足多种用户需求。
地址：朝阳区姚家园南路一号院 4 号楼
邮编：100025
电话：52080388-8318

“贝贝熊”洗化系列产品

传真：52080385
网址：www.dabaorihua.com
电子邮箱：dabaotn@163.com
法定代表人：姜武

（王　志）

【衡钢高炉煤气提纯 CO 工业装置】 由北京北大先锋科技有限公司采用专有技术设计建成的，国内乃至全球钢铁行业首次成功从高炉煤气中大规模高效提纯 CO 气体的工业装置，2013 年 6 月投产。该套装置综合能耗指标优异，节能增收效果显著。该装置投产前，衡钢采用的高炉煤气利用方式是在高炉煤气中掺入部分天然气，以提高其热值，供轧钢加热炉使用。项目开展后，衡钢将 67000 标准立方米 / 小时高炉煤气提纯得到 17500 标准立方米 / 小时的 CO 产品气直接输送到加热炉，纯度超过 70%，热值达 8800 千焦耳 / 标准立方米，每年可替代天然气约 3400 万立方米（折合标准煤 3.8 万吨），缓解了衡钢对天然气的紧张需求。此外，由于 CO 提纯气中 N_2 含量减少，采用提纯气燃烧后的烟气与原先高炉煤气和天然气的混合气燃烧后的烟气相比，烟气量大幅度减少，提高了各工业炉内的辐射换热效果，节能降耗优势更为明显。根据实际开工情况计算，扣除装置运行成本后，该项目每年可为衡钢节约标准煤约 2.9 万吨，年直接创收达 2500 多万元。北大先锋和华菱衡钢现已开始进行二期工程的建设。

衡钢高炉煤气提纯 CO 工业装置

地址：海淀区中关村北大街 151 号燕园资源大厦 4 层
邮编：100080
电话：58876068

传真：58876066
网址：www.pioneer-pku.com
电子邮箱：pioneer@pioneer-pku.com
法定代表人：张佳平

（罗 珍）

【中国经济与社会发展统计数据库】 同方知网数字出版集团设计研发的产品。第一版完成时间是2009年6月，并于同年8月正式对外发布，到目前已经改版2次，更加契合用户的需求。该库运用先进的数据库加工流程处理技术和IDMETM（专利号：ZL.2009 1 0084507.9）数据处理技术，对权威纸质统计年鉴（资料）进行“电子化→数据库化→Excel数据化→专业化情报服务”，充分挖掘年鉴资源的价值，并可以进行指标数据挖掘分析及个人数据管理，极大程度上缩短了用户查询文献、整理和分析数据繁重冗长的工作时间。该数据库有五大特点：目前我国收录指标最全、时间跨度最大、统计数据最多的经济社会发展数据总库；各年鉴资料自创刊以来的统计图表均提供Excel格式；为用户提供跨表格、跨章节、跨年鉴的一站式的指标挖掘分析服务；推出“中国经济社会发展规划统计地理信息系统”，为用户提供可视化的空间数据分析平台；特有“我的统计数据”功能，便于用户管理自有数据。目前该数据库已在将近600家用户中应用服务，累计创造销售收入4000余万元，且这个数字还在持续增长中。该库于2013年底获得第三届中国出版政府奖之“网络出版物奖”。

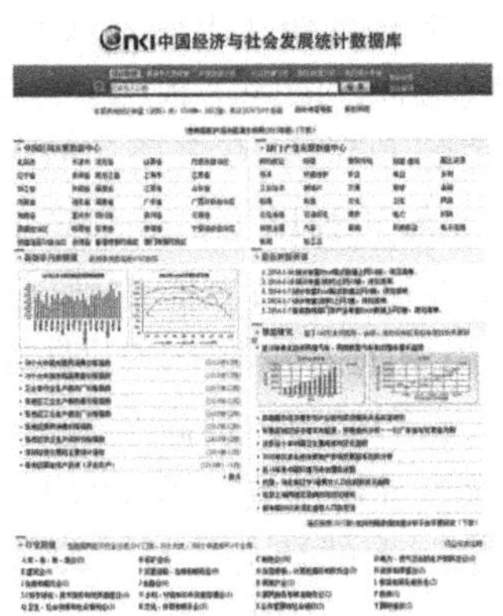

中国经济与社会发展统计数据库

地址：海淀区西小口路66号东升科技园北领地A2楼
邮编：100192
电话：62969002
传真：62701856
网址：www.cnki.net
电子邮箱：zzf6588@cnki.net
法定代表人：王明亮

（周震矾）

【SDH/PTN一体化综合传输接入设备】 北京华环电子股份有限公司生产研制的电信级综合传输接入设备。该产品于2012年完成开发试制并开始在国内外市场进行试用，2013年开始大规模推广使用。该产品采用SDH加分组双总线、双核心的系统架构，可以同时处理SDH平面和分组平面的业务，实现业务在SDH平面和分组平面间的灵活调度；在SDH平面支持最高2.5G传输速率和96×96VC4全交叉的业务处理能力；在分组平面支持最高10G传输速率和64G分组交换容量的业务处理能力，并且支持MPLS-TP协议，达到了电信级以太网传输设备的水平；设备可以提供SDH、PDH、TDM和以太网等多种业务接口，可以处理2兆到万兆各种标准颗粒密度的业务。该产品的研制成功，解决了国内电信运营商在承载网由SDH向分组过渡的背景下，接入设备无法同时兼容SDH承载网和分组承载网的难题，实现了接入设备与承载网设备在传输制式上的无缝连接，减少了电信运营商在接入网维护管理上的成本。该产品在中国电信、中国联通和中国移动等国内市场得到了规模应用，同时在东南亚和非洲等国际市场也获得了用户的认可。2013年，SDH/PTN一体化综合传输接入设备的生产数量近4.7万台。

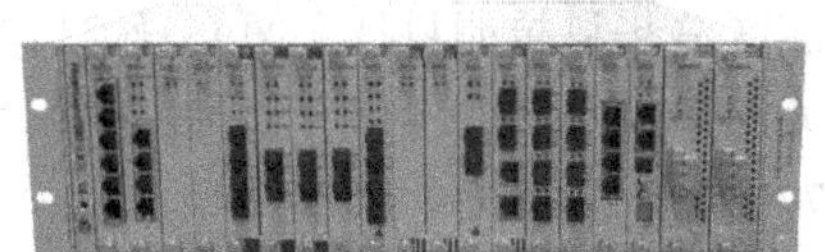

SDH/PTN一体化综合传输接入设备

地址：海淀区上地六街26号华环大厦
邮编：100084
电话：52046188
传真：52046288 52046388
网址：www.huahuan.com
电子邮箱：support@huahuan.com
法定代表人：周立业

（申 银）

【eDCAP-600智能变电站综合自动化系统】 北京紫光测控有限公司生产研发的产品。2012年完成，已通过科技成果鉴定，申请专利3项。采用先进、可靠、集成的智能设备，以全站信息数字化、通信平台网络化、信息共享标准化为基本要求，自动完成信息采集、测量、控制、保护、计量和监测等基本功能，并可根据需要支持电网实时自动控制、智能调节、在线分析决策、协同互动等高级功能的变电站。该产品的特点是支持 DL/T 860（IEC61850）；面向智能电网、立足数字化电网、兼容传统电网；面向所有厂家的灵活的、开放的过程层接入方案；集约化、网络化、智能化的自动化系统功能；系统全面支持 GOOSE 功能。eDCAP−600 智能变电站综合自动化系统中间隔层采用公司研发的 eDCAP−600 系列保护测控装置，该系列保护测控装置是基于 32 位高性能 DSP（数字信号处理器）和高速网络通信技术的新一代保护测控装置，该产品的技术性能和指标得到大幅度提高，将适用范围延伸到 220 千伏以上电压等级和 300 兆瓦以上大型发电机组，可以满足更广泛的市场需求，服务于电力及其自动化行业。2013 年，该设备的生产数量为 1.2 万余套。

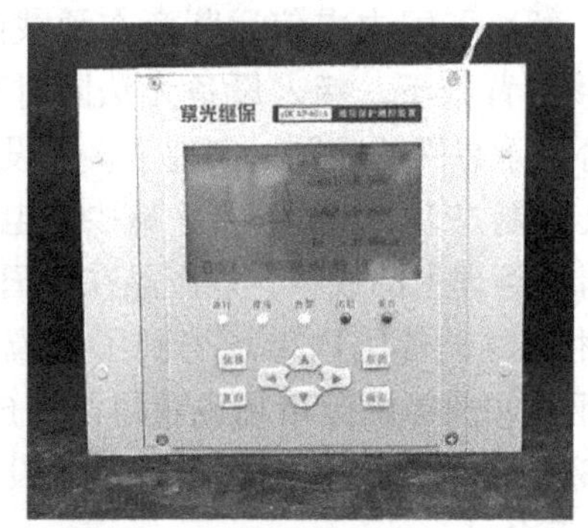

eDCAP−600 智能变电站综合自动化系统

地址：海淀区清华科技园科技大厦 C 座 21 层
邮编：100084
电话：62770909　6256531
传真：62781234
网址：www.unismc.com
电子邮箱：unismc@unismc.com
法定代表人：胡家为

（李　兰）

【清控科创“易招商”平台】 清控科创控股股份有限公司研发的产品，2011 年完成。“易招商”平台包括了招商项目数据库和招商 CRM，招商数据库由专业招商团队进行立体化矩阵式招商数据采集；招商 CRM 从业务运转角度涵盖了市场营销管理、招商过程跟踪、任务跟踪管理、团队协作办公等几个方面，有助于科技园区招商、开发区招商工作的管理规范、项目协作和团队沟通，全面提升招商团队效率和业绩。“易招商”平台主要服务于各地政府或园区招商工作，依托清控科创的分园资源、政府资源、招商资源等，以独家的招商数据和专业的招商服务，帮助各地政府或园区迅速实现产业资源集聚，带动区域产业升级，促进区域经济发展。平台的价值是成功破解了园区招商的五大难题：优质招商项目匮乏困境、招商项目信息不对称、招商活动地域限制、招商专业人才匮乏、优质项目落地困难。2013 年，“易招商”平台已经在全国近 20 个地方政府和园区进行应用推广，共服务园区 10 家，收入 550 万元。

清控科创“易招商”平台

地址：海淀区清华科技园科技大厦 C 座 9 层
邮编：100084
电话：82158900−8501
传真：82158699
网址：www.e-zhaoshang.com
电子邮箱：e-zhaoshang@tiholding.cn
法定代表人：秦君

（张　凯）

【ADV 塔板】 泽华公司生产研发的产品，自 1997 年起开始研发，1998 年开始在工业装置第一次应用，至今已发展出浮阀塔板、固阀塔板、多降液管塔板三大系列，与之相关的专利达 20 多项。ADV 塔板比同类产品的处理能力高 30% 以上，效率高 15% 以上，操作弹性高 40% 以上，产品性能达到国际先进水平。ADV 塔板已应用到国内外数千座工业塔上。ADV 塔板帮助用户扩大生产能力、提高产品质量、降低能耗和操作成本、减少废物排放，不仅为用户带来经济效益，同时也产生巨大的社会效益。2013 年，ADV 塔板在 500 多套工业塔上应用。

ADV 塔板

地址：海淀区地锦路 7 号院 8 号楼

邮编：100095
电话：58317000
传真：58317097
网址：www.zehua-chem.com
电子邮箱：zehua@zehua-chem.com
法定代表人：杨宝华

（冯光胜）

【高温气冷堆】 清华大学自主研发的具有第四代技术特征的新型核能技术，中核能源科技有限公司是该项技术的自主创新企业主体和产业化推广平台。它采用氦气作冷却剂，石墨作慢化剂，具有安全性好、发电效率高、用途广泛等特点。2003年，清华大学建成10兆瓦高温气冷实验堆并实现满功率并网发电，对高温气冷堆技术的研发取得了突破性成果，基本掌握了核心技术和系统设计集成技术，使高温气冷堆技术成功取得了国际领先地位。2006年，高温气冷堆被评为"国家科技进步一等奖"，并且在国务院正式发布的《国家中长期科学和技术发展规划纲要（2006—2020年）》中，"大型先进压水堆和高温气冷堆核电站"被列为国家科技重大专项，旨在10兆瓦高温气冷实验堆的基础上，攻克高温气冷堆工业放大与试验验证技术、高性能燃料元件制备技术，建成具有自主知识产权的20万千瓦级模块式高温气冷堆商业化示范电站，同时开展氦气透平直接循环发电技术和高温制氢等技术研究，为发展第四代核能技术奠定基础。2007年，高温气冷堆被认定为"北京市重大高新技术成果转化项目"。2012年12月9日，高温气冷堆核电站示范工程正式开工建设。

高温气冷堆

地址：海淀区中关村软件园26号楼
邮编：100093
电话：82506000
传真：82506200
网址：www.chinergy.com
电子邮箱：info@chinergy.com
法定代表人：祖斌

（庄昌银）

【VVP-STK国产卫星仿真开发与运行平台V4.0】 北京航天慧海系统仿真科技有限公司研发的高科技成果，具有完全自主知识产权，于10月份最新发布。该卫星仿真开发与运行平台是基于国产化、组件化开发框架VVP-VBF以及QT+Linux操作系统开发完成的，支持国产操作系统+国产数据库，如人大金仓+中标麒麟操作系统。其主要性能包括：支持航天空间飞行任务仿真、空间碎片预警仿真，提供卫星轨道预测分析、卫星姿态与变轨分析、卫星载荷仿真与分析、卫星对地观测仿真与分析、星下点弹下点轨迹计算分析、对地覆盖范围计算与分析，支持卫星计划生成—卫星任务规划等。慧海仿真是国内领先的系统仿真整体方案提供商，主要为军工用户群提供优质完善的仿真技术体系咨询、指挥体系顶层设计、仿真软硬产品研发、仿真实验室工程设计服务。其主要产品还包括：雷达态势仿真开发平台，空战仿真与运行平台，航海仿真与运行平台，航天卫星仿真与开发平台，与多源异构情报数据融合、提供侦察打击一体化功能仿真的支撑平台等。慧海仿真参与了多项航天领域国家重点项目建设、国家林业资源建设、国家生态资源监控建设。

VVP-STK国产卫星仿真开发与运行平台V4.0

地址：海淀区中关村南大街5号
邮编：100081
电话：13911588183
网址：www.vvp.cc
电子邮箱：xmvini@163.com vini@vvp.cc
法定代表人：曾安里

（北京理工大学）

【机场FOD探测系统】 北京理工大学的校办企业北京理工雷科电子信息技术有限公司的产品。北京理工雷科电子信息技术有限公司基于毫米波雷达技术研制FOD探测系统，系统采用FMCW体制毫米波雷达探测，具有以下3个特点：高距离分辨率和方位分辨率；可以对FOD全天时、全天候、全自动地检测；能够快速扫描机场跑道，1 次跑道扫描时间小于等于 30 秒。机场 FOD 探测系统具有异物分类识别及告警能力，可以有效地预防和降低跑道异物对机场跑道安全的威胁，对于机场跑道运行安全具有重要意义。

机场 FOD 探测系统

地址：海淀区中关村南大街 9 号理工科技大厦 12 层
邮编：100081
电话：68429855
传真：68429855-8004
网址：www.racobit.com
电子邮箱：sales@racobit.com
法定代表人：戴斌

（北京理工大学）

【BP2007 北斗基带信号处理芯片】 北京理工大学的校办企业北京理工雷科电子信息技术有限公司自主研发的产品。BP2007 北斗基带信号处理芯片兼容北斗、GPS 系统，芯片核心为基于 ZSP400 内核的 SoC 系统，总线为 AMBA 总线，具有 16 个跟踪通道，1 个快捕通道，可跟踪北斗卫星导航系统民码和授权码、GPS 民码，通道时延一致性≤ 0.1 纳秒，载波相位观测精度≤ 0.01 米，有 2 个中频输入通道，可作双系统兼容定位。应用领域为北斗卫星导航系统 +GPS 兼容型接收机和单系统小型化低功耗接收机。2013 年，售出 BP2007 北斗基带信号处理芯片 1000 套，销售收入 1500 万元。

BP2007 北斗基带信号处理芯片

地址：海淀区中关村南大街 9 号理工科技大厦 12 层
邮编：100081
电话：68429855
传真：68429855-8004
网址：www.racobit.com
电子邮箱：sales@racobit.com
法定代表人：戴斌

（北京理工大学）

【微小型无人机载 SAR 系统】 微小型无人机载 SAR 系统是北京理工大学的校办企业北京理工雷科电子信息技术有限公司自主研发的产品。微小型无人机载 SAR 系统以小型无人机系统作为工作平台，以合成孔径雷达作为任务载荷，实现高分辨微波成像。微小型无人机载 SAR 系统的主要技术指标中，作用距离为 1 千米，分辨率为 0.3 米 ×0.3 米，NEσ0 优于 -30 分贝，成像幅宽≥ 500 米，重量≤ 2 千克，总功耗为 40 瓦。微小型无人机载 SAR 系统可应用于民用领域，进行搜索救援、灾情评估、边境巡视。同时也可应用于军事领域，进行战场监视、目标指示、毁伤评估。

微小型无人机载 SAR 系统

地址：海淀区中关村南大街 9 号理工科技大厦 12 层
邮编：100081
电话：68429855
传真：68429855-8004
网址：www.racobit.com
电子邮箱：sales@racobit.com
法定代表人：戴斌

（北京理工大学）

【HXSI 表面缺陷在线检测系统】 北京科技大学设计研究院有限公司自主研发的钢铁领域全流程表面缺陷在线检测系统，检测范围包括从连铸坯到冷热轧板带的各流程，目前是世界上唯一一家能提供钢铁领域全流程的表面缺陷在线检测系统的公司，且所有系统都有在线运用的业绩。2013 年，国内已有近 30 套 HXSI 表面缺陷在线检测系统在各类生产线上运行，在减少企业批量的质量事故和企业产品质量异议方面，发挥了重要作用，帮助企业提升了市场竞争力。HXSI 表面缺陷在线检测系统能实现高温、高速和复杂背景的金属表面缺陷的在线检测，系统最小检测精度能达到0.12毫米/像素，系统最大检测速度26米/秒。HXSI表面缺陷在线检测系统在表面缺陷检测与识别算法、数据实时处理、图像采集与传送、照明技术等方面具有特色和突出的优势。近2年仅6条生产线上的应用新增销售额17.04亿元，利润2.7亿元，税收0.85亿元。HXSI系统曾获省部级一等奖2项、二等奖2项；授权国家发明专利8项，计算机软件著作权2项，国家标准1项。HXSI系统可应用国内200余条铸坯生产线和700余条金属板带生产线，产生显著的经济效益和社会效益。年生产能力达到20套，价值约3000万元。年内，HXSI系统销售额1000万元。

HXSI表面缺陷在线检测系统

地址：海淀区学院路30号
邮编：100083
电话：62332598
传真：62332947
网址：nercar.ustb.edu.cn
电子邮箱：nercar@ustb.edu.cn
法定代表人：唐荻

（米振莉）

【多级精密卷绕电气控制系统】 卷绕机是化纤纺丝设备中的关键部分，占到化纤纺丝设备总投资的50%~60%。北京银河昊星电气技术有限公司发明并申请专利的多级精密卷绕方法，在算法上实现了防叠控制系统的进步，配合公司设计制造的控制系统，能够完美提高电气设备的一体化程度，做到真正的节能控制，从而推动国产卷绕头设备的技术进步。北京银河昊星电气技术有限公司研发的多级精密卷绕电气控制系统中，采用无散热片变频器共直流母线+能量反馈母线+保护制动电阻的制动方式达到节能的目的。在卷绕成型控制方面，除具备传统防叠丝手段外，还实现了精密卷绕和多级精密卷绕的卷绕成型工艺，且多级精密卷绕的分级可通过数学模型自动生成，有效地提高了丝饼的成型质量和退绕速度。控制系统实现了卷绕工艺、成型工艺以及速度控制等内容一体化以及纺丝中的位控模式，从而提高生产效率、降低生产成本。2013年销售总额1.3亿元。

多级精密卷绕电气控制系统

地址：朝阳区北四环中路6号华亭嘉园E座5F
邮编：100029
电话：82842283
传真：82845176
网址：www.bjlckj.com
电子邮箱：shui19720309@163.com
法定代表人：洪亮

（周旭婕）

【金太阳YD507系列耐磨堆焊药芯焊丝】 北京工业大学投资的股份制企业北京金太阳药芯焊丝有限公司的产品。该焊丝为CO_2气体保护堆焊药芯焊丝，由马氏体不锈钢钢带制作而成，堆焊层化学成分稳定、焊接工艺性能优良，焊丝不生锈，是一种通用性的表面堆焊焊丝。用于堆焊工作温度在450摄氏度以下的碳钢或合金钢的轴及阀门等。2013年，该系列焊丝总销量达37吨，销售收入85万元，创利30万元。

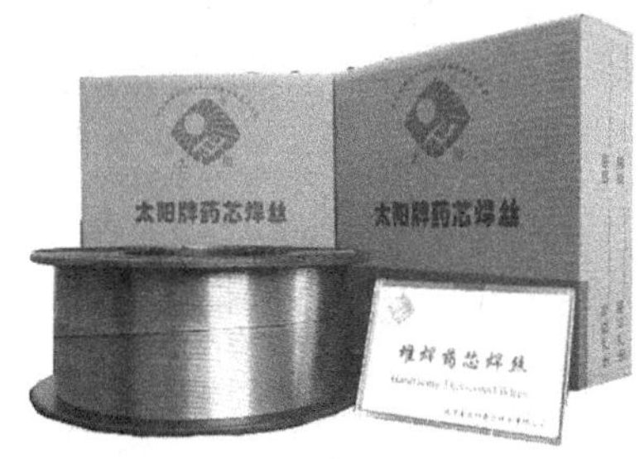

金太阳YD507系列耐磨堆焊药芯焊丝

地址：房山区窦店镇大高舍村二区50号
邮编：102402
电话：80318812
传真：80316240
网址：www.bjjty.cn
电子邮箱：bjjty@126.com

法定代表人：赵卫民

（李爱民）

【透皮贴剂新型骨架材料及成型工艺平台技术】 北京裕华创新科技发展有限公司（属北京化工大学资产经营公司）开发，用于药物透皮贴剂制备的革命性平台技术，于2013年完成平台技术的中试生产研究。新型骨架材料SIS具有不过敏刺激、载药量大、释放性能优、生产用药安全系数高、制剂透气性好、皮肤顺应性优等特点，解决了天然橡胶的严重缺陷。新型低温熔融成型工艺技术能够低温快速混合胶药（< 30秒），有效保护药物成分，零溶剂、环保、节能减排，工艺简单、高效、生产周期短、成本低。透皮贴剂新型骨架材料及成型工艺平台技术填补了TDDS贴剂低温熔融成型技术空白；解决了中药TDDS贴剂发展瓶颈问题，传承中医药透皮贴剂特色；填补自主开发化药TDDS贴剂领域空白，推动透皮贴剂发展。2013年开始为河南羚锐、安科余良卿进行中药橡胶膏改基质研究；开发新型酮洛芬、奥昔布宁贴剂；开发新型化妆品贴膜累计销售500万贴，为上海家化及同仁堂进行新型化妆品贴膜研究。透皮贴剂新型骨架材料及成型工艺平台技术为国内250多家中药橡胶膏生产产品、技术改造提供支持；促进化药、中药TDDS贴剂开发应用，加大TDDS贴剂的国际市场份额；环保、节能、减排、成本低的优势使得经济与社会效益显著。以SIS为骨架材料开发的新型化妆品贴膜得到了市场的认可。2013年累计销售1000万贴。

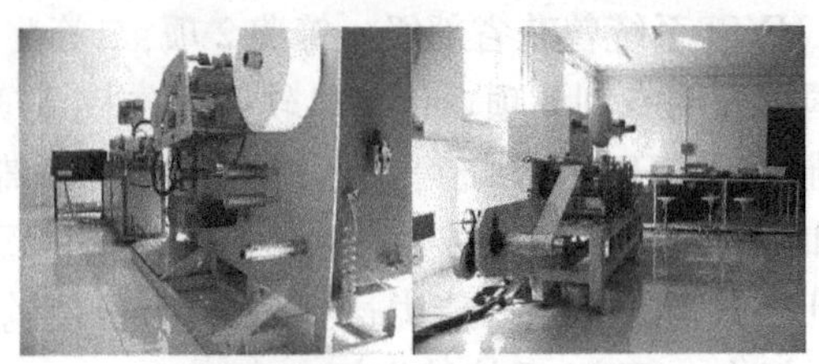

新型低温熔融成型技术设备

地址：朝阳区樱花西街8号北方安华大厦606室
邮编：100029
电话：64435571
传真：64413870
电子邮箱：ningmengshu112@163.com
法定代表人：王书伟

（侯玉庆　刘彦宏）

人 物

2013年北京市工业主要领导干部

本名单中，区县和相关部门只列主管工业的领导，市属控股（集团）公司（包括部分中央在京工业企业）只列党、政副职领导。领导任职、离任时间以上级组织部门批文为准。

市级、委办局级领导

北京市人民政府副市长（主管工业） 张 工

北京市经济和信息化委员会

（北京市国防科学技术工业办公室）

党组书记 李 平

主 任 靳 伟

副 主 任 梁 胜

熊 梦

姜贵平（女）

李 洪

王学军

万新恒

童腾飞

樊 健

毛东军

纪检组组长 张国栋

委 员 刘京辉（女）

杨旭明

任世强

副巡视员 邹 彤（女）

张兰青（女）

副 局 级 陈志峰

汪进军

王颖光

北京市无线电管理局

局 长 陆恭超

区、县及其他单位领导

东城区

主管副区长 许 汇

产业和投资促进局局长 李照宏

西城区

主管副区长 苏 东

发展改革委主任 吴向阳

朝阳区

常务副区长 甘靖中（2012年11月任职，2013年5月离任）

副 区 长 张维刚（5月任职）

发展改革委主任 常树奇

海淀区

副 区 长 孟景伟

经信办主任 何建吾

丰台区

常务副区长　张　婕（女，5月离任）
刘树苹（女，5月任职）

经济信息化委主任　吴神赋

石景山区

副　区　长　李　艳（女）

经济信息化委主任　李元涛

门头沟区

副　区　长　张满仓（12月离任）
陈国才（12月任职）

经济信息化委主任　李国庆

房山区

副　区　长　马继业（8月离任）
吕守军（8月任职）

经济信息化委主任　赵永祥

通州区

副　区　长　崔志成（4月离任）
洪　波（4月任职）

经济信息化委主任　陈国庆

顺义区

副　区　长　盛德利

经济信息化委主任　郭振江

大兴区

副　区　长　喻华锋

经济信息化委主任　刘士忠

昌平区

副　区　长　周云帆（11月离任）

副　区　长　苏贵光（12月任职）

经济信息化委主任　王志刚

平谷区

副　区　长　底志欣

经济信息化委主任　崔东辉

怀柔区

副　区　长　张　勇

经济信息化委主任　周怀明

密云县

副　县　长　郭　鹏

经济信息化委主任　姜　博

延庆县

副　县　长　刘　兵

经济信息化委主任　孙自广（9月离任）
祁增华（9月任职）

北京市工商业联合会

主　　席　程　红（女）

常务副主席　郑默杰（女）

副　主　席　张卫江　佘运高
郑勇男　王爱民
王　蓓　王子华
王长田　王幼君
尹卫东　刘振东
齐向东　安　庭
李玉立　李璟瑜
吴　双　张宝全
陈东升　陈进忠
郤武淳　周一晨
周明德　赵　勇
赵瑞海　秦升益
秦剑锋　夏　敏
徐生恒　郭　为

中关村科技园区管理委员会

主　　任　郭　洪

副　主　任　马胜杰（4月任职）
杨建华　宣　鸿
廖国华　王汝芳
于凤英（女，1月离任）
李稻葵（挂职，1月离任）
白智勇（挂职）
周国林（挂职）

北京经济技术开发区管理委员会

主　　任　张伯旭

副　主　任　赵昕昕（7月离任）
高言杰　王合生
绳立成
程　京（挂职）
袁立洪
张　伟（挂职，7月任职）
陈小男（11月任职）

首钢总公司

董　事　长　王青海（12月离任）
靳　伟（12月任职）

总　经　理　徐　凝

副总经理　王　毅　张功焰
白　新　孙永刚
孙伟伟（女）
强　伟　赵民革
胡雄光（2月任职）

党委书记　王青海（12月离任）
靳　伟（12月任职）

党委副书记 徐 凝
姜兴宏
许建国

北京汽车集团有限公司

董 事 长 徐和谊
副董事长 吕振清
总 经 理 张夕勇（6月任职）
代总经理 张夕勇（6月离任）
副总经理 韩永贵 张 健
马童立 蔡速平
叶正茂 张 欣
陈 江
郑功成（挂职，2012年8月任职，2013年1月离任）
孔 磊（2月任职）
党委书记 徐和谊
党委副书记 李志立

北京电子控股有限责任公司

董 事 长 王 岩
副董事长 王东升
总 经 理 赵炳弟
副总经理 吴文学 袁汉元
谢小明 张劲松
缪国平（2月离任）
陈勇利（2月任职）
党委书记 王 岩
党委副书记 江 玉 张岳明

北京京城机电控股有限责任公司

董 事 长 任亚光
总 经 理 仇 明
副总经理 王国华 蒋自力
王 军
阮忠奎（4月离任）
党委书记 任亚光
党委副书记 仇 明 赵 莹

北京京仪集团有限责任公司

董 事 长 侯子波
总 经 理 史红民
副总经理 刘世华 崔 健
李英龙 高玉清
傅之威（7月离任）
李 晓
黄林祥（5月离任）
党委书记 侯子波
党委副书记 史红民 张 华 邢莉萍（女）

北京化学工业集团有限责任公司

董 事 长 项大北
总 经 理 刘文超
副总经理 吕德明 张 建
孙绍刚 苏建军
何燕卿
陈 宇（9月任职）
党委书记 项大北
党委副书记 刘文超 张荣立

北京京煤集团有限责任公司

董 事 长 付合年
总 经 理 阚 兴
副总经理 孙德刚 周建裕
肖志军
支现伟（2月任职）
党委书记 付合年
党委副书记 阚 兴
常海波

北京金隅集团有限责任公司

董 事 长 蒋卫平
副董事长 王建国
党委书记 蒋卫平
党委副书记 吴 东
石喜军

北京一轻控股有限责任公司

董 事 长 张金钢
副董事长 郭秀健（女）
总 经 理 苏志民
副总经理 彭 林 王旭东
杜罗坤 张学清
李俊杰（3月任职）
袁新民（10月任职）
党委书记 张金钢
党委副书记 苏志民 郭秀健（女）

北京隆达轻工控股有限责任公司

董 事 长 李 玎（女）
总 经 理 张德华
副总经理 粟国锦 董 淳 李文宽
党委书记 李 玎（女）
党委副书记 张德华 战 英（女）

北京纺织控股有限责任公司

董 事 长 吴 立
总 经 理 李学彬

副总经理 顾伟达 赵宏晔
吴鹤立
天 祥（3月任职）
党委书记 吴 立
党委副书记 王玉川（6月离任）
李学彬
徐经力（9月任职）

北京工美集团有限责任公司

董事长 李 节
副董事长 高颖维（女，10月离任）
总经理 曹胜龙
副总经理 王 健 孟繁民
党委书记 李 节
党委副书记 曹胜龙 杨中俊

中国北京同仁堂（集团）有限责任公司

董事长 殷顺海
副董事长 梅 群
总经理 梅 群
副总经理 丁永玲（女）
张庆增（回族）
马保健（女）
顾海鸥
党委书记 殷顺海
党委副书记 梅 群 王 泉
陆建国

北京同仁堂股份有限公司

董事长 梅 群
副董事长 丁永玲（女）
总经理 高振坤
常务副总经理 谢占忠（2012年11月离任）
副总经理 刘向光 朱共培
宋卫清（女）
张建勋 李兴毅
韩春举（3月任职）
党委书记 侯德英（女）

中国石化集团北京燕山石油化工有限公司

董事长 王永健（7月离任）
罗 强（7月任职）
总经理 罗 强
副总经理 王 哲（7月任职）
李 刚
党委书记 王永健（7月离任）
王 哲（7月任职）
党委副书记 罗 强 许 光

中国石化股份公司北京燕山分公司

总经理 罗 强
副经理 华 炜 李清河

北京市电力公司

总经理 朱长林（11月离任）
尹昌新（11月任职）
副总经理 尹昌新（11月离任）
郑 林（11月离任）
蒋 斌（12月离任）
杨新法（11月任职）
李百顺 刘润生
安建强
杜小波（12月任职）
唐屹峰（12月任职）
党委书记 尹昌新（11月离任）
杨新法（11月任职）
党委副书记 朱长林（11月离任）
尹昌新（11月任职）

北京二七轨道交通装备有限责任公司

董事长 杨永林
副董事长 王东明（7月离任）
马建勋（7月任职）
总经理 杨永林
副总经理 孙建军（7月离任）
闫建华
马建勋（7月离任）
高维寅
李海滨（7月离任）
荣海峰 张志宏
曹宏晏（7月任职）
王洪义（7月任职）
乔红波（7月任职）
郭凤江（7月任职）
党委书记 刘晓平（7月离任）
马建勋（7月任职）
党委副书记 王玉麟

南车二七车辆有限公司

执行董事 史硕致
总经理 兰 叶
副总经理 安 卫 戴志勇
孙 斌 贾春亮
杜向东（5月离任）
张志山（5月任职）
王武建（5月任职）

党委书记 史硕致
党委副书记 兰 叶
胡朝晖（5月离任）
杜向东（5月任职）

北京南口轨道交通机械有限责任公司
董事长 孙 凯
副董事长 张秀臣
总经理 孙 凯
副总经理 耿 刚 樊学军
武德全 王 珩
党委书记 张秀臣
党委副书记 孙 凯
曾建平

北京市民政工业总公司
总经理 姜 武
副总经理 张怀麟 王 瑾
王怀宁 席培利
黑昱晨 郭进生
党委书记 姜 武
党委副书记 王 瑾

第十五届北京市工业和信息化职业技能竞赛获奖名单

为贯彻市委、市政府《首都中长期人才发展规划纲要（2010—2020年）》“实施高技能人才培养带动工程”的要求，落实《北京市人民政府关于进一步加强职业培训工作的意见》，发挥职业技能竞赛在高技能人才培养、选拔和激励等方面的作用，推动北京市高技能人才队伍建设，由北京市经济和信息化委员会、北京市工业经济联合会共同举办“北京市第三届职业技能大赛暨第十五届北京市工业和信息化职业技能竞赛”。

根据京经信委发〔2012〕12号文件精神，决定授予管波等455名同志“北京市工业和信息化高级技术能手”称号；授予安玉萍等4名同志“北京市行业技术能手”称号；授予刘鑫等37名同志“北京市工业和信息化最佳操作能手”称号。授予陈捷等80名同志“优秀工作人员”称号；授予杨朝辉等80名同志“优秀教练员”称号；授予北京市地铁运营有限公司等20个单位“优秀组织奖”。并号召全市工业和信息化系统广大职工以他们为榜样，为实现首都经济社会跨越发展和高技能人才队伍建设做出新的更大的贡献。

北京市工业和信息化高级技术能手

维修电工
管 波 北汽福田诸城奥铃汽车厂
李 响 北京市工贸技师学院
肖 遥 北京现代汽车有限公司
金 军 北京首都机场动力能源有限公司
刘 健 北京地铁机电分公司
穆林强 北京科勒有限公司
王贵忠 北京市工贸技师学院
卢华伟 北京印钞有限公司
邢燕鹏 北京铁路电气化学校
王家军 北京首都机场动力能源有限公司

电焊工
刘少鹏 首钢首秦公司
刘 鑫 首钢首秦公司
郭有林 首钢矿业公司
李永清 北京航天新风机械设备有限责任公司
薛礼亮 北京二七轨道交通装备有限责任公司
韩积冬 库门瑙尔（北京）煤机配件有限公司
成志伟 首钢矿业公司
王 锋 北京航天新风机械设备有限责任公司
张华龙 北京巴布科克·威尔科克斯有限公司
李学恒 北京巴布科克·威尔科克斯有限公司

工具钳工
孙 凯 北京市工贸技师学院
纪成东 北京天地玛珂电液控制系统有限公司
马成龙 北京航天新风机械设备有限责任公司
张 兵 北京航天新风机械设备有限责任公司
冯 超 北京航天新风机械设备有限责任公司
尹立志 北京新立机械有限责任公司
崔晓廷 北京航天新风机械设备有限责任公司
李志宏 北京航天新风机械设备有限责任公司
杨 波 北京毕捷电机股份有限公司
赵东洲 北人印刷机械股份有限公司

车工

孙　杰　北京市工贸技师学院
张郑鑫　北京市工贸技师学院
王志刚　北京动力机械研究所
周志明　北京巴布科克·威尔科克斯有限公司
毕恩学　北京巴布科克·威尔科克斯有限公司
祁宝剑　北京二七轨道交通装备有限责任公司
王海明　北京巴布科克·威尔科克斯有限公司
王　林　SMC（中国）有限公司
侯建春　北京动力机械研究所
冯大力　北京动力机械研究所

信息安全员

方铁城　北京市燃气集团有限责任公司
牛占云　首都机场集团公司
李欣欣　中国移动北京公司
司　伟　北京同仁堂股份有限公司
刘国伟　北京市政务信息安全应急处置中心
黄新明　北京燃气用户服务有限公司
刘云霞　中国移动北京公司
张　琳　北京中移通信工程技术有限公司
周小国　中国人民解放军95996部队
张　静　中国移动通信集团北京有限公司

计算机网络管理员

陶　然　中国移动北京公司
黄新明　北京燃气用户服务有限公司
李欣欣　中国移动北京公司
朱正波　北京启明星辰信息安全技术有限公司
闻　铭　北京北辰实业股份有限公司公用设施管理分公司
司　伟　北京同仁堂股份有限公司
李飞杰　北京阳光金网科技发展有限公司
刘　硕　北京信息职业技术学院
万　峻　北京市红十字血液中心
刘　充　北京北辰实业股份有限公司公用设施管理分公司

食品检验工

杨心宇　北京一轻高级技术学校
蔺　瑞　北京一轻高级技术学校
薛自萍　北京商贸学校
宋　洋　北京稻香村食品有限责任公司食品厂
孙晓宇　北京一轻高级技术学校
李彦荣　北京一轻高级技术学校
何爱红　北京商贸学校
田　蕊　北京一轻高级技术学校
张玉德　北京嘉瑞富德食品科技有限公司
段　然　北京北辰实业股份有限公司国家会议中心

高低压开关板（柜）装配配线工

张文静　北京潞电电气设备有限公司
王雅丽　北京潞电电气设备有限公司
郭　伶　北京潞电电气设备有限公司
孙晓燕　北京科锐配电自动化股份有限公司
孙立梅　北京潞电电气设备有限公司
高　博　北京科锐配电自动化股份有限公司
孙荣岳　北京科锐配电自动化股份有限公司
田维建　北京中核东方控制系统工程有限公司
李俊廷　中冶赛迪电气技术有限公司
李　伟　中冶赛迪电气技术有限公司

化学检验工

王玉红　北京华测北方检测技术有限公司
张　柳　北京华测北方检测技术有限公司
韩会秀　北京华腾通标检测与校准技术研究中心有限责任公司
李远琳　北京市工业技师学院
刘利波　北京泰德制药股份有限公司
张　蕊　北京化工厂
马　永　北京华腾天海环保科技有限公司
孙宝云　北京市城市排水监测总站有限公司
刘丹蕾　北京化学试剂研究所
李学颖　北京华腾天海环保科技有限公司

电力电缆工

赵春明　北京市电力公司电力检修分公司
吉占军　北京电力工程公司电缆安装公司
张永波　北京电力工程公司电缆安装公司
李艳果　北京市电力公司电力检修分公司
冉艳杰　北京电力工程公司电缆安装公司
张　武　北京市电力公司电力检修分公司
张泽建　北京电力工程公司电缆安装公司
陈文雨　北京市电力公司电力检修分公司
汪卫国　北京市电力公司顺义力源供用电工程安装公司
赵艳波　北京电力工程公司电缆安装公司

中药调剂员

李金蕾　北京同仁堂连锁药店有限责任公司
罗丁华　北京同仁堂连锁药店有限责任公司
张末冉　北京同仁堂商业投资集团有限公司
王雪阳　北京同仁堂商业投资集团有限公司
曹建荣　北京同仁堂商业投资集团有限公司
史　亮　北京同仁堂连锁药店有限责任公司
高培从　北京同仁堂连锁药店有限责任公司
王小龙　北京同仁堂连锁药店有限责任公司
张寅玲　北京同仁堂连锁药店有限责任公司

徐邵辉　北京同仁堂中医医院

医药商品购销员

鲁　娟　北京医保全新大药房有限责任公司
张　婷　北京医保全新大药房有限责任公司
杨　霞　北京医保全新大药房有限责任公司
周　圆　北京医保全新大药房有限责任公司
姜　楠　北京医保全新大药房有限责任公司
李芙蓉　北京金象大药房医药连锁有限责任公司
张海鸥　北京金象复星医药股份有限公司
杨国英　北京医保全新大药房有限责任公司
杨宇培　北京医保全新大药房有限责任公司
关　欣　北京金象复星医药股份有限公司

缝纫工

高宇红　北京空间机电研究所
王海燕　北京凯艺玩具有限责任公司
张素芹　北京顺祥玩具有限公司

无线电调试工

杨建福　北京动力机械研究所
张明义　北京电子信息高级技工学校
王　威　北京大华无线电仪器厂
马宏娟　北京航天光华电子技术有限公司
胡彦庆　北京大华无线电仪器厂
周　杰　北京长征天民高科技有限公司
刘　娜　北京电子信息高级技工学校
唐　峰　北京机电工程研究所
刘月丽　北京航天光华电子技术有限公司
王建志　北京新立机械有限责任公司

无线电装接工

张明义　北京电子信息高级技工学校
肖海强　同方威视技术股份有限公司
史立民　北京航天光华电子技术有限公司
刘　娜　北京电子信息高级技工学校
吴　超　北京华环电子设备有限公司
张　程　中国航天长征火箭技术有限公司
冯天艺　中国航天科工集团第二研究院二十五所
习立霞　北京五湖四海人力资源有限公司
吴学斌　北京航天拓扑高科技有限责任公司
李广元　北京七星弗洛尔电子设备制造有限公司
郑　君　同方威视技术股份有限公司
宛建平　北京电子信息高级技工学校
王　云　同方威视技术股份有限公司
王海虹　北京航天时空科技有限公司
李旭东　北京航星科技有限公司

录音师

汝文博　北京现代音乐研修学院
印　月　北京歌神录音棚
谌彦兮　北京现代音乐研修学院
刘思宇　北京百花录音棚

计算机操作员

韩英华　北京一轻高级技术学校
郑红波　北京电子信息高级技工学校
吴　洋　北京电子信息高级技工学校
吴光宇　北京信息职业技术学院
樊　兴　中国移动北京公司
张　旭　北京市东城区永定门外街道
高　杉　北京电子信息高级技工学校
齐春燕　北京市房山区蒲洼乡残疾人联合会
胡文举　北京电子信息高级技工学校
季　超　北京市强华印刷厂
王　嵩　北京无线电厂
贺渝峰　北京北广电子集团有限责任公司
王晓楠　北京市东城区永定门外街道
杨媛媛　北京市超市发连锁股份有限公司
吕　可　北京大学会议中心

传声器装调工

王秋红　北京第七九七音响股份有限公司
古　平　北京第七九七音响股份有限公司
武敬桃　北京第七九七音响股份有限公司
张孝荣　北京第七九七音响股份有限公司
魏　静　北京第七九七音响股份有限公司
崔朋丽　北京第七九七音响股份有限公司

扬声器装调工

任利民　北京七九七华音电子有限责任公司
刘　云　北京七九七华音电子有限责任公司
王　璇　北京七九七华音电子有限责任公司
安晓强　北京七九七华音电子有限责任公司
张　燕　北京七九七华音电子有限责任公司
米旭光　北京七九七华音电子有限责任公司

表面安装技术操作员

张　新　北京柏瑞安电子技术有限公司
杜　平　北京柏瑞安电子技术有限公司
李　锐　北京利源诚电子有限公司
郑翠华　北京柏瑞安电子技术有限公司
许　亮　北京佰瑞德科技有限公司

汽车（拖拉机）装配工整车装配

梁　康　北京奔驰汽车有限公司
李德青　北京汽车股份有限公司北京分公司

王金良 北京现代汽车有限公司
李　强 北京奔驰汽车有限公司
张　尹 北汽福田汽车股份有限公司工程研究院
张洪超 北京汽车新能源汽车有限公司
张　毅 北汽福田汽车股份有限公司工程研究总院
任　杰 北京汽车股份有限公司北京分公司
许金龙 北京现代汽车有限公司

涂装工

张树明 北汽福田诸城奥铃汽车厂
吴树生 北汽福田汽车股份有限公司山东多功能汽车厂
张立强 北京现代汽车有限公司
李仲辉 北汽福田诸城奥铃汽车厂
李海峰 北京汽车股份有限公司株洲分公司
王　伟 北汽福田汽车股份有限公司诸城汽车厂
刘玉亮 北汽福田汽车股份有限公司山东多功能汽车厂
张　良 北京现代汽车有限公司
杨　悦 北京现代汽车有限公司

平版印刷工

曹世凯 北京雅昌彩色印刷有限公司
赖富长 北京强华印刷厂
朱新立 北京盛通印刷股份有限公司
李金山 北京天成印务有限公司
陈　鹏 北京金辰西维科安全印务有限公司
张　岭 北京当纳利印刷有限公司
张然玉 北京盛通印刷股份有限公司
刘跃五 北京昊天国彩印刷有限公司
马金虎 北京当纳利印刷有限公司
李孝成 北京当纳利印刷有限公司

平版制版工

奚联平 北京金盾印刷厂
崔殿旺 北京华联印刷有限公司
刘　冲 北京华联印刷有限公司
刘晓光 北京人教聚珍图文技术有限公司
廖卫昌 北京当纳利印刷有限公司
赵芬娟 北京铭成印刷有限公司
张质斌 北京科信印刷有限公司
孙柳红 北京华联印刷有限公司
白　萍 北京当纳利印刷有限公司
姜伟杰 北京人教聚珍图文技术有限公司

糕点面包烘焙工

鲁　英 北京一轻高级技术学校
马彬彬 北京一轻高级技术学校
许　月 北京一轻高级技术学校
张惜顺 北京一轻高级技术学校
张金萍 北京一轻高级技术学校
葛梦男 北京一轻高级技术学校
张雪静 北京一轻高级技术学校
缑雪娇 北京一轻高级技术学校
褚福森 北京一轻高级技术学校
高东雪 北京一轻高级技术学校

糕点装饰工

顾　玥 北京一轻高级技术学校
张金萍 北京一轻高级技术学校
葛梦男 北京一轻高级技术学校
张雪静 北京一轻高级技术学校
米　莹 北京一轻高级技术学校

炉前工

刘顺利 首钢首秦公司
于旭磊 首钢京唐公司
董元民 首钢首秦公司

转炉炼钢工

王　星 首钢首秦公司
江腾飞 首钢迁钢公司
孙剑光 首钢首秦公司

连铸工

于会军 首钢迁钢公司
李　杰 首钢迁钢公司
温建伟 首钢首秦公司

轧钢工

赵祥牛 首钢迁钢公司
荣彦明 首钢京唐公司
刘振兴 首钢迁钢公司

天车工

赵建宣 首钢迁钢公司
陈　彬 首钢京唐公司
高俊明 首钢迁钢公司
郝永涛 首钢冷轧公司
陈　晨 首钢京唐公司
冯启策 首钢京唐公司

广告设计人员

陈聪姝 中印集团数字印务有限公司
杨　扬 北京现代职业技术学院
王　一 中印集团数字印务有限公司
朱　凡 北京信息职业技术学院
丁　平 北京现代职业技术学院
朱　虹 北京现代职业技术学院
王春辉 北京现代职业技术学院
付晨露 北京信息职业技术学院

秦雪丹 北京现代职业技术学院
宋 迪 北京信息职业技术学院

动画绘制员

赵 磊 北京市新媒体技师学院
赵 旭 北京市海淀区艺术职业学校
王英南 北京市新媒体技师学院
王欣美 北京市海淀区艺术职业学校
周 蔚 海淀区残疾人联合会
宋 卉 北京信息职业技术学院
李鹏燕 北京市海淀区艺术职业学校
年建凯 北京市新媒体技师学院

城轨电动列车司机

袁玉国 北京市地铁运营有限公司运营一分公司
金 明 北京市地铁运营有限公司运营二分公司
王东亮 北京市地铁运营有限公司运营四分公司
杨志斌 北京市地铁运营有限公司运营二分公司
韩 磊 北京市地铁运营有限公司运营三分公司
李立明 北京市地铁运营有限公司运营二分公司
孙 丽 北京市地铁运营有限公司运营二分公司
张海澎 北京市地铁运营有限公司运营二分公司
郭焕江 北京市地铁运营有限公司运营一分公司
蒲德海 北京市地铁运营有限公司运营二分公司

城轨信号工

闫长江 北京市地铁运营有限公司通信信号分公司
王卫东 北京市地铁运营有限公司通信信号分公司
高锺平 北京市地铁运营有限公司通信信号分公司
牛国昶 北京市地铁运营有限公司通信信号分公司
李冀辉 北京市地铁运营有限公司通信信号分公司
高永山 北京市地铁运营有限公司通信信号分公司
陈有平 北京市地铁运营有限公司通信信号分公司
张云飞 北京市地铁运营有限公司通信信号分公司
李长颖 北京市地铁运营有限公司通信信号分公司
赵 琦 北京市地铁运营有限公司通信信号分公司

冷作钣金工

雷习辉 北京新立机械有限责任公司
张海涛 北京新立机械有限责任公司
黄承军 北京新立机械有限责任公司
刘国强 南车二七车辆有限公司
刘绍文 南车二七车辆有限公司
郝旭龙 北京新立机械有限责任公司
郭向华 北京二七轨道交通装备有限责任公司
郭 锐 航天三院三十一所
高建强 南车二七车辆有限公司
李晓明 北京新立机械有限责任公司

城轨电动列车电气钳工

姜博文 北京市地铁运营有限公司运营三分公司
李国杰 北京市地铁运营有限公司运营一分公司
黄子键 北京市地铁运营有限公司运营一分公司
徐忠原 北京市地铁运营有限公司运营三分公司
王 雷 北京市地铁车辆装备有限公司
周成尧 北京市地铁运营有限公司运营一分公司
李玉洁 北京市地铁运营有限公司运营二分公司
张 辉 北京市地铁运营有限公司运营一分公司
杨思远 北京市地铁运营有限公司运营三分公司
郭 毅 北京市地铁运营有限公司运营三分公司

城轨电动列车机械钳工

刘学明 北京市地铁运营有限公司运营二分公司
胡 然 北京市地铁运营有限公司运营四分公司
张洪涛 北京市地铁运营有限公司运营一分公司
李 剑 北京市地铁运营有限公司运营二分公司
刘雪冬 北京市地铁运营有限公司运营四分公司
王 宇 北京市地铁运营有限公司运营三分公司
张建宏 北京市地铁运营有限公司运营二分公司
黄 蕾 北京市地铁运营有限公司运营二分公司
穆日葆 北京市地铁运营有限公司运营三分公司
史龙颜 北京市地铁运营有限公司运营一分公司

地铁车站值班员

刘铭涛 北京市地铁运营有限公司运营四分公司
赵 燕 北京市地铁运营有限公司运营三分公司
牛子辰 北京市地铁运营有限公司运营四分公司
杜卫强 北京市地铁运营有限公司运营四分公司
商 亮 北京市地铁运营有限公司运营二分公司
李 毅 北京市地铁运营有限公司运营二分公司
程 伟 北京市地铁运营有限公司运营一分公司
李 帅 北京市地铁运营有限公司运营一分公司
马少勇 北京市地铁运营有限公司运营一分公司
刘 莎 北京市地铁运营有限公司运营一分公司

城轨通信工

韩顺龙 北京市地铁运营有限公司通信信号分公司
张越冬 北京市地铁运营有限公司通信信号分公司
董新华 北京市地铁运营有限公司通信信号分公司
刘 琳 北京市地铁运营有限公司通信信号分公司
于 斌 北京市地铁运营有限公司通信信号分公司
王 辉 北京市地铁运营有限公司通信信号分公司
马 涛 北京市地铁运营有限公司通信信号分公司
王 亮 北京市地铁运营有限公司通信信号分公司
王 钦 北京市地铁运营有限公司通信信号分公司
徐 祥 北京市地铁运营有限公司通信信号分公司

城轨变电站值班员

徐　晶　北京市地铁运营有限公司北京地铁供电分公司
田文深　北京市地铁运营有限公司北京地铁供电分公司
段珊珊　北京市地铁运营有限公司北京地铁供电分公司
张荣川　北京市地铁运营有限公司北京地铁供电分公司
高增旺　北京市地铁运营有限公司北京地铁供电分公司
李汇涛　北京市地铁运营有限公司北京地铁供电分公司
杨艺森　北京市地铁运营有限公司北京地铁供电分公司
李雪颇　北京市地铁运营有限公司北京地铁供电分公司
周春雷　北京市地铁运营有限公司北京地铁供电分公司
王　凯　北京市地铁运营有限公司北京地铁供电分公司

城轨线路工

赵海华　地铁线路分公司综合维修三项目部
刘　岩　地铁线路分公司综合维修七项目部
田　野　地铁线路分公司综合维修一项目部
胡青华　地铁线路分公司综合维修三项目部
关启程　地铁线路分公司综合维修一项目部
张中山　地铁线路分公司综合维修三项目部
张　旭　地铁线路分公司综合维修一项目部
李向辉　地铁线路分公司综合维修四项目部
王国良　地铁线路分公司综合维修六项目部
湛　宇　地铁线路分公司综合维修四项目部

桥隧工

梁　铂　北京市地铁建筑安装工程公司
邢　哲　北京市地铁建筑安装工程公司
吴啸澜　北京市地铁建筑安装工程公司
尉燕水　北京市地铁建筑安装工程公司
王雪雷　北京市地铁建筑安装工程公司
康　冰　北京市地铁建筑安装工程公司
于　博　北京市地铁建筑安装工程公司
戈　旭　北京市地铁建筑安装工程公司
刘建良　北京市地铁建筑安装工程公司
赵　旭　北京市地铁建筑安装工程公司

维保工

孔繁利　北京市地铁建筑安装工程公司
孙奎英　北京市地铁建筑安装工程公司
徐　欣　北京市地铁建筑安装工程公司
李颖悟　北京市地铁建筑安装工程公司
崔洪刚　北京市地铁建筑安装工程公司
崔洪强　北京市地铁建筑安装工程公司
吴长青　北京市地铁建筑安装工程公司
娄润澎　北京市地铁建筑安装工程公司
李　戈　北京市地铁建筑安装工程公司
赵东兴　北京市地铁建筑安装工程公司

FASBAS（防灾报警和环境监控工）

尹晨曦　北京地铁机电分公司
赵文鑫　北京地铁机电分公司
林晓光　北京地铁机电分公司
赵　磊　北京地铁机电分公司
单　彤　北京地铁机电分公司
刘　尧　北京地铁机电分公司
沈景瑞　北京地铁机电分公司
陈殿彬　北京地铁机电分公司
柳　森　北京地铁机电分公司
王博含　北京地铁机电分公司

地铁屏蔽门工

闻　典　北京地铁机电分公司
徐照何　北京地铁机电分公司
沈景瑞　北京地铁机电分公司
武　洋　北京地铁机电分公司
安德亮　北京地铁机电分公司
李云翔　北京地铁机电分公司
刘　伟　北京地铁机电分公司
张云鹏　北京地铁机电分公司
李岩龙　北京地铁机电分公司
梁　超　北京地铁机电分公司

水质分析工

叶菁菁　北京市城市排水监测总站有限公司
李　珧　北京排水集团水质检测中心
彭张兴　北京市城市排水监测总站有限公司
刘只欣　北京排水集团水质检测中心
靳思岩　北京排水集团水质检测中心
王　希　北京市城市排水监测总站有限公司
刘海鹏　北京排水集团水质检测中心
江　梅　北京排水集团水质检测中心
冀春苗　北京排水集团水质检测中心
马淑勍　北京排水集团水质检测中心

EVA 装置操作工

张石财　燕山石化公司有机化工厂

苯酚丙酮装置操作工

冯德松　燕山石化公司化工三厂

聚乙烯装置操作工

王建华　燕山石化公司化工六厂

仪表维修工

徐景新　燕山石化公司生产运行保障中心

机泵维修钳工

吴大城　燕山石化公司生产运行保障中心

二甲苯装置操作工

李 爽 燕山石化公司化工八厂

催化裂化装置操作工

陶 峰 燕山石化公司炼油二厂

动车司机

张 兵 北京铁路局北京机务段
麻然松 北京铁路局北京机务段
刘 伟 北京铁路局北京机务段
张彦飞 北京铁路局北京机务段
付卫东 北京铁路局北京机务段
杨文弟 北京铁路局北京机务段
高 宇 北京铁路局北京机务段
王江斌 北京铁路局北京机务段
刘 勇 北京铁路局北京机务段
王爱军 北京铁路局北京机务段

AFC（自动售检票工）

房 亮 北京市地铁运营有限公司通信信号分公司
张 洁 北京市地铁运营有限公司通信信号分公司
谷 悦 北京市地铁运营有限公司通信信号分公司
李 婧 北京市地铁运营有限公司通信信号分公司
刘 晨 北京市地铁运营有限公司通信信号分公司
梁 娜 北京市地铁运营有限公司通信信号分公司
赫 羽 北京市地铁运营有限公司通信信号分公司
陈 瑜 北京市地铁运营有限公司通信信号分公司
宋子平 北京市地铁运营有限公司通信信号分公司
付 禹 北京市地铁运营有限公司通信信号分公司

液晶显示器件制造工

白海涛 京东方科技集团股份有限公司
曹 宇 京东方科技集团股份有限公司
喻一鸣 京东方科技集团股份有限公司
杨 溢 京东方科技集团股份有限公司
孙 涛 京东方科技集团股份有限公司
马海涛 京东方科技集团股份有限公司
李德生 京东方科技集团股份有限公司
薛旭玲 京东方科技集团股份有限公司
郭焕玉 京东方科技集团股份有限公司
刘 华 京东方科技集团股份有限公司
王 凯 京东方科技集团股份有限公司
黄文同 京东方科技集团股份有限公司
潘 安 京东方科技集团股份有限公司
寇克瑜 京东方科技集团股份有限公司
周飞计 京东方科技集团股份有限公司

北京市行业技术能手

服装设计定制工

安玉萍 北京大华天坛服装有限公司
吴相荣 北京衬衫厂
符志涛 北京大华天坛服装有限公司
王 彦 北京大华天坛服装有限公司

北京市工业和信息化最佳操作能手

维修电工

管 波 北汽福田诸城奥铃汽车厂

电焊工

刘 鑫 首钢首秦公司

工具钳工

孙 凯 北京市工贸技师学院

车工

张郑鑫 北京市工贸技师学院

信息安全员

方铁城 北京市燃气集团有限责任公司

计算机网络管理员

刘 硕 北京信息职业技术学院

食品检验工

蔺 瑞 北京一轻高级技术学校

高低压开关板（柜）装配配线工

张文静 北京潞电电气设备有限公司

化学检验工

马 永 北京华腾天海环保科技有限公司

电力电缆工

吉占军 北京电力工程公司电缆安装公司

中药调剂员

罗丁华 北京同仁堂连锁药店有限责任公司

医药商品购销员

鲁 娟 北京医保全新大药房有限责任公司

缝纫工

王海燕 北京凯艺玩具有限责任公司

无线电调试工

张明义 北京电子信息高级技工学校

无线电装接工

肖海强 同方威视技术股份有限公司

录音师

印 月 北京歌神录音棚

计算机操作员

郑红波 北京电子信息高级技工学校

传声器装调工

王秋红 北京市第七九七音响股份有限公司

扬声器装调工

刘 云 北京七九七华音电子有限责任公司

表面安装技术操作员

宋亚静 电信科学技术仪表研究所

汽车（拖拉机）装配工整车装配

李德青 北京汽车股份有限公司北京分公司

涂装工

张树明 北汽福田诸城奥铃汽车厂

平版印刷工

曹世凯 北京雅昌彩色印刷有限公司

平版制版工

崔殿旺 北京华联印刷有限公司

糕点面包烘焙工

马彬彬 北京一轻高级技术学校

糕点装饰工

顾 玥 北京一轻高级技术学校

炉前工

刘顺利 首钢首秦公司

转炉炼钢工

王 星 首钢首秦公司

连铸工

于会军 首钢迁钢公司

轧钢工

赵祥牛 首钢迁钢公司

天车工

赵建宣 首钢迁钢公司

广告设计人员

陈聪姝 中印集团数字印务有限公司

动画绘制员

赵 磊 北京市新媒体技师学院

冷作钣金工

张海涛 北京新立机械有限责任公司

水质分析工

彭张兴 北京市城市排水监测总站有限公司

动车司机

麻然松 北京铁路局北京机务段

液晶显示器件制造工

喻一鸣 京东方科技集团股份有限公司

优秀组织单位（排名不分前后）

北京市地铁运营有限公司
北京电器电材行业协会
北京航天新风机械设备有限责任公司
首钢总公司
北京京城机电控股有限责任公司
北京市电力公司
北京金象复星医药股份有限公司
北京同仁堂商业投资集团有限公司
北京电子控股有限责任公司
京东方科技集团股份有限公司
北京食品协会
北京一轻控股有限公司
北京一轻高级技术学校
北京玩具协会
北京铁路局北京机务段
北京汽车集团有限公司
北京印刷协会
北京市工贸技师学院
首钢技师学院
北京市丰台区职业技能鉴定管理中心

优秀工作人员

陈 捷 李燕英 赵连颖 邢建忠 孙淑萍
袁仪廷 张志锋 李文强 刘海龙 任微微
陈丽君 刘富禄 佟 冲 何爱华 袁 騉
方 颖 宋 雯 胡向明 孙文成 赵新生
冉慧颖 鄢 敏 朱 宏 王丽萍 王玉英
赵 楠 段德新 任玉成 张仲元 于 敏
张 磊 于文龙 乔 娜 郭瑞岩 韩佳书
祝 曦 刘 明 李明春 赵宝全 张玉龙

孙玉荣 娄艳芳 朱晓轩 牛 刚 马占清
井玉蕾 卢绝晟 孙 忠 魏世权 曾 影
王双双 罗洪军 詹 巍 李兴顺 顾 铮
朱起予 何智广 白 松 王树来 刘经耀
王文生 石凤英 杨爱民 周玉兰 孙书仑
王立宏 钟 伟 冯 硕 张玉霞 贾 欣
乔世众 孙 超 王 凯 王 松 张文杰
刘京辉 方 凝 支 伟 刘玉温 邹 艳

优秀教练员

杨朝辉 谭可仕 李林波 王艳清 郎萌萌
王 芳 曹 慧 刘占才 姚 理 潘京石
李玉红 吴国瑞 梁苏燕 杜 青 徐心沛
刘 通 李椿方 周兴旺 陈 强 高和玉
史宝会 王福顺 杨海威 王怀军 卞丽亚
李 鹏 吴德芳 卜宝华 刘福义 杨中元
屈 文 金 扬 苏金东 朱 远 王乃军
安凤楼 赵 军 方小龙 任中魁 张 皓

吴海涛 张 磊 艾占生 李笑声 张红秀
闫毅平 白晓杰 杜 磊 梁 勤 吴 泽
张 丰 赵毅良 胡晓冬 邢向荣 唐立品
徐建华 王立军 周殿华 朱建强 杨要兵
秦登平 王志刚 孙路平 王文华 马自立
崔庆利 赵 岩 金丽红 何 姗 韩宝珍
耿久全 丁跃进 赵鲜红 李欣棉 刘会启
王志伟 许玉萍 张秀芳 单德芳 韩 燕

京工人物

【王月鹏——配电带电革新能手】 王月鹏，男，1979年11月出生，汉族，中共党员，大学本科学历，助理工程师，高级技师。1998年6月参加工作，现任国网北京市昌平供电公司配电带电作业班班长。

王月鹏通过数据分析，完善班组管理制度，制订绝缘工具管理制度措施。设立专职工具管理员，实现带电班库房微机化管理。他坚持组织安全规程、分析事故电传、现场点评等形式的安全日学习活动，使班组成员树立安全意识，达到配电线路高级工以上技能水平。他带头开展技术革新，研制出新型地电位用绝缘横担和配电线路带电作业绝缘引流线支架，工效提高，作业安全系数提升，其中配电线路带电作业绝缘引流线支架获专利证书。2010年3月，他参与国家电网公司远程培训课件开发工作，就技能类远程培训课件开发的内容多次组织讨论、修改，全程参加《北京市电力公司10千伏架空配电线路带电作业操作规程(试行)》的编写和修订工作，参与编写《北京市电力公司10千伏架空配电线路带电作业标准化作业指导书》和《北京市电力公司10千伏架空配电线路带电作业工序质量控制卡》。王月鹏2012年获首都劳动奖章，2013年获全国“五一”劳动奖章。

（范晓辉）

【王玉成——汽车装调工操作技术能手】 王玉成，男，1981年9月出生，汉族，中共党员，大专学历，现任北汽福田汽车股份有限公司北京蒙派克汽车厂总装部班长。

1999年，王玉成进福田公司工作，曾担任轻客吊装班班长，为了轻型客车顺利生产、走向市场，他经常加班到很晚，利用下班时间检查生产中出现的问题，排除生产故障。他参加全国汽车装调工技能大赛，连续三届荣获二等奖，并被授予“操作技术能手”称号。他担任综合班班长后，带领班组成员改善班组问题几十项。其中，他通过观察与测量，利用负压原理，解决了制动液加注过多造成台板及地板附件腐蚀现象，每年节省制动液3510元，省去因腐蚀造成的换件费用30万元。他作为技术人员，前往海外工厂支援，克服水土不服、语言障碍等诸多困难，为海外工厂建设做出了贡献。

他进行设备改造，将进液管路加长到防冻液存放区，省去人工搬运重量为200公斤的防冻液桶，减少了体力劳动和操作危险，提升了工作效率。以前搬运防冻液桶需1分半钟，现在只需5秒钟换桶。2012年，王玉成被评为首都劳动奖章获得者。

（张 健）

【王明亮——优秀出版人物奖获得者】 王明亮，男，1956年4月出生，汉族，中共党员，清华大学物理系理论物理学硕士。现任同方股份有限公司副总裁，中国学术期刊（光盘版）电子杂志社执行社长，同方知网技术有限公司总经理。

1995年，王明亮从事学术文献数字出版产业，是同方知网主要创始人，提出电子和网络出版自主创新技术与产业化机制，首创中国第一个以光盘为载体大规模集成整合学术期刊的全文数据库——中国学术期刊（光盘版）。他组织创办了中国知识资源总库，囊括中国90%以上的期刊、博硕士学位论文、会议论文、重要报纸、年鉴、工具书、专利、标准、科技成果、国学以及Springer、Taylor、大英百科等多种国际著名学术文献数据库，创建了支持数字化学习、研究与知识管理的数字出版平台和个性化知识服务数字图书馆，应用于高校、科研、党政机关、公检法、企业、医院、基础教育、新闻出版等行业，并出口北美、西欧、日韩、东南亚和港澳台等40多个国家和地区。在国内外发表电子、网络出版学术文献20余篇。先后获“新中国60年百名优秀

出版人物”“全国百名优秀出版企业家”“中国出版政府奖优秀出版人物奖”“全国新闻出版领军人才”等多项称号和奖项。

（刘 琛）

【王岩——企业工种状元】 王岩，男，1980年11月出生，汉族，技师，现为北京市华德液压工业集团有限责任公司泵分公司调整工班组工人。

王岩原是加工中心工人，他勤奋钻研，把质量、效率放在首位。在MAG170和MAG85新产品投入试制加工阶段，他根据不同机床的特点制作相应的工装夹具，向工艺部门建议修改工序划分，利用现有设备和报废零件自己设计、制作了一套夹具保证斜盘加工，得到工艺和质检部门认可，一个零件加工用时由原来80分钟减少到50分钟内可完成。按每种月产50台计算，两种产品每年机床利用率节省近10万元，还不含节省的刀具成本等费用。在新品试制加工阶段，王岩共有5项技改创新项目上报控股公司。2012年8月，王岩被车间提升为调整工，能够熟练完成来自各国的数控铣、数控车、加工中心、连杆磨等8种机床的操作及调整，还帮助其他调整工学习使用CAXA绘图软件，使大家在编制程序时更快捷、准确。2012年，王岩在京城控股公司组织的职工技能大赛中获得数控铣床操作工第一名，荣获京城机电控股公司“工种状元”称号。2013年，王岩被北京市总工会授予首都劳动奖章。

（张文杰）

【王秋红——北京市“三八”红旗奖章获得者】 王秋红，女，1983年6月出生，汉族，高中学历，现任北京第七九七音响股份有限公司传声器制造部检验班班长。

王秋红工作讲究方法，对于不合格批次处置，采用特采选分／加工、拒收、让步允收3种方式。拒收的直接在ERP系统中退回，改贴不合格红色标识；让步允收的直接在ERP系统中做让步接收，改贴绿色合格标识；特采选分的再贴黄色特采标识，填写记录单交验。2012年，王秋红参与生产党的十八大特供产品CR9118G，承担控制产品质量任务，带领班组员工严格零件的质量标准。她利用业余时间学习，仔细阅读，了解产品技术性能，保质保量完成检验产品任务。王秋红参加北京市第三届职业技能大赛传声器装配竞赛并取得佳绩，在决赛中组装传声器，测试完全合格，并解决鹅颈式会议话筒噪声难题。2013年，被北京市第三届技能大赛组委会、北京市经济和信息化委员会授予北京市“三八”红旗奖章。

（旷炎军）

【任立伟——金属绣师】 任立伟，男，1978年1月出生，汉族，本科学历，中共党员，高级技师，现任北京市汽车工业高级技工学校教师。

1997年，任立伟毕业于北京市汽车工业技工学校，通过两年的双元制教育和一年企业实习，因成绩优秀被留在校办工厂，从事模具生产。1999年他被调到钳工教学岗位，针对钳工教学特点，认真备课，精心准备资料，指导学生学习，还多次参与学校教改工作。2008年，他参加北京市第十三届职工职业技能大赛，取得钳工组第一名。2010年，参加北京市第十四届职工职业技能大赛，取得加工中心组初赛第一名，决赛第十二名。2011年，在第二届北京市职工职业技能大赛工具钳工中荣获第一名。他带出的钳工学生也曾多次在北京市劳动局各类技能比赛中获奖。2011年11月，《劳动午报》刊登了题为《金属绣师——记工具钳工大赛冠军任立伟》的文章。2012年，任立伟荣获首都劳动奖章获得者。

（张 健）

【刘凤娟——电机学科带头人】 刘凤娟，女，1971年4月出生，汉族，中共党员，高级工程师，现任北京北重汽轮电机有限责任公司电机副总工艺师。

刘凤娟扎根在制造企业，立足工作岗位，刻苦钻研，在汽轮发电机新产品开发、工艺改进提高、科研攻关等方面开拓创新，成长为企业学科带头人。她参与完成北重公司引进合作机型24千伏/330兆瓦发电机定子线棒、转子线圈等关键部件国产化攻关，使

该机型制造成本降低，经济效益显著。作为绝缘防锈室技术带头人，她钻研新技术，努力提高业务素质和创新能力，组织完成几十个科研技术攻关项目。刘凤娟带领的创新工作室创新成果20余项，立项完工的经济技术创新项目50余项。2008年，她被推选为全国绝缘结构（SAC/TC301）标委会委员。2010年，她所在的职工创新工作室被北京京城机电控股有限责任公司和北京市总工会命名为“刘凤娟创新工作室”。2012年“刘凤娟创新工作室”被中国机冶建材工会全国委员会授予“工人先锋号”。2013年，刘凤娟荣获首都劳动奖章。

（张文杰）

【刘峰——科技创新的领军人】 刘峰，男，1978年4月出生，博士学位，北京理工大学副研究员，现任北京理工雷科电子信息技术有限公司总经理，信息与电子学院雷达技术研究所副所长，中国北斗星导航重大专项专家，中国航空学会信号和信息处理专业分会委员。

2009年12月，刘峰响应北京市建设中关村国家自主创新示范区体制机制改革先行先试的政策，创办北京理工雷科电子信息技术有限公司，注册资金增至2000万元，成为中关村国家自主创新示范区第一个获准实施科技成果入股的股权激励单位。员工发展近300人，其中3/4为研发人员。公司自成立至2013年，签订合同150多个，合同额度突破3亿元，销售收入突破2亿元，实现快速增长。2012年，公司被评为中关村新锐十强；2013年，公司被评为中关村高成长企业TOP100。刘峰长期从事卫星导航、高速实时信息处理等领域研究。自2004年以来，共获得国家发明二等奖1项、国防发明一等奖1项。他作为项目负责人，承担重点军/民口“863”课题、“十一五”预研、重点型号任务等40余项，累计科研经费近7000万元。“十二五”期间，实现遥感领域星上实时处理器的突破、北斗二代系统“中国芯”的突破；北斗二代手持基本型用户机定型，实现批量装备。刘峰积极探索产学研用发展模式，坚持“公司主导市场、管理创新，学校主导知识、技术创新”，发挥学校和公司体制优势。公司研究团队中，教师占学院总数约10%，团队的国家自然基金经费占学院的50%，SCI占到学院的40%，每年培养几十名高水平研究生，带动了学科性人才建设。2012年，被评为“北京科技新星”“北京市五四青年”；2013年，刘峰带领的团队荣获“北斗二号卫星工程建设突出贡献集体奖”，其本人获“中国青年五四奖章”（北京市仅1人）。

（闫有清）

【牟昌华——市优秀人才项目培养基金获得者】 牟昌华，男，1976年8月出生，汉族，博士，高级工程师，现任北京七星弗洛尔电子设备制造有限公司技术总监。

2005年，牟昌华毕业后到北京七星华创电子股份有限公司从事产品研发工作。2006年，担任北京七星华创电子股份有限公司重大战略项目“8英寸半导体高端数字气体质量流量控制器”技术负责人，开发新一代数字气体质量流量控制器。2007年，牟昌华获得中共北京市委组织部的优秀人才项目培养基金资助。2008年6月，牟昌华项目团队研制成功CS200气体质量流量控制器，项目通过省部级鉴定，鉴定结论达到国内领先水平，综合技术指标达到国际同类产品技术水平。2008年6月，牟昌华担任国家科技重大专项02号专项“300毫米90/65纳米立式氧化炉/质量流量控制器”项目子课题技术负责人，该课题旨在研制中国300毫米生产线的高端气体质量流量控制器，打破国外技术壁垒。2009年，CS200气体质量流量控制器项目成果，获得第三届中国半导体协会创新技术奖和七星集团创新成果一等奖。2011年，牟昌华带领技术团队完成专门为燃料电池行业开发的CS230大流量气体质量流量控制器的研发工作，产品通过省部级鉴定，鉴定结论“CS230型气体质量流量控制器技术达到国际领先水平”。2013年，CS200系列产品累计实现销售万余台，收入超过5000万元，产品应用到半导体、真空、核工业、太阳能电池等多个领域；CS230产品出口海外超过3000台，是全球唯一适

用于商业燃料电池电站的气体质量流量控制器。“300毫米90/65纳米立式氧化炉/质量流量控制器”项目子课题产品在大规模集成电路生产线和装备企业进行测试，效果良好。牟昌华在气体质量流量控制器领域提出恒功率传感器技术、数字传感器平衡技术、VCP的阀控制技术、压力补偿技术等多项创新技术，同时完成DeviceNet，Profibus等多种总线技术研发工作，使中国气体质量流量控制器达到国际先进水平。牟昌华在质量流量控制器领域共获得专利10余项，其中国际PCT发明2项；在国际国内重要会议发表论文5篇。2012年，获得北京科学技术二等奖。“牟昌华创新工作室”被北京市总工会认定为2012年度市级职工创新工作室。2013年，牟昌华获得全国五一劳动奖章。

（旷炎军）

【杨鑫——爱岗敬业的配电运维班长】 杨鑫，男，1980年7月出生，汉族，中共党员，大学本科学历，高级技师。1998年7月参加工作，现任国网北京市昌平供电公司配电运维四班班长。

杨鑫带领班组担负昌平地区10千伏架空配电线路的运行维护工作。他恪守企业承诺，扎根生产一线，合理安排、统筹规划处理大批线路遗留缺陷，有效提升配电线路整体运行水平。2012年，他带领班组检修配电架空线路21路次，更换导线37.2公里，清扫线路长度236.9公里、杆塔3647基，处理缺陷2343处。2012年，昌平地区发生配网永久性故障79次，比去年同期下降22次，低于故障指标28次。2012年7月，他代表昌平供电公司参加由北京市劳动局、北京市总工会主办的第三届职业技能大赛，白天练实操，晚上学理论，取得理论、实操双项第一。11月，昌平地区配电网遭受大雪灾害，他应急迅速、安排合理，带领班组积极投身事故救灾抢险，短时间内使昌平地区配电线路全面恢复正常供电，并按照上级安排参与延庆地区救灾支援工作，保障正常供电。杨鑫2012年获北京市电力公司先进生产者，2013年获首都劳动奖章。

（范晓辉）

【李金蕾——尽职尽责的首席技师】 李金蕾，女，1981年10月出生，汉族，中共党员，执业药师、高级技师，同仁堂集团首席技师，获北京市“三八红旗手”和北京市“技术能手”称号，现任北京同仁堂商业投资集团北京连锁复兴路药店大堂经理。

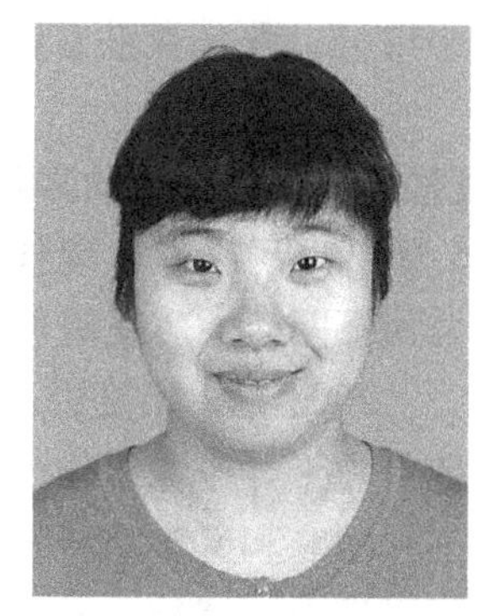

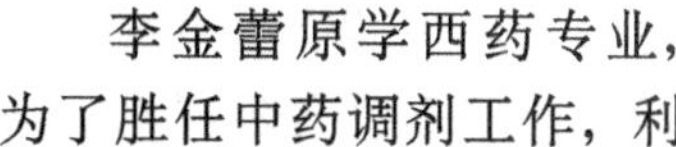

李金蕾原学西药专业，为了胜任中药调剂工作，利用业余时间，从基础学起，不断提高自身专业水平，取得了高级技师和执业药师职称。她在担任药店调剂组组长时，自费买来专业书籍，带动调剂组员工共同学习提高，带出了一支专业素质过硬的调剂队伍。她凭借过硬的专业知识，在店里配药过程中，结合患者的病症发现配方的笔误，联系该患者主治医师，改正了错误。李金蕾用热情的工作与真诚的服务赢得了顾客，有一位癌症患者经常到复兴路药店抓药，她耐心地用专业知识把每味药的功能主治一一说给患者听，鼓励他要树立信心，战胜病魔，与顾客建立了朋友般的友情。2013年，李金蕾荣获北京市总工会颁发的首都劳动奖章。

（葛 冰）

【张浩——勇于创新的终装工段长】 张浩，男，1985年出生，汉族，大专学历，高级工，2004年7月参加工作。现任北京汽车新能源汽车有限公司总装车间终装工段长。

2010年，张浩任北京汽车新能源汽车有限公司试制车间装调组组长，先后参加了C30DB、M30RB、Q60FB纯电动车及BSG弱混车型的试制工作，还完成了车间新员工入职培训。2011年8月，张浩调入公司总装车间担任终装工段长，主要负责检查车辆装配状态，确定配件情况，排查解决处理车辆装配下线后的问题。张浩还不断加强对本工段人员的装配知识培训，跟踪设备与车辆问题，考量生产工艺的准确性，保证与相关负责人及时有效沟通。通过对班组的管理及员工的培训，张浩的管理能力得到了锻炼和提升。当年完成公司级创新项目5项。在北汽新能源完成700辆新能源汽车生产任务过程中，立足岗位发挥了积极作用。2011年10月，张浩参加北京市第二届职工职业技能大赛，获得发动机装调工种第一名。

2012 年，张浩荣获首都劳动奖章。

（张 健）

【张笑——首都劳动奖章获得者】 张笑，男，1981 年 5 月出生，汉族，现任北京 ABB 高压开关设备有限公司环网柜生产线班长。

2003 年，张笑加入 ABB 公司成为一名包装工人，他努力干好本职工作，积极学习其他技能，获得了电工、吊装和叉车的特种作业资格。凭借其勤奋好学和积极进取的精神，张笑又被调岗至操作技能要求较高的内装工位。张笑爱动脑、搞创新，提出 25 条合理化建议，改进了生产效率和产品质量，不到一年被提升为班长。为解决生产过程中环网柜壳体焊接变形导致装配母线错位问题，他利用工作间隙，仔细研究、测量变形的原因和规律，设计出母线装配定位工装，解决了由于变形产生的报废、返修等成本浪费问题。2008 年，ABB 公司作为北京奥运会重要的电气设备供应商，承担奥林匹克公园及周边场馆众多项目设备生产，他接受 ABB 公司"为奥运保电"重要任务。他随身带着全套工具，定时打开设备察看，坚守岗位，进行设备巡检。在奥运会期间，ABB 的设备无一故障。在 ABB 公司近 10 年的工作中，张笑爱岗敬业，严格要求自己，急、难、险、重、苦的任务总是冲在前面。他所在的班组曾多次被评为"先进班组""安全班组"。2013 年，张笑获首都劳动奖章。

（ABB）

【张恩良——不负众望的技术能手】 张恩良，男，1977 年 3 月出生，汉族，现任 SMC（中国）有限公司生产技术部加工技术科主任。

1998 年，张恩良毕业于北京机械工业学校，进入 SMC 从事数控技术加工工作。十几年来，他工作在生产一线，致力于数控设备的维护与机加工技术的钻研，熟悉并掌握各类数控设备的操作、工艺设定及程序编制。2004 年，在北京市首届职业技能大赛中，他荣获数控加工一等奖，并获得高级技师职业资格。2004—2006 年，张恩良带领技术团队，对 200 多台批量生产性质的数控机床进行程序、刀具优化，缩短加工时间，延长刀具寿命，减少加工问题的项目改革，降低了制造成本。2007—2009 年，他再挑重担，肩负新设备调试与自动化省人工作的推进任务。他带领团队，克服经验少、知识欠缺等困难，查阅资料，请教他人，努力钻研自动化设备相关技术。他运用 PLC、触摸屏、伺服控制等技术，在通用数控机床上安装自动上、下料器，在前后工序设备之间安装自动搬料机械手，在加工中心安装自动夹具，研发制作自动化辅助设备，共制作完成上下料、自动夹具等装置 42 套，制作辅助精修设备 6 台，年度合计降低人工成本 175.3 万元。2009—2010 年，张恩良负责新设备购入验收工作，他运用所能，1 年多时间完成 39 台有导套型纵切式车床的导入及验收。2011—2012 年，公司成立张恩良加工技术首席技师工作室。张恩良选拔 10 名优秀青年加入工作室，并在 2013 年加工设备规划调整中，完成 281 台数控设备的布局调整及安装调试，又制定 11 个项目推进计划。张恩良先后获得北京市劳动技术能手、北京市经济技术创新标兵和北京经济技术开发区劳动技术能手、青年岗位能手、爱企业的好职工等荣誉称号，2010 年获得北京市政府特殊津贴。2013 年，张恩良荣获首都劳动奖章。

（SMC）

【张振亭——兢兢业业的劳动模范】 张振亭，男，1964 年 6 月出生，汉族，中共党员，现任北化集团所属北京东光实业总公司经营党支部书记及化工回收站经理。

1999 年，张振亭调到东光公司化工回收站工作，每天与废丙烯酸，废甲、乙、丁、辛酯，废醋酸、废乙烯油打交道，工作环境恶劣，劳动强度很大。他按照国家对化工企业环境保护工作要求，开展环境整治工作，向"环保"要效益和发展。他带领员工改造现场环境，建成 2 个废料包装车间、2 个脱臭塔，并对废料装置设备粉刷一新，不仅为员工创造了良好工作环境，也配合了东方化工厂的环境治理工作。以前，工作区地沟进入废物料后，由东方化工厂有关车间或管理部门通知化工回收站清理。张振亭负责化工回收站工作后，他安排专人或亲自到现场，检查地沟和地沟井情况，查出废料后立即组织回收站员工清理，使生产区异味问题基本解决。他对员工要求严格，环保问题挂在心上，逢节假日都带头值班。每逢生产装置出现异常，无论白天夜晚，风雨无阻必亲临现场指挥。回收站每年处理化工废料万余吨，从未造成任何污染。化工回收站销售的废醋酸等副产品，受金融危机和国内冰醋酸产能严重过剩影响，一度滞销。张振亭带领团队坚持不懈，用“诚信”开拓市场，服务客户，产品供不应求。他在工作中，注重安全建设，组织修订和完善安全规章制度，实现化工回收站多年生产、经营工作安全稳定运行。2013 年，张振亭荣获全国石油和化学工业劳动模范光荣称号。

（徐博非）

【张萌——勇挑重担的青年先进工作者】 张萌，男，1982 年 9 月出生，汉族，中共党员，讲师、高级技师、现任北化集团所属工业技师学院汽车系副主任。

2004 年，张萌参加工作，作为一名年轻教师，他勇挑教改重任，大胆实践行动导向教学，率先在校内采用新的教学方法授课，受到学生欢迎和专家好评，曾代表学院参加市公开课评比。他参加市教委组织的“德国奔驰”职业院校教师综合能力评价，无论上一体化课，还是专业实操能力，都得到德方和中方专家好评。2004 年，张萌参与人社部组织的“职业活动导向课程模式的构建”课题组，起草了汽车专业课程方案和课程标准，组织编写了汽车运用与维修专业中级工汽车发动机、汽车底盘、汽车电器的校本教材；2007 年，他参加劳动和社会保障部组织的“技师培养模式和课程开发”课题研究，组织参与了汽车运用与维修专业知识技能型学制式技师培养方案的撰写。2009 年，学院汽车专业被人社部批准为全国首批一体化课改试点专业，他作为核心成员，负责制订一体化课程标准，荣获全国技工院校一体化课程教学改革试点工作突出贡献奖。2010 年，在全国职校汽车专业一体化师资培训工作中，他作为项目主要负责人和主讲教师，创造的学院一体化教师培训模式被认定为标准模板在全国予以推广。《院校汽车维修专业师资培训模式的探讨》获得全国技工教育和职业培训 2011 年度教学研究成果评选一等奖。张萌是技师学院重点发展专业系——汽车应用技术系的专业带头人，他引进企业管理文化，创新校企合作办学模式，在实训车间采取企业 5S 管理方法，借鉴丰田管理模式，定管理责任人，定设备责任人，确保了现场管理工作走在学院前列。与几十家知名企业建立起合作伙伴关系，在学院先后建立德国马哈中国培训中心、东风标致培训中心、北京现代培训中心及巴斯夫培训中心，利用社会资源，办活职业教育。张萌参加工作以来，扎根北化集团所属工业技师学院，一直担任班主任工作，致力于技能人才，特别是高技能人才的培养。他深入学生之中，有针对性地进行教育，所带的班级一直是优秀班级。他先后荣获过北京市优秀教师，北京市职业院校优秀青年骨干教师，朝阳区行业技术能手，北化集团“优秀共产党员”以及学院优秀班主任、先进工作者等荣誉。2013 年，张萌获全国石油和化学工业先进工作者光荣称号。

（徐博非）

【张营——不知疲倦的领头人】 张营，男，1955 年 12 月出生，汉族，大专学历，中共党员，工程师，现任北京汽车动力总成有限公司生产管理部部长，负责公司生产管理、设备采购、设备管理、安技环保等工作。

张营作为北汽动力总成公司的中层干部，他爱岗敬业，事事以身作则，在“急、难、险、重”任务面前总是冲在前、干在先，被员工称为“不知疲倦的领头人”。2011 年，张营被组织选派到动力总成工作，参与公司初期建设，承担北汽自主品牌发动机缸盖、缸体、装配三条生产线的采购和安装工作。在时间紧、任务重情况下，他带领生产管理部员工奋力拼搏、夜以继日，评标、商务谈判、签约，始终身先士卒。有时与供应商谈判，一谈就是十几个小时。在全年的采购项目中，为公司节约资金约 2300 万元，把公司的发动机生产线打造成国内领先、国际一流的水平。他年近 6 旬且患腔隙性脑梗塞，在北

汽自主品牌发动机装配线安装中，连续60天吃住在条件艰苦的现场，保障了设备和大宗材料按期进场，保证了发动机顺利下线。2012年，张营荣获首都劳动奖章。

（张 健）

【张智勇——拥有超高技术的重修工段长】 张智勇，男，1971年1月出生，汉族，大专学历，中共党员，现任北京奔驰汽车有限公司－工厂装焊车间重修工段长。

张智勇作为钣金修复专业技师，带领装焊车间重修团队修复德国进口零件6万多件，挽回经济损失5100多万元。制造部两任外方总经理曾先后专门对他进行白车身缺陷修复技能考核。外方总经理在白车身制造坑包等缺陷，他在10分钟内全部修复。其高超的技术，受到中外专家好评。他认真总结工作经验，编写多篇技术论文，在公司科技管理刊物上发表。张智勇虚心好学，刻苦钻研，发明制作了顶盖扁铲、车门挑钩等轻便耐用的专用修复工具80多种，在实践应用中节约工时，使重修后的零件符合质量标准，得到外方专家认可。2008年4月，工厂将张智勇等6名员工送到德国总部斯图加特辛蒂芬根工厂进行一周学习，课题是世界上先进的“马氏体钢焊接技术”，他每天早到工作现场两个小时，复习老师讲授课程，下班后主动与德国师傅交流体会，完成的作业令老师惊讶。他写了一份3500多字的学习总结，将技术带回国内，培训班组人员。他将自己的技能倾囊相授，先后培养30多名技术过硬的徒弟。2012年，张智勇被评为首都劳动奖章获得者。

（张 健）

【张霞——立足本职的内勤班班长】 张霞，女，1980年5月生人，汉族，中共党员，大学专科学历，技师，现任国网北京市海淀供电公司西北旺供电所内勤班班长。

2000年，张霞参加工作，负责农网改造的设计出图、材料计划、施工预算、竣工决算、资料建档。她立足本职，钻研业务，经常加班到深夜。所负责的工活，都能出色地完成。为让本地区线损率指标保持在正常范围，她制订台区线损负责制度，责任到人，并按照营销考核办法奖罚，提高了抄表员的工作积极性。她提出对线损大的台区开展日查、夜查，有针对性普查，每月制作线损报表对比分析，召开线损分析会，使西北旺供电所的线损率从刚接收管理时的25%降到8%。2012年，张霞在北京市第三届职业技能大赛抄表核算收费员比赛中获得第一名，并获得北京市技术能手、北京市电力公司先进生产者称号。2013年，张霞荣获北京市“三八”红旗奖章、首都劳动奖章。

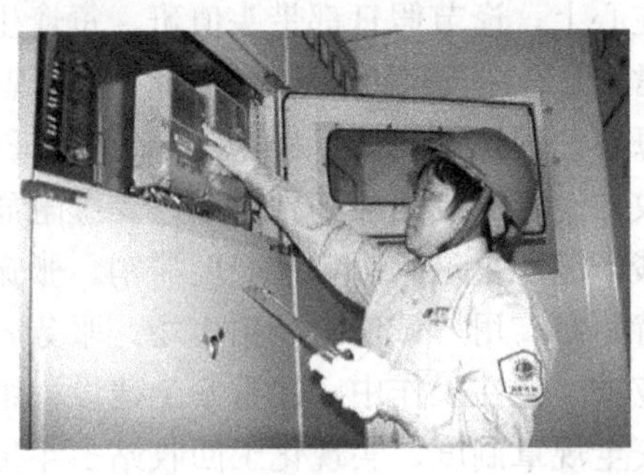

（范晓辉）

【陈牧云——优秀青年工程师】 陈牧云，女，1976年2月出生，汉族，中共党员，大学本科学历，工程师，现任国网首都电力共产党员服务队城区分队队长。

陈牧云认真学习技术规范，不断提升业务技能水平，多次在《中国电力报》《中国科技财富》上发表专业论文，被评为2010年度华北电网有限公司优秀青年工程师。她注重人才培养，面向班组开展“以赛促学”“情景演练”等特色培训活动，调动员工学习热情，增强应变能力，营业厅班组多次荣获北京市电力公司“青年文明号”“工人先锋号”等荣誉称号。她积极开展管理创新、技术创新活动，2009年成立创新工作室，开展“服务因你而变、意见换礼物”活动，征集客户建议68条，提升服务水平。针对低压客户用电需求急切的特点，创建“一站式”报装服务模式，将报装接电时间由30天缩短到5个工作日，并在北京市电力公司推广。2011年，城区供电公司成立国家电网首都电力共产党员服务队专职队伍，陈牧云任队长。开展“走进社区、走进单位、走进企业、走进学校、走进医院”活动，在东、西城区设立21个社区服务站，了解社区和百姓用电需求，帮助解决实际问

题。至2013年底，开展差异化用电延伸服务409次，直接受益群众16120人次，被社区百姓称为“电力雷锋”，共产党员服务队先后被评为北京市敬老孝老先进集体、西城区优秀公益团队、北京市电力公司十大优秀团队。陈牧云在2012年当选北京市第十一次党代会代表，获得北京市国资委系统2010—2012年创先争优优秀共产党员、北京市“三八”红旗奖章，被评为国家电网公司“服务之星”、全国能源化学系统“五一”劳动奖章；2013年荣获首都劳动奖章。

（范晓辉）

【赵春明——以身作则的电力电缆一线工作者】 赵春明，男，1980年5月出生，汉族，中共党员，大学专科学历，技师。现任国网北京检修分公司电缆检修二班副班长。

2000年，赵春明参加工作后，始终在电力电缆专业生产一线，在参与奥运基建工程、国庆60周年工程、清华大学架空入地工程等北京市电力公司重点工程中。他作为副班长，以身作则，带领班组昼夜奋战，确保了工程如期发电，带出一支能打硬仗的团队。他勤于思考，参与研制高压电缆金属护套胀口专用工具、电缆操作用烙铁专用托具、插拔式电缆终端专用升降平台，解决现场实际问题，获得北京市电力公司群众性技术创新奖荣誉。他发挥传帮带作用，调任新组建的检修班组为副班长，负责新入企员工技能培训，制订出一套详尽的培训计划，包括理论、实操、安全等方面。他4次以考评员身份参与北京市电力公司10千伏电缆入网证培训、电力电缆工初级、中级技能鉴定工作。赵春明2012年获第三届北京市职业技能大赛电力电缆工比赛第一名、北京市电力公司先进生产者，2013年获首都劳动奖章。

（范晓辉）

【郭艳飞——善于钻研的青年技术能手】 郭艳飞，男，1980年10月出生，汉族，中共党员，现任北京燕东微电子有限公司事业部部长。

2005年，郭艳飞担任超小型半导体塑封生产线项目负责人，带领部门技术人员发扬不怕吃苦、团结协作、勇于承担的精神。对新设备、新技术、新材料主动摸索，认真钻研，当年完成投建一条体积为1.2毫米×0.8毫米×0.45毫米的SOT-113尺寸的超小型半导体塑封器件产品线，使燕东公司形成从半导体芯片的设计制造向小型化器件封装延伸的产业链。2013年，超小型半导体塑封产品种类增至七大门类生产线，涉及80多个种类，月产出塑封器件2.5亿只，打破了欧美和韩日企业对该类产品的垄断和控制，产品的质量与可靠性等技术指标达到国内领先水平。2008年，郭艳飞带领团队结合超小型半导体塑封器件产品在国内移动通信、平板显示装置等领域的应用，新增SOD523等生产线，成为国内生产尺寸最小、生产能力最大的超小型塑封生产线。至2013年，产品提升到17亿只，2013年有望突破30亿只。产品销售收入激增到1.2亿元。2013年，郭艳飞荣获首都劳动奖章。

（旷炎军）

【常玉——全国轻工行业劳模获得者】 常玉，女，1970年7月出生，大学本科，高级工程师，现任北京华盾雪花塑料集团有限责任公司技术质量办公室主任。

常玉多年从事技术质量工作，勤勤恳恳、兢兢业业，经常深入用户，了解公司产品情况，倾听农民对农膜的要求，将用户反馈意见，作为改进工艺产品的动力。华盾公司在全国25个省市地区的用户，她走访过80%以上。2010年，她研制转光型草莓专用膜，提高草莓含糖量，减少了病虫害发生，公司销售转光型草莓专用膜59.73吨，销售收入131.4万元。她参与研制涂覆型流滴消雾膜，进行上百次试验。一次去宁夏等西部地区，7天赶路3000多公里，沿途考察几十个大棚，采集了上百组数据。通过对产品使用情况跟踪，解决了涂覆液的透明性和基材膜黏合不牢等多项技术难题。在涂覆膜试产的关键时期，正值冬季，夜里温度低，产品干燥成型慢，工人生产要领未完全

掌握，常玉在生产一线盯夜班，在10多米高的机台往复上下，观察、记录试生产时的工艺及设备运行生产情况。从初期试验到14米幅宽的在线涂覆型流滴消雾膜机器试生产，她付出极大心血。2011年，公司试生产销售涂覆长效流滴消雾膜109.5吨，销售收入244.25万元。2011年9月，华盾公司和全国农业技术推广服务中心合作提出申请《温室大棚膜浊度技术要求》行业标准制订。2012年，华盾公司正式进入标准起草制订，常玉作为标准主要起草人，收集积累大量数据，完成初稿。2009年，常玉荣获华盾公司"优秀共产党员"荣誉称号，2010—2011年连续两年获华盾公司创先争优"四优之星"共产党员荣誉称号。她主持或参与的科研项目，多次荣获华盾公司科技进步一等奖。2012年，常玉荣获全国轻工行业劳模。

（隆达工会）

【常明——轻工业学科带头人】 常明，男，1961年6月出生，汉族，中共党员，现任北京一轻高级技术学校校长。

常明作为学科带头人，先后参加国家人力资源和社会保障部"技校维修电工专业模块教材开发和应用的研究"和"技校食品烘焙专业模块教材和课程开发和应用的研究"课题组，两课题均获中国职协科研课题类一等奖。其中"技校食品烘焙专业模块教材和课程开发和应用的研究"填补了中职教育食品烘焙专业一体化教材空白，被推选为中职教育教材，并由中国轻工出版社出版发行。他主编的《数控机床操作与编程》，作为全国职业教育精品教材，于2010年9月由北京交通大学出版社出版发行。他参与的"机电技术应用专业教学整体解决方案研究""食品营养与检验专业整体解决方案研究"入选国家社会科学基金（教育科学）"十一五"规划课题成果。他经常帮助青年教师总结教学经验，解决教学中的疑难问题。带领青年教师开展自学交流、举行专题讲座、座谈会等形式的研讨活动，学习和掌握现代教育教学理论。2011年，学校被批准为首批国家中等职业教育改革发展示范学校建设单位，常明作为示范校建设课题负责人，带领项目组进行教学改革，紧扣"工学结合、校企合作"主线，根据高技能人才培养特点，构建"车间与教室合一、理论与实践合一、学生与学徒合一、教师与师傅合一、训练与生产合一、实训与创收合一"的六合一人才培训模式，建立了基于工作过程为导向的系统化课程体系。他在推行模块化教学基础上，积极开展项目教学、案例教学、情境教学、模拟教学等教学改革与实践，学校被国家职业培训教材工作委员会评为"结题教材实验基地"。他自觉加强专业知识及理论知识的学习，提高教学和管理水平，既是高级讲师又是技师。经常到企事业单位开展调研工作，了解企事业单位用工及技术更新情况。他与企业相关人员，共同构建人才培养方案、共建课程体系、共施技能训练、共创运行机制、共育师资队伍，共定评价标准，贴近企业需要和市场需求培训人才。常明在2010年被评为全国中等职业学校德育工作先进个人，2011年荣获中国职协技工院校突出贡献奖和中国职协轻工分会技工教育学会职业技术教育突出贡献奖，2013年，荣获全国轻工业先进工作者。

（一轻控股）

【梁军——德才兼备的技师学院院长】 梁军，男，1957年12月出生，汉族，中共党员，硕士研究生，现任北京市新媒体技师学院院长。

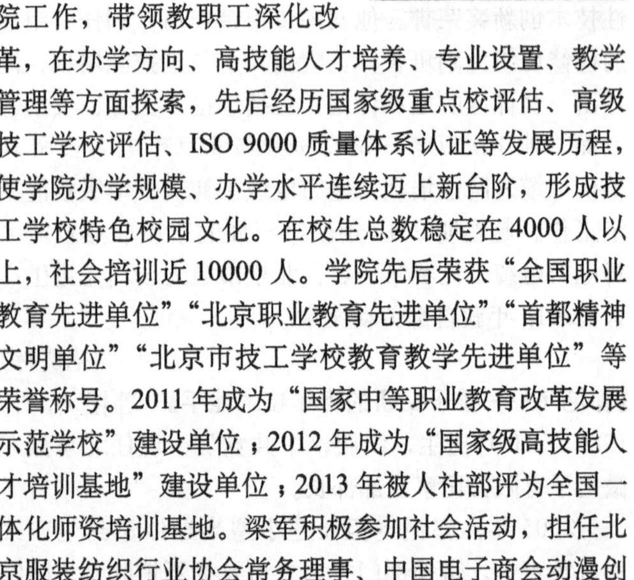

梁军在纺织系统工作30余年，从一名基层普通技术员干起，先后在大型国企和职业院校担任团委书记、党支部书记、办公室主任、党委书记、院长等职务。2001年，他调入北京市新媒体技师学院工作，带领教职工深化改革，在办学方向、高技能人才培养、专业设置、教学管理等方面探索，先后经历国家级重点校评估、高级技工学校评估、ISO 9000质量体系认证等发展历程，使学院办学规模、办学水平连续迈上新台阶，形成技工学校特色校园文化。在校生总数稳定在4000人以上，社会培训近10000人。学院先后荣获"全国职业教育先进单位""北京职业教育先进单位""首都精神文明单位""北京市技工学校教育教学先进单位"等荣誉称号。2011年成为"国家中等职业教育改革发展示范学校"建设单位；2012年成为"国家级高技能人才培训基地"建设单位；2013年被人社部评为全国一体化师资培训基地。梁军积极参加社会活动，担任北京服装纺织行业协会常务理事、中国电子商会动漫创意专业委员会副主任委员、北京技工学校委员会副秘书长、第四届大兴区政协委员等职务。梁军1985年被授予北京市新长征突击手称号，2000年被授予纺织总会优秀政工干部，2004年、2013年被授予北京市优秀教育工作者，2008年获奥运立功“首都劳动奖章”，2009年被授予中国技工院校杰出校长，2010年荣获全国纺织工业劳动模范，2011年获中国职协技工院校改革创新奖。2013年获北京市优秀教育工作者称号。

（李 颖）

【温久谦——全国“五一”劳动奖章获得者】 温久谦，男，中共党员，1976年10月出生，汉族，大学文化，高级机械设计师，现任京煤化工设备开发公司副总经理。

2001年7月，温久谦毕业于山东科技大学机械工程系机械电子工程专业，被分配到京煤化工公司设备开发公司生产炸药车间。他每天很早到岗，将车间打扫得干干净净，给师傅沏好水，捧着书本等师傅。他虚心好学，主动向师傅请教。一次，师傅拿出早已准备好的上百张图纸，请他整理成电子版。温久谦看完图纸，对图纸中不妥处，与师傅共同研究修改，只用了10天时间，就将电子版整理完了。温久谦接到的第一个设计任务是乳化炸药生产线化蜡罐。他查阅资料、现场分析、走访调查，设计的化蜡罐完全符合生产要求，用到生产线达到预期效果。2003年，乳化炸药生产线水箱罐加热器多次渗漏。维修是要钻进罐内的，在有限空间作业危险，加之生产罐本身也是危险品，可谓“险上加险”。温久谦钻进罐内，仔细检查、分析，制订安全预案，并做好施工前准备。看到员工在罐内被“烟熏火燎”得汗流浃背时，他萌生了改造想法。他和技术人员探讨改造思路，拿出设计方案，跑市场，与加工制造厂家洽谈，检测用料质量，改造完成两台水箱罐新型加热器，解决了渗漏问题，延长了设备寿命，生产成本降低。公司研发民爆设备，温久谦主动请缨。他结合所学专业，分析民爆设备的特点，多次提出有建设性的思路和点子，被公司采纳。2003年1月，他被任命为设备开发公司副总经理。

2007年，公司内蒙乳化改造项目中的乳化炸药装药机喂料泵料斗尺寸未按设计制作，导致装药机位置前移200多毫米，无法组装。将喂料泵返厂修改，工期又不允许，温久谦决定缩短装药机送料皮带长度。生产现场没有专业钳工，他就亲自动手，剪短皮带，重新黏合，保证了工程按期完成。他负责的机加工车间，机床非常老旧，许多零件无法制造，只能招标采购，他提出购置数控机床，得到领导支持。他跑遍北京所有机床市场，经过调研、对比后，购置了3台电火花数控机床，提高了机床加工能力，也为新技术开发提供了平台。在刚性药头生产线冲压模具的研制工作中，他从零开始。冲压模具的设计、零件加工、组装调试，经过多次实践，用时6个月，终于上线使用。

2004—2011年，温久谦先后参与完成了快速小吨位气动离合冲床、20头点焊机研发、雷管卡口机、电子雷管脚线冲片冲压模具、电子雷管钢带切断机、电子雷管双头电焊机、单头自动点焊机焊接生产线等10多项技术创新项目。其中快速小吨位气动离合冲床属国内首创，并成功转让4台；单头自动点焊机焊接生产线解决了雷管刚性药头对焊的瓶颈问题。他负责的项目多次获得京煤化工技术创新成果奖，他所带领的团队被评为京煤化工优秀项目团队。2012年，温久谦荣获首都“五一”劳动奖章。2013年，荣获全国“五一”劳动奖章。

（王冬 汪智利）

【谢存义——感动中国石化的员工】 谢存义，男，1954年3月出生，汉族，是燕山石化化工三厂苯酚丙酮装置操作工。

谢存义（右）

1970年，谢存义初中毕业，成为向阳化工厂化工操作工，一干就是42年。他每天的工作，是让操作的石化装置正常运转，检查装置是否出现问题。他通过工作实践，总结出“望闻问切”工作方法，根据装置运行中产生的气味，就能辨别装置的生产原料是否存在运行问题。他的工作需要三班倒，家庭生活也几乎是在黑白颠倒中度过。他的妻子在首钢上班，家安在石景山区。他上班的时候，一直住单位的宿舍。在燕山工作42年，没有任何抱怨。他说，“大型炼化企业，必须得有倒班工人。干一辈子，是责任和热爱”。他从来没有因为私事耽误一天工作。

42年，1万多个日日夜夜，11个监测点，每天爬上爬下、走东走西，巡检路程累计4万多千米，相当于绕地球一圈。2013年3月29日，谢存义获感动中国石化的员工称号。

（孙 明）

【薛连贵——立足本岗的高级技师】 薛连贵，男，1956年6月出生，回族，中共党员，高级技师，享受政府特殊津贴技师，同仁堂集团专家委员会专家、北京同仁堂特技传承师，现任北京同仁堂科技发展集团刘家窑分厂平谷车间副主任。

薛连贵在生产一线工作30多年，立足本岗刻苦钻研。2004年，在与日方企业合作生产全浓缩知柏地黄丸、牛车肾气丸过程中，他带领工作团队反复测算参数，进行技术攻关。白天监控生产，晚上钻研难点，摸索出一套细致完整的改良生产工艺，为企业添加一个全新剂型——全浓缩丸剂。

在他的指导下，平谷车间产品打开海外市场，出口到澳大利亚、新加坡、日本、泰国等国家。2007年，面对市场需求，冠心苏合丸需扩大生产规模。他积极与各方沟通，以最短时间促成新生产线建成投产。新线试运行期间，他作为技术指导，全程跟产，多次改进设备，在不增加人工投入前提下，冠心苏合丸实现月均8批次高产量，实现增产增效。2013年，薛连贵获北京市总工会颁发的首都劳动奖章和首都精神文明建设委员会颁发的第四届首都道德模范提名奖。

（葛 冰）

法规政策文件

北京市人民政府关于强化企业技术创新主体地位全面提升企业创新能力的意见

京政发〔2013〕28号

各区、县人民政府，市政府各委、办、局，各市属机构：

为贯彻落实《中共中央国务院关于深化科技体制改革加快国家创新体系建设的意见》（中发〔2012〕6号）和《中共北京市委北京市人民政府关于深化科技体制改革加快首都创新体系建设的意见》（京发〔2012〕12号）精神，全面实施创新驱动发展战略，加快推动国家技术创新工程，不断强化企业技术创新主体地位，提升创新能力，促进科技与经济紧密结合，提出以下意见。

一、总体思路和主要目标

（一）指导思想：坚持以邓小平理论、“三个代表”重要思想、科学发展观为指导，深入实施“人文北京、科技北京、绿色北京”发展战略，紧紧围绕战略性新兴产业的培育与发展，以增强企业创新能力为核心，鼓励企业加大研发投入，加强研发机构建设，建立企业主导产业技术研发创新的体制机制，强化企业技术创新主体地位，全面提升产业核心竞争力，为加快首都创新体系建设，实现创新驱动发展提供有力支撑。

（二）基本原则：坚持市场作用与政府引导相结合。充分发挥市场配置资源的基础性作用和政府的宏观引导作用，创造公平开放的市场环境，发挥企业在技术创新决策、研发投入、科研组织和成果转化中的主体作用，激发企业创新活力。

坚持分类引导与重点突破相结合。对民营、国有、外资等不同性质和不同规模企业进行分类引导和服务，引导创新要素向企业集聚，重点发挥龙头企业和规模企业在推进科技成果转化和产业化中的骨干作用、在创新链中的带动作用。

坚持资源整合与机制创新相结合。充分发挥首都的科技智力资源优势，完善企业主导产业技术研发创新的体制机制，促进创新资源的高效配置和综合集成，推进产学研用协同创新，提高创新体系的整体效能。

（三）工作目标：到2015年，基本形成以企业为主体、市场为导向、产学研用相结合的技术创新体系。全市企业研发投入总量明显增加，力争超过450亿元，大中型工业企业平均研发投入占主营业务收入比例力争达到1.5%左右，创新型试点企业研发投入强度达到6.5%左右，中关村国家自主创新示范区企业研发和科技活动经费支出每年增长15%以上。到2020年，多元化的研发投入体系和稳定增长的长效机制更加完善，企业科技创新人才队伍不断壮大，建设一批高水平的企业研发机构，形成一批创新型企业群，企业创新创业环境不断优化，创新能力明显提升。

二、实施企业研发机构建设工程，提升企业创新能力

（四）明确企业研发机构定位。企业研发机构是企业创新能力的源泉和竞争力的核心，是集成科技资源、集聚创新人才、对接重大科技成果、开展技术创新和成果转化应用的重要创新平台，是开展源头技术创新、关键技术研发和产业共性技术攻关、选择创新方向和技术路线、知识产权创造与应用、标准创制、人才培养等工作的重要载体。按照有科技人才、有研发经费、有科研条件、有研发方向和内容的标准，鼓励支持企业自建或共建重点实验室、工程实验室、工程（技术）研究中心、企业技术中心、（产业技术）研究院、博士后工作站、工业（工程）设计中心、技术检测中心、数据中心、评测中心、创意中心等研发机构。

（五）支持企业建设高水平研发机构。本市重点实验室、工程实验室、工程（技术）研究中心、企业技术中心等，优先在具备条件的行业骨干企业布局，提高企业组织技术研发、产品创新、利用和转化科技成果的能力。鼓励以企业为主导，深化产学研合作，支持行业骨干企业和高等学校、科研院所联合建设技术研发平台和产业技术创新战略联盟，合作开展关键技术研发和相关基础研究，重点解决基础技术、基础工艺问题。

（六）加强企业研发机构的认定与管理。鼓励企业申报认定市级企业研发机构，积极对接国家级科技创新平台，提升研发机构对企业创新活动的支撑与服务能力。加强对市级各类企业研发机构的统计和监测，统筹全市科技创新平台的建设和管理，进一步整合科技管理活动，实现分类认定、归口管理、统一规范。

（七）加大国有企业研发机构的建设力度。支持有条件的中央企业组建中央研究院和专业领域研发中心，开展前瞻性、原创性、关键核心技术的研究和重大战略产品的研发；鼓励支持军工集团在京设立研发机构，促进军民融合发展；鼓励市属国有企业根据自身发展战略设立研发机构，充分发挥研发机构在技术创新中的引领和示范效应。

（八）加快推进民营企业研发机构建设。引导和鼓励有条件的民营企业承担或参与产业技术研发平台建设、组建国家级和市级研发机构，开展产业关键共性技术研究；鼓励有条件的大型民营企业研发机构向中小企业开放实验仪器、装备和设施；鼓励中小民营企业自建或通过股权合作等方式与高等学校、科研院所合作建立研发机构，促进中小企业向专、特、精、新方向发展。对民营企业研发机构在承担本市科技任务、人才引进等方面与同类公办科研机构实行同样的支持政策。

（九）鼓励外资企业在京设立研发机构。鼓励跨国公司在京设立研发总部，支持外资研发机构围绕产业技术创新开展研发活动。鼓励外资研发机构与本市企业、高等学校和科研院所以多种方式开展科技项目联合研发和产业化合作。鼓励外资研发机构中具有知识产权的技术和成果在京转化落地。

（十）引导企业研发机构集群发展。鼓励研发服务外包、合同研发组织等研发服务新业态的发展，培育集聚一批社会化投资、专业化服务的第三方研发机构，形成研发服务集群。加快中关村科学城建设，建设一批新型产业技术研究院和特色产业创新园，促进企业研发总部和高端科技人才集聚。加强未来科技城建设，依托大型中央企业打造人才创新创业基地和研发机构集群。加快北部研发服务和高新技术产业发展带、南部高技术制造业和战略性新兴产业发展带建设，推动研发服务资源、高端产业要素集聚，推进新兴产业板块式发展。

（十一）促进科技资源向企业研发机构集聚。加快完善科技资源开放共享机制，鼓励财政资金支持资助的科研基础设施和科技项目信息资料向企业开放；鼓励企业及其研发机构通过人才技术引进、合作研发、委托研发、并购等方式整合创新资源；鼓励高等学校、科研院所为企业技术创新提供支持和服务，促进技术、人才等创新要素向企业研发机构流动。面向区域特色产业集群需求，整合建设一批专业公共研发服务平台，为中小企业提供仪器、数据、文献共享和专业技术服务。

（十二）鼓励企业研发机构国际化发展。依法加大金融、财政、海关、外汇和税收等方面的政策支持力度，积极引导和支持企业实施“走出去”战略，采取多种形式建立海外研发机构，参与全球化产业创新网络和研发平台建设，通过并购获得关键技术，促进企业利用全球创新资源，提升企业参与国际技术交流合作的水平和整合利用全球研发创新资源的能力。

三、实施企业研发投入引导工程，激发企业创新动力

（十三）鼓励和支持企业加大研发投入。综合运用无偿资助、偿还性资助、股权投资、贷款贴息、后补贴、创新券等多种财政资金支持方式，对研发投入持续增长、拥有自主知识产权成果并形成良好经济效益的企业进行扶持。实施企业研发机构创新能力提升专项计划，对具有产业化发展前景的重点研究开发项目给予持续性支持。鼓励企业与政府共同建立研发和科技成果转化基金，支持企业开展关键技术攻关和成果转化应用。鼓励企业建立研发准备金制度，允许研发费用按实际发生额列入成本（费用）。支持有条件的企业牵头组织实施产业化目标明确的市级科技计划项目。充分发挥北京市科学技术奖对企业技术创新的引导激励作用。

（十四）落实各项优惠政策。落实高新技术企业认定、技术先进型服务企业认定、职工教育经费税前扣除等税收优惠政策。落实战略性新兴产业、传统产业技术改造和现代服务业等领域的企业研发费用税前加计扣除政策，加大企业研发设备加速折旧政策落实力度。落实国家相关研发机构采购设备税收优惠政策，外资研发机构采购国产设备按规定享受相关税收优惠，进口科技开发用品依法免征进口关税和进口环节增值税、消费税。将符合条件的民办科研机构纳入相关税收优惠政策范围。跨国公司总部在京设立的地区总部及其研发机构自建或购买办公用房的，享受一次性补助。

（十五）加快完善多元化投入机制。支持金融机构设计符合企业需要的金融产品，鼓励银行创新信贷产品种类，发展知识产权质押贷款，扩大企业贷款范围和规模。在战略性新兴产业重点发展领域实施金融激励政策，根据银行对企业的信贷支持力度和服务业绩，政府财政资金给予贷款风险补偿。鼓励风险投资投向具有产业化发展前景的研究开发项目。推动企业购买产品研发责任保险、关键研发设备保险、信用保险、高管人员和关键研发人员团体健康保险、意外保险、补充医疗保险和补充商业养老保险等保险服务。支持诚信规范、成长性好的科技企业上市融资。

（十六）完善考核评价机制。探索国有资本考核和评价机制，加大国有资本经营预算对企业创新的支持力度，引导国有资本支持和参与重大技术研发和重点产业投资，将研发机构建设、研发投入、承担国家和本市科技计划项目、建立长期技术储备、科技成果转化和产业化等工作情况纳入到市属国有企业负责人经营业绩考核体系，研究制定将国有企业研发费用列为税后净营业利润的考核政策。到 2015 年，市属国有重点企业年度研发投入占主营业务收入的比例达到 3%，部分高新技术企业力争达到 10%。将企业研发机构建设、研发投入作为衡量企业创新能力和承担市科技计划项目的重要参考条件。

四、实施企业创新环境优化工程，增强企业创新活力

（十七）营造激励企业创新的市场环境。深化新技术新产品政府采购试点工作，通过首购、订购、首台（套）重大技术装备试验和示范项目、推广应用等方式，支持企业研发和推广应用重大创新产品。支持企业承接重大建设工程，实施科技成果应用示范工程，为企业创新发展培育市场空间。通过预留采购份额、评审价格优惠、鼓励联合体投标和分包、引入信用担保等措施，支持中小企业参与政府采购。支持以企业为主体申报国家和市科技计划项目及产业化项目，引导符合条件的企业享受中关村国家自主创新示范区相关先行先试政策。

（十八）进一步优化技术市场发展环境。大力发展研发服务业，推进企业研发机构成为技术交易和科技成果转化的主要力量。规范技术市场发展，完善技术交易中介服务体系，加强技术经纪人队伍建设，引导扶持科技经纪、技术评估、信息咨询等各类机构发展，培育具有专业化水平的技术转移服务机构。积极发展国际技术转移服务，为企业开展先进适用技术引进、国际技术收购、技术与知识产权入股等提供专业化服务。深入实施知识产权战略，培育一批具有知识产权和品牌创造潜力的新兴源头技术研发机构。

（十九）创新人才激励机制。加快中关村人才特区建设，推进人才政策和体制机制创新，推动研发机构凝聚一批高端领军人才和创新团队。对拔尖科技人才推荐申报国家和本市重大人才培养工程和专项计划。鼓励探索建立灵活多样的创新型人才流动与聘用方式；完善落实股权、期权激励和奖励等收益分配政策，以及事业单位国有资产处置收益政策和人事考核评价制度，鼓励高等学校、科研院所科技人员转化科技成果；引导企业实施股权激励等政策，完善有利于企业技术创新的内部激励机制。全面落实高级人才奖励政策，鼓励有条件的企业按一定销售收入比例设立人才发展专项资金，引导高端人才向企业集聚。

（二十）加大对企业研发机构登记注册的政策支持。结合企业研发机构的技术行业定位和科技品牌建设需求，允许企业研发机构以研究院、研究所、研发中心、研究中心、技术中心、实验室等作为其名称的行业表述用语。

（二十一）实施首都创新精神培育工程。大力践行“爱国、创新、包容、厚德”的“北京精神”，实施创新创业环境优化、创新教育促进、创新文化建设、创新活动品牌和创新资源服务工程，努力创建鼓励探索、敢于创新、宽容失败、开放包容的创新文化，大力营造有利于企业创新发展的社会氛围。

五、加强组织协调，完善推动企业创新的联动机制

（二十二）加强组织领导与协调配合。利用“科技北京”建设和中关村创新工作平台的统筹协调机制，加强各有关部门的沟通配合和信息共享，协调解决企业研发机构建设和运营过程中的重大问题。市科委负责企业研发机构、市级工程技术研究中心、市级重点实验室和产业（企业）技术研究院的相关认定、评估和管理工作。市发展改革委负责市级工程研究中心和工程实验室的相关认定、评估和管理工作。市经济信息化委负责市级企业技术中心的相关认定、评估和管理工作。市人力社保局负责市级博士后工作站建设工作。市统计局负责企业研发机构的统计管理工作。市国资委负责国有及国有控股企业研发机构建设、研发投入的考核评价工作。市知识产权局负责相关知识产权保护工作。

（二十三）加强市区（县）联动。各区（县）要加强对企业建设研发机构的服务支持，根据本区（县）产业发展特点，在研发用地、产业转型升级、高端人才引进、医疗教育等方面为企业研发机构提供相应的服务，促进高端项目和研发总部落户。各区（县）要针对企业的不同发展阶段，通过设立专项资金以贷款贴息、房租补贴、人才奖励、科研奖励等多种形式支持和引导企业建设研发机构。

本意见自发布之日起实施。北京市人民政府2002年8月26日发布并执行的《北京市人民政府关于印发北京市鼓励在京设立科技研究开发机构规定的通知》（京政发〔2002〕23号）同时废止。

二〇一三年九月七日

北京市人民政府办公厅关于进一步推进企业安全生产标准化建设工作的意见

京政办发〔2013〕10号

各区、县人民政府，市政府各委、办、局，各市属机构：

为深入贯彻落实《国务院关于进一步加强企业安全生产工作的通知》（国发〔2010〕23号）、《国务院安委会关于深入开展企业安全生产标准化建设的指导意见》（安委〔2011〕4号）和《国务院安委会办公室关于深入开展全国冶金等工贸企业安全生产标准化建设的实施意见》（安委办[2011]18号）等文件精神，进一步推进本市企业安全生产标准化建设，推动企业落实安全生产主体责任，确保本市安全生产形势持续好转，现结合本市实际，提出以下意见：

一、指导思想、工作目标和工作原则

（一）指导思想

以科学发展观为统领，坚持“安全第一、预防为主、综合治理”的方针，牢固树立以人为本、安全发展的理念。安全生产标准化建设既是企业自身排查治理隐患的过程，也是企业加强安全生产基础工作和不断提升安全生产管理水平的过程，通过达标创建进一步落实安全生产主体责任，有效预防生产安全事故，为首都经济社会发展提供安全稳定的环境。

（二）工作目标

总体目标：持续开展安全生产标准化建设，深化隐患排查治理，改进生产作业现场条件，实现岗位达标、专业达标和企业达标。严格落实企业安全生产责任制，实现企业安全生产管理的制度化、规范化、标准化。各行业（领域）企业的安全生产水平明显提高，安全生产管理和事故防范能力明显增强。具体目标：在工矿商贸和交通运输等行业（领域）深入推进安全生产标准化建设，重点突出煤矿、非煤矿山、交通运输、建筑施工、危险化学品、烟花爆竹、民用爆炸物品、冶金、机械、热力、燃气、电力、旅游、商贸、文化、体育等行业（领域）。其中非煤矿山和冶金、机械等行业（领域）规模以上企业要在2013年底前，冶金、机械等行业（领域）规模以下企业要在2015年前实现达标；煤矿、危险化学品、烟花爆竹等行业企业要在已经达标的基础上持续提高安全生产水平。

（三）工作原则

本市安全生产标准化建设工作按照“政府推动、行业指导、企业主体、社会参与”原则推进。

1．推动企业达到基本标准。根据国家《企业安全生产标准化基本规范》（AQ/T9006—2010）要求，安全生产标准化等级分为一级、二级、三级，其中三级标准化达标标准为本市企业标准化建设的基本标准（以下简称“基本标准”）。我市企业开展标准化建设必须达到基本标准，对于小微企业要达到小微企业岗位标准化达标标准（以下简称“岗位标准”）。鼓励有条件的企业创建一级、二级标准化企业。企业未达标并经整改仍不符合法律法规规定的，地方政府将依法予以停产整顿直至关闭。

2．推动企业分类达标。本市规模以下企业按照基本标准开展标准化企业创建工作，小微企业按照岗位标准开展标准化企业创建工作；规模以上企业自主选择创建一级或二级标准的，应严格按照国家相关行业管理部门制定的达标标准开展创建工作，国家尚未制定达标标准的行业，按照市行业管理部门制定的本市行业二级达标标准，或依据《企业安全生产标准化基本规范》及《评分细则》开展安全生产标准化创建工作。

3．推广应用顺义区安全生产标准化三级评审标准（以下简称“顺义评审标准”）。在全市范围内，推广应用顺义区46类行业三级标准化标准和小微企业岗位标准作为本市企业标准化建设的基本标准。该标准既是推动企业开展达标创建的达标标准，也是促进企业持续开展隐患自查自报工作的标准，具有较强的操作性和针对性。各区县和市行业管理部门要参照顺义区工作模式，结合本地区实际，完善本区县本行业的基本标准，推动全市各类企业积极开展达标创建工作。

二、工作任务

（一）总体任务

市安全生产委员会（以下简称“市安委会”）统筹协调全市安全生产标准化建设工作，办公室设在市安全监管局；各区县政府负责推动辖区内企业达标创建，明确有关部门组织实施；市行业管理部门负责本行业二级标准化企业达标创建工作，并指导区县相关部门开展三级标准化创建工作；企业是安全生产标准化建设的责任主体，要坚持高标准、严要求，全面落实安全生产法律法规和标准规范，加大投入、规范管理，积极开展达标创建工作。

（二）具体任务

1. 市安委会：统筹全市安全生产标准化建设，协调解决重大疑难问题，将安全生产标准化达标创建工作作为年度对区县和行业管理部门考核的重要内容。组织制定《进一步规范本市安全生产标准化评审工作的指导意见》，加强指导和协调工作，积极推行基本标准和岗位标准。确定朝阳区、海淀区、顺义区、大兴区和北京经济技术开发区为本市标准化建设示范区。明确北京市安全生产协会为本市工业制造业二级标准化企业评审组织单位。组建市安全生产标准化专家组，为全市标准化建设提供技术咨询和服务。

2. 各区县政府：统一领导本地区安全生产标准化建设工作，推动辖区内企业达到基本标准。成立组织领导机构，明确相关部门负责组织实施，保障专项经费，健全工作机制。研究有效激励政策，以多种手段积极引导、服务企业开展达标创建工作。统筹协调政府有关部门，密切配合，开展经常性的工作交流和联合检查，指导协调督促辖区内企业全面深入开展安全生产标准化建设。完善考核制度，落实工作责任，将标准化创建工作作为对属地街道、乡镇和行业管理部门年度考核的重要内容。

3. 各行业（领域）管理部门：指导推进本行业企业安全生产标准化建设工作。结合本行业（领域）的实际情况，对标准化创建工作做出具体安排。依据国家有关法律法规标准和《企业安全生产标准化基本规范》，借鉴顺义区标准化工作模式，逐步建立完善标准体系、评审机制，指导督促企业认真开展标准化创建工作。加强检查指导，及时掌握达标进展情况。

市安全监管局负责本市矿山、危险化学品、烟花爆竹及机械、冶金、建材、轻纺、烟草等行业安全生产标准化推进工作。各级安全生产监管部门要充分发挥安全生产综合监管职责，加强与有关部门的沟通，掌握各行业（领域）开展安全生产标准化建设情况，定期公布安全生产标准化建设信息，组织经验交流，推广有效的工作模式和做法。按照有关要求组织确定矿山、危险化学品、烟花爆竹及机械、冶金、建材等行业评审组织单位和评审单位，建立完善评审标准体系和工作机制。加强对企业标准化达标创建工作和隐患自查自报工作的检查执法。严厉查处各类违法违规行为，督促企业切实做好达标创建工作。

4. 企业：作为安全生产标准化创建的主体，按照有关要求认真组织开展标准化企业创建工作。建立组织机构，制定实施方案和推进措施，明确专人负责，分解落实责任，保障标准化工作经费。建立健全各项安全生产制度、岗位规程和内部考评奖惩制度，开展全员全岗位安全生产标准化培训教育。对照有关标准排查隐患，积极整改，在规定时间内达到基本标准，有条件企业达到更高标准。通过自我检查、自我纠正和自我完善，建立安全生产持续改进的长效机制。按照有关要求定期将安全生产标准化建设和隐患自查自报情况报属地政府和有关部门。

市属企业集团（总公司）要充分发挥自身优势，组织所属企业开展安全生产标准化建设。按照市行业管理部门的要求，成立评审机构并报相关行业管理部门备案。依据市相关行业二级评审标准和程序开展达标创建工作。通过评审的企业按照二级标准化企业程序进行公告、授牌。

5. 评审组织单位：安全生产协会等评审组织单位协助行业管理部门做好企业安全生产标准化建设工作，对评审单位上报的评审报告进行复核和现场抽查，将通过复核的企业上报行业管理部门，并为达标企业颁发标准化企业的证书和牌匾。协助行业管理部门管理评审单位，对评审单位的评审工作及收费行为加强指导、规范，引导评审单位依法依规开展评审工作。对于违反规定、弄虚作假和乱收费的评审机构，报请行业管理部门取消其评审单位资格。

6. 评审单位：严格依照达标标准和程序客观公正地进行评审。发挥自身的技术资源优势，积极为企业提供安全生产咨询服务，指导帮助企业排查隐患、提出整改建议，对照有关标准及时消除各类隐患。协助政府及其有关部门扎实推进企业安全生产标准化建设，指导服务企业不断提高安全生产管理水平。

三、工作要求

（一）加强领导，落实责任

各区县、各有关部门要进一步提高对安全生产标准化建设工作的认识，切实加强组织领导，结合本地区、本部门实际制定推进方案。要明确职责、加强协调、落实经费，合理确定阶段目标，分阶段、分步骤、有效实施。要针对不同行业（领域）特点，加强工作指导，把标准化建设工作与隐患排查治理、执法检查和物联网技术应用等工作有机结合。

（二）严格评审，规范管理

各区县、各有关部门要建立完善安全生产标准化评审工作机制，严格评审程序，加强对评审组织单位和评审单位的管理，严把评审质量关。各区县对规模以下企业、小微企业达到基本标准的评审工作要加大财政支持力度，切实减轻企业负担，要注重实效、简化程序、提高效率，采取组织专家评审、对照标准检查等多种形式解决企业数量多、评审时间长等问题。

（三）创新方式，动态监管

各区县、各有关部门要充分运用信息化手段，建立完善安全生产标准化建设工作信息管理系统。通过信息化手段，实现标准化创建工作中申请、评审、核准、公告等环节的动态管理，及时了解掌握本地区、本行业安全生产标准化建设工作动态。要结合日常安全监管工作，加强监督检查，推动企业扎实做好达标创建工作。

（四）政策激励，积极引导

各区县、各有关部门要积极研究制定相关激励政策。把创建标准化企业与政府采购、企业信用评级、评优评先、安全生产责任险等事项挂钩，把企业达标与安全行政许可、监管频次、行政处罚和安全生产“警示名单”等挂钩，与日常监管工作有机结合起来，以多种手段推进达标。

（五）强化宣传，营造氛围

各区县、各有关部门要加强舆论宣传和监督，采取多种形式，营造安全生产标准化建设的浓厚社会氛围。分层次开展全员教育培训，定期发布安全生产标准化建设进展情况和达标企业。及时总结推广经验做法，培育典型，推进安全生产标准化建设工作广泛深入、扎实有效开展。

二〇一三年三月八日

北京市人民政府办公厅关于印发《北京市 2013—2017 年加快压减燃煤和清洁能源建设工作方案》的通知

京政办发〔2013〕45 号

各区、县人民政府，市政府各委、办、局，各市属机构：

经市政府同意，现将《北京市 2013—2017 年加快压减燃煤和清洁能源建设工作方案》印发给你们，请结合实际，认真贯彻落实。

二〇一三年八月十二日

北京市 2013—2017 年加快压减燃煤和清洁能源建设工作方案

2012 年，全市燃煤总量 2300 万吨，占能源消费总量的 25%。其中，电厂、采暖锅炉、工业和民用散煤分别占 40%、24%、19%和 17%；城六区煤炭消费约占全市的 50%。为全面落实国务院和市委、市政府关于大气污染防治的决策部署，加快推动能源清洁发展，特制定本方案。

一、总体要求和工作目标

（一）工作思路

以改善空气质量为根本出发点，坚持能源安全保障与清洁发展并重，加大改造力度，扩大治理区域，综合施策，疏堵结合，加快压减燃煤和清洁能源设施建设，构建安全清洁高效的现代城市能源体系，促进空气环境质量显著改善和经济社会可持续发展。

（二）基本原则

安全保障，清洁为先。统筹域内外资源，优化源点设施布局，加快建设多源多向、互联互备的管网设施保障体系，大幅提高天然气、外调电力和可再生能源利用比重。

协同推进，建改并举。建立全市统筹、部门联动、区县主责、企业主体、公众参与的工作推进机制，以城六区为重点，全面推进中心城区、城乡结合部、远郊新城和农村地区燃煤设施清洁改造，严格控制新增燃煤设施。

科技引领，高效发展。积极支持能源清洁高效利用关键技术的研发，鼓励新能源、新技术的推广应用，不断提高清洁能源利用效率。

严格标准，加强监管。实施更加严格的地方煤炭标准，提高行业准入门槛，坚决退出高耗能、高排放企业；加强污染排放监测，加大对超标排放的处罚力度；严厉打击制售劣质煤炭、液化石油气等行为。

（三）主要目标

燃煤总量大幅压减。到 2015 年和 2017 年，全市燃煤总量分别比 2012 年削减 800 万吨和 1300 万吨。清洁比重显著提高。到 2017 年，优质能源消费比重提高到 90%以上；可再生能源消费比重达到 7%。

重点领域加快治理。东城区和西城区全面实现无煤化；城六区实现集中供暖清洁化；市级以上工业园区完成清洁能源改造；多措并举减少民用散煤，炊事用能实现清洁化。

二、集中治理用煤设施，加快压减燃煤总量

（一）全面关停燃煤机组

目标：清洁能源发电比例达到 100%，削减燃煤 920 万吨。

任务：建设四大燃气热电中心，全面关停燃煤电厂。

年度计划：

2013 年，建成西北热电中心 4 台机组，其中 2 台机组投产运行，配套中水、燃气和聂各庄变电站接入工程竣工投产；完成东南热电中心 1、2 号机组环保升级改造；关停科利源燃煤热电厂，高井燃煤热电厂 4 台燃煤机组停机备用；启动华能燃煤热电厂燃气改造工程。

2014 年，西北、东北热电中心竣工投产，西北热电中心配套热力管线和电力送出工程建成投产；东北热电中心配套燃气、中水、电力、热力工程竣工投产；东南、西南热电中心配套热力管线竣工投产；完成首钢原厂区热力和生活区电力替代，关停高井燃煤热电厂；石景山燃煤热电厂和国华燃煤热电厂停机备用；华能燃煤热电厂燃气改造工程开工建设。

2015 年，华能燃煤热电厂燃气改造工程建成投产，燃煤机组停机备用；关停石景山燃煤热电厂和国华燃煤热电厂。

2016 年，关停华能燃煤热电厂。

（二）集中改造采暖锅炉

目标：削减燃煤 220 万吨。

任务一：城六区完成 137 座约 4900 蒸吨锅炉“煤改气”，削减燃煤 120 万吨。

年度计划：

2013 年，改造约 2100 蒸吨，四环路内基本取消燃煤锅炉房；

2014 年，改造约 2200 蒸吨，五环路内取消燃煤锅炉房；

2015 年，改造剩余 600 蒸吨，城六区取消燃煤锅炉房。

任务二：远郊新城和重点镇区域内 20 蒸吨（不含 20 蒸吨）以下燃煤采暖锅炉全面实施清洁能源改造；新城区域外，培训中心、招待所、疗养院、度假村等商业服务业单位实施清洁能源改造，在已接通管道天然气的区域重点推进“煤改气”，其他区域积极推进电、热泵等清洁能源改造。削减燃煤 100 万吨。

年度计划：

2014—2017 年，每年改造约 1000 蒸吨。

（三）大幅压减工业用煤

目标：削减工业用煤 200 万吨。

任务一：全面完成 19 个市级以上工业园区约 2100 蒸吨锅炉“煤改气”，削减燃煤 50 万吨。

年度计划：

2013 年，改造约 500 蒸吨；

2014 年，改造约 1600 蒸吨。

任务二：基本完成全市规模以上工业企业锅炉“煤改气”；加快推进市级（不含市级）以下工业开发区、工业园区和产业基地的燃煤设施清洁能源改造。削减燃煤 55 万吨。

年度计划：

2014—2016 年，每年改造约 800 蒸吨；

2016 年，基本完成全市规模以上工业企业锅炉“煤改气”；完成燕山石化水煤浆锅炉清洁能源改造。

任务三：制定发布严于国家要求的《不符合首都功能定位的高污染行业调整、生产工艺和设备退出指导目录》，对水泥、石化等高耗能、高排放行业实施产能总量控制，鼓励通过兼并重组压缩产能，全市水泥产能削减至 400 万吨、炼油规模控制在 1000 万吨；整治镇村产业聚集区，淘汰退出 1200 家布局散、装备低、环保差的建材、化工、铸造、家具制造等企业。削减燃煤 95 万吨。

年度计划：

2015 年，水泥产能减至 600 万吨，完成 800 家高污染企业淘汰退出；

2017 年，水泥产能减至 400 万吨，全市炼油规模控制在 1000 万吨，完成 400 家高污染企业淘汰退出。

（四）多措并举治理散煤

目标：削减燃煤 100 万吨。

任务一：东城和西城区实现无煤化。

年度计划：

2013 年，完成 4.4 万户平房“煤改电”；

2015 年，剩余 2.1 万户平房采暖用煤，通过拆迁改造、人口疏解和“煤改电”等方式削减和替代。

任务二：加快城乡结合部城市化建设进程，努力削减朝阳、海淀、丰台和石景山区民用散煤。按照城市化改造上楼一批、拆除违建减少一批、炊事气化解决一批、城市管网辐射一批、优质煤替代一批的原则，加大环境综合整治和燃煤污染治理力度，分类分批治理散煤。

年度计划：

2014 年，完善液化石油气服务配送体系，取消炊事用煤；建立煤源统一、专业配送、差价补贴、封闭运行的优质低硫无烟煤替代机制，全面取消劣质散煤；

2013—2017 年，在完成城乡结合部 50 个重点村综合整治的基础上，继续推进城市化改造工作；建立历史遗留违法用地、违法建设台账，分阶段、分层次逐步拆除；坚决遏止新增违法用地、违法建设；重点推进电、气等市政管网辐射工程，减少散煤使用。

任务三：逐步减少农村用煤。优化完善农村液化石油气供应设施，整合布局充装站，新建 200 座换瓶站和配送到村的服务网络，延伸服务半径，保障用气质量，2016 年基本实现农村炊事气化；在大兴、密云和延庆等区县保留的大中型养殖场建设沼气集中供气工程，替代约 3 万户炊事用煤；重点在平原地区结合新农村和城镇化建设，五年内完成 25 万户电力、燃气和可再生能源清洁改造，同步实施优质煤替代工作。

三、完善燃气设施体系，增强综合保障能力

（一）加快燃气设施能力建设

目标：形成“三种气源、七大通道、两大环线”的多源多向燃气供应输配体系。2015 年，陕京系统等长输管线供气能力超过 700 亿立方米，储气能力达到 46 亿立方米，保障本市总量 200 亿立方米、高峰日 1.3 亿立方米的用气需求；2017 年，供气能力超过 930 亿立方米，保障本市总量 240 亿立方米、高峰日 1.6 亿立方米的用气需求。

任务一：积极争取国家能源局和中国石油天然气集团公司的支持，完善陕京输气系统；增加外部供气通道，增强储气能力；建成大唐煤制气、唐山液化天然气、陕京四线等工程；建设华北地下储气库群和陕京五线。

任务二：提升输配系统的安全性，建成外输内配的两个燃气高压大环，包括利用中石油长输管网系统沿本市周边形成 100 公斤天然气供气外环；建成六环路 40 公斤高压燃气管网配气内环。

任务三：提高门站接收能力，新建北石槽、西集、大灰厂、李桥等接收门站，门站总数达到 14 座，接收能力达到 3.4 亿立方米／日；建设西集和西南液化天然气储备站。

年度计划：

2013 年，建成大唐煤制气一期工程和唐山液化天然气一期工程，开工建设陕京四线；建成北石槽、大灰厂门站，接收门站达到 8 座，接收能力达到 1.8 亿立方米／日；全面建成西六环燃气管线工程，形成高压内环。

2014 年，建成大唐煤制气二期、唐山液化天然气二期工程和北石槽—西沙屯、密云宝坻等燃气联络线工程，形成高压外环；建成西集液化天然气储备站和西集、李桥、延庆、密云门站，接收能力达到 2.4 亿立方米／日。

2015 年，陕京四线建成通气，大唐煤制气和唐山液化天然气工程全面竣工达产，完成大港和华北地下储气库建设，储气能力达到 46 亿立方米；建成西南液化天然气储备站和北安河、平谷门站，接收能力达到 2.7 亿立方米／日；

2016—2017 年，加快推进陕京五线建设；建成城南门站，接收能力达到 3.4 亿立方米／日。

（二）加快“煤改气”配套燃气管线建设

目标：实现燃气管网城六区和远郊新城全覆盖，重点工业园区全连通，重点乡镇全气化。

任务一：完成四大燃气热电中心配套燃气管线建设，实现门站和六环路双源供气，保障供气安全。

年度计划：

2013 年，完成东北热电中心配套燃气管线（东六环—电厂段）和西北热电中心配套燃气管线（西六环—电厂段）建设；

2014 年，完成西南热电中心配套燃气管线（阎村门站—西六环段）、东北热电中心配套燃气管线（李桥门站—东六环段）和西北热电中心配套燃气管线（大灰厂门站—西六环段）建设。

任务二：加快远郊区县燃气供气干线建设，完善区县燃气网络。在房山、通州、顺义、昌平、大兴和怀柔等燃气设施相对完善的区，重点加快燃气管网向周边乡镇延伸，实现重点乡镇及工业开发区全部接通管道天然气；在门头沟、平谷、密云和延庆等燃气设施相对薄弱的区县，重点实施新城范围内的燃气管网加密工程。

年度计划：

2013—2017 年，结合全市“煤改气”实施计划，完成远郊新城燃气管网加密工程和重点乡镇的燃气支干线工程建设。

任务三：完成全市采暖、工业锅炉“煤改气”配套燃气管线建设。

年度计划：

2013—2014 年，结合 19 个市级以上工业园区锅炉“煤改气”计划，完成相关燃气支户线工程；2013—2015 年，结合城六区内所有锅炉“煤改气”计划，完成相关燃气支户线工程；2013—2017 年，结合规模以上工业企业、市级（不含市级）以下工业开发区、产业基地、镇村产业聚集区和重点镇锅炉“煤改气”计划，完成相关燃气支户线工程。

四、优化供电保障布局，保证首都安全供应

（一）增强外受电通道能力

目标：形成 11 条通道、24 条回路的外受电格局，外受电通道能力达到 2800 万千瓦，外调电比例超过 70%，本地电源装机容量控制在 1100 万千瓦，不再新建电厂，新增电力需求通过外调电力解决。

任务一：加快外受电通道建设，新建 1 条通道、4 条回路。

年度计划：

2015 年，建成蔚县—门头沟双回输电线路工程。

2016 年，建成房山—南蔡双回输电线路工程。

任务二：新建海淀 500 千伏变电站，扩建昌平、安定 500 千伏变电站，本市 500 千伏变电站达到 10 座。

年度计划：

2014 年，新建海淀、扩建昌平 500 千伏变电站。

2015 年，扩建安定 500 千伏变电站。

2017 年，建成张家口南—昌平第三回输电线路工程。

任务三：完成四大燃气热电中心及未来科技城、海淀北部和通州运河核心区等 3 座区域能源中心建设。

（二）加快燃煤替代配套电力工程建设

目标：保障四大燃气热电中心按期投产和燃煤机组有序关停；提高城市核心区、农村地区电网配电能力。

任务一：完成四大燃气热电中心配套电力工程和燃煤机组关停配套电力设施工程，新建 7 项 220 千伏输变电工程、66 公里电缆及隧道工程和 104 公里架空线路工程。

年度计划：

2013 年，完成聂各庄 220 千伏并网工程，实现西北热电中心 2 台燃气机组投入运行；2014 年，完成温泉、远大和永定 220 千伏输变电及并网工程，保障西北热电中心竣工投产；完成东坝东、酒仙桥和团结湖 220 千伏输变电及并网工程，保障东北热电中心竣工投产；完成首钢九总降电源替代工程，确保高井燃煤热电厂燃煤机组关停；2015 年，完成高碑店 220 千伏输变电工程，东南热电中心建成永久并网线路；完成北京商务中心区 220 千伏变电站及配套切改工程建设，确保国华燃煤热电厂燃煤机组关停；2016 年，完成华能燃煤热电厂燃气改造项目并网工程。

任务二：完成东城和西城区“煤改电”外电网配套工程。新建 3 项 220 千伏输变电工程、6 项 110 千伏输变电工程，扩建4项110千伏输变电工程。

年度计划：

2013年，新建桃园220千伏输变电工程、金宝街110千伏输变电工程，扩建万明路、白云桥、木樨园和新东安110千伏输变电工程。

2014年，完成菜市口和龙潭湖220千伏输变电工程；完成西四、交道口、报国寺、法华寺和西郊民巷110千伏输变电工程及其他配套电力工程建设。

任务三：配合农村采暖清洁能源改造，提升电网设施水平。

（三）提升电网整体供电能力

目标：主配网协调发展，增强外调电力接纳能力，满足新增电力需求。

任务一：主网提升工程。新建29项220千伏输变电工程和89项110千伏输变电工程，满足高端功能区开发建设需求。

年度计划：

2013年，完成西马、霍营和未来科技城220千伏输变电工程，以及园博园和海鹊落等10项110千伏输变电工程的建设；开展北京商务中心区500千伏变电站前期工作。

2014年，完成商务园、广渠门和怀柔北等6项220千伏输变电工程，以及电子城、稻香湖和七星庄等28项110千伏输变电工程的建设。

2015年，完成丽泽和古城东等6项220千伏输变电工程，以及石化新材料科技产业基地、蔡公庄和万泉等25项110千伏输变电工程的建设。

2016年，完成岳各庄等7项220千伏输变电工程，以及北安河等16项110千伏输变电工程的建设。

2017年，完成良乡北等7项220千伏输变电工程，以及北辛安等10项110千伏输变电工程的建设。

任务二：配网提升工程。开展网格化配网规划建设，2013年至2017年每年完成60项配网改造项目，共300项。

任务三：新能源并网工程。实现太阳能光伏发电30万千瓦、生物质发电20万千瓦、风电30万千瓦和燃气分布式20万千瓦并网。

年度计划：

2013年，完成鲁家山电力并网工程。

2014年，完成八达岭、华电昌平和华电密云太阳能光伏电站并网工程。

2015年，建成1项220千伏输变电工程，完成官厅风电三期、大工村和南宫等项目并网工程。

五、发展新能源新技术，助力能源清洁转型

（一）大力发展地热和热泵供暖

目标：推进热泵技术应用，加快余热、再生水、深层地热和浅层地温能资源利用。2017年，全市热泵供暖面积超过7000万平方米。

任务一：新建燃气热电中心和燃气锅炉房实施余热热泵供暖工程，现有燃气热电厂五年内完成余热热泵回收改造，新增供热面积2000万平方米。

任务二：充分利用再生水资源，在电子城北扩、首钢、北京商务中心区东扩和丽泽金融商务区等区域发展城市再生水热泵，新增供热面积500万平方米。

任务三：加强深层地热资源的统一规划、规模开发和集约利用，在顺义、大兴和延庆等区县实施地热供暖，新增地热供暖面积500万平方米。

任务四：在远郊新城和重点镇的公共建筑发展浅层地温利用，新增热泵供暖面积约500万平方米。

（二）拓宽太阳能应用领域

目标：到2017年，太阳能集热器面积达到1100万平方米、光伏发电能力超过30万千瓦。

任务一：在新建居民住宅建设太阳能光热系统；鼓励热水需求量大的工业用户利用太阳能中高温热水。

任务二：在海淀、顺义、昌平区和北京经济技术开发区的高端装备制造园区发展分布式光伏系统，全面完成中小学校园和工业园区“光伏双百工程”。

（三）加快能源新技术攻关和推广应用

目标：发挥中关村国家自主创新示范区和本市科研机构的综合优势，加大科技投入，推进实施一批首都能源重大科技研发工程项目，不断提升首都能源科技创新能力和产品技术服务水平。

任务一：重点建设浅层地温能、太阳能风能光伏检测等国家级和市级能源实验和工程中心，进一步强化本市新能源和能源新技术研发能力。

任务二：加强清洁能源领域关键技术攻关，重点在智能电网、高效热泵、分布式光伏系统集成、燃气锅炉超低氮燃烧和高温空气燃烧等一批技术领域取得新突破。

任务三：大力推动清洁高效燃气分布式能源项目建设。重点在政府机关、医院、宾馆、大型商场、商业中心、交通枢纽和数据中心等领域建设分布式能源系统。2017 年，燃气分布式能源系统总装机容量达到 20 万千瓦。

六、健全发展制度机制，强化执法监督考核

（一）加强统筹调度

市压减燃煤工作领导小组要加强统筹，协调解决压减燃煤工作中的重大问题；进一步加强大气污染综合治理、四大燃气热电中心及陕京系统建设等市级调度平台的工作协调，协同推进各项重点工作；市相关部门和各区县政府要加强领导，形成合力，不断健全完善部门配合、市区联动的工作机制。

（二）明确工作责任

市压减燃煤工作领导小组办公室负责制定压减燃煤任务目标，分解落实到各有关区县和部门；各区县政府和牵头部门要根据全市总体部署制定具体工作方案，细化阶段性目标，统筹推进落实；各区县政府要落实好属地责任，各建设单位、用煤企业落实主体责任，按计划完成燃煤设施改造，严格按照时间节点推进工程建设，电力、燃气和热力等企业要做好能源供应工作；各职能部门要提高工作效率，加快办理审批等相关手续；市政府督查室要将压减燃煤工作目标、重点任务完成情况纳入大气污染防治和节能减排考核体系，加强督查考核。

（三）制定配套政策

1．加大政府对燃煤设施改造和清洁能源发展的投入。

（1）支持燃煤设施清洁改造。市政府固定资产投资加大对单台容量大于等于 20 蒸吨 / 小时锅炉“煤改气”的支持力度，支持范围从城六区扩大到全市采暖锅炉和工业锅炉；市燃气集团负责将燃气管线敷设至锅炉房红线；简化燃煤锅炉房“煤改气”审批手续，改造项目由所属区县审批；市财政局研究制定加大对单台容量小于 20 蒸吨 / 小时锅炉“煤改气”的支持政策。对按规划统一实施的“煤改电”中涉及的 10 千伏以下配电网工程，由市政府固定资产投资给予 30% 的资金支持。

（2）支持清洁能源建设。对远郊区县清洁能源供热项目，热源由企业投资建设，热网系统由市政府固定资产投资安排。加大对余热、再生水、深层地热和土壤源等地热和热泵系统的支持力度，对新建或改造的地热和热泵供暖项目，由市政府固定资产投资给予 30%~50% 的支持。

（3）支持新能源新技术。对按规划整村实施的农村太阳能采暖系统，由市政府固定资产投资按 30% 的标准给予支持；对大中型沼气集中供气项目，按照生态涵养区 90%、非生态涵养区 70% 的标准，由市政府固定资产投资给予支持；燃气分布式能源系统享受每立方米优惠 0.2 元的燃气价格，由市财政对分布式能源建设项目给予一定的资金支持；农村地区液化石油气“送气下乡”工程中换瓶站等设施的建设资金由市政府固定资产投资安排，运输车辆、气罐由运营企业负责投资。

2．完善清洁能源发展的财政补贴机制。

（1）在电价、热价理顺前，继续执行燃气发电、供热的补贴政策，但对限期内未按计划完成改造的燃煤锅炉，要逐步减少采暖补贴。

（2）加快建立和完善优质民用煤、农村液化石油气推广等财政补贴机制。市区两级财政每年各安排 200 元／吨，用于朝阳、海淀、丰台、石景山区和 10 个远郊区县的优质煤替代工作；对于农村地区液化石油气“送气下乡”工作，市财政制定资金补助办法，相关区县政府要建立推广液化石油气、取消炊事用煤的工作机制。

3．发挥价格杠杆作用。

争取国家发展改革委支持，疏导燃气电厂上网和销售电价；建立促进节能环保、鼓励清洁能源应用的热价机制，逐步实现同热同价；全面落实国家分布式光伏发电补贴等新能源电价政策。

4．创新清洁能源发展模式。

在城乡结合部和农村地区鼓励燃气、热力和电力等专业化公司试点推进清洁采暖；放开远郊区县供热市场，支持社会资本按照“源网分开”的特许经营模式参与清洁能源建设；鼓励社会资本参与新能源发展。

（四）严格实施监管

1. 制定更加严格的标准。修订发布本市低硫散煤及制品地方标准，将煤炭的硫分由 0.5% 降至 0.4%，灰分由 13% 降至 12.5%；修订发布锅炉大气污染物排放标准。

2. 联手治理煤炭储运。环保、发改等部门要严控燃煤增量；交管、交通、环保等部门要在主要路口设卡，堵住劣质煤进京渠道，所有煤炭运输车辆采取遮盖措施；工商、质监、城管等部门要严格查处劣质煤在本市的销售和使用；环保部门要加强对煤炭加工、存储场地安装喷淋洒水、苫布、抑尘网等环保设施的执法检查。

3. 加快环保升级改造。华能燃煤热电厂实施燃煤机组除尘深度治理；完成 19 座新城燃煤供热中心及远郊区县其他 20 蒸吨以上燃煤采暖锅炉的高效脱硫、脱硝、除尘环保升级治理，逐步推进天然气等清洁能源改造；全市所有水泥厂实施脱硝治理。

4. 加强燃煤设施运行排放监管。远郊区县所有单台容量 20 蒸吨以上燃煤锅炉房必须安装在线监测系统，实现达标排放。

5. 建立全市煤炭管理信息系统。对电厂、锅炉房、工业和民用散煤等用煤设施实现动态监管。

（五）动员公众参与

利用广播、电视、报纸、互联网等媒体及时发布年度压减燃煤工作信息；设立市民建言热线，广泛征询市民意见，接受社会监督。大力倡导绿色生产、绿色消费新理念，各类企业切实履行社会责任，自觉压减燃煤；鼓励市民参与并支持压减燃煤，营造“从我做起、人人参与”的良好氛围。

附件：《北京市 2013—2017 年加快压减燃煤和清洁能源建设工作方案》任务分解表（略）

北京市人民政府办公厅关于印发《进一步加强轨道交通运营安全工作方案》的通知

京政办发〔2013〕59 号

各区、县人民政府，市政府各委、办、局，各市属机构：

《进一步加强轨道交通运营安全工作方案》已经市政府同意，现印发给你们，请结合实际，认真组织实施。

二〇一三年十一月二十一日

进一步加强轨道交通运营安全工作方案

为保障本市轨道交通运营安全，制定以下工作方案。

一、加强建设阶段运营安全风险控制

（一）完善建设期运营安全管理规章制度。制定《轨道交通建设期运营安全专篇编写及审查办法》《轨道交通试运营评审管理办法》《轨道交通网络化运营设备设施配置规定》等管理办法，并于近期颁布实施。

（二）提高规划建设水平。要结合客流发展趋势，高标准设计车站规模和配置运力；新线路建设与既有线路改造要同步进行，开通运营时项目土建工程要全部完工，沿线交通接驳设施建设同步实施；在新线路建设中设置安检点并预留安检扩容空间；将大型设备设施维修机具和应急救援设备一并纳入新线路建设。

（三）落实重要运营设备设施选型制度。信号、车辆、电扶梯等重要运营设备设施，在新线路建设时由建设单位和运营单位共同负责技术条件和标书制定。涉及网络化统一管理的自动售检票系统（AFC）、乘客信息系统（PIS）、视频监控系统（CCTV），首先进行技术认证，之后再进行招标事宜。要按线路进行统一招标，有条件的进行组团招标；招标事宜确定后，建设单位、运营单位和运营设备设施供应商签订三方协议，加大对运营设备设施供应商的约束力度。

（四）强化新线路开通试运营标准。新开通线路按开通运行图试运行的时间不得少于30天；在新线路开通前解决工程缺陷、配套市政设施不全等问题，加强新线路工程验收管理，保障开通质量。

二、加强对运营设备设施的管理

（五）完善安全管控制度。完善运营设备设施重大升级改造风险评估和控制制度，明确可以实施升级改造的时间范围和必备条件，确保运营设备设施重大升级改造做到事前有准备、过程有监控、竣工有验证、运行有保障。

（六）提高运营设备设施的安全度。对全路网信号、车辆和电扶梯等设备设施进行排查分析，针对备份不足、系统功能缺陷、安全等级不高等问题，研究整改方案并组织实施；同时在运营中持续监测设备设施运行情况，确保设备设施的安全性、稳定性。启动电梯物联网实时监测试点。

（七）加强对重点运营设备设施的管理。制定涉及信号、车辆、电扶梯等重点设备设施的产品标准、技术认证、服务质量信用披露、归口管理等方面的制度；制定并实施轨道交通运营安全、设备维修管理、安全评价等方面的地方标准。

三、积极排查和解决安全隐患

（八）评估工作。对既有运营线路进行安全风险评估，进一步查找安全隐患和管理薄弱环节，对各类安全隐患进行识别和分类并制定应对措施。

（九）切实解决10号线故障高发问题。对已查出的10号线故障高发、影响运营安全的重点问题进行整改。

（十）解决新线路遗留问题。加强协调配合，重点解决高架线路桥梁支座病害、钢轨异常磨损等遗留问题。对路网乘客信息系统设备稳定性差、应急信息不能及时发送到列车等问题进行整改。

（十一）加大对设备设施供应商的约束力度。健全对既有线路设备设施供应商的责任追究机制和约束机制。

（十二）规范站前广场管理。在中心城区和远郊区各选择一条线路，进行站前广场规范管理试点，总结试点经验，逐步推广。

四、提高应急处置能力

（十三）加强应急机制建设。强化运营单位应急保障机制，相关行业主管部门、运营单位设立日常应急保障资金，轨道交通突发事件应急保障资金纳入全市应急资金统筹安排；加强对公众进行运营安全教育，组织公众参与大型综合演练。

（十四）完善应急预案。针对轨道交通运营故障应急处置暴露出的问题，修订市轨道交通突发事件应急预案；完善现场处置办法，修订信号、车辆、电扶梯等技术故障排查、处置操作手册；建立高峰时段和应急状态下的扁平化现场指挥体系：一是在市轨道交通指挥中心建立现场指挥组，明确市轨道交通指挥中心和运营单位的值班主任为现场处置负责人；二是建立换乘站现场指挥组，明确换乘站涉及线路值班站长为现场处置负责人；三是建立车站现场指挥组，明确车站值班站长、值班民警为现场处置负责人。切实提高路网应对突发事件能力。

（十五）完善应急指挥配套系统建设。增加各线路上传市轨道交通指挥中心的视频图像数据；完成各线路广播、乘客信息、闭路电视系统与市轨道交通指挥中心对接的升级改造工作；建立应急调度、诱导乘客和信息发布的服务平台。

（十六）提高突发事件信息发布能力。修订并发布《轨道交通路网运营异常情况乘客信息发布规则》。制定乘客信息发布实施细则。在突发事件发生时，及时向乘客发放换乘引导卡和延误证明。同时，建设八通线、13号线乘客信息系统，在既有线路所有车站出入口增设显示屏。

（十七）加强应急演练。重点组织开展线路系统故障、客流较大换乘站临时封闭、高架线路列车迫停等专项应急演练，信号、通信、电扶梯等技术故障排除演练，大客流踩踏、火灾等疏散演练，提高应对突发事件的实战能力。

（十八）建设安全应急教育基地。在1号线52号车站建立乘客应急逃生演练基地；将土桥车辆段安全培训基地改扩建成面向市民开放的轨道交通安全教育基地。

五、提升大客流应对能力

（十九）实施运力挖潜。完成4号线、5号线车辆增购和车辆段扩建以及5号线供电扩容改造工作；更新1号线信号系统，完成10号线车辆增购工作。加快建设10号线宋家庄停车场，使其具备车辆停放条件。

（二十）完善车站设施。推进宣武门、国贸、芍药居车站增建换乘通道工程；在天通苑南、通州北苑等7个常态限流车站增设客流疏导围栏，改善站外候车条件；完成车站导向标识优化完善工程。

（二十一）优化运营组织。实施早晚高峰加开临客等行车方案；按照“一站一案”的原则，制定换乘车站、限流车站、大客流车站的客流组织方案。

六、提升运营保障能力

（二十二）增加现场保障力量。核定轨道交通运营单位涉及运营安全的车站疏导员、列车驾驶员、设备维修员的配备标准，并在全行业推进实施。2013年先期增加高峰时段文明引导员数量，2014年在重点车站、换乘站高峰时段按新标准配备车站疏导员。

（二十三）加强员工能力建设。根据轨道交通发展规划，运营单位要提前两年储备新线路运营人员；同时制定员工在职培训计划，组织开展各类技术练兵、专项应急演练，提高员工整体素质。

（二十四）加快票制研究和轨道交通运营安全立法。制定高峰时段票价差别化方案并择机出台，通过价格杠杆分散高峰时段客流压力，降低大客流风险。推进轨道交通运营安全立法工作。

七、提升安全防范能力

（二十五）落实技防措施。完成13号线、八通线、1号线、2号线加装安全门工程。制定轨道交通安全防范视频监控系统建设标准。增设1号线、2号线、4号线、5号线、8号线二期、10号线一期和机场线、大兴线共3100个探头，完成机场线存储设备扩容和13号线、八通线视频监控系统改造工程，进一步完善地铁车厢视频监控系统，提高视频监控覆盖面；做好视频监控系统维护工作。

（二十六）采取更严格的安检措施。切实增强地铁系统的全员防恐意识，增加地铁安检设施和安保力量，最大限度提升安检等级。完成既有线路58个安检点位增设工作。开发安检自动报警识别系统，在天通苑、西二旗、龙泽等有条件的车站站前广场设置安检点，实施地面安检。更新达到使用年限的安检设备，将安检设备更新纳入市财政固定资产更新范畴。在天安门地区及有条件的车站实施“人、物同检”，并尽快做到所有的车站都实施“人、物同检”。根据安检实际情况区分高峰时段、平峰时段和重点时期不同情况，采取相应的检查和抽查办法，提高安检防范作用。提高安检员工资标准，稳定安检人员队伍。

（二十七）加强巡查监控。在每个地铁车站设立责任站区长，加强警力配备，形成常态化、规范化巡控模式，最大限度查控高危人群和违法犯罪人员。对途经政治中心区的轨道交通线路，部署武警进行常态化巡逻执勤。

八、落实轨道交通控制保护区管理责任

（二十八）落实控制保护区责任制。相关区县政府要落实轨道交通安全监管属地责任，协调解决本行政区域控制保护区内影响轨道交通运营安全问题；将治理树木侵界安全隐患所需经费纳入全市行道树管养经费。

（二十九）加强控制保护区的巡查管控。设置控制保护区专职巡查人员，完善控制保护区巡查机制。建设“城市轨道交通控制保护区安全管理系统”，加强对控制保护区的管理和控制。

九、健全责任追究制度

（三十）健全责任追究制度。完善运营事故等级标准认定、事故分析和责任追究制度；根据事故等级，对运营单位采取约谈、绩效考核等方式督促其认真整改，切实履行运营管理责任。运营单位相关人员未依法履行安全生产监督管理职责，由安全生产监督行政管理部门依法处理；构成犯罪的，依法追究其刑事责任。

附件：进一步加强轨道交通运营安全工作方案任务分工（略）

北京市经济和信息化委员会关于公布第一批“北京市新型工业化产业示范基地”名单的通知

京经信委发〔2013〕12号

各有关单位：

依据《北京市新型工业化产业示范基地管理办法（试行）》和《关于组织开展2012年度“北京市新型工业化产业示范基地”创建工作的通知》，经评审和公示，第一批“北京市新型工业化产业示范基地”（以下简称“示范基地”）名单已经确定，现予以公布。有关事项通知如下：

一、同意中关村科技园区大兴生物工程与医药产业基地、中关村永丰高新技术产业基地等19个产业基地为第一批“北京市新型工业化产业示范基地”（具体名单见附件）。

二、产业示范基地要在现有发展基础上，按照走新型工业化道路的要求，以及上报的创建工作方案和产业发展规划，改造提升传统产业，完善产业配套和服务环境，进一步做好公共服务平台、节能环保、安全生产等方面工作，切实起到示范作用。使示范基地加快成为带动我市工业转型升级、推动工业由大变强的重要载体和骨干力量。为我市工业集聚化、集约化、生态化发展和实现自主创新探索道路。

三、各区县经济和信息化主管部门要在总结经验的基础上，进一步扎实推进市级产业示范基地的创建工作。充分发挥政策、资金、项目的引导和拉动作用，在产业规划布局、技术改造、公共服务平台建设及有关资金安排等方面，对产业示范基地予以重点支持。

四、按照《北京市新型工业化产业示范基地管理办法（试行）》，我委对产业示范基地实行动态管理，每三年进行一次复核。对合格的产业示范基地予以确认，对不合格的撤销称号并摘牌。

附件：第一批“北京市新型工业化产业示范基地”名单

二〇一三年一月三十日

附件：

第一批“北京市新型工业化产业示范基地”名单

序号	示范基地名单
1	中关村科技园区大兴生物医药产业基地·生物医药
2	中关村科技园区通州园金桥科技产业基地·节能环保
3	中关村科技园区通州园光机电一体化产业基地·光机电
4	北京八达岭经济开发区·新能源
5	北京马坊工业园区·绿色能源
6	房山区窦店高端制造业产业基地·高端装备制造
7	昌平区南口工程机械产业基地·工程机械
8	中关村永丰高新技术产业基地·新材料
9	昌平区马池口工业园区·节能环保
10	昌平区回龙观工业园区·电子信息
11	顺义区牛栏山二三产业基地·新材料
12	顺义区宏大二三产业基地·都市产业

续表

序号	示范基地名单
13	顺义区彩园产业基地·高端装备制造
14	通州区潞城食品工业园区·健康食品
15	通州区星湖工业园区·新兴信息服务
16	大兴区黄村工业园区·都市产业
17	大兴区青云店工业园区·节能环保
18	大兴区瀛海工业园区·汽车部件
19	房山区良工工业基地·高端装备制造

北京市经济和信息化委员会转发工业和信息化部关于印发建筑防水卷材行业准入公告管理暂行办法的通知

京经信委发〔2013〕16号

各有关单位：

按照《工业和信息化部关于印发建筑防水卷材行业准入公告管理暂行办法的通知》（工信部原〔2013〕19号，以下简称《通知》）要求，为进一步加强我市建筑防水卷材行业管理，依据《建筑防水卷材行业准入条件》（工业和信息化部公告2013年第3号），做好企业准入公告工作，现将《通知》转发你们，请遵照执行，并就有关工作事项通知如下：

一、我委负责受理本地区建筑防水卷材生产企业准入公告申请，对申请准入公告企业的申请材料进行审查，提出初审意见，并将企业申报材料及初审意见报送工业和信息化部。

二、申请准入公告的企业需向我委提出申请，按要求提交相关申请材料（一式五份），并对申请材料的真实性负责。我委对材料齐全、符合规定的公告申请予以受理。

三、我委将审核准入申请材料，对符合规定的企业申报材料及审核意见，报送工业和信息化部。

四、进入公告名单的企业要严格依据准入条件，每年开展自查，形成企业自查报告，并于每年1月31日前将上年度自查报告报送我委。我委将对公告企业保持准入条件情况进行监督检查，审查企业自查报告，并将监督检查结果及时报送工业和信息化部。

二〇一三年二月十六日

附件1：

工业和信息化部关于印发建筑防水卷材行业准入公告管理暂行办法的通知

工信部原〔2013〕19号

各省、自治区、直辖市及计划单列市、新疆生产建设兵团工业和信息化主管部门：

为加强建筑防水卷材行业管理，规范行业准入，便于社会监督，依据《建筑防水卷材行业准入条件》，我部制定了《建筑防水卷材行业准入公告管理暂行办法》，现印发你们。

请依据本暂行办法，及时将本地区符合《建筑防水卷材行业准入条件》的企业申报材料及你们审核意见（一式 3 份，并提交电子文档）报送我部（原材料工业司）。

二〇一三年一月十五日

建筑防水卷材行业准入公告管理暂行办法

第一章　总则

第一条　为加强建筑防水卷材行业准入管理，监督执行《建筑防水卷材行业准入条件》，规范建筑防水卷材行业准入公告管理，制定本办法。

第二条　各省、自治区、直辖市及计划单列市、新疆生产建设兵团工业和信息化主管部门（以下简称“省级工业主管部门”）负责本地区（单位）建筑防水卷材企业准入公告申请的受理、审核和推荐工作，监督检查准入条件保持情况。

工业和信息化部负责组织对省级工业主管部门审核推荐的申请材料进行复核、查验和公告，并动态管理公告名单。

第二章　申请与审查

第三条　申请准入公告的建筑防水卷材生产线所属企业应当具备以下基本条件。

（一）具有独立法人资格；

（二）符合《建筑防水卷材行业准入条件》要求；

（三）遵守国家有关法律法规，无重大违法行为。

第四条　具备上述条件的建筑防水卷材生产线所属企业可向生产线所在地省级工业主管部门提出公告申请，并按照要求提交《建筑防水卷材行业准入公告申请书》（见附件）及相关材料。

申请企业应当对申请材料真实性负责。

第五条　申请准入公告应当提交以下材料：

（一）建筑防水卷材行业准入公告申请书；

（二）企业法人营业执照副本；

（三）项目建设备案或核准文件；

（四）项目建设土地审批文件或建设用地使用权证；

（五）项目建设环境保护审批及验收文件；

（六）节能评估和审查批复文件（新建和改扩建生产线提供），能源审计或能源利用状况报告（已投产生产线提供）；

（七）质量检测报告或型式检验报告；

（八）产品生产许可证；

（九）排污许可证或环保达标证明材料；

（十）上年度社保金缴费凭证及纳税凭证；

（十一）质量管理体系有效证明文件；

（十二）安全生产标准化建设和职业健康安全管理体系有效证明文件；

（十三）生产线运行情况说明。

上述（二）至（十二）项材料，请提供经省级工业主管部门核实的复印件。

第六条 省级工业主管部门对申请材料齐全、符合规定的，予以受理并出具受理通知书。对申请材料不全或不符合规定的，应在10个工作日内一次性告知申请企业需要补充的全部内容。

省级工业主管部门会同相关部门对申请材料进行核实，在20个工作日内将申请材料和部门意见报工业和信息化部。

省级工业主管部门意见应当对照准入条件，明确生产线在建设条件、生产布局、生产规模、工艺与装备、环境保护、产品质量、能源消耗、安全生产、职业卫生以及社会责任等方面是否符合要求。

第七条 工业和信息化部在收到省级工业主管部门推荐的申请材料之日起三个月内，组织专家完成复核。

符合准入条件的建筑防水卷材生产线和所属企业名单，在工业和信息化部网站上进行公示（10个工作日），对公示无异议的生产线和所属企业，以公告方式予以发布。

第八条 工业和信息化部、省级工业主管部门在受理和审查过程中，可以对申请企业有关情况进行实地查验。实地查验时应当指派两名以上工作人员进行。申请企业应当配合查验活动。实地查验结果，由查验工作人员和企业代表签字确认。

第三章 监督管理

第九条 进入公告名单的生产线所属企业要严格按照准入条件要求组织生产经营活动，并对照准入条件开展自查。每年1月31日前将上年度自查报告报送省级工业主管部门。

自查报告是监督检查企业执行准入条件情况的重要依据，应说明以下情况：

（一）企业生产经营情况；

（二）质量管理、环境保护、安全生产、节约能源等制度建设及执行情况；

（三）法人代表、股权或资本金、资质、主要产品品种及生产能力等变更情况。

第十条 省级工业主管部门对公告企业执行准入条件情况进行监督检查，审查企业自查报告。每年3月1日前将上年度监督检查结果和企业自查报告报送工业和信息化部。

第十一条 省级工业主管部门对进入公告生产线和所属企业实行监督检查时，应记录监督检查的情况和处理结果，由监督检查人员和企业代表签字确认。

第十二条 任何单位和个人发现正在申请公告企业或已公告企业有不符合规定的，可向各级工业主管部门举报或投诉。

第十三条 已公告生产线和所属企业有下列情况之一的，省级工业主管部门应责令其限期整改，拒不整改或整改不合格的，报请工业和信息化部撤销其公告。

（一）不能保持准入条件；

（二）报送的相关材料有弄虚作假行为；

（三）拒不接受监督检查；

（四）发生重大质量、安全生产和污染环境事故；

（五）发生重大违法行为。

工业和信息化部拟撤销公告资格的，提前告知省级工业主管部门和企业，听取其陈述和申辩，并组织专家对企业陈述和申辩情况进行论证，决定是否撤销公告资格。被撤销公告的生产线和所属企业，经整改合格满一年后方可重新提出公告申请。

第四章 附则

第十四条 本办法适用于中华人民共和国境内（香港、澳门、台湾地区除外）所有类型的建筑防水卷材生产企业。

第十五条 受理准入公告申请不得向申请企业收取费用。

第十六条 本办法自 2013 年 3 月 1 日起施行，本办法由工业和信息化部负责解释。

附件：建筑防水卷材行业准入公告申请书（略）

附件 2：

建筑防水卷材行业准入条件

为引导建筑防水卷材行业健康发展，抑制产能过剩和重复建设，加快产业结构调整，根据《中华人民共和国产品质量法》《中华人民共和国清洁生产促进法》等有关法律法规和产业政策，制定本准入条件。

本准入条件所称建筑防水卷材是指改性沥青类（含自粘）防水卷材和聚氯乙烯（PVC）、热塑性聚烯烃（TPO）类高分子防水卷材。

一、建设条件与生产布局

（一）新建和改扩建建筑防水卷材项目应符合国家产业政策和产业规划、当地产业规划、土地利用总体规划等，统筹资源、能源、环境、物流和市场等因素合理布局。

“十二五”期间，立足国内需求，严格控制增量，重在优化存量，着力调整结构，推进兼并重组，提高产业集中度和规模效益。

（二）严禁在风景名胜区、生态保护区、自然和文化遗产保护区、饮用水源保护区、城市建成区和非工业规划区等区域新建和扩建建筑防水卷材项目。

上述区域已经投产的建筑防水卷材项目，未达到本准入条件要求的，应在 2015 年底前通过整改达到。

新建（含迁建）建筑防水卷材项目应进入化工园区或具备相应治污能力的产业集聚区。

二、生产规模、工艺与装备

（一）新建改性沥青类（含自粘）防水卷材项目单线产能规模不低于 1000 万平方米 / 年（以产品标准中厚度最小的产品、250 天 / 年、16 小时 / 天运行计，下同）。

新建高分子防水卷材（PVC、TPO）项目单线产能规模不低于 300 万平方米 / 年。

（二）新建建筑防水卷材项目采用先进的自动化控制系统，生产工艺和关键设备应满足以下基本要求：

1. 改性沥青类（含自粘）防水卷材生产线胶体磨总流量不低于 40 立方米 / 小时。

2. 聚氯乙烯（PVC）防水卷材生产线总挤出能力不低于 1200 千克 / 小时，热塑性聚烯烃（TPO）防水卷材生产线总挤出能力不低于 1000 千克 / 小时。

（三）新建和改扩建项目工程勘察、设计、施工、监理等单位应具备相应资质等级。

三、能源消耗

（一）防水卷材单位产品能源消耗限额应符合下述规定。

产品名称		单位产品综合能耗限额准入值（千克标煤 / 平方米）
沥青基防水卷材	有胎	不高于 0.20
	无胎	不高于 0.10
聚氯乙烯（PVC）防水卷材		不高于 0.08
热塑性聚烯烃（TPO）防水卷材		

（二）年耗标准煤 5000 吨及以上的建筑防水卷材生产企业，应每年提交包括能源消费情况、能源利用效率、节能目标完成情况和节能效益分析、节能措施等内容的能源利用状况报告。

四、环境保护

（一）易产生烟气、粉尘等污染物的原材料在运输、装卸、储存和使用过程中应当采取密闭措施。

（二）改性沥青类（含自粘）防水卷材的沥青搅拌罐、浸油池和涂油池应配置沥青烟气处理装置。

排放的气体符合 GB 16297《大气污染综合排放标准》或项目所在地环境标准的要求。

（三）固体废弃物按规定收集、贮存和用于再生产；实施雨污分流、清污分流，冷却水循环使用，生产废水经收集处理后达标排放。

（四）完善噪声防治措施，厂界噪声符合 GB 12348《工业企业厂界噪声排放标准》的规定。

（五）采取清洁生产技术，开展清洁生产审核。建立环境管理体系，制定环境突发事件应急预案。

（六）配套建设的环境保护设施应与主体工程同时设计、同时施工、同时投入使用。

五、产品质量

（一）防水卷材企业按照 JC/T 1072《防水卷材生产企业质量管理规程》健全管理制度。

（二）产品质量符合相应的国家标准或行业标准。

（三）具备防水卷材成品检验和原材料检验能力，建立质量管理体系、产品质量对比验证和内部抽查制度。建立产品出库台账和可追溯制度。

六、安全生产、职业卫生和社会责任

（一）建立健全安全生产责任制、职业病防治责任制，制订完备的安全生产规章制度和操作规程，配备符合规定的职业病防治设施。

（二）新建和改扩建项目的安全生产设施和职业病防护设施应与主体工程同时设计、同时施工和同时投入使用。

（三）有重大危险源检测、评估、监控措施和应急预案。

（四）不偷漏税款，不拖欠工资，按期足额缴纳养老保险、医疗保险、工伤保险、失业保险、生育保险和住房公积金。

（五）建立职业健康安全管理体系。

七、监督管理

（一）新建和改扩建建筑防水卷材项目应符合本准入条件。项目的投资、土地、环评、安全监管等应依据本准入条件。

（二）项目投产前和正常生产期间，由地方工业主管部门对辖区内建筑防水卷材企业执行本准入条件的情况进行监督检查。

（三）工业和信息化部公告符合本准入条件的防水卷材生产企业名单，接受社会监督并实行动态管理。公告管理办法由工业和信息化部另行制定。有关行业协会和中介机构配合做好行业准入条件的宣传、执行和监督。

八、附则

（一）本准入条件适用于中华人民共和国境内（香港、澳门、台湾地区除外）所有建筑防水卷材生产企业。除本准入条件所指防水卷材外，其他类型防水卷材可参照本准入条件执行。

（二）本准入条件实施前已投产的项目，除生产规模、工艺与装备外，其他方面达不到本准入条件要求的，应在 2015 年底前经整改达到。

（三）本准入条件引用的法律法规、标准规范和产业政策，按其最新版本执行。

（四）本准入条件自 2013 年 3 月 1 日起实施，由工业和信息化部负责解释和组织修订。

北京市经济和信息化委员会
转发工业和信息化部、环境保护部关于开展
铅蓄电池行业准入公告申报工作的通知

京经信委发〔2013〕17号

各有关企业：

按照工业和信息化部、环境保护部《关于印发<铅蓄电池行业准入公告管理暂行办法>的通知》（工信部联消费〔2012〕569号，以下简称《通知》）要求，为进一步加强我市铅蓄电池行业管理，依据《铅蓄电池行业准入条件》（工业和信息化部公告2012年第18号，以下简称《准入条件》），做好企业准入公告工作，现将《通知》转发你们，请遵照执行。有关工作事项通知如下：

一、我委负责北京地区铅蓄电池行业准入管理工作，受理企业提出准入公告申请，对企业提交的申请材料进行初审，并将企业申报材料及初审结果报送工业和信息化部。

二、申请准入公告的企业需向我委提出申请，按要求提交相关申请材料（一式五份），并对申请材料的真实性负责。我委对材料齐全、符合规定的公告申请予以受理。

三、我委将依据《准入条件》，组织有关专家对申请准入公告企业的情况进行现场核查，并提出相关初审意见。

四、申请受理时间为每年1月、4月、7月和10月下旬。

五、进入准入公告名单的企业要严格按照《通知》要求，及时上报相关销售和采购记录材料。我委将按照《通知》要求进行监督管理，并将结果报送工业和信息化部。

特此通知。

二〇一三年二月十八日

工业和信息化部环境保护部关于印发
《铅蓄电池行业准入公告管理暂行办法》的通知

工信部联消费〔2012〕569号

各省、自治区、直辖市及新疆生产建设兵团工业和信息化主管部门、环境保护厅（局）：

为贯彻实施《铅蓄电池行业准入条件》，进一步加强和改善铅蓄电池行业管理工作，促进行业结构调整、淘汰落后和产业升级，工业和信息化部、环境保护部共同研究制定了《铅蓄电池行业准入公告管理暂行办法》，现印发你们。各省、自治区、直辖市及新疆生产建设兵团工业和信息化主管部门要按照《铅蓄电池行业准入公告管理暂行办法》，认真组织好本地区铅蓄电池行业准入公告初审、上报等相关管理工作。

二〇一二年十一月二十九日

铅蓄电池行业准入公告管理暂行办法

第一章 总则

第一条 为顺利实施《铅蓄电池行业准入条件》(以下简称《准入条件》),开展铅蓄电池行业准入公告管理工作,促进行业持续、健康、协调发展,特制定本办法。

第二条 省级工业和信息化主管部门依据《准入条件》以及有关法律、法规和产业政策的规定,负责本地区铅蓄电池行业准入管理工作,组织企业提出准入公告申请,对企业提交的申请材料进行初审,将初审结果报送工业和信息化部。

第三条 工业和信息化部与环境保护部负责全国铅蓄电池行业准入的管理工作。工业和信息化部组织有关协会和专家,对各省报送的企业名单及相关材料进行审核。工业和信息化部与环境保护部联合公告符合《准入条件》的铅蓄电池生产企业名单。

第二章 申请条件

第四条 申请准入公告的铅蓄电池生产企业,应当具备以下条件:

(一)在工商部门登记,具备独立法人资格;

(二)拥有独立的生产厂区;

(三)符合国家有关法律、法规、产业政策和发展规划的要求;

(四)所生产的铅蓄电池产品符合国家有关标准要求;

(五)符合《准入条件》中的所有要求;

(六)进入环境保护部符合环保规定公告名单。

第五条 准入公告的申请工作以具备独立法人资格的企业为申请主体。集团公司旗下具有独立法人资格的子公司,需要单独申请。

第六条 同一企业法人拥有多个位于不同地址的厂区或生产车间的,每个厂区或生产车间需要单独填写《铅蓄电池企业准入审查申请书》(以下简称《申请书》,见附件1),并在申请准入公告时一起提交。

第三章 申请、审查及公告程序

第七条 申请准入公告的铅蓄电池生产企业,自愿填写申请书,并将申请书和工商营业执照副本(复印件)等相关材料报送所在地省级工业和信息化主管部门;从事商品极板生产或外购商品极板进行组装的,还需要提供上一年度的极板销售或采购记录(销售、采购记录格式见附件2、3,从事进出口贸易的需附相应进出口证明)。

第八条 省级工业和信息化主管部门依据《准入条件》,组织有关专家对申请准入公告企业的情况进行现场核查,提出相关初审意见,并填写在《申请书》的相应位置。

第九条 省级工业和信息化主管部门于每年2月、5月、8月和11月,将经初审符合《准入条件》的企业名单以及相关申请材料报送工业和信息化部。

第十条 工业和信息化部组织有关协会和专家,采用材料审查和现场抽查的方式,对省级工业和信息化主管部门报送的企业名单和申请材料进行审核。

第十一条 经过审核符合《准入条件》的企业,工业和信息化部将向社会进行公示,公示时间为10个工作日。公示期间无异议的,工业和信息化部与环境保护部将以联合公告形式公布;公示期间有异议的,将在核实有关情况后酌情处理。

第四章 监督管理

第十二条 工业和信息化部将组织有关协会和专家，或委托省级工业和信息化主管部门，对进入准入公告名单的铅蓄电池生产企业进行不定期抽查。

第十三条 进入准入公告名单的商品极板生产企业，应于每季度第一个月内向所在地省级工业和信息化主管部门申报上一季度极板销售记录（销售记录格式见附件2，向境外销售的需附相应出口证明）。

第十四条 进入准入公告名单的铅蓄电池组装企业，应于每季度第一个月内向所在地省级工业和信息化主管部门申报上一季度极板采购记录（采购记录格式见附件3，从境外采购的需附相应进口证明）。

第十五条 工业和信息化部对进入准入公告名单的企业实行动态管理。进入准入公告名单的企业有下列情况之一的，省级工业和信息化主管部门要责令其限期整改，拒不整改或整改不合格的，工业和信息化部将会同环境保护部，将其从准入公告名单中剔除：

1. 填报《铅蓄电池企业准入审查申请书》时有弄虚作假行为；

2. 商品极板生产企业不及时申报极板销售记录、销售记录不真实或将极板销售给不符合《准入条件》的企业；

3. 外购商品极板组装铅蓄电池的企业不及时申报极板采购记录、采购记录不真实或从不符合《准入条件》的极板生产企业采购商品极板。

第十六条 进入准入公告名单的铅蓄电池生产企业，如果被环境保护部从符合环保规定公告名单中除名，工业和信息化部将会同环境保护部，将其从准入公告名单中剔除。

第十七条 从事铅蓄电池行业准入审查工作的有关工作人员，有徇私舞弊、玩忽职守、滥用职权等行为的，依法给予行政处分；构成犯罪的，依法移送司法机关追究刑事责任。

第五章 附则

第十八条 将企业从准入公告名单中剔除前，工业和信息化部须提前告知企业，听取其陈述和申辩。

第十九条 本办法由工业和信息化部、环境保护部依据职责负责解释。

北京市经济和信息化委员会关于印发《2013年支持北京市工业发展资金使用指南》的通知

京经信委发〔2013〕44号

各区县经济和信息化主管部门、北京经济技术开发区管委会、有关企业：

根据《北京市工业发展资金管理办法》《北京市市级大额专项资金管理办法》等有关规定，结合2013年本市工业、软件和信息服务业工作重点，特制定《2013年支持北京市工业发展资金使用指南》，以指导当年北京市工业发展资金的使用。现印发给你们，请遵照执行。

二〇一三年三月二十二日

2013年支持北京市工业发展资金使用指南

按照公共财政管理要求，为明确北京市经济和信息化委员会工业发展资金年度重点支持的领域及方向，根据《北京市工业发展资金管理办法》《北京市市级大额专项资金管理办法》等有关规定，围绕北京市重点产业“十二五”发展规划，结合我市工业、软件和信息服务业发展特点以及市政府当年工作重点，特公布《2013年支持北京市工业发展资金使用指南》（以下简称《指南》）。

一、指南编制说明

指南的编制重点体现政府资金使用的政策导向，明确当年工业发展资金安排的重点方向和申报要求，每年将根据实际情况进行调整。2013年指南主要包括6个部分，即：编制说明、重点支持领域和方向、支持方式和标准、申报条件要求、项目管理程序和职责分工、申报材料要求。

指南作为工业发展资金申报、审查和跟踪管理的重要文件，是企业提出项目申请的依据，是项目审查和推荐、评审以及跟踪管理的重要依据之一。各企业、区县经济和信息化主管部门（以下简称“区县主管部门”）和有关单位应严格按照《指南》要求，规范项目申报、审查和评审等管理工作。

二、重点支持领域和方向

2013年北京工业发展资金的使用要坚持以科学发展为主题，以加快转变经济发展方式为主线，紧紧围绕“人文北京、科技北京、绿色北京”和建设世界城市的中心任务，牢牢把握做强二产的战略方向，实现北京制造与北京服务、北京创造的对接融合和高端产业的创新引领。要加快培育战略性新兴产业，发展高端、高效、高辐射产业，促进产业结构的战略性、深层次调整，推进信息化与工业化深度融合，提高产业的整体素质与核心竞争力。要发挥全市重大科技成果转化和产业项目统筹资金作用，创新资金使用方式，提高资金使用效率，全力促进产业结构调整和升级，创造环境，引导社会资本投向，实现工业、软件和信息服务业持续、平稳、健康发展。

2013年度北京工业发展资金重点支持方向如下：

（一）支持技术创新和重大科技成果产业化，加快培育战略性新兴产业

发挥国家科技重大专项的核心引领作用，全力推动一批科技创新成果在京产业化；加快培育发展新一代信息技术、新能源汽车、节能环保、高端装备制造、生物医药、新能源、新材料和航空航天等战略性新兴产业；全力推动中关村国家自主创新示范区建设，重点培育中关村科学城等创新能力强、特色突出、集聚发展的战略性新兴产业示范基地。

（二）支持企业技术改造

支持企业以提高品种质量、扩大产品规模、节能减排环保、提升经营管理水平、扩大品牌影响力等为目标，采用新技术、新工艺、新设备、新材料对现有设施、工艺条件及生产服务环境等进行改造提升，实现内涵式发展。重点支持技术改造与技术创新相结合，改造传统产业与发展新兴产业相结合，更加注重信息技术的集成应用，推进创新成果产业化以及信息化与工业化深度融合，实现高端、高效、绿色发展。

（三）支持高端项目引入

支持对北京工业、软件和信息服务业具有总量拉动和结构提升作用的招商引资项目，引入高科技含量、高附加值、低消耗，以及对重点产业构建和完善产业链具有关键性作用的项目。

（四）支持开发区和产业基地环境建设

按照“布局集中、用地集约、产业集聚”的要求，支持产业基地和开发区按照新型工业化产业示范基地建设标准，开展生态化建设，完善配套设施，建设标准化厂房和企业用房，搭建公共服务平台。

（五）推进节能减排和结构调整

支持节能环保，发展循环经济。支持通过精细化管理实现节能、节水、节材和资源综合循环利用；支持节能降耗与污染治理技术改造项目，尤其是细颗粒物（PM2.5）污染治理的技术改造项目；支持开发和利用环保设备、技术和服务，鼓励生产和应用高效节能产品和新材料。

（六）稳定本市工业经济增长

支持对稳定本市工业经济增长做出突出贡献的企业，鼓励企业吸引银行贷款和其他社会资本，扩大生产规模，提高竞争力。

（七）市政府要求扶持工业、软件和信息服务业企业发展的其他事项。

三、支持方式和标准

工业发展资金使用主要包括贷款贴息、拨款补助、以奖代补和引导性投资入股4种方式。

（一）贷款贴息

贷款贴息包含银行固定资产贷款贴息和流动资金贷款贴息。

1. 固定资产贷款贴息主要用于重大科技成果产业化、高端项目落地、企业技术改造、开发区和基地环境建设等项目。要求企业与银行签订固定资产借款合同，贷款资金到位，并已经开始使用及付息。贴息率不超过人民银行公布的同期中长期贷款利率，项目贷款利率低于人民银行公布的同期贷款利率的，按实际利率给予补助。贴息期限原则不超过二年，分年度安排，每个项目每年最高贴息额度不超过1000万元。

2. 流动资金贷款贴息主要用于为稳定本市工业经济增长，对扩大生产规模的工业企业采取流动资金贷款增量贴息。具体要求按照有关管理办法执行。

（二）拨款补助

主要用于技术创新和重大科技成果产业化、企业技术改造、开发区和基地环境建设等项目。对申请拨款补助支持的项目，原则采取事中补助或事后补助方式，即支持固定资产投资完成50%及以上的项目。支持额度不超过项目总投资的10%，最高补助金额不超过500万元。

（三）以奖代补

主要用于支持对本市工业稳定增长贡献突出的工业企业。

（四）引导性投资入股

主要用于支持符合本市产业发展方向，能较快形成产业规模和经济效益的技术创新、产业化以及高端产业落地项目；支持吸引其他社会资本完善开发区和产业基地环境建设。引导性股权投资不超过公司注册资本的30%，以政策性引导为主，支持企业实现发展目标后适时退出，用以滚动支持其他项目。研究设立支持完善产业环境发展的专项基金。

超过上述拨款、贴息支持最高额度限制的项目需提交市经济信息化委主任办公会讨论决定。

四、申报条件要求

1. 要求申报企业性质属于工业、软件和信息服务业企业，在本市工商管理部门登记注册、从事生产经营并具有独立法人资格；对从事开发区管理和服务工作的部门及企业，要求企业在本市工商管理部门登记注册，具有独立法人资格；对招商引资项目可放宽申报主体注册地要求，但入资后企业在本市登记注册，主要生产经营活动在本市；对公共服务平台建设项目，申报主体可为工业和信息化主管部门、受托中介机构、事业单位或社团组织。

2. 企业近三年内在工商、税务、银行、海关等部门无不良行为记录，经营状况良好，原则上无连续亏损现象，处于建设期内的新建企业除外。对于超出以上规定的企业，须经市经济信息化委主任办公会研究后确定。

3. 符合国家和北京市重点产业调整和振兴规划，符合国家和北京市产业政策及工业和信息化中长期发展规划，符合本指南的有关规定。

4. 申报贷款贴息的企业要求已与银行签订中长期固定资产借款合同，贷款资金到位，已经开始付息。

5. 申请拨款补助支持的企业要求在项目固定资产投资（或总投资）完成50%（含）以上后，才可进行项目申报。

6. 固定资产投资项目已经工业和信息化投资主管部门核准或备案，且项目各项手续齐备。

7. 项目经济效益或社会效益显著。

五、项目管理程序和职责分工

1. 企业网上申报。企业项目应在项目核准备案或开工建设后3个月内通过市经济信息化委门户网站专项资金管理平台进行网上申报（www.bjeit.gov.cn），并纳入项目库滚动管理。区县主管部门、市经济信息化委相关处室、市财政局相关处室可随时对项目进行了解。

企业要对网上申报数据的真实有效性负责，并严格按照申报材料要求准备书面材料。

2. 项目审查。根据当年预算执行情况，市经济信息化委将下发组织项目申报工作的通知，原则上区县主管部门应对申报项目基本情况进行初审，市经济信息化委相关专业处室对项目进行审查，并出具审查意见。对审查通过的项目，按照项目重要程度进行排序，并由处长和主管领导签字确认。市经济信息化委专业处室要对审查结果负责，并负责对外解释审查环节的相关问题。

3. 项目评审。各专业处室审查通过的项目经市经济信息化委主任办公会讨论通过后，由市经济信息化委和市财政局共同委托中介机构进行评审，项目申报单位要按照评审要求报送书面材料。要求评审单位对项目进行现场考察或组织专家进行技术论证。

评审单位要严格执行评审条件要求，客观公正披露项目单位和项目实施可能出现的问题，任何单位和个人不得干涉评审单位正常的评审活动。评审单位要对项目评审结论负责。

4. 会议审定并报送市财政局。评审结果经市经济信息化委主任办公会议审定后，对计划安排项目正式行文报市财政局，市财政局从公共财政预算执行角度进行审查。

5. 下达预算指标。市财政局对审核通过的项目下达项目预算指标并办理资金拨付手续。

资金拨付前，贴息项目企业需提交承诺书，拨款补助项目企业需与市经济信息化委签订合同书。市经济信息化委各专业处室负责对项目承诺书和合同书进行审查，要求承诺书和合同书相关数据与企业项目评审后的数据原则一致。

6. 项目监督和验收管理。市经济信息化委专业处室负责对申报项目进行验收及监督管理，区县主管部门应予以配合，市经济信息化委规划处、监察处、市财政局经建一处每年抽取部分项目进行检查。具体要求按照有关办法规定执行。

六、申报材料要求

（一）网上申报

在“北京市经济和信息化委员会专项资金管理系统”注册成功后，登录填写企业基本情况表、项目基本情况表、项目申报表、支出预算明细表等，并以附件形式上传项目资金申请报告（或可行性研究报告）电子版。

（二）上报书面材料

项目审查通过后，要求企业准备书面材料，并按照通知要求按时上报。报送材料要求合法合规并真实有效，用 A4 纸或 A3 纸打印或复印，并加盖企业公章，上报材料不予退回。材料要求如下：

1. 项目资金申请报告（或可行性研究报告），原则要求由有资质的咨询设计单位编制。对于不符合评审深度要求的报告不予受理（报告内容深度要求详见附件 1）。

2. 作为项目资金申请报告（或可行性研究报告）的附件资料，还应提供以下材料：

（1）经年审的营业执照副本、法人单位基本情况统计表、固定资产投资登记表、近三年经审计的财务报表及最近一期的财务报表；

（2）固定资产投资项目需提供核准或备案批准文件，规划部门出具的“规划选址意见”，已开工项目的“建设工程规划许可证”“建筑工程施工许可证”，环保部门出具的环境影响评价文件的审批意见，国土资源部门出具的项目用地预审意见等；

（3）项目资金来源证明、已投入资金支付凭证；

（4）申请贴息的项目须出具项目单位与有关银行签订的借款合同、贷款到位凭证、付息凭证及银行借款合同审查表（见附件 2）；

（5）拟购置设备的询价资料；

（6）项目单位对资金申请报告（或可行性研究报告）内容和附件材料真实性负责的声明。

3. 申请引导性投资入股项目还需提供：公司章程、同意投资入股的股东会或董事会决议；新设立企业要求提供发起人协议书。

4. 市经济信息化委或评审单位要求的其他材料。

附件：

项目资金申请报告（或可行性研究报告）
编制内容及深度要求

一、编制的主要内容

项目申报单位提交的项目资金申请报告（或可行性研究报告）应重点包括但不限于以下内容：

（一）项目单位的基本情况和财务状况

1. 项目单位基本情况：项目申报单位所属行业、主营业务、股东构成、主要产品生产能力和主要生产装置、主要投资项目（本项目以外的固定资产投资、股权投资和其他长期投资）、项目申报单位具备的资质情况、行业地位、职工人数及人员结构等。

2. 项目单位财务状况：项目申报单位资产负债情况、营业收入和利润、税收等情况。

如项目申报单位是上市公司，还应说明上市地点、股票简称、股票代码、前三年融资情况和所融资金使用情况。

（二）项目建设的背景、必要性及市场情况

1. 政策背景：国内行业发展情况，包括国家、行业以及地方的相关产业政策。

2. 建设背景：通过此项目要解决项目建设单位存在的何种问题。

3. 市场情况：项目产品（或服务）市场供需情况、行业竞争情况、产业链描述、目标市场和市场预期，产品（服务）价格。

（三）产品（或服务）方案说明

产品生产规模、各年生产计划、技术水平、产品特点，项目所提供的服务能力、特色和目标。

（四）项目建设方案

1. 项目基本情况：土地占用情况、主要建筑物和构筑物情况、公用工程和基础设施情况、生活和办公设施情况、厂外工程情况等的说明和项目设备清单（含电机功率和询价及主要生产厂家）以及其他与项目有关的建设内容。

2. 建设周期及实施进度：项目起止时间及关键节点，目前工程量进度（完成的工程量内容说明）和完成投资进度。

3. 建设条件：建设地点、土地性质、土地使用权人，项目所需土地取得方式和相关手续落实情况以及场地条件和水、电、汽、气、路等基础设施条件的落实情况和解决方案说明。

4. 工艺技术：生产工艺描述、技术先进性、主要创新点及与国内外同类技术的对比。

5. 节能节水和环境保护：主要耗能、耗水部位、分品种能耗、水耗、年综合能耗（折标煤）、水耗及产值能耗指标，三废排放说明及主要环保措施。

6. 项目招标内容：招标范围、招标方式、招标组织形式及已经完成的招标内容说明。

7. 总投资：固定资产投资估算和铺底流动资金估算及资金来源。

8. 经济效益分析：说明达产年销售收入、成本、利润总额、净利润、税收（分别说明所得税、增值税、营业税金及附加），总投资收益率和内部收益率、投资回收期等指标；有贷款行为的项目要进行偿债能力分析。

9. 安全生产方案：说明项目建设及实施过程中确保安全生产的实施方案、主要措施、组织保障和计划。

（五）项目进展情况和资金使用情况

对于在建和已完工项目，说明项目形象进度、资金实际到位和使用情况。

（六）申请资金的理由和政策依据

规划相符性（总体规划、地区规划、行业规划）、政策相符性（产业结构调整政策、节能减排相关政策）、准入条件相符性（行业准入条件要求）、技术创新性、拟申请资金的理由和金额，对产业安全、公共安全、行业竞争与垄断的影响。

（七）市经济信息化委要求提供的其他内容。

二、附件资料要求

项目情况报告（可行性研究报告或资金申请报告）应附以下文件复印件：

1. 经年审的营业执照副本；
2. 法人单位基本情况统计表；
3. 固定资产投资登记表；
4. 近三年经审计的财务报表及最近一期的财务报表；
5. 固定资产投资项目需提供核准或备案批准文件；
6. 规划部门出具的《规划选址意见》，已开工项目的《建设工程规划许可证》《建筑工程施工许可证》；
7. 环保部门出具的环境影响评价文件的审批意见；
8. 国土资源部门出具的项目用地预审意见；
9. 项目资金来源证明、已投入资金支付凭证；
10. 申请贴息的项目须出具项目单位与有关金融机构签订的借款合同、贷款到位凭证、付息凭证及银行借款合同审查表；
11. 拟购置设备的询价资料；
12. 项目单位对项目可行性研究报告（或资金申请报告）内容和附件资料真实性负责的声明；
13. 市经济信息化委或评审单位要求提供的其他文件。

北京市经济和信息化委员会转发 工业和信息化部关于印发《废旧轮胎综合利用行业准入公告管理暂行办法》的通知

京经信委发〔2013〕78号

各区、县经济和信息化主管部门：

按照《工业和信息化部关于印发废旧轮胎综合利用行业准入公告管理暂行办法的通知》（工信部节〔2013〕86号，以下简称《通知》）要求，为进一步加强我市废旧轮胎综合利用行业管理，依据《轮胎翻新行业准入条件》和《废轮胎综合利用行业准入条件》（工业和信息化部公告2012年第32号），做好企业准入公告工作，现将《通知》转发你们，请遵照执行，并就有关工作事项通知如下：

一、申请准入公告的废旧轮胎综合利用企业可向所在地区、县经济和信息化主管部门提出准入申请，并按要求提交申请材料。

二、各区、县经济和信息化主管部门对申请材料齐全、符合规定的公告申请予以受理，负责审核申请准入公告企业的申请材料，提出初审意见，并将企业申报材料及初审意见报送我委。

三、市经济信息化委将组织行业专家，对申请行业准入的企业进行审核，对符合准入条件要求的企业申报材料和审核意见报送工业和信息化部。

四、进入公告名单的企业要严格按照准入条件要求组织生产经营活动，每年开展自查，形成企业自查报告，并将年度自查报告报送我委。我委将对公告企业保持准入条件情况进行监督检查，审查企业自查报告，并将监督检查结果及时报送工业和信息化部。

二〇一三年八月二十日

工业和信息化部关于印发《废旧轮胎综合利用行业准入公告管理暂行办法》的通知

工信部节〔2013〕86号

各省、自治区、直辖市工业和信息化主管部门：

为落实《轮胎翻新行业准入条件》和《废轮胎综合利用行业准入条件》（工业和信息化部公告2012年第32号），规范废旧轮胎综合利用行业发展，提高废旧轮胎综合利用水平，我部组织制定了《废旧轮胎综合利用行业准入公告管理暂行办法》。现印发你们，请遵照执行。

请将本地区符合《废旧轮胎综合利用行业准入公告管理暂行办法》的企业申请材料和审核意见于每年3月31日或9月30日前报工业和信息化部。

二〇一三年三月十四日

废旧轮胎综合利用行业准入公告管理暂行办法

第一章　总则

第一条　为加强废旧轮胎综合利用行业准入管理工作，规范行业发展秩序，提高废旧轮胎综合利用技术水平，依据《轮胎翻新行业准入条件》和《废轮胎综合利用行业准入条件》（以下简称《准入条件》），制定本办法。

第二条　工业和信息化部及各地方工业和信息化主管部门负责对符合“准入条件的企业实行动态管理，相关行业协会负责协助做好公告管理工作。

第二章　申请和核实

第三条　申请准入公告的废旧轮胎综合利用企业，应当具备以下条件：

（一）具有独立法人资格；

（二）遵守国家有关法律法规，符合国家产业政策和行业发展规划的要求；

（三）符合《准入条件》中有关规定的要求。

第四条　符合本办法第三条所列条件的现有废旧轮胎综合利用企业可向所在地县级以上（含县级，下同）工业和信息化主管部门提出准入申请，并如实填报《轮胎翻新行业准入申请书》或《废轮胎综合利用行业准入申请书》（见附件1、2，以下简称《申请书》）。

企业申请准入公告应当提交以下材料，并对申请材料的真实性负责：

（一）《申请书》所列企业全部相关信息；

（二）企业法人营业执照副本复印件；

（三）项目建设审批、核准或备案相关文件复印件；

（四）项目建设土地审批文件复印件；

（五）项目建设环境保护审批文件和竣工验收文件复印件。

第五条 同一个企业法人拥有多个位于不同地址的厂区或生产车间的，每个厂区或生产车间需要单独填写《申请书》，并在申请准入审查时同时提交。

第六条 县级以上工业和信息化主管部门会同有关部门依照第三条、第四条有关要求，对申请公告企业的相关情况进行核实并提出具体审核意见，并经各省、自治区、直辖市工业和信息化主管部门审核后，于每年3月31日和9月30前将符合准入条件要求的企业申请材料和审核意见报工业和信息化部。

第三章 复核与公告

第七条 工业和信息化部收到申请材料后，依据第三条、第四条有关要求，组织有关行业协会和相应专家对各地上报的申请材料进行复核和现场抽查核实，并经征求环境保护部意见后确定符合准入要求的企业名单。同一个企业法人拥有多个位于不同地址的厂区或生产车间必须均达到第四条有关要求。

第八条 经复核符合准入要求的企业，在工业和信息化部网站上进行公示（1 0个工作日）。对公示期间有异议的企业，工业和信息化部将组织进一步核实有关情况；对无异议的企业，每年6月30日和12月31日前以工业和信息化部公告方式予以发布。

第四章 监督管理

第九条 进入公告名单的企业要严格按照《准入条件》的要求组织生产经营活动。各省、自治区、直辖市工业和信息化主管部门及相关行业协会会同省级有关部门，对公告企业进行监督检查，并将监督检查结果于每年4月30日前报送工业和信息化部。工业和信息化部组织有关方面对公告企业进行抽查。

第十条 欢迎和鼓励社会监督。任何单位或个人发现申请公告企业或已公告企业有不符合《准入条件》和本办法有关规定的，可向工业和信息化部投诉或举报。

第十一条 有下列情况之一的，各省、自治区、直辖市工业和信息化主管部门要责令企业限期整改，对拒不整改或整改不合格的企业，报请工业和信息化部撤销其准入资格，并予以公告：

（一）不能保持《准入条件》要求的；

（二）报送的相关材料有弄虚作假行为的；

（三）拒不接受监督检查的；

（四）发生违反国家法律、法规和国家产业政策行为的；

（五）发生重大质量、安全生产和污染环境事故的。

被撤销公告资格的生产企业，经整改合格2年后方可重新提出准入申请。工业和信息化部撤销公告资格应提前告知企业，听取企业的陈述和申辩。

第五章 附则

第十二条 本办法适用于中华人民共和国境内（香港、澳门、台湾地区除外）所有废旧轮胎综合利用企业。

第十三条 本办法由工业和信息化部负责解释。

第十四条 本办法自2013年5月1日起施行。

附件：1．轮胎翻新行业准入申请书（略）

2．废轮胎综合利用行业准入申请书（略）

北京市经济和信息化委员会关于印发《北京市中小企业生产经营运行监测工作管理办法》的通知

京经信委发〔2013〕93号

中关村科技园区管委会、北京经济技术开发区管委会、各区县中小企业主管部门、各市级开发区（工业区）：

为进一步做好我市中小企业生产经营运行监测工作，根据国务院以及工业和信息化部有关文件要求，结合我市实际，市经济信息化委制定了《北京市中小企业生产经营运行监测管理办法》，现印发给你们。

各相关部门要高度重视中小企业生产经营运行监测工作，认真部署，责任到人，确保工作顺利开展。同时，各区县中小企业主管部门要将本办法传达到乡镇政府有关部门和镇村级开发区（工业区），协调落实各项工作。

二〇一三年九月二十三日

北京市中小企业生产经营运行监测工作管理办法

一、总则

第一条 为加强我市中小企业生产经营运行监测（以下简称运行监测），全面及时准确反映我市中小企业发展情况，为各级政府制定政策、指导工作提供科学依据，促进我市中小企业持续快速健康发展，根据国务院《关于进一步支持小型微型企业健康发展的意见》（国发〔2012〕14号）精神以及工业和信息化部《关于开展当前中小企业生产经营运行监测定期报送有关情况的紧急通知》等文件要求，结合我市实际，制定本办法。

第二条 市经济信息化委是运行监测工作的主管部门，负责本办法的实施；农民就业服务指导中心是运行监测工作的承办部门，负责全市运行监测数据收集整理与分析工作；各区县中小企业主管部门、各乡镇政府负责本区域内的运行监测工作，要明确工作的主管领导、职能科室，将责任落实到人。

二、工作规范

第三条 运行监测范围为本市行政区域内的全行业中小企业（含国家级和市级开发区、工业区内企业），按照各区县、乡镇以及开发区、工业区内企业总量，按比例选取一定数量的企业作为运行监测样本企业，样本企业数每年适度增长。

第四条 样本企业选取要符合覆盖面广、代表性和典型性强的原则，要兼顾行业特点、区域分布及规模大小。入选行业以集聚产业和各县区重点产业为主，监测的企业重点是规模以下的小型和微型企业，中、小、微型企业入选比例为3:4:3。

第五条 各国家级和市级开发区、工业区管委会负责园区内运行监测数据收集整理与分析工作，按照属地管理原则，运行监测数据报送至所在区县中小企业行政主管部门。

第六条 各区县中小企业主管部门、乡镇政府（开发区、工业区）通过北京市中小企业生产经营运行监测平台系统分配给本区域样本企业独立用户名及密码，样本企业每月自行登录“北京市中小企业生产经营运行监测系统”，在线完成运行监测数据填报工作；暂不具备在线填报的样本企业，需填报纸质报表，由乡镇政府（开发区、工业区）相关部门代为录入。

第七条 样本企业应在每月10日前（遇法定节假日等特殊情况顺延）填报上月运行监测报表，乡镇（开发区、工业区）审核后于12日前上报，区县审核后于15日前上报。

第八条 样本企业应每月按时填报运行监测报表，确保填报数据的真实、准确、完整、及时，填报数据将作为企业申报国家和北京市各项扶持政策的主要依据。

第九条 各区县中小企业主管部门、乡镇政府（开发区、工业区）负责对本区域内样本企业填报的运行监测数据进行审核、确认。

第十条 建立运行监测信息保密机制，各级运行监测数据汇总管理人员，不得擅自发布、泄露企业生产经营运行信息，违者视情节轻重，分别给予批评教育、行政处分，直至追究法律责任。

第十一条 建立健全中小企业经济运行分析会制度，每季度定期组织召开各区县经济运行分析会，及时分析中小企业特别是小微企业经济运行态势，撰写经济运行分析报告；深化小微企业经济总量、经济结构分析，进一步提高经济运行分析报告质量，增强经济运行分析成果的科学性、指导性和针对性。

三、工作体系

第十二条 加强全市中小企业运行监测体系和运行监测平台建设，将运行监测体系纳入全市中小企业公共服务体系建设内容，将运行监测平台纳入中小企业服务平台建设内容。

第十三条 建立自上而下的市、区县、乡镇（开发区、工业区）三级中小企业生产经营运行监测数据库，逐年提高中小企业入库数量，提升企业数据填报质量，保证运行监测数据的权威性、准确性和及时性，为各级政府制定政策提供科学依据。

第十四条 建立北京市中小企业生产经营监测和镇村企业统计指标体系数据共享平台，实现一套报表满足不同部门、不同周期、不同内容的需要，提高工作效率，提升工作水平。

四、队伍建设

第十五条 加强运行监测队伍建设，建立健全市、区县、乡镇三级运行监测队伍，市区两级中小企业主管部门要着力解决运行监测人员的流动性和稳定性问题，努力改善基层统计工作人员的工作环境和工作设施，维护运行监测队伍的稳定。

第十六条 建立健全中小企业运行监测人员分级、分期培训制度，市、区县中小企业主管部门要制订工作计划，加大培训力度，着力解决运行监测人员上岗资格要求低、培训工作不到位、培训经费难于保证等问题，不断提高运行监测人员的专业技能和综合素质，实现运行监测人员的整体业务能力提升。

五、信息化要求

第十七条 提升运行监测工作的信息化水平，着力做好监测体系信息化和监测管理信息化两个方面工作，逐步实现监测数据的采集、处理、上报及发布信息化；逐步实现监测管理理念、人员组织、业务管理及计算网络信息化，最终实现三级统计监测的同步信息化。

第十八条 市、区县中小企业主管部门应加大对基层单位特别是乡镇运行监测数据汇总管理部门的硬件建设和系统开发的支持力度，为统计数据的汇总单位提供适应信息化建设需要的计算机和打印机以及其他设施，保障基层单位网络化的办公条件。

六、考核与激励机制

第十九条 加强运行监测工作考核，各区县中小企业主管部门应将运行监测工作纳入部门考核内容；每年度市经济信息化委对各区县运行监测工作进行综合考核（考核办法另行制定），对考核优秀的区县将加大财政支持比例。

第二十条 建立健全激励机制，市经济信息化委和区县中小企业主管部门按年度对运行监测样本企业进行综合考评（考评办法另行制定）。考评结果优秀者由市经济信息化委予以表扬，授予“重点监测示范企业”称号。在同等条件下，“重点监测示范企业”将优先享受国家和北京市相关专项支持政策。

七、附则

第二十一条 本办法由市经济信息化委负责解释。

第二十二条 本办法自下发之日起施行。

二〇一三年九月二十五日印发

北京市经济和信息化委员会　北京市环境保护局 关于下达工业压减燃煤和企业调整退出任务指标的通知

京经信委发〔2013〕119 号

各区县政府：

按照《北京市 2013—2017 年清洁空气行动计划》（京政发〔2013〕27 号）（以下简称《行动计划》）和《北京市 2013—2017 年清洁空气行动计划重点任务分解》（京政办发〔2013〕49 号）（以下简称）《任务分解》）的要求，为进一步落实工业领域的相关任务，经市政府同意，现将工业压减燃煤和企业调整退出任务指标分解及相关工作通知如下：

一、工业压减燃煤

（一）总体目标

按照《行动计划》和《任务分解》，工业领域到 2016 年累计削减工业燃煤 200 万吨。

（二）主要任务

到 2014 年底累计完成 19 个市级以上工业开发区约 2100 蒸吨工业用燃煤设施清洁能源改造。到 2015 年底完成六环路以内规模以上工业企业燃煤设施清洁能源改造，到 2016 年底，基本完成全市规模以上工业企业燃煤设施清洁能源改造。

（三）压减燃煤构成

1.19 个市级以上工业开发区工业用燃煤设施清洁能源改造 2100 蒸吨，压减燃煤约合 50 万吨；

2. 市级以上开发区外工业压减燃煤 150 万吨。

（四）区县指标分解

1. 市级以上开发区工业用燃煤设施改造分解指标为：海淀区 140 蒸吨、门头沟区 2 蒸吨、房山区 9 蒸吨、通州区 493.5 蒸吨、顺义区 469 蒸吨、大兴区 205.5 蒸吨、昌平区 504 蒸吨、平谷区 82 蒸吨、怀柔区 203 蒸吨、密云县 130 蒸吨、延庆县 70 蒸吨（具体年度任务指标详见附件 1）。

2. 市级以上开发区外工业压减燃煤分解指标为：朝阳区 1.3 万吨、海淀区 4 万吨、丰台区 13 万吨、石景山区 0.28 万吨、门头沟区 0.47 万吨、房山区 68 万吨、通州区 27 万吨、顺义区 16 万吨、大兴区 4.5 万吨、昌平区 4.1 万吨、平谷区 7.5 万吨、怀柔区 15.2 万吨、密云县 1.3 万吨（具体年度任务指标详见附件 2）。

二、调整退出污染企业

（一）总体目标

按照《行动计划》和《任务分解》，到 2016 年，工业领域要调整退出污染企业 1200 家。其中 2013 年调整退出 200 家，2014 年累计调整退出 500 家，2015 年累计调整退出 800 家，2016 年累计调整退出 1200 家。

（二）区县指标分解

各区县 2013—2016 年污染企业调整退出指标为：东城区 16 家、西城区 12 家、朝阳区 138 家、海淀区 36 家、丰台区 78 家、石景山区 5 家、门头沟区 22 家、房山区 173 家、通州区 157 家、顺义区 169 家、大兴区 262 家、昌平区 104 家、平谷区 7 家、怀柔区 13 家、密云县 11 家、延庆县 4 家（具体年度任务指标详见附件 3）。

三、工作要求

1. 请各区县按照任务指标制定本辖区工业压减燃煤方案，包括市级以上工业开发区和市级以上开发区外工业燃煤设施改造计划。

请抓紧对2013年工业燃煤设施清洁能源改造项目（含市级以上工业开发区）进行验收，组织做好2014年工业燃煤设施清洁能源改造项目（含市级以上工业开发区）储备工作。

2. 请各区县按照任务指标要求，摸清辖区内污染企业情况，建立基础台账，制订年度计划，积极推进本区域污染企业调整退出工作。

请抓紧对2013年完成调整退出的企业进行验收，组织做好2014年企业调整退出奖励资金申报项目储备工作。

二〇一三年十一月二十六日

附件1：

市级以上开发区工业用燃煤设施改造指标分解表

单位：蒸吨/小时

区县名称	工业园区名称	2013年计划	2014年计划	合计
海淀区	上地信息产业基地		140	140
门头沟区	中关村门头沟园（北京石龙经济开发区）		2	2
房山区	中关村房山园北京高端制造业基地		8	9
	北京房山工业园区		1	
通州区	中关村通州园光机电一体化产业基地	24	55	493.5
	中关村通州园通州经济开发区东区		60	
	中关村通州园通州经济开发区南区		172.5	
	中关村通州园北京永乐经济开发区		15	
	中关村通州园通州经济开发区西区		82	
	中关村通州园金桥科技产业基地		85	
顺义区	中关村顺义园实创高新技术产业园	8	8	469
	中关村顺义园非晶产业园	20	20	
	中关村顺义园北方新辉新型产业基地		20	
	北京林河经济开发区	12	64	
	北京天竺空港经济开发区A区		101	
	北京天竺空港经济开发区B区	6	210	
大兴区	中关村大兴园生物工程与医药产业基地		74	205.5
	中关村大兴园新媒体产业基地	130		
	中关村大兴园采育经济开发区	1.5		
昌平区	中关村昌平园西区	215		504
	中关村昌平园东区	125		
	中关村昌平南口产业基地		18	
	中关村昌平流村产业园		22	
	中关村昌平马池口产业基地		60	
	中关村昌平北汽福田新能源汽车产业基地		44	
	中关村昌平小汤山工业园区		20	
平谷区	北京兴谷经济开发区	24	44	82
	北京马坊工业园	10	4	
怀柔区	北京雁栖经济开发区	60	143	203
密云县	北京密云经济开发区	50	80	130
延庆县	北京延庆经济开发区	2	68	70
合计		687.5	1620.5	2308

附件2：

市级以上开发区外工业压减燃煤年度指标分解表

单位：万吨

区县	2013—2014年累计	2015年	2016年	累计
朝阳区	1.1	0.2	0	1.3
海淀区	3.9	0.1	0	4
丰台区	9	4	0	13
石景山区	0.28	0	0	0.28
门头沟区	0.15	0.15	0.17	0.47
房山区	8	7	53	68
通州区	23	1.5	2.5	27
顺义区	9.4	2.8	3.8	16
大兴区	1.8	1.5	1.2	4.5
昌平区	1.7	1.3	1.1	4.1
平谷区	6.5	0.5	0.5	7.5
怀柔区	4	3.5	7.7	15.2
密云区	0.3	0.5	0.5	1.3
合计	69.13	25.05	68.47	162.65

注：市级以上开发区外工业燃煤包括区级工业开发区、园区、产业基地工业用燃煤和其他工业企业燃煤。

附件3：

调整退出污染企业年度指标分解表

单位：家

区县	2013年	2014年		2015年		2016年	
	年度计划	年度计划	2013—2014年累计	年度计划	2014—2015年累计	年度计划	2015—2016年累计
东城区	3	4	7	5	12	4	16
西城区	1	3	4	4	8	4	12
朝阳区	17	35	52	41	93	45	138
丰台区	25	15	40	10	50	28	78
石景山区	1	2	3	1	4	1	5
海淀区	7	8	15	9	24	12	36
门头沟区	4	6	10	6	16	6	22
房山区	33	50	83	43	126	47	173
通州区	24	45	69	39	108	49	157
顺义区	32	42	74	42	116	53	169
昌平区	20	28	48	28	76	28	104
大兴区	49	66	115	66	181	81	262
怀柔区	3	3	6	3	9	4	13
平谷区	1	3	4	1	5	2	7
密云县	2	4	6	2	8	3	11
延庆县	1	1	2	1	3	1	4
合计	223	315	538	301	839	368	1207

工业数据

2013年北京市规模以上

项目	企业单位个数（个）	#亏损企业	工业总产值（当年价格）	工业增加值	工业销售产值（当年价格）
合 计	3641	640	173708872	34321299	171866014
在合计中：					
中央企业	234	42	62394150	10396866	62090516
地方企业	3407	598	111314722	23924433	109775498
在合计中：					
内资企业	2753	455	106143995	20139847	104932866
国有企业	96	15	31242708	5322562	31170160
集体企业	52	10	360046	112473	354492
股份合作企业	70	14	803037	113034	816388
联营企业	1	1	***	***	***
有限责任公司	1239	247	43280080	7790273	42606830
股份有限公司	215	38	21263669	4907029	21096460
私营企业	1079	130	9189535	1893596	8883718
其他企业	1		***	***	***
港澳台商投资企业	223	52	11689034	1888814	11619798
港澳台合资经营	114	23	3576460	942032	3553178
港澳台合作经营	9	2	53034	18364	50669
港澳台商独资企业	90	25	7062077	839531	6890028
港澳台商投资股份有限公司	10	2	997464	88886	1125923
外商投资企业	665	133	55875844	12292639	55313351
中外合资经营	263	49	35393959	7865553	34965851
中外合作经营	13	3	213986	89005	210085
外资（独资）企业	374	77	19205780	3975619	19097858
外商投资股份有限公司	15	4	1062118	362461	1039556
在合计中：					
农村企业	81	19	1089075	241977	1088403
在合计中：					
国家控股	775	175	100544376	19865519	99977936
集体控股	139	24	2904086	642654	2767261
私人控股	1971	274	23718054	5517166	23039788
港澳台控股	163	44	9391988	1325495	9206522
外商控股	564	115	36769764	6883878	36510039
在合计中：					
轻工业	1261	241	25415108	7496694	24790502
重工业	2380	399	148293765	26824605	147075512
在合计中：					
大型企业	164	24	109655442	21814950	108826095
中型企业	613	104	29757166	6994709	29168361
小型企业	2735	491	33539972	5408248	33114062

工业企业主要经济指标

单位：万元

#出口交货值	从业人员平均人数(人)	资产负债				
		资产总计	流动资产合计	长期投资合计	固定资产合计	固定资产原价
15067218	1161413	308007299	127305911	65017945	60602824	107885887
420864	180350	143346149	35999525	41293247	29018385	56053294
14646354	981063	164661150	91306386	23724699	31584440	51832592
2748695	758368	243619044	87726054	58260156	48557434	85425480
46236	50880	109525975	20475642	37269072	20632643	37917775
7039	8681	402523	291974	11216	89178	164741
26430	10432	614293	454436	8330	110863	181067
***	***	***	***	***	***	***
1371761	362643	81830047	37441536	11202255	21530717	35247906
911975	180694	40074060	21223562	9010617	4546500	9404023
385253	144917	11166654	7834705	758666	1646306	2508307
***	***	***	***	***	***	***
1425419	90058	14668627	10748005	1190981	1860007	3674882
402079	42231	3995400	2283799	185090	1206899	2438960
	1191	178005	156916		14976	29102
843791	38959	6222116	4996533	353288	538414	1018152
179550	7677	4273106	3310757	652602	99718	188668
10893104	312987	49719627	28831852	5566809	10185384	18785524
8219888	144158	28203616	16501122	3174566	4880127	8925718
35516	6588	311491	231669	2811	58776	148705
2565549	146183	18741649	11168581	1399495	4858710	8997897
72151	16058	2462872	930481	989936	387771	713205
27387	16847	1120663	852642	23779	195019	356087
2370352	486569	227855562	73426596	57523794	48403547	86403994
98737	30448	3551208	2643790	237804	449251	720625
994945	328566	37311918	25240302	4541324	4226855	6429178
1187121	66483	9591435	7057071	798432	1080713	1972005
10402823	243728	28848328	18264507	1873753	6356440	12222981
1790631	368938	34571785	20941664	3366724	6657499	12150868
13276588	792475	273435514	106364247	61651221	53945326	95735019
11120467	512709	219020399	69316320	56704833	46407329	83588899
2317001	328298	46101789	29080995	4235583	7881998	13674067
1615288	317817	42077970	28345178	4007842	6203897	10444611

2013年北京市规模以上

项目	资产负债				
	负债总计	# 流动负债合计	# 长期负债合计	所有者权益合计	# 实收资本
合计	162079598	103186279	58467886	145916320	66084476
在合计中：					
中央企业	73830830	36850388	36891191	69515319	29473712
地方企业	88248768	66335892	21576695	76401002	36610764
在合计中：					
内资企业	127395769	73704405	53308451	116218586	51309263
国有企业	54466323	20273937	34164562	55059652	20998216
集体企业	251703	219879	29499	150820	43281
股份合作企业	425249	377533	41387	189044	101906
联营企业	***	***	***	***	***
有限责任公司	47529689	32411385	14957899	34296669	21282236
股份有限公司	18376121	14558269	3723283	21697939	6723029
私营企业	6344470	5861317	391690	4821184	2159701
其他企业	***	***	***	***	***
港澳台商投资企业	9173744	8418722	747233	5494883	2725648
港澳台合资经营	2148128	1990497	156640	1847272	1048535
港澳台合作经营	20671	19887	784	157334	44729
港澳台商独资企业	4565588	4417226	141563	1656528	914356
港澳台商投资股份有限公司	2439358	1991113	448245	1833748	718028
外商投资企业	25510085	21063152	4412203	24202852	12049565
中外合资经营	15113762	12172818	2923398	13089854	6311140
中外合作经营	171227	158333	12294	140264	163326
外资（独资）企业	9593517	8188640	1388292	9141442	4807320
外商投资股份有限公司	631580	543361	88219	1831292	767780
在合计中：					
农村企业	751932	680486	46693	368731	162276
在合计中：					
国家控股	119139801	64890296	54089057	108715761	49366247
集体控股	1962844	1795491	120005	1588364	585607
私人控股	19205282	17007647	2018068	18101947	7317193
港澳台控股	6564567	6216252	341516	3026869	1622226
外商控股	14778001	12881166	1865564	14063636	7018139
在合计中：					
轻工业	17422435	15140051	2167059	17149350	8256920
重工业	144657164	88046228	56300827	128766970	57827556
在合计中：					
大型企业	113267462	61166358	52030204	105752937	44690206
中型企业	24801058	20755990	3885843	21300731	10604911
小型企业	23548445	20830458	2534952	18528525	10532962

工业企业主要经济指标（续表）

单位：万元

利润及分配						应交增值税
主营业务收入	主营业务成本	营业费用	主营业务税金及附加	营业利润	利润总额	
186886314	158335883	8251126	2813921	116037805	12828840	5371656
64257579	58839938	452845	1099863	37337734	3849283	1553821
122628735	99495945	7798281	1714058	78700071	8979557	3817835
113579952	99372178	3123727	1509212	60738910	7100416	3060873
31408335	28705874	156734	416084	31598237	3260199	887342
354143	295487	16124	3765	126394	18312	17780
866857	764801	39550	3512	242264	24863	19709
***	***	***	***	***	***	***
48523791	43698310	1135298	177053	7443597	1357081	1089053
22959807	18370267	1164482	868762	16957248	1902405	757258
9462202	7533131	611481	40023	4371160	537563	289610
***	***	***	***	***	***	***
15080972	12568679	1241808	47834	4590694	502270	297187
3843544	3031097	263886	25302	2893241	316026	148011
69826	53105	7320	458	8885	1738	3909
9867799	8389531	908881	13288	2081926	225168	108978
1299803	1094946	61721	8786	-393358	-40662	36290
58225391	46395025	3885591	1256876	50708201	5226154	2013596
35627225	28647441	1712558	1138567	33751798	3453734	1110490
394792	325889	41082	1974	132681	14780	17276
21089653	16659411	2008332	109415	14657003	1536535	834063
1113721	762284	123620	6920	2166719	221105	51767
1109239	953065	28464	5453	521855	75542	35244
106441958	93517461	2347441	2462197	64107501	7142424	2910091
2948528	2404392	162352	16212	1591396	211481	95919
24626580	18767781	1849347	134231	18056398	2111566	875238
12552677	10628363	1039728	28122	3601690	392835	189484
39754767	32548743	2827048	171547	28408984	2941688	1289238
28160389	19320214	4118136	550726	21881758	2460038	1395726
158725925	139015669	4132990	2263196	94156047	10368802	3975930
117747960	101639571	4707630	2260495	81350021	8428331	3234847
31815000	25015618	2045391	405817	18706190	2421526	1186770
36455730	30899544	1463804	144624	15907890	1968969	931704

2013 年北京市规模以上

项　　目	企业单位个数（个）	# 亏损企业	工　业总产值（当年价格）	工　业增加值	工　业销售产值（当年价格）
合计	3641	640	173708872	34321299	171866014
煤炭开采和洗选业	4		7131795	459050	7137701
石油和天然气开采业	2	1	***	***	***
黑色金属矿采选业	7		1655920	403827	1655223
非金属矿采选业	4		23224	5964	22900
开采辅助活动	5	2	2086699	908918	2054978
农副食品加工业	140	38	3788262	468424	3736911
食品制造业	121	26	2601593	393103	2495052
酒、饮料和精制茶制造业	43	15	2103232	653117	2085668
烟草制品业	1		***	***	***
纺织业	36	5	336654	46414	341508
纺织服装、服饰业	153	31	1503202	569004	1366547
皮革、毛皮、羽毛及其制品和制鞋业	18	3	120947	28699	121499
木材加工和木、竹、藤、棕、草制品业	20	4	133253	25486	133251
家具制造业	66	8	763431	206671	753136
造纸和纸制品业	41	7	639170	199545	631222
印刷和记录媒介复制业	119	21	1224709	517685	1232828
文教、工美、体育和娱乐用品制造业	33	8	895197	98594	876606
石油加工、炼焦和核燃料加工业	22	3	7671873	982346	7691912
化学原料和化学制品制造业	217	38	3495538	557912	3454485
医药制造业	188	28	5991489	2542172	5930381
化学纤维制造业	3		21482	9207	19765
橡胶和塑料制品业	119	23	1095806	253117	1101689
非金属矿物制品业	252	37	4910553	804988	4896068
黑色金属冶炼和压延加工业	32	8	1527066	129655	1507738
有色金属冶炼和压延加工业	36	4	683433	119161	671899
金属制品业	226	40	3003411	569650	3028197
通用设备制造业	256	47	5169300	1250143	5093111
专用设备制造业	318	40	6146718	1580859	6001527
汽车制造业	216	44	32692487	7323034	32371928
铁路、船舶、航空航天和其他运输设备制造业	64	6	2619740	716678	2545368
电气机械和器材制造业	260	47	7140550	1354177	6989658
计算机、通信和其他电子设备制造业	296	56	22170113	3043769	21735141
仪器仪表制造业	170	17	2457819	648574	2438715
其他制造业	29	4	780769	218207	642080
废弃资源综合利用业	8	3	75972	9641	75706
金属制品、机械和设备修理业	15		359861	162780	362526
电力、热力生产和供应业	59	16	37391250	6022854	37378691
燃气生产和供应业	23	6	2323289	475942	2320444
水的生产和供应业	19	4	434069	177360	422534

工业企业主要经济指标（按行业分）

单位：万元

#出口 交货值	从业人员 平均人数 （人）	资产负债				
		资产 总计	流动资产 合计	长期投资 合计	固定资产 合计	固定资产 原价
15067218	1161413	308007299	127305911	65017945	60602824	107885887
152343	15640	2869814	1719912	1058067	61389	198027
***	***	***	***	***	***	***
	26119	19616856	6280456	6452640	3731328	4753491
	337	55812	34930	25	6131	7913
156039	23838	4989642	2498288	415690	1181576	2321077
94554	34613	3423428	2382158	308501	432518	704711
147959	51888	3067747	1860392	239545	682054	1197055
18733	33246	3818358	1660900	1201486	666379	1328802
***	***	***	***	***	***	***
58282	5917	619085	389909	82273	120394	193559
300594	49218	1710599	1300259	93188	214923	379741
25710	2487	95922	77705	3784	9800	17111
7434	2498	168976	96090	38	51490	103637
44492	15317	861382	552212	24080	176689	248934
47974	6202	619522	378769	3687	171250	345664
9834	26902	1945546	1066719	91422	642272	1470951
83500	7796	895109	712322	21903	117885	185680
	15552	2958338	1342131	111892	847595	2774023
116821	35309	5007103	3013035	445708	1089069	2370335
59767	69807	9075039	5696136	810058	1248860	1981599
8878	556	36288	16686		16823	23284
141854	20644	1660941	929697	324769	317568	573477
132313	59645	8393131	5909094	863413	1121453	2095109
92631	9546	2695981	626742	481709	889421	2021385
153831	5749	684299	473118	73706	96242	158543
193532	38705	4709391	2890546	564901	746519	1288465
782693	58219	8442058	6165982	692447	1122892	1943142
691570	74079	13885788	9185083	2406697	1058137	1706512
495893	130051	28576101	15476295	3306613	5504447	8064184
11217	18499	4700260	3356546	151772	944450	1126717
595639	58791	11446432	9043569	672575	730566	1387652
10203466	134742	23702977	15519368	2082828	4453447	8846620
127415	31310	4099976	3085973	340033	343651	537632
24730	3636	1298489	802714	65279	289682	513512
	934	111590	46670	4428	53107	75256
75919	7309	504154	283798	17596	190665	340579
	61488	120265803	19600890	39928764	26996549	50245287
	11509	3960720	997312	1209665	1308786	1779211
	10458	5375273	1455335	443652	2708132	4208935

2013年北京市规模以上

项目	资产负债			所有者权益	
	负债总计	#流动负债合计	#长期负债合计		#实收资本
合计	162079598	103186279	58467886	145916320	66084476
煤炭开采和洗选业	1423042	1278921	144121	1446772	691325
石油和天然气开采业	***	***	***	***	***
黑色金属矿采选业	11449198	3757866	7691332	8167658	2862794
非金属矿采选业	31865	31865		23947	6200
开采辅助活动	2075712	1914064	151748	2913930	2543890
农副食品加工业	2099259	1917620	176422	1324170	607264
食品制造业	1968711	1808463	126979	1099036	1014041
酒、饮料和精制茶制造业	1727790	1592589	131866	2090568	851868
烟草制品业	***	***	***	***	***
纺织业	334142	257270	76872	284943	232575
纺织服装、服饰业	1065118	988392	74211	645481	321905
皮革、毛皮、羽毛及其制品和制鞋业	55084	53864	1219	40838	13406
木材加工和木、竹、藤、棕、草制品业	93040	88757	4283	75936	79374
家具制造业	481375	426463	49249	380007	196675
造纸和纸制品业	329102	312676	16143	290421	193176
印刷和记录媒介复制业	810439	705323	94282	1135107	664199
文教、工美、体育和娱乐用品制造业	559566	522885	36681	335543	211704
石油加工、炼焦和核燃料加工业	1719369	1716077	3292	1238969	86873
化学原料和化学制品制造业	2857925	2524517	270105	2149178	1676788
医药制造业	4061890	3413441	619403	5013149	1682934
化学纤维制造业	10794	8702	2092	25494	9800
橡胶和塑料制品业	833091	709420	123429	827850	446884
非金属矿物制品业	5188341	4853933	292026	3204790	1528659
黑色金属冶炼和压延加工业	1572910	696223	867045	1116380	651917
有色金属冶炼和压延加工业	300755	285609	13792	382544	121528
金属制品业	2443110	2157180	281978	2266281	1090694
通用设备制造业	3942523	3647751	281835	4499536	1922520
专用设备制造业	7511098	6240402	1250421	6374690	2639845
汽车制造业	16452846	13741586	2706701	12123255	5279608
铁路、船舶、航空航天和其他运输设备制造业	3063090	2574044	473724	1637170	721404
电气机械和器材制造业	6843721	6101345	708803	4599022	2417140
计算机、通信和其他电子设备制造业	12800275	10323621	2415569	10902702	6545532
仪器仪表制造业	2043430	1908249	120962	2056546	682013
其他制造业	534120	407489	126625	764370	295059
废弃资源综合利用业	62368	34111	28257	49222	20632
金属制品、机械和设备修理业	265835	262600	3236	238319	163623
电力、热力生产和供应业	60568474	23512860	37019384	59697329	24038406
燃气生产和供应业	1427451	1229539	197912	2533269	626312
水的生产和供应业	2316558	864362	1445905	3058715	2654930

工业企业主要经济指标（按行业分）（续表）

单位：万元

利润及分配						应交增值税
主营业务收入	主营业务成本	营业费用	主营业务税金及附加	营业利润	利润总额	
186886314	158335883	8251126	2813921	116037805	12828840	5371656
7151761	6875156	50364	27360	1779809	178678	90183
***	***	***	***	***	***	***
4579591	4271928	4409	18517	1775537	113373	104200
34750	29176	438	328	19201	2145	1077
2081286	1952725	10459	31045	-585550	-77769	24575
4109975	3479651	257627	77815	1273705	157692	53657
4071424	2703019	959546	24816	1540531	176421	205163
2280675	1604093	398059	90631	749756	99577	136735
***	***	***	***	***	***	***
469222	409744	10134	1745	103942	12229	6412
1562293	1066078	232443	9203	1000392	105009	76989
135560	117079	4231	445	66390	7060	3487
141011	122509	8909	542	-8145	4670	5109
717227	563482	56375	4583	375386	42227	29342
736842	590569	23371	2949	901651	106602	30681
1298445	979131	41551	9281	1255411	129456	68384
1017596	941077	27071	1857	-92016	281	11527
8186339	7317908	68592	612984	-1040090	-118121	161349
3681757	3072255	263590	19418	52526	12618	115439
6096890	2792747	1663440	61479	10552379	1099319	515059
19485	14952	615	95	11492	1460	785
1335747	1132106	42418	5468	663047	74611	39972
5313488	4516722	239926	25541	1362670	220197	107139
1617607	1538100	47251	2530	75485	11765	18075
757239	654483	12444	13888	259505	38791	13995
3323857	2778877	115251	15810	1848632	200402	74029
5630163	4444871	325885	26229	4175011	439815	194906
6686177	5049474	403161	46284	7146825	780042	294388
32876113	27185349	1240632	1141555	27767291	2914231	1002824
2737180	2210937	51053	9527	1970673	220737	72315
7389712	5937314	380715	32795	4164665	457399	218727
25938472	22752493	1018062	51066	9847093	1138429	268408
2865368	2058437	203395	16943	3113619	357499	121403
790261	600549	30352	3060	759166	78227	23309
83165	76725	1198	345	7102	4728	2901
370703	262746	6035	1592	193770	29477	15079
37428866	35431693	7019	172297	30714339	3434993	1041713
2338700	2089745	29224	17902	2604980	310244	145933
513839	510176	2973	2157	-423356	48029	15310

2013年北京市规模以上国有及

项目	企业单位个数（个）	#亏损企业	工业总产值（当年价格）	工业增加值	工业销售产值（当年价格）
合计	775	175	100544376	19865519	99977936
在合计中：					
中央企业	226	42	62182568	10383716	61881753
地方企业	549	133	38361808	9481803	38096183
在合计中：					
轻工业	203	34	7259050	2378086	7203738
重工业	572	141	93285326	17487432	92774198
在合计中：					
大型企业	83	18	76585933	16319903	76275762
中型企业	205	48	10860709	2306628	10714532
小型企业	472	106	12882629	1206701	12766821

2013年北京市规模以上国有及

项目	资产负债			所有者权益合计	#实收资本
	负债总计	#流动负债合计	#长期负债合计		
合计	119139801	64890296	54089057	108715761	49366247
在合计中：					
中央企业	73279066	36420669	36769351	69149683	29385884
地方企业	45860735	28469627	17319705	39566077	19980363
在合计中：					
轻工业	6503667	5116284	1365598	8016192	3212433
重工业	112636134	59774012	52723459	100699569	46153814
在合计中：					
大型企业	97651286	47848095	49733321	92184109	39259426
中型企业	13068188	10293680	2718866	10318850	5859668
小型企业	8316219	6653414	1634289	6068628	4128331

国有控股工业企业主要经济指标

单位：万元

#出口 交货值	从业人员 平均人数 (人)	资产负债				
		资产 总计	流动资产 合计	长期投资 合计	固定资产 合计	固定资产 原价
2370352	486569	227855562	73426596	57523794	48403547	86403994
393184	176207	142428749	35518583	40932459	28977856	55968659
1977168	310362	85426812	37908013	16591335	19425691	30435335
136461	96258	14519859	7793445	2195286	3001788	5740999
2233890	390311	213335703	65633151	55328509	45401759	80662995
1780981	306886	189835395	51245533	52871707	41822518	74822320
384615	111891	23387038	13618722	2297718	4258208	7685427
200635	67138	14384847	8418636	2305258	2290864	3847014

国有控股工业企业主要经济指标（续表）

单位：万元

利润及分配						
主营 业务收入	主营 业务成本	营业 费用	主营 业务税金 及附加	营业 利润	利润 总额	应交 增值税
106441958	93517461	2347441	2462197	64107501	7142424	2910091
63865865	58492274	441314	1098611	37182401	3832156	1543626
42576093	35025187	1906127	1363586	26925100	3310268	1366465
8177800	6000251	612003	416423	6082836	743855	391183
98264159	87517210	1735438	2045774	58024665	6398569	2518907
80197074	70563966	1598969	2117942	58958507	6120024	2259677
11878943	9805159	458753	295688	2166315	525512	390722
14086066	12890843	280917	47061	3007653	496954	253339

2013年北京市规模以上国有及国有控股

项　　目	企业单位个数（个）	#亏损企业	工业总产值（当年价格）	工业增加值	工业销售产值（当年价格）
合计	775	175	100544376	19865519	99977936
煤炭开采和洗选业	4		7131795	459050	7137701
石油和天然气开采业	2	1	***	***	***
黑色金属矿采选业	4		1579195	374034	1578166
非金属矿采选业	1		5141	2056	5141
开采辅助活动	3	2	***	***	***
农副食品加工业	23	5	1802341	222226	1796862
食品制造业	14	3	465466	70251	455452
酒、饮料和精制茶制造业	8	2	645345	274859	637616
烟草制品业	1		***	***	***
纺织业	16	3	131120	14993	119320
纺织服装、服饰业	8	2	49949	15276	53615
皮革、毛皮、羽毛及其制品和制鞋业	3	1	***	***	***
木材加工和木、竹、藤、棕、草制品业	1		3066	-903	3066
家具制造业	4		53724	9675	56424
造纸和纸制品业	4	1	34127	4985	34625
印刷和记录媒介复制业	35	6	587809	280828	597476
文教、工美、体育和娱乐用品制造业	7	3	359510	32021	352295
石油加工、炼焦和核燃料加工业	8	2	7006182	905673	7026774
化学原料和化学制品制造业	36	12	1412448	22504	1417046
医药制造业	34	3	1346770	658072	1458201
化学纤维制造业	2		***	***	***
橡胶和塑料制品业	14	3	199481	52564	195442
非金属矿物制品业	64	14	1618892	277929	1605366
黑色金属冶炼和压延加工业	7	2	946685	23997	934557
有色金属冶炼和压延加工业	10		348000	48831	347188
金属制品业	32	12	1036494	142199	1053093
通用设备制造业	46	17	858133	172687	879606
专用设备制造业	60	8	1870966	472845	1817587
汽车制造业	39	15	20655058	5552701	20496672
铁路、船舶、航空航天和其他运输设备制造业	31	4	2214804	582645	2145137
电气机械和器材制造业	33	10	1666131	89324	1631647
计算机、通信和其他电子设备制造业	81	12	4151918	1081819	3922857
仪器仪表制造业	47	9	867795	174255	870299
其他制造业	12		680984	196403	545887
废弃资源综合利用业	3	1	***	***	***
金属制品、机械和设备修理业	5		299701	132342	305162
电力、热力生产和供应业	45	14	37257119	6027697	37252707
燃气生产和供应业	13	6	304186	35414	301340
水的生产和供应业	15	2	403200	164744	392186

工业企业主要经济指标（按行业分）

单位：万元

#出口交货值	从业人员平均人数（人）	资产负债				固定资产原价
		资产总计	流动资产合计	长期投资合计	固定资产合计	
2370352	486569	227855562	73426596	57523794	48403547	86403994
152343	15640	2869814	1719912	1058067	61389	198027
***	***	***	***	***	***	***
	24919	19533955	6236382	6452392	3696873	4704145
	76	11287	2871		902	1211
***	***	***	***	***	***	***
8581	12702	1767323	1317947	126373	171963	271799
5896	10664	617446	233783	209205	142157	216697
4396	12161	2165857	924916	1003485	204663	508640
***	***	***	***	***	***	***
34735	3619	390168	221004	61710	89776	126508
14962	2720	90504	59462	26	22803	44169
***	***	***	***	***	***	***
	283	28913	15383	38	614	12402
2233	1764	130315	64527	3563	30373	46549
	408	74164	50510		13730	20753
732	13390	991686	509732	35801	349055	853467
8183	2342	489060	403712	2807	70344	95359
	13964	2775875	1196419	111762	825821	2733285
8910	11754	2726762	1481389	330871	615468	1489547
10956	19605	3363215	2023021	401341	383915	695710
***	***	***	***	***	***	***
37224	4770	269519	160722	13577	73300	127645
29949	23519	3348407	2216153	363318	553973	1034477
43011	4964	2267626	320602	479915	821216	1864276
100973	2889	372354	266841	14637	66553	104283
118947	10606	2042046	965573	346027	381047	618896
81754	15782	2344256	1666673	286962	233949	455104
61854	25921	4404589	3101934	463050	495378	817893
271964	76218	21183869	10568967	3189732	3934621	5693655
9773	14096	4019096	2816570	95937	888741	1037782
89259	10840	4903226	3995986	335151	109377	236512
1004634	33809	9862669	5296771	1287549	2400109	4145769
8954	8778	1164603	913485	50050	97206	175505
	2015	1182850	719000	63479	270802	468442
***	***	***	***	***	***	***
74897	6461	399557	206856	8661	175198	312818
	59197	120037392	19467732	39921781	26931185	50155750
	3429	385838	220630	3185	146069	242037
	9856	5297110	1415133	443226	2684116	4169835

2013年北京市规模以上国有及国有控股

项目	资产负债				
	负债总计	# 流动负债合计	# 长期负债合计	所有者权益合计	# 实收资本
合计	119139801	64890296	54089057	108715761	49366247
煤炭开采和洗选业	1423042	1278921	144121	1446772	691325
石油和天然气开采业	***	***	***	***	***
黑色金属矿采选业	11407180	3718602	7688578	8126776	2860729
非金属矿采选业	7329	7329		3958	550
开采辅助活动	***	***	***	***	***
农副食品加工业	1207161	1091124	116038	560161	182338
食品制造业	352183	300914	50925	265263	194001
酒、饮料和精制茶制造业	751783	721343	30441	1414073	117235
烟草制品业	***	***	***	***	***
纺织业	202483	128589	73894	187686	175205
纺织服装、服饰业	86072	85819	254	4432	53036
皮革、毛皮、羽毛及其制品和制鞋业	***	***	***	***	***
木材加工和木、竹、藤、棕、草制品业	19039	18710	329	9874	5456
家具制造业	68478	45879	22599	61837	27945
造纸和纸制品业	34455	27234	7221	39709	10417
印刷和记录媒介复制业	334413	273665	59472	657274	432262
文教、工美、体育和娱乐用品制造业	328491	307441	21050	160569	137839
石油加工、炼焦和核燃料加工业	1652248	1649070	3178	1123627	63034
化学原料和化学制品制造业	1861209	1614641	196568	865553	1087254
医药制造业	1208886	877714	317489	2154329	606322
化学纤维制造业	***	***	***	***	***
橡胶和塑料制品业	162819	153310	9509	106700	82823
非金属矿物制品业	2050330	1926168	109817	1298077	744347
黑色金属冶炼和压延加工业	1309648	478001	831354	957977	574438
有色金属冶炼和压延加工业	107746	100146	7201	264608	73438
金属制品业	1043838	850977	192091	998208	525746
通用设备制造业	1352776	1249114	99595	991480	603307
专用设备制造业	2611978	2305016	305297	1792611	883450
汽车制造业	12123321	9836646	2286529	9060548	3896874
铁路、船舶、航空航天和其他运输设备制造业	2734153	2250749	468115	1284943	599064
电气机械和器材制造业	3242899	2725225	517674	1660327	969856
计算机、通信和其他电子设备制造业	4656476	3279351	1366757	5206193	3534399
仪器仪表制造业	643141	577289	60244	521462	240848
其他制造业	474916	350671	124245	707934	264695
废弃资源综合利用业	***	***	***	***	***
金属制品、机械和设备修理业	226669	223893	2776	172888	146565
电力、热力生产和供应业	60378912	23382875	36970037	59658480	24015446
燃气生产和供应业	192282	186553	5730	193555	184870
水的生产和供应业	2281348	839208	1435849	3015762	2628871

工业企业主要经济指标（按行业分）（续表）

单位：万元

利润及分配						
主营业务收入	主营业务成本	营业费用	主营业务税金及附加	营业利润	利润总额	应交增值税
106441958	93517461	2347441	2462197	64107501	7142424	2910091
7151761	6875156	50364	27360	1779809	178678	90183
***	***	***	***	***	***	***
4507778	4219881	3065	16136	1719529	107608	97965
5625	3366	315	51	1476	148	308
***	***	***	***	***	***	***
2077652	1736346	141670	75929	520078	62918	35817
533283	404427	99035	2145	-28717	-534	18328
723428	520408	63871	72477	425258	48320	49650
***	***	***	***	***	***	***
173926	148316	2347	1139	-24877	-1650	1903
84236	77517	1729	392	-60259	-5815	2136
***	***	***	***	***	***	***
7681	7481	2227	37	-30733	1009	292
64554	44321	11711	517	7277	4375	3994
92697	87742	856	103	11844	2031	764
654617	462643	12500	5606	840097	87646	37316
400612	371149	14100	688	-126280	-11756	3995
7390153	6603362	45604	609648	-1459760	-160509	147467
1474369	1414565	33754	2918	-1554873	-151138	22839
1490300	811083	186726	15789	3862613	393720	124163
***	***	***	***	***	***	***
286526	249712	8032	1411	133199	13882	9335
1815864	1575164	71146	8186	312890	68607	40247
1018121	1006412	30383	577	-230170	-21623	4897
391796	334484	5443	13218	145670	15939	8688
1252254	1095893	24145	3296	365048	42445	16986
1100751	934117	37807	4731	149877	27302	37184
2083409	1568661	115054	13482	1235566	146268	81203
20371257	16073178	999624	1109127	19999494	2128209	712373
2290987	1908510	29429	6582	1300227	149757	49518
1687087	1497732	100228	4926	-1055195	-94791	26058
4735930	3730288	180717	17967	4980585	528076	72326
975593	792846	35104	4869	636368	78190	32267
690306	530506	14329	2483	726806	74495	20395
***	***	***	***	***	***	***
304696	223980	2332	1014	8311	9775	10027
37296469	35295038	4054	172059	30934254	3428847	1041051
307339	318268	3851	1496	-400622	8309	10442
483089	488967	1456	1794	-434745	46389	13399

2013年北京市规模以上股份制

项目	企业单位个数（个）	#亏损企业	工业总产值（当年价格）	工业增加值	工业销售产值（当年价格）
合计	1454	285	64543748	12697302	63703289
在合计中：					
中央企业	167	36	31300469	4964510	31070072
地方企业	1287	249	33243280	7732792	32633217
在合计中：					
轻工业	441	83	9355994	2749769	8969238
重工业	1013	202	55187755	9947534	54734051
在合计中：					
大型企业	78	16	33448198	7580816	33239585
中型企业	283	59	12800355	2761080	12417106
小型企业	1053	202	18000022	2301887	17752261

2013年北京市规模以上股份制

项目	资产负债			所有者权益合计	#实收资本
	负债总计	#流动负债合计	#长期负债合计		
合计	65905810	46969654	18681181	55994609	28005265
在合计中：					
中央企业	19702560	16851627	2778250	14758140	7892581
地方企业	46203249	30118027	15902931	41236469	20112684
在合计中：					
轻工业	8416048	6880391	1478147	8439728	3909650
重工业	57489762	40089264	17203035	47554881	24095615
在合计中：					
大型企业	39660083	24334972	15255241	35395196	16877006
中型企业	14318875	11643526	2587152	11608423	5904301
小型企业	11733991	10805788	837741	8831664	5103886

工业企业主要经济指标

单位：万元

#出口交货值	从业人员平均人数（人）	资产负债				固定资产原价
		资产总计	流动资产合计	长期投资合计	固定资产合计	
2283736	543337	121904107	58665098	20212872	26077217	44651929
274349	135742	34460700	16329295	4107538	8116980	17396985
2009387	407595	87443407	42335803	16105334	17960237	27254943
190668	129620	16855776	9847947	1585102	3332262	5875869
2093069	413717	105048331	48817151	18627770	22744955	38776060
1535372	259860	75055280	28881185	15503228	19049248	33283228
375771	150301	25927297	15328113	2721652	4120523	6600441
366599	132018	20565655	14207334	1925230	2886422	4734997

工业企业主要经济指标（续表）

单位：万元

利润及分配						应交增值税
主营业务收入	主营业务成本	营业费用	主营业务税金及附加	营业利润	利润总额	
71483597	62068577	2299780	1045815	24400845	3259486	1846311
32903189	30303477	342291	712584	4155736	521357	651736
38580408	31765100	1957489	333231	20245109	2738129	1194575
10182396	7434072	961975	160614	9147063	1080168	429245
61301201	54634506	1337805	885201	15253782	2179318	1417066
37572610	33382109	857321	896066	11962109	1424712	986043
13891095	11076323	856463	74906	6313952	958571	449870
19658027	17286827	573771	73163	6050327	867130	402856

2013年北京市规模以上股份制

项　　目	企业单位个数（个）	#亏损企业	工业总产值（当年价格）	工业增加值	工业销售产值（当年价格）
合计	1454	285	64543748	12697302	63703289
煤炭开采和洗选业	4		7131795	459050	7137701
石油和天然气开采业	2	1	***	***	***
黑色金属矿采选业	5		1609893	383176	1609345
非金属矿采选业	2		***	***	***
开采辅助活动	3	2	***	***	***
农副食品加工业	58	17	2065851	295644	2040640
食品制造业	36	8	494149	122464	472603
酒、饮料和精制茶制造业	11	6	168984	72784	156222
纺织业	19	3	190861	24140	193062
纺织服装、服饰业	34	7	451441	213974	374115
皮革、毛皮、羽毛及其制品和制鞋业	8	2	37122	4378	37294
木材加工和木、竹、藤、棕、草制品业	8	1	49340	15410	49949
家具制造业	16	1	130009	26958	129929
造纸和纸制品业	15	4	100121	15409	99186
印刷和记录媒介复制业	37	6	562338	264782	570001
文教、工美、体育和娱乐用品制造业	14	4	734732	61957	712763
石油加工、炼焦和核燃料加工业	9	2	6926341	901014	6958279
化学原料和化学制品制造业	75	14	1573638	149292	1557492
医药制造业	88	12	2521521	1089524	2455544
化学纤维制造业	2		***	***	***
橡胶和塑料制品业	32	10	351656	55010	355694
非金属矿物制品业	129	22	3335751	502209	3312989
黑色金属冶炼和压延加工业	17	5	1052543	55136	1031474
有色金属冶炼和压延加工业	13	1	407527	68086	396602
金属制品业	80	16	1409204	237319	1407077
通用设备制造业	81	22	994214	249338	954837
专用设备制造业	124	11	3496054	926921	3387119
汽车制造业	64	23	5116202	1042956	5134216
铁路、船舶、航空航天和其他运输设备制造业	39	5	1606506	448753	1586647
电气机械和器材制造业	111	20	3792735	566972	3678213
计算机、通信和其他电子设备制造业	148	30	4563715	1078710	4402139
仪器仪表制造业	84	12	1285432	371351	1269065
其他制造业	14		703501	199893	568904
废弃资源综合利用业	4	1	41320	2376	41000
金属制品、机械和设备修理业	7		41562	18663	38628
电力、热力生产和供应业	35	10	8815769	1635149	8815791
燃气生产和供应业	13	5	336666	64163	336666
水的生产和供应业	13	2	386027	150130	375524

工业企业主要经济指标（按行业分）

单位：万元

#出口交货值	从业人员平均人数（人）	资产负债				
		资产总计	流动资产合计	长期投资合计	固定资产合计	固定资产原价
2283736	543337	121904107	58665098	20212872	26077217	44651929
152343	15640	2869814	1719912	1058067	61389	198027
***	***	***	***	***	***	***
	25189	19562039	6251230	6452392	3706921	4717102
***	***	***	***	***	***	***
***	***	***	***	***	***	***
2183	16135	2522502	1762219	296457	237753	363180
39194	11712	752419	505783	27895	117247	179259
1658	3897	488910	288125	46550	111133	155553
30314	3789	503905	310229	82093	93165	132436
32762	14731	626563	432636	56649	74915	138665
15733	709	18495	16584	88	1626	2980
	1472	79784	50402	38	11252	31228
2745	3497	223965	130638	4102	49140	73125
1593	2086	111551	50938	2250	36848	51413
3535	11217	883912	467969	28139	313004	705532
7172	4059	695013	546335	17493	99238	151552
	13917	2720492	1169793	111842	807841	2713883
7703	15475	2749692	1672442	345310	460251	1279740
13876	34397	5379005	3091440	747826	750999	1193650
***	***	***	***	***	***	***
67036	6558	866889	417158	298101	122294	199323
81005	39798	6002882	4262277	573345	756416	1371743
48306	7332	2404169	396800	480139	861072	1942921
96388	3253	396099	256095	59881	59187	98152
104415	15410	2503916	1328374	356106	443357	699950
47434	19715	3023530	1931997	521023	357851	591717
168135	37276	8788147	5640183	1628444	564604	881138
273344	50388	8101553	3611603	1533261	1398628	1823616
11003	14640	2847956	2110615	116947	398536	662327
33438	26840	5847027	4446354	409159	334546	566105
840022	48481	12264148	7113759	1726301	2377407	3511168
33761	17168	2389677	1720816	289927	196868	304280
3721	2075	1220792	747110	63467	273099	471269
	586	79001	29063	3602	41778	53398
	650	95235	57370	8535	22000	30619
	38220	13491932	2182582	2067522	6943129	12734107
	2033	249913	147331	3370	75350	98782
	9278	5185350	1352600	440163	2638060	4089117

2013年北京市规模以上股份制

项　　目	资产负债			所有者权益合计	# 实收资本
	负债总计	# 流动负债合计	# 长期负债合计		
合计	65905810	46969654	18681181	55994609	28005265
煤炭开采和洗选业	1423042	1278921	144121	1446772	691325
石油和天然气开采业	***	***	***	***	***
黑色金属矿采选业	11416702	3727775	7688928	8145337	2862184
非金属矿采选业	***	***	***	***	***
开采辅助活动	***	***	***	***	***
农副食品加工业	1514182	1374260	139693	1008320	410824
食品制造业	586405	513598	52502	166014	157548
酒、饮料和精制茶制造业	298117	290078	7539	190793	118507
纺织业	263780	189887	73894	240125	202010
纺织服装、服饰业	338004	322721	15173	288559	136734
皮革、毛皮、羽毛及其制品和制鞋业	9421	9421		9074	4520
木材加工和木、竹、藤、棕、草制品业	50213	48930	1283	29571	24457
家具制造业	123880	94583	28599	100086	54163
造纸和纸制品业	65194	63281	1905	46356	38685
印刷和记录媒介复制业	303517	283494	15484	580395	356027
文教、工美、体育和娱乐用品制造业	446851	410772	36078	248162	187803
石油加工、炼焦和核燃料加工业	1620474	1617182	3292	1100019	39772
化学原料和化学制品制造业	1795738	1647125	97438	953954	1041719
医药制造业	2202596	1783112	398092	3176409	970623
化学纤维制造业	***	***	***	***	***
橡胶和塑料制品业	452725	349239	103465	414164	212424
非金属矿物制品业	3791311	3503927	251290	2211571	1037652
黑色金属冶炼和压延加工业	1400685	563870	836522	1003484	595728
有色金属冶炼和压延加工业	183057	173142	9517	213042	65730
金属制品业	1280648	1070866	207059	1223268	618904
通用设备制造业	1350018	1214758	129502	1673512	805687
专用设备制造业	4602835	3581663	1006945	4185312	1841464
汽车制造业	4871399	4016193	854790	3230154	1469897
铁路、船舶、航空航天和其他运输设备制造业	1732952	1459491	273428	1115004	585791
电气机械和器材制造业	3881638	3656064	212717	1961700	1196282
计算机、通信和其他电子设备制造业	5623155	4129958	1458474	6640993	3741609
仪器仪表制造业	1083039	1016140	64532	1306639	409195
其他制造业	489386	364820	124566	731406	270995
废弃资源综合利用业	55782	27545	28237	23219	17650
金属制品、机械和设备修理业	40983	39895	1088	54252	26572
电力、热力生产和供应业	7709637	5236385	2437046	5782296	2487658
燃气生产和供应业	161932	161932		87981	78325
水的生产和供应业	2240345	804496	1435849	2945006	2592365

工业企业主要经济指标（按行业分）（续表）

单位：万元

利润及分配						应交增值税
主营业务收入	主营业务成本	营业费用	主营业务税金及附加	营业利润	利润总额	
71483597	62068577	2299780	1045815	24400845	3259486	1846311
7151761	6875156	50364	27360	1779809	178678	90183
***	***	***	***	***	***	***
4537616	4240947	3466	17242	1749112	110690	99755
***	***	***	***	***	***	***
***	***	***	***	***	***	***
2327173	1891291	157230	76133	1041557	116420	37762
536396	418271	58856	2113	146439	18421	20194
241054	188126	8471	35075	-104973	-6814	10897
305147	268272	4681	1149	37427	5053	3921
503727	291822	95527	4308	546916	57635	34239
38058	33749	1958	178	-605	101	830
55770	43621	4158	262	18687	6059	2713
140126	106483	16539	860	33445	7061	6905
128205	116004	3768	233	-856	494	1980
604988	431332	11704	4055	842337	88763	33180
846831	801735	18074	979	-141805	-4969	5866
7294595	6523164	38452	609329	-1465061	-161105	144055
1628690	1465149	55423	3904	-778697	-78264	31509
2486435	1231118	479126	24239	6045926	626229	199177
***	***	***	***	***	***	***
510237	447706	11964	1882	139335	15361	12220
3676652	3165586	139938	18936	700299	138076	61637
1122106	1091709	32339	1061	-165657	-15101	8808
445998	379190	6106	13250	150541	26704	9639
1535908	1301513	27541	7363	774441	85072	23305
1191185	952592	62321	5630	221539	54076	40543
3556480	2721821	191571	30600	4586301	497688	172601
5435938	4914535	170014	42346	739521	173251	105279
1733006	1421435	39256	5848	970059	116279	49107
3840201	3197525	198789	14730	1217368	161543	93255
5663362	4434091	297611	21440	4425223	533417	129204
1425502	1017404	84569	8443	1615352	196316	62566
712562	548149	15852	2678	740448	76297	20998
48418	44896	621	257	-16295	2286	2125
40068	23586	2842	258	104695	11130	2220
8876846	8767119	4645	29521	-394654	258224	276222
342667	309707	4530	1509	149445	16305	10848
465455	478342	591	1603	-439762	43090	12285

2013 年北京市规模以上港澳台及

项　　目	企业单位个数（个）	# 亏损企业	工　业总产值（当年价格）	工　业增加值	工　业销售产值（当年价格）
合 计	888	185	67564877	14181452	66933148
在合计中：					
中央企业	13	2	1096946	345831	1101422
地方企业	875	183	66467931	13835622	65831727
在合计中：					
轻工业	331	92	10697941	3106140	10591990
重工业	557	93	56866936	11075313	56341158
在合计中：					
大型企业	70	8	46648339	9373122	46050556
中型企业	200	31	12923830	3089032	12904319
小型企业	598	141	7879792	1698220	7862115

2013 年北京市规模以上港澳台及

项　　目	资产负债			所有者权益合计	# 实收资本
	负债总计	# 流动负债合　计	# 长期负债合　计		
合 计	34683829	29481875	5159436	29697734	14775213
在合计中：					
中央企业	1166342	973912	192431	1674528	920202
地方企业	33517487	28507963	4967005	28023206	13855011
在合计中：					
轻工业	5615895	5245638	359447	5266614	3381914
重工业	29067934	24236236	4799988	24431120	11393299
在合计中：					
大型企业	20709548	17814846	2893673	16266481	7340002
中型企业	7834938	6781961	1027762	7501691	3921795
小型企业	6073642	4836543	1226616	5848874	3438780

外商投资工业企业主要经济指标

单位：万元

	从业人员平均人数（人）	资产负债				
＃出口交货值		资产总计	流动资产合计	长期投资合计	固定资产合计	固定资产原价
12318523	403045	64388254	39579857	6757789	12045391	22460406
105681	12299	2840871	918354	1029325	769865	1816789
12212843	390746	61547384	38661504	5728465	11275526	20643618
1387724	148525	10882510	7141402	642909	2112726	4096299
10930800	254520	53505745	32438455	6114880	9932665	18364107
9548196	212831	36976030	21799939	3865937	7258289	13487551
1788908	115290	15336630	10424658	1213805	2896674	5564255
973233	74687	11922515	7284176	1677897	1830216	3317676

外商投资工业企业主要经济指标（续表）

单位：万元

利润及分配						应交增值税
主营业务收入	主营业务成本	营业费用	主营业务税金及附加	营业利润	利润总额	
73306362	58963704	5127399	1304710	55298895	5728424	2310783
1296838	1037897	32815	7233	1231542	137421	62173
72009525	57925807	5094585	1297477	54067353	5591003	2248610
12564822	7915628	2722465	102108	9571807	1021716	720911
60741541	51048077	2404934	1202602	45727088	4706708	1589872
50586339	40974950	3708152	1186945	37398728	3810920	1440155
13844494	10897850	913405	78752	11101324	1193695	558200
8740641	6967976	500961	38430	6834652	727360	308480

2013年北京市规模以上港澳台及

项目	企业单位个数（个）	#亏损企业	工业总产值（当年价格）	工业增加值	工业销售产值（当年价格）
合计					
开采辅助活动	2		***	***	***
农副食品加工业	28	12	678256	98539	650628
食品制造业	44	10	1800843	205230	1720589
酒、饮料和精制茶制造业	24	8	1407384	372016	1404096
纺织业	9	2	90540	14951	96916
纺织服装、服饰业	36	12	372730	114492	350901
皮革、毛皮、羽毛及其制品和制鞋业	2		***	***	***
木材加工和木、竹、藤、棕、草制品业	1	1	***	***	***
家具制造业	13	3	273156	77757	269761
造纸和纸制品业	15	2	490691	177512	483165
印刷和记录媒介复制业	21	6	249298	101745	251244
文教、工美、体育和娱乐用品制造业	14	2	123520	31969	128232
石油加工、炼焦和核燃料加工业	3		***	***	***
化学原料和化学制品制造业	49	14	1043839	288451	1027164
医药制造业	35	8	2824352	1217413	2876502
橡胶和塑料制品业	27	6	385379	128762	383277
非金属矿物制品业	30	7	587291	177572	597372
黑色金属冶炼和压延加工业	5	1	418064	70469	411410
有色金属冶炼和压延加工业	5	1	80680	7221	79527
金属制品业	42	10	848667	205901	879683
通用设备制造业	93	15	3417533	824904	3411195
专用设备制造业	91	20	1629005	387508	1607103
汽车制造业	110	12	27189588	6214308	26904905
铁路、船舶、航空航天和其他运输设备制造业	8		133022	42151	133314
电气机械和器材制造业	47	9	2478590	637427	2492383
计算机、通信和其他电子设备制造业	73	17	16939243	1779093	16693059
仪器仪表制造业	36	3	773741	182521	779725
其他制造业	9	4	37539	10989	34608
金属制品、机械和设备修理业	5		296451	134486	303392
电力、热力生产和供应业	4		586389	129984	586389
燃气生产和供应业	6		1909092	429371	1909092
水的生产和供应业	1		***	***	***

外商投资工业企业主要经济指标（按行业分）

单位：万元

	从业人员平均人数（人）	资产负债				
#出口交货值		资产总计	流动资产合计	长期投资合计	固定资产合计	固定资产原价
***	***	***	***	***	***	***
64245	9922	481856	309854	1068	118332	223269
101882	32014	2028668	1171260	209337	503975	927981
14337	20135	1476885	671535	197349	380689	744312
23209	1434	87040	57616		23936	56108
212917	14458	410193	344030	12473	43677	91069
***	***	***	***	***	***	***
***	***	***	***	***	***	***
26101	4245	204375	138436	3125	49109	68672
46382	3395	418881	276474	790	114646	267050
4042	4915	341558	224584	6255	101451	252457
61900	3095	155071	132254	4280	13096	25141
***	***	***	***	***	***	***
67731	10621	1291161	726210	13368	459018	781902
38005	25907	2789657	2073622	39986	327036	545662
65820	7674	399560	261242	1350	108604	230368
37632	8660	833640	572516	48487	172942	388879
40438	1533	235043	187917		16967	55617
16734	929	120943	84223	3657	20827	35866
68251	9895	1310329	901657	148156	195372	403095
682642	26600	4376523	3498955	67789	630384	1147596
444836	18925	3089972	2140236	530525	269797	449435
215675	74658	20139399	11629898	1767535	4032621	6134384
214	922	154752	140870	588	11089	20282
555548	19049	4243629	3571911	228902	258466	622240
9341140	76391	10568009	7710195	317503	2008839	5226365
81434	7847	1039415	852247	19572	67981	144042
18717	1002	29746	16212		10060	22491
75919	6258	381821	202672	8661	166656	305556
	1388	3600396	516140	1837766	674644	1584781
	7847	3537319	754240	1206090	1160382	1533461
***	***	***	***	***	***	***

2013年北京市规模以上港澳台及

项目	资产负债				
	负债总计	# 流动负债合计	# 长期负债合计	所有者权益合计	# 实收资本
合计	34683829	29481875	5159436	29697734	14775213
开采辅助活动	***	***	***	***	***
农副食品加工业	322860	304358	14845	158996	136078
食品制造业	1198730	1129323	69407	829937	804501
酒、饮料和精制茶制造业	855171	760600	93543	621714	716785
纺织业	51817	51470	348	35223	27678
纺织服装、服饰业	293222	286091	7131	116971	92420
皮革、毛皮、羽毛及其制品和制鞋业	***	***	***	***	***
木材加工和木、竹、藤、棕、草制品业	***	***	***	***	***
家具制造业	102558	97593		101818	39098
造纸和纸制品业	209071	206643	2428	209810	141206
印刷和记录媒介复制业	104322	97940	6361	237236	138718
文教、工美、体育和娱乐用品制造业	76718	76521	197	78353	15761
石油加工、炼焦和核燃料加工业	***	***	***	***	***
化学原料和化学制品制造业	562977	421194	140679	728184	463506
医药制造业	1332842	1210310	122532	1456814	559326
橡胶和塑料制品业	169440	167296	2144	230120	146267
非金属矿物制品业	418398	406647	8777	415242	245550
黑色金属冶炼和压延加工业	123559	87424	30524	104793	43806
有色金属冶炼和压延加工业	20927	19108	1820	100016	28112
金属制品业	558464	506779	51684	751865	285652
通用设备制造业	2093784	1955626	137165	2282739	921201
专用设备制造业	1820428	1661098	158346	1269544	487796
汽车制造业	11346779	9506755	1839554	8792621	3760651
铁路、船舶、航空航天和其他运输设备制造业	108611	108611		46142	20584
电气机械和器材制造业	2179380	1831612	334191	2064249	862685
计算机、通信和其他电子设备制造业	6769013	5818217	945116	3798997	2635669
仪器仪表制造业	584537	567592	15494	454878	171496
其他制造业	11546	11406	134	18200	17598
金属制品、机械和设备修理业	212936	210789	2148	168885	135812
电力、热力生产和供应业	1605884	677274	928610	1994512	1269348
燃气生产和供应业	1219354	1027171	192182	2317965	430482
水的生产和供应业	***	***	***	***	***

外商投资工业企业主要经济指标（按行业分）（续表）

单位：万元

利润及分配						应交增值税
主营业务收入	主营业务成本	营业费用	主营业务税金及附加	营业利润	利润总额	
73306362	58963704	5127399	1304710	55298895	5728424	2310783
***	***	***	***	***	***	***
709094	607079	58647	1248	11859	5464	11011
3204600	2025191	866282	21261	1285687	144487	171802
1512277	1043514	328088	19991	364661	54548	86799
109252	92835	3009	469	50410	5571	1585
413725	317314	45896	1331	81699	8590	10172
***	***	***	***	***	***	***
***	***	***	***	***	***	***
204848	148322	23381	1845	122692	12760	7972
514361	385043	18780	2596	892696	104221	27652
260174	196525	13863	1820	277343	25361	16259
131635	106285	6855	739	46720	4758	5180
***	***	***	***	***	***	***
1069350	750920	167456	12589	590548	63530	60847
3003843	1219448	1101945	32786	3641508	380772	276927
432868	346115	21040	2393	332867	37794	18263
612073	481773	32160	3812	407839	47343	27978
430139	385407	12441	1255	265654	27292	8157
79479	73223	1588	44	6384	1239	953
1034551	821616	62096	3971	931122	98702	35758
3648473	2886315	212683	15841	3487869	336879	122092
2028686	1532890	129488	9260	1851795	197382	78227
27090598	21960367	1060898	1098349	26981202	2735060	888702
148480	111096	4019	811	248467	25128	6305
2667898	2021515	136319	15143	2649189	260219	98223
19556810	17822696	668613	25251	4820882	526987	111460
961426	701043	90262	5543	1038475	107729	39357
35563	29344	2020	196	-12117	-1153	856
305756	223560	1775	1120	48666	13983	10983
587226	498649		4203	1456829	159087	34446
1914615	1666579	23411	16041	2910589	292149	133720
***	***	***	***	***	***	***

2013年北京市大中型

项　　目	企业单位个数（个）	#亏损企业	工业总产值（当年价格）	工业增加值	工业销售产值（当年价格）
合　计	777	128	139412608	28809659	137994456
在合计中：					
中央企业	108	20	53606764	9871734	53406252
地方企业	669	108	85805844	18937925	84588204
在总计中：					
内资企业	507	89	79840440	16347504	79039581
国有企业	38	5	30694456	5194358	30648898
集体企业	4		99520	57669	96351
股份合作企业	2	1	***	***	***
联营企业					
有限责任公司	253	59	26737888	5837342	26303473
股份有限公司	108	16	19510665	4504554	19353218
私营企业	102	8	2710512	701234	2539605
港澳台商投资企业	69	13	9867722	1426085	9808126
港澳台合资经营	35	6	2577830	676554	2563575
港澳台合作经营	2	1	***	***	***
港澳台商独资企业	25	5	6332880	659149	6162536
港澳台商投资股份有限公司	7	1	929724	76037	1055710
外商投资企业	201	26	49704447	11036070	49146748
中外合资经营	83	5	33130819	7422323	32683960
中外合作经营	4	1	161205	78652	157532
外资（独资）企业	105	18	15418503	3183239	15332211
外商投资股份有限公司	9	2	993919	351856	973045
在合计中：					
农村企业	13	3	604550	114872	607369
在合计中：					
轻工业	287	47	17465440	5642485	17008965
重工业	490	81	121947169	23167174	120985490
在合计中：					
大型企业	164	24	109655442	21814950	108826095
中型企业	613	104	29757166	6994709	29168361

工业企业主要经济指标

单位：万元

#出口交货值	从业人员平均人数(人)	资产负债 资产总计	流动资产合计	长期投资合计	固定资产合计	固定资产原价
13437468	841007	265122188	98397315	60940416	54289327	97262966
407876	163271	138490169	32443831	40645277	28617964	55089163
13029592	677736	126632019	65953484	20295140	25671363	42173803
2100363	512886	212809529	66172718	55860674	44134365	78211160
42547	43102	108333482	19684220	37240930	20391019	37430097
	2829	104173	71131	5837	27068	63561
***	***	***	***	***	***	***
1172109	246571	64758601	25454272	9987265	18959619	30965576
739034	163590	36223976	18755026	8237615	4210152	8918093
131335	53876	3288433	2140016	387524	517453	794474
1201889	71122	11689078	8593154	997645	1434441	2866508
262643	31401	2603721	1336190	94849	946057	1945587
***	***	***	***	***	***	***
759695	31882	5026047	4098407	255482	394649	740264
179550	7122	4032671	3135563	647314	90092	174705
10135216	256999	40623582	23631442	4082097	8720522	16185298
7962937	121209	23016574	14105674	1763099	4191610	7707197
27494	5705	251919	194493	2771	40689	109948
2076899	114998	14991543	8461155	1333313	4121226	7683581
67886	15087	2363546	870120	982915	366998	684572
16775	7917	449190	351388	5247	76685	136693
1218890	253093	23846476	13735518	2841318	4661175	8736906
12218578	587914	241275711	84661797	58099099	49628152	88526060
11120467	512709	219020399	69316320	56704833	46407329	83588899
2317001	328298	46101789	29080995	4235583	7881998	13674067

2013 年北京市大中型

项目	资产负债			所有者权益合计	# 实收资本
	负债总计	# 流动负债合计	# 长期负债合计		
合计	138068519	81922347	55916047	127053668	55295118
在合计中：					
中央企业	70872607	34046555	36742491	67617562	28221023
地方企业	67195913	47875793	19173556	59436106	27074095
在总计中：					
内资企业	109524033	57325541	51994611	103285496	44033320
国有企业	53814851	19819731	33973651	54518631	20714864
集体企业	43896	41492	2404	60277	11403
股份合作企业	***	***	***	***	***
联营企业					
有限责任公司	36969988	22670297	14211199	27788613	16975828
股份有限公司	17008970	13308201	3631195	19215006	5805479
私营企业	1644264	1458864	161054	1644169	513746
港澳台商投资企业	7665503	6964821	693940	4023574	1874340
港澳台合资经营	1449278	1321968	127311	1154443	645015
港澳台合作经营	***	***	***	***	***
港澳台商独资企业	3930428	3805301	118384	1095619	545184
港澳台商投资股份有限公司	2281675	1833429	448245	1750996	677373
外商投资企业	20878983	17631986	3227495	19744598	9387457
中外合资经营	12443973	10582359	1848036	10572601	4713188
中外合作经营	135528	124075	11453	116391	145207
外资（独资）企业	7713703	6423011	1284767	7277840	3782381
外商投资股份有限公司	585779	502541	83239	1777766	746681
在合计中：					
农村企业	311388	279573	8305	137802	58655
在合计中：					
轻工业	11542985	9757140	1744282	12303491	5314500
重工业	126525534	72165207	54171764	114750177	49980618
在合计中：					
大型企业	113267462	61166358	52030204	105752937	44690206
中型企业	24801058	20755990	3885843	21300731	10604911

工业企业主要经济指标（续表）

单位：万元

利润及分配						应交增值税
主营业务收入	主营业务成本	营业费用	主营业务税金及附加	营业利润	利润总额	
149562961	126655188	6753021	2666311	100056211	10849858	4421617
54854232	49948641	338787	1085817	35224503	3622460	1450826
94708729	76706548	6414234	1580495	64831708	7227398	2970791
85132127	74782388	2131464	1400615	51556159	5845243	2423262
30733623	28149846	131967	412497	31308382	3220273	864899
92434	66037	5572	1945	74204	7290	10135
***	***	***	***	***	***	***
30641636	27713963	660727	126684	3181122	692202	741163
20822068	16744470	1053057	844288	15094939	1691081	694750
2743500	2054577	260313	14396	1718287	216544	104683
12943402	10925652	1097405	36792	2785588	309704	207327
2776078	2244987	172563	18819	1947845	207762	99208
***	***	***	***	***	***	***
8910294	7614193	867292	9309	1294702	149045	72705
1216855	1037952	54290	8304	-493754	-50829	32414
51487431	40947149	3524152	1228905	45714464	4694911	1791028
33150209	26653680	1584223	1126828	31798664	3237655	1022457
341659	281779	39580	1764	123523	12822	15337
16952366	13304692	1781161	93585	11672060	1228282	703104
1043197	706997	119188	6728	2120217	216152	50131
603775	534187	14500	2626	166747	24945	16948
19335482	12312012	3516848	508986	17260477	1935865	1103714
130227479	114343177	3236173	2157325	82795734	8913993	3317902
117747960	101639571	4707630	2260495	81350021	8428331	3234847
31815000	25015618	2045391	405817	18706190	2421526	1186770

2013年北京市大中型工业

项　目	企业单位个数（个）	#亏损企业	工业总产值（当年价格）	工业增加值	工业销售产值（当年价格）
合计	777	128	139412608	28809659	137994456
煤炭开采和洗选业	1		***	***	***
石油和天然气开采业	2	1	***	***	***
黑色金属矿采选业	6		1625222	394685	1624043
开采辅助活动	4	2	2074316	901664	2042595
农副食品加工业	27	5	2407960	372926	2388113
食品制造业	40	8	1961317	246665	1869735
酒、饮料和精制茶制造业	15	4	1918314	607369	1910484
烟草制品业	1		***	***	***
纺织业	4	1	16712	-2831	19135
纺织服装、服饰业	44	13	990025	439331	882393
皮革、毛皮、羽毛及其制品和制鞋业	3		***	***	***
木材加工和木、竹、藤、棕、草制品业	3		***	***	***
家具制造业	11	1	470211	146239	464681
造纸和纸制品业	6		412662	151489	403991
印刷和记录媒介复制业	19	1	625620	295801	633533
文教、工美、体育和娱乐用品制造业	7	1	417701	35868	408589
石油加工、炼焦和核燃料加工业	5	2	7074286	955717	7105097
化学原料和化学制品制造业	24	7	1674958	315766	1641333
医药制造业	52	4	4751667	2103330	4729199
化学纤维制造业	1		***	***	***
橡胶和塑料制品业	17	2	507744	140846	515681
非金属矿物制品业	43	5	2838956	536511	2826520
黑色金属冶炼和压延加工业	6	1	1007124	38428	992243
有色金属冶炼和压延加工业	5		198709	52686	196609
金属制品业	34	4	1574773	292607	1617311
通用设备制造业	45	8	3547131	883655	3451469
专用设备制造业	53	7	3925804	1007452	3822274
汽车制造业	63	8	30130543	6883613	29877494
铁路、船舶、航空航天和其他运输设备制造业	19	4	1942043	525716	1876852
电气机械和器材制造业	50	11	5056927	938751	4942860
计算机、通信和其他电子设备制造业	89	15	19927237	2551878	19563043
仪器仪表制造业	34	2	1230015	341148	1215652
其他制造业	8		655114	188842	522193
金属制品、机械和设备修理业	1		***	***	***
电力、热力生产和供应业	28	10	36815652	6003001	36815842
燃气生产和供应业	3	1	***	***	***
水的生产和供应业	4		356565	136397	348154

企业主要经济指标（按行业分）

单位：万元

#出口交货值	全部从业人员平均人数（人）	资产负债				
		资产总计	流动资产合计	长期投资合计	固定资产合计	固定资产原价
13437468	841007	265122188	98397315	60940416	54289327	97262966
***	***	***	***	***	***	***
***	***	***	***	***	***	***
	25849	19588772	6265608	6452640	3721280	4740534
156039	23705	4971487	2485061	415690	1176649	2315191
31872	23301	2531172	1752410	281745	270405	449386
102025	41427	2196160	1270493	214715	535640	945083
18292	29443	3158951	1337963	1081914	495524	1080298
***	***	***	***	***	***	***
2019	1955	231550	143630	26435	54112	80855
215943	34315	1062913	814517	57511	126014	226495
***	***	***	***	***	***	***
***	***	***	***	***	***	***
25288	9368	500444	286126	16876	121071	158185
17604	2519	292788	192277	3040	69984	182719
6489	13934	944593	471575	49407	360046	849469
37011	4301	270317	172624	17152	54138	99889
	14510	2792580	1226444	111762	814150	2718629
37309	20101	2895633	1713998	354404	527242	1463879
42519	51911	6942019	4305083	734787	860651	1356068
***	***	***	***	***	***	***
104830	11112	880777	423643	296899	128780	239588
105187	36515	5348916	3579239	731617	675612	1227701
73498	6759	2310071	343128	478591	839562	1920107
57062	2929	277514	188581	28369	44248	70926
140361	17732	2789694	1554588	441649	433332	701185
598388	35280	5707809	4172674	484829	786286	1399355
509012	44417	9785623	6029854	2230414	696565	1159705
444894	110232	26480552	13921983	3256551	5158560	7532595
4586	12702	3650931	2522550	92045	828759	961481
562173	36365	8200166	6457637	530783	487288	973497
9843826	109872	19878107	12852713	1542879	4149049	8348606
48186	15063	1847600	1361655	150379	168304	291599
	1560	1162297	700484	63467	269005	464957
***	***	***	***	***	***	***
	58302	116758506	18756318	38625488	26188481	48839249
***	***	***	***	***	***	***
	8257	4955068	1240577	437481	2566683	3966698

2013 年北京市大中型

项目	资产负债			所有者权益合计	# 实收资本
	负债总计	# 流动负债合计	# 长期负债合计		
合计	138068519	81922347	55916047	127053668	55295118
煤炭开采和洗选业	***	***	***	***	***
石油和天然气开采业	***	***	***	***	***
黑色金属矿采选业	11439675	3748693	7690982	8149097	2861339
开采辅助活动	2070755	1909107	151748	2900732	2537251
农副食品加工业	1491099	1355629	135045	1040073	443633
食品制造业	1383171	1275009	94955	812989	804520
酒、饮料和精制茶制造业	1400713	1298546	101139	1758238	574922
烟草制品业	***	***	***	***	***
纺织业	101642	30000	71642	129908	90747
纺织服装、服饰业	609757	572826	36820	453156	176909
皮革、毛皮、羽毛及其制品和制鞋业	***	***	***	***	***
木材加工和木、竹、藤、棕、草制品业	***	***	***	***	***
家具制造业	269057	221344	42749	231387	76322
造纸和纸制品业	174046	173924	122	118742	54088
印刷和记录媒介复制业	296908	278988	12704	647685	378697
文教、工美、体育和娱乐用品制造业	144431	114734	29697	125886	82013
石油加工、炼焦和核燃料加工业	1623737	1620559	3178	1168843	45041
化学原料和化学制品制造业	1739351	1571857	116475	1156281	1016289
医药制造业	3124566	2550397	560904	3817453	1072447
化学纤维制造业	***	***	***	***	***
橡胶和塑料制品业	427440	329754	97686	453337	187001
非金属矿物制品业	3065974	2817958	224611	2282942	885577
黑色金属冶炼和压延加工业	1320525	486167	834358	989546	593174
有色金属冶炼和压延加工业	100986	94424	6481	176528	36800
金属制品业	1328897	1113173	215713	1460797	583140
通用设备制造业	2476242	2305077	164320	3231567	1225686
专用设备制造业	5265921	4191082	1070551	4519701	1802899
汽车制造业	15192829	12554205	2638624	11287723	4853738
铁路、船舶、航空航天和其他运输设备制造业	2516084	2047966	452828	1134847	509735
电气机械和器材制造业	4944518	4434986	483304	3255648	1643910
计算机、通信和其他电子设备制造业	11017144	8691119	2302380	8860963	5528714
仪器仪表制造业	904493	807736	91587	943108	296268
其他制造业	464338	340641	123697	697959	260917
金属制品、机械和设备修理业	***	***	***	***	***
电力、热力生产和供应业	58497954	22493462	35978467	58260551	23107479
燃气生产和供应业	***	***	***	***	***
水的生产和供应业	2101283	689873	1411410	2853784	2537251

工业企业主要经济指标（按行业分）（续表）

单位：万元

利润及分配						本年应交增值税
主营业务收入	主营业务成本	营业费用	主营业务税金及附加	营业利润	利润总额	
149562961	126655188	6753021	2666311	100056211	10849858	4421617
***	***	***	***	***	***	***
***	***	***	***	***	***	***
4549753	4250862	4009	17411	1745954	110290	102410
2068903	1946700	9946	30909	-622387	-81459	24154
2560763	2066202	190838	76964	1195024	133542	44486
3352852	2125049	910451	21901	1246013	145657	179860
2011148	1369096	379742	84783	856348	109455	128523
***	***	***	***	***	***	***
43940	35297	453	552	-31753	-3275	956
980521	585819	188278	6944	944081	96479	60178
***	***	***	***	***	***	***
***	***	***	***	***	***	***
410938	308071	37527	3406	309450	32627	20419
432016	312038	17267	2426	851943	95906	22129
638596	474044	17771	4843	622016	67192	36673
502109	474668	9152	720	-35753	4094	3586
7513739	6679537	58011	611685	-1092179	-123646	154429
1701859	1371009	164368	12812	-300271	-30581	65033
4858651	2118258	1469976	51621	8711386	906993	426273
***	***	***	***	***	***	***
592372	469208	18782	2729	444421	46602	21761
3146096	2610628	143748	19433	1331025	182951	69314
1063779	1029440	39230	1124	-186202	-17231	6290
214911	179957	4347	603	129127	13419	3288
1838218	1491407	62503	7334	1478946	157255	38169
3657465	2899209	209864	17514	3072557	317358	124132
4154535	3218816	245497	29831	4667492	512501	195680
30163170	24823012	1180527	1133681	26230058	2755305	935493
2005206	1677298	23232	5653	1097165	127026	40933
5112167	4090309	290615	23636	2941227	316018	153068
23307670	20682821	901719	40252	8487841	982225	190373
1431617	1033302	107548	8848	1772972	206295	61004
660143	507904	13655	2328	697981	71527	19350
***	***	***	***	***	***	***
36857204	34855200	4733	169327	30654906	3281270	1017582
***	***	***	***	***	***	***
437405	449841	591	1479	-375984	43578	12076

2013年北京市规模以上

项　目	工业经济效益综合指数	企　业亏损面	总资产　贡献率	资产保值增值率	资　产负债率	流动资产周转率（次）
合 计	275.8	17.58	7.79	105.93	52.62	1.55
在合计中：						
中央企业	440.72	17.95	5.46	104.26	51.51	1.86
地方企业	249.44	17.55	9.87	107.5	53.59	1.43
在合计中：						
内资企业	248.63	16.53	5.67	103.2	52.29	1.37
国有企业	739.85	15.63	5.09	103.83	49.73	1.64
集体企业	166.23	19.23	9.73	91.58	62.53	1.21
股份合作企业	155.86	20	9.17	121.43	69.23	2.03
联营企业	72.85	100	0.39	27.89	13.51	0.28
有限责任公司	200.96	19.94	4.1	104.74	58.08	1.33
股份有限公司	265.59	17.67	9.33	96.94	45.86	1.17
私营企业	172.63	12.05	9.14	116.86	56.82	1.34
其他企业	55.15				84.17	
港澳台商投资企业	205.12	23.32	6.54	97.28	62.54	1.46
港澳台合资经营	247.2	20.18	13.33	97.73	53.77	1.53
港澳台合作经营	155.28	22.22	3.48	97.8	11.61	0.79
港澳台商独资企业	211.41	27.78	6.06	99.08	73.38	2.26
港澳台商投资股份有限公司	104.45	20	1.24	95.23	57.09	0.38
外商投资企业	374.37	20	19.16	124.22	51.31	2.16
中外合资经营	483.09	18.63	23.53	138.11	53.59	2.39
中外合作经营	171.07	23.08	9.86	109.62	54.97	1.65
外资（独资）企业	279.93	20.59	14.14	111.12	51.19	1.94
外商投资股份有限公司	296.02	26.67	12.75	110.91	25.64	1.15
在合计中：						
农村企业	189.55	23.46	12.09	103.23	67.1	1.4
在合计中：						
国家控股	340.33	22.58	6.42	103.18	52.29	1.53
集体控股	224.45	17.27	9.4	104.83	55.27	1.19
私人控股	207.76	13.9	9.96	124.95	51.47	1.11
港澳台控股	203.92	26.99	7.18	98.03	68.44	1.95
外商控股	292.4	20.39	15.94	108.19	51.23	2.2
在合计中：						
轻工业	238.84	19.11	13.85	111.4	50.39	1.4
重工业	299.19	16.76	7.03	105.24	52.9	1.58
在合计中：						
大中型企业	281.08	17.58	8.35	122.11	52.62	1.76

工业企业主要经济分析指标

单位：%

成本费用利润率	全员劳动生产率（元／人）	产品销售率	增加值率	人均销售收入（元）	流动比率（倍）	速动比率（倍）
7.24	295513	98.94	19.76	1609129	1.23	1.02
6.2	576483	99.51	16.66	3562938	0.98	0.86
7.79	243862	98.62	21.49	1249958	1.38	1.11
6.47	265568	98.86	18.97	1497689	1.19	1
10.81	1046101	99.77	17.04	6173022	1.01	0.95
5.31	129563	98.46	31.24	407952	1.33	0.9
2.93	108353	101.66	14.08	830960	1.2	0.85
-2.59	84151	91.63	27.95	275885	6.02	4.38
2.83	214819	98.44	18	1338059	1.16	0.96
8.92	271566	99.21	23.08	1270646	1.46	1.19
5.95	130668	96.67	20.61	652939	1.34	0.99
3	28651	106.84	3.53	868080	0.88	0.39
3.43	209733	99.41	16.16	1674584	1.28	0.99
8.88	223066	99.35	26.34	910124	1.15	0.88
2.53	154192	95.54	34.63	586279	7.89	7.18
2.32	215491	97.56	11.89	2532868	1.13	0.93
-3.12	115783	112.88	8.91	1693113	1.66	1.16
9.87	392752	98.99	22	1860313	1.37	1.09
10.88	545620	98.79	22.22	2471401	1.36	1.09
3.86	135101	98.18	41.59	599259	1.46	1.35
7.75	271962	99.44	20.7	1442688	1.36	1.07
22.26	225720	97.88	34.13	693561	1.71	1.44
7.1	143632	99.94	22.22	658419	1.25	0.94
7.04	408278	99.44	19.76	2187603	1.13	0.97
7.51	211066	95.29	22.13	968381	1.47	1.13
9.17	167917	97.14	23.26	749517	1.48	1.16
3.2	199373	98.03	14.11	1888103	1.14	0.94
7.91	282441	99.29	18.72	1631112	1.42	1.09
9.52	203197	97.54	29.5	763282	1.38	1.04
6.85	338491	99.18	18.09	2002914	1.21	1.01
7.24	295513	98.94	19.76	1609129	1.23	1.02

2013年北京市规模以下工业企业主要指标

项目	企业个数(个)	从业人员(人)	工业总产值(当年价格，万元)
合计	27040	283502	7009286
法人工业企业	18133	241054	6505288
个体经营工业单位	8907	42448	503998

2013年北京现代制造业情况

单位：万元

项目	工业总产值(当年价格)
合计	77712937
电子信息业产业	21662343
机电产业	12411392
交通运输设备制造业	34698966
医药产业	6502386
其他产业	2437850

2013年北京市规模以上高技术制造业主要经济指标

单位：亿元

项目	工业总产值	主营业务收入	利润总额	应交税金合计
合计	3292.1	3719.9	287.2	156.9
按登记注册类型分				
内资	1141.0	1272.6	173.1	81.0
国有	63.4	65.8	6.4	2.6
集体	1.3	1.3	0.03	0.04
股份合作企业	4.1	4.4	0.2	0.3
联营企业				
有限责任公司	577.0	629.0	58.4	33.3
股份有限公司	332.2	403.1	87.3	32.3
私营企业	163.0	169.1	20.7	12.4
港澳台商投资	653.7	924.5	27.1	12.7
外商投资	1497.4	1522.8	87.1	63.2
按高技术领域分				
信息化学品制造	0.5	0.4	0.3	0.1
医药制造业	599.1	609.7	109.9	77.1
航空航天器制造	87.3	87.4	6.9	0.7
电子及通信设备制造业	1841.3	1926.0	96.5	46.0
电子计算机及办公设备制造业	406.2	698.5	19.4	5.2
医疗设备及仪器仪表制造业	355.4	395.6	53.9	27.7
其他	2.2	2.3	0.3	0.1

注：应交税金合计包括应交增值税、应交所得税、营业税金及附加和管理费用中的税金。

2013年北京市主要工业产品生产总量

主要工业品名称	本年生产量	主要工业品名称	本年生产量
原煤（万吨）	500.1	机制纸及纸板（万吨）	10.0
发电量（万千瓦小时）	3312116.0	化学药品原药（化学原料药）（万吨）	0.1
精制食用植物油（吨）	33669.1	橡胶轮胎外胎（条）	5040664.0
白酒（折65度，商品量）（千升）	280022.1	水泥（万吨）	866.4
啤酒（千升）	1682681.8	平板玻璃（重量箱）	317466.0
卷烟（万支）	2010511.5	生铁（万吨）	
纱（万吨）	0.2	粗钢（万吨）	2.3
布（万米）	361.3	钢材（万吨）	221.8
家具（万件）	945.0	金属切削机床（台）	10560.0
汽油（万吨）		汽车（万辆）	203.8
柴油（万吨）		#载货汽车（万辆）	62.5
焦炭（万吨）		#轿车（万辆）	94.5
氢氧化钠（烧碱）（折100%）（万吨）		家用电冰箱（万台）	83.7
农用氮、磷、钾化学肥料（折纯）（吨）		家用空气湿度调节装置（台）	132490.0
乙烯（万吨）	72.3	程控交换机（线）	7550662.0
初级形态的塑料（塑料树脂及共聚物）（万吨）	108.4	移动通信手持机（手机）（万台）	18783.4
合成橡胶（万吨）	20.2	微型计算机设备（万台）	1106.9
合成洗涤剂（万吨）	9.8	集成电路（万块）	383993.8
化学纤维（万吨）	0.1	家用摄录像机（台）	845082.0
硫酸（万吨）			
交流电动机（万千瓦）	145.4	照相机（万台）	17.9

附录

北京市第二十八届企业管理现代化创新成果获奖名单（247项）

序号	成果名称	企业名称
	一等奖 82 项	
1	打造特色食品生产和销售体系 助推大餐饮商业模式的建立	中国全聚德（集团）股份有限公司
2	拓宽酒店经营的“老城南”餐饮品牌创建策略	北京宣武门商务酒店有限公司
3	以科技地产为核心的集团战略的构建与实施	北京科技园建设（集团）股份有限公司
4	“四位一体”企业风险管理体系的构建与实施	北京科技园建设（集团）股份有限公司
5	满足顾客完美需求的五步循环法在质量管理绩效中的应用	中国石油化工股份有限公司北京燕山分公司质量监督检验中心
6	引领国有企业转型升级的品牌集团化发展战略实践	北京汽车集团有限公司
7	多元经济企业的“和达”文化建设	北京海纳川汽车部件股份有限公司
8	现代畜牧装备制造业交钥匙工程经营方式的创建与实践	北京京鹏环宇畜牧科技股份有限公司
9	以廉洁文化为基础的风险防控平台建设	北京光华纺织集团有限公司
10	食品质量追溯体系的构建与实施	北京首都农业集团有限公司
11	现代农场发展规划体系的构建	北京市北郊农场
12	京北都市型现代周年观光果园经营模式的构建	北京市南口农场
13	派出监事会制度创新与实践	北京住总集团有限责任公司
14	以人才成长为核心的人力资源战略管理体系的构建与实施	北京首都开发控股（集团）有限公司
15	国有大型物业企业品牌战略引领项目管理转型的实践	北京首开鸿城实业有限公司
16	火电前期项目精细化管理的创新与实践	大唐国际发电股份有限公司
17	“以人为中心”的管理思想在人力资源管理信息系统建设中的探索与应用	大唐国际发电股份有限公司
18	企业补充医疗保险管理体系的构建与实施	大唐国际发电股份有限公司北京高井热电厂
19	新建大型煤化工企业人力资源多维配置模式的创新与实践	辽宁大唐国际阜新煤制天然气有限责任公司
20	大型开放式园区运行服务“标准化管理体系”的构建与实施	北京新奥集团有限公司
21	构建首都综合交通体系下的高速公路信息化平台	北京市首都公路发展集团有限公司
22	首都高速公路服务品牌的构建与实施	北京市首都公路发展集团有限公司
23	适应首都高速公路持续发展的员工培训体系构建与实施	北京市首都公路发展集团有限公司
24	开创国内联网新模式 实现电子收费跨省市应用	北京速通科技有限公司
25	首都煤矿企业特色安全文化的建设与管理	北京昊华能源股份有限公司木城涧煤矿

续表

序号	成果名称	企业名称
26	轨道交通车辆段上盖综合利用——基础设施用地再利用模式的创新与实践	北京市基础设施投资有限公司
27	地产企业重组转型创新实践	北京通州房地产开发有限责任公司
28	建筑企业基于信息化的全过程项目风险管理体系建设	北京市建筑工程研究院有限责任公司
29	中小微企业绿色担保业务体系的构建与实施	北京首创融资担保有限公司
30	跨地域集团管控型水务营销管理系统的构建与实施	北京首创股份有限公司
31	大企业合并重组后的战略变革与管控体系建设	北京能源投资（集团）有限公司
32	“三点一线”式外包项目管理	山西漳山发电有限责任公司
33	大型企业集团财务公司 可持续性风险管理创新与实践	京能集团财务有限公司
34	大型发电集团煤炭集运体系建设与运营管理	包头市盛华煤炭销售有限公司
35	高债务风险下的燃气发电企业融资体系的构建与实施	深圳钰湖电力有限公司
36	火电厂水资源全过程、精细化管理	宁夏京能宁东发电有限责任公司
37	区域供热厂全成本管控模式的构建与实施	北京科利源热电有限公司
38	大型发电企业本质安全管理体系构建和实施	内蒙古岱海发电有限责任公司
39	大型能源集团招标代理平台项目管理服务体系的构建与实施	北京国际电气工程有限责任公司
40	西餐肉食企业以高端市场为目标的食品安全管理	北京富润福德进出口有限责任公司
41	军民融合式发展战略的构建与实施	北京卫星制造厂
42	首都绿色示范矿山的建设与实践	北京水泥厂有限责任公司
43	水泥产业管理信息集成化系统的建立与应用	北京金隅水泥经贸有限公司
44	住宅项目的产品精细化设计与营销实践	金融街（奕兴）置业有限公司
45	房地产企业内部控制体系的搭建与实施	金融街控股股份有限公司
46	客户关系管理系统在房地产企业中的构建与实施	金融街控股股份有限公司
47	战略重组指引下的产业聚焦和规模化发展实践	北京机电院高技术股份有限公司
48	构建集成产品开发平台 推进企业持续创新发展	北京机电院高技术股份有限公司
49	提升安全水平和服务质量的运营积分管控体系建设	北京市地铁运营有限公司
50	北京地铁15号线电动客车驾驶标准化管理创新	北京地铁运营四分公司15号线乘务中心
51	创新客户信息安全管理模式 实现安全管理和运营效率双提升	中国移动通信集团北京有限公司
52	创新互联网内容管理模式 提升互联网内容管理能力	中国移动通信集团北京有限公司
53	高端装备制造企业以客户为导向的组织架构模式构建与实施	北京北方微电子基地设备工艺研究中心有限责任公司
54	系统集成服务企业内控管理信息平台的构建与实施	北京益泰电子集团有限责任公司
55	老牌电子集团技术创新体系的构建与实施	北京牡丹电子集团有限责任公司
56	以信息化管理为核心管理手段的施工企业管理精细化创新实践	北京城建建设工程有限公司
57	国家援建工程项目施工管理创新	北京城建九建设工程有限公司
58	房地产企业内控体系的构建与实施	北京城建投资发展股份有限公司
59	首都供水“金牌服务”管理体系建设与实施	北京市自来水集团有限责任公司
60	燕京啤酒NC财务管理信息系统的构建	北京燕京啤酒集团公司
61	燃气集团以综合考核为基础的绩效管理平台创建	北京市燃气集团有限责任公司企管计划部
62	呼叫中心高绩效管理体系的建立	北京市燃气集团有限责任公司运营调度中心
63	运用“4×3安全达标管理法”提升班组管理水平	北京市燃气集团有限责任公司高压管网分公司
64	“3+6+X”绩效管理体系的构建与实施	北京市燃气集团有限责任公司工程建设管理分公司
65	省市级电网公司调控一体化的安全管理	国网北京市电力公司
66	职工创新工作室建设的探索与实践	国网北京市电力公司

续表

序号	成果名称	企业名称
67	综合绩效考核积分法的实践应用	国网北京市电力公司信通分公司
68	生产班组日运行规范	国网北京市电力公司大兴供电公司
69	应对恶劣天气应急工作探索与实践	国网北京市电力公司延庆供电公司
70	城市轨道交通工程建设安全质量隐患排查治理标准化体系	北京市轨道交通建设管理有限公司
71	大型钢铁企业全流程生产管控体系的构建与实施	首钢京唐钢铁联合有限责任公司
72	基于发展战略的首钢集团资产动态化管理	首钢总公司计财部
73	首钢工业遗产品牌建设与实践	首钢总公司发展研究院
74	大型国有矿山企业干部问责制度的设计与实施	首钢矿业公司
75	大型钢铁企业备件全寿命周期管理体系的构建与实践	首钢京唐钢铁联合有限责任公司
76	建筑企业管理标准化体系的构建与实施	北京金港机场建设有限责任公司
77	供电公司内部专家考核机制的构建	国网冀北电力有限公司廊坊供电公司
78	输电企业的精益化管理	国网冀北电力有限公司
79	电网调控运行标准化管理模式的构建与运行	国网冀北电力有限公司
80	国有大型企业制度体系的构建与优化	国网冀北电力有限公司
81	以追求综合价值最大化为引领的品牌建设实践	国网冀北电力有限公司
82	五个管理体系的协同与运行	华北电力科学研究院有限责任公司
	二等奖142项	
1	开拓高星级酒店海外市场的智能化网络营销管理体系的创建	北京市建国饭店公司
2	东来顺品牌商业模式创新	北京东来顺集团有限责任公司
3	高星级酒店现代网络管理的创建与实施	北京亮马河大厦有限公司
4	以集团管控为导向的信息化建设	北京科技园建设（集团）股份有限公司
5	全方位提升动态战略管理能力	首都信息发展股份有限公司
6	优化原油评价程序 构建与实施新原油评价管理体系	中国石油化工股份有限公司北京燕山分公司质量监督检验中心
7	化工连续化生产装置实施柔性生产 提升企业综合实力	中国石油化工股份有限公司北京燕山分公司化工二厂
8	推进业务流程再造 提升铁路运输效率	中国石油化工股份有限公司北京燕山分公司铁路运输部
9	加强国有企业机关基础管理工作的“星级”创优管理	中共北京燕山石油化工有限公司机关委员会
10	大型企业集团内部审计体制创新与实践	北京汽车集团有限公司
11	基于全面经济运行的大型企业信息化战略管理	北京汽车集团有限公司
12	国有大型企业档案实施策略	北京汽车集团有限公司
13	自主品牌乘用车企业整车开发管理体系的优化与创新	北京汽车股份有限公司
14	青年人才培养机制建立与实践	北京汽车股份有限公司
15	后发自主品牌乘用车企业能力建设中的实践与创新	北京汽车股份有限公司
16	“三维矩阵式”研发质量管理体系的构建及实践	北京汽车股份有限公司
17	基于全价值链的组织绩效管理	北京汽车股份有限公司
18	全生命周期式专利管理的创新与实践	北京汽车股份有限公司
19	“八步法”培养模式，快速提升科长领导力	北京汽车股份有限公司北京分公司
20	创建自主特色质量文化体系 提升自主品牌车企核心竞争力	北京汽车股份有限公司株洲分公司
21	大型自主品牌车企特色班组建设的构建与实施	北京汽车股份有限公司株洲分公司
22	威格尔项目搬迁实施中的风险管理创新与实践	北京汽车动力总成有限公司
23	消化吸收赛博技术，打造北汽动力总成生产基地	北京汽车动力总成有限公司

续表

序号	成果名称	企业名称
24	新能源汽车质量控制体系的探索与实践	北京汽车新能源汽车有限公司
25	“红旗生产线”生产管理平台的创建与实践	北京北齿有限公司
26	现代设施农业重点示范工程管控体系的构建与运行	北京京鹏环球科技股份有限公司
27	百货店客户关系管理的重要创新——北京当代商城首创“会员社区”	北京当代商城有限责任公司
28	华都笼养鸡舍的标准化建设	河北滦平华都食品有限公司
29	以物业企业品牌理念引领核心人才队伍培训建设	北京首开鸿城实业有限公司
30	前期项目信息化管理的创新与实践	大唐国际发电股份有限公司
31	员工群体心理测量体系的构建与实施	大唐国际发电股份有限公司
32	合同风险控制及管理一体化的实施	大唐国际发电股份有限公司北京高井热电厂
33	业绩考核的正向激励与有效实施	大唐国际发电股份有限公司北京高井热电厂
34	用种子培训模式拓展人才成长渠道	大唐国际发电股份有限公司北京高井热电厂
35	企业档案信息化管理	大唐国际发电股份有限公司北京高井热电厂
36	构建特色安全关怀体系 提升员工幸福指数	大唐国际发电股份有限公司北京高井热电厂
37	基建企业档案一体化管理成果报告	辽宁大唐国际阜新煤制天然气有限责任公司
38	科技支撑下的“小业主做精、大监理做实”创新管理体系在大型煤制天然气项目场平工程中的探索与实践	辽宁大唐国际阜新煤制天然气有限责任公司
39	基于“五全一化”安全管理模式在大型土地一级开发建设项目中的应用	北京新奥集团有限公司
40	以中水为水源的大型景观水体的管理创新	北京新奥春园绿化有限公司
41	高速公路防范性稽查风险控制体系的构建与实施	北京市首都公路发展集团有限公司
42	“安全管理文化”在高速公路运营单位的构建与创新	北京市首都公路发展集团有限公司
43	基于车型判别分类的高速公路收费管理	北京市首都公路发展集团有限公司
44	首都高速公路标准服务用语的构建与实施	北京市首都公路发展集团有限公司
45	高速公路联网机电系统信息安全管理体系的构建与实施	北京市首都公路发展集团有限公司
46	高速公路联网监控系统标准化管理之路	北京市首都公路发展集团有限公司
47	构建高速公路智能监控管理系统，提升出行服务水平	北京市首都公路发展集团有限公司
48	构建道路联网条件下管理和服务的省际联动机制	北京市首都公路发展集团有限公司
49	构建一体化研发平台 提升研发项目精细化管理水平	北京云星宇交通工程有限公司
50	创新“手指口述”培训模式 规范员工安全行为	北京昊华能源股份有限公司大安山煤矿
51	租赁公寓在民用煤经营网点转型中的实施与创新发展	北京金泰集团有限公司东城分公司
52	机械式停车设备标准化系统建立与实践	北京鑫华源机械制造有限责任公司
53	以信息化技术为支撑的煤炭行业电子招标采购管控	北京昊华能源股份有限公司物资分公司
54	加强管理 勇于创新 打造企业后勤管理的软实力	北京环境卫生工程集团有限公司四清分公司
55	实施“六个控制”打造绿色健康食品	北京顺鑫农业股份有限公司创新食品分公司
56	国有企业改革过程中人员安置途径的探索与实践	北京东方石油化工有限公司
57	“七位一体”降本模式的构建与实施	北京东方石油化工有限公司
58	推进社区供热社会化管理的创新与实践	北京东方石油化工有限公司
59	公司合同管理信息化的创新和实践	北京东方石油化工有限公司
60	“整控合”物流管理模式的构建与实施	北京东方石油化工有限公司销售中心
61	以市场细分理论引导的销售模式的创新与实践	北京东方石油化工有限公司销售中心
62	以信息化建设为支撑的销售内部控制模式的建立与实施	北京东方石油化工有限公司物资装备中心
63	运用安全系统工程学原理对乙烯管线进行危险识别的安全管理创新	北京东方石油化工有限公司化工二厂
64	区域本土化人才队伍建设	北京建工集团有限责任公司总承包部

续表

序号	成果名称	企业名称
65	建筑企业项目部员工职业生涯规划的构建与实施	北京建工四建工程建设有限公司
66	业务多元化集团企业全面内部控制体系的构建与实施	北京首创股份有限公司
67	以信息化建设为支撑的销售内部控制模式的建立与实施	山西漳山发电有限责任公司
68	火电企业人才队伍建设的“四环节管理”	山西漳山发电有限责任公司
69	大型集团财务公司客户服务管理体系的构建与实施	京能集团财务有限公司
70	企业集团财务公司多维结算体系的构建与实施	京能集团财务有限公司
71	收购后电厂的重组整合实践	深圳钰湖电力有限公司
72	供热能源企业收费管理模式的变革与创新——北京热力打造智能化收费管理系统	北京市热力集团有限责任公司
73	发挥资源综合利用优势　发展循环经济　创建环境友好型企业	京能集团内蒙古京泰发电有限责任公司
74	火力发电企业设备管理由“修”到“管”的实践	内蒙古岱海发电有限责任公司
75	流程优化与共赢领导力管理	内蒙古京隆发电有限责任公司
76	基于经济性的大容量机组检修管理模式优化	内蒙古京隆发电有限责任公司
77	企业并购中文化融合与机制创新战略的实施	四川大川电力有限公司 四川众能电力有限公司
78	大型能源集团电力检修平台专业化管理体系构建与实施	北京国际电气工程有限责任公司
79	站点式信息系统在跨地域后勤管理中的应用和创新	京能集团京能电力后勤服务有限公司
80	建筑施工企业劳务班组化管理模式创新研究与实践	中国新兴建设开发总公司
81	基于产品标准化的房地产开发管理	北京金隅嘉业房地产开发有限公司
82	创新体制机制 打造国内一流的金隅中央研究院	北京建筑材料科学研究总院有限公司
83	工程材料第三方检测的应用推广	金融街控股股份有限公司
84	商务智能自动推送系统促进保险公司 实现主动式的信息化服务与管理	长城人寿保险股份有限公司
85	打造以客户为中心的服务管理模式	长城人寿保险股份有限公司
86	全面风险预警指标体系的建立与实施	长城人寿保险股份有限公司
87	人寿保险公司财务集中管理体制改革与实践	长城人寿保险股份有限公司
88	转变发展方式 倡导精细管理——低碳办公管理措施的集成化应用	长城人寿保险股份有限公司
89	内部审计在保障房建设中的应用	北京华融金晖置业有限公司
90	保障房产品标准体系的编制及应用	北京华融金晖置业有限公司
91	集团管控模式下的房地产开发项目后评价管理体系的建立与应用	北京金融街投资（集团）有限公司
92	国有投资集团特色鲜明的风险管理实践	北京金融街投资（集团）有限公司
93	全方位合作型的改扩建项目设计管理	金融街（北京）置业有限公司
94	国有投资集团的企业债设计与发行实践	北京金融街投资管理有限公司
95	开展有偿增值服务的物业管理实践	北京金融街住宅物业管理有限责任公司
96	EPC 工程企业采购质量管理体系再造	北京机电院高技术股份有限公司
97	信息化成本管理在生产型国有企业的运用	浙江京城再生资源有限公司
98	生产用刀具及备品备件集中管理体系的构建与实施	北京巴布科克·威尔科克斯有限公司
99	论装备制造业战略转型中的信息化服务精细管理	北京巴布科克·威尔科克斯有限公司
100	华德液压品牌培育管理体系的构建与实施	北京京城华德液压工业有限责任公司
101	能源管理体系构建与实施	北京市地铁运营有限公司
102	“五项全能”培训创新实践	北京市地铁运营有限公司供电分公司
103	管理人员绩效考核体系构建与实施	北京地铁资源管理与经营事业总部
104	地铁车辆试验和验收体系的开发与应用	北京地铁监理公司
105	以人文为核心，创建地铁北京西站“三位一体”的运营管理模式	北京地铁运营有限公司运营二分公司

续表

序号	成果名称	企业名称
106	基于看板管理的地铁车辆维修精细化管理实践	北京地铁运营有限公司运营三分公司
107	可视化管理应用与创新实践	北京地铁15号线检修中心
108	构建战略协同发展的精益预算管控体系	中国移动通信集团北京有限公司
109	家庭宽带服务营销新模式的探讨与实践	中国移动通信集团北京有限公司
110	厅台人员量化管理提升公司人力资源配置效益	中国移动通信集团北京有限公司
111	搭建分公司人员定编模型 提升人力资源配置效率	中国移动通信集团北京有限公司
112	面向客户的投诉集中化管理体系的建立与实施	中国移动通信集团北京有限公司
113	世华龙樾项目工程质量“关键节点”管控的创新与实践	北京城建兴华地产有限公司
114	“双创双百”标准化管理体系	北京市自来水集团良泉水业有限公司
115	敬业科技应收账款法务化管理与实践	北京京仪敬业电工科技有限公司
116	敬业科技公司精细化管理的实践	北京京仪敬业电工科技有限公司
117	风险管理实践	北京远东仪表有限公司
118	员工绩效考核体系构建	北京市燃气集团有限责任公司人力资源部
119	预案信息网络平台创建	北京市燃气集团有限责任公司第二分公司
120	应用“六率”指标提升燃气巡检工作质量	北京市燃气集团有限责任公司第四分公司
121	强化计量仪表管理 提升燃气企业经济效益	北京市燃气集团有限责任公司第五分公司
122	转变工作与考核方式 提高燃气客户服务工作水平	北京市燃气集团有限责任公司第五分公司
123	以成本目标管理为核心的项目成本管理体系的构建	北京市煤气工程有限公司
124	供电公司社会责任管理的探索实践	国网北京市电力公司大兴供电公司
125	大型电网企业电网环保宣传管理	国网北京市电力公司
126	专业计量班组建设创新与实践——从“5S”到“6化”的班组基础管理	国网北京市电力公司电力科学研究院计量中心
127	全过程控制策略绩效管理	国网北京市电力公司朝阳供电公司
128	“一年一阶梯”式培养青年员工实践	国网北京市电力公司通州供电公司
129	基于企业战略目标的职工绩效考核体系构建与实施	河北省首钢迁安钢铁有限责任公司
130	工程技术公司项目管理体系变革	北京首钢国际工程技术有限公司
131	“过程监控和风险预警审计”的实践探索与研究	北京首钢建设集团有限公司
132	转型发展城市矿产业的实践	首钢总公司能源环保产业事业部
133	坚持工程管理创新打造首钢顺义冷轧优质工程	首钢建设工程管理部
134	坚持“四个深化”加强集团管控探索首钢内部监事会工作的转型与延伸	首钢总公司监事会工作办公室
135	创建新型营销模式 打造三个服务平台 创建首钢服务品牌	首钢总公司销售公司
136	物流管理的探索与实践	首钢总公司生产部
137	实施效能监察推进物资管控体系建设创新实践	首钢总公司纪委（监察部）
138	汽车板一贯制质量管理	首钢技术研究院
139	大型钢铁企业建立三档三线挂钩考核分配机制的实践	首钢总公司劳动工资部
140	生活后勤管理模式的再造与实践	北京首钢实业有限公司
141	以设备性能可视化分析为基础预防性维护体系的构建与管理	北京首钢自动化信息技术有限公司
142	以金融创新为中心的新媒体版权基金资本运作管理	北京厚德雍和新媒体版权投资有限公司
三等奖23项		
1	基于风险最小化目标的高速公路信息安全管理	北京市首都公路发展集团有限公司
2	以实现高效低耗为目标的流程化“四标”整合体系管理	北京市首都公路发展集团有限公司
3	“红黄白”三牌巡检制度的创新与实践	北京东方石油化工有限公司化工四厂
4	以文化理念为引导的企业安全文化建设与实施	北京东方石油化工有限公司东方化工厂

续表

序号	成果名称	企业名称
5	建筑施工企业品牌化管理的构建与实施	北京建工四建工程建设有限公司
6	多业务班组物资消耗定额控制体系的建立与实践	北京京西发电有限责任公司
7	发电企业锅炉防磨防爆管理创新与实践	北京京能热电股份有限公司
8	火电企业改制重组后员工队伍稳定工作的实践	内蒙古京科发电有限公司
9	工作流程手册在现代电力企业中的应用	内蒙古京科发电有限公司
10	多渠道的项目融资实施	金融街控股股份有限公司
11	NC财务报表合并管理系统的开发与应用	金融街控股股份有限公司
12	高端楼盘精细化全程营销实践	金融街（天津）置业有限公司
13	住宅产品设计管理标准化的建设与实施	金融街（天津）置业有限公司
14	基于“校企合作”方式的人才招聘基地建设	北京金融街物业管理有限责任公司
15	北京地铁15号线新国展展会运营服务保障体系建设	北京地铁运营四分公司营销部
16	北京地铁15号线马泉营站区岗位作业工作口诀管理实践	北京地铁运营四分公司马泉营站区
17	北京地铁15号线顺义站区服务创新实践	北京地铁运营四分公司顺义站区
18	建纵向闭环、横向联动管理体系 提升法律纠纷案件全过程管理能力	中国移动通信集团北京有限公司
19	中型建筑企业信息化系统的构建与实施	北京城建九建设工程有限公司
20	研究院内部独立核算机制与绩效考核管理	北京城建设计研究总院有限责任公司
21	变电站不停电检修和运维工作协同管理方法创新	国网北京市电力公司 检修分公司
22	供电企业标准化实践	国网北京市电力公司 朝阳供电公司
23	“零闪动”供电保障管理提升	国网北京市电力公司 城区供电公司

注：同等级排名不分先后

北京市第二十八届企业管理现代化创新成果优秀组织单位名单（14家）

序号	企业名称	序号	企业名称
1	北京汽车集团有限公司	8	国网北京市电力公司
2	北京京煤集团有限责任公司	9	国网冀北电力有限公司
3	首钢总公司	10	北京城建集团有限责任公司
4	北京能源投资（集团）有限公司	11	北京地铁运营有限公司
5	中国石油化工股份有限公司北京燕山分公司	12	北京市首都公路发展集团有限公司
6	北京首都旅游集团	13	中国移动通信集团北京有限公司
7	北京首都农业集团有限公司	14	北京控股集团有限公司

注：排名不分先后

北京市第十六批企业技术中心认定名单

根据《北京市企业技术中心认定评价管理办法》，结合企业的综合实力、技术创新体系建设与运行机制、技术中心基本条件、技术创新活动成果等，经专家评审及北京市企业技术中心认定指导小组审定，同意北京星航机电装备有限公司等78家企业的技术中心通过北京市第十六批认定。具体名单如下（排名不分先后）：

序号	企业名称	序号	企业名称
1	北京星航机电装备有限公司	40	北京天龙钨钼科技有限公司
2	北京机电研究所	41	北京雷力农用化学有限公司
3	北京中冶设备研究设计总院有限公司	42	华迪计算机集团有限公司
4	国电联合动力技术有限公司	43	北京交控科技有限公司
5	北京大基康明医疗设备有限公司	44	二六三网络通信股份有限公司
6	北京亚新科天纬油泵油嘴股份有限公司	45	北京鼎汉技术股份有限公司
7	神华国华（北京）电力研究院有限公司	46	北京市雪迪龙科技股份有限公司
8	北京时代民芯科技有限公司	47	北京中电加美环保科技股份有限公司
9	北京捷成世纪科技股份有限公司	48	中航百慕新材料技术工程股份有限公司
10	北京中卓时代消防装备科技有限公司	49	神州数码融信软件有限公司
11	中节能六合天融环保科技有限公司	50	北京意科能源技术有限公司
12	北京万向新元科技股份有限公司	51	罗森伯格亚太电子有限公司
13	中科恒源科技股份有限公司	52	亚信联创科技（中国）有限公司
14	北京博电新力电气股份有限公司	53	北京竞业达数码科技有限公司
15	乐视网信息技术（北京）股份有限公司	54	北京桑普生物化学技术有限公司
16	北京京仪绿能电力系统工程有限公司	55	北京数码大方科技股份有限公司
17	北京水泥厂有限责任公司	56	北京康普锡威科技有限公司
18	北京九强生物技术股份有限公司	57	北京京北方信息技术有限公司
19	北京四环制药有限公司	58	北京赛迪时代信息产业股份有限公司
20	北京百慕航材高科技股份有限公司	59	北京科聚化工新材料有限公司
21	北京航天斯达新技术装备公司	60	北京升华电梯有限公司
22	北京天罡助剂有限责任公司	61	北京世桥生物制药有限公司
23	普天信息技术研究院有限公司	62	北京蓝汛通信技术有限责任公司
24	北京星河亮点技术股份有限公司	63	北京万邦达环保技术股份有限公司
25	北京万生药业有限责任公司	64	北京地铁车辆装备有限公司
26	北京巴布科克威尔科克斯有限公司	65	北京韬盛科技发展有限公司
27	北京新奥混凝土集团有限公司	66	森特士兴集团股份有限公司
28	北京第七九七音响股份有限公司	67	北京英博电气股份有限公司
29	趣游（北京）科技有限公司	68	北京荣之联科技股份有限公司
30	北京燕化永乐农药有限公司	69	北京凯因科技股份有限公司
31	扬子江药业集团北京海燕药业有限公司	70	贝壳网际（北京）安全技术有限公司
32	北京长吉加油设备有限公司	71	北京特普丽装饰装帧材料有限公司
33	飞天诚信科技股份有限公司	72	北京斯普乐电线电缆有限公司
34	北京康仁堂药业有限公司	73	北京石油机械厂
35	北京天诚同创电气有限公司	74	北京威派格科技发展有限公司
36	北京京东方光电科技有限公司	75	中交第三公路工程局有限公司
37	北京中软国际信息技术有限公司	76	北京城建道桥建设集团有限公司
38	北京辰安科技股份有限公司	77	中铁电气化局集团北京建筑工程有限公司
39	北京国电通网络技术有限公司	78	中信建设有限责任公司

北京市工业企业部分发明授权专利

申请号	发明名称	专利权人名称	专利权人地址
2012105686475	一种用于混凝土泵送机械的控制方法和控制器	北汽福田汽车股份有限公司	昌平区沙河镇沙阳路
2012105682883	一种七彩果蔬茯苓夹饼及其制备方法	北京御食园食品股份有限公司	怀柔区雁栖经济开发区乐园大街31号御食园公司
2012105682402	一种栗子窝头及其制备方法	北京御食园食品股份有限公司	怀柔区雁栖经济开发区乐园大街31号御食园公司
2012105680873	一种用于混凝土泵送机械的泵排量控制方法和设备	北汽福田汽车股份有限公司	昌平区沙河镇沙阳路
2012105552593	一种带壳烤蛋食品及其制备方法	北京德青源农业科技股份有限公司	海淀区中关村南大街12号科海福林大厦5层
2012105402115	一种抗疲劳、提高速度耐力的组合物及含其制剂	北京康比特体育科技股份有限公司	昌平区科技园区利祥路5号
2012103977404	一种烧结永磁铁氧体及其制造方法	北矿磁材科技股份有限公司	丰台区南四环西路188号6区5号楼
2012103928588	一株地衣芽孢杆菌及其应用	北京龙科方舟生物工程技术有限公司	海淀区圆明园西路2号中国农业大学西校区国家饲料工程技术研究中心
2012103925202	一种去除退火炉炉辊黏附物的方法	北京首钢自动化信息技术有限公司	石景山区石门路1号
2012103795798	一种高钙鸡蛋干及其制备方法	北京德青源农业科技股份有限公司	海淀区中关村南大街12号科海福林大厦5层
2012103708662	混凝土泵送装置和具有它的车辆	北汽福田汽车股份有限公司	昌平区沙河镇沙阳路
2012103660343	酥油加工设备	北京三元食品股份有限公司	大兴区瀛海瀛昌街8号
2012103509974	一种增强免疫力的组合物及其制备方法	北京同仁堂健康药业股份有限公司	海淀区上地信息路2号上地国际科技创业园C栋3层
2012103482416	一种杀菌组合物	北京燕化永乐农药有限公司	通州区永乐店镇德仁务村东
2012103418994	一种代餐果冻粉及其制备方法	北京康比特体育科技股份有限公司	昌平区科技园区利祥路5号
2012103356964	一种碳钢焊丝用钢的炉外精炼生产方法	首钢总公司	石景山区石景山路68号
2012103274343	微波介质陶瓷粉末及其制备方法	北京元六鸿远电子技术有限公司	丰台区丰台科技园海鹰路1号院5号楼5层
2012103246998	白色的单组分聚氨酯组角胶的制备方法	北京高盟新材料股份有限公司	房山区燕山工业区8号
2012103069387	一种采用直接还原铁冶炼不锈钢的方法	北京首钢国际工程技术有限公司	石景山区石景山路60号
2012103066783	掩膜板、采用掩膜板制作阵列基板的方法、阵列基板	京东方科技集团股份有限公司	朝阳区酒仙桥路10号
2012103066406	一种不锈钢冶炼方法	北京首钢国际工程技术有限公司	石景山区石景山路60号
2012103060575	一种炼铁高炉风口防灌渣装置	北京首钢国际工程技术有限公司	石景山区石景山路60号
2012103038887	一种城市园林绿色废弃物生物处理成套系统及方法	北京机电院高技术股份有限公司	朝阳区工体北路4号
201210303233X	杀虫组合物	北京燕化永乐生物科技有限公司	通州区永乐店镇德仁务村东
2012102857886	热风炉冷风切断阀关阀互锁、解锁方法	北京首钢自动化信息技术有限公司	石景山区石门路1号
2012102832037	碳酸钠在制备热凝固法治疗子宫肌瘤药物中的用途	滨海金桥医药科技（北京）有限公司	西城区阜成门内大街1号豫翔宾馆2004室
2012102810555	一种废旧膜丝、料块再生利用生产工艺	北京碧水源膜科技有限公司	怀柔区雁栖经济开发区C区乐园南二街4号

续表

申请号	发明名称	专利权人名称	专利权人地址
201210274251X	杀虫蛋白质、其编码基因及用途	北京大北农科技集团股份有限公司	海淀区中关村大街27号14层
2012102741771	一种功能性饲料添加剂	北京华美源生物科技有限公司	朝阳区朝阳北路首开东都汇11号楼2-1402室
201210273515X	杀虫蛋白质、其编码基因及用途	北京大北农科技集团股份有限公司	海淀区中关村大街27号14层
2012102734871	杀虫蛋白质、其编码基因及用途	北京大北农科技集团股份有限公司	海淀区中关村大街27号14层
2012102728207	杀虫蛋白质、其编码基因及用途	北京大北农科技集团股份有限公司	海淀区中关村大街27号14层
2012102695928	一种优化带钢炉内热瓢曲的系统和方法	首钢总公司	石景山区石景山路68号
2012102669463	一种建筑墙体用疏水性负离子石膏基装饰砂浆的研制和施工方法	北京莱恩斯涂料有限公司	通州区中关村科技园通州园光机电一体化产业基地兴光五街11号
2012102664510	一种肉类食品的制备方法	北京郡王烤鸭店有限公司	朝阳区慧忠里203楼
2012102663005	一种用镍炉渣生产水泥的方法	中国铝业股份有限公司	海淀区西直门北大街62号
2012102655723	用于制作隔垫物的掩膜板、隔垫物制作方法、显示装置	京东方科技集团股份有限公司	朝阳区酒仙桥路10号
2012102586935	利用高炉含锌灰生产海绵铁及富锌料的方法	新冶高科技集团有限公司	海淀区学院南路76号
2012102582578	一种粉体外墙真石漆的研制及施工方法	北京莱恩斯涂料有限公司	通州区中关村科技园通州园光机电一体化产业基地兴光五街11号
2012102516788	一种带温度测量的堆肥翻倒机	北京世纪国瑞环境工程技术有限公司	丰台区角门18号枫竹苑1区03-09室
201210245760X	噬菌体抗体库的构建方法及应用此库筛选到的抗CD6抗体	百泰生物药业有限公司	大兴区经济技术开发区荣京东街2号
2012102427229	电影票房核验系统	北京凯森世纪科技发展有限公司	海淀区上地东路1号院5号楼一层115室
2012102410849	一种制备甲型流感病毒全长M2蛋白的方法	北京健翔和牧生物科技有限公司	北京经济开发区康定街6号保吉安大厦2层
2012102389439	一种退化湿地植被原位恢复的方法	北京碧水天成湿地生态环保科技有限公司	海淀区西三环北路105号首都师范大学教1楼（科技园）311室
2012102384064	一种确定RH轻处理模式的控制方法	北京首钢自动化信息技术有限公司	石景山区石门路1号
2012102366259	干扰素α的干粉吸入剂	北京三元基因工程有限公司	大兴区大兴工业开发区金苑路1号
2012102366047	干扰素α的干粉吸入剂	北京三元基因工程有限公司	大兴区大兴工业开发区金苑路1号
2012102300887	一种城市污水深度处理方法	北京碧水源科技股份有限公司	海淀区生命科学园路23-2号
2012102300105	一种耐磨高速钢辊环及其制备方法	北京环渤湾高速钢轧辊有限公司	门头沟区石龙经济开发区永安路20号3幢B1-1276室
2012102286235	具有抗菌止痒修复功效的外用中药组合物、制剂及制备方法	北京华夏众芳生物科技有限公司	海淀区甘家口21号办公楼1017室
201210226440X	甲型肝炎病毒株HAV-ZL2012，由其制备得到的疫苗及应用	北京健翔和牧生物科技有限公司	大兴区亦庄经济开发区康定街6号保吉安大厦2层
2012102244016	适应全悬浮无血清培养的MDCK细胞系及其在培养流感病毒、生产流感病毒疫苗中的应用	北京健翔和牧生物科技有限公司	大兴区亦庄经济开发区康定街6号保吉安大厦2层
2012102220219	嗜热脲芽孢杆菌及其菌剂和应用	北京世纪金道石油技术开发有限公司	海淀区北四环中路229号海泰大厦721A室
2012102164242	预涂膜及该预涂膜的制备方法	北京康得新复合材料股份有限公司	昌平区科技园区振兴路26号
2012102125977	一种基于张量子空间分析的说话人识别方法及其装置	北京华信恒达软件技术有限公司	海淀区学院路20号炼化楼三层330室（石油大院）
2012102121514	一种Nd-Fe-B永磁体的制备工艺及其制备的磁体	有研稀土新材料股份有限公司	西城区新街口外大街2号

续表

申请号	发明名称	专利权人名称	专利权人地址
201210208357X	一种预测高炉煤气利用率的方法	首钢总公司	石景山区石景山路68号
2012102062304	球团焙烧装置	首钢总公司	石景山区石景山路68号
2012102061710	基于CHO细胞表达系统的重组人神经生长因子纯化方法	北京华安科创生物技术有限公司	海淀区上地开拓路5号A409室
2012102058296	冰箱外板用热镀锌板及其生产方法	首钢总公司	石景山区石景山路68号
2012102050307	一种极限规格IF钢及其炉区通板方法	首钢总公司	石景山区石景山路68号
2012102044166	应用篮式生物反应器制备人二倍体细胞风疹减毒活疫苗的方法	北京天坛生物制品股份有限公司	朝阳区三间房南里4号
2012102036314	一种用于治疗痛风的中药组合物及其制备方法和应用	北京九和药业有限公司	房山区窦店镇京保路8号
2012101855559	一种替莫唑胺冻干制剂	北京莱瑞森医药科技有限公司	朝阳区安立路68号阳光广场C1-802室
2012101854109	大型风电机组筒式塔架的无缝连接方式及其实施方法	国电联合动力技术有限公司	海淀区中关村南大街乙56号方圆大厦16层
2012101803963	一种水泥混凝土建造物的修复材料及其制备方法	北京华夏先河新材料有限公司	朝阳区林萃路9号院3-13
2012101802119	一种噻唑磷杀虫剂组合物及其应用	北京明德立达农业科技有限公司	海淀区开拓路5号
2012101747198	一种用于水处理的带电膜装置及其使用方法	北京碧水源膜科技有限公司	怀柔区雁栖经济开发区C区乐园南二街4号
2012101698897	一种低血糖指数的提神醒脑的组合物	北京康比特体育科技股份有限公司	昌平区科技园区利祥路5号
2012101678198	自动刮渣收油式渣油泥水四相分离设备	北京嘉博文生物科技有限公司	海淀区上地信息路12号中关村发展大厦E区301室
2012101677778	一种阵列基板、其制造方法、显示面板及显示装置	京东方科技集团股份有限公司	朝阳区酒仙桥路10号
2012101668957	具有保肝和调节血脂双重功能的保健食品及其制备方法	北京三奇本草医药技术有限公司	大兴区生物医药产业基地永兴路28号
2012101668637	一种具有缓解体力疲劳作用的养生保健酒及其制备方法	北京三奇本草医药技术有限公司	大兴区生物医药产业基地永兴路28号
2012101660546	一种用于砂浆的聚丙烯酰胺改性膨润土及其制备方法	北京振利节能环保科技股份有限公司	大兴区长子营镇牛坊村
2012101647077	一种可自动冲洗、实现分质供水和节水减排的给水深度处理系统	北京碧水源净水科技有限公司	怀柔区雁栖经济开发区C区乐园南二街4号
2012101639314	一种用于砂浆的改性橡胶颗粒及其制备方法	北京振利节能环保科技股份有限公司	大兴区长子营镇牛坊村
2012101589724	一种前烘设备及其排气方法	京东方科技集团股份有限公司	朝阳区酒仙桥路10号
2012101532209	乳腺癌分子标志物miR-139-5p	北京旷博生物技术有限公司	北京经济技术开发区地盛东路1号爱普益大厦2幢3层
2012101522508	头孢曲松钠晶体的制备方法及头孢曲松钠水溶液浊度的评价方法	悦康药业集团有限公司	丰台区北京经济技术开发区宏达中路6号
2012101489815	洗涤剂及其制备方法和应用	北京京东方光电科技有限公司	大兴区经济技术开发区西环中路8号
201210147749X	一种弯曲液晶显示屏及其制造方法和设备	京东方科技集团股份有限公司	朝阳区酒仙桥路10号
2012101466885	一种蓝相液晶面板和显示装置	京东方科技集团股份有限公司	朝阳区酒仙桥路10号
2012101389732	一种抑制猪繁殖与呼吸综合征病毒增殖的microRNA及其应用	北京诺派生物科技有限公司	昌平区回龙观镇冠庭园10-6-601
2012101352992	紫外光辅助的表面改性方法及具有由此方法形成的表面的制品	北京万和芯源生物技术有限公司	西城区六铺炕街1号

续表

申请号	发明名称	专利权人名称	专利权人地址
2012101352367	乳化炸药用乳化剂的乳化能力的评价方法	北京北矿亿博科技有限责任公司	西城区西直门外文兴街1号4幢408室（德胜园区）
2012101288498	一种多功能射频冷却刀	北京优美高电子科技有限公司	丰台区靛厂村内101号
2012101286558	一种连续离子吸附交换设备系统	工信华鑫科技有限公司	海淀区万寿路27号25号楼101室
2012101236243	应用于端泵激光放大器的多程放大装置	北京国科世纪激光技术有限公司	海淀区西小口路66号东升科技园北领地C区7号楼2层
201210122258X	剑杆织机布口梁固定装置	经纬纺织机械股份有限公司	朝阳区亮马桥路39号第一上海中心七层
2012101222556	剑杆织机球面曲柄摇杆装配定位装置	经纬纺织机械股份有限公司	朝阳区亮马桥路39号第一上海中心七层
2012101196053	一种增程式电动汽车控制系统及其控制方法	北京汽车新能源汽车有限公司	大兴区采育经济开发区采和路1号
201210119401X	亚克隆细胞株TF-1-A2及其制备方法与用途	北京华安科创生物技术有限公司	海淀区上地开拓路5号A202室
2012101151955	一株用于青贮玉米的乳酸菌及其使用方法	北京和美科盛生物技术有限公司	朝阳区望京科技园利泽中园106号楼305C-2
2012101151936	一株适用于青贮稻草的植物乳杆菌及其使用方法	北京和美科盛生物技术有限公司	朝阳区望京科技园利泽中园106号楼305C-2
2012101124924	LED显示装置	北京金立翔艺彩科技股份有限公司	海淀区西三环北路89号A座306室
2012101074253	一种人工合成的耐草甘膦基因表达载体及其应用	北京奥瑞金种业股份有限公司	昌平区生命科学园路21号
2012101071950	一种含有耐草甘膦基因的重组DNA片段及其应用	北京奥瑞金种业股份有限公司	昌平区生命科学园路21号
2012101070712	一种人工合成的耐草甘膦基因及其应用	北京奥瑞金种业股份有限公司	昌平区生命科学园路21号
2012101070375	含碳球团转底炉直接还原提铁降硫的方法	北京神雾环境能源科技集团股份有限公司	昌平区马池口镇神牛路18号
2012101068820	一种改善视力的组合物及制法	北京阳光一佰生物技术开发有限公司	通州区宋庄镇小堡村阳光路1号
201210106429X	一种治疗骨病的组合物及制法	北京阳光一佰生物技术开发有限公司	通州区宋庄镇小堡村阳光路1号
2012100977169	基于脑电波的癫痫检测与干预装置	北京品驰医疗设备有限公司	昌平区南邵镇兴昌路1号1幢5层
201210096580X	一种无Al的取向电工钢及其制备方法	首钢总公司	石景山区路68号
2012100964826	双旋流净水器	北京五一环保科技股份有限公司	海淀区中关村东路18号1幢A-1503
2012100964224	一种含三官能团链节的氢基硅树脂及其制备方法	北京康美特科技有限公司	海淀区上地开拓路5号三层A308
2012100963912	一种低铁损高磁感高牌号无取向硅钢的制备方法	首钢总公司	石景山区石景山路68号
2012100940291	一种治疗脂溢性脱发的药物组合物及其制备方法	北京章光101科技股份有限公司	北京经济技术开发区永昌中路4号
2012100886831	移位寄存器单元、移位寄存器电路、阵列基板及显示器件	京东方科技集团股份有限公司	朝阳区酒仙桥路10号
2012100842617	一种冷轧薄板及其制备方法	首钢总公司	石景山区石景山路68号
2012100833548	编织线圈密度松紧程度的调节机构	经纬纺织机械股份有限公司	朝阳区亮马桥路39号第一上海中心7层
201210082967X	一种黑矩阵的制作方法、彩色滤光片及显示装置	京东方科技集团股份有限公司	朝阳区酒仙桥路10号

续表

申请号	发明名称	专利权人名称	专利权人地址
2012100819875	二甲基亚砜冲洗液的制备工艺	北京卡威生物医药科技有限公司	石景山区古城南街77号阳光医药科技园3层313室
2012100766863	一种液晶组合物	北京八亿时空液晶科技股份有限公司	海淀区上地十街1号院2号楼2013
2012100737926	一种在转炉冶炼过程中静动态自动投料方法	北京首钢自动化信息技术有限公司	石景山区石门路1号
2012100717142	内建数字电源电路	北京经纬恒润科技有限公司	朝阳区安翔北里11号B座8层
2012100717104	连接装置、LED显示单元及LED显示系统	利亚德光电股份有限公司	海淀区颐和园北正红旗西街9号
2012100715607	一种采用液体拆解法拆解电子元器件的方法及拆解装置	北京正康创智科技发展有限公司	海淀区四道口路甲5号文林大厦1001室
201210071237X	一种抽真空方法及其设备	北京华源泰盟节能设备有限公司	海淀区清华科技园创业大厦607B
201210068927X	一种冷轧处理线的张力控制系统	北京首钢自动化信息技术有限公司	石景山区石门路1号
2012100680453	内张拉预应力混凝土单层T形框架箱形结构	北京市轨道交通建设管理有限公司	西城区百万庄大街甲2号
2012100680434	内张拉预应力混凝土双层变截面板箱形结构	北京市轨道交通建设管理有限公司	西城区百万庄大街甲2号
2012100678966	肺表面活性提取物与肺表面活性物质相关蛋白A的组合物、制备方法及其制药用途	北京双鹤现代医药技术有限责任公司	朝阳区双桥东路2号
2012100675101	一种钻具及桩工机械	北京市三一重机有限公司	昌平区沙河镇辛庄桥北清路三一产业园
2012100659274	一种自适应车灯及其转向执行器	北京经纬恒润科技有限公司	朝阳区安翔北里11号B座8层
2012100638668	一种内建模拟电源电路	北京经纬恒润科技有限公司	朝阳区安翔北里11号B座8层
2012100633626	一种依据反射强度与地形形态的激光扫描点云植被过滤方法	北京北科安地科技发展有限公司	海淀区北四环中路9号810室
201210062932X	斜轴风力发电机组	北京石光龙腾风力科技发展有限公司	朝阳区朝阳路甲3号3号楼18A
2012100594941	一种用于玻璃钢共挤的方法	北京英伟技术发展有限公司	密云县西大桥路69号密云县投资促进局办公楼305室-92
2012100586057	一种四支腿油缸同步控制方法及装置	三一电气有限责任公司	昌平区回龙观北清路三一产业园
2012100584564	阻燃及耐碱聚氨酯胶黏剂的制备方法	北京高盟新材料股份有限公司	房山区燕山工业区8号
2012100574261	具有降血糖功效的外用中药组合物、制剂及其制备方法	北京千基恒饮料销售有限公司	海淀区阜成路海玉商贸大楼6层6822室
2012100573057	带余能回收装置的液流电池系统及回收余能的方法	北京百能汇通科技股份有限公司	北京经济技术开发区宏达北路10号5层5125室
2012100571579	转底炉炉底结构	北京神雾环境能源科技集团股份有限公司	昌平区马池口镇神牛路18号
2012100569598	一种液体硼钼肥及其制备方法	北京雷力农用化学有限公司	海淀区中关村南大街甲10号银海大厦南区5层
201210056105X	一种多功能冷却塔应用方法及系统	北京纳源丰科技发展有限公司	海淀区学清路9号汇智大厦501室
2012100559670	旋转水冷喷燃式生物质颗粒燃烧器	北京苏阳环能科技有限公司	海淀区北京市海淀区中关村919楼103号
2012100553072	一种乳酸米力农注射液及其制备方法	北京六盛合医药科技有限公司	丰台区丰台科学城航丰路8号生命科学孵化中心317室
2012100541272	移位寄存器、栅极驱动装置和显示装置	京东方科技集团股份有限公司	朝阳区酒仙桥路10号

续表

申请号	发明名称	专利权人名称	专利权人地址
201210053866X	一种太阳能电池的光谱响应值测量系统及方法	北京卓立汉光仪器有限公司	通州区八里桥南街5号电信科学技术仪表研究所主楼2层
2012100530437	防水瓷砖清洁剂	北京洛娃日化有限公司	望京利泽中园二区203号洛娃大厦
2012100528719	一种钢铝复合金属履带板	北京北方车辆集团有限公司	丰台区朱家坟五里2号
2012100522892	数控切割机自动控制方法	北京灿烂阳光科技发展有限公司	朝阳区双桥东路18号康桥工业园
2012100521758	一种具备辐射剂量检测功能的防盗智能运输箱	北京电通纬创电子技术有限公司	昌平区科技园区富康路18号
2012100520115	高韧性海洋工程用钢板及其制造方法	首钢总公司	石景山区石景山路68号
2012100519758	一种双渣法高拉碳出钢生产高碳钢的方法	首钢总公司	石景山区石景山路68号
2012100518844	一种低碳冷镦钢热轧盘条表面氧化铁皮的控制方法	首钢总公司	石景山区石景山路68号
2012100511489	混凝土桩身声透法检测声时同相位波形带追踪的方法	北京市康科瑞工程检测技术有限责任公司	丰台区菜户营甲88号鹏润家园豪苑大厦B座22层
2012100508344	一种控制高碳钢盘条晶界脆化的热轧方法	首钢总公司	石景山区石景山路68号
2012100506404	化学机械抛光传输机器人的递归优化控制系统	清华大学	海淀区100084–82信箱
2012100502507	ASI信号发送的方法和装置	北京瀚景锦河科技有限公司	海淀区信息路甲28号A座6层A区
2012100501966	韧性优良的X70级抗大变形管线钢板及其制备方法	首钢总公司	石景山区石景山路68号
2012100475849	一种互动式沙棘作物娱乐设施及其使用方法	北京宝得瑞食品有限公司	通州区北京市通州区潞城镇新城工业区15号
201210046684X	一种复配杀虫剂	北京燕化永乐生物科技有限公司	房山区良乡政通路8号
2012100455169	一种基于智能算法的高炉布料数值模拟方法	北京首钢自动化信息技术有限公司	石景山区石门路1号
2012100449134	男性头皮舒缓育发露及其制备方法	北京章光101科技股份有限公司	北京经济技术开发区永昌中路4号
2012100448502	一种剥离光盘保护胶层和印刷层的溶液及方法	北京泰合源通生物科技有限公司	海淀区安宁庄东路18号院7号楼522室
2012100443848	一种紫杉醇醇质体凝胶剂及其制备方法	舒泰神（北京）生物制药股份有限公司	北京经济技术开发区荣京东街5号
2012100442968	检测沙丁胺醇的试剂盒或试纸条	北京维德维康生物技术有限公司	海淀区上地开拓路5号中关村生物医药园
2012100438977	内燃机动密封Si–C微晶复合材料及其制备方法	北京东方百诺科技有限公司	朝阳区惠新南里6号1幢920室
2012100436897	干扰素α突变体及其聚乙二醇衍生物	北京三元基因工程有限公司	大兴区北臧村镇北京生物工程与医药产业基地天富大街9号
201210042915X	一种无碳滑面中包上水口及其制备方法	北京首钢耐材炉料有限公司	石景山区石景山路（首钢大门内）
2012100429126	一种发酵后高产乳酸的地衣芽孢杆菌及其制剂和应用	北京科为博生物科技有限公司	海淀区中关村南大街甲6号铸诚大厦B座1506室
2012100422112	煅后焦成品料仓专用抑尘剂及其制备方法	中国海洋石油总公司	东城区朝阳门北大街25号4705信箱中国海油大厦
2012100406980	一种玻璃纤维增强聚碳酸酯复合材料及其制备方法	北京泰合源通生物科技有限公司	海淀区安宁庄东路18号院7号楼522室
2012100403639	一种含恩替卡韦的药物组合物及其制备方法	北京协和药厂	大兴区黄村镇兴业北路北京协和药厂
2012100366358	一种提高在微孔型相纸上耐臭氧牢度的喷墨水性染料墨水	北京联创佳艺影像新材料技术有限公司	海淀区上地七街1号汇众大厦1号楼4层

续表

申请号	发明名称	专利权人名称	专利权人地址
2012100365798	一种非洛地平缓释片	北京罡吉医药科技有限公司	丰台区丰管路16号9号楼4008室(园区)
2012100359265	一种无须物理参数的倒立摆自适应滑模控制方法	北京国电蓝天节能科技开发有限公司	海淀区大柳树富海中心3号楼1501室
2012100332898	一种高特异性耷病易感基因检测试剂盒及其应用	北京科聆金仪生物技术有限公司	朝阳区大屯路15号
2012100331594	4个聋病易感基因联合检测试剂盒及其应用	北京科聆金仪生物技术有限公司	朝阳区大屯路15号
2012100302591	一种布拉他辛醇质体凝胶剂及其制备方法	舒泰神(北京)生物制药股份有限公司	经济技术开发区荣京东街5号
2012100266449	剑杆织机空间摆杆装配定位装置	经纬纺织机械股份有限公司	朝阳区亮马桥路39号第一上海中心七层
2012100260207	一种双氯芬酸钠缓释片及其制备方法	北京四环科宝制药有限公司	丰台区科学城海鹰路11号
2012100237234	一种带刀缝合器及其切刀组件	北京中法派尔特医疗设备有限公司	朝阳区金盏大街西路白桥工业区西侧2号
2012100236725	超高温稀奶油的制备方法	北京艾莱发喜食品有限公司	顺义区金马工业区
2012100218695	一种广场扩容排水系统	北京林大林业科技股份有限公司	海淀区清华东路35号
2012100218430	一种利用热风炉烟道废气烘烤预热高炉炉料的系统和方法	首钢总公司	石景山区石景山路68号
2012100218286	利用复合酶制备黑色素及其前体物质的方法	北京源天彩生物科技有限公司	丰台区科学城海鹰路8号1号楼808室
2012100201069	一种治疗肝病的中药组合物、其制备方法和质量检测方法及应用	北京亚东生物制药有限公司	昌平区科技园区振兴路8号
2012100200808	一种车辆称重仪表举证数据生成和复现方法、装置及系统	北京万集科技股份有限公司	海淀区上地东路1号院5号楼601室
2012100200390	一种曝气软管的末端连接方法	北京博汇特环保科技有限公司	望京东路8号锐创国际大厦B座2115室
2012100200085	不断电检测组合插板、可带电插拔检测插板及电源插板	中能深思(北京)节能技术有限公司	朝阳区农展馆南路13号瑞辰国际中心315室
2012100197025	腔式高炉炼铁装置及炼铁方法	北京闪铁科技有限公司	海淀区中关村南大街12号天作国际中心B–1712室
2012100192498	一种即食食用菌的生产工艺	北京红螺食品有限公司	怀柔区庙城镇郑重庄村631号
2012100174856	一种卤鸭制品及其生产工艺	北京红螺食品有限公司	怀柔区北京市怀柔区庙城镇郑重庄村631号
2012100152895	一种直线电机	北京经纬恒润科技有限公司	朝阳区安翔北里11号B座8层
2012100151892	一种凹底双层运输车小侧墙的自动焊接方法及定位装置	南车二七车辆有限公司	丰台区张郭庄甲1号
2012100123233	一种扁钢矫直机	北京中冶设备研究设计总院有限公司	朝阳区安外胜古中路9821信箱北京冶金设备院
2012100108784	一种注射用脂溶性维生素组合物及其制备方法	海南良方医药有限公司	朝阳区安外北苑5号院四区科研楼3层
2012100093717	一种兆瓦级风力机组及其控制方法、控制系统	三一电气有限责任公司	昌平区回龙观北清路三一产业园
2012100093350	集成轨迹球装置的方向盘	北京汽车股份有限公司	朝阳区华威里10号鹏龙大厦
2012100093079	一种静电释放保护电路及其工作方法	京东方科技集团股份有限公司	朝阳区酒仙桥路10号
2012100090742	一种用于沼气提纯的工艺方法	北京昊海天际科技有限公司	海淀区建材城中路3号楼717室

续表

申请号	发明名称	专利权人名称	专利权人地址
2012100089798	一种静电放电保护电路及包括该保护电路的显示装置	京东方科技集团股份有限公司	朝阳区酒仙桥路10号
2012100089764	一种静电释放保护电路及包括该电路的显示装置	京东方科技集团股份有限公司	朝阳区酒仙桥路10号
2012100072316	一种火电厂热工电气一体化控制系统	北京四方继保自动化股份有限公司	海淀区上地信息产业基地四街9号
2012100033970	生态恢复用天然树胶黏合剂及其应用	北京中盛益世环保科技有限公司	顺义区顺通路28号汽车城投资管理有限公司大楼A座
201210003053X	一种山楂果丹皮制品及其制备方法	北京红螺食品有限公司	怀柔区庙城镇郑重庄村631号
2012100024613	双组分阻燃硅橡胶及其制备方法	北京天山新材料技术股份有限公司	石景山区八大处高科技园区中园路7号
2012100024331	基于音频特征识别的气体泄漏检测方法及故障远程侦测仪	北京嘉华思创科技有限公司	海淀区中关村南大街5号（理工科技大厦）916室
2012100022641	一种高速铁路用道砟胶及制备方法、使用方法	北京东方雨虹防水技术股份有限公司	朝阳区高碑店康家园小区4号楼
2012100022251	一种单组分聚合物水泥防水浆料	北京东方雨虹防水技术股份有限公司	朝阳区高碑店康家园小区4号楼
2012100020487	生活废弃物综合处理工艺系统	北京昊海天际科技有限公司	海淀区苏州街西屋国际C座1802室
2012100019225	包含高乌甲素和碘的药物组合物	北京人福军威医药技术开发有限公司	大兴区生物医药产业基地天荣街11号
2012100018082	一种单组分脱酮肟型硅橡胶密封剂及其制备方法	北京天山新材料技术股份有限公司	石景山区八大处高科技园区中园路7号
2012100013036	具有解酒作用的食用组合物及其制备方法	北京同仁堂国际药业有限公司	北京经济技术开发区西环南路8号
2011205598032	风力发电机组变桨距控制系统测试装置	北京科诺伟业科技有限公司	海淀区王庄路1号清华同方科技广场B座23层
2011205597260	风力发电机组控制系统测试设备	北京科诺伟业科技有限公司	海淀区王庄路1号清华同方科技广场B座23层
2011205464485	铁路轨温监测系统	同方威视技术股份有限公司	海淀区双清路同方大厦A座2层
201120546424X	铁路路基沉降监测	同方威视技术股份有限公司	海淀区双清路同方大厦A座2层
2011205405218	一种中间包永久衬的整体打结方法	北京利尔高温材料股份有限公司	昌平区小汤山工业园
2011205387370	滚动防撞护角	北京道从交通科技有限公司	石景山区古城大街1号领秀大厦B座316室
201120533917X	行李舱裙边集水密封结构及具有该密封结构的行李舱	北汽福田汽车股份有限公司	昌平区沙河镇沙阳路
2011205336379	长臂外后视镜及具有该长臂外后视镜的客车	北汽福田汽车股份有限公司	昌平区沙河镇沙阳路
2011205302334	发动机的排气歧管	北京汽车动力总成有限公司	通州区经济开发区东区靓丽三街1号
2011205165591	外电源搜索及搜索结果显示系统	北京市电力公司	西城区前门西大街41号
2011204913025	移动作业应用系统	北京市电力公司	西城区前门西大街41号
2011204884944	一种膨胀罐	北京亚特伟达冷暖节能工程技术有限公司	朝阳区北苑路13号院1号楼C座910室
2011104608826	一种光纤熔接质量的自动检测方法	北京航天时代光电科技有限公司	142信箱47分箱
2011104606873	获取机动车续航里程的方法及装置	北京中科微电子技术有限公司	海淀区知春路111号14楼03室
2011104606784	一种阵列基板、液晶显示装置及取向摩擦方法	京东方科技集团股份有限公司	朝阳区酒仙桥路10号
2011104606765	移位寄存器单元、移位寄存器电路、阵列基板及显示器件	京东方科技集团股份有限公司	朝阳区酒仙桥路10号

续表

申请号	发明名称	专利权人名称	专利权人地址
2011104606712	获取机动车实时油耗的方法及装置	北京中科微电子技术有限公司	海淀区知春路111号14楼03室
2011104566999	一种无腐蚀性的重油垢去除剂及其制备方法	北京绿伞化学股份有限公司	海淀区永丰产业基地永捷北路3号
2011104538289	一种低泡织物液体洗涤剂及其制备方法	北京绿伞化学股份有限公司	海淀区永丰产业基地永捷北路3号
2011104525823	一种医用X光限束器遮光机构及其时序控制方法	北京长城电子装备有限责任公司	海淀区学院南路30、34号
2011104524549	人体信号自适应分析方法	乐普（北京）医疗器械股份有限公司	昌平区科技园区超前路37号3号楼
2011104498474	一种远程管理电池的方法	北京佳讯飞鸿电气股份有限公司	海淀区地锦路5号院1号楼
2011104486778	一种柯萨奇病毒A16型病毒株及其应用	北京科兴生物制品有限公司	海淀区上地西路39号
2011104486551	一种位置参考数据的检查方法及装置	北京世纪高通科技有限公司	海淀区学院路7号10层1002C室
2011104476691	一种利用积分球测量材料透射比的方法及装置	北京奥博泰科技有限公司	丰台区丰台科技园区外环西路26号院总部国际19号楼
2011104470765	一种污泥水热干化处理装置及其闪蒸反应器	北京科力丹迪技术开发有限责任公司	昌平区昌平科技园区中兴路10号C212室
201110446901X	一种美容面膜粉及其制备方法	北京凝翠轩生物科技有限公司	海淀区曙山花园望山园3号
201110445129X	一种聚晶金刚石复合片表面抛光机	北京迪蒙吉意超硬材料技术有限公司	海淀区花园路B3号303室
2011104450653	一种阵列基板及其制作方法和显示装置	京东方科技集团股份有限公司	朝阳区酒仙桥路10号
2011104448422	一种平板电脑	紫光股份有限公司	海淀区清华大学紫光大楼605室
2011104440721	一种容量获取方法及系统	北京奇虎科技有限公司	西城区北京市西城区新街口外大街28号D座112室（德胜园区）
2011104439885	一种调整雷达视轴的方法及装置	北京智华驭新汽车电子技术开发有限公司	海淀区西小口路66号东升科技园北领地C1-211
2011104438238	一种双相不锈钢电焊条及其制造方法	安泰科技股份有限公司	海淀区学院南路76号
2011104434843	一种提神醒脑的组合物	北京康比特体育科技股份有限公司	昌平区科技园区利祥路5号
2011104433874	一种钢渣罐提升倾翻装置	北京中冶设备研究设计总院有限公司	朝阳区安外胜古庄2号北京9821信箱
2011104433643	钢渣碎化处理装置	北京中冶设备研究设计总院有限公司	朝阳区安外胜古庄2号北京9821信箱
2011104433624	钢渣碎化处理工艺及设备	北京中冶设备研究设计总院有限公司	朝阳区安外胜古庄2号北京9821信箱
2011104431690	一种快速检测鲜奶中植脂末掺假的方法	北京富通华投资有限公司	通州区漷县镇漷兴一街1110号
2011104431351	焦炉碳化室压力调节装置及其模糊控制方法	北京佰能电气技术有限公司	海淀区西三旗建材城东路18号佰能大厦
2011104396521	检测混合物中塞隆骨成分的方法及所用引物	北京同仁堂股份有限公司	北京经济技术开发区西环南路8号
2011104396273	一种用于化肥的水溶性高分子增效剂及其制备方法和应用	北京瑞泰丰商务有限公司	崇文区夕照寺中街4号C座3层
201110439504X	一种大屏视频巡检方法及系统	北京易华录信息技术股份有限公司	石景山区阜石路165号中国华录大厦9层
2011104391848	一种五轴数控机床批花加工路径的生成方法	北京进取者软件技术有限公司	海淀区复兴路47号天行建商务大厦1507、1508室

续表

申请号	发明名称	专利权人名称	专利权人地址
2011104391829	一种基于曲面模型的加工效果表示方法	北京进取者软件技术有限公司	海淀区复兴路47号天行建商务大厦1507、1508室
2011104391212	检测混合物中羚羊角成分的方法及所用引物	北京同仁堂股份有限公司	北京经济技术开发区西环南路8号
2011104391157	一种五轴数控机床内雕加工路径的生成方法	北京进取者软件技术有限公司	海淀区复兴路47号天行建商务大厦1507、1508室
2011104391138	一种五轴数控机床玻璃磨花加工路径的生成方法	北京进取者软件技术有限公司	海淀区复兴路47号天行建商务大厦1507、1508室
2011104387715	检测混合物中山羊角成分的方法及所用引物	北京同仁堂股份有限公司	北京经济技术开发区西环南路8号
2011104380523	检测混合物中豹骨成分的方法及所用引物	北京同仁堂股份有限公司	北京经济技术开发区西环南路8号
2011104375652	一种用于治理土壤砷污染的组合物及其使用方法	盛世绍普（天津）环保科技有限公司	西城区广外大街168号朗琴国际大厦A栋1005室
2011104357885	一种生物可降解聚合物复合材料及其制备方法	乐普（北京）医疗器械股份有限公司	昌平区科技园区超前路37号3号楼
2011104357508	一种扇形预埋件的定位安装方法	北京首钢建设集团有限公司	石景山区苹果园路15号
2011104356844	组织特异性启动子及其用途	北京大北农科技集团股份有限公司	海淀区中关村大街27号14层
2011104356505	一种铁路车辆制动缸活塞组成	南车二七车辆有限公司	丰台区张郭庄甲1号
2011104343223	新型立式烘干设备	北京北车中铁轨道交通装备有限公司	丰台区南四环西路188号五区26楼（园区）
2011104081216	干扰素α与氨溴索的雾化吸入剂	北京三元基因工程有限公司	大兴区北臧村镇北京生物工程与医药产业基地天富大街9号
2011104075709	干扰素α与硫酸特布他林的雾化吸入剂	北京三元基因工程有限公司	大兴区北臧村镇北京生物工程与医药产业基地天富大街9号
2011104075677	基于多效复叠喷射式换热的乏汽余热回收热电联产系统	北京中科华誉能源技术发展有限责任公司	海淀区中关村333号楼2层
2011104075412	一种高温气冷堆卸料设备的安装拆卸装置	中核能源科技有限公司	海淀区中关村软件园26号中核能源科技大厦
2011104073864	干扰素α与硫酸沙丁胺醇的雾化吸入剂	北京三元基因工程有限公司	大兴区北臧村镇北京生物工程与医药产业基地天富大街9号
2011104073811	皮革油润剂及皮革油润剂制备方法和制备装置	北京泛博化学股份有限公司	北京经济技术开发区荣华中路7号院3幢1420室
2011104073559	门的安全开关装置	北京七星华创电子股份有限公司	朝阳区酒仙桥东路1号M2号楼2层
201110407106X	一种摄像机自动曝光调节方法	北京英泰智软件技术发展有限公司	海淀区海淀南路21号海开大厦7层
2011104068921	数据挖掘方法及系统	北京亿赞普网络技术有限公司	海淀区中关村南大街甲18号院2号楼1607
2011104057626	一种直接膨胀式矿井回风源热泵系统及其运行方法	北京矿大节能科技有限公司	海淀区中关村能源安全科技园A2座2层
2011104056498	一种提高血睾酮的组合物，含其制剂及其制备方法	北京康比特体育科技股份有限公司	昌平区科技园区利祥路5号
2011104055245	图片过滤方法和装置	北京新媒传信科技有限公司	海淀区万泉庄路28号万柳新贵大厦A座6层602室
2011104054011	一种矿井回风换热器与扩散塔的连接装置	北京矿大节能科技有限公司	海淀区中关村能源安全科技园A2座2层
2011104051475	立放式全自动上药机	北京华康诚信医疗科技有限公司	海淀区知春路49号紫金数码园3号楼14层1401室
2011104028888	一种风口回旋区取样测量装置	首钢总公司	石景山区石景山路68号

续表

申请号	发明名称	专利权人名称	专利权人地址
2011104026416	一种耐油性室温硫化脱肟硅橡胶的制备方法	北京天山新材料技术股份有限公司	石景山区八大处高科技园区中园路7号
2011104025273	一种渣类材料熔化行为及熔点测定的方法	首钢总公司	石景山区石景山路68号
2011104019164	一种利用废漆渣制备水泥替代燃料的方法	北京金隅红树林环保技术有限责任公司	朝阳区东土城路甲14号建达大厦23层
2011103991110	一种干态中空纤维膜的通量恢复方法	北京碧水源科技股份有限公司	海淀区生命科学园路23-2号碧水源大厦
2011103990230	一种钢球跌落试验机	北京神州腾耀通信技术有限公司	大兴区经济技术开发区东区经海3路一号新城工业园二期B-4
2011103969174	用于电动汽车动力电池的电流采集电路	北京普莱德新能源电池科技有限公司	大兴区采育经济技术开发区采和路1号
2011103949310	一种图形语言程序的有序分解方法及有序分解器	北京和利时系统工程有限公司	海淀区西三旗建材城中路10号
2011103944694	一种环氧树脂改性双组分硅橡胶胶黏剂	北京天山新材料技术股份有限公司	石景山区八大处高科技园区中园路7号
2011103939836	一种基于水泥工艺的有机污染土壤热脱附方法和装置	北京金隅红树林环保技术有限责任公司	朝阳区东土城路甲14号建达大厦23层
2011103935248	一种考虑约束条件的边界扫描测试方法	北京航天测控技术有限公司	石景山区实兴东街3号
201110392848X	磁轴承功率放大器用H桥驱动电路的保护系统及方法	北京中科科仪股份有限公司	海淀区中关村北二条13号
201110392301X	一种基于PXI背板桥接器的加固连接装置	北京航天测控技术有限公司	石景山区实兴东街3号
2011103919635	齿式离合装置	北京二七轨道交通装备有限责任公司	丰台区长辛店杨公庄1号
2011103822061	控制微网与大电网之间的连接的方法	北京金风科创风电设备有限公司	北京经济技术开发区康定街19号
201110381975X	微网系统的控制方法	北京金风科创风电设备有限公司	北京经济技术开发区康定街19号
2011103818687	风光储微网系统	北京金风科创风电设备有限公司	北京经济技术开发区康定街19号
2011103818259	长距离干线安全光纤波分复用式预警系统	北京航天易联科技发展有限公司	北京经济开发区运成街11号1幢1层
2011103790484	风力发电机专用连接件及更换海上风力发电机部件的方法	北京金风科创风电设备有限公司	大兴区北京经济技术开发区康定街19号
2011103787886	一种履带板附着力测量装置	三一电气有限责任公司	昌平区北清路8号
2011103623848	环保型双组分耐高温输送带黏接剂及制备方法	北京天山新材料技术股份有限公司	石景山区八大处高科技科园区中园路7号
2011103442289	一种穿越人体粘液屏障的靶向给药脂质体	北京泰德制药股份有限公司	北京经济技术开发区荣京东街8号
2011103439958	肠道病毒71型单克隆抗体及其应用	北京科兴生物制品有限公司	海淀区上地西路39号
2011103396172	一种表达苯丙氨酸解氨酶的乳酸乳球菌制品的制备方法	北京三元基因工程有限公司	大兴区北臧村镇北京生物工程与医药产业基地天富大街9号
201110325481X	基于模糊决策的车辆调度方法	北京东方车云信息技术有限公司	丰台区南四环西路188号总部基地二区10号楼3层
2011103241237	一种复合微生态饲料添加剂及其制备方法和预混料	北京大北农科技集团股份有限公司	海淀区中关村大街27号中关村大厦14层大北农集团
2011103205989	一种铁路货车检测用CCD传感器伺服装置	南车二七车辆有限公司	丰台区张郭庄甲1号
2011103047171	热处理设备立式炉体立式装配工装	北京七星华创电子股份有限公司	朝阳区酒仙桥东路1号M2号楼2层

续表

申请号	发明名称	专利权人名称	专利权人地址
2011103047167	兆声波清洗头及具有该清洗头的兆声波清洗系统	北京七星华创电子股份有限公司	朝阳区酒仙桥东路1号M2号楼2层
2011102982612	电车动力电池高压回路电阻的在线监测控制方法及装置	北京汽车新能源汽车有限公司	大兴区采育经济开发区采和路1号
2011102940785	一种危险废物处置中心废水综合处理系统及方法	北京机电院高技术股份有限公司	朝阳区工体北路4号
2011102940747	一种TFT阵列基板及其制造方法和显示装置	京东方科技集团股份有限公司	朝阳区酒仙桥路10号
2011102871910	防污染装置	北京七星华创电子股份有限公司	朝阳区酒仙桥东路1号M2号楼2层
2011102870547	一种海上风机整体吊装设备	三一电气有限责任公司	昌平区回龙观北清路三一产业园
2011102869906	检测器具磨损的装置及具有其的盾构机	北京市三一重机有限公司	昌平区沙河镇辛庄桥北清路三一产业园

北京市部分工业企业名录

单位名称	办公地点	联系电话	邮政编码	主要产品
北京北化房地产开发有限公司	东城区广渠门南水关14号	67149652	100061	房地产开发与经营、商品房销售
北京冶金设备研究所	东城区纳福胡同13号	64035005	100009	非标设备制作
北京市三露厂	东城区幸福大街永生巷4号	67148601	100061	车辆等
北京同仁堂股份有限公司	东城区崇外大街42号	67179817	100062	同仁牛黄清心丸、同仁乌鸡白凤丸、同仁大活络丸、安官牛黄丸、坤宝丸、国公酒等
北京市京民建筑设计所	东城区北官厅胡同2号院	64013973	100007	建筑工程设计和咨询（丙级）
北京方略信息科技有限公司	东城区北河沿大街79号	64007711	100010	多媒体设计、展览展示、视频影视、平面杂志、产业咨询
北京市自动化系统成套工程公司	东城区安德路地兴居9号	84113335	100011	工业自动化系统成套工程、加氯产品、水处理产品、调节阀、过程仪表、增压换热机组及系统
北京北广电子集团有限责任公司	西城区黄寺大街23号	62018319	100011	无线发射机设备及配套产品、有线电视网络产品、电视转播车、安防监控设备、电子元器件、印刷电路板、集成电路板、计算机软硬件
北京华世天际科贸有限责任公司	西城区西直门如意里小区1号楼	62217535	100035	仪器仪表及成套仪表设备、无线远程智能采集器、机电电器产品等
北京有色金属进出口公司	西城区感化胡同3号	63180592	100053	有色金属进出口贸易
北京皮革制品进出口公司	西城区鸭子桥路35号	51760620	100055	皮革、皮包、皮鞋等制品
北京市皮件三厂销售中心	西城区鸭子桥路34号	51760638	100055	拉杆箱、真皮男女包、票夹
北京隆达印刷包装集团有限公司	西城区西黄城根北街10号	66153773	100034	印刷、包装
北京惠鼎皮业有限公司	西城区鸭子桥路35号	67624144	100055	轻革、皮革衣、重革、毛皮制品及皮革相关原辅材料
北京隆达轻工控股有限责任公司	西城区德胜门东滨河路5号	82259651	100120	商业票据、书刊印刷、报刊印刷、有色新材料、农膜、塑料、轻工建材、家电、皮革制品等
北京市有色金属工业总公司	西城区槐柏树街2号	83121987	100053	有色金属材料、焊接材料
北京京仪绿能电力系统工程有限公司	西城区鼓楼西大街41号	64034443	100009	光伏并网逆变器及发电系统

续表

单位名称	办公地点	联系电话	邮政编码	主要产品
北京微电子器件集团	朝阳区东直门外西八间房万红西街2号	64320432	100015	半导体集成电路和分立器件、微电路模块、传感器、中小规模CMOS集成电路、信号机、场效应管、硅二极管、半导体芯片设计与制造、超小型塑封器件设计与制造
北京衬衫厂	朝阳区马泉营12号	84593311—214	100105	衬衫
北京紫光泰和通环保技术有限公司	朝阳区光华路光华SOHO大厦0819室	89592038	101100	技术开发，污水资源化处理，废弃物生态化处理，开发生物工程；生产、销售、管理、租赁免冲厕所等
北京石大中油油品销售有限责任公司	朝阳区大屯路甲21号	64856566	100012	销售成品油、零售油气、包装食品
北京染料厂	朝阳区豆各庄1号院	87392109	100023	靛蓝
北京有色金属与稀土应用研究所	朝阳区安外大羊坊2号	84922575	100012	有色合金、贵金属焊料
北京市印刷技术研究所	朝阳区双桥东路18号院2017室	66068090	100121	书画复制装裱
北京印刷集团有限责任公司印刷二厂	朝阳区建外郎家园10号	85891772	100022	出版物及票证卡
北京有色金属供销公司	朝阳区安外大羊坊2号	84931946	100012	有色金属贸易
北京达博有色金属焊料公司	朝阳区安外大羊坊3号	84924157	100012	键合金丝
北京市工业技师学院	朝阳区化工路甲1号	67387521	100023	技能培训、职业技能培训鉴定、就业服务
北京北人郡是机械有限公司	朝阳区广渠路南侧44号	80885063	100022	堆积打捆机
北京市电线电缆总厂	朝阳区建外郎家园8号	65810755	100026	布电线、电力电缆
北京电线电缆研究所	朝阳区建外郎家园8号	65812482	100026	压缩机引出线
北京毕捷电机股份有限公司	朝阳区酒仙桥北路7号	64377664	100015	交流电动机
北人集团公司	朝阳区广渠路南侧44号	67886677	100022	印刷机、装订机械
北京市机电院高技术股份有限公司	朝阳区工体北路4号	85235260	100027	环境保护专用设备
北京天海工业有限公司	朝阳区天盈北路9号	67383444	100121	钢质无缝气瓶、缠绕瓶、低温瓶
北京市民政房屋装饰公司	朝阳区平房乡石各庄村北甲1号	65489183	100024	室内外装饰装修业务
北京都安同信汽车租赁服务有限公司	朝阳区三里屯工体北路工人体育场9看台一层	65513480	100027	汽车租赁服务
北京市定福庄园艺场	朝阳区定福庄东路1号	65489470	100024	土地租赁
北京市大宝日用化学制品厂	朝阳区平房路241号	85512780	100025	五洁粉和“贝贝熊”系列洗涤用品
北京京海纸制品有限责任公司	朝阳区定福庄路1号	65487182	100024	生产各种五褙、三褙、单褙、牛皮纸箱
北京市红叶齿科医用器材厂	朝阳区平房路240号	65855544	100025	粉状藻酸盐印模材
北京化工集团公司教育培训中心	朝阳区化工路甲1号	67382049	100023	职工教育及培训
北京北搪化工设备厂	朝阳区豆各庄1号院	52073557	100023	化工设备
北京化工实验厂	朝阳区豆各庄1号院	52073510	100023	氮肥制造
北京市氧气厂	朝阳区豆各庄1号院	52073529	100023	氧气
北京普莱克斯实用气体有限公司	朝阳区大郊亭化工路6号	67714766	100022	氮气、氧气、氩气
北京华腾旌凯经贸有限责任公司	朝阳区松榆南路54号	67312276	100021	精细化工材料进出口

续表

单位名称	办公地点	联系电话	邮政编码	主要产品
北京京工雷蒙服装服饰有限公司	朝阳区松榆西里29号	67336655	100021	梭织服装
北京京工伊里兰服装服饰有限公司	朝阳区松榆西里29号	87372863	100021	羽绒服
北京中纺海天染织技术有限公司	朝阳区光华路8号	65830839	100026	纺织助剂
北京天彩纺织服装有限公司	朝阳区光华路8号光华大厦A座9层	65815275	100026	针织、梭织服装
北京易亨电子集团有限责任公司	朝阳区北三环东路28号易亨大厦	64405566	100013	智能物流设备、电力仪表与设备、自助服务终端、铁路控制设备及其他产品
北京正东电子动力集团有限公司	朝阳区酒仙桥4号	64377041	100015	电、燃气、热水
北京飞宇微电子有限责任公司	朝阳区三里屯西五街5号	64652346	100027	薄、厚膜集成电路
北京瑞普三元仪表有限公司	朝阳区三元桥霞光里5号	84512776	100027	流量计、物位计、压力差压变送器、V锥流量计、雷达液位计、雷达料位计、超声波流量计、涡街流量计、电磁流量计
北京电子控股有限责任公司	朝阳区三里屯西六街6号	84544215 84545054	100027	液晶显示、集成电路与光伏设备、广电发射设备、自助服务设备、特种电子元器件及精密仪器仪表
北京吉乐电子集团有限公司	朝阳区酒仙桥南路5号	64354808	100016	侧发光SMD LED、顶发光单晶/多晶SMD LED、大功率LED及Light Bar（灯条）
京东方科技集团股份有限公司	朝阳区酒仙桥路10号	64318888	100016	IT与电视用TFT–LCD业务、移动与应用产品用TFT–LCD业务、显示光源产品业务、显示系统和解决方案、其他显示器件及配套产品
北京七星华创电子股份有限公司	朝阳区酒仙桥东路1号	64361831	100016	半导体工艺设备、太阳能电池设备、工业炉设备、绿色环保电池设备、TFT–LCD制造设备、气体质量流量计、高精密电容器、高精密电阻器、晶体器件、混合集成电路
北京兆维电子（集团）有限责任公司	朝阳区酒仙桥路14号	64361361	100016	自服、安防与通信设备
北京七星华电科技集团有限责任公司	朝阳区酒仙桥东路1号	64311193	100016	半导体工艺设备、太阳能电池设备、工业炉设备、绿色环保电池设备、TFT–LCD制造设备、气体质量流量计、高精密电容器、高精密电阻器、
北京正东电子动力集团有限公司	朝阳区酒仙桥路4号	64377041	100015	电、热力、煤气
深迈瑞（北京）生物医疗技术有限公司	朝阳区建国路93号万达广场A座23层	65810066	100022	生物技术研发推广
北京新功光电科技有限公司	朝阳区北苑路168号中安盛业大厦1101室	58246717	100101	技术开发与推广；通信设备销售；计算机服务
北京德润生农业发展有限公司	海淀区板井路69号世纪金源大饭店东区8层8D	88455968	100089	农业科技种植技术、应用及推广
北京市化工职业病防治院(北京化工医院)	海淀区香山一棵松50号	62591713	100093	化工职业病预防、治疗、监测
北大方正集团有限公司	海淀区成府路298号方正大厦	82529988	100871	方正电子出版系统，网络产品，数字媒体，计算机软硬件及相关设备、通信设备等
北京北大青鸟软件系统有限公司	海淀区海淀路5号燕园三区30号305室	82615888	100871	计算机软、硬件及外部设备，智能化仪器设备技术开发
北京中油石大技术有限责任公司	海淀区20号15楼125室	82387867	100086	技术开发技术咨询、销售开发后的产品

续表

单位名称	办公地点	联系电话	邮政编码	主要产品
北大科技园建设开发有限公司	海淀区中关村北大街127–1号创新中心106A室	62769088	100080	项目开发、科技成果转化服务、孵化投资、园区建设管理、酒店旅游
北京北大宇环微电子系统有限公司	海淀区北大微电子所院内	62751788	100871	电子产品技术开发、制造、服务
北京北大明德科技发展有限公司	海淀区成府路202号北京大学新化学楼中区	56290018	100871	水产养殖专用化学品、快速水质分析盒、化学试剂、医学与精细化工
北京燕园天地科技有限公司	海淀区北京大学逸夫楼七层3711~3712室	62752997	100871	矿产品、建筑材料技术开发、销售、宝石加工
北京北医投资管理有限公司	海淀区学院路38号	82801566	100191	投资及投资管理，资产管理及资产重组、处置，企业管理，技术开发、服务、转让、咨询
北京医大时代科技发展有限公司	海淀区学院路38号	82802151	100191	技术开发、服务、转让、咨询、培训
清华控股有限公司	海淀区清华科技园科技大厦A座25层	82150088	100084	资产管理，实业投资及管理，企业收购、兼并、资产重组的策划，科技、经济及相关业务的咨询及人员培训，机械设备、电子产品、金属材料、建筑及装饰材料、化工产品、文化体育用品及器材的销售等
同方股份有限公司	海淀区五道口清华同方科技广场	82399988	100084	计算机、数字城市、物联网应用、微电子与射频技术、多媒体等
紫光集团有限公司	海淀区清华科技园紫光大厦十层	82159955	100084	项目投资，投资管理，资产管理，企业管理，货物进出口等
启迪控股股份有限公司	海淀区清华大学创新大厦A座16层	62785888	100084	企业孵化与服务、园区开发与管理、特色地产、基础设施建设开发；技术开发与技术咨询等
清控人居建设有限公司	海淀区中关村东路1号院8号楼七层A702室	82150989	100084	工程勘察设计、技术开发、技术推广、承办展览展示活动、技术服务等
北京清能创新科技有限公司	海淀区清华大学能科楼A座301室	62792498	100084	电子产品及通信设备、仪器仪表、机械化工产品等
同方光盘电子出版社有限公司	海淀区华业大厦6层	62791818	100084	科技、文化娱乐和社会教育等电子出版物
清华核能技术研究（北京）有限公司	海淀区上地创业中路32号四层		100084	自然科学研究与试验发展；技术开发、技术推广、技术转让、技术咨询等
北京石大油软技术有限公司	海淀区北四环中路229号海泰大厦1109	82883190	100088	技术开发、技术咨询、销售开发后的产品
北京石大茁立石油技术有限公司	海淀区学清路8号科技财富中心A座307室	18001332751	100192	技术开发、技术咨询、销售开发后的产品
北京慕华教育科技有限公司	海淀区清华园内清华大学学研综合楼B座707室		100084	教育咨询，企业管理咨询，应用软件服务，电脑动画设计，组织文化交流活动等
北京市时润技术发展公司	海淀区西北旺黑龙潭路58号	51706892	100094	火化设备、金属结构加工、汽车维修等
北京市金百合食品厂	海淀区西北旺付家窑17号	51724750	100094	面包、糕点
北京市香山橡胶制品厂	海淀区香山买卖街1号	62591324	100093	宝怡山庄住宿、餐饮服务
北京市化学工业研究院	海淀区中关村北大街123号	62567814	100084	工程塑料合金材料、科研开发及服务
北京大华天坛服装有限公司	海淀区中关村大街人民大学南路三义庙	62612565	100086	梭织服装
北京京冠毛巾有限责任公司	海淀区安宁庄东路甲18号	62957990	100085	毛巾
北京启明峰科技有限公司	海淀区清河镇安宁庄东路18号12号楼	62929294	100026	燃烧器控制系统

续表

单位名称	办公地点	联系电话	邮政编码	主要产品
北京无线电厂	海淀区北洼路4号	68419348	100089	智能建筑系统集成、安防与人防系统集成、计算机系统集成、影音产品、电子电器、集成电路的生产与销售、半导体测试、加工、电子产品配套、加工、生产服务
北京牡丹电子集团有限责任公司	海淀区花园路2号	82284821	100191	数字电视、电子元器件、光伏组件
中电投信息技术有限公司	海淀区海淀南路32号	56995931	100080	信息系统集成、实施和运维服务，软件设计、开发，管理、信息、技术咨询，技术服务、技术转让
南车二七车辆有限公司	丰台区张郭庄甲1号	83879277	100072	新造、检修铁路货车及配件
北京北益电工绝缘制品有限公司	丰台区石榴庄南里7号	52331468	100079	绝缘件
北京京城中奥电梯有限公司	丰台区卢沟桥南里6号	83214477	100165	电梯
北京现代京城工程机械有限公司	丰台区卢沟桥南里2号	83213377	100165	挖掘机、叉车
北京市民政建筑安装工程有限公司	丰台区岳各庄671号	63804185	100071	建筑工程总承包（二级资质）
北京乐金日用化学有限公司	丰台区石榴庄南里8号	67644544	100075	竹盐牙膏
北京同仁堂科技发展股份有限公司	丰台区南三环中路20号	87632899	100079	六味地黄丸系列产品、感冒清热颗粒、牛黄解毒片系列、生脉饮口服液等
北京楠辰皮革有限公司	丰台区南三环中路29号	67666045	100078	皮革、皮箱、皮包制品
北京市非凡制药厂	丰台区岳各庄甲371号	63855792	100071	皮炎宁酊、醋酸氯已定溶液（0.02%~0.05%），开塞露、复方白芷酊
北京五洲佳泰新型涂层材料有限公司	丰台区南方庄89号	67640395	100078	双轴向布、帐篷、充气产品
北京市环球新艺皮毛公司	丰台区大红门南路158号	67963114	100076	各种裘皮服装及制品
北京超塑新技术有限公司	丰台区永外双庙125号	59771800	100078	超塑金属络纱槽筒
北京印刷集团有限责任公司印刷一厂	丰台区马家堡路69号	67584284	100068	出版物及纸制包装品
北京市印刷物资公司	丰台区东老庄75号	87293483	100070	印刷耗材
北京华盾雪花塑料集团有限责任公司	丰台区黄土岗马家楼19号	83728283	100071	塑料薄膜、中空制品
北京白菊电器有限责任公司	丰台区卢沟桥南里8号	83892822	100165	注塑加工、物业管理
北京隆长泰工程机械有限公司	丰台区张郭庄甲1号	83883806	100072	轴承辅件、金属冲压件
北京隆轩橡塑有限公司	丰台区张郭庄甲3号	63703177	100072	工程塑料保持架
北京丰华实机械有限公司	丰台区张郭庄甲1号	83804592	100072	铁路货车配件
北京二七储运有限公司	丰台区张郭庄甲1号	83804711	100072	仓储、物流、内外贸易
北京神州普镓照明科技发展有限公司	石景山区杨庄大街首钢特钢办公楼801	88284951	100043	生产大功率LED路灯、泛光灯、工矿灯等
北京京城新能源有限公司	石景山区吴家村路57号	51792570	100040	风力发电机组、交流电动机
北京巴布科克·威尔科克斯有限公司	石景山区石景山路36号	68862244	100043	电站锅炉
北京厨房设备集团公司	门头沟石龙工业区永安路7号	69806695—8000	102308	不锈钢制品、铝梯
北京京煤集团有限责任公司	门头沟区新桥南大街2号	69842426	102300	煤炭
北京昊华能源股份有限公司	门头沟区新桥南大街2号	69839418	102300	煤炭

续表

单位名称	办公地点	联系电话	邮政编码	主要产品
内蒙古京海煤矸石发电有限责任公司	门头沟区新桥南大街2号	69862467	102300	发电、水泥
北京鑫华源机械制造有限责任公司	门头沟区门头沟路47号	61815100	102300	立体车库、液压支架、金属结构、渣浆泵、
北京埃姆毛纺有限公司	门头沟区永定镇上岸村	69803238	102308	针织绒线、毛针织衫裤
北京京煤化工有限公司	房山区青龙湖镇	80374040	102471	雷管、火药
北京京城泰昌机械有限公司	房山区房山科技工业园燕房园A区2号	64052015	100165	挖掘机下料件
北京超羽纤维制品有限公司	房山区良乡工业开发区	65080450	102488	床上用品
北京诺飞金属材料有限责任公司	通州区景盛北一街9号	60595121	101102	有色金属铸件、低温焊料
北京攀尼高空作业设备有限公司	通州区半壁店大街九号	81564407	101149	高空作业车
北京第一机床厂	通州区怡乐中路9号	58691108	101149	地质工程钻机
北京京城重工桥箱机械有限公司	通州区马驹桥镇大杜社六郎庄	61582717	101103	矿用汽车前桥、后桥
中环动力（北京）重型汽车有限公司	通州区光机电一体化产业基地兴光五街15号	81503501	101111	矿用自卸汽车
北京京城重工机械有限责任公司	通州区台湖镇星湖工业园创业园2号	61539900	101116	起重机、汽车起重机专用底盘、高空作业平台
北京一轻日用化学有限公司	通州区光机电一体化产业基地科创东六街6号	81503351	101111	金鱼牌洗涤产品、奥琪、宝贝化妆品、欧珀莱化妆品
北京市北泡轻钢建材有限公司	通州区张家湾镇光华路8号	61565731	101113	轻钢结构厂房、冷库工程、聚苯乙烯泡沫塑料夹心板、压型钢板、保温门、窗等
北京金鹰铜业有限责任公司	通州区梨园小街	60526450	101101	转型调整
北京星月泡沫塑料有限责任公司	通州区张家湾镇光华路甲2号	61502388	101113	聚醚型软质聚氨酯泡沫塑料系列产品、聚酯型软质聚氨酯泡沫塑料系列产品
北京英特塑料机械厂	通州区九棵树西路	81521311	101101	塑料挤出机、塑料混合机、塑料制品、模具
北京市北泡实创门窗有限公司	通州区张家湾镇光华路8号	61565771 61565734	101113	金属门窗制造
北京北泡商贸有限公司	通州区梨园镇刘老公庄	67612929	101101	销售建筑材料、化工原料等
北京光学仪器厂	通州区新华大街157号	69544601	101149	热分析仪器、光谱仪器、颜色测量仪器、电控位移台系列、光具座系列、低剂量直接数字化X光机
北京东光实业总公司	通州区滨河路143号	61561473	101149	销售丙烯酸酯类、乳液、树脂产品
北京铜牛股份有限公司	通州区张家湾镇光华路6号	61502482	101113	针织坯布、针织服装
北京金商梦时装有限公司	通州区宋庄镇富豪工业区	89551574－608	101119	泳装、休闲服、运动服
北京佐田雷蒙服装有限公司	通州区西集任辛庄路南	61557016	101108	梭织服装
北京月季红线业有限公司	通州区梨园真小街村张家湾七桥	69571692	101101	缝纫线、涤棉纱、服装辅料
北京北广科技集团有限责任公司	顺义区天竺空港工业区A区天柱路26号	80489988	101315	无线发射及配套的电视发射设备、调频、中、短波广播发射设备、无线通信设备、微波传输设备、天线与铁塔设备、有线电视设备、音视频设备、射频电源
北京中石大化学制剂有限公司	顺义区牛栏山地区金牛工业开发区	69411933	101301	制造化学制剂及相关技术服务
北京恩布拉科雪花压缩机有限责任公司	顺义区天竺空港工业区B区裕华路29号	80482255	101300	冰箱压缩机

续表

单位名称	办公地点	联系电话	邮政编码	主要产品
北京轻联富文新特印刷有限公司	顺义区天竺空港工业区B区裕华路25号	80481213	101318	纸制包装品
北京京澳毛纺有限公司	顺义高丽营镇高泗路四村段30号	69454140	101303	毛纱、混纺纱
北京京棉巨龙有限公司	顺义区高丽营镇金马工业区B区1号	69457212	101303	气流纱、布
北京宝岛包装印刷有限公司	大兴区旧宫工业园区富华街北东区甲19号	87971383	100076	纸制包装品
海信（北京）电器有限公司	大兴区清源路34号	69251331	102600	电冰箱
北京雪花电器集团公司	大兴区黄村镇兴华中路1号	69241477	102600	电冰箱
北京北仪创新真空技术有限责任公司	大兴工业开发区前高米店盛坊路仪器仪表基地	60251397	102600	非晶硅太阳能电池生产线设备、各种真空应用设备、真空获得设备、真空测量仪表
北京京仪海福尔自动化仪表有限公司	大兴工业开发区前高米店盛坊路仪器仪表基地	62050310	102699	各种物位、流量测量系列仪表
北京京仪北方仪器仪表有限公司	大兴工业开发区前高米店盛坊路仪器仪表基地	60250334	102699	各种机电式全电子式和智能型电能计量系列产品、现场远传抄表系统、现场测试状态监测系列仪器
北京化学试剂研究所	大兴区安定镇工业东区安定南街1号	80239006	102607	锂离子电池电解液、高纯化学试剂、扩散源、光刻胶、感光液
北京化工厂	大兴区安定镇工业东区安定南街1号	80239216	102607	502胶、化学试剂、彩色胶粉
北京五洲燕阳特种纺织品有限公司	大兴区瀛海镇黄亦路97号	69276011	100076	消防水带、软质输油管、软体油罐
北京北方微电子基地设备工艺研究中心有限责任公司	北京经济技术开发区文昌大道8号	57846999	100176	等离子刻蚀设备、化学气相沉积设备、物理气相沉积设备、自动化软件产品
北人印刷机械股份有限公司	北京经济技术开发区荣昌东街6号	67886677	100176	印刷机
北京京城长野工程机械有限公司	北京经济技术开发区荣昌东街6号	67803200	100176	液压挖掘机
北京华德液压工业集团有限责任公司	北京经济技术开发区同济北路5号	4000006987	100176	液压件、液压系统及装置
北京ABB高压开关设备有限公司	北京经济技术开发区景园街12号	67818000	100176	高压断路器
北京北开电气股份有限公司	北京经济技术开发区永昌南路5号	53798839	100176	六氟化硫全封闭组合电器
北京同仁堂健康药业股份有限公司	北京经济技术开发区景园北街2号58幢	81726688	100176	保健食品、食品、中成药等
北京博飞仪器股份有限公司	北京经济技术开发区兴业街2号	67816781	100176	光学、电子经纬仪系列产品
北京化学工业集团有限责任公司	北京经济技术开发区西环北路23号	67860685	100176	精细化工、化工装备、工业及民用气体、电子化学品、新能源、新材料、循环经济产业、环保产业
北京北人富士印刷机械有限公司	北京经济技术开发区荣昌东街6号2号楼	67365831	100176	印刷机、装订机械
北京宏达日新电机有限公司	北京经济技术开发区宏达南路8号	67802698	100176	六氟化硫全封闭组合电器
神通电动车能源管理有限责任公司	昌平区神华科技园201单元	57336112	102208	新能源技术推广
北京复盛机械有限公司	昌平区回龙观国际信息产业基地立业路15号1~5幢	69732555	102206	气体压缩机

续表

单位名称	办公地点	联系电话	邮政编码	主要产品
北京浦然轨道交通科技有限公司	昌平区百善镇广灵精华集团院内	52700267	102211	车辆踏面制动用高摩擦系数合成闸瓦、地铁列车盘形制动闸片和三类动车组用粉末冶金制动闸片材料
中建材创新科技研究院有限公司	昌平回龙观西大街118号龙冠置业大厦501	59812738	102208	建筑材料及设备，新能源材料及设备的技术开发、咨询、转让、服务
北京国电光宇机电设备有限公司	昌平区科技园区振兴路28号2号楼302室	89579427	102200	Ups电源、直流系统、通信电源、智能交流屏等设备研发生产
北京斯洛玛格磁电技术有限公司	昌平区科技园区超前路8号3层305室	89700434	102200	磁性材料的研发
北京北石新材料技术开发公司	昌平区府学路18号	89733420	102200	石油勘探技术开发、技术服务
北京石大石工油气化工技术有限公司	昌平区府学路18号	69419241	102200	仪器仪表设备及石油专用软件技术、开发技术
北京油源恒业科技有限公司	昌平区振兴路18号	89733117	102200	技术开发咨询、销售开发后的产品
北京石大中油石油化工技术有限公司	昌平中国石油大学（北京）院内（基础楼）	89733276	102200	生产真空系列用油、润滑油及添加剂
博奥生物集团有限公司	昌平区生命科学园路18号	80715888	102206	生物芯片、配套仪器、试剂耗材和软件数据库、生物芯片服务等
北京中石大格林催化科技有限公司	昌平区科技园区富康路18号	89733595	102200	技术开发、技术咨询、技术转让、销售化工产品、石油机械设备
北京中石大科技园发展有限公司	昌平区富康路18号科技园	13701071705	102200	房地产开发、项目投资、资产管理、技术开发、物业管理
北京中石大节能科技发展责任公司	昌平区长陵镇泰胡路2号	13301371315	102213	技术开发、技术咨询、销售油田机械设备
北京中石大乾泰超临界技术有限公司	昌平区科技园区富康路18号301室	13901230736	102200	技术推广、技术服务销售化工产品、机器设备
北京中石大鲲鹏新能源科技投资有限公司	昌平区科技园区富康路18号	89732256	102200	投资与资产管理技术推广服务、工程勘察设计、工程设计、专业承包、销售建筑材料
北京中石大新能源研究院有限公司	昌平区科技园区富康路18号310室	13581700966	102200	催化剂、净化剂、吸收剂技术开发、技术转让、技术咨询、技术服务，销售化工产品（不含危险品）、化工机械设备、环保机械设备
北京中石大友辉能源科技有限公司	昌平区振兴路18号	58207410	102249	销售化工产品、机械设备、石油天然气技术开发、转让
北京中石大能源技术服务有限公司	昌平区沙河镇北街家园5区2号楼2层4单元242室	13810887537	102206	油气井工程技术服务、油田地面工程、油田自动化工程技术服务、油田信息化工程技术服务
北京北油江钻井下工具有限公司	昌平区振兴路18号	13601096352	102249	石油技术开发咨询、销售开发后的产品
北京华千新技术有限公司	昌平区回龙观朱辛庄323号农业服务中心院内	80770130	102206	生产建筑用胶、墙体保温材料、防水材料等
安东柏林石油科技（北京）有限公司	昌平区科技园区创新路11号3号楼	80113275	102200	石油技术研发、推广及咨询服务
北京任我在线电子商务有限公司	昌平区马池口镇上念头村水南北路	60798885	102200	电子商务平台
北京京能未来燃气热电有限公司	昌平区未来科技城南区达华庄园西侧	80789910	102208	发电、供冷、供热、光伏、大温差项目
中能华辰科技股份有限公司	昌平区科技园区火炬街21号4幢4层401-8	57582945	102200	节能技术、生物质能源技术，技术开发、技术服务、技术咨询
中玉金标记（北京）生物技术股份有限公司	昌平区生命科学园29号创新大厦1幢1层A103	53632939	102206	种业研发及服务

续表

单位名称	办公地点	联系电话	邮政编码	主要产品
依升源恒（北京）农业科技有限公司	昌平区科技园区超前路37号1幢3-1	69728906	102200	有机农产品研发、种植及销售
北京天泰瑞祥科技发展有限公司	昌平区泰华龙旗广场2号楼615室	53653598	100096	空气消毒器、空气净化器

北京市政府相关部门及部分企业单位联络指南

单位名称	地 址	网址或电子邮箱	邮 编	电 话
北京市经济和信息化委员会	朝阳区惠新东街6号	www.bjeit.gov.cn	100029	57587000 84640621
北京市发展和改革委员会	西城区复兴门南大街丁2号	www.bjpc.gov.cn	100031	66415588
北京市商务委员会	丰台区横道沟西街2号院6号楼	www.bjcoc.gov.cn	100164	65248780
北京市科学技术委员会	西城区西直门南大街16号	www.bjkw.gov.cn	100035	66153395
北京市财政局	海淀区阜成路15号	www.bjcz.gov.cn	100048	88549114
北京市质量技术监督局	朝阳区育慧南路3号	www.bjtsb.gov.cn	100029	57520000
北京市工商行政管理局	海淀区苏州街36号	www.baic.gov.cn	100080	82691919
北京市安全生产监督管理局	西城区槐柏树街2号院3号楼	www.bjsafety.gov.cn	100053	65023616
北京市国土资源局	东城区和平里北街2号	www.bjgtj.gov.cn	100013	64409669
北京市交通管理委员会	丰台区六里桥南里甲9号B座	www.bjjtw.gov.cn	100073	63011677
北京市食品药品监督管理局	西城区枣林前街70号	www.bjda.gov.cn	100053	83979811
北京市东城区产业和投资促进局	东城区建国门金宝街52号	www.bjdch.gov.cn	100005	65258800
北京市西城区发展和改革委员会	西直门内大街275号	www.bjxch.gov.cn	100035	82141179
北京市朝阳区发展和改革委员会	朝阳区百子湾西里303号	fagaiwei.bjchy.gov.cn	100124	65090538 65013688
北京市海淀区经济和信息化办公室	海淀区四季青路6号海淀招商大厦	www.zhsp.gov.cn	100195	88498837
北京市丰台区经济和信息化委员会	丰台区文体路2号	www.bjft.gov.cn	100071	83656000
北京市石景山区经济和信息化委员会	石景山区石景山路18号	ecrd.bjsjs.gov.cn	100043	88699890
北京市门头沟区经济和信息化委员会	门头沟区新桥南大街46号	www.bjmtg.gov.cn	102300	69842584
北京市房山区经济和信息化委员会	房山区长阳镇昊天北大街38号	jxw.bjfsh.gov.cn	102445	81312701
北京市通州区经济和信息化委员会	通州新华东街256号	gyj.bjtzh.gov.cn	101100	69546276 69541494
北京市顺义区经济和信息化委员会	顺义区建新西街甲3号	www.jxw.bjshy.gov.cn	101300	69441064
北京市大兴区经济和信息化委员会	大兴区兴丰大街三段138号	www.bjdx.gov.cn	102600	69243537
北京市昌平区经济和信息化委员会	昌平区西环路15号	cpjxw.bjchp.gov.cn	102200	69742365
北京市平谷区经济和信息化委员会	平谷区乐园西小区7号	www.bjpg.gov.cn	101200	69986796
北京市怀柔区经济和信息化委员会	怀柔区青春路42号	www.hrjxw.gov.cn	101400	69624574
北京市密云县经济和信息化委员会	密云县鼓楼东大街8号	www.myec.gov.cn	101500	69055880 69041694
北京市延庆县经济和信息化委员会	延庆县东外大街建业胡同2号	www.bjyq.gov.cn	102100	69103310 69144623
中关村科技园区管理委员会	海淀区阜成路73号裕惠大厦906号	www.zgc.gov.cn	100080	88827911
北京经济技术开发区管理委员会	北京经济技术开发区荣华中路15号博大大厦	www.bda.gov.cn	100176	67881240

续表

单位名称	地 址	网址或电子邮箱	邮 编	电 话
首钢总公司	石景山区石景山路厂东门	www.shougang.com.cn	100041	88291114
中国石化集团北京燕山石油化工有限公司	房山区燕山岗南路1号	www.yanshanpcgc.com.cn	102500	69346978
北京电子控股有限责任公司	朝阳区三里屯西六街6号	www.behc.com.cn	100027	84545438
北京京城机电控股有限责任公司	朝阳区东三环中路59号京城机电大厦18层	www.jcmeh.com	100022	87707100
北京京仪集团有限责任公司	朝阳区建国路93号院9号楼16~19层	www.biichg.com	100022	58204466 58206350
北京汽车集团有限公司	顺义区仁和镇双河大街99号	www.baicgroup.com.cn	101300	87664009
北京二七轨道交通装备有限责任公司	丰台区长辛店杨公庄1号	www.27rail.com	100072	83306001 83306654
南车二七车辆有限公司	丰台区张郭庄甲1号	www.csreq.com.cn	100072	83804071
北京南口轨道交通机械有限责任公司	昌平区南口镇道北	www.njgs.chinacnr.com	102202	51013561 69771809
北京化学工业集团有限责任公司	北京经济技术开发区西环北路23号华腾发展大厦	www.bjhgjt.com.cn	100176	67864201
北京京煤集团有限责任公司	门头沟区新桥南大街2号	www.beijingcoal.com	102300	69842461 69842420
北京市电力公司	西城区前门西大街41号	www.bj.sgcc.com.cn	100031	63128201
北京金隅集团有限责任公司	东城区北三环东路36号北京环球贸易中心D座	www.bbmg.com.cn	100013	66411587 66412086
华润医药集团有限公司	朝阳区曙光西里甲5号凤凰置地广场A座27层	http://www.crpharm.com	100028	57985000
北京一轻控股集团有限责任公司	朝阳区广渠路38号	www.bjyq.com.cn	100022	87529807
北京隆达轻工控股有限责任公司	西城区德胜门东滨河路5号	www.elongda.com	100120	82259651
北京纺织控股有限责任公司	东城区东单三条33号	www.bthc.com.cn	100005	65127929
中国北京同仁堂集团有限责任公司	东城区东兴隆街52号	www.tongrentang.com	100062	67015895
北京工美集团有限责任公司	东城区王府井大街200号	www.gongmeigroup.com.cn	100005	65288866
北京市民政工业总公司	西城区西外大街南路4号	www.bjflqy.com.cn	100044	68355545
北京市工商联合会	东城区广渠门内白桥大街22号605室	www.bjgsl.org.cn	100062	67123591
北京工业经济联合会	西城区槐柏树街2号		100053	63187806
北京校办产业管理中心	朝阳区安华西里一区13号楼3层	songhy@best-info.cn	100011	64206229
北京企业联合会	朝阳区北辰东路汇园公寓J座12门	www.bec.org.cn	100101	87713151
北京市中小企业服务中心	朝阳区工体北路6号凯富大厦4层	www.bjeit.gov.cn	100727	84018989
北京市技术创新服务中心	朝阳区工体北路6号凯富大厦4层	www.bjeit.gov.cn	100027	85235079
北京市产业经济研究中心	朝阳区工体北路6号凯富大厦5层	cccn.gmw.cn	100027	85987281 85235624

索　引

说　明

本索引采取主题索引也称内容分析索引法编纂。主题词（标目）主要以《北京工业年鉴》（2014）版正文中出现的专业名词、名词性词组、地名、机构名、人名为主。

特载、大事记、工业数据、附录等栏目内容不在标引范围内。

本索引基本按汉语拼音音序排列，汉字打头的标目按首字的音序音调依次排列，首字相同时则以第二字排序，依次类推；以阿拉伯数字打头的主题词，排在最前面；以英文字母打头的主题词，列于其后。

本索引的文字部分为标目，标目之后的阿拉伯数字表示该标目所在正文中的页码（地址页），其后的小写英文字母（a、b）表示正文中的栏别（从左至右）。部分标目后面有若干个页码或栏别，则表示该标目均在这些地方出现。

C

D

E

F

G

H

J

K

P

Q

R

S

T

W

X

Y

Z